뿌리 깊은

한국사

샘이 깊은

이야기

4

조선 전기

일러두기

• 본문은 큰 주제별로 모아 장으로 묶었으며 각 장은 꼭지마다 해설을 하고 이어서 원사료를 밝힌 '자료샘'과 '출전', '찾아읽기'를 배치했다.

• 본문에 나오는 인명과 지명 등은 원칙적으로 한글 맞춤법 표기법에 따랐다. 필요한 경우, 독자의 이해를 돕기 위해 익숙하지 않은 인명, 지명, 단체명, 정기간행물 등은 원어를 병기했다. 주요 개념이나 한글만으로는 뜻을 짐작하기 힘든 용어의 경우에도 한자나 원어를 병기했다.

• 단행본이나 전집은 『 』, 신문이나 잡지, 논문, 기관지, 문학작품명, 영화 제목 등은 「 」로 표기했고, 강의명이나 기사 제목 등은 〈 〉로 표기했다.

• 한자와 외래어는 병기를 원칙으로 하되, 음과 뜻이 다를 경우에는 [ ]로 묶었다.

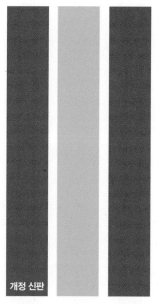

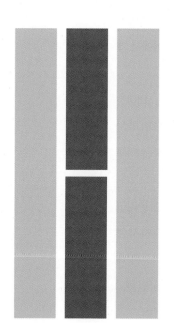
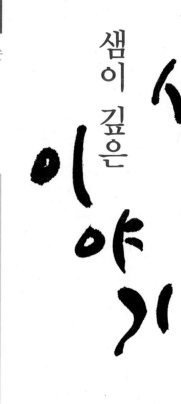
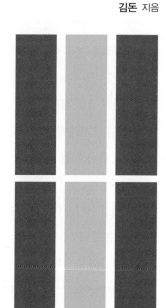

뿌리 깊은

한국사

샘이 깊은

이야기

개정 신판

쟁점과 사료로 풀어쓴
새로운 한국사

❹ 조선 전기

김돈 지음

가람
기획

개정 신판 간행사

『뿌리깊은 한국사 샘이 깊은 이야기』(이하『뿌샘』) 초판이 나온 지 어느덧 11년이 흘렀다. 그동안 많은 독자들로부터 '뿌샘'이라는 애칭으로 많은 사랑을 받았으니 그저 고마울 따름이다. 그러나 저자들이 이 책들을 활용하고 검토하는 과정에서 더러는 서술상의 오류가 없지 않으며 보완할 여지가 적지 않음을 발견하였다. 특히 일부 항목에서는 새로운 연구 성과들이 나와 많은 이들의 관심을 끌었다. 이에 저자들 사이에서 개정·증보의 필요성이 제기되었으며 곧이어 작업 구상에 들어갔다.

한편, 2007 개정 교육과정 이래 전면적인 역사과 교육과정의 개편이 2009년, 2010년, 2011년 세 차례에 걸쳐 이루어진 사실도『뿌샘』개정·증보의 필요성을 더욱 느끼게 하였다. 올바로 된 국사의 이해체계를『뿌샘』이 견지해주어야 하지 않겠는가 하는 의무감에서다.

기실 빈번한 역사과 교육 과정의 개정은 그만큼 우리의 국사 이해 체계가 흔들리고 있음을 말해주는 단면이었다. 개정은 몇몇 단원과 내용을 부분 조정하는 데 그치지 않고 역사 과목 수를 줄임은 물론 과목명을 바꾸고 그 내용의 체제를 전면 개정하는 형태로 진행되었다. 그리고 이는 교사와 학생은 말할 나위도 없고 학부형과 일반 국민들의 우려를 자아내면서 가뜩이나 위축된 역사 교육의 위상을 더욱 추락시켜 존립의 근거마저 상실케 하였다. 이러한 현실에서 『뿌샘』의 저자들은, 학생과 교사는 물론 일반인들에게도 체계적이고 과학적인 국사 이해 체계를 반듯하게 보여줄 필요가 있음을 절감하였던 것이다.

사람이 제 구실을 하며 올바로 살아가기 위해 꼭 필요한 요소를 하나만 지적해보라고 한다면 그것은 그가 지금까지 살아온 내력來歷을 거짓이나 꾸밈없이 제대로 기억하는 일이라 할 것이다. 기억상실증에 걸려 부모와 형제, 스승과 친구를 알지 못하고 자기가 누군지 어떤 일을 하던 사람인지도 알지 못한 채 살고 있다면 설령 그 삶이 유복하더라도 그것을 그의 정당한 삶이라고는 말할 수 없는 노릇이다.

지금까지 살아온 내력을 잘 기억하는 것은 곧 나를 나일 수 있게 하는 필수불가결한 요소다. 그리고 그 기억은 거짓 없는 사실에 기초한 것이어야만 한다. 지금까지 잘 살아왔다고 해도 진짜라고 믿었던 집안의 족보가 조작되었다면 자기의 뿌리를 의심하고 방황하게 될 것은 당연한 일일 터이다.

지금까지 살아온 내력을 우리는 '역사歷史'라고 부른다. 그러므로 우리는 우리 역사를 자신의 존망을 걸고 똑바로 알아야만 한다. 역사란 그저 단순한 호기심에서 알아도 그만, 몰라도 그만인 것이 아니다. 자기 역사를 모르고서는 사람이 제 구실을 할 수가 없고 자기 역사를 잘못 알아서는 남의 삶을 사는 것이 되기에, 정신을 차리고 온갖 힘을 다하여 이를 알아야 하는 것이다. 같은 이치로, 우리가 한국 사람으로서 이 시대를 올바로 살아가려면 우리 역사 곧 국사를 바르게 알지 않으면 안 된다. 국사는 우리 민족이 지금까지 살아온 내력에 대한 기억이기 때문이다.

따라서 이번 개정 신판에서는 원시에서 현대에 이르는 우리 역사의 전개를 일관하는 안목에서 체계적으로 알고 이해하는 데 무엇보다 주력하였다. 그러다 보니 그에 관한 연구 성과가 미약하여 이해 체계를 세우는 데 적잖이 애를 먹고, 결국 국사 전반에 대한 큰 이해 체계 위에서 맥락을 잡아 과감하게 서술한 부분도 없지 않다. 국사학계에 어떤 부분의 연구가 소략한지 제시함으로써 연구를 촉발하겠다는 뜻도 있었으니 널리 이해 바란다.

개정 신판에서는 초판의 문제점을 보완하는 한편 그 동안에 축적된 연구 성과를 가능한 한 충실하게 반영하도록 애썼다. 10여 년 사이에 새로운 견해가 많이 제출되어 국사의 이해가 더욱 풍부해졌고, 그러다보니 학계의 연구 경향에 큰 변화가 초래된 분야도 없지 않았다. 이를 가급적 고루고루 두루두루 소개하려 노력하였으니 역사 교육 현장에서 중등학생을 가르치는 교사는 물론 국사를 배우고 연구하는 학생들과 국사학의 동향에 관심을 가진 일반 시민에게도 도움이 되리라 생각한다.

또한 독자의 이해를 돕기 위해서 인용 자료의 원문을 첨부 소개하였다. 국사에 대한 독자의 지적 욕구와 이해력이 높아져 원문을 직접 해득하고 스스로 새로운 견해를 제시하는 수준에 이른 현실을 반영하기 위해서다. 다만 근·현대사의 경우, 한문 이외에 여러 외국어 원문이 소개되어야 하므로 여기서는 원문을 제시하지 않았다. 아울러 이번 시리즈에서는 일부 책의 저자가 바뀌고 체제가 개편되었음을 알려둔다. 모쪼록 『뿌샘』 시리즈를 통해 국사에 대한 관심과 연구의 열의가 더 높아지고 뜨거워지길 기대한다.

끝으로 『뿌샘』 시리즈에 변함 없는 관심을 가지고 개정 신판 편집 작업에 노고를 아끼지 않은 가람기획 편집진에 감사드린다.

2013년 10월
지은이 일동

초판 간행사

    인간 만사에서 사물의 내면을 깊이 알고자 할 때, 자기 처지를 살필 때, 맞닥뜨린 문제나 난국을 풀려고 할 때 인간은 내력·계통·배경을 진지하게 되새긴다. 이것이 바로 역사를 알고자 하는 자세이고 정신이다.

    역사는 과거의 실록으로, 현재의 본보기이자 미래의 지표이다. 역사는 인간을 주체로 많은 사건·제도·문물·산업·사상·연대들이 얽히고설키어 시간 전개와 공간 변화에 따라 단계성과 계기성, 필연성이 일관된 맥락에서 자리 잡고 거대한 체계를 갖춘다. 선행·인덕·의리·지조·풍류·호연·징악 등의 보편적 가치도 이 가운데서 구체적으로 나타난다. 그러므로 역사는 늘 새로운 생명력을 갖는다. 개인·가족·집단·국가나 민족·세계는 이를 통해 자기 주체를 발견하고 처지를 인식하고 존재가 나아갈 길을 가늠할 수 있다. 역사의 의미와 가치가 이러하여 인간 문명의 시원부터 역사를 늘 중시하고, 끊임없이 새롭게 서술하며 후세에 가르쳐왔다.

    그러나 역사는 특정 공식이나 방법이 있어 손쉽게 설명하고 이해할 수 있는 분야가 아니다. 중등학생을 비롯하여 대학생과 일반인들이 역사를 공부하자면, 정신 능력이나 교육 정도에 따라 저마다 양의 많고 적음과 질의 높고 낮음은 있겠으나, 우선 역사를 구성하는 인물 · 정치 · 경제 · 제도 · 전쟁 · 문물 · 생산 · 사상 · 예술 · 연도 등 기초 사실을 익히 알지 않으면 안 된다. 그러려면 먼저, 이미 정리된 역사서에 나오는 사실들을 학습할 수밖에 없다. 이는 역사서를 거듭 반복해 읽으면서 사실들에 친숙해지고 마침내 역사 맥락에서 이해하는 숙지 훈련을 꾸준히 하는 일이다. 사실이 없으면 역사는 없다. 역사 학습에서 사실에 대한 기억과 숙지 과정이 없다면 소양 있는 역사 이해는 힘들다.

역사와 역사 학습의 속성이 이와 같아서 중등학생이나 일반인들은 역사에 커다란 의미를 부여하고 이야기는 즐겨 하지만, 정작 자신이 노력을 기울여야 할라치면 외면하거나 귀찮아하기 십상이다. 심한 경우 중등학교 역사 교사의 교육 방식에 흠이 있다고 탓하거나 역사 교육 자체가 필요 없다고 주장하기까지 한다. 이러한 경향은 우리나라 근 · 현대화가 우리 전통과 역사를 무시하거나 그 가치를 부인하는 방향으로 펼쳐진 추세와 맞물려, 갈수록 서양 역사만이 역사다운 듯한 인상을 갖도록 하고, 서양 제도나 문물을 배우는 것이 제 자신을 아는 것보다 급한 일인 양 착각하도록 만든다. 국민을 양성하기 위해 마련한 『국사』 교과가 정상적으로 교육되지 못하는 이유가 여기 있다.

이런 상황에서 우리 역사를 상식적이고 교육적으로 이해하려는 이들이 겪어야 하는, 어쩔 수 없이 반복하여 연습하고 기계적으로 암기하는 고단한 과정을 누그러뜨리면서 역사 감각과 판단을 훌륭하게 길러 나아가는 방안을 찾을 필요가 있다. 그것은 결국 우리 스스로 국사를 탐구하는 역사가가 되어, 각 사실에 관한 문헌 사료나 기타 관련 자료에서 내용을 익히고, 의미를 궁리하고, 안목과 감성을 계발하는 길일 터이다. 학습자가 직접 자료에 다가가 사실에 대해 한층 생생한 관심과 흥미를 가지며, 스스로 분석하고 해석하여 사유의 폭을 넓힘으로써만 역사 이해를 정당하게 할 수 있는 까닭이다.

『뿌리깊은 한국사 샘이 깊은 이야기』는 이러한 목적과 필요에서 집필한 것이다. 우리나라 역사를 공부하고 이해하는 데 필요한 기초 사실들을 선택하여 사실에 관한 기본 사료를 열거하고, 관련 사실과 연계하여 해설하여 학습에 참고할 수 있는 공구로 만들었다.

『뿌리깊은 한국사 샘이 깊은 이야기』의 큰 짜임새는 이렇다.

첫째, 시기 구분과 항목 선정 기준은 우리 사학계의 일반적인 통설을 바탕으로 하였다.

곧 우리나라 역사를 고조선·삼국·통일신라·발해·고려·조선 전기·조선후기·근대(대원군 이후)·현대(3·1운동부터 해방 후까지)로 나누었다. 이렇게 시대 구분을 한 뒤 사건·제도·생활·생산·사상 등 큰 주제로 관련 사실을 가려 뽑았다. 각 항목은 국사 이해를 위해 꼭 필요한 기초 사실과 관련 사실들로 엮어 국사 학습을 할 때 늘 새롭게 되뇌고 맛볼 수 있도록 하였다. 다만 우리 역사를 체계적으로 이해하는 데 꼭 필요한 부분은 새로운 견해도 과감하게 펼치고 소개하였다.

둘째, 각 항목 자료는 당대 사료史料를 위주로 하였다.

일반적으로 사료는 대부분 한자로 기록한 것이다. 하여 읽는 이의 편의를 고려하여 번역하였다. 사료 번역은 직역을 원칙으로 하였으나 어쩔 수 없는 곳은 의역했다. 해당 사료마다 출전을 달아 사료를 폭넓게 이해하고자 하는 이들이 확인하고 이용할 수 있도록 배려했다. 아울러 항목마다 도판·회화·지도·도표 등 보조 자료를 시각적으로 곁들인 뒤 간단한 설명을 붙여 항목에 대한 이해를 넓히려 했다. 보조 자료는 모두 저작권을 해결하여 싣는 것을 원칙으로 했다.

셋째, 각 항목 얼개는 해설·자료샘·찾아읽기로 이루어졌다.

각 항목 서술은 해당 항목에 대한 기본 지식을 얻기 위한 해설을 한 다음, 해설과 관련한 기본 사료를 번역하여 제시하고(자료샘), 사료 내용 가운데 설명이 필요한 부분은 자세하게 주를 붙였다. 그런 뒤 해설과 자료샘의 이해를 높이고자 각 항목 관련 연구 논문과 단행본을 발행 연도순으로 정리하였다(찾아읽기). 특히 현대 이후와 해방 후 당대사는 되도록 자료 제시를 넉넉히 하고 해설은 사실 진술에 충실하도록 하였다.

넷째, 부록으로 자료샘 출전, 역대 국왕 계보도, 찾아보기, 연표를 정리하였다. 자료샘에 나온 출전은 가나다순으로 정리하고, 간략한 해제를 덧붙였다.(개정 신판에서는 출전 해제를 해당 꼭지에 배치했다 - 지은이) 또 나라별로 국왕 계보도를 제시하여 한눈에 잘 알아볼 수 있도록 하였으며, 본문에 나오는 주요 역사 사건, 인물 등 사료를 중심으로 찾아보기를 달았다. 연표는 크게 한국사와 세계사로 나누어 정리하고 각 해마다 일어난 주요 역사를 비교하여 알아볼 수 있게 하였다. 부록은 스스로 공부할 수 있게 길잡이하는 몫을 할 것이다.

『뿌리 깊은 한국사 샘이 깊은 이야기』는 오랜 수고의 산물이다. 1993년부터 자료를 모으고 사료를 번역하는 등 바탕 작업을 하여 이제야 빛을 보았다. 이 원고의 각 항목 서술은 사실 자체는 물론 국사의 맥락과 체계에 대한 이해 능력을 차차 기를 수 있도록 모든 시기와 항목에 걸쳐 단계성과 계기성이라는 잣대로 진행하였다. 선정 항목의 적절성에 논란이나 빠진 항목에 대해 이의를 제기하는 이도 있을 것이다. 또 연구가 미약한 항목은 해설도 미흡할 것이다. 이는 지은이의 몫이며 시간을 두고 차근차근 해결해갈 것이다.

『뿌리깊은 한국사 샘이 깊은 이야기』 지은이

「조선 전기편」개정 신판 머리말

우리 화폐에 수록된 인물은 세종·퇴계·율곡·이순신·신사임당이다. 모두 조선 전기인 15~16세기의 인물들이다. 우리 모두는 이들이 조선 전기의 중심 인물들일뿐 아니라 우리 역사와 문화를 상징하는 인물들임을 잘 알고 있다. 우리 역사에는 수많은 인물들이 등장하며 명멸해 왔는데 왜 굳이 이들만이 화폐에 수록되었을까. 굳이 의미를 부여한다면, 조선 전기는 유구한 우리 역사의 근간이 됨과 동시에 정체성을 함유한 시기이기 때문일 것이다. 다시 말해 우리 역사가 고대에서부터 오랜 시기 동안 대내외적 도전에 직면해 오면서도 조선 전기에 이르러서야 비로소 향후의 역사 전개 방향을 우리 스스로 결정할 수 있게 되었고, 따라서 그러한 상징적 의미를 조선 전기에 등장한 이들 각자에게 부여했기 때문일 것이다.

더불어 이러한 역사 전개 방향을 가능하게 했던 당시의 통치 체제가 '중앙 집권적 양반 관료 체제'였다는 점도 조선 전기를 이해하는데 항상 되새겨야 할 내용임에 틀림 없다. 그러므로 '중앙 집권적', '양반', '관료 체제'의 각각에 내포된 의미를 제대로 이해할 필요가 있다. 조선 전기는 분권적 체제와 달리 전근대 시기에 뛰어난 행정 효율성을 나타냈던 '중앙 집권적' 체제, 신분성과 성취성의 이중적 의미를 지닌 '양반', 그리고 혈연이 아닌 능력 중심으로 운영된 '관료 체제' 등의 특성이 부각된 시기였기 때문이다.

이번 개정판을 준비하면서 훈민정음 창제로 인해 우리 역사 이래 비로소 말과 글의 일치가 이루어진 사실을 더욱 주목하게 되었다. 조선 왕조의 개창이 그 전 시기에 이루어지던 대외적 억압과 충격으로 인한 우리 민족의 고단한 삶을 실존적 차원에서 해소한 것이라고 한다면, 새로운 문자의 창제는 이러한 고단한 실존적 삶을 차원 높은 문화적 삶으로 고양시킨 것이라 할 수 있다. 당시 한글 창제를 반대한 이유 중의 하나는 처음 보는 비루한 훈민정음이라는 문자가 대국을 섬기고 중화를 사모하는 데 부끄럽기 때문이라고 하였다.

15세기에 창제된 한글이 우리 글이 된, 명실상부한 말과 글의 일치는 500년이 지난 20세기에 와서 이루어졌고, 역설적으로 중화를 사모하는 데 부끄러운 문자를 우리 모두 사용하고 있다. 이 시기에 한글이 창제되지 않았다고 한다면 우리는 오늘날 어떠한 문자 생활을 하고 있을 것인가. 물론 당시 창제된 한글은 지배층이 사용하지 않았고 유력한 정보 전달 수단도 되지 못하였다. 당시의 지배층은 중국어가 아니라 한문을 통해 중국의 선진 문화를 수용하였다. 그리고 그 이해 수준은 중세의 한자 문화권 안에서는 괄목할 만하였다. 어느 시기나 모국어가 있는 한 선진 문화의 수용은 말이 아니라 글을 통해 이루어진다는 것을 잘 보여 준 사례였다.

그런데 오늘날 바야흐로 글이 아니라 말 중심의 영어의 광풍이 나라 전체를 휩쓸고 있다. 그리고 여기에 기반을 둔 맹목적인 학문 수입 방식이 이 나라 대학을 지배하고 있다. 적어도 우리는 조선 전기 세종이 창제한 한글, 중국어와 한문과의 관계, 그리고 당시에 도달한 과학 기술 및 문화 수준에서 소중한 교훈을 얻어야 할 것이다. 어떻게 해야 식민지적 체질에서 벗어날 수 있고 우리 주도의 독창적 문화가 창조될 수 있는지 조선 전기에 도달한 역사적 성과를 참으로 숙고해야 할 것이다.

초판 간행이 2002년이었고 이로부터 12년이 지났으니 양적인 측면에서의 연구 성과는 이루 말할 수가 없다. 2000년을 경과하면서 조선 시대 전체의 논저가 1년에 400~500여 편 발표되었고, 이 가운데 조선 전기는 200편 전후였다. 이러한 추세라면 2000년 이후 지금까지 조선 전기의 연구 성과는 대략 2,000여 편 이상의 논저가 새롭게 발표된 셈이다.

이와 같이 새롭게 축적된 엄청난 연구 성과는 조선 전기 전체에 대한 이해의 폭을 더욱 넓힘과 동시에 다양한 분야에 걸친 각종 주제에 관해 보다 구체적이고 생생한 내용을 보여 주고 있다. 물론 본서에서 이들 연구 성과 전부를 참고할 수는 없었지만, 최소한 휘보나 학술 논문 검색 사이트 등을 통해 새로운 논저의 주요 논지를 파악하려고 노력하였다. 연구실에 앉아서 원문을 즉각적으로 검색하고 이용할 수 있는 조선왕조실록, 한국역사정보통합시스템, 한국고전번역원 등 한국학 관련 원문 이용 시스템의 가동은 본서의 개정 작업에 많은 도움을 주었다. 지난 10년 사이에 초래된 연구 환경의 변화를 새삼 절감할 수 있었다.

이번 개정판에서는 무엇보다 해설의 심층적인 이해와 자료의 해독력을 높이기 위해 자료의 원문 수록에 초점을 두었다. 전체 항목은 네 꼭지를 추가하여 39항목이 되었고, 목차의 구성도 '조선 전기의 과학 기술과 예술'의 장을 추가함으로써 어느 정도 시대사로서의 면목을 갖추게 되었다. 해설 대부분은 충실한 내용이 되도록 보완하거나 초판의 잘못을 바로잡도록 노력하였다. '찾아 읽기'는 불가피한 경우를 제외하고 원칙적으로 저서를 수록하도록 하였다.

2014년 4월
김돈

초판 머리말

어느 시기에서나 역사는 불변, 또는 개편과 지속이라는 양면적인 요소를 동시에 지닌다. 전근대의 역사에서 새로운 왕조의 성립은 역사가 지닌 이러한 양면적 요소 가운데 일반적으로 변화와 개편의 속성이 더욱 강하게 나타난 시기이다. 조선 왕조 또한 정치·경제·사회·사상 등 여러 방면에 걸쳐 특징적인 변화가 나타난 시기였다. 고려에서 조선으로의 왕조 교체와 조선 후기의 사회 변화를 어떻게 파악할 것인가 하는, 이른바 조선 시대의 위치와 의미에 관한 논쟁이 계속되어온 이유도 여기에 있다.

조선 초기는 5백 년간 지속된 왕조의 중앙 집권적 통치 체제의 틀이 형성된 시기였다. 이 시기에 관료 체제와 군현 제도를 근간으로 한 유교적 중앙 집권 체제를 완성했다. 정치적·행정적 측면에서 조선 왕조의 통치 체제는『경국대전』을 완성하면서 일차적으로 정비되었다. 그 체제는 상징적으로 군주가 왕정의 핵심에 위치하면서 실질적으로는 의정부·육조·삼사를 중심으로 한 관료지배 체제를 의미했고, 왕권과 신권이 조화를 이룬 가운데 이상적인 유교정치를 수행할 수 있도록 구성되었다. 양반으로 일컬어지는 지배층이 양반 관료 사회를 이루어 이러한 유교정치를 수행해 갔고, 이들은 종래의 문벌귀족이나 권문세족보다 관료적인 성격이 강했다. 이처럼 정치적으로 집권적 관료 체제와 지방 제도를 정비하여 집권적 봉건 국가를 확고히 세웠다.

더불어 이러한 통치 체제를 지탱하는 경제 제도를 체계적으로 새로이 확립해 갔다. 경제적으로 중세 단계의 경제 제도와 토지 제도는 토지의 사적 소유 관계를 전제로 하면서 소유권과 수조권을 두 축으로 하는 중층적 지배 관계를 근간으로 했다. 그러나 통일신라·고려와는 달리 조선은 수조권을 중심으로 수조권자인 전주와 납조자인 전객 사이의 토지분급제가 점점 약화·소멸하고, 소유권에 입각한 지주전호제만이 유일한 경제 제도로 남아 발전하는 시기였다. 과전법에서 직전법, 관수관급제로 변화했다는 이야기다. 이것은 국가와 양반 지배층 사이의 신분 직역 관계가 그만큼 약해졌음을 의미했다. 따라서 지배층의 농민 지배에 대한 권한이 약해지고, 국가 권력은 강해졌으며, 농민층의 토지 소유권은 그만큼 성장했다.

사회적 측면에서 이러한 정치와 경제 체제의 바탕을 이룬 신분 계급은 사회 통념상 구분인 반상과 법제적 구분인 양천의 두 개념이 뒤섞이면서 짜여졌다. 반상은 양반과 상인, 양천은 양인과 천인의 분별을 의미하는데, 15세기에는 후자, 16세기에는 전자의 구분 관념이 두드러졌다. 두 개념이 뒤섞이면서 양반·중인·상인·천인의 신분 계급이 나타났다. 양반은 문·무반의 직역을 통칭한 개념인데도 상급 지배 신분 계급을 의미한다는 점이 고려와 다른 이 시기 사회 신분 제도의 특징이다. 고려의 문벌귀족이 세습적이고 폐쇄적인 성격이 강했다고 한다면, 조선의 양반은 이러한 특성 탓에 양인층을 근간으로 끊임없이 생성·소멸되는 탄력성이 있었다. 이처럼 조선 시기에는 세습적이기보다 성취적이며, 폐쇄적이기보다 신분 간의 사회 이동이 활발했던 사회 신분 제도가 존속했다.

사상적 측면에서 조선 시기는 주자성리학이 명실상부하면서도 완벽할 정도로 지배 이념의 몫을 수행했던 시기이기도 하다. 주자성리학은 우주 만물의 이치와 인간 사회의 문제를 이기론을 통하여 하나의 일관된 원리로 파악하는 새로운 유학이다. 불교와 도교의 한계를 극복하고 이기론을 중심으로 한 형이상학적 논리 구조를 갖추었다는 점에서, 종래 한당 유학이 지닌 훈고학과 사장학의 틀을 벗어난 새로운 유학이라는 점에서 성리학은 독특한 사상 체계다. 이러한 성리학은 남송의 주희가 집대성하면서 일명 송학·남송학·주자학·주자성리학·신유학 등으로 불리어왔다.

고려 말 불교가 융성하여 사원 경제가 발달하고 이와 관련 있는 사회 경제적 폐단이 크게 늘어나면서 성리학을 사상적 기반으로 일어난 신진사대부들이 새로운 몫을 담당하게 되었다. 신진사대부는 당시 고려 사회의 사회 경제적 폐단을 불러일으킨 주된 요인이 불교와 불교 사상에 있다고 여기고, 척불론을 제기했다. 폐단의 구체적인 해결책을 모색하면서 특히 토지 문제의 현안에 대해, 궁극적으로 왕조를 유지하는 문제나 왕조 교체를 둘러싸고 신진사대부는 두 계통으로 나뉘었다. 어느 계통의 신진사대부 세력이 승리하더라도 성리학으로의 통치 이념 전환은 이루어질 수밖에 없었다.

통상적으로 조선 전기에 해당하는 15~6세기는 각 세기별로 뚜렷이 구별되는 계기적인 변화의 양상이 나타나고 있다. 실제로 왕조 개창 이후 이룩되어 온 역사적 성과는, 불과 한 세기를 경과하면서 관료 체제, 경제 질서, 신분제, 정치 세력, 사상 등 조선 사회 전반에 걸친 커다란 사회 변동에 직면하게 되었기 때문이다. 특히 16세기에 나타난 일련의 사화와 반정은 새로운 변화에 당면한 지배층 내부의 갈등으로서 왕권의 변화와 정치 참여층의 변화를 바탕으로 당시의 정치적 성격을 크게 변화시켜갔다.

왕권의 변화란 수신을 게을리 하여 성리학적 기본 질서에 위배될 경우는 반정을 통해 언제라도 군주를 교체할 수 있다는 것으로, 이로 인해 절대성 및 상징성을 전제로 한 왕권이 신권과의 관계에서 상호 균형과 견제의 유지를 꾀하는 상대적 단계로 자리매김된 것을 의미한다. 주자학을 제왕학으로 높여 왕권을 강화하려는 정치이상인 성학군주론, 정치 참여층의 확대를 합리화하는 붕당론, 왕위 계승의 특수성을 용인하지 않는 예론 등 이 시기에 등장한 사림의 새로운 정치 운영론을 통해 절대적 군신 권력 관계에서 상대적 군신 권력 관계로 변화된 군주권의 위상을 살펴볼 수 있다. 무엇보다 성학군주론은 국왕을 절대화시킴과 동시에 국왕의 위상을 현실의 정치 상황에 뿌리 내리게 하려는 논리였다.

정치 참여층의 확대는 출사한 신료 가운데 삼사의 언관언론과 전조낭관권, 그리고 사림으로 통칭되는 유생들의 초야언론을 바탕으로 이루어졌다. 결국 신臣에 포괄될 수 있는 정치 참여층이 확대되어, 그 이해관계를 달리하고 상충되는 제반 정치 세력이 등장하게 되었다. 16세기 후반 이후의 붕당에 기반을 둔 정치 세력이 나타난 것이다. 그리하여 16세기를 전후하여 조선 사회 전반에 초래된 사회 변동을 토대로, 상층부의 통치 체제나 정치 운영 방식, 그리고 경제 체제는 점차적으로 군주를 중심으로 한 공적 지배 영역과 붕당을 중심으로 한 사적 지배 영역으로 양립되어 갔다. 이미 양립되어 있었으나 전자의 영향력이 지대했던 탓으로 부각되지 못했던 두 지배 영역이 뚜렷이 대비되기 시작했다. 16세기 후반 이후의 붕당 정치는 후자의 특성이 강하게 반영된 정치 운영 방식이었다고 할 수 있다. 또한 붕당 사이의 공존과 대립 관계가 권력 구조의 중심축을 이루었다.

그러나 이러한 역사적 사실을 어떻게 이해할 것인가 하는 문제, 즉 시대 구분 문제는 크게 중세와 근세의 두 가지 입장으로 나뉜다. 중세설은 여말 선초의 사회 변동을 계기적 또는 단계적 발전 과정으로 인식하면서, 본질적으로는 고려와 조선의 양 사회를 동질적인 사회로 파악하는 입장이다. 곧 고려와 조선 사회를 지탱하는 신분제와 지주제에서 근본적인 변화가 없으며, 사회 신분 구조 · 지주제 · 관료제 및 유교가 상호 관련되면서 하나의 전 사회 체제를 구성하고 있다는 입장이다. 반면에 근세설은 왕조를 개창하면서 새롭게 나타난 여러 요인을 주목하고 이를 근대 시민 사회에 한 걸음 다가서고 있는 근대 지향적 사회로 간주하려는 견해이다. 문벌귀족 사회에서 양반 관료 사회로의 전환, 주자학의 정치 이념, 양인 자작농의 증가로 인한 농민 지위 상승, 양인층의 확대, 민족과 민본 의식 확대 등으로 국민 국가로서의 터전이 마련되었다고 보는 입장이다.

한 마디로 말하면 조선 왕조 등장의 의미를 시대 구분상으로 중세의 지속으로 보거나 새로운 시대의 전개로 보든 조선 왕조의 개창이 함유하고 있는 역사적 의의에 대해서는 양자 모두 공감하고 있다. 그러나 이러한 논란은 조선 왕조가 함유하고 있는 국가 및 사회의 역사적 성격을 다르게 이해하고 있기 때문에 비롯된 것이기도 하다.

2002년 가을
김돈

차례

Ⅰ. 조선 전기의 정치

IV. 조선 전기의 문화와 사상

V. 조선 전기의 과학 기술과 예술

VI. 조선 전기의 군사 · 대외관계

부록

I.

조선 전기의 정치

1 조선 왕조가 세워지다
조선의 개창

조선 왕조는 고려 말기의 대내 및 대외적 혼란을 극복하는 과정에서 개창되었다. 대외적으로 원·명 교체기를 맞이하여 고려 말기의 지배 세력은 요동 정벌 및 위화도 회군을 거치면서 새로운 대외 관계의 설정을 둘러싼 갈등에 직면했다. 당시의 집권 세력은 이러한 대외적 억압과 충격을 정치 세력의 교체를 포함한 여러 가지 개혁 조치를 단행하면서 대응해 갔다.

시대적 배경

무엇보다 조선 왕조의 개창으로 새로운 집권 세력에 의해 왕조 교체가 이루어짐으로써 대외적 억압과 충격이 그대로 국내 정치 상황을 변화시키던 고려 시기의 대외 관계 전개 방식에서 벗어나게 되었다. 이성계 등의 집권 세력은 최대의 개혁 조치인 대내적 세력 교체를 바탕으로 한 왕조 교체를 이룩함으로써 한 단계 진전된 새로운 계기를 마련했던 것이다.

고려 시기는 건국부터 멸망에 이르기까지 거란·여진·몽골·홍건적·왜구로 이어지는 대외 관계의 복잡한 양상이 점철되었다. 대외적 억압과 충격이 그대로 국내의 정치 상황을 변모시켰다. 급기야 고려 후기에 이르러 대몽 항쟁을 거쳐 몽고의 간섭을 1세기 정도 받는 동안 고려 왕조의 국가 기반은 여지없이 붕괴되고 말았다. 무엇보다 심각했던 것은 토지를 기반으로 한 국가 재정의 고갈이었다. 국가 재정의 기반인 토지는 대부분 권문세족과 사찰 등에 의해 점유되어 있었고, 농장이 확대되면서 다수의 일반 농민은 극도로 궁핍한 상태에 놓이게 되었다. 또한 고려 말기에 이르러 홍건적의 침입과 왜구의 노략질로 인한 민생의 어려움은 국가 존망의 위기로까지 이어지고 있었다.

고려 말기에 이르러 왕위 계승 과정에 나타난 혼란상은 고려 왕조의 국가로서의 체제 유지가 더 이상 불가능함을 상징적으로 나타낸 것이었다. 이미 왕위 계승의 문제점은 무신들에 의해 농단되던 무신 집권기부터 있어 온 것이었고, 몽고 간섭기에 이르러 비록 왕조로서의 독자성은 인정되었으나 그야말로 외압에 의해 왕위 계승이 이루어지고 있었다. 공민왕 대에 이르러 고려 왕조에 직접 충격을 주던 외압은 반원 정책을 표방한 개혁 정치가 실시되면서 어느 정도 대응할 수 있는 체제를 정비하여 왕권도 신장되기 시작했다. 그러나 원·명 교체라는 대외 관계의 또 다른 양상은 공민왕 시해, 친원·친명을 둘러싼 신료들의 갈등, 최영·이성계를 중심으로 한 무인 세력의 등장과 같은 급변하는 정세와 맞물려 왕조 교체까지도 포함하는 다양한 국면을 불러일으켰다.

요컨대 조선 왕조의 개창으로 고려 시기에 거듭해서 겪었던 대외적 억압과 충격에서 벗어날 수 있었다. 이 왕조 교체는 무인 세력과 신진사대부 세력이 결탁한 새로운 집권 세력이 주도하였다. 이들은 새로운 지배 이념인 유교를 통해 불교로 상징되는 고려의 폐단을 제거하면서 정치·경제·사회·문화의 전 방면에 걸친 개혁을 단행하였다. 조선 왕조의 개창이, 시대 구분상 '근세' 또는 '중세 속의 계기적 발전' 가운데 어느 것을 의미하더라도, 우리 민족의 실존적 삶의 대응력 확보에 더하여 한글 창제 등으로 문화적 삶의 고양을 이룩함으로써 한 단계 진전된 역사 발전을 이룩할 수 있었다.

요동 정벌과 위화도 회군

요동 정벌은 우왕 14년(1388) 4월에 발생했다. 결과적으로 요동 정벌은 고려에서 조선으로 왕조 교체를 가져온 결정적 사건이었다. 요동 정벌은 직접적으로는 철령위 설치를 둘러싼 영토 분쟁이었지만, 이로 인해 명과의 대외 관계가 새롭게 정립될 수밖에 없는, 당시로써는 강대국과 약소국이 대처할 수 있는 가능성과 한계성을 동시에 보여 준 사건이기도 했다.

고려는 공민왕 5년(1356) 6월에 반원 정책을 표방한 이래 사실상 대명 중심의 외교 관계를 지속해 왔다. 따라서 우왕 대에 이르러 명과의 전면전을 뜻하는 요동 정벌의 상황이 야기된 것은 사실 의외의 사태로 간주될 수 있다. 그러나 대명 중심의 외교 관계가 지속되었음에도 불구하고 고려는 명으로부터 다방면에 걸친 압력을 줄곧 받아 왔다. 공민왕 17년(1368)에 명이 건국된 이래 공민왕의 갑작스런 시해와 우왕 책봉 문제, 명 사신 살해 사건, 사신 왕래의 순조로운 관계를 빌미로 명나라가 요구한 막대한 양의 공물 요구 등이 그러한 압력이었다. 이로부터 이른바 친원파와 친명파로 불리는 고려 지배 세력 내부의 갈등 관계가 표출되기 시작했다.

철령위 설치 문제는 우왕 14년(1388) 2월, 사신 설장수가 "철령 이북은 원래 원나라에 속한 지역이었으니 모두 요동에 귀속시키도록 하라."는 명 황제의 명령을 전달하면서 대두했다. 최영 등의 집권 세력은 사신을 파견하여 철령 이북 지역의 헌납이 역사적으로 부당한 일임을 주장하면서, 성을 수축하고 서북 변방으로 장수를 파견하는 일련의 군사적 대비책을 세우면서 요동 정벌을 준비하는 등 강·온 양면책을 강구했다. 그리고 요동 정벌을 반대한 이자송을 처형하면서 일전불사의 상황을 조성했다.

마침내 우왕은 최영과 이성계를 불러 요동 정벌을 명령했다. 이때 이성계는 작은 나라가 큰 나라에 거역하는 것, 여름철에 전쟁을 일으키는 것, 온 나라의 군대를 동원해 원정을 하면 왜구가 그 틈을 노린다는 것, 장마철이므로 활의 아교가 떨어지고 군사가 질병에 걸린다는 것 등의 '4불가론'을 제기하면서 반대했다.

매우 타당성이 있는 반대 이유였으나 최영의 확고한 요동 정벌 결의에 따라 8도도통사八道都統使 최영, 좌군도통사 조민수, 우군도통사 이성계를 주축으로 한 요동 정벌군이 편성되었다. 그리고 좌군과 우군은 곧바로 평양을 출발했다. 당시 병력은 좌우군 38,830명, 하인 11,634명, 말 21,682필로 구성되었다. 10만 대군이라 호칭했으나 실제 전투 병력은 4만 명 정도였다. [자료1]

요동 정벌과 더불어 고려는 명나라의 '홍무洪武' 연호를 폐지했고 사람들로 하여금 원나라의 호복을 다시 입도록 했다. 홍무 연호를 폐지하면서 또 다른 연호를 표방하지 않았고 실제로 그럴 수도 없었다는 점에서 요동 정벌은 당시 고려로서는 필사적인 저항이었다.

그러나 요동 정벌을 둘러싸고 양국 간에 전면전이 벌어지기도 전에 요동 정벌군의 좌우군 도통사는 '4불가론'의 현실적 견해를 바탕으로 회군을 요청했다. 거듭 회군을 요청했으나 최영은 이를 거부했다. 결국 이성계는 요동 정벌의 현실적 어려움을 명분으로 전격적인 위화도 회군을 단행했다. 그리고 휘하 군사력 대부분이 요동 정벌군에 편성되어 전력이 약화된 최영 측은 이에 제대로 대응하지 못했고 결국 이성계 측은 회군에 성공했다.

최영 등은 요동 정벌을 감행하기 직전에 우왕 대의 정치 주도 세력이었던 이인임 등 이른바 권문세족을 대거 처형하거나 유배를 보냈다. 요동 정벌은 이러한 집권 세력의 대대적인 교체라고 하는 내부적인 개혁을 수반한 전면전이었다. 당시 최영 등과 더불어 이들 권문세족을 축출하는 데 공조하면서 서서히 실권자로 등장했던 이성계는 최영의 강경론과 달리 더 이상의 형벌을 그치고 모두를 포용하는 정책을 시행해야 한다고 주장함으로써 이미 이들의 사후 처리를 포함한 정국 운영에 대해 다른 입장을 표명했다. 위화도 회군은 이성계의 군사적 입장뿐만 아니라 당시의 정치 상황에 대한 새로운 인식을 바탕으로 이루어졌다. 따라서 요동 정벌 및 위화도 회군은 대외적 억압과 충격을 대내적 집권 세력의 교체를 포함한 개혁의 측면에서 대응해 간 사건으로 볼 수 있다. 이 시기 정치 세력의 고충을 여실히 표출한, 새로운 대외 관계의 설정을 둘러싼 갈등이었다.

위화도 회군이 성공한 이후 이성계 등의 새로운 집권 세력에게 맡겨진 가장 중요한 과제는 비리를 자행한 담당층만을 축출하는 것이 아니라 이러한 비리의 구조적 요인인 토지 제도를 어떤 방향에서 정비해야 할 것인가 하는 문제였다. 대외적 억압과 충격이 그대로 국내 정치 상황을 변화시키던 종래의 대외 관계 설정 양상에서 벗어나, 대내적 세력 교체와 개혁으로 적절히 대응해 간, 한 단계 진전된 고려 말기 대외 관계의 특성을 엿볼 수 있다. 마침내 이성계 등은 고려 말기에 초래된 엄청난 혼란을 틈타

왕조 교체라는 최대의 사건을 일으키면서 새
로운 집권 세력으로 등장했다.

조선 왕조의 개창

조선 왕조의 개창은 위화도 회군 이후 주도
면밀하게 다음과 같은 두 가지 문제를 중심으
로 추진되었다. 전제 개혁을 통한 과전법科田
法 실시와 척불 운동을 통한 주자학 이데올로
기의 표방이 그것이다. 공양왕 3년(1391) 5월
에 실시한 과전법은 이성계 일파가 이상으로
했던 명실상부한 전제 개혁이 되지는 못했으
나 조선 왕조가 개창되기 직전에 실시됨으로
써 그 후 새 왕조의 토지 및 조세 제도의 근간

1892년 조중묵이 모사한 태조 이성계(1335~1408)의 영정이다. 태조의 재위
기간은 1392~1398년이었다.

이 되었다. 과전법 실시를 통해 권문세족의 토지는 이성계 일파와 신진 관료들에게 재
분배되었고, 농민은 토지 분배에서 제외되었다.

고려 시기의 불교는 왕실과 귀족의 보호와 장려 속에 크게 융성했다. 이에 따라 사
사전과 사사노비가 계속 확대되면서 국가의 재정 수입이 감소되는 폐단이 누적되었
다. 후기에 이르러 이러한 불교계 자체의 병폐가 크게 증대되고, 그 반면에 고려 사회
에 대한 정신적 지도 이념으로서의 불교의 영향력은 약화되었다. 즉 사원 경제의 발달
로 불교계 자체가 사회 경제적인 모순을 야기했고, 불교계 내부에서도 신앙 결사와 같
은 움직임이 등장하긴 했으나 이데올로기로서의 불교의 기능은 상실되었다. 이와 동
시에 충렬왕 대에 원을 통해 성리학이 전래되면서 성리학자들은 불교계가 안고 있었
던 제반 문제를 비판하기 시작했다. 안향, 이색 등의 배불론排佛論이 그것이었다.

이후 성리학에 대한 이해가 심화되고 이를 수용한 신진관료층이 정치 세력화되면
서 본격적인 불교 배척 운동이 정몽주, 정도전 등의 배불론을 바탕으로 전개되었다.

결국 불교 배척 운동을 표방한 이들 신진관료층이 조선 왕조 개창의 주체가 되면서 '숭유억불'의 정치 이념이 정립되었다.

이성계 일파는 공양왕 4년(1392) 3월, 최대의 정적인 정몽주를 제거하고 정권을 완전히 장악했다. 정몽주 등은 우왕·창왕이 폐위되고 공양왕이 즉위하여 이른바 '폐가입진廢假立眞'되면서 왕실의 혈통이 바로잡혔기 때문에 이를 교체하는 것은 명분이 없는 것으로 간주했다. 이들은 신진 관료들의 개혁 조치에 전반적으로 찬성하면서도 역성 혁명에는 동의하지 않았다. 이후 왕조 개창에 따른 형식적 절차를 거친 뒤, 마침내 1392년 7월 17일[丙寅] 개경의 수창궁壽昌宮에서 이성계는 새 왕조의 왕으로 즉위했다. [자료2]

새 왕조의 개창에 따라 즉위교서가 반포되었다. '의장법제 일의전조고사儀章法制 —依前朝故事'라고 천명한 것에서 보듯, 의장과 법제는 모두 고려 때의 전례를 따른다고 전제한 이 교서는 국호는 그대로 고려라 하고 새 왕조의 통치 방향을 18개 항에 걸쳐 제시하고 있다. 또한 문무백관의 제도도 공포되었다.

국호는 즉위교서에서 '고려'를 그대로 쓴다고 했으나, 왕조 개창의 급격한 변화가 어느 정도 마무리된 뒤 '조선朝鮮', '화령和寧'의 두 칭호 가운데 명나라의 뜻을 고려하여 태조 2년(1393) 2월에 조선으로 결정했다. 조선은 단군·기자조선에서 취한 것이고, 화령은 태조 이성계의 고향인 함경도 영흥永興의 옛 이름이었다. [자료3·4]

또한 새 도읍의 결정과 천도는 왕조 개창의 정당성을 중외에 알리고 민심과 면목을 일신하기 위해서도 절실한 문제였다. 새 도읍은 한양, 계룡산, 무악 등이 제시되어 논란이 거듭되다가 한양으로 결정됐다. 그리고 태조는 새 도읍의 기초 공사도 이루어지기 전인 태조 3년(1394) 10월에 한양으로 천도했고 이듬해 6월에 한양부를 한성부漢城府로 개칭했다. 그러나 '제1차 왕자의 난'을 겪은 뒤 정종 원년(1399) 3월, 개성으로 환도했다. 결국 태종 5년(1405) 10월에 한성으로 재천도한 이후, 한성은 조선 왕조의 도읍으로서 명맥을 이어갔다. [자료5]

개국공신으로 책봉된 55명 정도의 인물이 왕조의 개창에 주도적인 역할을 담당했다. 이들은 정도전, 조준과 같은 문신도 있었으나 핵심은 주로 군공軍功을 바탕으로 책봉된 인물들이었다. 따라서 조선 왕조의 개창은 외형상으로 선양禪讓의 형식을 빌렸지

경복궁 근정전. 조선 초기부터 역대 국왕의 즉위식이나 대례 등을 거행하던 곳이다. 태조 4년(1395)에 지은 것은 임진왜란 때 불타고, 현재의 것은 조선 말기인 고종 4년(1867) 11월에 흥선대원군이 중건(重建)한 것이다. 현존하는 최대의 목조 건물로 국보 제223호다.

만 철저히 군권(軍權)이란 힘을 배경으로 이루어진 역성 혁명임을 알 수 있다. [자료6]

조선 왕조 개창 및 여말 선초의 전환기에 대한 개략적인 사실은 이와 같다. 그러나 이러한 사실을 어떻게 이해할 것인가 하는 문제에 대해서는 크게 두 가지 입장이 있다. 시대 구분상으로 중세 또는 근세로 각각 지칭하는 견해가 그것이다. 중세설은 여말 선초의 사회 변동을 계기적 또는 단계적 발전 과정으로 인식하면서, 본질적으로는 고려와 조선의 양 사회를 동질적인 사회로 파악하는 입장이다. 요컨대 양 사회를 지탱하는 양대 지주인 신분제와 지주제에 근본적인 변화가 없으며, 사회 신분 구조 · 지주제 · 관료제 및 유교가 상호 관련되면서 하나의 전 사회 체제를 구성하고 있다는 입장이다. 반면에 근세설은 왕조의 개창으로 새롭게 나타난 여러 가지 요인을 주목하고 이를 근대 시민 사회에 한 걸음 다가서고 있는 근대 지향적 사회로 간주하려는 견해이다. 문벌귀족 사회에서 양반 관료 사회로의 전환, 주자학의 정치 이념, 양인 자작농의 증가로 인한 농민 지위 상승, 양인층의 확대, 민족과 민본 의식 확대 등으로 국민 국가로서의 터전이 마련되었다고 보는 입장이다.

왕조 개창의 의미를 시대 구분상으로 중세의 지속으로 보거나 새로운 시대의 전개로 보거나 간에 조선 왕조의 개창이 함유하고 있는 역사적 의의에 대해서는 양자 모두 공감한다. 그러나 이러한 논란은 조선 왕조가 함유하고 있는 국가 및 사회의 성격을 다르게 이해하고 있기 때문에 비롯된 것이기도 하다. 즉 전자의 중세론은 생산 양식에 있어서 물질적 토대인 하부 구조를 중시하는 집권적 봉건 국가론, 후자의 근세론은 상부 구조의 외형적 통치 형태를 중시하는 양반 관료 국가론과 각각 일맥상통한다.

자료1

처음에 명 황제가 말하기를 "철령의 북쪽과 동쪽과 서쪽으로 연한 땅은 원래 개원로 開元路^{주1}의 관할에 소속되었으니, 이 지역에 거주해 온 한인·여진인·달달인^{주2}·고려인을 그대로 요동에 소속시켜야 한다."고 했다. 최영은 백관들을 모아 놓고 이 일을 의논하니, 모두 말하기를 "명나라에 줄 수 없습니다." 했다. 우왕이 최영과 요동 공격을 비밀리에 의논하자, 공산부원군 이자송은 최영의 집에 찾아가 불가함을 역설했다. … 3월에 우왕은 최영과 함께 요동을 공격할 계책을 결정했으나 감히 드러내어 말하지는 못하고 사냥 간다는 핑계를 대고 서쪽으로 해주에 행차했다. 4월에 봉주에 머물며 태조[이성계]에게 말하기를, "내가 요양을 공격하고자 하니, 경 등은 마땅히 힘을 다하라." 했다. 태조는 대답하기를, "지금 정벌하는 것은 4가지 불가한 점이 있습니다. 소로써 대를 거역하는 것이 첫째 불가한 것이고, 여름에 군대를 동원하는 것이 둘째 불가한 것이고, 온 나라 군대를 동원하여 원정에 나서면 왜적이 그 틈을 노릴 것이니 셋째 불가한 것이고, 지금은 여름철이라서 비가 자주 내리므로 아교가 녹아 활이 눅눅해지고 군사들은 질병을 앓을 것이니 넷째 불가한 것입니다."라고 하니, 우왕은 그 말이 옳다고 여겼다. 태조가 물러나와 최영에게 말하기를, "내일 이 말씀을 다시 왕에게 아뢰도록 하십시오."라고 하니 최영은 "그러하겠다."고 했다. 밤에 최영은 들어가 우왕을 뵙고 아뢰기를, "원컨대 딴 말은 듣지 마소서." 했다. 다음 날 우왕이 태조에게 말하기를, "이미 군대를 동원했으니 중지할 수가 없다."고 했다.

原文 初 大明帝 以爲鐵嶺迤北迤東迤西 元屬開元所管 軍民漢人女眞達達高麗仍屬遼東 崔瑩集百官議之 皆以爲不可與 禑與瑩密議攻遼 公山府院君李子松就瑩第 力言不可 … 三月禑獨與瑩決策攻遼 然猶未敢昌言也 托言遊獵西幸海州 四月次鳳州 謂太祖曰 寡人欲攻遼陽 卿等宜盡力 太祖曰 今者出師有四不可 以小逆大一不可 夏月發兵二不可 擧國遠征倭乘其虛三不可 時方暑雨弓弩膠解 大軍疾疫四不可 禑頗然之 太祖旣退 謂瑩曰 明日宜以此言復啓 瑩曰 諾 夜瑩入白願毋納他言 明日 禑語太祖曰 業已興師不可中止

『태조실록』권1, 총설

자료2

중외中外의 대소 신료大小臣僚와 한량閑良^{주3}·기로耆老^{주4}·군민軍民들에게 교서敎書를 내렸다. "왕王은 이르노라. 하늘이 많은 백성을 낳아서 군장君長을 세우고, 길러 서로

주1 개원로(開元路): 원나라와의 교통로.

주2 달달인: 몽골계의 한 종족인 타타르의 음역.

주3 한량(閑良): 조선 초기 일정한 직사(職事) 없이 무역(無役)의 상태에 있었던 사람에 대한 통칭.

주4 기로(耆老): '연고후덕(年高厚德)'의 뜻으로, 나이가 70 이상이면 기(耆), 80 이상이면 노(老)라고 한다. 기로소(耆老所)는 1·2품관 가운데 나이 70 이상인 자들이 입참했다.

주5 홍무(洪武): 명나라 태조의 연호.

살게 하고, 다스려 서로 편안하게 한다. 그러므로 군도君道가 득실得失이 있게 되어, 인심이 복종과 배반함이 있게 되고, 천명의 떠나가고 머물러 있음이 매였으니, 이것은 이치의 떳떳함이다. 홍무洪武주5 25년(1392) 7월 16일[乙未]에 도평의사사와 대소 신료들이 말을 합하여 왕위에 오르기를 권고하기를, '왕씨王氏는 공민왕이 후사가 없이 세상을 떠나자, 신우辛禑가 기회를 엿보아 왕위를 훔쳤으나 죄가 있어 사퇴하고, 그의 아들 창昌이 다시 왕위를 물려받았지만 국조國祚가 또다시 끊겼습니다. 다행히 장수들의 도움으로 정창부원군定昌府院君으로서 임시로 국사를 서리署理하게 했으나 마침내 혼미하고 법을 따르지 않으므로 백성들이 배반하고 친척들이 돌보지 않아 종사宗社를 보전할 수 없었으니 이른바 하늘이 폐하는 것을 누가 능히 이를 흥하게 할 수 있겠습니까? 사직社稷은 반드시 덕이 있는 사람에게 돌아가게 되고, 왕위는 오랫동안 비워둘 수 없는데, 공로와 덕망이 있다고 하여 중외中外가 진심으로 따르니, 마땅히 위호位號를 바르게 하여 백성의 뜻을 안정하게 하소서'라고 하였다. 나는 덕이 적은 사람이므로 이 책임을 능히 짊어질 수 없을까 두려워하여 사양하기를 두세 번에 이르렀으나, 여러 사람이 백성의 마음이 이와 같으니 하늘의 뜻도 거스를 수가 없다고 말하면서 이를 고집하기를 더욱 굳게 하므로, 나는 여러 사람의 심정에 굽혀 따라 마지못해 왕위에 오르고 나라 이름은 그대로 고려라 하고 의장儀章과 법제法制를 한결같이 고려의 고사故事에 의거하고자 한다. …"

原文 教中外大小臣僚閑良耆老軍民 王若曰 天生蒸民 立之君長 養之以相生 治之以相安 故君道有得失 而人心有向背 天命之去就係焉 此理之常也 洪武二十五年七月十六日 乙未 都評議使司 及大小臣僚合辭勸進曰 王氏 自恭愍王無嗣薨逝 辛禑乘間竊位 有罪辭退 子昌襲位 國祚再絶矣 幸賴將帥之力 以定昌府院君權署國事 而乃昏迷不法 衆叛親離 不能保有宗社 所謂天之所廢 誰能興之者也 社稷必歸於有德 大位不可以久虛 以功以德 中外歸心 宜正位號 以定民志 予以涼德 惟不克負荷是懼 讓至再三 僉曰 人心如此 天意可知 衆不可拒天不可違 執之彌固 予俯循輿情勉卽王位 國號仍舊爲高麗 儀章法制 一依前朝故事 …

_ 『태조실록』 권1, 태조 원년 7월 정미

자료3

예문관학사 한상질韓尙質을 보내어 중국 남경에 가서 조선朝鮮과 화령和寧으로 국호를 고치기를 청하게 했다. 주문奏文은 이러했다. "배신陪臣 조림趙琳이 중국 서울로부터

주6 자문(咨文): 중국의 예부와 왕래하던 문서.

돌아와서 삼가 예부禮部의 자문咨文^{주6}을 가지고 왔습니다. 그 자문에 '삼가 황제의 칙지勅旨를 받들었는데, 그 내용에 이번 고려에서 과연 능히 천도天道에 순응하고 인심에 합하여, 동이東夷의 백성을 편안하게 하고 변방의 흔단釁端을 발생시키지 않는다면, 사절使節이 왕래하게 될 것이니 실로 그 나라의 복이다. 문서가 도착하는 날에 나라는 어떤 칭호로 고칠 것인가를 빨리 달려와 보고할 것이다' 했습니다. 소방小邦은 왕씨王氏의 후손인 요瑤가 혼미하여 도리에 어긋나서 스스로 멸망하는 데 이르게 되니, 온 나라의 신민들이 신을 추대하여 임시로 국사를 보게 했으므로 놀라고 두려워서 몸 둘 곳이 없었습니다. 요사이 황제께서 신에게 권지국사權知國事를 허가하시고 이어 국호를 묻게 되시니, 신은 나라 사람과 함께 감격하여 기쁨이 더욱 간절합니다. 신이 가만히 생각하옵건대, 나라를 차지하고 국호를 세우는 것은 진실로 소신이 감히 마음대로 할 수가 없는 일입니다. 조선과 화령 등의 칭호로써 천총天聰에 주달奏達하오니, 삼가 황제께서 재가해 주시기 바라옵니다."

原文 遣藝文館學士韓尙質如京師 以朝鮮和寧 請更國號 奏日 陪臣趙琳 回自京師 欽賫到禮部咨 欽奉聖旨節該 高麗果能順天道合人心 以妥東夷之民 不生邊釁 則使命往來 實彼國之福也 文書到日 國更何號 星馳來報 欽此切念小邦王氏之裔瑤 昏迷不道 自底於亡 一國臣民推戴臣權監國事 驚惶戰栗 措躬無地間 欽蒙聖慈許臣權知國事 仍問國號 臣與國人感喜尤切 臣竊思惟 有國立號 誠非小臣所敢擅便 謹將朝鮮和寧等號 聞達天聰 伏望取自聖裁

_ 「태조실록」 권2, 태조 원년 11월 병오

자료4

우리나라는 국호가 일정하지 않았다. 조선朝鮮이라고 한 것이 셋이었으니 단군·기자·위만이 바로 그것이다. … 이제 명明의 천자께서 "오직 조선이란 칭호가 아름다울 뿐만 아니라 그 유래가 오래다. 이 이름을 그대로 사용하고 하늘을 본받아 백성을 잘살게 하면 후손이 길이 창성할 것이다."라고 명했다. … 이제 조선이라는 아름다운 국호를 그대로 사용하게 되었으니, 기자의 선정善政도 마땅히 강구해야 할 것이다. 명나라 천자의 덕도 주무왕周武王에게 부끄러울 것이 없거니와, 우리 전하의 덕도 어찌 기자에게 부끄러울 것이 있겠는가. 장차 홍범洪範^{주7}의 학學과 팔조八條의 교敎^{주8}가 오늘에 다시 시행되는 것을 보게 될 것이다. 공자는 "나는 동주東周를 만들겠다." 했으나, 공자가 어찌 나를 속이겠는가.

주7 홍범(洪範): 중국의 하나라 우왕 때 낙수에서 나온 신귀(神龜)의 등에 있었다는 9장(九章)의 문장. 이것은 우왕이 하늘의 계시에 의해 얻은 천하를 다스리는 9가지 대법인데, 대대로 전하여 기자가 주나라 무왕의 물음에 대답한 후 비로소 세상에 알려졌다고 한다. 홍범구주(洪範九疇)를 줄인 말인데, 구주는 오행·오사·팔정·오기·황극·삼덕·계의·서징·오복을 가리킨다.

주8 팔조(八條)의 교: 기자가 전해 주었다고 전하는 고조선의 8가지 금하는 법. 오늘날에는 살인, 상해, 도둑질을 금하는 3가지만 전한다.

海東之國 不一其號 爲朝鮮者三 曰檀君 曰箕子 曰衛滿 … 今 天子命曰 惟朝鮮之稱 美 且其來遠矣 可以本其名 而祖之禮天牧民 永昌後嗣 … 今旣襲朝鮮之美號 則箕子之善政 亦在 所當講焉 嗚呼 天子之德 無愧於周武 殿下之德亦豈有愧於箕子哉 將見洪範之學 八條之教 復 行於今日也 孔子曰 吾其爲東周乎 豈欺我哉

_ 『삼봉집』 권7, 조선경국전 국호론

자료5

주9 조시(朝市): 조정과 시정.

(판삼사사 정도전) 이곳은 나라의 중앙에 위치하고 아울러 조운漕運이 통하니 좋긴 합니다만 유감스러운 것은 한 골짜기에 끼어 있어서, 안으로는 궁침宮寢과 밖으로는 조시 朝市주9 · 종사宗社를 세울 만한 자리가 없으니, 왕자가 거처할 만한 곳이 못됩니다. …

(정당문학 정총) 도읍 터를 정하는 것은 옛날부터 어려운 일입니다. 천하에서 가장 큰 중국에서도 관중關中 · 변경汴京 · 금릉金陵의 몇 곳에 불과할 뿐이니, 어찌 우리 작은 나라로서 곳곳에 있겠습니까. … 고려는 시조 왕건 이전에는 세 나라로 갈라져 있었는데, 고려 태조가 삼국을 통일한 이후에는 오직 개성에만 도읍했습니다. 이제 왕씨가 500년 만에 끝나게 된 것은 그들의 운수 때문이지 반드시 지운地運에 관계된 것은 아닙니다. … 굳이 이곳을 버리고 딴 곳을 구하려면 다시 널리 찾아보는 것이 좋겠습니다. 무악毋岳은 명당이 매우 좁고 주산主山이 푹 꺼졌으며, 수구水口가 잘 쌓이지 않았으니, 만일 여기가 길지吉地라면 고인古人들이 어찌 쓰지 않았겠습니까.

(첨서중추원사 하륜) 우리나라의 고도古都 중에 오랫동안 국가를 유지한 것은 계림鷄林과 평양, 두 곳뿐입니다. 무악毋岳은 지형이 비록 낮고 좁긴 하지만 계림과 평양에 비하면 궁궐의 터는 실상 넓을 뿐더러 나라의 한가운데에 위치하고 조운漕運이 통하며, 안팎으로 둘러싸인 산과 물이 또한 믿을 만하고 우리나라 전현前賢들의 비결秘訣과도 서로 부합되는 것이 많습니다. 또 중국의 지리가地理家들이 말하는 산수山水가 모여든다는 것과도 모두 가깝습니다. … 왕자王者가 일어나는 것은 천명天命이 있으니, 도읍 터를 정하는 일은 경솔하게 말할 수 없습니다. 만약 한때의 인심에 순응하여 민폐를 없애려고 한다면 그대로 송도松都에 있어야 하며, 전현前賢의 말씀에 의하여 만세의 터전을 세우려고 한다면 이보다 나은 곳이 없습니다.

鄭道傳曰 一此地居國之中 漕運所通 所恨介於一洞之間 內而宮寢 外而朝市 宗社之位 無 所容焉 …

政堂文學鄭摠曰 定都之所 自古爲難 且以天下之大 曰關中 曰汴京 曰金陵 數地而已 豈我小邦
處處有之 … 前朝自始祖王建已前 三國鼎峙 統三以後 只都開京 王氏之終在五百年 以其運數
而不必係於地德 … 苟舍是而他求 則更使廣覓之斯可矣 毋岳之地 明堂甚狹 主山陷溺 水口無
關鎖 夫豈吉地而古人不用之乎

僉書中樞院事河崙曰 東方古都 享國長久者 雞林平壤而已 毋岳形勢雖卑狹 比之雞林平壤 宮闕
之基 實爲寬廣 加以居國之中 漕運所通 表裏山河又有可憑 東方前賢密說亦多相契 又中國地理
諸家 山水朝聚之說 擧皆相近 … 伏惟王者之興 自有天命 定都之事 不可輕議 若欲順一時人心
以除民弊 宜且安於松都 若欲用前賢之說 以立萬世之基 無過於此

_ 『태조실록』, 권6, 태조 3년 8월 기묘

자료 6

개국공신들이 왕세자와 여러 왕자들과 회동하여 왕륜동王輪洞에서 맹세했다. 그 맹약
을 기록한 문서는 다음과 같다. "문하좌시중 배극렴 등은 감히 황천후토皇天后土와 송
악松嶽·성황城隍 등 모든 신령에게 밝혀 고합니다. 삼가 생각하옵건대, 우리 주상전
하께서는 하늘의 뜻에 응하고 사람의 마음을 따라서 대명大命을 받았으므로 신臣 등
이 힘을 합하고 마음을 같이하여 함께 큰 왕업을 이루었습니다. 이미 일을 같이하여
함께 한 몸이 되었으니, 이보다 큰 다행이 없습니다. 그러나 누구나 처음은 있지만 종
말은 있기 드물다고 하여, 옛날 사람이 경계한 바 있습니다. 무릇 우리들 일을 같이한
사람들은 각기 마땅히 임금을 성심으로 섬기고, 친구를 신의로 사귀고, 부귀를 다투
어 서로 해치지 말며, 이익을 다투어 서로 꺼리지 말며, 이간하는 말로 다른 사람의 생
각을 움직이지 말며, 말과 얼굴빛의 조그만 실수로 마음에 의심을 품지 말며, 등을 돌
려서는 미워하면서도 얼굴을 맞대해서는 기뻐하지 말며, 겉으로는 서로 화합하면서
도 마음으로는 서로 멀리하지 말며, 과실이 있으면 바로잡아 주고, 의심이 있으면 물
어 보고, 질병이 있으면 서로 부조하고, 환란이 있으면 서로 구원해줄 것입니다. 우리
의 자손에게 이르기까지 대대로 이 맹약을 지킬 것이니, 혹시 변함이 있으면 신神이
반드시 죄를 줄 것입니다.

原文 開國功臣 會王世子及諸王子 盟于王輪洞 其載書曰 門下左侍中裵克廉等 敢明告于皇
天后土 松嶽城隍等 一切神祇 恭惟 我主上殿下 應天順人 誕膺景命 臣等協力同心 共成大業 既
已同功 俱爲一體 幸莫大焉 然靡不有初鮮克有終 古人所戒 凡我同功之人 各宜事上以誠 交友
以信 毋爭貴以相害 毋爭利以相忌 毋以他人間言而有動於念 毋以辭色小失而有疑於心 毋背憎

而面悅 毋貌合而心離 有過失則規之 有所疑則質之 有疾炳則相扶 有患難則相救 至于我子孫
世守此盟 如或有渝 神必殛之

— 『태조실록』 권2, 태조 원년 9월 병오

■ 출전

『삼봉집(三峯集)』: 정도전(1342~1398)의 문집. 14권 7책으로 구성되었다. 정도전은 조선 왕조를 개창하는 데 가장 큰
공을 세운 사람이다. 조선 개국 이후 국가의 중요 직책을 역임하여 권한이 국왕을 능가할 정도였는데, 태조 7년(1398)
제1차 왕자의 난으로 제거당했다. 『삼봉집』이 처음 출간된 때는 우왕 말년인 듯하며. 조선 태조 6년 아들 정진이 『삼
봉집』 두 권을 개간하였는데, 시문(詩文)을 중심으로 하는 이 판본은 전하지 않는다. 그 뒤 정도전의 증손 정문형이
앞서 펴낸 책을 크게 수정·보완하였는데 일부만 현전한다. 정조 15년(1791) 왕명으로 『삼봉집을 펴내도록 했는데,
앞서 펴낸 정문형의 본을 토대로 교정을 보았고 빠진 것을 보완하였다. 편차를 다시 분류하여 모두 14권 7책으로 만
들었다. 여러 곳에 나누어 보관했는데, 가장 완벽한 형태로 전하는 것은 정족산 소장본과 태백산 소장본으로 현재
서울대학교 규장각이 보관하고 있다.

『태조실록(太祖實錄)』: 태조 원년(1392)에서 7년까지 역사 사실을 기록했으며 모두 15권이다. 태조는 재위 7년 만에
정종에게 왕위를 물려주고 태종 8년(1408) 5월에 죽었다. 태종은 1409년 8월에 『태조실록』을 펴내도록 하였으나, 실
록은 왕조 개창 이후 처음 펴내며, 시대가 멀지 않고 당시 활동하던 인물이 모두 살아 있으므로 뒷날을 기다리자는
문제가 나왔다. 그러나 태종은 태조 원년부터 정종 2년까지의 사초(史草)를 사관에게 제출하도록 하였다. 제출 기한
이 지나도 사초를 제대로 내지 않자 태종은 사초 미납자의 자손을 금고(禁錮)로 은 20냥을 내게 하는 법을 세우기도
하였다. 『태조실록』은 태종 10년(1410) 정월부터 하륜·유관·정이오·변계량을 중심으로 춘추관 기주관 조말생·
권훈·윤회, 기사관 신장, 외사관 우승범·이심 등이 편찬에 들어가 태종 13년(1413) 3월에 완성하였다. 그러나 겹치
는 기사가 많고, 정치적으로 민감한 사건에 대한 사실 관계, 표현 같은 문제점을 지적하면서 바로잡아야 한다는 주
장이 나왔다. 그리하여 세종 30년(1448) 정인지가 고쳐 늘리고 문종 즉위년(1451)에 간단한 수정을 거친 『태조실록』이
현존한다.

■ 찾아읽기

민현구, 『조선초기의 군사 제도와 정치』, 한국연구원, 1983.

한영우, 『개정판 정도전 사상의 연구』, 서울대학교 출판부, 1983.

한영우, 『조선전기 사회경제 연구』, 을유문화사, 1983.

국사편찬위원회, 『한국사』22(조선 왕조의 성립과 대외 관계), 1995.

최승희, 『조선초기 정치사 연구』, 지식산업사, 2002.

연세대학교 국학연구원 엮음, 『중세사회의 변화와 조선건국』, 혜안, 2005.

최승희, 『조선초기 정치문화의 이해』, 지식산업사, 2005.

이경식, 『한국중세 토지제도사』, 지식산업사, 2006.

2 도읍을 옮기다

한양 천도

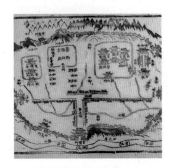

개경은 500년간 고려 왕실을 비롯한 권문세족의 뿌리가 오랫동안 박혀 있는 곳이었다. 이성계 일파로서는 왕조 개창의 정당성을 널리 알리고 민심과 면목을 일신하기 위해서 새로운 도읍을 건설할 필요가 있었다. 천도를 추진하고 새 도읍을 선정하는 데 가장 큰 역할을 한 사람은 태조였다. 이후 한양은 조선 왕조의 도읍이 되었고, 오늘날까지 대한민국의 수도로 자리하고 있다.

한양 천도의 배경과 논의 과정

태조 이성계는 1392년 7월 17일에 즉위하고 한 달도 채 되지 않아 한양으로 도읍을 옮길 것을 당시 최고 의결 기구인 도평의사사에 명령했다.[자료1] 즉위 직후의 이 명령은 참위설과 관련해 내려진 것으로 보인다. 이성계가 왕위에 오르기 전인 공양왕 2년 (1390) 7월에 공양왕은 남경, 즉 한양으로의 천도를 계획하여 그곳에 있던 별궁을 수리하도록 한 일이 있었다. 천도를 하지 않으면 '군신을 폐하는 정변'이 일어난다는, 당시 떠돌던 참위설을 의식하여 남경으로 천도하고자 했던 것이다. 역성 혁명 이후의 이성계는 이를테면 '군신을 폐한 정변'을 일으킨 당사자였다. 따라서 참위설을 무시하지 않는 한 개경에 그대로 머무르는 것은 또 다른 정변을 앉아서 기다리는 것이나 마찬가지였다. 그러므로 즉위 직후 도읍을 한양으로 옮기라는 명령은 추측컨대 이러한 고려 말기 이래의 참위설과 관련된 것으로 보인다. 실제로 남경은 참위설에 의해 개경을 대신하는 길지였을 뿐만 아니라 이미 궁궐 수리의 토목 공사까지 진행되고 있었던 만큼 손쉽게 옮겨 갈 수 있는 장점이 있었다. 그러나 당시 한양으로의 천도는, 자신이 폐위시킨 공양왕이 가고자 했던 곳이었기 때문에 태조 이성계가 꺼려서인지는 몰라도 추진되지 못했다. 따라서 태조 이성계는 직접 새 도읍지를 찾아 나섰다. 새 도읍지로 거론된 곳은 공주 계룡산과 무악이었다.

공주 계룡산 지역은 태조 2년(1393) 정월에 정당문학 권중화가 이곳이 새 도읍지로 유망하다는 의견을 태조에게 올리면서 부각되었다. 이 의견을 접하고 태조 이성계는 직접 살펴보기 위해 서둘러 계룡산으로 출발했다. 동시에 태조는 중신들에게 "천도는 경들 역시 싫어하겠지만 예로부터 왕조를 새로 창건한 왕은 반드시 도읍을 옮겼다. 지금 내가 급히 계룡산을 보는 것은 친히 새 도읍지를 정하고자 함이다. 세자가 비록 뜻을 이어 천도하려 해도 대신이 저지하면 어찌 할 수 있겠는가?"라고 하여, 천도는 반드시 자신이 이루어야 할 과업임을 대신들에게 분명히 강조했다.[자료2]

태조 2년(1393) 2월, 태조 이성계는 계룡산에 이르러 5일 동안 머무르면서 산수 형세와 조운과 교통의 편리 여부 등 이곳이 도읍지로 적합한가 하는 점을 세밀하게 조사했다. 그리하여 태조 이성계는 이곳을 도읍지로 결정할 뜻을 굳히고 상의문하부사 김주 등 3인을 새 도읍의 건설을 감독하게 하고 개경으로 돌아왔다. 그러나 그해 12월에 경기좌우도京畿左右道 도관찰사都觀察使 하륜이 풍수지리상의 문제점을 지적하면서 계룡산의 신도 건설은 중단되었다. 하륜이 주장한 요점은 도읍은 마땅히 나라 가운데 있어야 하는데 계룡산은 남쪽에 치우쳐 교통상으로 균형을 얻지 못하고 동북쪽과도 막혀 있으며, 풍수지리상으로도 좋지 못하여 천도하기에 마땅치 않다는 것이었다.[자료3]

계룡산 새 도읍 건설이 갑자기 중단된 뒤 태조 3년(1394) 2월에 하륜은 한강변의 무악이 풍수도참설로 볼 때 명당에 부합하는 점이 많다고 거론하면서 도읍지로 삼을 것을 건의했다. 태조 이성계는 곧바로 신하들에 이곳을 답사하도록 했으나 하륜을 제외한 모두가 무악은 땅이 협소하여 도읍지가 될 수 없다고 주장했다. 그리하여 태조 이성계는 이곳을 직접 살펴보기 위하여 그해 8월에 무악으로 행차했다. 무악에 대해 여전히 서운관의 관원들과 신하들 대부분이 반대했다. 하륜만이 찬성했다. 분분한 의견

가운데 천도를 반대하는 분위기마저 팽배했다. 그러나 무악이 도읍지로 타당한지 여부를 논의하는 과정에서 부각된 중요한 사항은 도참설에 의해 명당과 길지를 주장하던 지관들의 입장이 유학의 합리주의적 견해를 바탕으로 한 대신들 다수의 입장에 밀리고 있었다는 점이다.[자료4·5]

새 도읍지 선정은 개경으로 돌아오는 도중에 들른 남경에서 결정이 되었다. 태조 이성계가 남경의 지세를 살피고 왕사인 무학대사에게 자문을 구하니 무학은 "이 땅은 사면이 높고 수려하며 중앙은 편편하고 넓어 성읍으로 마땅합니다. 그러나 중의를 따라 결정하십시오."라고 대답했다. 그리하여 도읍을 하루빨리 결정하려는 태조의 열망은 대신들로부터 "반드시 천도하고자 하시면 이곳이 좋겠습니다."라는 동의를 받아내었다. 천도를 원치 않던 여러 신하들의 반대를 물리치고 마침내 새로운 도읍지가 한양으로 결정되는 순간이었다.[자료6]

한양 천도가 이처럼 어렵고 복잡했던 이유는 천도를 둘러싸고 계층마다 이해득실이 달랐을 뿐만 아니라 도읍지 선정을 둘러싼 관련자들 사이에 견해 차이가 컸기 때문이었다. 도읍지 선정은 본래 서운관 관원들의 소임이었으나 풍수지리설에 입각한 그들의 의견이 상황에 따라 일관성을 유지하지 못했기 때문이기도 했다. 신하들 또한 풍수지리설을 비판하거나 또는 이에 입각하여 의견을 제시하는 등 다양한 견해를 나타냈다.

한양으로의 1차 천도

한양으로의 천도는 태조 3년(1394) 10월에 이루어진 1차 천도, 정종 원년(1399) 3월에 개경으로 환도한 뒤 태종 5년(1405) 10월에 최종적으로 이루어진 2차 천도로 나누어진다.

태조 대에 이루어진 1차 천도는 태조 3년(1394) 10월 28일 이루어졌다. 이에 앞서 태조 3년(1394) 8월 13일, 일부 신하들과 풍수가들의 반대를 무릅쓰고 태조 이성계는 한양을 수도로 정했다.[자료6] 태조 이성계는 자신이 한양을 새 도읍지로 정해 놓고 개경으로 돌아와 당시 최고 의결 기구인 도평의사사로 하여금 정식으로 천도를 건의하게 했다. 왜냐하면 천도는 예로부터 국가의 중대사일 뿐만 아니라 국가의 재정적 부담은 물론이고 토목 공사에 동원될 백성들의 고통이 수반되는 일이므로 대신들의 동의는 물론이고 공식적인 절차를 밟을 필요가 있었기 때문이다. 그리하여 태조 3년(1394) 8월 말에 도평의사사는 한양이야말로 "앞 뒤 산하의 형세가 빼어나고 사방의 도리道里가 고르고, 배와 수레가 통하니, 이곳에 도읍을 정하여 후세에 영구토록 전승하면 하늘과 백성의 뜻에 맞을 것입니다."라는 글을 올렸다.[자료7]

한양은 산과 강의 형세가 빼어나고, 전국 8도의 중심에 자리 잡고 있으며, 육로와 수로의 교통 요지에 해당된다는 점에서 한 나라의 수도가 될 만한 조건을 충분히 갖추었기 때문에 새 도읍으로 결정되었다. 이와 같이 한양의 도읍지로서의 타당성은 풍수 도참설이 아니라 유교적인 합리주의적 지리관에 입각하여 결정되었다.

태조 이성계는 태조 3년(1394) 9월에 '신도궁궐조성도감'을 설치하여 정도전 등의 중신을 한양에 파견하여 종묘와 사직, 궁궐, 관청과 시가지, 도로의 터를 정하게 하고 그 지도를 만들어 올리게 했다. 그리고 심덕부와 김주는 한양에 머물면서 도읍의 건설을 관리하게 했다.

그해 10월 25일, 태조 이성계는 아직 새 도읍지의 기초 공사도 이루어지기 전에 천도에 착수했고, 마침내 1394년 10월 28일 한양에 이르러 옛 한양부의 객사를 이궁으로 삼아 입주했다. 이때의 날짜는 물론 음력이며, 양력으로 따지면 10월 28일은 11월 29일이다. 서울특별시가 1994년에 정도 600년을 맞이하여 10월 28일로 시민의 날로 삼은 것은 음력의 달과 날을 그대로 양력으로 정한 것이다.[자료8~10]

한양의 규모는 천도 이듬해인 1395년에 대략적인 윤곽이 정해졌다. 태조 4년(1395) 6월에 한양부를 한성부로 개칭했고 9월에 일단 종묘와 사직, 궁궐이 완공되고, 10월에 궁궐 이름을 경복궁으로 정하고 12월에 태조가 새로운 궁궐 경복궁으로 들어갔다. 태조 5년 1월에서 9월까지 도성과 4대문 4소문이 준공되었다. 태조 5년 4월에는 5부 52방으로 구획하고 방의 명칭을 정했다.[자료11~14]

그러나 천도한 지 3년이 지난 태조 7년(1398) 8월에 제1차 왕자의 난이 일어났다. 충격을 받은 태조는 왕위를 정종에게 물려 주고 은퇴했다. 정종은 재이災異가 잦다는 이유를 내세워 정종 원년(1399) 3월에 옛 수도 개경으로 환도했다.[자료15] 개경으로 환도한 직후인 정종 2년(1400) 정월에 제2차 왕자의 난이 일어나 태조의 다섯째 아들인 방원이 실권을 장악했고 그해(1400) 11월에 왕위에 오르니, 그가 태종이다.

2차 천도

태종이 즉위한 직후 부왕 태조를 처음 만나는 자리에서 태조는 한양으로의 환도 여부를 물었다. 태종으로부터 한양 환도를 다짐받기 위한 것이었다. 그러나 개경으로 돌아온 뒤 신료들의 전반적인 분위기는 한양으로의 환도를 반대하는 의견이 다수였고, 개경과 한양을 주나라의 고사에 따라 양경제兩京制로 하자는 의견도 대두되었다. 태종도 이러한 견해를 받아들여 잠시 주춤했으나 "송도는 왕씨의 옛 도읍지로서 그대로 머물 수가 없는 곳인데 지금 왕이 여기에 도읍을 다시 정하게 되면 시조의 뜻을 따르는 것이 아니다."라는 태상왕 이성계의 강경한 입장을 거부하지 못했다. 이에 따라 태종은 이듬해인 태종 5년(1405)에 한양으로 옮겨 갈 것을 의정부에 통보하고 궁실의 수리를 위해 '궁궐수보도감'을 세웠다.

태종은 이와 같이 한양으로 재천도를 결정했으나 측근 재상인 하륜은 무악으로 천도를 다시 청했다. 태종은 풍수지리설을 좋아하지 않았으나 최측근인 하륜의 제의를 완전히 무시할 수도 없었다. 따라서 이 문제를 최종으로 결정하기 위해 태종 4년(1404) 10월, 태종은 하륜 · 조준 · 남재 · 권근 등과 지관地官, 풍수설에 따라 집터나 묏자리 따위의 좋고 나쁨을 가려내는 사람들을 데리고 무악을 살펴본 뒤 한양으로 들어갔다. 하륜과 지관들 대부분은 여전히 풍수지리설에 입각해 무악으로의 천도를 주장했다.

태종은 이러한 견해를 받아들이지 않고 어가를 종묘 문밖에 멈추도록 했다. 그리고 태종은 "종묘에 들어가 고하여 송도 · 신도 · 무악에 대해 각각 길흉 여부를 점치도록 한 뒤 길한 바에 따라 도읍을 정할 것이니, 도읍을 정한 뒤에는 비록 재변이 있더라도 다른 주장을 하지 말라."고 선언했다. 태종은 완산군 이천우, 좌정승 조준, 대사헌 김희선, 지신사 박석명, 사간 조휴 등 측근 다섯 사람과 함께 종묘에 들어가 쇠돈을 던

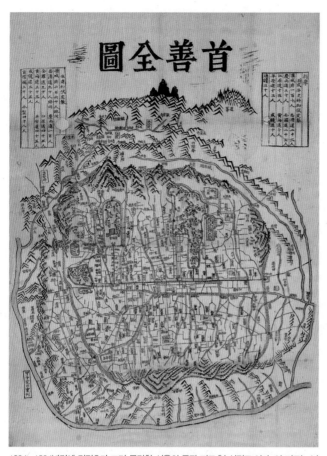

1824~1834년경에 김정호가 그려 목각한 서울의 목판 지도 「수선전도」이다. 이 지도는 남쪽으로 한강을 한계로 하여 북쪽으로 도봉산, 서쪽으로 마포·성산리, 동쪽으로 안암동·답십리까지 포함하고 있다. 도봉산, 북한산에서 뻗어 내린 산세가 잘 표현되어 있고 도성 내부를 흐르는 청계천의 모습도 상세하게 그려져 있다. 조선 시대에 제작된 많은 목판 지도 중에서도 정확성과 정밀함 및 규모 면에서 뛰어날 뿐만 아니라, 제작 솜씨가 뛰어난 것으로 평가되고 있다.

져 점을 쳤다. 그 결과 신도인 한양은 2길 1흉, 송악과 무악은 1길 2흉이 나왔다고 발표했다. 마침내 새 도읍은 한양으로 확정되었다. 실제로 점을 친 결과가 그렇게 나왔는지는 태종과 여기에 참여한 다섯 사람만이 아는 일이다.

이 결과 발표는 한양으로의 재천도에 대한 태종의 의지를 담은 것이라고 파악하는 게 옳을 것이다. 이미 태조 이성계의 명에 따라 한양 천도를 사실상 확정했음에도 불구하고 이러한 방식으로 점을 친 것은 종묘의 권위를 빌어 반대 의견을 잠재우려는 태종의 정치적 의도가 담긴 것으로 판단된다. 결국 한양 천도는 풍수지리설이 아니라 유교적 방식에 따라 결정되었다. [자료16·18]

이후에도 한양 천도에 대한 반대 의견이 없지 않았으나 태종은 이궁인 창덕궁을 새로 짓게 하고, 태종 5년(1405) 10월에 한양으로 재천도하여 창덕궁에서 문무백관들의 하례를 받았다. 이로부터 한양은 500년 동안 조선 왕조의 수도로 정치·경제·문화의 중심지가 되었다. 또한 한양은 북방계와 남방계를 아우른 명실상부한 한민족의 수도인 동시에 국토 한반도의 중심부에 위치한 확고부동한 수도로 존속하게 되었다. 그리고 한양 천도 이후 조선 왕조가 마침내 정치적 안정을 찾았다는 점에 또 다른 역사적 의의를 부여할 수 있다.

자료1

도평의사사에 명령을 내려 한양으로 도읍을 옮기게 했다.

原文 教都評議使司移都漢陽

___ 「태조실록」, 권1, 태조 원년 8월 임술

자료2

이른 새벽에 임금이 거동하려고 수레를 준비하도록 명하니, 지중추원사知中樞院事 정요鄭曜가 도평의사사의 계본啓本주1을 가지고 서울에 와서, 현비顯妃가 병환이 나서 편치 못하고, 평주平州와 봉주鳳州 등지에 또 초적草賊이 있다고 아뢰었다.

주1 계본(啓本): 임금에게 올리는 문서.

임금이 기뻐하지 않으면서 말하기를, "초적草賊은 변장邊將의 보고가 있던가? 어떤 사람이 와서 알리던가?" 하니, 정요는 대답할 말이 없었다. 임금이 말하기를, "도읍을 옮기는 일은 세가대족世家大族들이 함께 싫어하는 바이므로, 이를 구실로 하여 중지시키려는 것이다. 재상宰相은 송경松京에 오랫동안 살아서 다른 곳으로 옮기기를 즐기지 않으니, 도읍을 옮기는 일이 어찌 그들의 본뜻이겠는가?" 하니, 좌우左右에서 모두 대답할 말이 없었다. 남은南誾이 아뢰기를, "신 등이 외람되게 공신功臣에 참여하여 높은 지위에 은혜를 입었사오니, 비록 새 도읍에 옮기더라도 무엇이 부족한 점이 있겠으며, 송경松京의 토지와 집은 어찌 아까울 것이 있겠습니까? 지금 이 행차는 이미 계룡산에 가까이 왔사오니, 원하옵건대, 성상께서는 가서 도읍을 건설할 땅을 보십시오. 신 등은 남아서 초적草賊을 치겠습니다." 했다.

임금이 말하기를, "도읍을 옮기는 일은 경들도 역시 하고 싶지 않을 것이다. 예로부터 왕조가 바뀌고 천명을 받는 군주는 반드시 도읍을 옮기게 마련인데, 지금 내가 계룡산을 급히 보고자 하는 것은 내 자신 때에 친히 새 도읍을 정하고자 하기 때문이다. 후사가 될 적자가 비록 선대의 뜻을 계승하여 도읍을 옮기려고 하더라도, 대신이 옳지 않다고 저지시킨다면, 후사가 될 적자가 어찌 이 일을 하겠는가?" 하고, 이에 명하여 어가를 돌리게 했다.

남은 등이 이민도李敏道로 하여금 점을 치게 하니, "현비의 병환도 반드시 나을 것이요, 초적草賊도 또한 염려할 것이 없습니다." 하므로, 서로 모여서 의논하고 가기를 청했다. 임금이 말하기를, "그렇다면 반드시 정요를 처벌한 뒤에 가자." 하니, 남은이 아뢰기를, "어찌 정요를 처벌할 필요가 있겠습니까?" 했다. 임금이 마침내 길을 떠나 청포원靑布院의 들에 이르러 유숙했다.

昧爽 上命駕 知中樞院事鄭曜齎都評議使司啓本 來自京城 以顯妃未寧 平州鳳州等處 又有草賊聞 上不悅曰 草賊有邊將報歟 何者來告歟 曜無以對 上曰 遷都 世家大族所共惡 欲籍以止之也 宰相久居松京 安土重遷 遷都豈其意耶 左右皆無以對 南誾曰 臣等濫與功臣 蒙恩上位 雖遷新邑 有何不足 松京田宅 豈足惜耶 今此行已近雞龍 願上往觀營都之地 臣等留擊草賊 上曰 遷都 卿等亦不欲也 自古易姓受命之主 必遷都邑 今我急觀雞龍者 欲於吾身親定新都也 孺子雖欲繼志遷都 大臣沮以不可 則孺子何能哉 乃命還駕 誾等令李敏道卜之 曰 病必瘳 草賊亦不足慮 相會議請往 上曰 然則必罪曜 而後行 誾曰 何必罪之 上遂行 至靑布院之郊留宿

_ 「태조실록」 권3, 태조 2년 2월 병자

자료 3

대장군 심효생沈孝生을 보내어 계룡산에 가서 새 도읍의 역사役事를 그만두게 했다. 경기좌우도 도관찰사 하륜이 상언上言했다. "도읍은 마땅히 나라의 중앙에 있어야 되는데, 계룡산은 지대가 남쪽에 치우쳐서 동면·서면·북면과는 서로 멀리 떨어져 있습니다. 또 신臣이 일찍이 신의 아버지를 장사하면서 풍수 관계의 여러 서적을 대강 열람했습니다. 지금 들건대 계룡산의 땅은, 산은 건방乾方에서 오고 물은 손방巽方으로 흘러간다고 합니다. 이것은 송나라 호순신胡舜臣이 말한, 이른바 물이 장생長生을 파하여 쇠패衰敗가 곧 닥치는 땅이므로, 도읍을 건설하는 데는 적당하지 못합니다." 임금이 명하여 글을 바치게 하고 판문하부사判門下府事 권중화權仲和, 판삼사사判三司事 정도전鄭道傳, 판중추원사判中樞院事 남재南在 등으로 하여금 하륜과 더불어 참고하게 하고, 또 고려 왕조의 여러 산릉의 길흉을 다시 조사하여 아뢰게 했다. 이에 봉상시奉常寺에 보관된 여러 산릉의 형지안形止案에 나타난 산수 방향을 살펴보니 길흉이 모두 맞았으므로, 이에 심효생에게 명하여 새 도읍의 역사를 그만두게 하니, 중앙과 지방에서 크게 기뻐했다. 호순신의 글이 이로부터 반행하게 되었다. 임금이 명하여 고려 왕조의 서운관書雲觀에 저장된 비록秘錄 문서를 모두 하륜에게 주어서 찬찬히 살펴 읽게 하고 천도할 땅을 다시 보아서 아뢰게 했다.

遣大將軍沈孝生如雞龍山 罷新都之役 京畿左右道都觀察使河崙上言 都邑宜在國中 雞龍山地偏於南 與東西北面相阻 且臣嘗葬臣父 粗聞風水諸書 今聞雞龍之地 山自乾來 水流巽去 是宋朝胡舜臣所謂水破長生衰敗立至之地 不宜建都 上命進書 令判門下府事權仲和 判三司

事鄭道傳 判中樞院事南在等 與崙參考 且覆驗前朝諸山陵吉凶以聞 於是 以奉常寺諸山陵形止
案山水來去考之 吉凶皆契 乃命孝生罷新都之役 中外大悅 胡氏之書 自此始行 上命以前朝書雲
觀所藏秘錄文書 盡授崙考閱 更覽遷都之地以聞

_「태조실록」권4, 태조 2년 12월 임오

자료 4

임금이 무악毌岳^{주2}에 이르러서 도읍을 정할 땅을 물색하는데, 판서운관사 윤신달尹莘
達과 서운부정 유한우劉旱雨 등이 임금 앞에 나와서 말했다. "지리의 법으로 보면 여기
는 도읍이 될 수 없습니다." 이에 임금이 말했다. "너희들이 함부로 옳거니 그르거니
하는데, 여기가 만일 좋지 못한 점이 있으면 문서에 있는 것을 가지고 말해 보아라."
그러자 신달 등이 물러가서 서로 의논했는데, 임금이 한우를 불러서 물었다. "이곳이
끝내 좋지 못하냐?" 한우가 대답했다. "신의 보는 바로는 실로 좋지 못합니다." 임금
이 또 말했다. "여기가 좋지 못하면 어디가 좋으냐?" 한우가 대답했다. "신은 알지 못
하겠습니다."

임금이 노하여 말했다. "네가 서운관이 되어서 모른다고 하니, 누구를 속이려는 것
인가? 송도松都의 지기地氣가 쇠했다는 말을 너는 듣지 못했느냐?" 한우가 대답했다.
"이것은 도참圖讖으로 말한 바이며, 신은 단지 지리만 배워서 도참은 모릅니다."

임금이 말했다. "옛사람의 도참도 역시 지리로 인해서 말한 것이지, 어찌 터무니없이
근거 없는 말을 했겠느냐? 그러면 너의 마음에 쓸 만한 곳을 말해 보아라." 한우가 대
답했다. "고려 태조가 송산 명당松山明堂에 터를 잡아 궁궐을 지었는데, 중엽 이후에
오랫동안 명당을 폐지하고 임금들이 여러 번 이궁離宮^{주3}으로 옮겼습니다. 신의 생각
으로는 명당의 지덕地德이 아직 쇠하지 않은 듯하니, 다시 궁궐을 지어서 그대로 송경
松京에 도읍을 정하는 것이 좋을까 합니다."

임금이 말했다. "내가 장차 도읍을 옮기기로 결정했는데, 만약 가까운 지경에 다시 길
지吉地가 없다면, 삼국 시대의 도읍도 또한 길지가 됨직하니 합의해서 알리라." 하고,
좌시중 조준·우시중 김사형에게 일렀다. "서운관이 전조 말기에 송도의 지덕이 이
미 쇠했다 하고 여러 번 상서하여 한양으로 도읍을 옮기자고 했었다. 근래에는 계룡
산이 도읍할 만한 땅이라고 하므로 민중을 동원하여 공사를 일으키고 백성들을 괴롭

주2 무악(毌岳): 현재의 서대문구
신촌과 연희동 일대.

주3 이궁(離宮): 별궁 또는 행궁(行
宮).

혔다. 이제 또 여기가 도읍할 만한 곳이라 하여 와서 보니, 한우 등의 말이 좋지 못하다 하고, 도리어 송도 명당이 좋다고 하면서 서로 논쟁을 하여 국가를 속이니, 이것은 일찍이 징계하지 않은 까닭이다. 경 등이 서운관 관리로 하여금 각각 도읍될 만한 곳을 말해서 알리게 하라." 이에 겸판서운관사 최융과 윤신달·유한우 등이 상서했다. "우리나라 내에서는 부소扶蘇 명당이 첫째요, 남경南京이 다음입니다." 이날 저녁에 임금이 무악 밑에서 유숙했다.

原文 上至毋岳 相定都之地 判書雲觀事尹莘達 書雲副正劉旱雨等進曰 以地理之法觀之 此地不可爲都 上曰 汝等妄相是非 此地若有不可 則考諸本文以聞 莘達等退 相與論議 上召旱雨問之曰 此地竟不可乎 對曰 以臣所見 實爲不可 上曰 此地旣不可 何地爲可 旱雨對曰 臣不知 上怒曰 汝爲書雲觀 謂之不知 欺誰歟 松都地氣衰旺之說 汝不聞乎 旱雨對曰 此圖讖所說 臣但學地理 未知圖讖 上曰 古人圖讖, 亦因地理而言 豈憑虛無據而言之 且言汝心所可者 旱雨對曰 前朝太祖相松山明堂 作宮闕 而中葉已後 明堂久廢 君王屢徙離宮 臣疑明堂 地德不衰 宜復作闕 仍都松京 上曰 予將決意遷都 若只近境之內 更無吉地 則三國所都 亦爲吉地 宜合議以聞 乃謂左侍中趙浚 右侍中金士衡曰 書雲觀在前朝之季 謂松都地德已衰 數上書請遷漢陽 近又雞龍爲可都 動衆興役 勞擾生民 今又以此地爲可都 及其來觀 則旱雨等曰 不可 反以松都明堂爲可 互相爭論 以誣國家是曾無所懲故也 卿等趣令書雲員吏 各陳可都之地以聞 兼判書雲觀事崔融及尹莘達 劉旱雨等上書以爲 一國之內 扶蘇明堂爲上 南京次之 是夕 上次于毋岳下

_ 「태조실록」권6, 태조 3년 8월 무인

자료5

임금이 여러 재상들에게 분부하여 각각 도읍을 옮길 만한 터를 글월로 올리게 했다.
(판삼사사 정도전) 1. 이곳이 나라 중앙에 위치하여 조운漕運이 통하는 것은 좋으나 아쉬운 것은 한 골짜기에 끼어 있어서, 안으로 궁침宮寢과 밖으로 조시朝市와 종사宗社를 세울 만한 자리가 없으니 왕자의 거처로서 편리한 곳이 아닙니다. … 1. 중국에서 천자가 된 사람이 많되 도읍하는 곳은, 서쪽은 관중으로 신이 말한 바와 같고, 동쪽은 금릉金陵으로 진晉·송宋·제齊·양梁·진陳나라가 차례로 도읍하여 중앙에는 낙양洛陽으로 양·당·진晉·한·주나라가 계속 이곳에 도읍했으며, 송나라도 이로 인해 도읍을 했는데 대송大宋의 덕이 한나라·당나라에 못지않았으며, 북쪽에는 연경燕京으로서 대요大遼·대금大金·대원大元이 다 도읍을 했습니다. 중국과 같은 천하의 큰 나라도 역대의 도읍한 곳이 서너 곳에 불과하니, 한 나라가 일어날 때 어찌 술법에 밝은

사람이 없었겠습니까? 진실로 제왕의 도읍한 곳은 자연히 정해 좋은 곳이 있고, 술수로 헤아려서 얻는 것이 아닙니다. 1. 우리나라는 삼한三韓 이래의 구도舊都로서, 동쪽에는 계림鷄林이 있고 남쪽에는 완산完山이 있으며, 북쪽에는 평양이 있고 중앙에는 송경松京이 있는데, 계림과 완산은 한쪽 구석에 있으니, 어찌 왕업을 편벽한 곳에 둘 수 있습니까? 평양은 북쪽이 너무 가까우니, 신은 도읍할 곳이 못 된다고 생각합니다. 1. 전하께서 기강이 무너진 전조의 뒤를 이어 처음으로 즉위하여 백성들이 소생되지 못하고 나라의 터전이 아직 굳지 못했으니, 마땅히 모든 것을 진정시키고 민력民力을 휴양하여, 위로 천시天時를 살피시고 아래로 인사人事를 보아 적당한 때를 기다려서 도읍터를 보는 것이 만전萬全한 계책이며, 조선의 왕업이 무궁하고 신臣의 자손도 함께 영원할 것입니다. 1. 지금 지기地氣의 성쇠를 말하는 자들은 마음속으로 깨달은 것이 아니라, 다 옛사람들의 말을 전해 듣고서 하는 말이며, 신의 말한 바도 또한 옛사람들의 이미 징험한 말입니다. 어찌 술수한 자만 믿을 수 있고 선비의 말은 믿을 수 없겠습니까? 삼가 바라옵건대, 전하께서는 깊이 생각하여 인사를 참고해 보시고, 인사가 다한 뒤에 점을 상고하시어 자칫 불길함이 없도록 하소서.

(정당문학 정총) 도읍 터를 정하는 것은 옛날부터 어려운 일입니다. 천하에서 가장 큰 중국도 관중 · 변경 · 금릉의 몇 곳에 불과할 뿐이니, 어찌 우리 작은 나라로서 곳곳에 있겠습니까. … 고려는 시조 왕건 이전에는 세 나라로 갈라져 있었는데, 고려 태조가 삼국을 통일한 이후에는 오직 개성에만 도읍을 했습니다. 이제 왕씨가 500년 만에 끝나게 된 것은 그들의 운수 때문이지 반드시 땅의 운수에 관계된 것은 아닙니다. … 군이 이곳을 버리고 딴 곳을 구하려면 다시 널리 찾아보는 것이 좋겠습니다. 무악은 명당이 매우 좁고 주산이 푹 꺼졌으며, 수구가 잘 쌓이지 않았으니, 만일 여기가 길지라면 옛 사람들이 어찌 쓰지 않았겠습니까.

(첨서중추원사 하륜) 우리나라의 옛 도읍 중에 오랫동안 국가를 유지한 것은 계림과 평양 두 곳뿐입니다. 무악은 지형이 비록 낮고 좁긴 합니다만 계림과 평양에 비한다면 궁궐의 터는 실상 넓을 뿐더러 나라의 한가운데에 위치하고 조운이 통하며, 안팎으로 둘러싸인 산과 물이 또한 믿을 만하고 우리나라 옛 현인들의 비결과도 서로 부합되는 것이 많습니다. 또 중국의 지리가들이 말하는 산수가 모여든다는 것과도 모두 가깝습니다. … 왕자가 일어나는 것은 천명이 있으니, 도읍 터를 정하는 일은 경솔하게 말할

수 없습니다. 만약 한때의 인심에 순응하여 민폐를 없애려고 한다면 그대로 송도에 있어야 하며, 옛 현인들의 말씀에 의하여 만세의 터전을 세우려고 한다면 무악보다 나은 곳이 없습니다.

原文 上命諸宰相 各上書議遷都之地 判三司事鄭道傳曰 一 此地居國之中 漕運所通 所恨介於一洞之間 內而宮寢 外而朝市宗社之位 無所容焉 非王者居重御輕之所也 … 一 中國之爲天子多矣 所都之地 西則關中 如臣所言 東則金陵 而晋宋齊梁陳 以次都之 中則洛陽 梁唐晋漢周繼都此地 宋又因之 而大宋之德 不下漢唐 北則燕京 而大遼大金大元皆都之 且以天下之大 歷代所都 不過數處 其當一代之興 豈無明術者乎 誠以帝王都會之地 自有定處 非可以術數計度得之也 一 東方三韓舊都 東有雞林 南有完山 北有平壤 中有松京 然雞林完山 僻處一隅 豈可使王業偏安於此乎 平壤逼近北方 臣恐非所宜都也 一 殿下初卽位 承前朝毁廢之餘 生民未蘇 邦本未固 是宜鎭靜 休養民力 仰察天時 俯察人事 相地之宜 待時而動 則庶乎萬全 朝鮮之業 垂於無窮 而臣之子孫 亦與有永矣 一 今之言地氣盛衰者 非其心自有覺處 皆傳聞古人之說也 臣之所言 亦皆古人已驗之說也 豈在術數者爲可信 而在儒者爲不可信乎 伏望殿下留意量度 參之以人事 人事盡 然後稽之卜筮 動罔不吉

政堂文學鄭摠曰 定都之所 自古爲難 且以天下之大 曰關中 曰汴梁 曰金陵數地而已 豈我小邦處處有之 … 前朝自始祖王建已前 三國鼎峙 統三以後 只都開京 王氏之終於五百年 以其運數而不必係於地德 … 苟舍是而他求 則更使廣覓之 斯可矣 毋岳之地 明堂甚狹 主山陷溺 水口無關鑰 夫豈吉地而古人不用之乎

僉書中樞院事河崙曰 東方古都享國長久者 雞林平壤而已 毋岳 形勢雖卑狹 比之雞林平壤 宮闕之基 實爲寬廣 加以居國之中 漕運所通 表裏山河 又有可憑 東方前賢密說 亦多相契 又中國地理家 山水朝聚之說 擧皆相近 … 伏惟王者之興 自有天命 定都之事 不可輕議 若欲順一時人心 以除民弊 宜且安於松都 若欲用前賢之說 以立萬世之基 無過於此

_「태조실록」 권6, 태조 3년 8월 기묘

자료 6

임금이 남경의 옛 궁궐터에 집터를 살피었는데, 산세를 관망(觀望)하다가 윤신달 등에게 물었다. "여기가 어떠한가?" 그가 대답했다. "우리나라 경내에서는 송경이 제일 좋고 여기가 다음입니다. 아쉬운 바는 건방(乾方)이 낮아서 물과 샘물이 마른 것뿐입니다." 임금이 기뻐하면서 말했다. "송경인들 어찌 부족한 점이 없겠는가? 이제 이곳의 형세를 보니, 왕도가 될 만한 곳이다. 더욱이 조운하는 배가 통하고 사방의 이수(里數)도 고르니, 백성들에게도 편리할 것이다." 임금이 또 왕사(王師) 자초(自超)에게 물었다. "어떠한가?" 자초가 대답했다. "여기는 사면

이 높고 수려하며 중앙이 평평하니, 성을 쌓아 도읍을 정할 만합니다. 그러나 여러 사람의 의견을 따라서 결정하소서." 임금이 여러 재상들에게 분부하여 의논하게 하니, 모두 말했다. "꼭 도읍을 옮기려면 이곳이 좋습니다." 하륜이 홀로 말했다. "산세는 비록 볼 만한 것 같으나, 지리의 술법으로 말하면 좋지 못합니다."

임금이 여러 사람의 말로써 한양漢陽을 도읍으로 결정했다. … 임금은 드디어 연輦을 타고 종묘 지을 터를 보고서 노원역盧原驛 들판에 이르러 유숙했다.

原文 上相宅于舊闕之基 觀望山勢 問尹莘達等曰 此地何如 對曰 我國境內松京爲上 此地爲次 所可恨者 乾方低下 水泉枯渴而已 上悅曰 松京亦豈無不足處乎 今觀此地形勢 可爲王都 況漕運通道里均 於人事亦有所便乎 上問王師自超 此地如何 超對曰 此地四面高秀 中央平衍 宜爲城邑 然從衆議乃定 上今諸宰相議之 僉曰 必慾遷都 此處爲可 河崙獨曰 山勢雖似可觀 然以地法論之 則不可 上以衆人之言 定都漢陽 … 上遂上輦 相營宗廟之地 次于盧原驛郊

— 「태조실록」 권6, 태조 3년 8월 경진

자료7

도평의사사에서 상신上申했다. "좌정승 조준·우정승 김사형 등은 생각하건대, 옛날부터 임금이 천명을 받고 일어나면 도읍을 정하여 백성을 안주시키지 않음이 없었습니다. 그러므로 요堯는 평양平陽에 도읍하고, 하夏나라는 안읍安邑에 도읍했으며, 상商나라는 박亳에, 주周나라는 풍호豐鎬에, 한漢나라는 함양咸陽에, 당나라는 장안長安에 도읍했는데, 또는 처음 일어난 땅에 정하기도 하고, 또는 지세地勢의 편리한 곳을 골랐으나, 모두 근본 되는 곳을 소중히 여기고 사방을 지정하려는 것이 아님이 없었습니다. 우리나라는 단군 이래로 또는 합하고 또는 나누어져서 각각 도읍을 정했으나, 전조 왕씨가 통일한 이후 송악에 도읍을 정하고, 자손이 서로 계승해 온 지 거의 500년에 천운이 끝이 나서 자연히 망하게 되었습니다. 삼가 생각하옵건대, 전하께서는 큰 덕과 신성한 공으로 천명을 받아 의젓하게 한 나라를 두시고, 또 제도를 고쳐서 만대의 국통國統을 세웠으니, 마땅히 도읍을 정하여 만세의 기초를 잡아야 할 것입니다. 그윽이 한양을 보건대, 안팎 산수의 형세가 훌륭한 것은 옛날부터 이름난 것이요, 사방으로 통하는 도로의 거리가 고르며 배와 수레도 통할 수 있으니, 여기에 영구히 도읍을 정하는 것이 하늘과 백성의 뜻에 맞을까 합니다." 왕이 분부했다. "상신한 대로 하라."

都評議使司所申 左政丞趙浚 右政丞金士衡等竊惟 自古王者受命而興 莫不定都 以宅 其民 故堯都平陽 夏都安邑 商都亳 周都豐鎬 漢都咸陽 唐都長安 或因初起之地 或擇形勢之便 無非所以重根本而鎭四方也 惟我東方 檀君以來 或合或分 各有所都 及前朝王氏統合之後 都 于松嶽 子孫相傳 殆五百年 運祚旣終 自底于亡 恭惟殿下 以盛德神功 受天之命 奄有一國 旣更 制度 以建萬世之統 宜定厥都 以立萬世之基 竊觀漢陽 表裏山河 形勢之勝 自古所稱 四方道里 之均 舟車所通 定都于玆 以永于後 允合天人之意 王旨依申

_ 『태조실록』 권6, 태조 3년 8월 신묘

자료 8

신도궁궐조성도감新都宮闕造成都監을 설치하고, 청성백靑城伯 심덕부沈德符와 좌복야左 僕射 김주金湊, 전 정당문학 이염李恬, 중추원학사 이직李稷을 판사判事로 임명했다.

置新都宮闕造成都監 以靑城伯沈德符 左僕射金湊 前政堂文學李恬 中樞院學士李稷 爲判事

_ 『태조실록』 권6, 태조 3년 9월 무술

자료 9

한양으로 서울을 옮겼다. 각 관청의 관원 2명씩은 송경에 머물러 있게 하고, 문하 시 랑찬성사 최영지와 상의문하부사 우인열 등으로 분도평의사사를 삼았다.

遷都漢陽 留各司二員于松京 以門下侍郞贊成事崔永沚商議門下府事禹仁烈等 爲分 都評議使司

_ 『태조실록』 권6, 태조 3년 10월 신묘

자료 10

새 서울에 이르러 옛 한양부의 객사를 이궁離宮으로 삼았다.

至新都 以舊漢陽府客舍爲離宮

_ 『태조실록』 권6, 태조 3년 10월 갑오

자료 11

한양부를 고쳐서 한성부라 하고, 아전들과 백성들을 현주見州로 옮기고 양주군楊州郡 이라 고쳤다.

改漢陽府爲漢城府 移其吏民于見州 改爲楊州郡

_ 『태조실록』 권7, 태조 4년 6월 무진

이달에 태묘太廟[주4]와 새 궁궐이 준공되었다. 태묘의 대실大室은 7칸間이며 당堂은 같게 하고 실室은 따로 했다. 안에 석실石室 5칸을 만들고 좌우의 익랑翼廊은 각각 2칸씩이며, 공신당功臣堂이 5칸, 신문神門이 3칸, 동문이 3칸, 서문이 1칸이었다. 빙 둘러 담장을 쌓고 신주神廚가 7칸, 향관청享官廳이 5칸이고, 좌우 행랑이 각각 5칸, 남쪽 행랑이 9칸, 재궁齋宮[주5]이 5칸이었다. 새 궁궐은 연침燕寢[주6]이 7칸이다. 동·서 이방東西耳房이 각각 2칸씩이며, 북쪽으로 뚫린 행랑이 7칸, 북쪽 행랑이 25칸이다. 동쪽 구석에 연달아 있는 것이 3칸, 서쪽에 연달아 있는 누방樓房이 5칸이고, 남쪽으로 뚫린 행랑이 5칸, 동쪽의 소침小寢[주7]이 3칸이다. 통하는 행랑 7칸은 연침의 남쪽에 있는 행랑에 닿았고, 또 통하는 행랑 5칸은 연침의 동쪽 행랑에 닿았으며, 서쪽 소침小寢 3칸과 통하는 행랑 7칸은 연침의 남쪽 통하는 행랑에 닿았다. 또 통하는 행랑 5칸은 연침의 서쪽 행랑에 닿았고, 보평청報平廳이 5칸, 정사를 보는 곳은 연침燕寢의 남쪽에 있는데, 동쪽과 서쪽에 이방耳房이 각각 1칸씩이며, 남쪽으로 통하는 행랑이 7칸, 동쪽으로 통하는 행랑이 15칸이다. 처음 남쪽에서 통행하는 행랑 5칸이 동쪽 행랑에 닿고, 서쪽으로 통하는 행랑 15칸도 역시 남쪽 행랑 5칸에서 서쪽 행랑에 닿고, 연침 북쪽 행랑 동쪽 구석에서 정전正殿에 그치고 북쪽 행랑의 동쪽 23칸이 동쪽 행랑, 서루西樓에서 정전正殿까지 가는 북쪽 행랑 서쪽 20칸이 서쪽 행랑이 되어, 이상이 내전內殿과 정전正殿이다.

5칸의 조회받는 곳은 보평청 남쪽에 있는데, 상·하층의 월대越臺[주8]가 있어서 들어가는 깊이가 50척, 넓이가 112척 5촌寸, 동계東階·서계西階·북계北階의 넓이가 각각 15척이다. 위층계의 높이는 4척, 석교石橋가 5층인데 중계中階의 사면 넓이가 각각 15척, 아래층계의 높이는 4척, 석교가 5층이다. 북쪽 행랑 29칸을 통하는 행랑은 북행랑에서 정전正殿의 북쪽에 닿았고, 수라간水刺間 4칸과 동루東樓 3칸은 상하층이 있다. 그 북쪽 행랑 19칸은 정전의 북쪽 행랑 동쪽에 닿아서 내전의 동쪽 행랑과 연했으며, 그 남쪽 9칸은 전문의 동각루東角樓에 닿았다. 서루西樓 3칸도 상·하층이 있는데, 그 북쪽 행랑 19칸은 정전의 북쪽 행랑 서쪽 구석에 닿아서 내전의 서쪽 행랑과 연하고, 그 남쪽 9칸은 전문殿門의 서각루西角樓 전정殿庭에 닿았다. 넓이는 동서東西가 각각 80척, 남쪽이 178척, 북쪽이 43척이며, 전문 3칸은 전殿의 남쪽에 있고, 좌우 행랑 각각 11칸과

주4 태묘(太廟): 종묘. 역대 임금의 위패를 모신 사당.

주5 재궁(齋宮): 재실(齋室). 제사 지내는 집.

주6 연침(燕寢): 왕이 평상시에 한가롭게 거처하는 전각.

주7 소침(小寢): 침실. 중앙에 있는 정전의 양쪽에 있는 편전

주8 월대(月臺): 궁전 앞에 설치하는 섬돌.

동·서각루東西角樓 각각 2칸과 오문午門 3칸은 전문殿門의 남쪽에 있다. 동서의 행랑은 각각 17칸씩이며, 수각水閣이 3칸, 뜰 가운데에 석교石橋가 있으니 도랑물 흐르는 곳이다. 문門의 좌우의 행랑이 각각 17칸씩이며, 동·서각루가 각각 2칸씩이다. 동문을 일화문日華門이라 하고, 서문을 월화문月華門이라 한다.

그 밖에 주방廚房·등촉방燈燭房·인자방引者房·상의원尚衣院이며, 양전兩殿의 사옹방司饔房·상서사尚書司·승지방承旨房·내시다방內侍茶房·경흥부敬興府·중추원中樞院·삼군부三軍府와 동·서루고東西樓庫가 무릇 390여 칸이다. 뒤에 궁성을 쌓고 동문은 건춘문建春門이라 하고, 서문은 영추문迎秋門이라 하며, 남문은 광화문光化門이라 했는데, 누樓 3칸이 상·하층이 있고, 누 위에 종과 북을 달아서, 새벽과 저녁을 알리게 하고 중엄中嚴^{주9}을 경계했으며, 문 남쪽 좌우에는 의정부議政府·삼군부三軍府·육조六曹·사헌부司憲府 등의 각사各司 공청이 있었다.

주9 중엄(中嚴): 궁성의 경비.

原文 是月 太廟及新宮告成 太廟太室七間 同堂異室 內作石室五間 左右翼室各二間 功臣堂五間 神門三間 東門三間 西門一間 繚以周垣 外有神廚七間 享官廳五間 左右行廊各五間 南行廊九間 齋宮五間 新宮燕寢七間 東西耳房各二間 北穿廊七間 北行廊二十五間 東隅有連排三間 西隅有連排樓五間 南穿廊五間 東小寢三間 穿廊七間接于燕寢之南穿廊 又穿廊五間接于燕寢之東行廊 西小寢三間 穿廊七間接于燕寢之南穿廊 又穿廊五間接于燕寢之西行廊 報平廳五間 視事之所 在燕寢之南 東西耳房各一間 南穿廊七間 東穿廊十五間 始自南穿廊第五間 接于東行廊 西穿廊十五間 亦起南穿廊第五間 接于西行廊 自燕寢北行廊束隅 止于正殿北行廊之東隅二十三間 爲東行廊 自西樓止正殿北行廊之西隅二十間 爲西行廊 以上爲內殿 正殿五間 受朝之所 在報平廳之南 有上下層越臺 入深五十尺 廣一百十二尺五寸 東西北階廣各十五尺 上層階高四尺 石橋五級 中階四面廣各十五尺 下層階高四尺 石橋五級 北行廊二十九間 穿廊五間 起自北行廊 接于正殿之北 水剌間四間 東樓三間 有上下層 其北行廊十九間接于正殿之北行廊東隅 與內東廊連 其南九間接于殿門之東角樓 西樓三間 有上下層 其北行廊十九間接于正殿之北行廊西隅 與內西廊連 其南九間接于殿門之西角樓 殿庭廣東西各八十尺 南一百七十八尺 北四十三尺 殿門三間 在殿之南 左右行廊各十一間 東西角樓各二間 午門三間 在殿門之南 東西行廊各十七間 水閣三間 庭中有石橋御溝 水所流處也 門之左右行廊 各十七間 東西角樓 各二間 東門曰日華 西曰月華 其餘廚房 燈燭引者房 尚衣院 兩殿司饔房 尚書司 承旨房 內侍茶房 敬興府 中樞院 三軍府 東西樓庫之類 總三百九十餘間也 後築宮城 東門曰建春 西曰迎秋 南曰光化門 樓三間有上下層 樓上懸鍾鼓 以限晨夕警中嚴 門南左右 分列議政府 三軍府 六曹 司憲府 等各司公廨

_ 「태조실록」권8, 태조 4년 9월 경신

판삼사사 정도전에게 분부하여 새 궁궐의 여러 전각의 이름을 짓게 하니, 정도전이 이름을 짓고 아울러 이름 지은 의의를 써서 올렸다. 새 궁궐을 경복궁이라 하고, 연침燕寢을 강녕전康寧殿이라 하고, 동쪽에 있는 소침小寢을 연생전延生殿이라 하고, 서쪽에 있는 소침을 경성전慶成殿이라 하고, 연침의 남쪽을 사정전思政殿이라 하고, 또 그 남쪽을 근정전勤政殿이라 하고, 동루東樓를 융문루隆文樓라 하고, 서루西樓를 융무루隆武樓라 하고, 전문殿門을 근정문勤政門이라 하며, 남쪽에 있는 문을 정문正門이라 했다.

그 경복궁에 대하여 말했다. "신이 살펴보건대, 궁궐이란 것은 임금이 정사하는 곳이요, 사방에서 우러러보는 곳입니다. 신민臣民들이 다 조성造成한 바이므로, 그 제도를 장엄하게 하여 존엄성을 보이게 하고, 그 명칭을 아름답게 하여 보고 감동되게 하여야 합니다. 한나라와 당나라 이래로 궁전의 이름을 혹 그대로 하기도 하고, 또는 개혁했으나, 그 존엄성을 보이고 감상을 일으키게 한 뜻에는 변함이 없었습니다. 전하께서 즉위하신 지 3년 만에 도읍을 한양에 정하여 먼저 종묘를 세우고, 다음에 궁궐을 경영하시더니, 한 해 건너 을미년에는 친히 곤룡포와 면류관을 쓰시고 선대의 왕과 왕후를 신묘新廟에서 제향을 올리며, 여러 신하들에게 새 궁궐에서 잔치를 베푸셨으니, 대개 신神의 혜택을 넓히시고 뒷사람에게 복록을 주심이옵니다. 술이 세 순배 되어서, 신 정도전에게 분부하시기를, '지금 도읍을 정하여 종묘에 제향을 올리고 새 궁궐의 낙성을 고하게 되매, 가상하게 여겨 군신에게 여기에서 잔치를 베푸니, 궁전의 이름을 지어서 나라와 더불어 한없이 아름답게 하라' 하셨으므로, 신이 분부를 받자와 삼가 손을 모으고 머리를 조아려 『시경』 주아周雅에 있는 '이미 술에 취하고 덕에 배가 불러서 군자의 만년을 빛나는 복[景福]을 빈다.'라는 시詩를 외우고, 새 궁궐을 경복궁이라고 이름 짓기를 청하오니, 전하와 자손께서 만년 태평의 업業을 누리시고, 사방의 신민으로 하여금 길이 보고 느끼게 하옵니다. 그러나 『춘추春秋』에, '백성을 중히 여기고 건축을 삼가라' 했으니, 어찌 임금이 된 자로 하여금 백성만 괴롭혀 자봉自奉하라는 것이겠습니까? 넓은 방에서 한가히 거처할 때에는 빈한한 선비를 도울 생각을 하고, 전각에 서늘한 바람이 불게 되면 맑고 그늘진 것을 생각해 본 뒤에 거의 만백성을 봉양하는 데 저버림이 없어야 할 것입니다. 그러므로 한꺼번에 말씀드립니다. …"

原文 命判三司事鄭道傳 名新宮諸殿 道傳撰名 幷書所撰之義以進 新宮曰景福 燕寢曰康寧

殿東小寢曰延生殿 西小寢曰慶成殿 燕寢之南曰思政殿 又其南曰勤政殿 東樓曰隆文 西樓曰隆武 殿門曰勤政 午門曰正門

其景福宮曰 臣按 宮闕 人君所以聽政之地 四方之所瞻視 臣民之所咸造 故壯其制度 示之尊嚴 美其名稱 使之觀感 漢唐以來 宮殿之號 或沿或革 然其所以示尊嚴 而興觀感則其義一也 殿下卽位之三年 定都于漢陽 先建宗廟 次營宮室 越明年乙未 親服袞冕 享先王先后于新廟 宴群臣于新宮 蓋廣神惠而綏後祿也 酒三行 命臣道傳曰 今定都享廟 而新宮告成 嘉與群臣宴享于此 汝宜早建宮殿之名 與國匹休於無疆 臣受命謹拜手稽首 誦『周雅』旣醉以酒 旣飽以德 君子萬年 介爾景福 請名新宮曰景福 庶見殿下及與子孫 享萬年太平之業 而四方臣民 亦永有所觀感焉 然『春秋』重民力謹土功 豈可使爲人君者 徒勤民以自奉哉 燕居廣廈 則思所以庇寒士 生涼殿閣 則思所以分淸陰 然後庶無負於萬民之奉矣 故倂及之 …

_ 『태조실록』권8, 태조 4년 10월 정유

주10 동부 청사: 종로구 인의동 48번지(동대문경찰서) 부근.

주11 남부 청사: 중구 을지로 1가 140번지(롯데백화점 본점 신관) 부근.

주12 서부 청사: 중구 무교동 70번지(현대빌딩, 현대종합금융) 부근.

주13 북부 청사: 종로구 사간동 70번지(프랑스문화원) 부근.

주14 중부 청사: 종로구 종로 3가 171번지(세운상가 입구) 부근.

자료 14

한성부로 하여금 5부五部의 방명표坊名標를 세우게 했다. 동부주10가 12방坊이니, 연희燕喜·숭교崇敎·천달泉達·창선彰善·건덕建德·덕성德成·서운瑞雲·연화蓮花·숭신崇信·인창仁昌·관덕觀德·흥성興盛이요, 남부주11가 11방이니, 광통廣通·호현好賢·명례明禮·태평太平·훈도薰陶·성명誠明·낙선樂善·정심貞心·명철明哲·성신誠身·예성禮成이며, 서부주12가 11방이니, 영견永堅·인달仁達·적선積善·여경餘慶·인지仁智·황화皇華·취현聚賢·양생養生·신화神化·반석盤石·반송盤松이고, 북부주13가 10방이니, 광화廣化·양덕陽德·가회嘉會·안국安國·관광觀光·진정鎭定·순화順化·명통明通·준수俊秀·의통義通이며, 중부주14가 8방이니, 정선貞善·경행慶幸·관인寬仁·수진壽進·징청澄淸·장통長通·서린瑞麟·견평堅平이었다.

原文 令漢城府建五部坊名標 東部十二坊曰 燕喜 崇敎 泉達 彰善 建德 德成 瑞雲 蓮花 崇信 仁昌 觀德 興盛 南部十一坊曰 廣通 好賢 明禮 太平 薰陶 誠明 樂善 貞心 明哲 誠身 禮成 西部十一坊曰 永堅 仁達 積善 餘慶 仁智 皇華 聚賢 養生 神化 盤石 盤松 北部十坊曰 廣化 陽德 嘉會 安國 觀光 鎭定 順化 明通 俊秀 義通 中部八坊曰 貞善 慶幸 寬仁 壽進 澄淸 長通 瑞麟 堅平

_ 『태조실록』권9, 태조 5년 4월 병오

자료 15

종척宗戚과 공신을 모아서 도읍을 옮길 것을 의논했다. 서운관에서 상언上言했다. "뭇 까마귀가 모여서 울고, 들 까치가 와서 깃들고, 재이災異가 여러 번 보였사오니, 마땅히 수성修省하여 변變을 없애야 하고, 또 피방避方하셔야 합니다." 임금이 이에 종친과 좌정승 조준趙浚 등 여러 재상들을 모두 불러 서운관에서 올린 글을 보이고, 또 피방해야 될지의 가부를 물으니, 모두 피방하여야 된다고 대답했다. 임금이 어느 방위로 피방하여야 할지를 물으니, 대답하기를, "경기 안의 주현州縣에는 대소 신료와 숙위宿衛하는 군사가 의탁할 곳이 없고, 송도松都는 궁궐과 여러 신하의 제택第宅이 모두 완전합니다." 하니, 드디어 송경松京에 환도하기로 의논을 정했다. 애초부터 도성 사람들이 모두 구도舊都를 생각하고 있었으므로, 환도한다는 말을 듣고 서로 기뻐하여 손에 손을 잡고 이고지고 하여 길에 인마의 행렬이 계속 이어지니 성문을 지키어 이를 제지하도록 했다.

原文 會宗戚及功臣 議移都 書雲觀上言 群烏聚噪 野鵲來巢 災異屢見 宜修省消變 且宜避方上乃悉召宗親及左政丞趙浚等諸宰 執示以書雲觀所上書 且問避方可否 皆對以宜避 上問 避諸何方 對曰 畿內州縣 大小臣僚宿衛之士 無所依寓 松都 宮闕及群臣第宅皆完 遂定議還于松京 初都人皆懷舊都 聞欲還都 相與喜悅 提携負戴 絡繹于路 使守城門以止之

_ 「정종실록」 권1, 정종 원년 2월 정묘

자료 16

다시 한양에 도읍을 정하고, 드디어 향교동鄕校洞에 이궁離宮을 짓도록 명했다. 이날 새벽에 임금이 종묘의 문밖에 나아가서 여러 사람에게 포고하여 말했다. "내가 송도에 있을 때 여러 번 수재水災와 한재旱災의 이변이 있었으므로, 하교下敎하여 구언求言주15했더니, 정승 조준 이하 신도新都로 환도하는 것이 마땅하다고 말한 자가 많았다. 그러나 신도新都도 또한 변고가 많았으므로, 도읍을 정하지 못하여 인심이 안정되지 못했다. 이제 종묘에 들어가 송도松都와 신도新都와 무악毋岳을 고告하고, 그 길흉을 점쳐 길한 데 따라 도읍을 정하겠다. 도읍을 정한 뒤에는 비록 재변災變이 있더라도 이의異議가 있을 수 없다.

임금이 제학提學 김첨金瞻에게 묻기를, "무슨 물건으로 점占칠까?" 하니, 대답하기를, "종묘 안에서 척전擲錢주16할 수 없으니, 시초蓍草주17로 점치는 것이 좋겠습니다." 했다. 임금이 말하기를, "시초蓍草가 없고, 또 요즘은 하지 않는 것이므로 알기가 쉽지 않으니, 길흉吉凶을 정하는 것이 어렵지 않을까?" 하니, 김과金科가 나와서 말하기를, "점괘占卦의 글은 의심나는 것이 많으므로, 가히 정하기가 어렵겠습니다." 하니, 임금이

주15 구언(求言): 국정에 대해 신하의 직언을 구하는 것

주16 척전(擲錢): 동전을 던져 드러나는 앞면과 뒷면에 따라 길흉을 점치는 일.

주17 시초(蓍草): 점치는 데 이용한 톱풀. 후대에 와서는 대나무 조각으로 만들어 썼기 때문에 서죽(筮竹)이라 한다.

말하기를, "여러 사람이 함께 알 수 있는 것으로 하는 것이 낫다. 또 척전擲錢도 또한 속된 일이 아니고, 중국에서도 있었다. 고려 태조太祖가 도읍을 정할 때 무슨 물건으로 했는가?" 하니, 조준이 말하기를, "역시 척전擲錢을 썼습니다." 했다.

임금이 말하기를, "그렇다면 지금도 또한 척전이 좋겠다." 하고, 여러 신하를 거느리고 절한 뒤에, 완산군 이천우 · 좌정승 조준 · 대사헌 김희선 · 지신사 박석명 · 사간 조휴를 거느리고 묘당에 들어가, 상향上香하고 꿇어앉아, 이천우에게 명하여 반중盤中에 척전擲錢하게 하니, 신도新都는 2길吉 1흉凶이었고, 송경松京과 무악毋岳은 모두 2흉凶 1길吉이었다. 임금이 나와 의논이 이에 정해지니, 드디어 향교동鄕校洞 동쪽 가를 상지相地하여 이궁을 짓도록 명하고, 어가를 돌이켜 광나루에 머물러 호종하는 대신과 더불어 말했다. "나는 무악에 도읍하지 아니했지만, 후세에 반드시 도읍하는 자가 있을 것이다."

原文 復定都漢陽 遂命作離宮于鄕校洞 是日昧爽 上詣宗廟門外 告于衆曰 予在松都 屢有水旱災變 下敎求言 自政丞趙浚以下 言當還新都者多矣 然新都亦多變故 都邑未定 人心不靜 今入宗廟 告以松都新都毋岳 占其吉凶 從吉定都 定都之後 雖有災變 毋有異議 問提學金瞻曰 占以何物 對曰 廟內不可擲錢 筮爲可 上曰 筮無蓍草 且今世所不爲 未易曉 無乃吉凶難定乎 金科進曰 卦辭多疑 難可定 上曰 不若以衆所共知爲之 且擲錢亦非俗事 中國亦有之 前朝太祖定都時 以何物爲之 趙浚曰 亦用擲錢 上曰 如此則今亦可擲錢 率群臣禮拜 率完山君李天祐 左政丞趙浚 大司憲金希善 知申事朴錫命 司諫趙休入廟室 上香跪 命天祐擲錢盤中 新都二吉一凶 松京 毋岳 皆二凶一吉 上出 議乃定 遂相地于鄕校洞東邊 命作離宮 還駕次于廣灘 與扈從大臣言曰 予則不都毋岳 後世必有爲都者

_ 『태종실록』 권8, 태종 4년 10월 갑술

자료 17

이궁에 자리 잡으니, 한경漢京의 부로父老들이 길 옆에서 가요歌謠를 드리고, 세자가 백관을 거느리고 하례賀禮를 행하고, 의정부에서 헌수獻壽했는데, 종친 · 공신과 의정부 · 육조가 모두 참예했다. 의정부찬성사 권근이 화악시華嶽詩를 지어서 바치었는데, 그 서序는 이러했다. " … 돌아보건대, 우리 한성의 도읍은 실로 도록圖錄에 응하여 태상왕太上王[주18]께서 정하신 곳이요, 종묘 · 사직이 있는 곳입니다. 백성들이 옮기기를 어렵게 여기어 살 곳으로 가려 하지 않는데, 전하께서 종묘의 중함과 당구堂構의 의리로 옮기지 않을 수 없으시어, 종묘에 고하여 길吉한 곳을 얻어서 궁실宮室을 영

주18 태상왕(太上王): 태조 이성계.

건설建하고 환도하시었으니, 종묘를 높이고 백성의 뜻을 정하고, 태상왕의 환심을 받는 것입니다. 옛적의 천사遷徙한 일에 비교하면 그 의의가 더욱 중하니, 마땅히 마음껏 노래하고 손발로 춤을 추어, 넓고도 큰 거리에 오래오래 노래하고, 아름다운 음악에 올리어 영원토록 후세에 들리게 해야 할 것입니다. 어찌 한 마디의 시詩가 없어 전傳하지 않을 수 있겠습니까? … " 술이 취하매, 임금이 여러 신하와 더불어 연귀聯句를 지어 창화唱和했는데, '임금이 위位에 있어 어찌 얇은 얼음을 밟는 마음을 잊으랴?' 하는 글귀가 있었다.

原文 御離宮 漢京父老獻歌謠於道左 世子率百官行賀禮 議政府獻壽 親勳 政府 六曹咸與焉 議政府贊成事權近 撰華嶽詩以獻 其序曰 … 顧我漢城之都 實膺圖錄 太上王之所定也 宗廟社稷之所在也 民乃重遷 不適有居 殿下乃以宗廟之重 堂構之義 不可不遷 告廟獲吉 營室而還 所以尊宗社定民志 而奉太上之懽心也 其視古昔遷徙之擧 義尤重焉 是宜奮肆欸飮 手足蹈舞 長言之於康衢 播揚休聲 以永厥聞 豈可暗默無詩 以泯其傳哉 … 酒酣 上與諸臣 聯句唱和 上有在位何忘履薄心之句

_ 『태종실록』 권10, 태종 5년 10월 임오

출전

『태조실록』

『태종실록』

『정종실록(定宗實錄)』: 정종 원년(1399) 정월부터 2년(1400) 12월까지 2년 동안 일어난 역사 사실을 기록했으며 모두 6권이다. 정종은 세종 원년(1419), 태종은 세종 4년(1422)에 각각 죽자 춘추관지사 변계량 등이 세종 5년 12월에 편찬을 건의하여 정종과 태종의 실록 편찬은 함께 들어갔다. 세종 8년 8월에 『정종실록』, 세종 13년 3월에 『태종실록』을 각각 완성했다. 그러나 '정도전의 난' 등에 대한 이론이 제기되면서 세종 24년(1442) 9월에 『태조실록』과 함께 두 실록도 고쳤다. 실록 기록은 그 왕이 즉위한 날부터 퇴위한 날까지 기록하는 것이 원칙인데, 정종 즉위년 9월 5일부터 기사는 『태조실록』에 이미 편찬하여 실었고, 정종 2년 기사에는 태종 즉위년 기사가 들어 있다.

찾아읽기

국사편찬위원회, 『한국사』 22(조선 왕조의 성립과 대외관계), 1995.

박경용, 『한성부 연구』 국학자료원, 2000.

이존희, 『조선 시대의 한양과 경기』, 혜안, 2001.

고동환, 『조선시대 서울도시사』, 태학사, 2007.

서울특별시사편찬위원회, 『시민을 위한 서울역사 2000년』, 경인문화사, 2009.

서울특별시사편찬위원회, 『서울 2천년사』11(조선의 건국과 한양천도), 경인문화사, 2013.

서울특별시사편찬위원회, 『서울 2천년사』13(조선시대 서울의 도시경관), 경인문화사, 2013.

3 왕조의 기본 법전을 편찬하다

『경국대전』 편찬

『경국대전』은 조선 왕조의 기본 법전이었다. 국가 운영의 근간이 된 기본 법전을 완성함으로써 조선 왕조는 고려 왕조보다 한 단계 진전된 중앙 집권적 통치 체제를 구축할 수 있었다. 이후 『속대전』· 『대전통편』· 『대전회통』의 편찬이 이어졌으나 『경국대전』은 모법전으로서의 위상을 지니고 있었다. 새로운 법전 편찬에서도 『경국대전』의 법조문은 삭제되지 않고 원형 그대로 존속했다.

법과 입법의 특색

조선 시기 법의 존재 형태와 입법은 '교敎'라고 표현되는 국왕의 명령으로 이루어진다는 점에 특색이 있다. '교'의 구체적인 방식은 교지敎旨 또는 전지傳旨이다. 내용의 경중에 따라 구분할 때 '교지'는 의정부에 명령하여 중외에 널리 알릴 사항을 뜻하며, 지엽적인 세부 사항은 '전지'라고 한다. 이러한 명령을 각 관아에서 받게 되면 교를 받는다고 하여, '수교受敎'라 한다. 이 수교를 법조문화한 것이 조례條例 · 조령條令 · 조건條件 등이다. 그리고 각 관아에서 연 · 월 · 일을 붙여 이 문서를 등재해 모아 놓은 것이 '등록謄錄'이다. 예를 들면 『비변사등록』이나 『각사등록』이 이것이다. 그런데 이 '등록'은 세월이 경과하면서 등록 상호 간의 모순이나 중복이 생길 수밖에 없었다. 따라서 법령 상호 간의 혼란을 해결하기 위해 영구적으로 시행해야 할 것과 편의에 따라 임시로 준

조선 시대 정치 구조 및 정치 운영의 근간을 담은 기본 법전 『경국대전』이다. 현재 전하고 있는 것은 성종 15년(1484)에 편찬되었다.

용해야 할 구별의 필요성, 즉 법전 편찬의 필요성이 대두했던 것이다.

원래 중국에서는 율律 · 영令 · 격格 · 식式의 법규가 발달했다. 이 가운데 율과 령이 핵심적인 법규로서 중시되었고, 격과 식은 보충적인 의미를 지닌 법규였다. 율은 법령을 어긴 사람을 처벌하고 제재하는 형법에 해당하는 법률이었고, 영은 행정적인 명령이나 금지를 규정하는 행정법에 해당했다. 따라서 영은 법을 위반하지 못하게 하는 미연적未然的 의미가 강한 데 비해, 율은 이미 법을 위반한 자를 처벌하는 이연적已然的 의미가 강했다. 이 때문에 영은 율보다 우선한다고 간주하여 영을 양陽, 율을 음陰에 비유하기도 했다. 결국 영과 율 자체도 보완적인 관계에 있었다.

고려 시대의 율령도 당나라 율령의 영향을 크게 받고 있었다. 조선 조에 들어와서는 율과 영 가운데 행정법인 영이 우선하고 율이 보완적인 것이기 때문에 율서律書보다는 법전을 만드는 것이 시급한 것으로 인식되었다. 따라서 조선 왕조에서는 법전을 편찬하는 데 주력하면서 율서는 『대명률』을 적용하는 방법을 택했다. 그리하여 일반적인 형률은 『대명률』을 따르되 여기에 없거나 실정에 맞지 않는 규정은 특별법인 '수교'를 적용했다. 이러한 특별법을 모아 편찬한 것이 『경국대전經國大典』의 형전인 셈이다. [자료1~3]

법전의 편찬은 법을 새로 만드는 것이 아니라 각 관아에 등록되어 있는 수교를 수집 · 정리하는 과정을 뜻했다. 이 가운데 일시적인 법령[권의지법(權宜之法)]과 영구적인 법령[경구지법(經久之法)]을 각각 구별하여 후자만을 정리하여 모으는 과정이 핵심이었다.

따라서 법전은 6조의 순서인 이·호·예·병·형·공조에 따라 이전·호전·예전·병전·형전·공전의 6전으로 편찬될 수밖에 없었다. 그리고 구체적인 편찬 과정에는 조선 초기에 여러 차례의 『속육전』 편찬 과정에서 나타난 '조종성헌준수祖宗成憲遵守의 원칙'과 '법전·법령집 구분의 원칙'이 각각 반영되었다. '조종성헌준수의 원칙'은 원전元典, 즉 원래 법전의 조문은 그대로 두고, 그 조문 밑에 고쳐야 할 내용만을 각주로 명기하는 방식을 뜻하고, '법전·법령집 구분의 원칙'은 영구히 시행해야 할 '경구지법'인 전典, 편의에 따라 시행해야 할 '권의지법'인 록錄으로 구분하는 방식을 말한다. 그리고 이러한 방식은 이후 조선 시기 법전 편찬의 기본 원칙이 되었다.

『경국대전』의 편찬과 의의

『경국대전』은 조선의 체계적인 법전으로 성종 15년(1484)에 완성되고 이듬해부터 시행된 「을사년대전」을 가리킨다. 이에 앞서 정도전의 『조선경국전』(태조 3년, 1394)과 조준 등의 『경제육전』(태조 6년, 1397)이 편찬된 바 있었다. 그리고 『경국대전』이 편찬되기까지 각종 교지·수교·조례 등을 모아 『속육전』이 편찬되었다. 그러나 『속육전』으로서는 조문 사이에 중복되거나 모순된 내용이 많아 혼란을 초래하고 또한 체계성을 갖기 어려운 여러 문제점이 발생했다. 따라서 모든 법령을 전체적으로 조화시키는 새로운 종합 법전의 필요성이 대두했다. [자료4·5]

세조 때 양성지의 건의로 육전상정소六典詳定所를 설치하고 먼저 호전戶典과 형전刑典을 편찬했다. 나머지 이吏·예禮·병兵·공工의 4전도 편찬 완료되었으나 세조의 갑작스러운 죽음으로 반포가 일시적으로 중지되었다. 이후 「기축년대전」(예종 1년, 1469), 「신묘년대전」(성종 2년, 1471), 「갑오년대전」(성종 5년, 1474)의 육전 체제로 증보와 교감이 계속되다가 최종적으로 현존하는 『경국대전』인 「을사년대전」이 완성되었다. 『경국대전』의 완성으로 법에 입각한 조선 시기 양반 관료 체제의 정비가 일단락되었다. 아울러 양반 관료 체제의 정비 및 그 시행과 『경국대전』에 입각한 중앙 집권적 통치 체제가 상호 표리 관계를 유지하고 있었기 때문에 조선 초기의 이와 같은 체제를

'대전 체제'라고도 한다.

오늘날과 같이 행정법 · 민법 · 형법 등의 구별 없이 6개의 범주로 구분된 통일 법전으로서 『경국대전』의 편찬 의의는 왕조 통치의 법적 기초인 통치 규범 체계가 확립되었다는 점, 여말 선초의 고유법을 성문화成文化 및 조종성헌화祖宗成憲化함으로써 중국법의 무제한적인 침투에 대한 방파제를 구축했다는 점, 일반법으로 준용되던 『대명률』에 대해 우선하여 시행할 수 있는 특별법인 형전을 갖게 되었다는 점 등을 들 수 있다.

이후 조선 시기의 법전은 『대전속록』(성종 23년, 1492), 『대전후속록』(중종 38년, 1543), 『수교집록』(숙종 24년, 1698), 『전록통고』(숙종 32년, 1706) 등의 단계를 거쳐 조선 후기의 사회상을 종합 · 정리한 『속대전』(영조 22년, 1746)의 편찬으로 이어졌다. 『속대전』은 조선 전기의 『경국대전』과 쌍벽을 이루는 조선 후

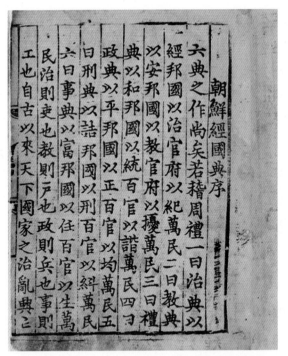

『조선경국전』 정도전이 편찬한 조선 왕조의 기본 정책을 기록한 책. 내용으로는 정보위 · 국호 · 안국본 · 세계 · 교서 등으로 나누어 국가 형성의 기본을 논술하였으며, 이어 『주례』의 6전 체제에 따라 치 · 부 · 예 · 정 · 헌 · 공의 6전을 설치하여 각 전의 업무를 규정하고 있다. 이후 간행되는 여러 법전의 효시가 되었다.

기의 기본 법전이었다. 각 전의 서차와 목록만 『경국대전』을 따랐을 뿐 내용은 거론하지 않았으며 『경국대전』 이후의 새롭게 변화된 사회상을 법조문화한 것이다. 『대전통편』(정조 9년, 1785)은 다시 조종성헌주의에 입각하여 『경국대전』을 '원原', 『속대전』을 '속續', 그리고 『속대전』 편찬 이후의 수교를 새로이 증보하고 '증增'이라 표기함으로써 종래의 법전을 통합하는 방식으로 편찬되었다. 그리고 『대전회통』(고종 2년, 1865)은 이 통편을 저본으로 삼아 편찬된 조선 시대 마지막 법전집이었다. 이와 같이 조선 시기의 경우 법전의 편찬 및 그 집대성은 하나같이 나름대로 새로운 문물의 정비와 경장을 도모하던 시기에 이루어졌다.

『경국대전』 편제

『경국대전』편제는『주례』의 6전六典 체제와 동일한 6분六分 방식으로서 이전吏典 · 호전戶典 · 예전禮典 · 병전兵典 · 형전刑典 · 공전工典의 순서로 되어 있다. 조문 내용은『경제육전』과 달리 추상화, 일반화되어 있고 명실상부한 법전으로서의 면모를 갖추고 있다. 각 전의 내용은 다음과 같다. [자료6]

이전吏典은 통치의 기본이 되는 중앙과 지방의 관제, 관리의 종별, 관리의 임면, 서임의 제한, 사령 등에 관한 29항목의 규정이 수록되어 있다. 29항목은 내명부內命婦, 외명부外命婦, 경관직京官職, 봉조하奉朝賀, 내시부內侍府, 잡직雜織, 외관직外官職, 토관직土官職, 경아전京衙前, 취재取才, 천거薦擧, 제과諸科, 제수除授, 한품 서용限品敍用, 고신告身, 정안政案, 해유解由, 포폄褒貶, 고과考課, 녹패祿牌, 차정差定, 체아遞兒, 노인직老人職, 추증追贈, 증시贈諡, 급가給假, 개명改名, 상피相避, 향리鄕吏이다.

호전戶典은 호적 제도, 토지 제도, 조세 제도, 봉급, 통화, 부채, 상업과 잠업, 창고와 환곡, 조운, 어장과 염장, 토지 · 가옥 · 노비의 매매와 관련된 입안立案 등 30항목에 걸쳐 재정 경제와 관련되는 사항을 수록하고 있다. 30항목은 경비經費, 호적戶籍, 양전量田, 적전籍田, 녹과祿科, 제전諸田, 전택田宅, 급조가지給造家地, 무농務農, 잠실蠶室, 군자창軍資倉, 상평창常平倉, 회계會計, 지공支供, 해유解由, 병선재량兵船載粮, 어염魚鹽, 외관 공급外官供給, 수세收稅, 조전漕轉, 세공稅貢, 잡세雜稅, 국폐國幣, 장권獎勸, 비황備荒, 매매한買賣限, 징채徵債, 진헌進獻, 요부徭賦, 잡령雜令이다.

예전禮典은 과거 제도, 조신의 의장儀章, 외교, 제례, 상장喪葬과 묘지, 관인官印, 각종 공문서 서식, 친족의 범위, 제사 상속, 양자 제도, 혼인 등의 내용을 61항목에 걸쳐 수록하고 있다. 61항목은 제과諸科, 의장儀章, 생도生徒, 오복五服, 의주儀註, 연향宴享, 조의朝儀, 사대事大, 대사객待使客, 제례祭禮, 봉심奉審, 치제致祭, 진폐陳弊, 봉사奉祀, 급가給假, 입후立後, 혼가婚嫁, 상장喪葬, 취재取才, 용인用印, 의첩依牒, 장문서藏文書, 장권獎勸, 반빙頒冰, 혜휼惠恤, 아속악雅俗樂, 선상選上, 도승度僧, 사사寺社, 참알參謁, 경외관영송京外官迎送, 경외관상견京外官相見, 경외관회좌京外官會坐, 청대請臺, 잡령雜令, 용문자식用文字式, 문무관사품이상고신식文武官四品以上告身式, 문무관오품이하고신식文武官五品以下告身式,

당상관처고신식堂上官妻告身式, 삼품이하처고신식三品以下妻告身式, 홍패식紅牌式, 백패식白牌式, 잡과백패식雜科白牌式, 녹패식祿牌式, 추증식追贈式, 향리면역사패식鄕吏免役賜牌式, 노비토전사패식奴婢土田賜牌式, 계본식啓本式, 계목식啓目式, 평관식平關式, 첩정식牒呈式, 첩식帖式, 입법출의첩식立法出依牒式, 기복출의첩식起復出依牒式, 해유이관식解由移關式, 해유첩정식解由牒呈式, 도첩식度牒式, 입안식立案式, 감합식勘合式, 호구식戶口式, 준호구식准戶口式이다.

병전兵典은 군제와 군사에 관련된 52항목을 수록하고 있다. 52항목은 경관직京官職, 잡직雜職, 외관직外官職, 토관직土官職, 경아전京衙前, 반당伴倘, 외아전外衙前, 군관軍官, 역마驛馬, 초료草料, 시취試取, 번차도목番次都目, 군사급사軍士給仕, 제도병선諸道兵船, 무과武科, 고신告身, 포폄褒貶, 입직入直, 척간擲奸, 행순行巡, 계성기啓省記, 문개폐門開閉, 시위侍衛, 첩고疊鼓, 첩종疊鐘, 부신符信, 교열敎閱, 속위屬衛, 명부名簿, 번상番上, 유방留防, 급보給保, 성적成籍, 군사환속軍士還屬, 복호復戶, 면역免役, 급가給假, 구휼救恤, 성보城堡, 군기軍器, 병선兵船, 봉수烽燧, 구목廐牧, 적추積蒭, 호선護船, 영송迎送, 로인路引, 개화改火, 금화禁火, 잡류雜類, 용형用刑이다.

형전刑典은 『대명률』에 대한 특별 형법으로서 형벌·재판·공사노비 등에 관한 규성 및 판례법으로 형성된 노비에 관한 상속 분쟁 등 28항목을 수록하고 있다. 28항목은 용률用律, 결옥일한決獄日限, 수금囚禁, 추단推斷, 금형일禁刑日, 남형濫刑, 위조僞造, 휼수恤囚, 도망逃亡, 재백정단취才白丁團聚, 포도捕盜, 장도臟盜, 원악향리元惡鄕吏, 은전대용銀錢代用, 죄범준계罪犯准計, 고존장告尊長, 금제禁制, 소원訴冤, 정송停訟, 천첩賤妾, 천처첩자녀賤妻妾子女, 공천公賤, 사천私賤, 천취비산賤娶婢産, 궐내각차비闕內各差備, 근수根隨, 제사차비노근수노정액諸司差備奴根隨奴定額, 외노비外奴婢이다.

공전工典은 도로·교량 등의 교통, 도량형, 식산 등 14항목을 수록하고 있다. 14항목은 교로橋路, 영선營繕, 도량형度量衡, 원우院宇, 주거舟車, 재식栽植, 철장鐵場, 시장柴場, 보물寶物, 경역리京役吏, 잡령雜令, 공장工匠, 경공장京工匠, 외공장外工匠이다.

자료1

형刑으로는 죄지은 자를 징벌하고 법法으로는 죄를 짓기 전에 방지한다. 죄지은 자를 징벌하여 사람들에게 두려움을 알게 하는 것은 죄를 짓기 전에 방지하여 사람들로 하여금 죄를 피할 줄 알게 하는 것만 못하다. … 고려의 제도는 대체로 당唐의 것을 본받았고 형법도 『당률』주1을 시의에 맞게 참작하여 채택했다. … 총 71조로 번잡한 것은 삭제하고 간편한 것은 취하여 시행했다. 그러나 금망禁網이 펴지 못하여 느슨한 형벌과 잦은 석방으로 간흉의 무리들이 금망을 벗어나 함부로 하여도 금하지 못했고 말기에 이르러 폐단이 극도에 달했다. 이에 원의 의형이람議刑易覽과 명의 『대명률』을 섞어 쓰자는 의견도 있었고 『지정조격至正條格』주2 가운데 사리에 맞는 것은 겸용하자는 사람도 있었다.

原文 刑以懲其已然 法以防其未然 懲其已然而使人知畏 不若防其未然而使人知避也 高麗一代之制 大抵皆倣乎唐 至於刑法 亦採唐律恭酌 時宜而用之 摠七十一條 刪煩取簡行 然其弊也禁網不張 緩刑數赦 姦兇之徒脫漏 自恣莫之禁制 及其季世其弊極矣 於是有建議雜用元朝議刑易覽大明律以行者 又有兼採至正條格言行事宜成書以進者

— 『고려사』 권84, 지38 형법1

자료2

성인이 형률을 제정한 것은 여기에만 의지하여 정치를 하려는 것이 아니라, 오직 이로써 정치를 보좌할 따름인 것이다. 즉 형벌을 씀으로써 형벌을 쓰지 않게 하고, 형벌로 다스리되 형벌이 없어지기를 기대하는 것이다. 만약 우리의 정치가 이미 이루어지게 된다면 형률은 방치되어 쓰이지 않게 될 것이다.

原文 聖人之制刑也 非欲恃此以爲治 惟以輔治而已 辟以止辟 刑期無刑 苟吾治之已成則刑可措而不用矣

— 『삼봉집』 권14, 조선경국전 하, 헌전 총서

자료3

형벌은 정치를 돕는 방법으로 소홀할 수 없다고 한 지 오래이다. 여러 형법가들의 형률 제정에는 지나치거나 미치지 못하는 차이가 있어서 당사자들을 괴롭게 한다. 이 『대명률』은 과조科條의 경중이 각각 타당하여 진실로 법 집행자의 준칙이라 할 만하

주1 『당률』: 당나라의 형법전. 고조(高祖) 무덕(武德) 연간에 수나라의 개황률(開皇律)을 본떠서 만든 것이 처음이며, 그 뒤 개수(改修)할 때마다 연호를 붙여서 불렀다. 무덕률 · 정관률 · 개원률 · 영휘률이 그것이다. 영휘률(永徽律)은 『당률소의(唐律疏議)』라고도 한다. 또한 당률은 『당률소의』의 약칭으로도 불리는데, 『당률소의』는 명례 · 위금 · 직제 · 호혼 · 구고 · 천흥 · 적도 · 투송 · 사위 · 잡률 · 포망 · 단옥 등 12편, 총 500조로 구성된 현존하는 중국 최고의 법전으로 알려져 있다.

주2 『지정조격(至正條格)』: 원나라의 법률서. 원나라 순종 지정(至正) 연간에 만든 법규. 고려 말에 들어와 준용되었다.

다. 성상^{주3}께서 이것을 중외에 반포하여 관리들로 하여금 서로 전하여 익히고 외워 모두가 본받게 했다. 그러나 그 문체가 특별하여 사람마다 쉽게 깨치기 어렵다. 하물 며 우리나라에는 삼한三韓 때에 설총이 만든 이두라는 방언 문자가 있어 사람들은 나 면서부터 알고 익히며 숙달하여 갑자기 바꿀 수 없으니 어찌 집집마다 다니며 일러주 고 가르칠 수 있겠는가. 『대명률』을 이두로 읽게 하여 잘 이끄는 것이 좋겠다. …

原文 刑者輔治之法 不可爲忽也尙矣 諸刑家製律 或有過不及之差 有司病焉. 此大明律書 科條輕重各有妥當 誠執法者之準繩. 聖上思欲頒布中外 使仕進輩 傳相習誦 筒皆得以取法 然 其使字不常 人人未易曉 況我本朝 三韓時薛聰所製方言文字謂之吏道 土俗生知習熟 未能遂革 焉得家到戶 諭每人而敎之 宜將是書 讀之以吏道 導久以良能政丞平壤

_「대명률직해」 발문

자료4

예로부터 제왕들이 천하와 국가를 소유함에 있어 창업 군주는 초창기에 경륜하느라 전 고典故를 돌볼 겨를이 없고, 수성 군주는 예법을 준수하기 때문에 또 제작하는 것을 일 삼지 않는다. 비록 한 고조가 빠뜨린 계책이 없었다고 하지만 삼장三章의 약법約法^{주4}이 겨우 규모가 있었을 뿐이었고, 사가들은 당의 모든 제도가 잘 갖춰졌다고 칭찬하지 만 육전六典을 지은 것은 오히려 그 중엽을 기다렸으니 하물며 우리가 한·당만도 못 한 나라이겠는가. … 세조께서 일찍이 말씀하시기를 "우리 조종의 심후하신 인덕과 크고 아름다운 규범이 훌륭한 전장에 퍼져 있으니, 이는 『경제육전經濟六典』의 원전元 典·속전續典과 등록謄錄이며, 또 여러 번 내린 교지가 있어, 법이 아름답지 않은 것이 아니지만, 관리들이 용렬하고 어리석어 제대로 받들어 행하지 못한다. 이는 진실로 법의 과목이 너무 호번하고 앞뒤가 서로 모순되어 하나로 크게 정해지지 않았기 때문 이다. 이제 손익을 헤아리고 회통할 것을 산정하여 만대의 성법을 만들고자 한다."고 했다. … 책이 완성되자 나누어 6권으로 만들어 바치니, 『경국대전』이라고 그 이름을 내리셨다. 형전刑典과 호전戶典은 이미 반포하여 시행되었으나 나머지 사전四典은 미 처 교정을 못했었는데 갑자기 승하하시니 성상께서 선왕의 뜻을 이어 받들어 마침내 하던 일을 끝마치게 하고 중외에 반포했다. … 예로부터 제작의 융성함이 주나라 만 한 것이 없는데, 『주관周官』^{주5}에서는 육경六卿^{주6}을 나누어 천지天地·사시四時에 짝했 으니, 육경의 직책은 하나만 없어도 안 된다.

自古帝王之有天下國家也 創業之主 經綸草昧而未遑拎典故 守文之君 遵守舊章而又 無事拎制作 雖曰漢高箄無遺策 而三章之法 略存規模 史稱唐家萬目俱張 而六典之作 揄俟中華 況不拎漢唐者乎 … 祖宗深仁厚澤宏規懿範播在令童者曰 元·續六典 謄錄 又累降教旨 法非不 義 官吏愚奉行 科修浩繁 前後抵牾 不一大定耳 今欲斟酌損益刑定會通萬世成法 仍書旣成 釐 爲六卷次進賜名曰 經國大典 刑戶二典卽已頒行 四典未及釐正八音 遽遏 聖上邁追先志 逐記就 緒用頒中外 自古制作之隆 寞如成周 周官次六卿 配之天地四時 六卿之職 闕一不可也

_ 「경국대전」 서

자료5

도당都堂[주7]에서 검상조례사檢詳條例司[주8]로 하여금 무진년戊辰年 이후에 합당하게 행할 조례條例를 책으로 쓰게 하고 제목을 『경제육전』[주9]이라 하여 임금께 아뢰고 중외에 인 쇄하여 발행했다.

都堂令檢詳條例司 冊寫戊辰以後合行條例 目曰 經濟六典 啓聞于上刊行中外

_ 「태조실록」 권12, 태조 6년 12월 갑진

자료6

『육전』이 지어진 지 이미 오래다. 『주례周禮』[주10]를 상고하면 다음과 같다. 첫째는 치전 治典이니 방국邦國·관부官府·만민萬民을 다스린다. 둘째는 교전敎典이니 방국을 편 안하게 하고 관부를 가르치며 만민을 교훈한다. 셋째는 예전禮典이니 방국을 화평하 게 하고 백관을 통합하여 만민을 화합하게 한다. 넷째는 정전政典이니 방국을 평정하 고 백관을 바르게 하며 만민을 고르게 한다. 다섯째는 형전刑典이니 방국을 힐문하고 백관을 형벌하며 만민을 규찰한다. 여섯째는 사전事典이니 방국을 부유하게 하고 백 관을 부리며 만민을 기른다. 치는 이吏, 교는 호戶, 정은 병兵, 사는 공工이다. 예로부터 천하국가의 치란과 흥망은 뚜렷하게 상고할 수 있다. 치흥治興하게 된 것은 육전에 밝 았기 때문이고 난망亂亡하게 된 것은 육전에 어두웠기 때문이다.… 신臣 정도전은 한 책을 지어서 이름을 경국전經國典이라 하고, 이것을 전하에게 바치자, 진심으로 기뻐 하며 이를 유사有司에게 주어 금궤金匱에 간직해 두게 했으며, 신 총摠[주11]에게 명하여 서 그 책의 끝에 서문을 쓰게 했다.

六典之作 尙矣 若稽周禮 一曰 治典 以經邦國 以紀萬民 二曰 敎典 以安邦國 以敎官府 以擾萬民. 三曰 禮典 以和邦國 以統百官 以諧萬民. 四曰 政典 以平邦國 以正百官 以均萬民. 五

주7 도당(都堂): 도병마사의 별칭. 고려의 국방·군사 문제를 관장하 던 도병마사는 고려 후기에 이르 러 도평의사사로 개칭되면서 전기 의 중서문하성을 대신하여 국가의 모든 정무를 관장하는 최고 기구로 발전하여 도당이라 불렸다.

주8 검상조례사(檢詳條例司): 조선 초기 법률의 제정을 담당하던 관 아. 태조 1년(1392)에 설치. 태조 6 년(1397)에 『경제육전』을 편찬함.

주9 『경제육전』: 영의정 조준 등이 태조 6년(1397) 12월에 공포한 우 리 역사상 최초의 성문 통일 법전. 우왕 14년(1388) 이후 태조 6년 당 시까지 시행되고 있거나 앞으로 준 행해야 할 법령을 수집·분류하여 만든 법전. 이두와 방언을 혼용했 기 때문에 『방언육전』 또는 『이두원 육전』이라고도 불렸다. 오늘날 전 하지 않으며 『조선왕조실록』에 수 록되어 전하는 일부의 조문을 통해 그 편린을 알 수 있다.

주10 『주례(周禮)』: 『주례는 주공 (周公)이 태평성대를 이룩하여 그 자취를 기록한 것으로 전해지나 법 가·음양가·묵가 등의 영향을 받 은 후대 유자(儒者)의 위찬(僞撰)으 로 보기도 한다. 천지와 춘하추동 의 6상(六象)에 따라 1년 360일에 맞춰 직관(職官) 360을 천관·지 관·춘관·하관·추관·동관의 6 관으로 관제와 직장(職掌)을 나누 어 기록했다. 원명은 『주관(周官)』 이며, 『의례』·『예기』와 더불어 중 국 3대 예서(禮書)의 하나로 간주 되고 있다.

주11 총(摠): 정총(鄭摠). 고려 말 조 선 초기의 학자로 개국 일등공신. 정도전과 함께 『고려사』를 편찬.

日 刑典 以詰邦國 以刑百官 以糾萬民. 六日 事典 以富邦國 以任百官 以生萬民. 治則吏也 教則
戶也 政則兵也 事則工也. 自古以來 天下國家之治亂興亡 昭然可考. 其所以治且興者 以明夫六
典也, 其所以亂且亡者 以昧於六典也. ... 臣鄭道傳 作爲一書 名之曰 經國典 以獻殿下 眞心是悅
付諸有司 藏之金匱 受命臣撫 序其編瑞

_ 『삼봉집』 권14, 조선경국전 하, 후서

■ 출전

『삼봉집』

『태조실록』

『고려사(高麗史)』: 고려 시대 역사를 기록한 기전체 사서. 조선 건국 3개월 뒤 정도전 · 정총이 왕명으로 『고려국사』
편찬에 착수하여 태조 4년(1395)에 편년체 사서를 완성하였는데, 편찬자인 정도전 등 건국 주체 세력의 역사 인식이
강하게 반영되었다. 정치적으로 재상 중심의 정치 체제를 지향하였고, 사대적 명분을 강조하였으며, 반혁명파, 고려
말의 정치사는 왜곡했다. 그러나 이 책은 전하지 않는다. 『고려사』는 「세가」 46권, 「열전」 50권, 「지」 39권, 「연표」 2권,
「목록」 2권 모두 139권으로 이루어졌다. 중국의 기전체 정사 중에서 『원사(元史)』를 가장 많이 참고하여 구성이 비슷
하다. 「열전」은 후비 · 종실 · 제신 · 양리 · 충의 · 효우 · 열녀 · 방기 · 환자 · 혹리 · 폐행 · 간신 · 반역으로 구성되
어 1,000명에 달하는 인물이 실려 있다. 지는 천문 · 역 · 오행 · 지리 · 예 · 악 · 여복 · 선거 · 백관 · 식화 · 병 · 형
법의 12개로 분류 · 구성하였다.

『경국대전(經國大典)』: 성종 15년(1485)에 완성하고 다음해부터 시행한 조선 시기 통치의 근간이 된 법전이다. 이에
앞서 정도전의 『조선경국전』(태조 3년, 1394)과 조준 등의 『경제육전』(태조 6년, 1397)을 펴낸 바 있었다. 『경국대전』이
나오기까지 각종 교지 · 수교 · 조례 등을 모아 『속육전』을 펴냈다. 그러나 『속육전』 편찬 방식으로는 조문끼리 중복
되거나 모순된 내용이 많아 혼란을 일으키고 체계를 잡기 어려워 모든 법령을 전체적으로 조화시키는 새로운 종합
법전이 필요하였다. 그 뒤 세조 때 양성지가 건의해 육전상정소(六典詳定所)를 설치하고 호전과 형전을 펴냈다. 나
머지 이 · 예 · 병 · 공의 4전도 편찬이 완료되었으나 세조의 갑작스러운 죽음으로 반포를 일시 중지했다. 그 뒤 예
종 · 성종 때 수정과 보완을 계속하다가 최종적으로 현존하는 『경국대전』이 완성되었다.

『대명률직해(大明律直解)』: 중국 명나라의 형률서인 『대명률』을 이두로 번역한 책 30권 4책으로 된 목판본이며, 원
본은 전하지 않는다. 원간 연대는 발문의 연대인 태조 4년(1395)으로 추정된다. 『대명률』이 도입된 시기는 고려 말인
1373년이었으며, 조선 태조는 『대명률』을 반포하고자 했으나 용어가 어렵고 생소하므로 조준에게 직해하도록 명했
다. 이에 조준이 고사경과 김지에게 이두를 사용하여 알기 쉽게 풀어쓰게 하였다. 두 사람은 직해를 한 뒤 정도전과
당성의 윤색을 받아 초고를 확정했으며, 1395년 2월 100여 본을 간행하였다. 당시에는 따로 이름을 붙이지 않고 그대
로 『대명률』이라고 불렀다.

『조선경국전(朝鮮經國典)』: 태조 3년(1394) 3월에 정도전이 저술하여 태조에게 바친 책이다. 상하 2권으로 나누어
『육전(六典)』에 따라 조선 왕조의 모든 관제의 내강을 서술한 것이다. 치전 · 예전 · 정전은 『주례』의 명칭을 그대로
따랐으나, 교전은 부전(賦典), 형전은 헌전(憲典), 사전은 공전(工典)으로 각각 바꾸었다. 6전의 앞에는 치국의 대요
로서 정보위(正寶位), 국호(國號), 정국본(定國本), 세계(世系), 교서(敎書)를 각각 기술하고 있다.

■ 찾아읽기

윤국일, 『경국대전 연구』, 과학백과사전출판사, 1986.

한국정신문화연구원, 『역주 경국대전(주석편)』, 1986.

이성무, 「『경국대전』의 편찬과 『대명률』」, 『역사학보』 125, 1990.

국사편찬위원회, 『한국사』 22(조선왕조의 성립과 대외관계), 1995.

정성식, 「경국대전의 성립배경과 체제」, 『동양문화연구』 13, 2013.

4 관료제 운영의 기틀을 세우다
관료의 선출과 관직 운영

조선 왕조는 중앙 집권적 양반 관료 국가였다. 조선의 통치 조직은 태종 이후에 본격적으로 정비되면서, 성종 15년(1484)에 반포된 『경국대전』에 의해 일단락되었다. 조선 왕조의 통치를 위한 관료의 선출과 관직 운영은 『경국대전』을 근간으로 철저히 법에 따라 이루어졌다. 조선의 관료는 개인의 능력을 고려한 선발 제도에 의해 임용된다는 점에서 근대적 성격을 지니고 있었고, 동시에 일정 부분 혈연적 특권에 의해 임용된다는 점에서 중세적 성격 또한 지니고 있었다.

관료 선출 방식

조선의 지배층은 양반이었다. 양반은 관료가 됨으로써 정치 · 경제 · 사회의 여러 특권을 확보해 갔고, 아울러 양반 관료 중심의 통치 체제를 확립했다. 양반은 관료가 되지 못하면 지배층으로서의 제반 특권을 향유해 나가는 데 차질이 컸다. 양반과 관료는 표리 관계였다. 따라서 관료가 되기 위한 양반의 경쟁은 치열했고 관직 운영은 엄격했다.

벼슬길에 나가는 대표적인 길은 과거와 음서였다. 정도전이 제정한 입관보리법入官補吏法에 의하면 처음 입사入仕하는 통로에는 7개의 관문이 있었다. 문음門蔭 · 문과文科 · 무과武科 · 이과吏科 · 역과譯科 · 음양과陰陽科 · 의과醫科의 7과가 그것이다. 이 가운데 이과 · 역과 · 음양과 · 의과는 그 후 기술 전문 관료를 뽑는 잡과雜科와 하급 전문직을 임용하기 위한 특별 채용 시험인 취재取才 등 두 가지로 정비되었다. 잡과 합격자는 사역원司譯院·전의감典醫監·혜민서惠民署·관상감觀象監 등의 해당 관서에 입사하여 최고 3품까지 승진할 수 있었으나, 이후 문과를 거치면 3품 이상의 승진도 가능했다. 특별 채용 시험인 취재는 재주가 부족하거나 나이가 많아 과거 응시가 어려운 사람이 응시했다. 여기에 합격하면 하급 전문직인 서리書吏·역승驛丞·도승渡丞·훈도訓導·교관敎官 등에 임용되었다. [자료1·2]

문음에 의한 음직蔭職을 받을 수 있는 대상은 공신이나 2품 이상 관료의 자子·손孫·서壻·제弟·질姪, 실직實職 3품관의 자·손, 그리고 3품 이하 관료이더라도 이조·병조 등 국가 중요 관부의 관직을 역임한 자의 자子 등이었다. 이들은 20세 이상이 되면 5경과 4서 가운데 각각 하나씩 택하여 시험을 보고, 여기에 합격하면 참하관參下官에 해당하는 품계와 관직을 받을 수 있었다. 음직은 부父·조祖가 역임한 실직實職 관품의 고하에 따라 주어졌다. 음직은 원칙적으로 장자長子만 받을 수 있었으나 장자가 유고한 때에는 장손이나 차자가 등급을 낮추어 받을 수 있었다. 부·조가 사망했거나 관직에서 물러났어도 음직을 받을 수 있는 관직에 있었으면 이를 받는 데 아무런 지장이 없었다. 고려 시기에 5품 이상관의 자·손·서·제·질에게 음직이 부여되던 것에 비해 범위가 크게 축소된 것이었다. [자료3]

양반은 출사의 방식으로 이러한 음직보다는 과거를 더욱 중시했다. 고려의 문벌귀족에 비해 보다 많은 가문이 관료로 진출했고 자신의 능력으로 관료의 지위에 올라야 했다. 또한 양반 관료로서의 신분적 특권을 향유할 수 있도록 과거 급제자에게는 여러 가지 혜택이 부여되었다. 과거 급제는 무직자無職者로 하여금 처음 관직에 진출할 수 있도록 할 뿐만 아니라 이미 품계를 가지고 있던 급제자에게는 초자超資·초직超職의 특혜가 부여되었다. [자료4] 문·무과뿐만 아니라 잡과도 동일했다. 이것은 순자법循資法·고과법考課法과 같은 관직의 승진 규정을 무시하고 고급 관료로 올라갈 수 있는 길을 열어준 조선 시대 과거의 중요한 기능의 하나였다. 문과의 장원과 갑과 급제자의 경우 종6품과 정7품의 직을 주었고 나머지는 성적에 따라 관품(관계, 품계, 산계)만 주었다. 문과 장원은 무직자라도 참하관을 거치지 않고 곧바로 참상관參上官으로 입사했다. 참상·참하의 경계인 6품과 7품은 넘기 어려운 경계였으나 문과의 장원은 이것을 단숨

문관과 무관의 복장을 보여 주는 초상화. 조정의 문무 관료는 평상시의 근무복으로 사모관대(紗帽冠帶), 즉 사모, 단령, 흉배, 띠, 목화를 착용하였다. 옷의 색깔은 시기에 따라 차이가 있으며, 흉배의 문양은 18세기 초까지는 문관을 날짐승, 무관을 길짐승으로 구분하고, 품계에 따라 동물의 문양을 달리하였다. 영조 10년(1734)부터 문관 당상관은 학, 당하관은 꿩으로 정하고, 무관의 학흉배 착용을 금하였다. 그 후 고종 8년(1871) 문관 당상관은 쌍학, 당하관은 단학, 무관 당상관은 쌍호, 당하관은 단호로 개정하였다.

에 넘어버렸다. 이것은 다른 관료들이 거쳐야 하는 약 7년여[450일×6품계=2,700일]의 승진 기간을 단축받는 것이었다. [자료4]

무과와 잡과도 합격자에게 품계를 올려 주는 특전을 부여했지만 문과보다 못했다. 문과의 장원 및 갑과 급제자에게는 품계뿐만 아니라 그 품계에 해당하는 실직實職을 주도록 되어 있었고, 또한 문과 급제자에게는 정품正品을 주었으나 무과 급제자에게는 격이 떨어지는 종품계從品階를 주었다.

본래부터 관품을 가지고 있던 문과 급제자들은 과거 시험 성적에 따라 1~4계를 가자加資해 주었고, 무과 급제자들은 1계만을 가자해 주었다. 가자된 품계가 마땅히 받아야 할 품계와 같거나 미치지 못할 경우에는 마땅히 받아야 할 품계에다 1계를 더해 주었다. 또한 계궁자[階窮者, 품계상으로 정3품 당하관인 동반(東班)의 통훈대부(通訓大夫)와 서반(西班)의 어모장군(禦侮將軍)에 해당하는, 장차 당상관으로 올라갈 수 있는 사람]는 갑과 급제자의 경우 무조건 당상관으로 올려 주고 을·병과 급제자의 경우 일단 정3품 당하관의 실직에 준직准職시킨 다음 당상관으로 승진시키도록 되어 있었다. 급제자가 아닌 경우에는 엄격한 인물

평정과 가계 심사를 거치거나 국왕의 특별 명령이 있어야만 당상관으로 승진할 수 있었던 데 반해, 급제자는 이미 고급 관료로서의 자격을 갖추고 있다고 간주했기 때문이었다.

원래 문·무과 급제자는 전원을 곧바로 서용하는 것을 원칙으로 삼고 있었으나, 관직 수가 제한되어 있기 때문에 현실적으로 급제자 전원을 한꺼번에 서용하기는 어려웠다. 그러나 문과의 경우 장원 및 갑과의 3인, 참상관으로서 급제한 자, 그리고 50세 이상 된 급제자들은 곧바로 서용하게 되어 있었다. 특히 50세 이상 된 급제자는 관직에 머물 기간이 짧으므로 무직자라도 6품 실직에 서용했다.

실직實職에 곧바로 서용되지 못한 급제자들은 문과의 경우 홍문관·성균관·승문원·교서관 등 사관四館에, 무과는 훈련원訓練院과 별시위別侍衛에 각각 권지權知로서 분관分館되었다. 분관은 이들 관서에 분속시키는 제도인데, 권지는 이들 분관처에 설치된 임시직 또는 대기직이었다. 또한 권지로서 분관된 급제자들은 특별한 재능이 없거나 문벌의 배경이 없는 한 진급이 느린 경우가 많았다.

조선 초기에는 급제자의 연령과 재능 여하에 따라 분관하게 되어 있었으나, 조선 후기에 이르면 분관에도 문벌의 영향이 작용하여 홍문관 및 선전관으로 분속되는 것을 다투게 됨으로써 과거 급제자의 관료로서의 서임 및 출세도 시대적 특성을 반영하고 있었다. 즉 과거는 관료로 진출할 수 있는 중요한 관문이었고, 양반들은 과거에 급제해야만 관직을 차지할 수 있었으며, 관직을 차지하고 있어야 과거 시험에서도 그 자손들이 유리한 위치를 차지할 수 있었다. 과거와 관직은 조선 시대 지배층인 양반의 가문과 신분을 지키기 위한 필수적인 요건이고 이를 획득하기 위한 경쟁은 과거제가 철폐될 때까지 계속되었다.

관계 조직의 구분과 특성

모든 조선의 관료는 관계官階 조직에 편입되어 있었다. 그러므로 모든 관직은 그에 해당하는 관계官階가 정해져 있었다. 관료의 품계는 정1품에서 종9품까지 18등급으로 나뉘어 있었다. 6품 이상은 각 등급마다 상·하의 구분을 둠으로써 모두 30단계의 위계로 이루어졌다. 이 관계 조직은 크게 3개의 경계선이 있었고, 이 경계선을 넘어 승진하는 데 여러 가지 제한을 두었다. 첫째는 정3품의 상위와 하위를 기준으로 구분된 당상堂上·당하堂下의 경계다. 둘째는 6품과 7품을 기준으로 참상參上과 참하參下로 구분한 경계다. 셋째는 4품과 5품의 경계인데, 문반은 대부大夫와 랑郎, 무반은 장군將軍과 교위校尉의 구분이다.

당상·당하의 구분은 여러 관서의 의논할 일이 있을 때 당상의 교의交椅에 착석할수 있는가의 여부를 기준으로 한 것이다. 당상관堂上官은 조선 시대의 정치를 입안·의결하는 추요樞要의 직위로서 국가의 중대사를 의결할 수 있는 의결권, 군대를 지휘·감독할 수 있는 군사권, 인사에 관여할 수 있는 인사권, 각종 국가고시의 시관試官이 될수 있는 고시권, 부하 직원의 고과표를 작성할 수 있는 포폄권褒貶權 등을 갖는, 말하자면 정치 관료였다. 정3품 당상관이 임명되는 관부는 승정원·장예원·사간원·홍문관·성균관·훈련원 등이 있었다. 이들 관부는 관료 정치의 수행에 있어 중요한 역할을 하고 있었던 행정 기관이었고 정3품 당상관은 이들 관부의 수장들이었다. 2품 이상의 관료만은 못하지만 거의 비슷한 정도의 대우를 받는 고급 관료였다. 당상관에게는많은 특전이 주어졌다. 당상관은 순자법循資法·상피相避에도 구애받지 않았고 관직에서 물러난 다음에도 공로가 있으면 봉조하奉朝賀로서 적으나마 녹봉을 받을 수 있었으며 그 밖에도 많은 특전을 가지고 있던 정치 관료였다. 봉조하는 조선 시대 종2품 이상의 전직 관원을 예우하여, 나이가 70세가 되어 퇴임한 관리에게 특별히 내린 벼슬이었다.[자료5]

따라서 당상관으로 올라가는 데는 일정한 승진 과정이 있었다. 문관은 정3품 당하관직인 승문원 판교承文院 判校, 봉상시 정奉常寺 正, 통예원 좌우통례通禮院 左右通禮, 그리고 무관은 정3품 당하관직인 훈련원 정訓練院 正을 거쳐야만 당상관으로 올라갈 수 있었다. 당상관 중에서도 2품 이상관은 고려 시대부터 재추宰樞로서 특별한 권한을 부여받고 있었다. 의정부·육조·한성부·사헌부·개성부·중추원·오위·겸사복·내금위·훈련원 등 중앙 주요 관부의 고위직과 관찰사·병마수군절도사 등 지방 장관에 이들이 임명되었다. 현직에 있을 때뿐만 아니라 퇴직 이후에도 치사기로소致仕耆老

所에 소속되어 국정에 자문하고 정조正朝 · 동지冬至 · 탄일誕日 · 국경國慶 · 행행行幸 등에 참여할 수 있었다. 또한 초헌軺軒을 타게 한다든가, 조상 3대를 추증追贈받을 수 있었다. 사망하면 예장禮葬과 증시贈諡의 특전을 받았으며 신도비神道碑를 세울 수 있었고, 그의 약전略傳이 실록實錄에 졸기卒記로서 기록될 수 있었다.

참상 · 참하의 구분은 조회朝會의 참석 여부에 따른 것이다. 정3품 당하관 이하 및 6품 이상의 참상관參上官은 중앙 관서의 중견 관료와 목민관牧民官으로 구성되어 있었다. 특히 목민관인 수령守令은 참상관 이상이라야 임용될 수 있었다. 참상관은 국가에 대한 반역이나 불효 · 살인과 같은 큰 죄를 저지르지 않는 이상 직첩職牒을 빼앗지 않았고 청상廳上에 앉아 심문받을 수 있었다. 또한 과거에 응시할 때 응시 원서에 따로 가계 증명서에 해당하는 조계단자祖系單子를 제출하지 않아도 되었으며 급제 시에는 현직에 곧바로 서용될 수 있었고 참상관이 되면 비로소 말을 탈 수 있었다.

7품 이하의 참하관[또는 참외관(參外官)]은 경 · 외 관아의 각종 실무를 담당하는 하급 관리층이었다.

4품과 5품은 관계 조직 중에서 문반의 경우 대부大夫와 낭郎으로 구분했다. 원래 천자天子와 제후諸侯 아래에 있고 서민庶民 위에 있는 관료 집단을 총칭하여 사대부士大夫라 했으나, 이렇게 총칭하기 이전에는 경卿 · 대부大夫 · 사士라고 하여 분리되었다. 사는 경 · 대부 아래에 있던 하위 귀족 계급을 뜻했다. 4품과 5품의 구분은 이러한 대부와 사의 구분선이기도 한데, 직접으로는 관원 임명 절차와 관련해 4품 이상의 대부는 국왕이 '관교官敎' 형식으로 직접 부여했으나 낭은 전조銓曹의 낭청과 당상의 결재를 거쳐 '교첩敎牒'의 형식으로 주어졌다. 또한 5품 이하의 전관원은 대간臺諫의 서경署經을 거쳐야만 했다. 4품과 5품의 구분선은 당상 · 당하의 구분선 못지않은 고급 관료와 하급 관료의 경계였다.[자료6 · 7]

관료 체제의 운영

조선 왕조는 이러한 중앙 집권적 관료 체제를 효율적으로 운영하기 위한 여러 가지 제도를 구비하고 있었다. 먼저 근무 일수를 기준으로 관리들의 인사 이동과 승진을 정하는 인사 법규인 순자법循資法을 시행했다. 모든 관리들은 실직實職 또는 산직散職에 상관없이 사만仕滿이라고 하는 일정한 근무 일수를 채워야만 품계 하나를 올려 받을 수 있었다. 양반 정직자正職者가 품계 하나를 올려 받으려면 참하관의 경우 450일[15개월], 참상관의 경우 900일[30개월]을 근무해야 했다.

그러나 당상관은 순자법에 구애받지 않았다. 또한 사만仕滿이 된다고 해서 반드시 자급資級이 올라가는 것은 아니었다. 자급이 올라가는 데는 고과考課 및 포폄褒貶 성적이 참작되었다. 문무백관의 고과표考課表는 매년 말마다 경관京官의 경우 이조 및 병조가, 외관外官의 경우 관찰사가 작성하여 국왕에게 보고하게 되어 있었다. 포폄은 매년 6월 15일과 12월 15일 두 차례에 걸쳐 실시되었다. 포폄관은 경관의 경우 해당 관청의 당상관과 제조提調 및 6조 중 해당 조曹의 당상관이, 외관의 경우 관찰사가 각각 맡게 되어 있었다. 이와 같이 사만자仕滿者들의 고과 및 포폄 성적은 매년 6월과 12월에 실시되는 도목정都目政에 반영되었다. 요컨대 순자법은 관리들의 근무 · 고과 · 포폄 성적을 도목정에 반영하여 그들의 전직轉職과 승출陟黜을 정하는 인사 법규였다. [자료8 · 9]

또한 순자법 실시로 인한 관직官職과 관계官階의 불일치를 보완하기 위해 행수법行守法을 실시했다. 행수법은 고려 시기부터 있어 온 관직제수법으로서 품계가 높은 사람이 낮은 관직에 임용되면 '계고직비階高職卑'라 하여 그 관직 앞에 '행(行)' 자를 붙였다. 그 반대인 경우는 '계비직고階卑職高'라 하여 관직 앞에 '수守' 자를 붙여서 관직과 관계의 조화가 이루어지도록 했다. 예컨대 종1품인 숭정대부崇政大夫가 정2품인 이조판서에 임명되면 '숭정대부 행이조판서崇政大夫 行吏曹判書', 반대로 종2품인 가선대부嘉善大夫가 정2품인 홍문관대제학에 임명되면 '가선대부 수홍문관대제학嘉善大夫 守弘文館大提學'이라 칭했다.

관원 임용에 있어서 일정한 친족 관계에 있는 사람을 동일 관부나 긴밀한 관계에 있는 관부에 임용할 수 없도록 하는 상피제相避制도 시행되었다. 대체로 친소 관계에 따라 당하관은 상피 관계를 따졌는데, 당상관은 이를 따지지 않았다. 다만 학관學官 · 군관軍官은 상피가 적용되지 않았다.

관직 진출에 있어서도 뚜렷한 한계를 설정한 한품서용限品敍用의 제도가 시행되었다. 서얼庶孽 및 기술관은 정3품 당하관, 향리 및 토관土官은 정5품, 서리胥吏 등은 정7품까지 승진이 허용되었다.[자료10]

조선 시대 관료 및 관직은 이와 같이 규모 있고 세밀하게 짜여 운영되었다. 통치 체제만으로 볼 때 관료제 국가였다. 그리고 이 운영의 중심 세력은 양반이었고, 따라서 양반 중심의 관료 서임 및 관직 운영이 이루어졌다. 그러나 동일한 양반이더라도 그 안에는 차별이 있었다. 무반은 문반에 비해 낮게 평가되었고 서얼은 과거에 응시하지 못했으며 재가녀再嫁女의 자손도 고관직에 진출하지 못했다. 또한 양반들은 기술관직을 천시하여 진출하지 않으려 했으며, 문관의 하급 관리인 서리胥吏와 무관의 하급 관리인 군교軍校 등 행정 실무직도 맡지 않았다. 결국 이러한 직책은 세습직이 되면서 중인中人층이 형성되는 계기가 되었다.

문반과 무반의 관직

관료는 문반과 무반으로 구분되며, 그 안에서 다시 경관직京官職과 외관직外官職으로 구분된다. 양반의 실직實職 총수는 5,605과窠였다. 그중 문관이 1,779과인데 경관직이 741과, 외관직이 1,038과이고, 무반직이 3,826과로서 경관직 3,324과, 외관직 502과이다. 그러나 5,605과 중에는 임시직인 체아직遞兒職 3,110과와 녹봉이 없는 무록관無祿官 95과가 포함되어 있어서 실제로 순수한 양반의 정직正職은 2,400과가 된다. 즉 문무 양반의 실질적인 정직 수가 2,400과가 되는 것이다. 2,400과 중 문반이 1,579과이고 무반이 821과이다.

이를 경·외관별로 구분하면 경관직이 860과[문반 541과·무반 319과]이고 외관직이 1,540과[문반 1,038·무반 502과]이다. 결국 당시 선망하던 관직은 경관직 860과가 될 수 있다. 860과 중에는 132과의 겸관직兼官職이 포함되어 있어 이를 제외하면 순수한 경관 정직 수는 728과[문반 466과·무반 262과]가 되며, 그중에서도 문반직 466과가 모든 문반들이 가장 선망하는 자리였다.

여기서 체아직은 동반체아직 105과와 서반체아직 3,005과를 합친 것인데, 직과 수의 파악 방법 및 체아직의 성격 여부에 따라 위의 관직 직과 수는 달라질 수 있다. 실제로 서반체아직의 직과 수는 3,005과, 4,471과, 4,492과, 4,587과 등으로 파악되고, 동반체아직은 그 성격 자체가 거관체아로서 직과의 수가 수시로 바뀌었으므로 정확한 직과 수를 산출할 수 없다는 점이 지적되고 있다. 따라서 위에 제시된 문·무반 관직 수는 조선 초기 관직의 대략적인 규모의 추이를 나타내는 자료로 참고할 수 있다.

문반의 경관직은 의정부·육조를 비롯해 중앙에 있는 관서에 소속된 관직이다. 관서는 그 장관의 직품에 따라 정1품아문에서 종6품아문까지 있다. 의정부는 정1품아문이고 육조는 정2품아문이며 승정원은 정3품아문이다. 의정부에는 관원으로서 정1품의 영의정·좌의정·우의정, 종1품의 좌·우 찬성, 정2품의 좌·우 참찬과 사인[정4품 2명]·검상[정5품 1명]·사록[정8품 2명]이 있으며, 육조에는 판서[정2품]·참판[종2품]·참의[정3품]·정랑[정5품]·좌랑[정6품] 등이 있다. 승정원에는 정3품 당상의 도승지·좌승지·우승지·좌부승지·우부승지·동부승지 등 6승지가 있다.

이 밖에 의금부·한성부·사헌부·장예원·사간원·홍문관·예문관·성균관·상서원·춘추관·승문원·통례원 등 여러 관서들이 서로 유기적인 관계를 가지면서 국정이 이루어졌다.

문반의 외관직은 각 도의 관찰사[종2품]가 있고, 그 밑에 목민관으로서 부윤[종2품]·대도호부사[정3품]·목사[정3품]·도호부사[종3품]·군수[종4품]·현령[종5품]·현감[종6품] 등이 있다. 관찰사는 도의 장관으로서 행정·사법·군사를 통괄하고 수령을 감독하는 중요한 임무를 담당했고, 그 밑에 보좌관으로서 도사[종5품]와 행정관으로서 판관[종5품]을 두었다. 경관직과 외관직의 밑에는 말단 행정을 담당하는 경아전[녹사(錄事), 서리(書吏)]과 외아전[향리(鄕吏)]이 있으며, 외아전은 6방으로 나뉘어 방백과 수령의 말단 행정을 돕도록 되어 있다.

무반의 경관직으로는 중추부·오위도총부·오위·내금위·훈련원·세자익위사 등이 있다. 그중 중추부는 소임이 없는 문무당상관을 대우하기 위하여 설치한 기관이다. 오위도총부는 오위의 군무를 다스리는 관서이나 그 당상은 대개 문신이 겸하게 되어 있고 오위의 장[종2품]도 대개 문관이 겸하게 되어 있어, 실제 무반 경관직의 당상관직은 문반이 겸하고 무반은 당하관직만을 차지했다. 외관직으로는 각 도의 병마절도사[병사, 종2품] · 수군절도사[수사, 정3품] · 병마우후[종3품] · 병마첨절제사[종3품] · 수군첨절제사[종3품] · 수군우후[정4품] · 병마첨절제사[종4품] · 수군만호[종4품] · 병마절 제도위[종6품] 등의 무관직이 있어 각 지역의 진관鎭管에서 군사를 영솔했다.

자료1

3년마다 한 번씩 대비大比주1하여 경학經學으로 시험해서 경학의 밝기와 덕행의 수양 정도를 평가하고, 부賦·논論·대책對策주2으로 시험해서 문장과 경세제민의 재주를 평가하니 이것이 문과文科이다. 장상將相과 대신大臣은 모두 백성에게 공덕이 있고, 또 그들의 자손은 가정의 가르침을 이어받아 예의를 잘 알고 있으므로 모두 벼슬을 할 만하다고 생각하여 문음門蔭을 설치했다. 군사는 나라에서 항상 갖추고 있어야 할 것이니 무예를 연습시키지 않을 수 없다고 생각하여, 훈련관을 설치하고 도략韜略주3과 전진법戰陣法을 가르치고 있다. 문서를 다루는 일, 회계를 기록하여 보고하는 일, 돈이나 곡식을 다루는 일, 토목·건축의 경영, 물품 공급과 손님에게 응대하는 예절을 익히지 않을 수 없다고 생각하여 이학吏學을 설치했다. 역譯은 사명使命을 받들어 중국과 통하기 위한 것이요, 의醫는 질병을 치료하여 요절을 막기 위한 것이요, 음양복서陰陽卜筮는 혐의를 해결하고 주저되는 일을 결정하기 위한 것이다. 이에 역학譯學·의학醫學·음양복서학陰陽卜筮學을 설치하고 각기 인재를 선발하는 과科를 두었으니, 인재를 양성함이 가히 지극하다 하겠고, 인재를 선발함이 가히 정밀하다 하겠다.

위에서 든 7과주4에 들지 않은 사람은 본인 자신이 벼슬길에 나갈 수 없을 뿐만 아니라 유사有司 또한 법으로 이를 억제하고 있으므로 입관入官하는 길이 좁다. 또 관제官制를 정하여 1품에서 9품에 이르기까지 이를 다시 정正·종從으로 나누어 18급級으로 하고, 매 1급을 다시 2자資로 나누었다. 그리하여 15개월의 임기가 지나면 1자를 높여 주고, 30개월이 지나면 1급을 올려 주고 있으니, 재임하는 기간이 또한 길지 않겠는가.

原文 三年一大比 試以經學 觀其經明行修之實 試以賦論對策 觀其文章經濟之才 此文科也 謂將相大臣 皆有功德於民 而其子孫 又承家庭之訓 知禮義之方 而皆可以從政 置門蔭 謂兵 有國之常備 不可以不講 設訓練觀 以敎韜略戰陣之法 謂簿書其會金穀營造之事 供給應對之節 不可以不習 置吏學 譯以奉使命通中國 醫以治疾病濟夭札 陰陽卜筮 所以決嫌疑定猶豫 於是 置譯學醫學陰陽卜筮之學 而各有其科焉 養之可謂至而擇之可謂精矣 其不在七科者 不惟其人 不得冒進 而有司 亦執法以制之 所入之途狹矣 又定官制 自一品至九品 分正從爲十八級 每一級分二資 積十五個月 歷一資 積三十個月 遷一級 居其任 不亦久乎

— 「삼봉집」 권7, 조선경국전상 치전 입관

자료 2

입관보리법入官補吏法을 제정했다. 대개 처음에 유품流品주5에 입사入仕하는 것을 7과로 만들어 문음·문과·이과·역과·음양과·의과 등은 이조에서 이를 주관하고 무과는 병조에서 주관한다. 그 출신出身 문자文字는 고려 때 처음 입사하는 예와 같게 하고, 연갑年甲·본관本貫·삼대三代를 명백히 써서 대간에서 서경署經하되, 7과를 거쳐 나오지 않은 사람은 유품流品에 들어오는 것을 허락하지 아니하여, 매번 제배除拜할 때마다 맡은 관청에서 그 출신 문자를 상고하고 난 후에야 출사에 서경署經하는 것을 허락했다.

原文 定入官補吏法 凡初入流品作七科 曰文蔭曰文科曰吏科曰譯科 曰陰陽科曰醫科吏曹主之 曰武科兵曹主之 其出身文字如前朝初入仕例 明寫年甲本貫三代署經臺諫 不由七科出者 不許入流品 每除拜卯司考其出身文字方許署謝

— 『태조실록』권, 태조 원년 8월 신해

자료 3

매년 정월에 실시한다. 공신功臣 및 2품 이상인 자의 자·손·서·제·질子孫壻弟姪[원종공신(原從功臣)주6의 경우는 자·손(子孫)에만 한한다]과 실직實職 3품 이상인 자의 자손은 일찍이 이조·병조·도총부都摠府·사헌부·사간원·홍문관·부장部將주7·선전관宣傳官주8을 거친 자의 자子로서 나이가 20 이상인 자에게 시험을 보게 하여 서용한다. 녹사錄事에 속하고자 하는 자는 들어준다.

原文 每年正月 功臣及二品以上子孫壻弟姪[原從功臣則子孫] 實職三品煮之子孫曾經吏兵曹都總俯司憲府司諫院弘文館部將 宣傳官者之子 年二十以上許敍用 欲屬錄事者聽

— 『경국대전』권, 이선 취재 음자제주9

자료 4

문과에서 갑과甲科 제일인第一人은 종6품계를 주고 나머지는 정7품계를 주며, 을과乙科는 정8품계를, 병과丙科는 정9품계를 준다.

역과 1등은 종7품계를 주고, 2등은 종8품계를 3등은 종9품계를 준다. 음양과·의과·율과 1등은 모두 종8품계를, 2등은 정9품계를 3등은 종9품계를 준다.

原文 文科甲科第一人授從六品 餘正七品 乙科正八品階 丙科正九品階

주5 유품(流品): 좁은 의미로는 1∼9품에 이르는 문반의 실직, 넓은 의미로는 문·무반의 산계[散階, 관계(官階) 또는 품계(品階)로도 칭칭]를 받는 문무 양반과 기술관 및 경아전을 포함하는 관리.

주6 원종공신(原從功臣): 개국공신을 봉할 때 처음 나타난 공신으로 왕이 되기 이전부터 시종해 온 공로만으로 원종(原從)이라는 사호를 받은 공신. 왕업에 상당한 공로가 있다고 하여 봉해진 본공신에 비해 격이 떨어지고 차별 대우를 받음. 원종(元從)이라고도 씀.

주7 부장(部將): 오위 예하의 25부를 영솔하는 핵심적인 종6품의 무관직.

주8 선전관(宣傳官): 기(旗)와 북으로 군대의 여러 행동을 호령하는 신호법인 형명, 임금이 거둥할 때 취타를 울리는 계라, 임금을 가까이에서 모시는 근시, 임금의 명령을 전달하는 전명 및 발병부인 부신의 출납을 맡았던 정3품에서 종9품까지의 무관직. 처음에는 15명이 3교대로 입직하여 근무했고, 당번 때는 사정전 문 앞에서 직숙하도록 되어 있음. 근시의 임무를 담당한 탓으로 서반승지(西班承旨)로 지목되어 청요직[淸要職]으로 간수되었고, 장차 무반의 중추가 될 인재란 점에서 무재가 있는 인물을 임명하고 끊임없이 무예의 병법을 연마시킴.

주9 음자제(蔭子弟): 문음 자제[門蔭子弟]와 공음 자제(功蔭子弟)를 줄인 말로, 2품 이상의 고관과 공신의 자제를 의미.

주10 대공이상친(大功以上親): 복
제(服制)에 따라 대공의 복을 입도
록 되어 있는 친등이내(親等以內)
의 족친을 의미. 대공은 상복의 일
종으로 그 상기(喪期) 중에는 추마
포(麤麻布)로 만든 상복을 착용하
며, 상기는 9개월. 복제는 친속의
등급에 따라 착용하도록 정해져 있
는 다섯 가지 상복의 제도[오복(五
服)]를 뜻함. 오복에는 참최[斬衰,
상기는 3년], 제최[齊衰, 1년], 대공
[大功, 9개월], 소공[小功, 6개월],
시마[緦麻, 3개월]의 5가지가 있다.

주11 시마이상친(緦麻以上親): 복
제에 따라 시마의 복을 입도록 되
어 있는 친등 이내의 친족. 시마는
15승포(十五升布)로 만든 상복의
일종으로 상기는 3개월.

주12 고신(告身): 관원 임명의 사령
장 또는 수관증서(授官證書).

주13 지제교(知製敎): 국왕이 내리
는 교서를 담당한 관원.

주14 도사(都事): 종5품직. 중앙의
충훈부·의빈부·충익부·의금부
및 개성의 속관(屬官)으로 두어 서
무를 관장토록 함. 외관으로는 원
래 관찰사의 보좌관으로 파견되었
으나, 세조 때 경력은 혁파되고 도
사만 남게 되었다. 도사는 본래 수
령관으로 통칭되었으나, 경력이 혁
파된 뒤로는 감사와 더불어 도사가
일도(一道)의 순력(巡歷)과 규찰을
분담하고, 감사 유고 시에는 그의
임무를 대행하기도 하여 도사를 아
감사(亞監司)라고도 했다.

주15 내외사조: 부, 조부, 증조부
및 외조부.

주16 입안(立案): 증명서.

譯科一等授從七品 二等從八品階 三等從九品階 陰陽科醫科律科 一等並從八品 二等正九品階
三等從九品階

— 『경국대전』 권1, 이전 제과

자료 5

경관京官과 외관外官은 본종本宗의 대공이상친大功以上親주10 및 여서女婿, 손녀서孫女婿,
자매의 남편, 외친外親으로는 시마이상친緦麻以上親주11 그리고 처의 친부·조부·형
제·자매의 남편은 모두 상피相避된다.

原文 京外官 本宗大公以上親及女夫孫女夫姉妹夫 外親緦麻以上妾親 父祖父兄弟姉妹夫
並相避

— 『경국대전』 권1, 이전 상피

자료 6

무릇 관직官職을 받은 자의 고신告身주12은 5품 이하인 경우에는 사헌부·사간원의 서
경署經을 참고하여 이를 급여한다[의정부, 이조, 병조, 사헌부, 사간원, 장예원(掌隸院), 홍문관, 춘추
관, 지제교(知製敎),주13 종부시(宗簿寺), 시강원(侍講院)의 관원과 도사(都事)주14, 수령(守令)은 내외사조(內外
四祖)주15와 본인에게 허물이 있는지 없는지를 살펴서 서경한다. 도총부(都摠府)의 선전관(宣傳官), 부장(部將)
도 같다.] 사헌부·사간원이 사유가 있어서 50일이 지나도록 서경하시 아니한 자는 왕
에게 아뢴다.

고신을 미처 받지 못하고 그 전에 공무를 집행하다가 사망하거나 파직당한 자에게는
그 고신이 이미 서경을 거쳐서 이조에 전달되어 있으면 이를 내주어야 한다.

고신을 잃어버린 자는 이조에 신고하면 그 사실을 조사하여 입안立案주16을 내주어야
한다.[병조의 경우에도 모두 같다.]

原文 凡受職者告身 五品以下考司憲府司諫院署經給之[議政府 吏兵曹 司憲府 司諫院 掌隸
院 弘文館 春秋館 知製敎 宗簿寺 侍講院都事守令 考內外四祖及己身有痕咎與否署經 都摠府
宣傳官 部將 同] 司憲府司諫院有故 過五十日未署經者啓 未受告身前行公物故或罷職者 其告
身已署經到本曹則給之 失告身者 告本曹考覈給立案[並兵曹同]

— 『경국대전』 권1, 이조 고신

자료 7 조선 왕조 품계표

품계	양반		잡직		토관		
	동반(문반)	서반(무반)	동반	서반	동반	서반	
정1품	대관보국숭록대부 大匡輔國崇祿大夫 보국숭록대부 輔國崇祿大夫						당상
종1품	숭록대부崇祿大夫 숭정대부崇政大夫						
정2품	정헌대부正憲大夫 자헌대부資憲大夫						
종2품	가정대부嘉靖大夫 가선대부嘉善大夫						
정3품	통정대부通政大夫	절충장군折衝將軍					
정3품	통훈대부通訓大夫	어모장군禦侮將軍					당하
종3품	중직대부中直大夫 건공장군建功將軍	중훈대부中訓大夫 보공장군保功將軍					
정4품	봉정대부奉正大夫 진위장군振威將軍	봉렬대부奉列大夫 소위장군昭威將軍					
종4품	조산대부朝散大夫 조봉대부朝奉大夫	정략장군定略將軍 선략장군宣略將軍					
정5품	통덕랑通德郎 통선랑通善郎	과의교위果毅校尉 충의교위忠毅校尉			통의랑通議郎	건충대위健忠隊尉	참상
종5품	봉직랑奉直郎 봉훈랑奉訓郎	현신교위顯信校尉 창신교위彰信校尉			봉의랑奉議郎	여충대위勵忠隊尉	
정6품	승훈랑承訓郎	진용교위進勇校尉	승의랑承議郎 여직랑勵職郎	돈용교위敦勇校尉 수임교위修任校尉	공직랑供職郎 선직랑宣職郎	봉임교위奉任校尉 건신대위健信隊尉	
종6품	선교랑宣敎郎 선무랑宣務郎	여절교위勵節校尉 병절교위秉節校尉	근임랑謹任郎 효임랑效任郎	현공교위顯功校尉 적공교위迪功校尉	봉직랑奉職郎	여신도위勵信徒尉	
정7품	무공랑務功郎	적순부위迪順副尉	봉무랑奉務郎	등용부위騰勇副尉	희공랑熙功郎	돈의도위敦義徒尉	참하
종7품	계공랑啓功郎	분순부위奮順副尉	승무랑承務郎	선용부위宣勇副尉	주공랑注功郎	수의도위守義徒尉	
정8품	통사랑通仕郎	승의부위承義副尉	면공랑勉功郎	맹건부위猛健副尉	공무랑供務郎	분용도위奮勇徒尉	
종8품	승사랑承仕郎	수의부위修義副尉	부공랑赴功郎	장건부위壯健副尉	직무랑直務郎	효용도위效勇徒尉	
정9품	종사랑從仕郎	효력부위效力副尉	복근랑服勤郎	치력부위致力副尉	계사랑啓仕郎	여력도위勵力徒尉	
종9품	장사랑將仕郎	전력부위展力副尉	전근랑展勤郎	근력부위勤力副尉	시사랑試仕郎	탄력도위彈力徒尉	

경관京官은 그 관사官司의 당상관堂上官·제조提調 및 소속 조曹의 당상관이, 외관外官은 그 도道의 관찰사가 매년 6월 15일과 12월 15일에 등급을 매겨 왕에게 보고한다.[사헌부·사간원·세자시강원(世子侍講院)의 경우에는 등급을 매기지 아니한다.]

열 번 고과考課에 열 번 다 상上을 받은 자는 상賞으로 일계一階를 올려 주고, 두 번 중中을 받으면 무록관無祿官주17에 서용하고, 세 번 중中을 받으면 파직된다. 다섯 번 고과, 세 번 고과, 두 번 고과에 한 번이라도 중中을 받은 자는 현직보다 높은 직을 줄 수 없으며 두 번 중中을 받은 자는 파직된다.

당상관堂上官인 수령守令은 한 번 중中을 받으면 파직시킨다.

原文 京官則其司堂上官提調及屬曹堂上官 外官則觀察使 每六月十五日十二月十五日 等第啓聞[司憲府司諫院世子侍講院則無等第] 十考者十上則賞加一階 二中於無祿官敍用三中罷職 五考三考二考者並一中 勿授右職 二中罷職 堂上官守令一中罷職

— 『경국대전』 권1, 이조 포폄

주17 무록관(無祿官): 녹봉 없이 전지만 지급받는 관원.

여러 관사官司의 관원은 묘시卯時에 출근하고 유시酉時에 퇴근한다.[해가 짧은 때에는 진시(辰時)에 출근하고 신시(申時)에 퇴근한다.]

原文 諸司官員卯仕酉罷 [日短時辰仕申罷]

— 『경국대전』 권1, 이전 고과

문·무관 2품 이상의 양첩良妾 자손은 정3품에 한限하고 천첩賤妾 자손은 정5품에 한하며, 6품 이상의 양첩 자손은 정4품에 한하고 천첩 자손은 정6품에 한한다.

7품 이하로부터 관직官職이 없는 사람에 이르기까지의 양첩 자손은 정5품에 한하고, 천첩 자손 및 천인으로서 양인이 된 자는 정7품에 한하고, 양첩자良妾子의 천첩 자손은 정8품에 한한다.

原文 文武官二品以上良妾子孫限正三品 賤妾子孫限正五品 六品以上良妾子孫限正四品 賤妾子孫限正六品 七品以下至無職人良妾子孫限正五品 賤妾子孫及賤人爲良者 限正七品 良妾子之賤妾子孫限正八品

— 『경국대전』 권1, 이전 한품서용

■ 출전

「경국대전」

「삼봉집」

「태조실록」

■ 찾아읽기

이성무, 『조선 초기 양반연구』, 일조각, 1980.

국사편찬위원회, 『한국사』 23(조선 초기의 정치 구조), 1994.

한국정신문화연구원, 『역주 경국대전(주석편)』, 1986.

한국정신문화연구원, 『역주 경국대전(번역편)』, 1985.

한충희, 『조선 초기 관직과 정치』, 계명대학교 출판부, 2008.

신유아, 『조선 전기 체아직 연구』, 서울대학교 박사학위 논문, 2013.

5 중앙 통치 조직의 중심

의정부와 육조

조선 시기 중앙의 정치 기구는 의정부와 육조를 중심으로 구성 되었다. 의정부는 삼의정의 합좌 기관으로서 육조를 지휘하면서 국정 운영을 총괄했다. 크게 보아 의정부는 정치의 중심 역할을, 육조 및 속아문은 행정의 중심 역할을 각각 수행했다. 원리상 육 조는 의정부 산하에 예속된 관서였으나, 조선 초기에 있어서 의 정부와 육조의 역할과 위상은 왕권의 강약과 맞물려 독특한 양 상을 나타내고 있었다.

조선 초기 통치 체제의 성격

조선 건국 초의 정치 체제는 재상 주도의 고려 말 도평의사사 중심 제도가 그대로 이어졌다. 즉 재상이 도평의사사의 판사를 겸하여 국정을 주도했다. 정종 때 도평의 사사를 혁파하고 의정부를 설치한 이래, 태종 때 육조 중심으로 바꾸었다. 태종 5년 (1405)에는 대폭 관제 개혁이 이루어져 육조의 장관인 판서를 정2품 품계로 격상하고 각 조에 속사를 두어 사무를 분장했다. 또한 의정부·사헌부·사간원·승정원·한성 부 등을 제외한 대부분의 중앙 관아를 각 조에 속아문으로 나누어 소속함으로써 육조 의 기능이 크게 강화되었다. 그리고 의정부는 정책의결권만을 가지고 행정적인 서무 는 육조로 이관하여, 모든 행정 체계는 육조 중심으로 이루어지도록 했다. 태종 14년 (1414)에는 모든 정무를 육조에서 왕에게 직계토록 하고 의정부는 사대문서와 중죄수

의 재심만을 관장하는 이른바 육조직계제六曹直啓制를 실시했다.[자료1·2]

세종 18년(1436), 일반 정무는 육조에서 의정부로 보고하고 이를 의정부 대신이 합의·결정한 뒤 왕의 재가를 받아 시행하는, 이른바 의정부서사제議政府署事制를 실시했다. 왕의 주도권이 손상되지 않는 범위에서 의정부 대신의 권한이 회복된 셈이었다. 세조 원년(1455)에는 의정부서사제를 폐지하고 다시 육조직계제를 실시했다. 중종반정 이후 신료들의 정국 주도 분위기를 반영하듯, 중종 11년(1516)에는 명실상부한 의정부서사제가 실시되었다.[자료3~5]

이와 같이 의정부와 육조의 정치 및 행정적 기능은 의정부에서 국정을 의결·보고하는 '의정부서사'를 시행하는 구조와, 육조에서 직접 왕에게 보고하는 '육조직계'를 시행하는 구조로 나눌 수 있다. 의정부서사제가 시행된 때에는 의정부가 육조를 지휘하면서 국정을 주도했고, 육조가 직계한 때에는 육조가 국정을 주도했다. 어느 경우이든 그 정점은 국왕이었고 왕명으로 국정을 시행했다. 조선 초기 중앙 집권적 통치 체제가 성립되는 과정에서 '의정부서사' 및 '육조직계'의 시행 여부, 그리고 이에 따른 국정의 주도 여부를 통해 각 국왕대별 왕권의 강약 여부가 일시적으로 이와 같이 맞물려 있었다.

그러나 이러한 변동 과정을 통해 '의정부—육조—속아문·속사'의 일원적 행정 체계가 출현함으로써 국왕이 상징적으로만이 아니라 제도적으로도 국가 권력과 행정 조직의 정점이 되는 권력 구조가 마련되었다. 오히려 '의정부서사' 및 '육조직계'의 시행 여부를 통해 이러한 사실은 더욱 분명하게 확인되었고, 중앙 집권의 일원적 행정 조직의 최정점에 국왕이 놓이게 됨으로써 '교敎'로 표현되는 왕권은 전례 없이 강력한 권한을 행사하는 통치 구조를 확립하게 되었던 것이다.

의정부의 기능

의정부는 조선 왕조의 최고 관부로서 정종 2년(1400)에 도평의사사를 개편하면서 처음 성립했다. 도당都堂·묘당廟堂·황각黃閣이라고도 하고 '정부政府'라고 하여도 의

「무신년진찬도병」 중 '인정전진하'. 헌종 14년(1848) 순원왕후의 육순을 맞이하여 거행된 진찬례(陳饌禮) 가운데 인정전(仁政殿)에서 하례를 올리는 모습을 그린 그림. 왕·왕비·대왕대비의 생신과 등극주년을 기념하여 진찬례를 거행하고 이를 그림으로 그린 궁궐진찬도는 궁극적으로 치국의 도를 펴고 경로효친 사상을 숭상하여 정치적 안정을 도모하기 위한 교훈적이고 감계적인 행사화이며 기록화이다.

정부를 가리킨다. 태종 5년(1405)에 대폭적인 관제 개혁이 이루어지면서 군사를 제외하고 정치만을 관장하고 의정부 관원으로만 구성된 독자적인 의정부제로 정립되었다.

의정부의 기능은 『경국대전』에 "백관을 통솔하고, 서정을 고르게 하며, 음양을 다스리고, 방국을 경륜한다."로 규정되어 있다. 여기서 앞의 두 조항은 재신宰臣 또는 재상宰相의 직임에 해당하고, 뒤의 두 조항은 주나라의 옛 제도에서 삼공이 '논도경방 섭리음양論道經邦 攝理陰陽'한다는 기능이 융합된 것이다. 이러한 법제적인 기능을 바탕으로 왕권의 강약, 삼의정의 자질, 육조·승정원·삼사와의 상호관계, 원상제 운영 등의 요인과 관련하여 국정 운영을 총괄했다.[자료6]

의정부의 관원은 세조 12년(1466)까지 영의정·좌의정·우의정[정1품, 각1인], 좌찬성·우찬성[종1품, 각1인], 좌참찬·우참찬[정2품, 각1인], 사인[정4품, 2인], 검상[정5품, 1인], 사록[정7품, 2인]으로 정립되면서 『경국대전』 편찬과 함께 법제화되었다.

영의정은 영상領相, 수상首相, 영규領揆라고 하여 재신 또는 재상의 영수를 의미했다. 좌·우의정과 함께 삼공 또는 삼정승, 삼의정으로 병칭되기도 했다. 영의정은 최고관으로서 영경연사·영홍문관사·영예문관사·영춘추관사·승문원도제조·영관상감사·세자시강원사 등을 겸임했다. 의정부의 정무는 대개 삼의정이 찬성 이하의 보좌를 받아 합의로써 처리되었다.

육조의 기능

육조는 고려 말의 육조를 계승하여 정3품 아문으로 성립되었다. 태종 5년(1405)에는 정2품 아문으로 격상되면서 여러 업무를 분장했다. 그리고 '속사와 속아문' 제도가 정립되면서 국정의 중심 기구가 되었다. 육조의 직장과 관원, 속사와 속아문 제도는 세조 대까지 여러 번 수정·보완되었고 『경국대전』 편찬과 함께 법제화되었다. 육조의 '조曹'는 '치사자治事者'를 뜻하는데 실무적인 일을 담당한다는 뜻이다. 육조의 관원은 판서[정2품, 1인], 참판[종2품, 1인], 참의[정3품 당상, 1인], 정랑[정5품, 3인], 좌랑[정6품, 3인]이 있었다. 다만 병조와 형조는 정랑과 좌랑이 각각 4인이었다.

이조는 천관天官·동전東銓이라고도 하고, 병조와 함께 문·무반의 인사를 관장했기 때문에 양전兩銓 또는 전조銓曹라고도 한다. 이조는 통치의 기본이 되는 문선·훈봉·고과에 관한 직무를 담당했다. 특히 이조의 정랑과 좌랑은 전랑銓郎이라고 하여 당시 관인들이 선망하는 관직 가운데 하나였다. 이조는 문선사·고훈사·고공사의 속사로 구성되었다. 문선사文選司는 관직 임명, 고훈사考勳司는 봉작이나 추증, 고공사는 문관의 근무 성적과 경아전·향리의 근무에 관한 제반 업무를 각각 담당했다. 이조의 속아문으로는 충익부·상서원·종부시·사옹원·내수사·내시부·액정서가 있었다.

호조는 지관地官 또는 탁지부度支部라고도 하는데, 주로 국가의 재정 경제와 관련된 제반 업무를 관장했다. 판적사·회계사·경비사의 속사가 있었다. 판적사版籍司는 호구와 토지, 그리고 농업 생산과 관련된 제반 업무를 관장했다. 회계사會計司는 미곡의 비축과 회계, 관리들의 재임 기간에 관한 국가 물품 관리 증명서 발급 등의 업무를 관장했다. 경비사經費司는 각 관사의 경비 지급과 왜인에 대한 식량 지급 등을 담당했다. 호조의 속아문은 내자시·내섬시·사도시·사섬시·군자감·제용감·사재감·풍저창·광흥창·전함사·평시서·사온서·의영고·장흥고·사포서·양현고·5부가 있었다.

예조는 춘관春官·의조儀曹·남궁南宮 등으로 불렸다. 예조는 조선 왕조의 '위정爲政'과 '치국治國'의 근본인 예악·제사·연향宴享·학교·과거에 관한 업무를 관장했다.

광화문 앞 육조 거리. 태조 이성계가 한양을 건설할 때 너비 58자 규모로 뚫은 대로. 정부 관서인 육조와 한성부 등의 주요 관아가 길 양쪽에 있다 하여 '육조 앞' 또는 '육조 거리'라 부르기도 했고, 세종로 사거리에 해태 석상이 있다 하여 '해태 앞' 이라고도 했으며, 고종 39년(1902)에 세운 비각 때문에 흔히 '비각 앞'이라고도 불렀다.

계제사 · 전향사 · 전객사의 속사가 있었다. 계제사稽制司는 의식과 제도에 관한 제반 업무를 관장했다. 전향사典享司는 연회 및 제사와 제물에 관한 업무를 관장했다. 전객 사典客司는 외국의 사신, 왜인 · 야인의 영접, 조공 등에 관한 제반 업무를 관장했다. 속 아문은 홍문관 · 예문관 · 성균관 · 춘추관 · 승문원 · 통례원 · 봉상시 · 교서관 · 내 의원 · 예빈시 · 장악원 · 관상감 · 전의감 · 사역원 · 세자시강원 · 종학 · 소격서 · 종 묘서 · 사직서 · 빙고 · 전생서 · 사축서 · 혜민서 · 도화서 · 활인서 · 귀후서 · 4학 및 각 전 · 능이 있었다.

병조는 일명 하관夏官 · 서전西銓이라고노 했다. 병조는 군세와 군사에 관한 업무를 관장했다. 속사인 무선사武選司는 무관 · 군사 · 잡직 등의 관리 임명이나 무과를 담당했다. 승여사乘興司는 임금이 타는 수레나 말, 보충군, 사령 등을 관장했다. 무비사武備司는 군적과 마적, 군사의 징발 · 훈련, 병기, 봉수 등을 관장했다. 속아문에는 5위 · 훈련원 · 사복시 · 군기시 · 전설사 · 세자익위사가 있었다.

형조는 추관秋官 · 추조秋曹 등으로도 불렸다. 의금부 · 한성부와는 삼법사三法司, 사헌부 · 사간원의 양사와는 삼성三省이라고 하여 의금부에서 중죄인을 추국할 때 삼성이 동참하기도 했다. 형조는 법률, 형벌, 송사, 노예 등에 관한 업무를 관장했다. 속사로 상복사詳覆司 · 고율사考律司 · 장예사掌隷司가 있었다. 상복사는 사형에 해당하는 죄를 상세히 심의하여 잘못 적용되는 것을 방지하기 위하여 설치되었다. 고율사는 율령과 죄상의 유죄 여부를 자세히 조사하여 밝혀내는 일을 담당했다. 장예사는 노예의 장적과 포로에 관한 일을 담당했다. 속아문으로는 장례원과 전옥서가 있었다.

공조는 일명 동관冬官 · 수부水府 · 예작例作으로도 불렸으며, 산림과 소택沼澤, 장인匠人, 토목 공사, 각종 도기류 제작 등에 관한 업무를 관장했다. 속사로 영조사營造司 · 공야사攻冶司 · 산택사山澤司가 있었다. 영조사는 궁실 · 관아 등의 토목 공사와 피혁 등의 업무를 담당했다. 공야사는 금 · 은 · 동 · 철의 주조와 제련, 기와, 저울 등의 업무를 담당했다. 산택사는 산택, 나루, 다리, 궁궐의 정원, 유용한 나무 식목, 숯, 필묵, 칠기 등의 업무를 담당했다. 속아문으로는 상의원 · 선공감 · 수성금화사 · 전연사 · 장원서 · 조지서 · 와서가 있었다.^[자료7]

자료1

우리 조정에서 설치한 의정부와 육조는 송나라의 제도와 같으며, 그가 제기한 견해^{주1}는 또한 지금의 폐단에 절실하게 맞습니다. 지금 육조의 판서를 모두 품계를 높여 양부兩府를 역임한 자로 임명하고, 그 위임한 것이 각각 맡은 바가 있으며 또 각기 소속이 있습니다. 의정부는 거느리지 않은 것이 없어서 대체를 잡고 있는 것인데, 현재 번거롭고 세세한 일에 애쓰느라 도리어 육조에 소속된 것 같으니, 관아를 두고 직책을 나눈 체통을 크게 잃었습니다.

지금부터 전례가 있는 것은 모두 각 조에 맡기고, 특별한 사례가 있은 연후에 의정부에 올려 보고하면, 의정부에서는 경중輕重을 참작하여, 계문啓聞^{주2}할 것은 계문하고 아래로 이송할 것은 이송하여, 각 조에서 행한 것이 만일 잘못되거나 지체되면 의정부에서 근면과 태만을 살피고 시비를 결정하게 하소서. 이렇게 하면 크고 작은 것이 서로 유지되고 번거롭고 간략한 것이 서로 이루어져, 재상은 사소한 일에 시달리지 않고 서관庶官^{주3}은 직무를 허송하지 않게 되어, 강목綱目^{주4}이 잘 거행되고 치도治道가 거의 체통을 얻게 될 것입니다.

原文 我朝議政府六曹之設 與宋朝同制 其議論又切中今時之弊 今六曹判書 皆增其秩 以曾經兩府者爲之 其委任各有卵掌 又有其屬 本府則無卵不摠 而持其大體者也 今乃勞於煩冗細務 反六曹之卵役屬 大失設官分職之體 自今凡事之有前例者 皆委各曹 有別例 然後呈報本府 本府參酌輕重 應啓聞者啓聞 應行移者行移 其各曹卵爲 如有錯誤住滯者 本府考察勤慢 定奪是非 如此以則大小相維 煩簡相濟 宰相不勞於細務 庶官不至於曠職 綱擧目張 其於治道 庶幾得體矣
　　　　　　　　　　　　　　　　　　　　　　　　　　　__『태종실록』 권13, 태종 8년 정월 임자

자료2

의정부의 서사庶事를 나누어 육조에 귀속시켰다. … 처음에 상上은 의정부의 권한이 막중함을 염려하여 이를 혁파할 생각이 있었고 신중히 급작스럽지 않게 이에 이르러 행했다. 의정부가 관장한 것은 사대문서事大文書와 중죄수의 복안覆按^{주5}뿐이었다. 지금 의정부의 권중權重한 폐단을 혁파하더라도 권한이 육조로 나누어짐으로써 통일된 비기 없어기고 서사를 품승하기에 적합하지 않아 많은 일들이 막히고 쌓이게 되었다.

原文 分政府庶事 歸于六曹 … 初 上慮政府權重 思有以草之 鄭重未遽 至是行之 政府卵掌唯事大文書及覆按重囚而已 今雖革議政府權重之弊 然權分六曹 蕪卵統一 庶事莫適稟承 事多

礙滯云

__ 『태종실록』 권27, 태종 14년 4월 경신

자료3

육조직계제를 시행한 이후, 일의 대소경중大小輕重이 없고, 모두 육조에 고착되어 의정부와 관련을 맺지 않고, 의정부의 관여 사항은 오직 사형수를 논결하는 일뿐이므로 옛날부터의 재상을 임명한 뜻에 어긋난다. … 육조는 각기 모든 직무를 먼저 의정부에 품의하고, 의정부는 가부를 헤아린 연후에 계문하고 전지를 받아 육조에 내려 보내어 시행한다. 다만 이조·병조의 제수除授^{주6}, 병조의 용군用軍, 형조의 사형수를 제외한 형결刑決 등은 종래와 같이 각 조에서 직계하여 시행하고 곧바로 의정부에 보고한다. 만약 타당하지 않으면 의정부가 맡아 심의·논박하고 다시 계문하여 시행토록 한다.

주6 제수(除授): 관직의 수여.

原文 是以後 事無輕重大小 皆歸於六曹 而不關於政府 政府所與聞 唯論決死囚 而已有違古者任相之意 甲午立法之本意 亦不至於此也 … 六曹各以所職 皆先禀於議政府 議政府商度可否 然後啓聞取旨 還下六曹施行 唯吏兵曹除授 兵曹用軍 刑曹死囚外刑決 仍令本曹直啓施行 隨卽報于政府 如有未當 政府從而審駁 更啓施行

__ 『세종실록』 권72, 세종 18년 4월 무신

자료4

상왕이 유충하여 무릇 조치하는 바는 모두 대신에게 맡겨 논의 시행했다. 지금 내가 명을 받아 왕통을 계승하여 군국서무를 아울러 모두 청단聽斷하며 다 조종의 옛 제도를 복구한다. 지금부터 형조의 사형수를 제외한 모든 서무는 육조가 각각 그 직무를 담당하여 직계한다.

原文 上王幼沖 凡卵措置 悉委大臣擬議施行 今子受命繼統 軍國庶務 並皆聽斷 悉復祖宗之舊 自今刑曹死囚外 凡厥庶務 六曹各以其職直啓

__ 『세조실록』 권1, 세조 원년 8월 경술

자료5

일이 한 곳에서 나오지 않으면 정령政令이 어지럽고, 체통이 서지 않으면 국세가 펴지지 않으니, 이러고서도 다스려지기를 구한다면 또한 어렵지 않겠는가. … 내가 생각하건대, 의정부는 백료百僚를 통속하고 정령을 고르게 다스리는 곳이다. 군국기무軍國機務를 마땅히 총괄해야 하므로 옛날로부터 우리 선조 대에 이르기까지 보상輔相주7에게 전임하여 다스림을 이루게 하지 않은 적이 없다. 서사署事주8를 폐한 일이 비록 한때 있었으나, 영갑令甲주9에 적혀 있는 직분은 '백관을 통솔하고 서정을 고르게 하며, 음양을 다스리고 나라를 경륜한다'고 했으니, 재상으로서의 책무는 본디 이것 외에 다른 것이 아니다. … 근래 구습을 고치지 않고 그대로 행하여 … 육조의 서무庶務를 관여하지 않으니, 이것이 어찌 당초에 재상을 임명한 뜻이겠는가. … 지금부터 모든 직무는 비록 제조提調주10라고 하더라도 스스로 계달啓達하지 말고 모두 해당 관사에 신정申呈주11하고, 육조·한성부·장례원은 자잘한 일을 제외하고 긴중緊重한 모든 공사公事와 특별히 조치하여 시설·건폐建廢할 일이 있으면 먼저 의정부에 신보申報하여, 의정부가 당부當否를 헤아려 합당한 것은 계달하여 시행하고 미흡한 것은 연유를 갖추어 계품啓稟한다. 사헌부의 직임은 풍헌風憲이어서 제사諸司와 같을 수는 없으나, 아뢰어 수교受敎할 일이 있으면 의정부가 몰라서는 안 되므로, 마땅히 의정부에 신보申報토록 하여 가부를 헤아린다. … 인물을 진퇴하는 것은 더군다나 대신의 직무이므로, 모든 제수除授는 반드시 의정부에 신보申報하여 모든 실상을 조사해야 한다. 그러나 근래 또한 퇴폐하여 장부臧否주12를 분명히 드러내어 출척黜陟주13했다는 것을 듣지 못했으니, 서직庶職의 해이함이 이로 말미암은 것이다. 의정부는 퇴폐한 법을 떨쳐 일으키고 그 직분에 힘써서 네가 전임專任하여 바라는 뜻에 부응하라.

原文 事不出一 則政令紛亂 體統不立 則國勢不張 以是而求治 不亦難乎 … 子惟議政府 百僚之所統屬 政令之所平章 軍國機務 宣無所不摠 往在古昔 逮我先朝 莫不專任輔相 以成其治 署事之廢 雖在於一時 其所命職 著之令甲者 乃曰 摠百官 平庶政 理陰陽 經邦國 則爲相之責 固不外是 … 邇來因仍苟循 遂致無所於事 六曹庶務 漠不關與 此豈當初命相之意乎 … 自今 百職衆務 雖提調 毋得經自啓達 皆申呈該仰之司 六曹 漢城府 掌隸院除細瑣之務 凡緊重公事與別有措置 施設 建廢 並先報議政府 政府商確當否 其所合宣者 啓達施行 其未合宣者 具由啓稟 如司憲府 職任風憲 不可例比諸司 然其有所申白受敎之事 政府不可不知 宣令報府 以相可否 … 至於進退人物 尤大臣之職 故凡除授 必報政府糾覈 而近亦頹廢 未聞有激楊藏否 而黜陟之者 庶職弛解 職此之由 咨爾議政府 振擧頹典 勖勵乃職 以副子專任責望之意

— 『중종실록』권24, 중종 11년 5월 신사

자료6

백관百官을 통솔하고 서정庶政을 고르게 하며, 음양陰陽을 다스리고 방국邦國을 경륜한다. 당하관은 모두 문관을 쓴다. 사인舍人^{주14}에 결원이 있으면 근무 일수를 계산하지 아니하고 검상檢詳^{주15}을 승진시킨다.

> **原文** 總百官 平庶政 理陰陽 經邦國 堂下官用文並官 舍人有缺 以檢詳 不計仕數差
> _ 『경국대전』 권1, 이전 경관직 정일품아문

자료7

이조^{주16}는 문선文選^{주17}, 훈봉勳封^{주18}, 고과考課에 관한 정사를 맡는다. 호조^{주19}는 호구戶口, 공부貢賦^{주20}, 전량田粮^{주21}, 식화食貨^{주22}에 관한 정사를 맡는다. 예조^{주23}는 예악禮樂, 제사祭祀, 연향宴享^{주24}, 조빙朝聘^{주25}, 학교^{주26}, 과거科擧에 관한 정사를 맡는다. 병조^{주27}는 무선武選^{주28}, 군무軍務, 의위儀衛^{주29}, 우역郵驛^{주30}, 병갑兵甲^{주31}, 기장器仗^{주32}, 문호門戶, 관약管鑰^{주33}에 관한 정사를 맡는다. 형조^{주34}는 법률, 상언^{주35}, 사송詞訟^{주36}, 노예에 관한 정사를 맡는다. 공조^{주37}는 산택山澤^{주38}, 공장工匠^{주39}, 영선營繕^{주40}, 도야陶冶^{주41}에 관한 정사를 맡는다.

> **原文** 吏曹掌文選勳封考課之政 戶曹掌戶口貢賦田粮食貨之政 禮曹掌禮樂祭祀宴享朝聘學校科擧之政 兵曹掌武選軍務儀衛郵驛兵甲器仗門戶管鑰之政 刑曹掌法律詳讞詞訟奴隷之政 工曹掌山澤工匠營繕陶冶之政
> _ 『경국대전』 권1, 이전 경관직 정이품아문

■ 출전

『경국대전』

『태종실록』

『세조실록(世祖實錄)』: 세조 원년(1455) 윤6월부터 세조 13년(1468) 11월까지의 기록으로 모두 49권이다. 예종 원년(1469) 4월에 실록청을 춘추관에 설치하여 편찬에 들어가 성종 2년(1471) 12월에 완성하였다. 마지막 48 · 49권은 세조 때 만든 악보(樂譜)를 실었다. 『세종실록』 악보와 더불어 아악 연구에 귀중한 자료이다.

『세종실록(世宗實錄)』: 세종 즉위년(1418) 8월부터 세종 32년(1450) 2월까지의 기록으로 모두 163권이다. 문종 2년(1452) 3월에 편찬에 들어가 단종 2년(1454) 3월에 끝냈다. 『세종실록』은 『조선왕조실록』 가운데 가장 방대한 양을 자랑하는데, 편년체와 기전체 역사 서술 체제를 섞어 펴냈다. 1~127권은 다른 실록과 똑같이 편년체로 썼으며, 나머지는 기전체 '지(志)' 형식을 빌려 128~135권은 『오례』, 136~147권은 『악』, 148~155권은 『지리지』, 156~163권은 『칠정산』으로 구성되어 있다.

『중종실록(中宗實錄)』: 중종 원년(1506) 9월부터 39년(1544) 12월까지의 역사 사실을 기록했으며 모두 105권이다. 명종 원년(1546) 『인종실록』과 함께 편찬에 착수하여 명종 5년(1550) 10월에 완성하였다. 이 실록의 기년법은 역대 실록

주14 사인(舍人): 의정부의 정4품 관원. 의정부 당상 회의의 결과를 왕에게 계달하는 임무를 담당.

주15 검상(檢詳): 의정부의 정5품 관원. 조례 · 등록 등을 상세히 검토하는 임무를 담당.

주16 이조: 일명 천관(天官) 또는 동전(東銓). 병조와 아울러 양전 또는 전조라 함.

주17 문선(文選): 종친 · 문관 등의 임명 · 봉록 · 자격 · 채용 시험에 관한 일.

주18 훈봉(勳封): 공훈에 따른 봉군(封君) · 봉작(封爵)에 관한 일.

주19 호조: 일명 지관 또는 탁지부(度支部).

주20 공부(貢賦): 지방의 토산물을 바치는 조세. 정기적으로 바치는 상공과 특산물을 별도로 바치는 별공이 있음.

주21 전량(田粮): 전답에 관한 조세.

주22 식화(食貨): 식료와 재화.

주23 예조: 일명 춘관 또는 의조

주24 연향(宴享): 국가에서 설행되는 각종의 대소 연향과 외국 사신의 영송을 위한 연향.

주25 조빙(朝聘): 인군(人君)에 대한 알현과 외국 사신과의 교빙.

주26 학교: 성균관과 4부 학당, 지방의 향교 등 관학기관의 통칭.

주27 병조: 일명 하관 또는 서전

주28 무선(武選): 무관의 선발·임용에 관한 일.

주29 의위(儀威): 의식을 갖춘 병위.

주30 우역(郵驛): 공문서의 전달, 사신의 왕래, 관리의 부임 등의 시기에 마필을 공급하는 일.

주31 병갑(兵甲): 병기와 갑옷.

주32 기장(器仗): 병기와 병위(兵衛)에 따른 여러 가지 일.

주33 관약(管鑰): 궁궐 여러 문의 열쇠를 관리하는 일.

주34 형조: 일명 추관 또는 추조.

주35 상언: 죄를 상세히 심의하여, 형벌을 바르게 하는 일.

주36 사송(詞訟): 고소나 송사에 관한 일.

주37 공조: 일명 동관 또는 수부, 예작.

주38 산택(山澤): 산림과 소택(沼澤)의 재부(財賦).

주39 공장(工匠): 수공으로 기물 등을 만드는 장인.

주40 영선(營繕): 모든 토목 공사에 관한 일.

주41 도야(陶冶): 각종 도자류의 제작과 주조 작업.

의 원칙인 유년칭원법(踰年稱元法)이 아니라, 즉위년칭원법(卽位年稱元法)을 썼다. 폐위한 왕의 뒤를 이어 즉위해서이다.

■ 찾아읽기

한국정신문화연구원, 『역주경국대전(주석편)』, 1986.
남지대, 「조선 초기 중앙정치제도연구」, 서울대학교 박사학위 논문, 1993.
국사편찬위원회, 『한국사』23(조선 초기의 정치 구조), 1994.
국사편찬위원회, 『한국사』22(조선 왕조의 성립과 대외관계), 1995.
한충희, 『조선 초기 육조와 통치체계』, 계명대학교 출판부, 1998.
한충희, 『조선 초기 관직과 정치』, 계명대학교 출판부, 2008.

6 올바른 정치 운영을 위한 소통
언관과 언로

조선 왕조의 통치 체제는 군주가 왕정의 핵심에 위치하면서 실질적으로는 의정부 · 육조 · 삼사를 중심으로 정치 및 행정이 이루어지는 관료 지배 체제를 의미했다. 그리고 이 체제는 왕권과 신권이 조화를 이룬 가운데 이상적인 유교 정치를 수행할 수 있도록 구성되었다. 처음부터 조선 왕조는 어느 특정 개인이나 집단에게 권력이 집중되는 것을 방지할 수 있도록, 견제와 균형을 전제로 한 정치 운영 방안이 제도적으로 마련되었다.

언관의 구성과 역할

무엇보다 권력의 분산과 공론公論에 입각한 언로의 개방이 조선 시대 정치 운영의 바탕에 있었다는 점을 명심할 필요가 있다. 왕권과 신권의 조화, 언로의 개방을 통한 공론의 제기, 그리고 유교적 이념에 의한 견제와 균형의 유지 등이 조선 시기 관료 지배 체제의 특성이었다. 언관은 양사인 사헌부 · 사간원의 대간臺諫과 홍문관의 관원, 즉 통칭 삼사의 관원을 일컫는 특별한 칭호이다. 삼사 가운데 양사는 이미 조선 초기에 설치되었다. 세종 때의 집현전을 계승하여 성종 때 홍문관이 세워지고 이것이 사림의 등장과 더불어 언론기관화하면서 이른바 언론 삼사라 불리게 되었다. 언관은 조선의 관료 지배 체제에서 중심 역할을 수행했다. [자료1~3]

언관으로 통칭되는 관원은 사헌부의 대사헌[종2품, 1명], 집의[종3품, 1명], 장령[정4품, 2

관계	태조 1년(1392)		태종 1년(1401)		경국대전	
	관명	인원	관명	인원	관명	인원
종2품	대사헌大司憲	1	대사헌	1	대사헌	1
종3품	중승·겸중승中丞·兼中丞	각 1	집의執義	1	집의	1
종4품	시사侍史	2	장령掌令	2	장령	2
종5품	잡단雜端	2	지평持平	1	지평	2
종6품	감찰監察	20	감찰監察	24	감찰	24

명], 지평[정5품, 2명], 사간원의 대사간[정3품, 1명], 사간[종3품, 1명], 헌납[정5품, 1명], 정언[정6품, 2명], 그리고 홍문관의 부제학[정3품, 1명], 직제학[정3품, 1명], 전한[종3품, 1명], 응교[정4품, 1명], 부응교[종4품, 1명], 교리[정5품, 2명], 부교리[종5품, 2명], 수찬[정6품, 2명], 부수찬[종6품, 2명] 등 모두 24명 정도였다. 사헌부는 이들 외에 감찰[정6품, 24명]이 있었으나 이들은 주로 정보 수집 등의 일을 했고 언관으로서의 정치적 의미는 없었다. 홍문관의 영사[정1품, 1명], 대제학[정2품, 1명], 제학[종2품, 1명]은 다른 관사의 관원이 겸직했고, 박사[정7품, 1명], 저작[정8품, 1명], 정자[정9품, 2명]는 참하관으로서 주로 사관의 일을 맡았다.

사헌부는 법제적인 간쟁·봉박·서경, 일반적인 참정·시신侍臣·형정 등의 기능을 실제로 수행했다. 사헌부는 형조·한성부와는 3법사로 통칭되었다. 사헌부 관원은 청요직이라 하여 청렴강개한 인물 중에서 엄선되었고, 지평 이상은 대장臺長으로 호칭되면서 언론 활동을 전개했다. 감찰은 조회 때 백관의 의례를 감찰하고 중앙의 여러 관서와 각 지방에 파견되어 일의 진행과 처리의 잘못을 감찰했다.

사간원은 법제적인 간쟁·봉박·서경, 사헌부의 직무인 백관 규찰과 일반적인 참정·시신 등의 기능을 광범위하게 수행했다. 사간원 관원은 가계가 좋고 식견이 뛰어나며 강개한 문관으로 임명했다. 사헌부 관원이 상하관의 위계와 질서가 엄격한 것과 달리 사간원 관원은 상하 관계가 자유로웠고 직무 중에도 음주가 허용되었다.

홍문관은 성종 9년(1478)에 예문관에서 분리되어 독립된 관서로 성립했다. 세조 2년(1456)에 집현전이 혁파된 이래 학문 숭상과 문운文運 진흥과 관련된 업무는 예문관

관계	태조 1년(1392)		태종 1년(1401)		경국대전	
	관명	인원	관명	인원	관명	인원
정3품	좌우산기상시	각 1	좌우간의대부	각 1	대사간	1
종3품	좌우간의대부	각 1	지사간원사	1	사간	1
	직문하	1	–	–	–	–
정4품	내사사인	1				
정5품	기거주	1	좌우헌납	각 1	헌납	1
	좌우보궐	각 1	–	–	–	–
정6품	좌우습유	각 1	좌우정언	각 1	정언	2

에서 담당해 왔다. 독립된 홍문관은 궐 내의 경적을 관장하고 문한을 다스리며 왕의 고문에 대비하는 일을 담당하게 되었다. 부제학 이하는 경연의 참찬관 이하를 겸임하여 경연관의 역할을 담당했고, 부제학 이하 부수찬 이상은 국왕의 교서를 짓는 지제교知製敎를 겸했다. 홍문관의 직제학 이하에 결원이 생기면 후보자의 명단이 기록된 홍문록을 토대로 임명했다. 홍문관원은 국왕과 빈번히 접촉하면서 경사를 강론하고 품계 및 관직상의 특전을 부여받았기 때문에 관원들 모두가 선망했다. 이 때문에 홍문관은 양사와 더불어 청직이면서 요직인 청요직淸要職이었다.

양사의 대간은 국왕에 대해 시시비비를 간언할 수 있는 간쟁권諫諍權, 관리 임명에 대해 자격 요건을 심사하는 서경권署經權을 갖고 있었다. 대간이 행하는 서경의 해당 범위는 몇 차례 변화를 거쳐 『경국대전』에 5품 이하의 관원으로 법제화되었다. 서경을 거쳐 임명 증서인 고신告身을 관원에게 줄 때, 이러한 격식을 교첩敎牒이라 했다. 반면에 서경을 하지 않는 1~4품의 관원에게 제수하는 격식을 관교官敎라고 하여 각각 구분했다. [자료4]

홍문관원은 경연에서의 강경講經과 논사의 책임을 맡으면서 공론의 소재처로 인식되고 있었다. 삼사의 정치적 임무는 각기 달랐으나 양사의 업무는 거의 동일했고, 홍문관은 언관으로서 대간의 언론을 외곽에서 보호 및 지원하는 위상을 지니고 있었다.

따라서 삼사는 기본적으로 상호 보완 관계를 유지했다. 대간은 양사 합계를 비롯하여 거의 공동 보조를 취했고, 이에 대해 홍문관에서도 국왕에게 공론에 따를 것을 촉구하거나 삼사 합계를 하는 것이 일반적이었다. 그 가운데 삼사 복합은 삼사의 전 소속 관원이 궐문에 엎드려 국왕에게 받아들일 것을 간청하는 방식이었다.

언관의 언로

삼사의 언관언론은 왕권 강화와 부국강병에 주력했던 태종·세조 때에는 활동이 저조했고, 관용적 정치가 행해졌던 세종·문종·단종·성종 때 비교적 활발했다. 특히 언관언론은 성종 때 사림이 중앙에 등장하고, 원의圓議의 운용과 '불문언근不問言根'의 관행을 통해 풍문으로도 탄핵할 수 있게 되면서 활성화될 수 있는 정치적·제도적 기반이 구축되었다. 원의는 완의完議, 원의석圓議席 또는 완의석完議席이라고 하여 양사에서 논계할 바가 있으면 반드시 이를 먼저 개최하여 양사의 전 관원이 논의한 뒤에 상계하는 방식이었다. 그리고 만일 논의가 일치하지 못하면 정론이 있다고 하여도 상계하지 못했다. 그러나 관례직으로 이 원의를 열면 대개 논의가 일치했고, 이에 따라 양사 합계로 언관언론을 행하면 조정에 끼치는 영향력이 막강했다. '불문언근'은 '풍문탄핵'과 비슷한 맥락의 의미인데, 어떤 명백한 증거가 없이 풍문으로 듣고 탄핵하여도 말의 뿌리인 '언근'을 묻지 않는다는 것이다.

중종 때의 언관언론은 사림의 삼사 진출 비율에 따라 좌우되고 있었고, 기묘사화 직전에는 '정귀대각政歸臺閣'이라 하여, 마치 조정의 정치 운영이 대각, 즉 대간에게 쏠리는 것과 같은 정치 상황이 빚어질 정도로 언관언론이 정사를 주도했다. 그 후 붕당정치가 본격화하는 시기에 언관언론은 각 주도 붕당의 정치적 입장을 반영하면서 중요한 기능을 했다. 붕당 간의 첨예한 갈등 속에서 언관언론은 각 붕당의 정치적 입장을 선도하면서 상대 세력을 견제·축출하거나 자파 세력을 비호하는 데 이용되기도 했다.

조선 왕조의 언로는 폭넓게 개방되어 있었다. 서울의 주요 관원들은 조참·상참·

신문고는 태종 1년(1401) 백성들의 억울한 일을 직접 해결하여 줄 목적으로 대궐 밖 문루 위에 달았던 북이다. 억울한 일을 당했을 경우 서울에서는 주장관, 지방에서는 관찰사에게 신고하여 사헌부에서 이를 해결하도록 하였는데, 이 기관에서 해결이 안 되는 경우 신문고를 직접 울리게 하였다.

윤대 등을 통해 정기적으로 국왕에게 의견을 개진할 수 있었다. 경연에 참여할 수 있는 관원들은 국왕과 더불어 각종 정치 현안과 정책을 논의하기도 했다. 그리고 중앙이나 지방의 모든 관리와 일반 민인들은 원칙적으로 국왕에게 의견을 제기할 수 있었다. 관원들은 상소나 차자의 형태로 국왕에게 의견을 피력할 수 있었다. 일반 민인 가운데 유생들은 공론임을 표방하면서 상소를 제기할 수 있었다. 조선 초기에는 관학 유생들이 주로 '벽이단闢異端' 문제에 관해 상소를 제기했다. 16세기 이후 서원의 발달과 함께 관학 유생뿐만 아니라 지방의 유생들이 중요 정치 현안에 관해 집단적 상소를 제기함으로써 그야말로 중외 유생층이 공론 형성층이라는 인식이 확립되었다. 이른바 언관 언론에 대해 초야언론草野言論이 등장한 것이었다.

　일반 민인들을 위한 언로는 신문고申聞鼓, 상언上言, 격쟁擊錚을 통해 확보되고 있었다. 소원疏願 방식을 통한 언로였다. 일반 민인들이 국왕에게 직접 호소할 수 있는 신문고는 태종 때 설치되었다. 그러나 실제로 이를 이용한 사람들은 대부분 서울의 전현직 관리들이었다. 본래의 취지와는 달리 일반 상인이나 노비 또는 지방 관민은 거의 이용할 수 없었다. 그 사유도 토지·노비의 소유권과 관련된 송사에 대한 불만이나 경제적 득실과 관련된 것이었다. 신문고는 세조 때부터 폐지와 설치가 반복되다가 유명무실해졌고 영조 때 다시 설치되었다.[자료5]

상언은 국왕의 행차가 있을 때 그 앞에 나아가 글을 올려 억울함을 호소하는 것이고, 격쟁은 국왕이 있는 곳 근처에서 징을 쳐 국왕의 이목을 끈 다음 구두로 자신의 억울함을 호소하는 것이었다. 신문고가 유명무실해지자 일반 민인들이 이용할 수 있는 언로는 이것이 유일했다. 상언은 신문고에 비해 절차가 간편하여 일반 민인들이 이용하기 쉬웠으나 기본적으로 글을 알아야 했다. 격쟁도 별다른 제약은 없었으나 이를 행한 사람은 먼저 형조의 취조부터 감수해야 했다. 상언이나 격쟁도 처음에는 신문고와 마찬가지로 호소할 수 있는 일의 범위가 제한되었고, 다른 사람이 대신하는 것도 금지되어 있었으나 점차 그 제한 규정이 완화되었다.

자료샘

자료 1

시정時政을 논하여 바르게 이끌고, 모든 관원을 규찰하며, 풍속을 바로잡고, 원통하고 억울한 일을 풀어 주고, 외람되고 거짓된 행위를 금하는 등의 일을 맡는다.

原文 掌論執時政 糾察百官 正風俗 伸寃抑 禁濫偽等事

— 『경국대전』 권1, 이전 경관직 사헌부

자료 2

간쟁諫諍하고 정사政事의 잘못을 논박論駁하는 직무를 관장한다. 모두 문관을 쓴다.

原文 掌諫諍 論駁 並用文官

— 『경국대전』 권1, 이전 경관직 사간원

자료 3

궁궐 내의 경적經籍을 관리하고, 문한文翰을 관리하며, 왕의 고문顧問에 대비한다. 모두 문관을 임용한다. 제학提學 이상은 타 관부의 관원이 겸임한다. 모두 경연을 겸대한다.

부제학으로부터 부수찬에 이르는 관원은 또 지제교知製敎주1의 임무를 겸대한다. …

原文 掌內府經籍 治文翰 備顧問 並用文官 提學以上以他官兼 皆帶經筵 ○副提學至副修撰 又帶知製教 …

— 『경국대전』 권1, 이전 경관직 홍문관

주1 지제교(知製敎): 국왕의 교서를 작성하는 일을 담당하는 관원.

자료 4

무릇 관직을 받은 자의 고신告身주2은 5품 이하의 경우에는 사헌부·사간원의 서경署經주3을 참고하여 이를 급여한다.[○의정부, 이·병조, 사헌부, 사간원, 장예원의 관원, 홍문관·춘추관의 지제교, 종부시, 시강원의 도사 및 수령은 내외 4조와 본인의 허물 여부를 살펴서 서경한다. ○도총부의 선전관, 부장도 같다.]

原文 凡受職者告身 五品以下 考司憲府司諫院者署經 給之[○ 議政府 吏兵曹 司憲府 司諫院 掌隸院 弘文館 春秋館知製教 宗簿寺 侍講院都事 守令 考內外四祖 及己身有痕咎與否 署經 ○ 都摠府宣傳官部將 同]

— 『경국대전』 권1, 이전 고신

주2 고신(告身): 관직을 수여할 때 주는 임명장.

주3 서경(署經): 국왕으로부터 재가를 받은 관직에 임용될 자의 4조[부·조·증조·외조]와 본인 신상에 흠결이 없음을 대간에서 심사·확인하고 서명하여 관직을 부여하는 데 찬의를 나타내는 절차.

자료5

원통하고 억울한 일을 호소하는 것은, 서울은 주장관主掌官에게 올리고, 지방은 관찰사에게 올린다. 그렇게 한 뒤에도 원억寃抑한 일이 있으면 사헌부에 신고하고, 그러고도 원억한 일이 있으면 신문고申聞鼓를 친다. [신문고는 의금부의 당직청(當直廳)에 있다. 모든 상언(上言)은 당직원이 사헌부의 퇴장(退狀)주4을 살펴보고 나서 수리하여 아뢴다. 의금부·사헌부에서 처리한 것은 퇴장을 살피지 않는다. 모든 상언은 계하(啓下)주5뒤 5일 내에 해당 관사의 회계(回啓)주6가 있어야 한다. 만일 기한을 넘기게 되면 바로 회계하지 못한 사연을 갖추어 아뢰어야 한다.] 종묘·사직 및 비법살인非法殺人에 관계되는 것 외에, 이전吏典이나 복예僕隷로서 그 관원을 고소하는 자, 품관品官주7·이吏주8·민民주9으로서 그 관찰사·수령을 고소하는 자는 모두 받아들이지 아니하고 장杖 1백, 도徒 3년에 처한다.

原文 訴寃抑者 京則呈主掌官 外則呈觀察使 猶有寃抑告司憲府 又有寃抑則擊申聞鼓 [申聞鼓在義禁府當直廳 凡上言 當直員告司憲府退狀受啓 義禁府司憲府所理 不考退狀 凡上言 啓下五日內回啓 如或過限 具不則回啓辭緣以啓] 關係宗社 及非法殺人外 吏典僕隷告其官員者 品官吏民告其觀察使守令者 並勿受 杖一百徒三年

_ 『경국대전』 권5, 형전 소원

주4 퇴장(退狀): 소송의 종심에 불복하는 자가 제출한 소장을 사헌부에서 조사하고, 수리할 만한 이유가 없다고 판단하여 그 소장에 사헌부의 관인(官印)을 찍어서 제소자에게 되돌려 준 것

주5 계하(啓下): 신료가 정무에 관해 국왕에게 문서로 보고한 계문에 대한 국왕의 응답이나 의견으로 내려진 것

주6 회계(回啓): 임금의 물음에 신료들이 논의하여 그 결과를 다시 보고하는 것

주7 품관(品官): 품계를 가진 부류에 대한 범칭. 여기서는 구체적으로 전직 관인으로 지방에 머물고 있는 유향품관(留鄕品官)을 가리킴.

주8 이(吏): 이서층(吏胥層)의 범칭. 관찰사나 수령이 관할하는 지방의 향리·영리 등을 가리킴.

주9 민(民): 상민.

출전

『경국대전』

찾아읽기

국사편찬위원회, 『한국사』23(조선 초기의 정치 구조), 1994.
정두희, 『조선 시대의 대간연구』, 일조각, 1994.
김돈, 『조선 전기 군신권력관계 연구』, 서울대학교 출판부, 1997.
설석규, 『조선 시대 유생상소와 공론정치』, 선인, 2002.
최승희, 『조선 초기 언론사연구』, 지식산업사, 2004.

7 지방 행정 조직의 핵심

관찰사와 수령

조선 시기의 지방 행정은 크게 관치(官治)와 자치(自治) 두 계통으로 구분된다. 관치 계통은 왕—감사—수령으로 이어지는 상위 조직과 아전층인 경저리·영리·읍리의 하위 조직으로 나누어진다. 자치 계통은 경재소—유향소—면·리임으로 이어지는 재지사족 중심의 체계를 뜻한다. 관찰사와 수령은 지방 행정의 상위 조직을 구성하는 핵심 외관이었다.

관찰사

조선 시기의 지방 행정 제도 및 지방 통치 조직은 외관제나 군현제의 제도적 정비와 변화 과정과 함께, 향촌 사회에 대한 중앙 집권 체제의 확립 및 재정비 과정이라고 하는 두 가지 측면에서 이해하는 것이 바람직하다.

관찰사제는 고려 말에 실시한 바 있었으나 명실상부한 8도의 관찰사제는 태종 때 확립되었다. 고려 중기 이래 5도 양계가 구획되어 지방 수령을 감독하고 중앙의 정령을 군현에 전달하는 감독관으로서 안찰사按察使 또는 안렴사按廉使를 파견했다. 그러나 이들은 전임관이 아닌 임시 파견관의 성격이 강하여 아직 실질적인 행정 장관이 되지 못했다. 대읍大邑을 중심으로 설치된 계수관界首官이 지방 행정의 실질적인 중심 역할을 수행했다. 각 군현은 계수관에 영속領屬되어 간접으로 중앙 정부와 연결되었다. 이

계수관은 행정과 군정의 직능을 겸하고 있었으나, 조선 초기에 각 도의 관찰사와 각 군현의 행정적 기능이 강화되면서 순수한 군사 조직으로 변모해 갔다. 계수관을 바탕으로 지역 단위 방위 체제인 군익도軍翼道가 형성되고, 군익도는 다시 진관 체제鎭管體制로 편성되어 갔던 것이다. 계수관의 소멸과 더불어 관찰사가 한 도의 행정·군사·감찰권을 장악함으로써 지방 행정을 총할總轄한 지방 장관으로 자리를 잡았던 것이다.[자료1]

관찰사(또는 감사)는 종2품 이상의 현직 및 퇴직 관료 중에서 임용했다. 이들의 임기는 360일로 규정되어 5도 및 경기도에 적용했고, 함길·평안 양도는 2년이었다. 양도는 감사가 가족을 거느리고 부임하여 감영 소재지의 수령을 겸직하는 겸목兼牧이 이루어진 데 반해, 6도의 감사는 단신으로 부임하여 임기 동안 감영을 중심으로 도 내 군현을 순력巡歷하면서 업무를 수행했다.

관찰사의 보좌관으로는 수령관首領官으로 통칭되는 경력經歷·도사都事, 감사가 순력할 때 도 내의 행정 실무를 대행했던 판관判官이 있었다. 관찰사는 '감사총치군민監司摠治軍民'이라고 한 데서 보듯, 한 도의 행정, 사법, 군사 기능을 관할하는 막강한 권력을 지니고 있었다. 또한 관찰사는 수령을 비롯한 모든 외관을 고과考課·포폄褒貶했다.[자료4]

수령

수령은 관찰사 아래에서 지방 행정을 실제 담당하는 각 군현의 외관을 가리킨다. 조선 시기에는 고려의 군현제를 근간으로 지방 제도를 정비하여 위로는 8도 체제와 아래로는 면리제面里制를 확립해 나갔다. 지방 통치는 군현을 중심으로 전개되었고 지방 행정은 수령을 중심으로 행해졌다. 기본 행정 구역인 군현은 그 고을의 크기에 따라 주·부·군·현으로 구획되었다. 이에 따라 수령은 품계상으로 최고 종2품에서 최하 종6품까지의 부윤[종2품]·대도호부사[정3품]·목사[정3품]·도호부사[종3품]·군수[종4품]·현령[종5품]·현감[종6품]으로 구성되었다. 이들은 행정 체계상으로는 모두 병렬적

서대문 밖 경기감영(京畿監營) 일대의 풍경을 그린 「경기감영도병」. 경기도 관찰사가 집무하는 경기감영은 태조 2년(1393)에 설치된 후 1896년에 수원으로 이전할 때까지 현재의 적십자 병원 자리에 위치하였다.

으로 직속 상관인 감사의 관할 아래에 있었다. 다만 이들 수령이 겸대하는 군사직으로 인해 상하 관계가 형성되었다. [자료2]

수령의 임기는 『경국대전』이 완성된 성종 때부터는 1,800일 임기로 고정되었으며 단신 부임한 경우는 900일이 지나면 이임이 가능했다. 그러나 실제로는 제대로 직무를 수행할 수 없을 정도로 자주 교체되었다. 수령의 하부 행정 체계로는 읍사_{邑司}를 중심으로 한 향리 조직, 면·리 행정을 담당한 면·리임_{面里任}과 그 밑에 각종 천역을 담당하는 관노비가 있었다. 수령의 주된 직능은 인구 증가와 농업 장려, 공정한 조세 부과, 치안 유지와 주민 교화 등이었다. 초창기의 수령은 일반 행정뿐만 아니라 지방의 군사권을 장악하고 있었기 때문에 반드시 문무를 겸비한 자로 선임해야만 했다. [자료3·5]

지방 행정 제도의 특성

관찰사 및 수령을 중심으로 한 조선의 지방 행정 제도 및 지방 통치 조직은 외관제와 군현제의 일원적인 지배 질서를 구축함으로써 고려에 비해 한층 더 중앙 집권적 특성을 띤다. 조선 시기의 정치적 성격으로 사용되는 중앙 집권적이란 용어는 무엇보다도 이러한 지방 통치 체제의 성격과 관련된 것이었다.

특히 조선의 중앙 집권적 지방 통치 체제가 비교적 잘 유지될 수 있었던 것은, 왕–감사–수령으로 이어지는 관치 행정적 계통과 경재소–유향소–면·리임으로 연결되는 사족 중심의 자치적인 향촌 지배 체제 및 이들 중간에 끼어 있는 경저리·영리·읍리의 향리 계통 등의 세 계통이 서로 견제와 균형을 유지할 수 있었기 때문이다. 또한 지방 통치를 직접 담당한 관찰사와 수령은 1도 또는 1읍의 군주와 같은 존재로서 일국의 통치를 맡은 왕의 분신이었다. 역대의 선정 시기를 살펴보면 예외 없이 순량循良한 수령에 의한 읍치에 바탕을 두고 있었다. 이 때문에 역대 국왕들은 늘 수령 선임에 특별한 관심을 갖고 있었다.

자료1

주1 전조(前朝): 고려.

전조前朝주1의 감사監司는 또는 안찰按察이라 일컫고 또는 안렴按廉이라 일컬었는데 모두 시종·낭관侍從·郞官으로 이를 삼았다. 그 질秩은 낮으나 권한이 중하여 능히 스스로 감정이 고조되어 있었다. 또한 한漢의 부자사部刺史와 송宋의 전운사轉運使의 남긴 뜻이 있었는데, 그 말년에 미쳐서는 법이 오래되어 폐단이 생기므로 때에 따라 손익을 따져서 안렴을 도관찰사都觀察使로 고쳤다. 본조本朝주2도 이를 따랐는데, 반드시 묘당廟堂주3에 명령을 내려, 양부兩府 가운데서 공정하고 청렴하며 부지런한 자를 택하여 보냈기 때문에 한·당의 이점은 있어도 그 폐단은 없었다.

주2 본조(本朝): 조선.

주3 묘당(廟堂): 조정(朝廷)

주4 허조(許稠, 1368~1439): 세종 때의 대신.

原文 前朝之監司 或稱按察或稱按廉 皆以侍從郞官爲之 其秩卑權重 能激昻而有爲 亦漢部刺史宋轉運使之遺意也 及其末也法久弊生 因時損益 改按廉爲都觀察事 本朝因之 然必命廟堂擇兩府之公淸廉謹者遣之 有漢唐之利無漢唐之弊

_ 「경제문감」하, 감사

자료2

주5 저택(瀦宅): 대역 죄인의 집을 헐고 연못을 만들던 형벌.

허조許稠주4가 일찍이 건의하되, "국가에는 군신의 도리가 있듯이 일읍一邑·일관一官에도 또한 각기 군신의 분이 있다. 지금 일읍 일관의 이민吏民으로 하여금 고소한다는 것은 결코 용납할 수가 없다. 고려의 고사古事에 품관이민品官吏民으로서 그 수령을 고소한 자는 전례에 의거하여 저택瀦宅주5한다고 했으니, 바라건대 고제古制에 종사宗社에 관계되거나 법을 굽혀 살인한 죄목 외에는 이민이 그 관장官長을 고발하는 것을 금지하자."고 하자 그 말이 풍화風化에 관계되므로 내가 곧 거행했다.

주6 행·수직: 주어진 관직이 이미 받은 바 있는 품계에 상응하는 관직보다 낮은 직인 경우에 행 또는 행직이라고 한다. 이와 반대의 경우는 수 또는 수직이라고 한다.

原文 許稠又嘗言曰 非徒國天下有君臣之道 一邑亦有一邑君臣之分 一官亦有一官君臣之分 今使一邑一官之吏民訴一邑一官之君長 漸不可長 高麗故事 品官吏民訴其守令者 例汚其家 乞依古制 除關係宗社枉法殺人外 宜禁吏民告其君長 其言有關於風化 故吾卽擧行

_ 「세종실록」권77, 세종 19년 5월 기유

주7 관찰사: 흔히 감사(監司)라고 부르고, 방백(方伯)·도백(道伯)·외헌(外憲)·도선생(道先生)·영문선생(營門先生) 등으로도 부른다.

주8 도사: 종5품직으로 중앙에서는 충훈부·의빈부·충익부·의금부·개성부의 속관으로 두어 서무를 주관토록 했다. 외관으로는 원래 관찰사의 보좌관으로 파견되었으나, 세조 때 경력은 혁파되고 도사만이 남게 되었다. 또한 경력과 더불어 수령관으로 통칭되었으나, 경력이 혁파된 뒤로는 도사가 감사와 같이 일도(一道)의 순력과 규찰을 분담하고, 감사 유고시에는 그 임무를 대행하기도 하여 도사를 '아감사(亞監司)'라고도 했다.

자료3

주9 수령: 부윤(府尹) 이하 현감에 이르는 각 도 내의 지방 장관을 통칭하는 말.

품계 및 관직의 전임, 품계의 승급, 행·수직行守職주6은 모두 경관의 경우와 같다. 관찰사주7·도사주8는 근무 일수 360이 차고, 수령주9은 근무 일수 1,800일이 차고, 낭상관 및 가족을 데리고 가지 않는 수령과 훈도는 근무 일수 900일이 차면 바로 전임시킨다.

임지가 옮겨진 수령은 이전의 근무 일수를 통산하여 전임시킨다. 농번기에는 전임시키지 말 것이며, 춘분 전에 근무 일수 미만이 50일 이하인 자는 전임시킨다.

> **原文** 階及遷官加階行守職同京官 觀察使都使仕滿三百六十 守令仕滿一千八百 堂上官及未挈家守令訓導仕滿九百乃遞 移任守令通計前仕遷官 當農伺則勿遞 春分前不足五十日以下者遞
>
> ___ 『경국대전』 권1, 이전 외관직

자료 4

서울과 지방의 관원은 3년마다 그의 출신과 경력을 자세히 기록하여 이조에 제출함으로써 정안政案주10에 기록케 한다. 경관京官은 그 관사의 당상관·제조 및 소속 조曹의 당상관이, 외관은 그 도의 관찰사가 매년 6월 15일과 12월 15일에 등급을 매겨 왕에게 보고한다. [… 수령은 관찰사가 병마절도사와 같이 상의하여 하고, 제주 3읍은 제주목사가 등급을 매겨서 관찰사에게 보고한다. …] 열 번 고과考課주11에 열 번 다 상上을 받은 자는 상償으로 1품계를 올려 주고, 두 번 중中을 받으면 무록관無祿官주12에 서용하고, 세 번 중을 받으면 파직된다. 5·3·2회의 고과에 한 번이라도 중을 받은 자는 현직보다 높은 직을 줄 수 없으며 두 번 중을 받은 자는 파직된다. [… 당상관인 수령은 한 번 중을 받으면 파직시킨다.]

> **原文** 每三年京外官員 具錄出身來歷 呈本曹錄于政案 京官則其司堂上官提調及屬曹堂上官外官則觀察使 每六月十五日 十二月十五日 等第啓聞 [… 守令則觀察使與兵馬節度使同議 濟州三邑則牧使等第報觀察使 …] 十考者十上 則賞加一階 二中於無祿官敍用 三中罷職 五考三考二考者 並一中勿授右職 二中罷職 [… 堂上官守令一中罷職]
>
> ___ 『경국대전』 권1, 이전 외관직 정안·포폄

자료 5

매년 말에 본조에서는 여러 관사 관원의 실제 근무 일수 및 잡다한 연유에 관해, 관찰사는 수령칠사守令七事의 실적을 갖추어 왕에게 보고한다. [칠사는 농상을 성하게 하고[農桑盛]주13, 학교를 일으키고[學校興]주14, 사송을 간명하게 하고[詞訟簡]주15, 간활한 무리를 그치게 하며[奸猾息]주16, 군정을 닦고[軍政修]주17, 호구를 늘리고[戶口增]주18, 부역을 고르게[賦役均]주19 함을 말한다.]

> **原文** 每歲季 本曹具諸司官員 實任及雜故 觀察使 具守令七事 實跡啓聞[事農桑盛 學校興 詞訟簡 奸猾息 軍政修 戶口增 賦役均]
>
> ___ 『경국대전』 권1, 이전 고과

주10 정안: 관리의 출신·내력, 즉 성명·연기·출신·역사·사조 및 처부직명(妻父職名)·내외향(內外鄕)·시거향(時居鄕) 등을 기록하여 이·병조[태종 5년 이전에는 상서사]에 제출토록 하여 관리 임용에 참고하는 관리의 신원대장.

주11 고과: 관원의 근무 성적이나 공과 등을 고찰·등제하여 포폄하는 인사행정. 매년 두 차례[6월, 12월]의 도목(都目)으로 실시됨.

주12 무록관: 녹봉이 없이 전지만 지급받는 관원. 제거(提擧)·제검(提檢)·별좌(別坐)·별제(別提)·별검(別檢) 등이 이에 해당됨. 비록 녹봉은 받지 못했으나 양반 실직(兩班實職)에 해당했기 때문에 일정한 기간을 근무하면 승자(陞資)되거나 다른 관직으로 옮겨 갈 수 있었다.

주13 농상성(農桑盛): 제언의 수축, 황무지 개간, 뽕나무 재배 등 민생의 안정을 위해 가장 중요시해야 할 농업에 대한 제반 진흥책.

주14 학교흥(學校興): 유생을 모아 유교 경전을 가르치고 제술을 시험하여 유학 및 문학에 정진하도록 함.

주15 사송간(詞訟簡): 민원의 불공정과 억울함이 없도록 함.

주16 간활식(奸猾息): 타인을 모함하거나 교활한 짓을 하지 못하도록 함.

주17 군정수(軍政修): 군사적인 기율을 밝히고, 때에 맞추어 진법을 연습할 수 있도록 함.

주18 호구증(戶口增): 수령의 올바른 향촌 통치로 민생이 안정되도록 함으로써 인근 백성들이 모여들도록 함.

주19 부역균(賦役均): 군역과 더불어 백성의 가장 큰 부담으로 여겨지는 각종 토목 공사에 동원되는 부역을 고르게 함.

자료 6 조선 초기 도별 파견 관찰사 및 수령 수

수령	경기도	충청도	경상도	전라도	황해도	강원도	영안도 (함길도)	평안도
부윤 (종2품)	관찰사 1	관찰사 1	관찰사 1, 부윤 1 (경주)	관찰사 1, 부윤 1 (전주)	관찰사 1	관찰사 1	1 (관찰사 영흥 부윤 겸임)	1 (관찰사 평양 부윤 겸임)
대도호부사 (정3품)	–	–	1	–	–	1	1	1
목사 (정3품)	4	4	3	3	2	1	–	3
도호부사 (종3품)	7	–	4	4	4	5	11	6
군수 (종4품)	7	12	14	12	7	7	5	18
현령 (종5품)	5	1	7	6	4	3	–	8
현감 (종6품)	14	37	34	31	7	9	4	5
계	38	55	65	58	25	27	22	42

__ 『경국대전』 권1, 이전, 외관직

출전

『경국대전』

『세종실록』

『경제문감』 : 태조 4년(1395)에 정도전이 편찬한 책으로 『삼봉집』에 수록됨. 『조선경국전』이 조선 왕조의 통치 이념과 통치 조직의 종합적인 체계를 제시한 것이라면 『경제문감』은 그중에서 특히 치전(治典)의 내용을 보완한 것으로서 조선 초기의 관직 제도를 이해하는 데 귀중한 자료다. 내용은 재상(宰相), 대관(臺官), 간관(諫官), 위병(衛兵), 감사(監司), 주목(州牧), 군태수(郡太守), 현령(縣令)으로 구성되어 있다.

찾아읽기

이수건, 『조선 시대 지방행정사』, 민음사, 1989.

이존희, 『조선 시대 지방행정 제도연구』, 일지사, 1990.

국사편찬위원회, 『한국사』 23(조선 초기의 정치 구조), 1994.

이휘권, 『조선후기 지방통치행정 연구』, 집문당, 1999.

이선희, 「조선시대 8도 관찰사의 재임실태」, 『한국학논총』 31, 2009.

8 지방 행정 조직의 실무자

향리

고려와 조선 시기에 있어서 명칭은 같지만 성격이 다른 것 가운데 하나가 향리다. 고려의 향리는 각 지방의 실질적인 지배자였던 데에 비해 조선의 향리는 위상이 격하되어 각 지방 관아의 행정 실무자에 머물게 되었다. 향리는 주·부·군·현 등 대소 지방 관아에 소속되어 행정 실무를 담당하던 층으로서 외아전(外衙前)이라고도 했다.

향리 세력의 억제

고려 시기의 향리는 신라 말·고려 초의 호족 출신으로 각 지방의 실질적인 지배자로서 토호적 성격을 띠고 있었다. 이것은 고려 왕조의 중앙 집권화를 가로막는 큰 요소였다. 그래서 고려의 중앙 정부에서는 기인其人 제도·사심관事審官 제도 등 향리 통제 정책을 시행하여 그들의 세력을 억제했고, 또 한편으로는 향리의 상층부를 과거나 서리직을 통하여 중앙 관료로 흡수하여 왕조의 기반인 관료층을 보강했다. 그리하여 고려 후기에는 향리의 세력이 상당히 약해진 모습을 보이게 되었다.[자료1]

그러나 고려 말 홍건적과 왜구의 침입 등 계속되는 전란 속에서 군공軍功에 따른 첨설직添設職이 남발되어 향리·양인 출신의 군인들이 대거 양반 신분으로 편입됨으로써 양반의 수는 급격히 늘어났다.[자료2] 이런 상황에서 조선 왕조를 개창한 사대부 관료

강화유수부 이방청. 효종 5년(1654)에 건립하여 6방의 하나인 이방청 관아로 사용하던 건물로, 강화도 고려 궁터 안에 있다.

들은 향리층이 계속 중앙 관료로 진출하는 것을 억제하기 시작했다. 향리가 생원 · 진사시에 응시할 때 반드시 소속 군현의 허가를 받도록 했고, 무과에 응시할 때에는 먼저 무경칠서武經七書의 강독 시험에서 통通 · 략略 · 조粗 · 불통不通으로 구분된 등급 중 낙제가 아닌 조 이상의 성적을 받은 자에 한해 응시를 허락했다. 무경칠서는 『육도六韜』 · 『손자孫子』 · 『오자吳子』 · 『사마법司馬法』 · 『삼략三略』 · 『위료자尉繚子』 · 『이위공문대李衛公問對』 등 7종의 병서를 가리킨다. 이러한 제약으로 인해 향리가 과거에 합격해서 양반 관료로 진출하는 것은 크게 억제되었다.

향리들은 조선 초기에 세력이 크게 약화되고 아울러 사회적 지위도 크게 저하되었다. 우선 군 · 현의 개편에 따라 향리 세력의 중심지인 현사縣司가 이동하고, 향리의 수가 많은 군 · 현에서 적은 군 · 현으로 다시 배정됨에 따라 많은 향리들이 그들의 본관지本貫地를 떠나 다른 군 · 현으로 옮겨가게 되었다. 향리들은 오랫동안 본관지에 구축해 놓은 그들의 세력 기반을 한꺼번에 잃어버리게 된 것이다. 그리고 유향소留鄕所를 설치하여 향리의 작폐를 규찰하는 동시에 10가지 원악향리元惡鄕吏 처벌 규정을 마련하여 토호적 향리를 제거했다. 이제 향리는 지방 지배자적 위치를 잃고 지방 관아의 행정 실무자 또는 행정 사역인의 위상에 머무르게 되었다. [자료3~5]

향리의 역할

조선의 향리는 세습적으로 지방 관아에서 행정 실무를 담당했는데, 이것을 향역鄕役이라 했다. 수령은 일정한 임기가 있고 행정 실무에 어두운 데다가 자신의 본거지인 출신 고을에는 부임할 수 없었기에 부임한 지방의 사정에도 밝지 못했다. 반면에 향리는 대대로 그 지방에 살면서 오랫동안 행정 실무를 담당하여 왔기 때문에 지방 사정에 밝았다. 그러므로 수령은 향리의 보조 없이는 부임한 지방을 원활하게 다스려 나갈 수가 없었다. 따라서 조선 시대에 지방의 행정 실무는 거의 대부분이 향리들의 손에 의하여 좌우되고 있었던 것이다. 이외에도 향리는 중앙 각 관아에 선상選上되어 시탄柴炭 등을 공급해야 하는 기인역을 부담하여야 했으며 때로는 잡역도 부담하여야 했다. 이들은 향역을 부담했기 때문에 군역을 지지 않았으나 그 대신 유사시에 대비하여 편제한 예비군인 잡색군에 편입되어 있었다.

조선에서 지방 관아의 행정 조직은 이·호·예·병·형·공의 6방으로 나뉘어졌고, 행정 실무는 6방 향리들에게 분담되었다. 6방 향리의 여러 가지 직무 가운데 중요한 것은 호적을 정리하고, 공부貢賦와 군역 및 요역을 독려하는 것이었다. 한편 6방 향리 가운데 이방·호방·형방의 수리首吏는 '삼공형三公兄'이라고도 했으며, 특히 향리의 수반인 호장戶長은 수령이 없을 때 그 직무를 대리하는 수석 향리였다.

조선의 향리들에게는 고려와 달리 녹봉을 지급하지 않았다. 그리고 고려 이래 향역의 대가로 지급되었던 외역전外役田도 조선 초기인 세종 27년(1445)에 혁파됨으로써 전지의 지급 대상에서도 제외되었다. 이처럼 조선에서 향리가 향역의 대가를 받지 못했다고 하지만, 생계를 유지하는 데 그다지 큰 어려움이 없었다. 그들은 조상 대대로 지방의 실질적인 지배자로서 확보해 놓은 토지와 노비 등의 경제적 기반을 물려받은 자들이었다. 그러나 공식적인 급료 지급이 없었다는 점은 결과적으로 그들이 직무 수행에 각종 폐해를 동반하게 한 이유로 작용했다.[자료6]

조선 초기에 향리가 하급 지배 신분층으로 격하되고 있었으나 향촌 사회의 지방 통치에 있어서 권력 관계의 한 축으로 존재하고 있었다. 군현에 파견된 왕권 대행자인 수령, 중앙의 관료군에서 도태되었으나 전함품관으로 향촌 사회에서 대대로 살고 있

는 토착 사족, 그리고 각종 부세 징수 등의 행정 실무를 담당하고 있는 향리 등은 일종의 상호 삼각 권력 관계를 형성했다. 수령과 토착 사족은 동일한 양반 사족 신분으로서 향리를 감독했고, 수령과 향리는 왕명을 수행하는 지방 관아의 상하 관계에서 부세를 담당하고 있는 토착 사족과 대립했으며, 토착 사족과 향리는 향촌의 토착 세력으로서 왕권의 대행자인 수령에 대응했던 것이다.

조선 시대 중앙과 지방 관청에 속한 하급 관리 '아전'이다. 이서 · 이속이라고도 하며, 중앙 관서의 아전을 경아전, 지방 관서의 아전을 외아전이라고 하였다. 경아전은 6조 · 중추원 등 중요 관청에 근무하는 자를 녹사, 기타 각 사에 근무하는 자를 서리라 하였다. 그 지방 출신으로 대대로 내려온 아전은 향리라 하고, 다른 지방에서 와서 아전 노릇을 하는 사람을 가리(假吏)라고 하였다.

자료1

신우辛禑 9년(1383) 2월, 좌사의 권근 등이 글을 올리기를, "나라의 안위安危는 주군州郡의 성쇠에 달렸습니다. 근년 이래 외방 주현의 향리 무리들이 본역本役을 면하고자 명서학明書學·지리학·의학을 칭하고 있으나 모두 재주는 없이 면역免役하고 있어 향리가 날로 감소하여 공무를 지탱하기 어렵습니다. …" 하였다.

原文 辛禑九年二月 左司議權近等言 國之安危 係乎州郡盛衰 比年以來 外方州縣吏輩 規免本役 稱爲明書業地理業醫律業 皆無實才 出身免役 故鄕吏日減 難支公務 …

— 『고려사』 권75, 선거3, 향직

자료2

근래에 국가의 기강이 해이해져서 주현州縣의 향리 또는 군공軍功이 있다 하고는 관직을 받고, 또는 잡과雜科에 합격했다 하여 그 역역役을 회피하고, 또는 권세가에 의지하여 관직을 받는 자가 이루 헤아릴 수 없을 만큼 많습니다. 이로 인하여 주군州郡이 텅 비고 팔도八道가 황폐하게 됩니다. 원하건대 지금부터 비록 향리의 세 아들 중 한 명三丁一子이라거나 3, 4대에 걸쳐 면향免鄕되었다 하더라도 확실한 문서가 없는 자, 군공으로 인하여 면향되었다고 하나 뛰어난 공을 세워 공패功牌를 받지 못한 자는 … 본역本役으로 돌아가도록 하여 주군州郡을 충실하게 하십시오.

原文 比年以來 紀綱陵夷 州縣之吏 或稱軍功 冒受官職 或憑雜科 謀避本役 或托權勢 濫陞官秩者 不可勝記 州郡一空 八道凋弊 願自今 雖三丁一子 三四代免鄕 而無的實文契者 軍功免鄕而無特立奇功受功牌者 … 勒令從本 以實州郡

— 『고려사』 권118, 열전31, 조준

자료3

형조에서 아뢰기를 '이제부터 향리로서 영세민을 침해하여 도죄徒罪를 범한 자는 장형杖刑을 집행한 뒤에 영구히 그 도의 잔폐한 역의 역리驛吏로 귀속시키고, 유죄流罪를 범한 자는 장형을 집행한 뒤에 영구히 다른 도의 잔폐한 역의 역리로 귀속시키며, 사람들로 하여금 그 백성을 침해한 향리를 고발하게 하고, 이를 심리하지 않는 관리도 아울러 율문에 의하여 죄를 결단하도록 하소서' 하니, 왕이 그대로 따랐다.

原文 刑曹啓 自今鄕吏 侵虐小民 犯徒罪者 請決杖 永屬其道殘驛吏 犯流罪者 決杖 永屬他

道殘驛吏 其侵民鄉吏 許人陳告 官吏不卽聽理者 幷依律科罪 從之

_ 『세종실록』 권46, 세종 11년 12월 계유

자료 4

원악향리元惡鄉吏[또한 수령을 조종 농락하여 권력을 마음대로 부려 폐단을 일으키는 자, 뒤로 뇌물을 받고 불공평하게 하는 자, 세를 징수할 때 법외로 거두어 남용하는 자, 양민을 불법으로 끌어다 남몰래 부려먹는 자, 전장(田莊)을 많이 장만하여 두고 백성에게 경작시키는 자, 마을과 거리를 횡행하면서 남의 것을 침탈하여 사복을 채우는 자, 세력가에 붙어서 신분 본래의 역을 피하는 자, 향리의 역을 피하여 도망쳐 촌락에 숨어 사는 자, 관의 위세에 거짓으로 기대어서 백성을 침학하는 자, 양기의 여자 및 관비를 첩으로 하는 자]는 일반인의 고발을 허락하며, 또한 당해 관청의 경재소에서도 사헌부에 고발하여 심리하여 처벌받게 하는 것을 허락한다.

原文 元惡鄉吏 [操弄守令 專權作弊者 陰受貨賂 差役不均者 收稅之際 橫斂濫用者 冒占良民 隱蔽役使者 廣置田庄 役民耕種者 橫行田閭 侵漁營私者 趍附貴勢 邀避本役者 避役在逃 隱接村落者 假仗官威 侵虐民人者 良家妻及官婢 作妻者] 許人陳告 亦許本官京在所告司憲府 推劾科罪

_ 『경국대전』 권5, 형전 원악향리

자료 5

○ 무릇 향리 중에서 문과, 무과, 생원, 진사에 합격한 자와 특히 군공을 세워 사패賜牌를 받은 자와 한 집안에서 향리에 복무하는 자 3인 중 1인으로 잡과에 합격한 자 및 서리書吏에 속했다가 관직에서 물러난 자는 모두 그 자손이 향리로 복무할 임무를 면제한다.

○ 2대를 연속하여 향리 역에 복무하면 비록 그들이 본래 향리의 자손이 아니라고 호소하더라도 이를 인정하는 것을 허락하지 않는다.[2대가 연속하여 향리의 역에 복무하였다 함은 조부와 부의 2대 연속 복무를 의미한다.]

○ 그 고을의 세공稅貢에 대한 진성陳省주1을 참고하여 섭호장攝戶長주2, 정조호장正朝戶長주3, 안일호장安逸戶長주4의 직첩을 수여한다.

○ 향리 복무를 싫어하여 도피한 자를 그 동류인인 향리가 10인 이상을 체포하여 관에 신고하면 그 사람의 향리 복무의 의무를 면제하고, 20인 이상을 체포하여 신고하면

주1 진성(陳省): 지방 수령이 자신이 관장하는 사무에 관한 자세한 사정을 진술한 문서. 또는 지방의 조세와 공물에 대하여 수령이 납부할 수량과 납부할 관청, 납부 일자, 납부를 담당한 관리 등을 자세히 기록하여 호조에 올리는 문서를 뜻한다.

주2 섭호장(攝戶長): 섭호장의 섭(攝)은 겸(兼) 또는 가(假)의 뜻이고, 호장은 향리의 수장을 가리키므로, 섭호장은 향리에 대한 포상의 뜻으로 지급된 직첩인 듯하다.

주3 정조호장(正朝戶長): 매년 정월 원단에 대궐 문앞에까지 이르러 왕에게 숙배하는 임무와 영예를 주는 호장.

주4 안일호장(安逸戶長): '여러 주현의 호장으로서 나이 70세가 된 이는 안일호장으로 삼고 직전의 반을 준다(『고려사절요』2, 목종 원년 3월)'는 고려의 제도에 따라 나이 70세가 된 호장에게 예우로서 준 것인 듯하다.

그 자손까지 모두 향리 복무의 의무를 면제하고, 9인 이하를 체포, 신고하면 체포한 사람 수 매 1인당 3년씩 향리 복무 의무를 면제한다.

原文 ○ 凡鄕吏中 文武科生員進士者 特立軍功受賜牌者 三丁一子中 雜科及屬書吏去官者 並免子孫役 ○ 連二代立役 則雖訴本非鄕孫 勿聽 [二代立役 謂祖及父連二代鄕役者] ○ 考本 邑陳省 給攝戶長·正朝戶長·安逸戶長帖 ○ 厭本役 而逃者 同類人 捕告十人以上 免役.二十人以 上 幷其子免役.九人以下 則每一人免三年役

_ 『경국대전』 권1, 이전, 향리

자료 6

품관品官·향리들은 토지를 넓게 점유하고 그곳에 유망민을 불러들여서 병작竝作하여 그 수확의 반을 거두고 있으니, 폐단이 대단하다. … 유망민들은 이것을 이용하여 역役을 피하고 용은容隱[주5]을 받고 있어 나라의 부역이 실로 고르지 못하게 된다.

原文 又品官鄕吏 廣占土田 招納流亡 並作半收 其弊甚於私田 私田一結豐年只收二石 並作 一結多取十餘石 流移者 托此避役影占者 托此容隱 賦役不均專在於此

_ 『태종실록』 권12, 태종 6년 11월 기묘

주5 용은(容隱): 옛날에 죄인을 숨겨 보호해 주어도 나라에서 용서하던 일. 가까운 친척이 죄인을 숨겨 주는 경우에는 발각되어도 친척 간의 우의를 존중하여 숨겨 준 사람을 문제 삼지 않고 처벌하지 않았다.

출전

『경국대전』

『고려사』

『세종실록』

『태종실록』

찾아읽기

이수건, 『한국중세사회사연구』, 일조각, 1984.

이훈상, 『조선 후기의 향리』, 일조각, 1990.

이존희, 『조선 시대 지방행정제도사 연구』, 일지사, 1990.

국사편찬위원회, 『한국사』 25(조선 초기의 사회와 신분 구조), 1994.

박경자, 『고려 시대 향리 연구』, 국학자료원, 2001.

권기중, 『조선시대 향리와 지방사회』, 경인문화사, 2010.

9 두 정치 세력의 등장
훈구와 사림

조선 왕조가 개창된 지 한 세기가 지난 16세기에 이르러 중앙의 양반 관료들은 '훈구파'와 '사림파'로 나뉘어 심각한 갈등을 초래했다. 이러한 갈등 속에 훈구파와 사림파가 직접적으로 충돌한 정치적 사건이 무오 · 갑자 · 기묘 · 을사로 이어지는 사화였고, 이들 양파가 이 시기에 정치적 이상으로 추구했거나 현실적으로 대립하고 있는 양상을 정치 세력의 범주로 통칭하여 훈구와 사림이라고 부른다.

훈구와 사림의 특성

고려 후기에 등장한 신진사대부 세력을 정몽주 중심의 온건개량파와 정도전 중심의 급진개혁파로 그 지향했던 정치적 노선에 따라 구분할 때 사림은 전자, 그리고 훈구는 후자와 맥을 같이한다. 훈구는 이성계 등의 신흥 무장 세력과 연계하여 왕조 개창에 성공하고 새 왕조의 문물 제도를 정비하는 주축으로 활동하면서 누대에 걸친 특권적 지위를 확보했다. 공신 책봉을 통한 훈신과 척신으로서의 확고부동한 위치를 기반으로 정치적으로는 고위 관직을 독차지했고 경제적으로는 방대한 토지와 노비를 소유했다.

16세기의 사회 경제적 변동과 더불어 훈구의 특권적 경제 비리 행위는 대토지 겸병, 방납의 폐해 등을 초래했다. 특히 세조의 왕위 찬탈 이후 훈구의 고위관직 독점과 경제적 비리 경향은 더욱 노골화했고, 통상적으로 훈구파의 뿌리는 직접적으로 이들과 연계된다. 훈구는 개국공신으로부터 8차례에 걸친 공신 책봉을 통해 형성된 세력에 뿌리를 두고 있는데, 직접적으로는 계유정난 이후 세조가 등장하면서 책봉된 공신과 관련된 훈신과 척신을 가리킨다. 이들은 부국강병의 현실주의 노선을 지키면서 기득권을 유지하려고 했는데, 흔히 훈구라고 칭하기도 한다. 사림은 요순 3대의 이상적인 도덕 정치 또는 왕도 정치의 구현을 통해 훈구 대신들에 의해 자행된 여러 폐단을 고치고자 했다. [자료1·2]

훈구의 형성과 그 성격

고려 후기에 등장한 신진사대부 세력이 지향했던 정치적 노선에 따라 정몽주 중심의 온건개량파와 정도전 중심의 급진개혁파로 구분할 때 사림은 전자, 훈구는 후자의 성향과 각각 연계할 수 있다. 그리하여 훈구는 무엇보다 주로 공신 책봉으로 형성된 집단이었다. 초기의 훈구는 이성계 등의 신흥 무장 세력과 연계하여 왕조 개창에 성공하고 새 왕조의 문물 제도를 정비하는 주축으로 활동했다. 그리하여 개국開國·정사定社·좌명佐命 공신으로 각각 책봉되었다. 이들은 출신 성분이 대체로 한미했고, 경제적 기반도 중소 지주층이거나 열악한 처지의 경우도 많았다. 그리고 개국이라는 왕조 교체의 격변기에 공신으로 책봉되어 개혁적 성향이 강했다.

그러나 훈구의 이름은 동일하더라도 세조에서 성종 초의 공신은 초기의 훈구와 달랐다. 이들은 세조의 권력 장악에 이바지한 공로로 창출된 공신들이었고, 세조 집권 자체가 역사적 정당성이나 유교적 명분, 그리고 왕위 승계의 정통성이 결여된, 그야말로 왕위 찬탈에 가까운 것이었으므로 개혁적인 성향은 상대적으로 약했다. 그리고 이들의 출신 성분이나 경제적 지위도 개국 당시의 공신들과 달리 결코 낮지 않았다. 이러한 특성을 바탕으로 누대에 걸친 특권적 지위를 확보한 정치 세력을 번병으로 하면서, 직접적으로 훈구는 단종 1년(1453) 정난공신靖難功臣, 세조 1년(1455) 좌익공신佐翼功臣, 세조 13년(1467) 적개공신敵愾功臣, 예종 즉위년(1468) 익대공신翊戴功臣, 그리고 성종 2년(1471년) 좌리공신佐理功臣의 책봉 등을 통해 세조에서 성종 초기에 걸쳐 형성되었다.

정난공신은 단종 1년(1453) 10월, 수양대군이 황보인皇甫仁·김종서金宗瑞 등의 원로 대신과 종친인 안평대군을 제거한 계유정난 직후에 책봉했다. 모두 43명이 공신으로 책봉되었다. 1등 공신은 수양대군과 정인지鄭麟趾·한확韓確·박종우朴從愚·김효성金孝誠·이사철李思哲·이계전李季甸·박중손朴仲孫·최항崔恒·홍달손洪達孫·권람權擥·한명회韓明澮 등 12명이었다. 이들은 수양대군이 세조로 즉위하는 데에 중요한 역할을 했을 뿐만 아니라 즉위 이후에도 정치적 실권을 장악했다.

계유정난의 거사는 단종의 즉위 2개월 뒤인 1452년 7월 무렵에 계획되고 1453년 4월 수양대군이 사신으로 명에서 돌아온 뒤 본격화되었다. 김종서 등에게 모반죄를 적용하여 제거한 것은 조작된 명분에 지나지 않았고, 무단으로 정적을 제거한 뒤 수양대군은 정권과 병권 모두를 장악했다. 계유정난의 성공으로 수양대군은 2년 뒤에 단종을 강제로 선위禪位토록 한 뒤에 왕위에 올랐다. 계유정난은 허약한 왕권 아래에서 정치적 야망을 지닌 수양대군과 안평대군의 두 유력한 종친을 둘러싸고 벌어진 권력 쟁탈전이었으며, 결국 먼저 거사를 일으킨 수양대군의 승리로 귀결되었다. 정난공신은 세조의 권력 장악에 직접 기여한 공로로 창출된 공신들이었고 이로부터 훈구, 훈구파, 훈구 세력 등으로 통칭되는 정치 세력의 근간이 형성되기 시작했다.

좌익공신은 세조 1년(1455) 9월, 세조가 왕위에 오른 직후에 단종의 뒤를 이어 즉위하는 데에 공을 세운 인물들에게 부여한 공신 칭호였다. 모두 46명이 책봉되었다. 세조의 집권에 핵심적인 역할을 담당했던 15명의 주요 인물들은 정난공신에 이어 좌익공신으로 다시 책봉되었다.

적개공신은 세조 13년(1467) 9월, 이시애李施愛의 난을 평정한 직후에 책봉했다. 난의 평정과 관계가 있었으므로 45명의 공신 가운데 무인 출신이 31명이었다.

익대공신은 예종 즉위년(1468) 10월, 남이南怡의 옥사를 다스린 이후에 그 공을 기려 39명을 책봉했다. 남이의 옥사는 이시애의 난 이후 정치적으로 비중이 커진 남이·강순康純 등의 신진 세력과 기존 훈신과의 대립 과정에서 발생한 사건이었다.

좌리공신은 성종 2년(1471) 3월, 성종 자신을 잘 보필하고 정치를 잘한 공을 기려 모두 75명을 책봉했다. 좌리공신 75인 가운데 39인은 세조 집권 이후에 책봉한 공신으로 한 번 이상 참여했다. 또한 좌리공신 가운데 부자·형제 등의 인척 관계로서 공신으로 책봉된 수가 28명이었다. 대표적인 인물이 신숙주·한명회·정인지·이극돈 등이었다. 이들은 정치적 사건 등의 특별한 계기 없이 단지 훈구의 권익을 위해 공신으로 책봉되었고, 결과적으로 훈구의 핵심 세력이 되었다.

한명회·권람·홍윤성洪允成·정인지·신숙주·조석문曹錫文·정창손·최항·김국광金國光·구치관具致寬 등이 훈구의 대표적인 인물들이다. 훈구는 공신 책봉을 통한 훈신과 척신으로서의 확고부동한 위치를 기반으로 정치적으로 고위 관직을 독차지했고 경제적으로 방대한 토지와 노비를 소유했다. 예컨대 세조 10년(1464) 당시의 대표적인 부자로 윤사로尹師路·윤사윤尹士昀·정인지·박종우 등 4명을 거론하고 있는데 이들은 모두 훈구였다. [자료7]

조선 중기의 사회 경제적 변동과 더불어 훈구의 특권적 경제 비리 행위는 대토지 겸병, 방납의 폐해 등을 초래했다. 특히 세조의 왕위 찬탈 이후 훈구의 고위 관직 독점과 경제적 비리 경향은 더욱 노골화됐다. 이와 같은 특성으로 인해 훈구와 사림의 경제적 토대에 따라 대지주와 중소지주로 구분하기도 했다. 그리고 사림이 중앙 정계에 등장하면서 이러한 훈구의 비리 및 훈구 정치로 인한 폐단을 지적하기 시작했다. 사림의 훈구 및 훈구 정치에 대한 비판은 훈구 개개인의 비리로 촉발된 것이었으나 조선 초기의 훈구에서 조선 중기의 사림으로 정치 주도 세력이 교체되는 결과를 초래했다.

사림의 성장과 정치 이상

용어 면에서 사림은 사류士類, 사족士族과 같은 의미로 통시대적으로 사용되어 왔다. 직접적으로 사림은 '사대부지림士大夫之林'의 약칭으로 사대부의 무리라는 뜻이다. 고려 후기부터 사족, 사류, 사대부 등의 용어가 나타난다. 여말 선초에는 문관·무관을 통틀어 사대부라 지칭했고, 학자적 관료 또는 관료적 학자의 의미를 지닌 사대부는 조선 왕조의 개창에 주동적 역할을 담당했다. 세종 대에는 중국의 예에 따라 4품 이상

중종 37년(1542) 풍기 군수 주세붕이 고려의 유현 안향을 배향한 소수서원이다. 우리나라 최초의 서원으로, 처음 이름은 백운동서원이었으나, 명종 5년(1550) 이황이 풍기 군수로 부임해 와서 조정에 상주하여 명종으로부터 '소수서원'의 이름을 사액받았다.

을 대부라 하고 5품 이하를 사로 호칭했으나, 일반적으로 사대부는 문관 관료를 뜻했다. 사대부는 사족과 함께 여말 선초에 집중적으로 사용되었다. 또한 사대부는 현직 관료와 관료 후보자까지 포함한 지배 신분이란 뜻을 지닌, 양반 신분과 대비되는 용어였다.

그런데 사대부는 조선 왕조의 개창과 세조의 집권을 전후하여 집권 세력과 재야 세력으로 분화했다. 재야로 밀려난 세력 가운데 15세기 후반에 이른바 김종직 일파가 중앙 정계에 진출하면서 사대부 대신 사림이란 용어가 통상적으로 쓰이게 되었다. 사림이란 용어가 집중적으로 사용되던 시기는 기묘사화를 전후한 중종 대였다. 또한 사림은 사족·사류와 함께 양반층을 지칭했으나, 양반과 사족은 가족까지를 포함했고, 사림과 사류는 유교 교양을 갖춘 양반 남자들만을 지칭했다.

시기적으로 사림은 15세기 후반기부터 역사적 개념으로 사용했는데, 세조~성종 대에 걸쳐 250명에 달하는 공신 중심의 훈구와 여기에서 소외된 부류를 사림으로 지칭하면서부터였다. 결국 16세기의 사림은 지방에 근거를 두고 훈구 및 척신 세력을 공격한 데 반해, 17세기의 사림은 중앙 정계의 당사자로 자리 잡게 되면서 사림 정치 또는 붕당 정치를 주도해 갔다.

사림은 성종 대에 이르러 중앙 정계에 본격적으로 진출하기 시작했다. 이들은 왕조 개창에 소극적이었던 정몽주 중심의 온건개량파 신진사대부 세력에 뿌리를 두고 있다. 왕위 찬탈로 인해 성리학적 명분에 있어 취약성을 안고 있었던 세조의 지나친 탄압 정치와 국방 강화책 등의 공리주의적 통치 방식으로 인한 흩어진 민심의 수습, 강력한 세력으로 포진한 기성의 훈구 대신들에 대한 견제의 필요성, 합리적인 유교 정치를 회복하기 위한 학문 진흥 정책의 실시 등을 추진하는 과정에서 사림의 존재 가치가 인정되어 성종은 김종직을 필두로 그의 문인 김굉필·정여창·김일손 등을 등용했다. 이들은 정몽주·길재·김숙자로 이어지는 영남 출신 유학자들에게서 학문의 뿌리를 찾고 있었고, 이후 도통론 위주의 성리학이 발달하는 계기가 되기도 했다.

사림은 이상 정치를 추구하는 성리학자들로서 주로 삼사에 진출했다. 삼사는 왕과 문무백관의 잘잘못에 대해 간쟁과 논박을 행하고 경연을 담당하는 기관이어서, 여기에 진출해 활동한 사림은 자연스럽게 훈구에 대응한 하나의 정치 세력을 형성했다. 당시 사림이 요순 3대의 왕도 정치에 비추어 제기했던 정치적 쟁점은 세조 대의 굴절된 유교 정치의 회복과 훈구 대신들에 의해 자행된 비리 행위였다. 따라서 사림은 왕에 의해 주도되는 영토 확장 등의 지나친 부국강병책, 내수사를 통한 왕실의 재산 축적, 왕실이 주도하는 불교 사찰의 중건 사업과 부역 동원, 권세를 이용한 훈구 대신들의 토지나 노비 등의 무리한 재산 축적 등을 집중적으로 비판했다.[자료3·4]

반면에 사림은 일찍이 새로운 왕조 개창에 반대하여 향촌의 중소 지주로 머물면서 향촌 사회의 안정과 지배층으로서의 계급적 우위성을 확보하기 위해 유향소의 복립과 사창제社倉制·향사례鄕射禮·향음주례鄕飮酒禮 실시 등을 주장했다. 사창제는 민간이 중심이 된 빈민구제책으로서 국가가 주체가 되어 정부 곡식으로 운영하는 의창義倉과는 성격이 다르다. 향사례와 향음주례는 모두 주나라의 『주례』에 기원을 둔 제도로서, 향사례는 지방의 군현에서 봄·가을로 향민들이 모여 활쏘기를 하면서 도덕심을 키우고 군사 훈련도 겸하는 제도이다. 향음주례는 향민들이 모여 일정한 규범 속에 술을 마시면서 예법을 익히는 제도다.

사화와 사림

중종 때 등장하는 조광조를 비롯한 김식·김정 등은 전형적인 성리학자로서 젊고 기개 있는 인물들이었다. 이들은 관료 천거 제도인 현량과를 통해 대거 등용되었고, 이때 등용된 사림은 기호 지방 출신이 많아 기호사림으로 불리고, 또한 기묘사화에 대거 화를 입었기 때문에 기묘사림으로도 불린다. 조광조 등의 기묘사림은 반정反正의 여망을 반영한 유교 정치의 회복과 반정 공신들에 대한 견제 등을 고려한 중종의 의지에 의해 중용되었다. 이때의 사림은 15세기 훈구 가문의 후예도 적지 않았고, 사림으로 관료에 등용되었다가 동료 사림에 의해 훈구로 배척당하기도 했다.

기묘사림은 주로 삼사의 언관직에 진출하여 언관언론을 통해 훈구대신들의 비리를 비판하고 왕도 정치의 이상을 실현하기 위한 급진적 개혁을 요구했다. 연산군의 학정으로 군신 권력 관계의 파탄이 초래되면서 유교 정치의 실현이 불가능함을 경험했던 조광조 일파는 군주의 철저한 수신을 요구했다. 이른바 철인 군주론이었고 '숭도의 정인심 법성현 흥지치崇道義 正人心 法聖賢 興至治'로 요약되는 지치주의를 강조했다. 그리고 이를 실현하기 위한 제도로서 경연의 강화와 언관언론의 활성화를 주장하면서, 피폐해진 향촌 사회를 안정시키기 위한 향약의 실시, 이단 배척을 위한 소격서 폐지, 정몽주·김굉필·정여창 등에 대한 문묘배향, 내수사 장리의 폐지, 『주자가례』 및 『소학』의 보급을 통한 실천 윤리의 강조, 현량과의 실시 등을 주요 정책으로 내세웠다. 기묘사림의 이러한 요구는 삼사의 언관언론에 바탕을 둔 언관권의 확대에 의해 가능했던 것이었고, 따라서 견제와 균형에 초점을 둔 군권·재상권·언관권의 군신 권력 관계를 파기했다.

결국 이것은 『경국대전』이 표방한 권력 체계를 무너뜨리게 되었고, 중종반정으로 공신에 책봉된 대부분이 부당하다고 문제를 제기한 '위훈 삭제 사건'의 결정적 계기가 되었다. 훈구 대신들이 일으킨 또 한 차례의 조광조 일파 중심의 사림 탄압이 기묘사화였다.

명종 대에 발생한 을사사화는 왕위 승계를 둘러싼 외척 간의 충돌이었으나 대윤과 소윤의 양 파 모두에 사림이 연계되어 막심한 피해가 초래된 사건이었다. 네 차례의 사화 가운데 이때에 사림의 피해가 가장 컸으나 문정왕후의 죽음으로 외척 세력에 기반을 둔 권신이 사라지면서 결과적으로 중앙 정계에 남게 된 정치 세력은 사림이었다. 마침내 사림은 16세기 후반에 이르러, 그리고 선조 대에 들어가 전적으로 정치를 주도하게 되었다.

사림과 공론 · 붕당 정치

연산군 4년(1498)에서부터 명종 즉위년(1545)에 걸쳐 벌어진 훈구와 사림 간의 정치적 충돌이 사화였다. 사림은 계속해서 피화를 당했지만 16세기 후반에 이르러 주도적인 정치 세력으로 자리를 잡게 되었다. 사림이 부침을 거듭하면서도 이렇게 될 수 있었던 기반은 향촌 사회에서 자신의 세력을 확대 · 재생산할 수 있는 조직체인 서원과 향약을 통한 향촌 자치제의 실현 때문이었다. 특히 서원은 양반 자제들의 지식인화를 촉진시키고 아울러 이들을 정치 여론 집단화하는 데 크게 이바지했다. 다시 말해 서원은 이른바 공론公論에 기반을 둔 붕당 정치의 전개에 따라 유생들의 초야언론을 제기하는 제도적 기반이 되었다. 이때에 사림이 주도하여 전개한 붕당 정치는 공론에 기반을 둔 정치를 말하는데, 공론이 제기되는 주된 통로는 언관들의 언관언론言官言論과 중외유생들의 초야언론草野言論이었다. [자료5 · 6]

결국 16세기 전반에 초래된 훈구와 사림의 갈등 및 충돌은 사림의 승리로 귀결되면서, 공론을 제기할 수 있는 정치 참여층의 확대에 기반을 둔 붕당 정치의 전개로 이어졌다. 붕당 정치는 시기적으로 16세기 후반에서 17세기 후반에 걸쳐 존속했던 정치 형태이며, 주도 세력은 사림으로 불리는 집단이었다.

붕당 정치는 그 정치 목표를 성리학적 정치 이념의 구현에 두고 있다. 그러한 목표를 실현하기 위해 공론을 앞세운 언관권의 재상권 비판과 견제, 그리고 붕당 상호 간의 의리 · 명분 논쟁을 통한 상호 비판과 견제 등의 정치 운영 방식, 즉 붕당 정치에서 구한 정치 형태를 말한다.

사림 연구의 성과와 과제

훈구와 구분되는 사림의 특성을 살피려는 시도는 무엇보다 '조선 초기'와 다른 '조선 중기'라는 역사적 시기와 직결되어 있다는 점을 염두에 둘 필요가 있다. 다시 말해 훈구는 조선 초기에 대두하고 조선 중기에는 소멸하는, 그리고 사림은 이와 반대의 추이를 보이는 정치 세력으로서 주도 시기가 엇갈린다. 다만 사화기에 걸쳐 두 세력 간에 집중적인 대립 · 갈등이 초래되었다. 조선 초기에 대두한 훈구도 왕권과의 관계에서 잠재된 정치 세력이었다. 그동안 지배층 및 정치 세력으로서의 훈구와 사림의 이질성에 대해 의문을 제기하고 사회 계층으로서의 동질성을 강조해 온 연구 경향은 이러한 시기적 차이를 간과한 것이 아닌가 하는 점이다.

다음과 같은 『태조실록』~『철종실록』에 수록된 시기별 '사림'의 용례를 보더라도 사림의 역사적 특성은 조선 중기를 배경으로 하고 있다.

| 시기별 사림 용례의 분포

구분	조선 초기(태조~성종)	조선 중기(연산~현종)	조선 후기(숙종~철종)	계
회수(%)	164(8.7)	1,215(64.6)	503(26.7)	1,882(100)

성종(59), 연산(30), 중종(539), 인종(18), 명종(252), 선조(264)

사림 용례 하나하나에 대해 치밀하게 그 의미를 따져보아야 하겠지만 조선 중기로 설정한 시기에 64.6%의 사림 용례가 집중되고 있다. 특히 『중종실록』에는 539건, 28.6%의 사림 용례가 등장했다. 통상적으로 사림이 등장한 이래 사림이 정치의 주도권을 장악한 시기로 간주되는 성종~선조 대까지는 총 1,162건(61.7%)의 사림 용례가 분포했다. 여기서 설정한 조선 중기와 추세가 비슷함을 알 수 있다.

훈구와 사림은 양반이라는 사회계층적 기반은 동일했으나 다음 사례에서 보듯 시대적 · 역사적 역할에 관한 양자의 특성이 확연하게 구분되지 않기도 했다. 중종 8년 (1513) 1차 『대전후속록』은 편찬되자마자 수록된 법 조항을 둘러싼 논란 속에 중종 10년(1515)에 이르러 법령집으로서의 효력을 상실했다. 이어서 중종 38년(1543)에 완성·시행된 현존 『대전후속록』의 편찬 과정을 보면 훈구와 사림의 도식적 분별이 쉽지 않은 문제임을 알 수 있다.

사림의 용례가 가장 많았던 중종 대의 경우 사림은 대부분 인물에 대한 포폄을 둘러싸고 "사림이 부끄러워했다, 사림이 이를 갈았다, 사림이 그의 사람됨을 아름답게 여겼다" 등의 표현 속에 등장하고 있다. 그러면서 조광조에 대해서는 '사림의 영수'라고 지칭하고 있다. 사림의 의미는 대부분 '불특정 다수의 뜻있는 선비'를 뜻하고 있다. 따라서 이러한 사림의 실체에 대해 출신 지역, 학문적 성향, 경제적 기반, 정치적 지향, 현실적 개혁안 등의 차이에 대해 지금까지 훈구와 직접적으로 대비해 고찰해 왔으나 이분법적인 도식성을 극복하는 것이 시급한 과제라 할 수 있다.

여기서 사림에 대한 율곡 이이의 성격 규정을 음미해 볼 필요가 있다. 사림을 일컬어 율곡은, "무릇 마음으로는 옛 도를 흠모하고 몸으로는 유교의 행실을 지키며 입으로는 법도에 맞는 말을 함으로써 공론을 지탱하는 사람들을 일컬어 사림이라고 말합니다. 사림이 조정에 있으면서 뜻을 펼쳐 일이 이루어지면 나라가 다스려지며, 사림이 조정에 있지 아니하고 헛된 말에 붙여지면 나라가 어지러워집니다."라고 했다.

결국 사림은 조선 중기에 이르러 평상시에는 옛 도를 흠모하고 유생의 행실을 지키다가 정치적 사안이 발생할 때마다 공론을 전제로 정치 참여층으로서의 역할을 한 정치 세력이었다. 율곡은 조정에 출사한 관료를 중심으로 이루어지는 정치를 바람직하게 여겼으나 현실적으로는 출사한 관료 및 초야의 광범위한 유생이 사림으로 통칭되는 정치 세력이 되어 정치에 참여하는 양상으로 전개되었다.

사화를 통해 훈구 성향의 관료와 사림 성향의 관료가 직접적으로 대립·갈등하기도 했고, 출신 지역·학문적 성향·경제적 기반·정치적 지향·현실적 개혁안 등의 측면에서 훈구와 사림은 차이를 드러내기도 했다. 또 한편으로는 양반 계급의 신분층을 바탕으로 동질적인 성향을 나타내기도 했다. 무엇보다 사화기에 양자는 직접적으로 대립했으나 훈구 성향의 관료는 소멸되어 갔고 사림 성향의 관료는 새롭게 생성되어 갔기 때문에, 중첩되는 시기에는 양자의 이질성과 동질성을 대비할 수 있으나 그렇지 않은 시기에 직접적으로 양자를 대비하는 것은 의미가 없다.

사림에 대한 연구 성과 가운데 의미 있는 것은 무엇보다 사림에 대한 다양한 연구

성과로 인해 조선 중기 및 조선 후기의 역사 전개 과정에 대한 폭넓은 이해가 가능해졌다는 점을 들 수 있다. 사화와 당쟁으로 점철된 부정적인 역사가 아니라 각 단계 단계마다 제기된 역사적 과제를 해결하기 위해 정치 노선을 둘러싼 치열한 갈등이 이 시기에 발생했다. 그 갈등은 주자성리학의 이념적 논리로 볼 때 '이理'를 중시한 사림과 '기氣'를 중시한 사림의 대립을 근간으로 현실적 이해관계에 따라 변화되면서 여러 정파로 계속 나누어졌다. 크게 볼 때 학문적 성향 및 사상적 성향을 달리한 양자의 대립·갈등은 부정적거나 보수적인 결과를 초래하기도 했으나, 중세의 농업 사회를 근간으로 한 시대 상황 속에서, 그 자체가 조선 중·후기 역사의 진면목이었다.

자료1

지평 이영부李永敷가 본부本府의 의논을 가지고 아뢰기를, "황수신黃守身[주1]은 공신이라 하여 특별히 용서했으나, 그 죄는 심히 무겁습니다. 만약 지금 다스리지 않는다면 사람들에게 경계하는 바가 없을 것이니, 청컨대 법에 의하여 죄를 처벌하도록 하소서." 했다.

이에 대해 전지傳旨하기를, "황수신은 죄가 없다. 그것을 다시 말하지 말라." 했다.

이로 인해 사헌부에서 상소하기를, " … 대저 삼공三公[주2]과 삼고三孤[주3]는 나라의 중요한 직책이고 신하로서 가장 높은 지위이지만, 진실로 그 적당한 사람이 아니면 오히려 그 자리를 비워 놓을 것이요, 오히려 그 적당하지 아니한 사람으로써 그 자리를 도둑질하게 할 수야 있겠습니까? 일전에 좌찬성 황수신이 나라에서 아산牙山을 혁파하는 편부便否를 의논하던 때를 당하여, 몰래 그 땅에 전지田地를 차지하고 그 고을에 집을 지을 계획을 품었는데, 우연히 진휼사賑恤使[주4]의 명을 받아 그 도道에 사신으로 가서, 몰래 족인族人 김극강金克剛의 이름을 도용盜用하여 황효원黃孝源에게 제의하여 보낸 것을 받도록 청하고, 조원지趙元祉에게 입안立案[주5]하고서 이르기를, '일을 이미 비밀로 했고 또 틀림없다.'고 했습니다.

그때를 당하여 고을 사람 희무希武가 뒷날에 다투리라고 그가 어찌 짐작했겠습니까? 희무가 이를 다투자, 공아公衙의 채전菜田을 재빨리 공가公家에 붙이고 깊이 스스로 불쾌하게 여기다가, 하사下賜를 받고자 꾀하여 그 아내를 이장移葬한다고 핑계하고 모람되게 계달啓達하여, 쓸모없는 모래와 돌투성이 땅을 가지고 그 비옥한 땅과 바꾸어 받았습니다. 이리하여 그 현縣이 복구되는 것을 꺼려서 공아公衙를 부수고자 꾀했고, 또 강제로 사고자 하여 조원지에게 청탁한 것이 여러 차례였습니다. 사창社倉을 두는 것을 싫어하여 급히 집을 부수고자 하여서 함우치咸禹治에게 글을 보낸 것이 매우 간절한 사연이었습니다. 또 반인伴人[주6]을 시켜서, 채전菜田의 화리花利[주7]를 청구請求하여 다 써버렸고, 관노官奴 도자道者를 함부로 받아서 역사役使시켰습니다. '평산平山의 전지田地를 공가公家에 환속還俗시켰다.'고 이름하고 그것을 경작하여 수확하기를 태연자약하게 했으니, 이것은 황수신이 나라의 땅을 가지고 자기의 농장農場으로 삼은 것입니다.

진휼사賑恤使의 명命을 빌려서 전지田地를 구하는 구실로 삼고, 김극강의 몸으로써 자

주1 황수신(黃守身): 세조 때의 공신

주2 삼공(三公): 의정부의 삼의정을 가리킴.

주3 삼고(三孤): 삼공 다음 가는 관직

주4 진휼사(賑恤使): 흉년에 곤궁한 백성을 구휼하기 위해 파견된 임시 관원.

주5 입안(立案): 개인의 청원에 따라 송사(訟事)의 확인, 양자 관계, 토지·가옥·노비 등의 매매나 양도 등을 관청에서 확인하고 이를 인증해 주기 위하여 발급하는 문서.

주6 반인(伴人): 중앙의 관아나 고관들이 부리는 사환. 고려 시기에는 이들을 사병으로 삼았는데, 조선 시기에는 사병을 폐지하고 각 관아와 왕자·공신·당상관에게 일정한 수를 지급했다. 반당(伴倘)이라고도 함.

주7 화리(花利): 전답을 매매할 때 경작권 또는 예상되는 수확량을 가리키는 말. 화리(禾利)로도 씀.

기의 몸을 대신하게 하여, 황효원과 서로 짜고서 조원지에게 지시하여 사석沙石의 땅을 가지고 비옥한 땅을 바꾸어 받은 것이니, 이것은 나라를 메마르게 하고 자신을 살찌게 하는 일입니다. 속공屬公했다고 이름하고서도 한편 경작하고 한편 거두었으니, 이것은 나라의 재물을 훔치는 일입니다. 그 사창社倉을 싫어하여 글을 보낸 것은 나라에 병이 되는 일입니다. 부수고자 꾀하다가 그것을 강제로 사고자 했으니, 이것은 그 관가官家를 사사로이 차지하는 일입니다. 심지어 채전菜田의 화리花利를 구하기에 이르러 털끝 만한 작은 이익도 계산하여 따졌으며, 관노官奴를 함부로 부리는 것은 몰래 인민人民을 점유占有하는 일입니다. 아아, 일찍이 묘당廟堂의 대신大臣이라 하면서 성상을 속이고 사정私情을 행한 것이 하나같이 이 지경에 이를 수가 있었겠습니까? 이미 아내를 장사지내겠다고 아뢰고서도 끝내 이장移葬하지 않았으니, 또한 심한 점이 있습니다. 황수신은 '국론國論이 정해지지 않아서 장차 다시 세울 것을 염려했기 때문에 그리했다.'고 하지만, 신 등은 생각건대 '여러 번 사신을 보내어 이미 그 편부便否를 살피고서 혁파한 지 오래인데, 국론이 이미 정해지지 않았다니 이게 무슨 말이며, 다시 세울 리가 만무한데 급급히 부수어서 취取하겠다는 글을 이미 함우치에게 보냈다니 이게 또 무슨 염려인가?' 합니다.

농장農場을 만들고자 하여서 아내를 장사지내겠다고 아뢰었으니, 그 꾀가 심히 간교합니다. 지금 이미 다 폭로되었는데도 오히려 스스로 변명하고자 하니, 그가 천총天聰을 속이는 것이 극에 달했습니다. 대저 황수신이 조정을 속인 것은 특히 그의 탐욕에서 나왔으니 족히 책할 것이 없다 하더라도, 일찍이 묘당廟堂의 대신이 되어서 천총天聰을 속인 것이 이 지경에 이르렀으니, 인신人臣의 죄가 이보다 큰 것이 없습니다. 이것을 다스리지 않는다면 장차 어찌 징계하는 바가 있겠습니까? … 황수신은 이미 인신人臣의 행동이 없으며, 또 임금을 속인 죄가 있는데, 전하께서 오히려 훈구勳舊의 신하로 논論하여서 대신大臣으로 대접하고 여러 사람이 우러러보는 암랑巖廊주8의 자리에 있도록 할 수 있겠습니까? 또 황수신이 중한지, 묘당廟堂주9이 중한지 알지 못하겠습니다. 전하께서 황수신을 중하게 여기시면 묘당을 가볍게 보는 것이요, 묘당을 가볍게 보면 묘당의 신하도 또한 가볍게 보는 것입니다. 전하께서 황수신을 아끼십니까? 신 등은 묘당을 위해서 이를 아끼는데, 또 후에 이를 논할 때 '재상에 그 적당한 사람을 얻었다'고 할지 모르겠으므로 신 등은 두려워합니다. 엎드려 바라건대 전하께서는 황수신을 법대로 밝게 처치하여서 인신人臣의 탐욕하고 무망誣罔하는 죄를 바로잡으소서." 했다.

상소가 올라가니, 임금이 종이 끝에 친히 쓰기를, "황수신이 비록 조금 잘못을 저지른 일이 있다 하더라도 어찌 임금을 무망誣罔한 데에 이르렀겠는가? 진실로 소인小人처럼 간교하게 꾸며대는 행동을 하지 않았기 때문에 그 허물이 드러난 것이다. 공신功臣의 죄는 죽을 죄도 또한 마땅히 용서하는데, 하물며 일체 사정이 없겠는가?" 했다. 장령 유계번柳季潘이 다시 아뢰었으나 윤허하지 않았다.

原文 持平李永敷將本府議啓 黃守身以功臣特赦 然其罪甚重 今若不治 人無所警 請依法科罪 傳曰 守身無罪 其勿復言 司憲府因上疏曰 … 夫公孤國之重任 臣之極位 苟無其人 寧虛其位 寧可以非其人而竊其位乎 日者左贊成黃守身當國家議革牙山便否之日 陰懷有田之地 家其官之計偶受賑恤之命 而使於其道 潛用族人金克剛之名 請受議送於黃孝源 立案於趙元祉而謂已 秘且固矣 當其時 豈料邑人希武爭之於後乎 希武爭之而公衙菜田遽屬於公 則深自病焉 謀欲受賜 托以移葬其妻 而冒爲啓達 以其沙石不用之地 換受膏腴 於是病其縣之復也 則謀破公衙 且欲抑買而請囑元祉者屢屢 惡置社倉 欲急破家而通書禹治者懇懇 且使伴人而菜田花利求請盡用 官奴道者冒受役使 名曰 平山之田 還屬於公 而其耕獲自若 是則守身以國家之地爲己之農庄 假賑恤之命爲求田之資 以克剛之身爲己之身 表裏孝源 指使元祉以沙石換受膏腴 瘠國自肥也 名屬公而且耕且收 竊其國財也 惡其社倉而通書者病於國也 謀破而欲其抑買 私其官也 至於菜田花利之求計析秋毫 官奴冒濫之使 隱占人民 嗚呼 曾謂廟堂大臣而誣上行私 一至於此乎 既啓葬妻而終不移葬 則又有甚焉 守身則以爲 慮其國論未定 將以復立而然也 臣等以爲 屢遣使臣 已審便否 而革之有年矣 非國論已定而何 復立萬無 急急破取之書 既通於禹治矣 又何慮乎 欲爲農場而啓以葬妻 其謀甚巧 今既畢露而猶欲自明 其爲罔冒天聰極矣 夫守身之欺罔朝廷 特其貪欲 不足責也 曾以爲廟堂大臣 而罔冒天聰至此乎 人臣之罪 莫大於此 此而不治 將安所懲 … 守身既無人臣之行 又有欺君之罪 殿下寧可論以勳舊而待以大臣 使處巖廊具瞻之地乎 且未知守身重歟 廟堂重歟 殿下重守身則廟堂輕矣 輕廟堂則廟堂之臣亦輕矣 殿下惜守身歟 臣等爲廟堂惜焉 又未知後之論此 以爲 相惟其人耶 臣等懼焉 伏望殿下將守身明置於法 以正人臣貪饕誣罔之罪 疏上 御書紙尾曰 守身雖小有過誤之事 豈至於誣罔 眞不如小人巧飾之行 故其過彰耳 功臣之罪 死亦當宥 況一無情乎 掌令柳季潘更啓 不允

— 『세조실록』권27, 세조 8년 2월 계사

자료2

대사헌 윤계겸尹繼謙 등이 차자箚子를 올려 아뢰기를, "신 등이 이제 의금부에서 이종생李從生을 추핵推劾한 문안文案을 보니, 다만 장 100대의 죄로 사유赦宥 이전의 일에 비겨서 결단했고, 또 전하의 명에 따라 한명회를 추국하지 않았습니다. 이제 이종생은 한 방면을 맡은 대장으로 성상께서 변방을 나누어 맡기신 중임重任을 생각하지 않고, 미치지 못할세라 마음을 기울여서 권세 있는 집을 섬겨, 장삿배를 엄습하여 물건을 빼앗았고, 정귀함鄭貴咸은 무과武科에 급제하여 관원으로 임명된 사람인데도 다 가두어 순월旬月을 지체하여 두었습니다. 국법을 두려워하지 않고 세력에 붙어서 아첨한 것이 이와 같으니, 그 죄를 엄하게 다스려 먼 곳으로 귀양 보내 뒷사람들을 경계해야 마땅한데, 이제 사유 이전의 일이라 하여 놓아준다면 형정刑政을 매우 잘못하는 것이 거니와, 간사한 사람이 어찌 경계되겠습니까? 한명회는 훈공을 믿고 기염氣焰을 펴서 이종생을 시켜 최호崔灝·이의석李宜碩을 순치脣齒주10로 하여 남의 재물을 빼앗게 했으니, 그 죄가 큰데, 그대로 두고 죄를 묻지 않는 것이 옳겠습니까? 삼가 바라건대, 한명회를 추국하여 그 죄를 바루고, 아울러 이종생·최호·이의석 등의 죄도 다스려서 뒷사람들을 징계하소서." 했다. …

대사간 최한정崔漢禎 등은 의논하여 아뢰기를, "한명회는 훈구 대신으로서 권세가 가장 강성하여, 하고자 하는 것이 있으면 무엇이든 뜻대로 했는데, 이번에 또 변장邊將·수령守令을 강제하여 남의 재물을 빼앗게 했고, 절도사節度使 이종생·홍주 목사洪州牧使 최호·판관判官 이의석은 뜻에 아부하고 순종하여 불법을 감행하여서 조관朝官을 가두기까지 했습니다. 이는 한명회가 있는 줄만 알고 국법이 있는 줄 모르는 것이니, 그 죄악으로 말하면 무엇이 이보다 크겠습니까? 사유 이전의 일이라 하여 아주 놓아 주고 다스리지 않는다면 권세 있는 신하가 무엇을 꺼리며, 세력에 아부하는 무리가 무엇에 징계되겠습니까? 신 등은 한명회가 임금을 속이고 사리私利를 행한 죄와 이종생이 권세 있는 신하에게 아부한 죄를 법으로 엄하게 다스리는 것이 어떠할까 합니다." 했다.

原文 司憲府大司憲尹繼謙等上箚子曰 臣等今考義禁府劾李從生文案 只以杖一百 赦前擬斷 而又以殿下之命 不鞫韓明澮 今李從生以方面大將 不念聖上分閫之重 傾事權門 如恐不及 就襲商船 收掠物貨 鄭貴咸策名武科爲命官 而亦皆囚繫 動淹旬月 其不畏邦憲而附勢行媚如此 正宜深治其罪 迸諸遠方 以警後來 今以赦前釋之 則失刑甚矣 奸人安所懲乎 明澮恃其勳庸 張其氣焰 使從生 崔灝李宜碩爲之脣齒 掠人財貨 其罪大矣 乃置不問可乎 伏望命鞫明澮 以正其罪 竝治從生崔灝李宜碩等罪 以懲後來 … 大司諫崔漢禎司諫尹慜獻納姜居孝正言朴處綸卞哲山議 明澮以勳舊大臣 權勢最盛 凡有所欲 莫不如意 今又勒制邊將守令 據奪人財 節度使李從

生洪州牧使崔灝判官李宜碩阿意順志 敢行不法 至囚朝官 是知有明澮 而不知有邦憲 其爲罪惡
孰大於是 若以赦前全釋不治 則權臣何所忌憚 阿勢之徒何所懲艾乎 臣等謂明澮誣罔行私之罪
從生阿附權臣之罪 痛繩以法何如

_ 「성종실록」 권75, 성종 8년 1월 경신

자료 3

주계 부정朱溪副正 심원深源을 명소命召하여 묻기를, "상소 중의 말은 모두 현재 이미 행
하고 있는 일인데 그 가운데 '세조 조世祖朝의 훈신을 쓰지 말라'고 한 것은 내가 이해
하지 못하겠다. 네가 무슨 마음을 가지고 이를 말했는가?" 했다.

심원이 대답하기를, "전하께서 신의 말을 듣고자 하시면, 빌긴대 친대親對를 허락하
소서." 했다. 임금이 선정전宣政殿에 나아가서 인견引見했다. 심원이 아뢰기를, "대저
창업創業하는 임금은 뜻이 성공하는 데에 있으므로 비록 한 가지의 재예才藝를 가진
자라도 모두 거두어 쓰나, 수성守成하는 임금은 이와 달라서 모름지기 재주와 덕이 겸
비된 뒤에야 쓰는 것입니다. 세조 때는 한 가지 재주와 한 가지에 능하다고 일컫는 자
는 단점이 나타나도 장점을 헤아려서 임용하지 아니함이 없었으며, 인연으로 공功을
얻어서 드디어 훈신이 되었습니다. 그런데 이제 전하께서 옛 훈신이라고 하여 모두
녹용錄用했으니, 그 녹용된 자들이 필시 다 어질지는 아니할 것입니다. 만약 어질지
못한 자가 있어서 죄를 범한다면, 벌을 주면 은혜가 상할 것이고 벌을 주지 아니하면
법을 폐하게 되는 것이니 이것이 한나라 광무제가 공신에게 일을 맡기지 아니한 까닭
이며 송나라 태조가 병권兵權을 거둔 까닭입니다. 또 『서경書經』에 이르기를, '신하가
총애와 이익으로 이루어 놓은 공功에 머물러 있지 아니하면 영구히 나라가 아름다움
을 보전할 것이다'라고 했으니, 어찌 뜻이 없는 것이겠습니까? 원하건대 전하께서 전
대前代의 일을 거울삼아서 훈구를 임용하지 않으면, 공신을 보호할 수 있고 은혜를 상
하게 함이 없을 것이며, 법을 폐하게 함이 없을 것입니다." 했다.

임금이 말하기를, "지금의 대신들은 모두 세조 조의 훈구인데, 이들을 버리고 장차 누
구를 쓸 것인가?" 했다.

심원이 말하기를, "신은 옛 신하들을 모두 쓸 수 없다는 것이 아닙니다. 그 가운데 재
주와 덕이 겸전兼全한 자는 쓰고 어질지 못한 자는 쓰지 말자는 것입니다. 또한 영웅

호걸로 숨어 있는 자가 무궁무진하니, 비록 옛 신하는 아닐지라도 어찌 쓸 만한 사람이 없겠습니까?" 했다.

임금이 말하기를, "이는 작은 일이 아니므로 내가 마땅히 참작해서 헤아리겠다." …

原文 命召朱溪副正 深源 問曰 疏中之言 皆當今已行之事 其曰 勿用世祖朝勳臣者 予不解 爾將何心言之耶 深源對曰 殿下欲聞臣言 乞賜親對 上御宣政殿引見 深源啓曰 大抵創業之主志 在成功 雖一才一藝者 皆收用焉 守成之君異於是 須才德兼備然後用之 在世祖朝 名一藝一能者 較短量長 靡不任用 因緣得功 遂爲勳臣 今殿下以爲勳舊竝錄用之 其用之者 未必皆賢 儻有不 賢者犯罪 則罰之傷恩 不罰廢法 此光武所以不任事 宋祖所以收兵權也 且書曰 臣罔以寵利居成 功 邦其永孚于休 亦豈無意歟 願殿下鑑前代之事 勿任勳舊 則功臣可保全 而恩可無傷 法可無 廢矣 上曰 今之大臣 皆世祖朝勳舊 捨此將誰用哉 深源曰 臣非以爲舊臣皆不可用也 其才德兼 全者用之 其不賢者去之耳 且英雄豪傑 其伏也無盡 雖非舊臣 豈無可用之人 上曰 此非細事 予 當酌量之 …

__ 『성종실록』권91, 성종 9년 4월 경자

자료4 중종 대 사림의 삼사 진출 상황

숫자 : 사림 수 / 연관직 수

시기	사헌부		사간원		홍문관	
	인원 대비	%	인원 대비	%	인원 대비	%
제1기 (원년 9월~9년)	12/116	10.3	18/113	15.9	20/81	24.7
제2기 (10년~14년 11월 15일)	34/106	32.1	35/86	40.7	36/109	33
제3기 (14년 11월 16일~25년)	9/141	6.4	5/97	5.2	7/112	6.3
제4기 (26년~32년)	3/73	4.1	6/87	6.9	6/66	9.1
제5기 (33년~39년)	15/117	12.8	10/85	11.8	10/87	11.5
계	73/553	13.3	74/468	15.8	79/455	17.4

1. 다섯 시기로의 구분은 중종 때 정국을 좌우하던 인물들의 출척에 따른 것이다.

2. 제2기는 사림이 언관직으로 가장 많이 진출하여 활발하게 활동했던 시기이고 기묘
사화가 일어난 일자를 분기점으로 했다.

3. 별도의 자료에 의하면, 기묘사화가 일어나기 직전인 중종 14년 11월 무렵에 사림은

삼사의 60% 이상을 차지하고 있었다.

4. 여기서 설정한 사림의 범주는 조광조·김종직·김굉필·정여창·이심원·김안국 등의 사우와 문인, 현량과 급제자, 기묘사화 피화인, 그리고 『사재집』의 「기묘당적」 수록 인물 등인데, 당시 대략 이에 해당하는 인물들은 118인 정도로 추정된다.

__ 김돈, 『조선 전기 군신권력관계 연구』, 서울대학교 출판부, 1997, 115~121쪽

자료 5

이른바 기미幾微를 잘 살핌으로써 사림士林을 보호한다는 것은 복福이 생겨나는 것도 터전이 있고 화禍가 생겨나는 것도 근원이 있기 때문에 기미에 대해서는 성인들께서도 신중을 기하기 때문입니다. 무릇 마음으로는 옛 도를 흠모하고 몸으로는 유생의 행실을 지키며 입으로는 법도에 맞는 말을 얘기함으로써 공론公論을 지탱하는 사람들을 일컬어 사림이라고 말합니다. 사림이 조정에 있으면서 그것이 사업에 시행되면 나라가 다스려지며, 사림이 조정에 있지 아니하고 그것이 헛된 말에 붙여지면 나라가 어지러워집니다.

예로부터 군자와 소인들이 벼슬에 나아가고 물러남은 치란에 직결되는 일입니다. 그 기미는 늘 소홀히 하는 데서 시작되는데 소홀히 하는 것을 안일하게 생각함은 기미를 아는 사람이 아닙니다. 가령 우리 조정의 일을 가지고 말씀드린다면 기묘사화 때의 여러 현인들은 책난責難[11]하면서 선한 일을 진언하고 요순시대를 이룩할 것을 기약하며 공론을 견지했는데 남곤南袞·심정沈貞의 무리가 틈을 엿보아 기회를 마련함으로써 일망타진했던 것입니다. 을사사화 때의 여러 현인들은 성군을 만나 세도를 회복시키고자 하면서 공론을 견지했는데 윤원형尹元衡·정순붕鄭順朋·이기李芑 등의 무리가 권세를 이용하여 사화를 꾸밈으로써 한때의 훌륭한 사람들을 모두 잡아 반역의 깊은 구렁텅이 속으로 몰아넣었던 것입니다. 사림의 화가 어떤 시대고 없었던 것은 아니지만 기묘·을사사화 때처럼 참혹했던 일은 없었습니다. 지금은 여러 간신들이 이미 사라지고 공론이 어느 정도 행해지고 있으나 선비들의 기세가 아직도 꺾이어 스스로 떨치지 못하고 있는 것은 진실로 지난 발자취가 눈앞에 있어 여독餘毒이 두렵기 때문입니다.

주11 책난(責難): 어려운 일을 실행하도록 책하고 권고함.

原文 所謂審幾微 以護士林者 福生有基 禍生有胎 幾微之際 聖人所愼也 夫心慕古道 身飭

儒行 口談法言 以持公論者 謂之士林 士林在朝廷 施之事業 則國治 士林不在朝廷 付之空言 則國亂 自古 君子小人之進退 治亂所係 而機關常發於所忽焉 易於所忽 非知幾者也 且以我朝之事 言之 己卯諸賢 責難陳善 期致唐虞 方持公論 而南衮沈貞之徒 伺隙設機 一網打盡焉 乙巳諸賢 遭遇聖君 欲回世道 方持公論 而尹元衡鄭順朋李芑之徒 乘勢構禍 悉擧一時之良善 投之叛逆之深坑焉 士林之禍 何代無之 未有若己卯乙巳之慘酷者也 今玆羣姦已盡 公論積行 而士氣尙挫 不能自振者 良由覆轍在前 餘毒可畏故也

_ 「율곡전서」 권3, 옥당진시폐소

자료 6

주12 여항(閭巷): 일반 백성들.

공론이란 나라의 원기입니다. 공론이 조정에 있으면 그 나라가 다스려지고 공론이 여항閭巷주12에 있으면 그 나라가 어지러워지며, 위아래에 모두 공론이 없으면 그 나라가 망합니다. … 금일의 조정에 공론이 신장되지 않고 있으므로 여항에서 과연 시비를 의논하는 자가 있습니다. 이것은 선비로 자처하는 데 있어 진실로 잘못되었습니다. 그 자리에 있지 않고서 본래 그 정치를 논의해서는 안 됩니다. 만약 윗사람으로서 자신에 대해 의논하는 것을 싫어하여 금하고 잘라버린다면 주周·진秦의 멸망을 재촉한 유법遺法과 같습니다. 나라에 공론이 없으면 망하는데 어찌 금할 수 있겠습니까.

原文 公論者 有國之元氣也 公論在於朝廷則其國治 公論在於閭巷則其國亂 若上下俱無公論則其國亡 … 今日之朝廷 公論不張 故閭巷間 果有議是非者矣 此在士之自處 則固失矣 不在其位 固不可議其政矣 若爲上者 惡其議己 而禁絶之 則是周秦促亡之遺法也 國無公論 則亡安可禁絶之乎

_ 「율곡전서」 권7, 대백참찬인걸론시사소

자료 7 태조~인조 대 공신 책봉과 공신 수

책봉 시기	공신 명칭	공신 수				
		1등	2등	3등	4등	합계
1302년(태조 1)	개국공신	17	13	22	–	52
1398년(정종 즉위)	정사공신	12	17	–	–	29
1401년(태종 1)	좌명공신	9	3	12	22	46
1453년(단종 1)	정난공신	12	11	30	–	53
1455년(세조 1)	좌익공신	7	12	27	–	46
1467년(세조 13)	적개공신	10	23	12	–	45

1468년(예종 즉위)	익대공신	5	10	24	–	39
1471년(성종 2)	좌리공신	9	12	18	36	75
1506년(중종 1)	정국공신	8	13	31	65	117
1623년(인조 1)	정사공신	10	15	28	–	53

■ 출전

『세조실록』

『성종실록(成宗實錄)』: 성종 즉위년(1469) 11월부터 성종 25년(1494) 12월까지 일어난 역사 사실을 기록했으며 모두 297권이다. 연산군 즉위년(1495) 4월에 시작해 연산군 5년(1499) 2월에 완성했다. 실록을 편찬하는 도중에 김일손이 제출한 사초 가운데 김종직이 지은 「조의제문」과 「화술주시」 등이 원인이 되어 연산군 4년 무오사화가 일어났다. 『성종실록』이 권수가 많아진 것은 다른 실록은 대개 기사 분량에 따라 수개월이나 1년을 한 권으로 편성했으나, 『성종실록』은 제14권 성종 3년 정월부터 기사가 많고 적음에 상관없이 1개월을 1권으로 편성했기 때문이다.

『율곡전서(栗谷全書)』『율곡집(栗谷集)』: 조선 중기 문신이자 학자 율곡 이이(李珥, 1536~1584)의 문집을 한데 모은 책으로 총 44권 38책이며 목판본이다. 최초의 『율곡집』은 광해군 3년(1611) 박지화가 편집한 시집과 제자 박여룡 등이 성혼의 지시를 받아 편집한 문집을 엮어 황해도 해주에서 펴냈다. 여기에는 빠진 것이 많아 숙종 8년(1682)에 박세채가 빠진 것을 모아 속집 · 외집 · 별집을 편집하여 다시 펴냈다. 그뒤 영조 18년(1742) 이재가 이이의 5대손인 진오 등과 상의하여 시집 · 문집 · 속집 · 외집 · 별집을 합본하고 『성학집요』, 『격몽요결』 등을 보완하여, 1749년 『율곡전서』라는 이름으로 38권 23책을 펴냈다. 그 뒤 순조 14년(1814) 습유 6권과 부록 속집을 보태 44권 38책으로 『율곡전서』를 완간했다. 이 책은 이황과 함께 조선 성리학의 쌍벽을 이루고 기호학파의 연원을 연 이이의 정치 · 철학 · 역사 · 사상을 아우른 책이다. 이이는 정통 성리학을 내세우면서 불교와 노장 사상을 비롯한 제자백가의 학설과 양명학 등에 대해서도 이해가 깊었다. 이이는 실천을 강조하는 생활 윤리적 차원에서 학문을 바라봄으로써 일상 영역까지 실천하고자 했다. 그 결과 성리학적 철학 체계에 굳건한 현실 토대를 마련하였다.

■ 찾아읽기

이수건, 『영남사림파의 형성과 전개』, 일조각, 1979.

정두희, 『조선초기 정치지배세력 연구』, 일조각, 1983.

이병휴, 『조선전기 기호사림파 연구』, 일조각, 1984.

이종욱 외, 『한국사상의 정치형태』, 일조각, 1993.

최이돈, 『조선 중기 사림정치구조연구』, 일조각, 1994.

국사편찬위원회, 『한국사』 28(조선 중기 사림세력의 등장과 활동), 1996.

김돈, 『조선전기 군신권력관계 연구』, 서울대학교 출판부, 1997.

국사편찬위원회, 『한국사』 30(조선 중기의 정치와 경제), 1998.

이병휴, 『조선전기 사림파의 현실인식과 대응』, 일조각, 1999.

최승희, 『조선초기 정치사 연구』, 지식산업사, 2002.

김돈, 『조선중기 정치사 연구』, 국학자료원, 2009.

10 임금에게 요구된 정치 이념
도학 정치와 성학군주론

도학 정치는 중종반정 이후 등장한 기묘사림이 적극적으로 주장했다. 그 의미는 정치에서 마땅히 추구해야 할 도를 천명(天命)으로 간주하고, 천명을 반영한 도가 이상적으로 실현된 시기가 요순 삼대(堯舜三代)이며 이 시기에 지치가 이루어졌다는 것이다. 이러한 이상적인 정치를 달성하기 위해 군주가 반드시 익혀야 할 학문이 곧 성학이고, 이를 성학군주론이라고 한다. 따라서 도학 정치, 지치주의, 성학군주론은 사화 및 반정 시기에 왕권의 위상 재정립과 관련해 등장한 이념이었다.

도학 정치의 추구

중종반정 이후 조광조를 중심으로 한 사림이 훈구파의 대응 세력으로 정계에 본격적으로 등장했다. 이들이 새로운 정치 질서의 수립을 명분으로 내세운 정치 이념은 도학 정치였다. 도학 정치는 "천명天命을 성性이라 하고 성性에 따르는 것을 도道라고 한다."는 『중용』의 논리 구조에서 비롯했는데, 도를 따르는 것이 곧 천명을 따르는 것이라는 사상을 바탕으로 한다. 이에 따라 군주나 백성 모두가 천명에 따라 행동하고 생각하는 지선至善의 정치가 행해지는 '지치至治'를 이상 사회로 규정하고, 요순 삼대가 이에 해당한다고 주장했다. 실제로 이러한 인식은 사림만이 아니라 모든 유학자 및 성리학자들의 공통된 이상이었다. 당시 조광조를 비롯한 사림이 지치주의至治主義를 재현할 수 있는 이상적인 도학 정치가 가능하다는 믿음을 갖고 적극적으로 실천했던 점

에서 그 역사적 의미를 부여할 수 있다.^[자료1·2]

　또한 당시 사림이 지치주의에 의한 이상 정치인 도학 정치를 실현하고자 했던 것은 무엇보다 연산군 대에 직면했던 군신 권력 관계의 파탄이 중요한 이유 가운데 하나였다. 연산군의 학정 또는 비정으로 인해 정치 권력 자체가 군주 1인에게로 귀일하고 군신 상호 간의 신뢰가 깨짐으로써 유교적 정치 이념의 궁극적인 과제인 '민유방본民惟邦本'의 구현마저 상실될 위기에 놓이게 되었다는 것이 사림의 입장이었다.

　따라서 이를 위해서는 정치 및 권력의 핵심인 군주 자신이 군주로서의 덕성과 자질 함양에 노력하여 성군聖君이 되어야 한다고 주장했다. 도학 정치의 이념으로서 위민爲民·애민愛民을 내세우고, 군주와 대신의 잘못을 지적할 수 있는 언로言路가 열려 있어야 하며, 군자와 소인의 분별을 강조하는 등 제반 개혁 조치를 실행하고자 했던 것이다. 그리고 이러한 정치를 구현할 수 있는 주체인 군주의 위상 및 군주상君主像의 재정립이 필요하다고 강조했다. 도학 정치의 여러 가지 이념 가운데 중심 과제로서의 성학군주론聖學君主論이 대두하는 것도 이러한 요인과 관련된다.

　근대 이전의 군주 국가에 있어서 왕권 행사에 대한 법적·제도적 규제가 없는 것은 아니었으나, 신료臣僚들이 직접적으로 왕에 대해 제약을 가한다는 것은 사실 어려운 문제였다. 다만 일종의 불문율로써 유교 정치 사상에 기반을 둔 선왕의 선례만이 어느 정도 제약을 가할 수 있는 기능을 했던 것이다. 그리고 유교주의에 의한 통치 원리를 한 번도 포기한 적이 없고 이를 관료제를 통해 구현해 간 조선 왕조는 기본적으로 유교 국가가 지닌 양면적 성격을 갖는다고 할 수 있다.

　즉, 유교 국가는 절대적 지배 권력의 유지·행사를 기본적인 사명으로 하는 절대 군주 중심의 국가 권력과 이것에 대응하여 비판적 기능을 수행하는 통치 원리의 결합에 의해 성립되고 존속되어 간 중층적重層的 통치 체제에 입각해 있는 것이다. 여기서 절대 군주의 국가 권력, 즉 왕권의 절대성에 대한 이념은 한편으로 유교가 제공하면서 또 한편으로는 비판적 기능에 의해 간쟁諫諍 및 경연經筵을 통한 왕권의 규제를 그 기반으로 한다.

　왕권의 정당화란 측면에서 조선 초기의 경우 우선적으로 태조·태종·세종 조의 오례五禮의 운영과 그로 인한 『국조오례의國朝五禮儀』의 성립 과정을 통해 예에 있어 왕

조선 중종 때의 문신이자 성리학자인 조광조. 조광조 사상의 핵심은 덕과 예로 다스리는 유학의 이상적 정치인 왕도를 현실에 구현하려는 것이었으며, "도학을 높이고 인심을 바르게 하며, 성현을 본받고 지치를 일으킨다."는 말로 압축된다.

과 왕실이 최우선의 중심적 존재라는 질서 체계를 모색해옴으로써 왕권의 상징적 또는 실질적 권위는 절대성으로까지 고양되었던 것이다.

성학군주론의 대두

연산군의 비정으로 초래된 유교 정치 및 군신 권력 관계의 파탄은 직접적으로 무오 · 갑자사화를 겪으면서 신료들에게 성리학적 명분 · 의리에 입각하여 그 관계를 재정립하는 계기가 되었다. 국가 최우선의 중심적 존재이자 질서 체계인 왕과 왕실이 명분과 예를 상실한 경우에 군주의 교체를 모색하지 않으면 안 되는 정치 상황이 신료들에 의해 제기된 것이었다.

이 시기에 등장하는 성학군주론은 무엇보다 이러한 계기를 통해 제기되었다. 수기치인修己治人으로 집약되는 주자성리학의 학문론 또는 정치 이념은 일차적으로 사대부 자신의 도리와 직분을 규정하는 논리이면서, 동시에 그들의 주체적 정치 지향을 정당화하는 의미를 지니고 있었다. 그렇기 때문에 '수지치인지학修己治人之學'은 바로 성학聖學이었고 이를 익혀야만 양반 사대부층의 반열에 설 수 있는 것이었다.

사림이 서서히 정치 주도 세력으로 등장하면서, 또한 군주 스스로 자의적인 왕권 행사를 통해 유교 정치를 파탄시켰던 경험을 통해 이들은 수기치인지학修己治人之學 및 성학聖學을 군주학君主學으로 그 의미를 확장했다. 대표적 인물인 조광조(趙光祖, 1482~

1519)가 제시한 지치주의至治主義 및 도학 정치도 이러한 의미를 지니는 것이었다. 즉, 군주로 하여금 성학을 익혀 성인 군주 또는 현철 군주가 될 것을 요구하는 정치 운영론이었다. 그런데 이 성학을 군주가 반드시 익혀야 하는 군주학으로 제시함으로써 이제 성학은 일종의 정치 이념으로서 의미가 더욱 확장되기에 이르렀다. 그리하여 '성학=수기치인지학'에서는 절대적 존재인 제왕도 한 사람의 학인으로서 사대부 관인 신료들과 동열에 서지 않으면 안 되었고, 아울러 '군주학=성학'이 주어진 학문 목표로 설정됨으로써 신료들은 그 달성 여부를 내세워 군주의 자질 여부를 비판할 수 있게 되었다. 결과적으로 군주의 절대권을 제약하는 결정적인 근거 및 논리가 성립될 수 있었다. [자료3·4]

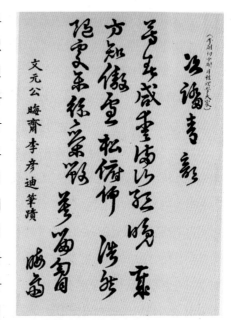

이언적의 글씨. 기(氣)보다 이(理)를 중시하는 이언적의 주리적 성리설은 다음 세대인 이황에게 계승되어 영남학파의 중요한 성리설이 되었으며, 조선 성리학의 한 특징을 이루게 되었다. 그가 올린 '일강십목소'는 그의 정치 사상을 대표하는 것으로서, 김안로 등 훈신들의 잘못에 휘말린 중종에 대한 비판의 뜻을 담고 있는 글이다. 왕정에서 가장 중요한 것은 왕의 마음가짐[일강(一綱)]이라고 주장하고, 그것을 바로하기 위한 수단으로 열 가지 조목[십목(十目)]을 열거하였다.

성학군주론은 이언적(李彦迪, 1492~1553)이 본격적으로 거론했다. 이언적이 중종과 명종에게 각각 올린 '십강십목소十綱十目疏'와 '진수팔규進修八規'에 나타난 요점은 정치의 성패와 인생의 향방이란 오직 군주의 일심一心과 심술心術 여하에 달린 문제로 보고 군주의 수신제가 방법으로서 성학聖學을 당면한 실천 과제로 제안한 것이었다. [자료5]

이를 바탕으로 16세기 중엽 이후 이황(1501~1570)과 이이(1536~1584)에 이르러 두 경향의 성학군주론이 대두했다. 이황은 주자학 자체를 성학으로 보고 「성학십도聖學十圖」를 통해 당시의 군주 선조에게 제시했다. 그는 군주 스스로의 노력인 주관적 성취 과정에 의해 성학을 체득할 것을 기대하는 입장이었다. 군주의 수기修己와 치인治人의 실천을 소극적으로 권유했다고 할 수 있다. [자료6]

반면에 이이는 『성학집요聖學輯要』를 통해 『대학』의 체계를 원용하여, 실제로 각각의 사안에 당면했을 때 수행해야 할 규범과 절차를 세세한 각론 방식으로 명시하여 군주의 의지와 행동에 대한 객관적 기준을 제시했다. 현명한 신료가 나서서 군주가 규범을 준행하도록 적극적으로 교도함으로써 군주의 기질을 변화시켜야 한다는 일종의 군주 개조론君主改造論이라 할 수 있는 논리를 제시했다.[자료7]

요컨대, 상징적 또는 이념적 측면에서는 왕권의 절대성을 용인하면서, 왕권 행사의 현실적 또는 실제적 측면에서는 그 정당성 여부에 대해 끊임없이 제약을 가할 수 있는 논리가 확보되었다. 물론 이러한 학문론과 정치 이념은 주자성리학의 수용과 더불어 이미 전래된 바 있었으나 이 시기에 이르러서야 이를 체득하고 실천할 수 있는 정치 세력과 정치 상황이 재래했던 것이다. 결국 성학군주론은 다음과 같은 군신 권력 관계 및 정치 운영 방식을 반영하는 것이었다.

조선 중기에 반정反正이라는 신료 주도의 왕위 교체가 이루어지면서 왕권 위상의 변화가 초래되었으나 군주가 왕정王政의 핵심이라는 사실은 여전히 유효했다. 연산군의 폭정과 광해군의 폐모살제廢母殺弟를 겪으면서 군주는 성학 군주聖學君主여야 한다는 논리가 제기되었다. 이것은 이념적으로는 군주의 위상이 절대화되지만 실질적으로는 왕권이 제도화制度化되는 단계로 나아가면서 군신공치君臣共治가 이루어지고, 따라서 군신 권력 관계가 상대화되는 것을 의미했다.

또한 중외유생층中外儒生層의 공론公論이 점차 형성되고 조정의 정사에 영향을 끼침으로써 정치 참여층의 확대가 뚜렷이 나타났다. 이로 인해 신臣에 포괄될 수 있는 정치 참여층이 확대되어, 이해관계를 달리하고 상충되는 제반 정치 세력이 등장하게 되었다. 16세기 후반 이후의 붕당朋黨에 기반을 둔 정치 세력의 출현이 그것이었다. 그리하여 16세기를 전후하여 조선 사회 전반에 초래된 사회 변동을 토대로, 상층부의 통치 체제나 정치 운영 방식, 그리고 경제 체제는 점차 군주를 중심으로 한 공적公的 지배 영역과 붕당을 중심으로 한 사적私的 지배 영역으로 양립되어 갔다. 이미 양립되어 있었으나 전자의 영향력이 지대했던 탓으로 부각되지 못했던 두 지배 영역이 뚜렷이 대비되기 시작했다. 그리고 16세기 후반 이후의 붕당 정치는 후자의 특성이 강하게 반영된 정치 운영 방식으로 전개되어 갔다.

자료1

천명天命을 성性이라 하고, 성性에 따르는 것을 도道라 하고, 도道를 닦는 것을 교敎라 한다.

　原文　天命之謂性 率性之謂道 修道之謂敎

_「중용」제1장

자료2

경연에서 매번 '도학道學을 숭상하고 인심을 바로잡으며 성현을 본받고 지치至治를 일으켜야 한다'는 말을 반복해서 계달啓達했고, 그 말이 지극히 간절하므로 중종이 경청했다.

　原文　經席之上 每以崇道學 正人心 法聖賢 興至治之說 反覆啓達辭 旨勤懇 中廟 傾聽

_「조정암선생문집」 부록 권1, 사실

자료3

하늘과 사람은 하나에 근본을 두었기 때문에 하늘이 일찍이 그 이치를 사람에게 없게 하지 않았고 임금과 백성은 하나에 근본을 두었기 때문에 임금이 일찍이 그 도道를 백성에게 없게 하지 않았습니다. 그러므로 옛 성인들은 천지의 큰 것과 억조 백성을 하나로 여기어 그 이치를 보아 그 도에 처했습니다. 이치를 가지고 이것을 보았기 때문에 천지天地의 정기精氣를 지니고 신명神明의 덕을 통달한 것이며, 도道를 가지고 처리했기 때문에 정밀하고 조잡한 물체들을 조화시키고 인륜人倫의 절차를 이끌어 갔습니다. … 그러므로 천하天下를 함께할 수 있는 도道로써 나와 하나가 될 수 있는 사람을 인도하고, 천하를 함께할 수 있는 마음으로써 나와 하나가 될 수 있는 마음을 감동시키면 천하의 사람들은 내 도道의 큼을 좋게 여겨 감히 선善한 데로 돌아가지 않을 수 없을 것입니다. 돌아보건대 나의 도道와 마음이 성실하냐 성실치 못하냐에 따라서 정치의 치治와 란亂이 구분되는 것입니다. …

규모와 베푸는 방법으로 말하면 또한 반드시 먼저 정한 것이 있습니다. 도道 밖에 물건이 없고 마음 밖에 일이 없으니, 마음을 가지고 도道를 펴나가면 인仁이 되어 하늘의 봄기운과 같이 만물을 인仁으로 길러내는 데 이를 것이며, 의義가 되어 하늘의 가을 기운과도 같이 만민萬民을 의義로 바르게 하는 데 이를 것입니다. 예禮와 지智도 또한 천리天理에 극진하지 않음이 없게 되어서 인의예지仁義禮智의 도道가 천하에 서게 되면 국정國政을 하는 규모와 시설이 여기에 더할 것이 있겠습니까. …

만일 법도가 정해지는 것과 기강이 대강 서게 되는 것은 일찍이 대신大臣을 공경하고 그 정치를 맡기는 데 있지 않은 것이 없사옵니다. 임금은 혼자서 다스리지 못하고 반드시 대신에게 맡긴 뒤에 다스리는 도道가 서게 됩니다. 임금은 하늘과 같고, 신하란 사시四時와 같으니 하늘이 스스로 행하고 사시의 운용이 없으면 만물이 이루어지지 못하고 임금이 자임自任하고 대신의 도움이 없으면 모든 교화敎化가 일어나지 못하옵니다. …

나라를 다스리는 것은 도道뿐이요, 이른바 도道라는 것은 천성天性을 따르는 것을 말합니다. 대개 천성天性이 있지 않은 것이 없기 때문에 도道도 있지 않은 것이 없습니다. 크게는 예악형정禮樂刑政과 작게는 제도 · 문화 · 사업이 인력人力을 빌지 않은 것이 없으며 각각 당연한 이치理致가 있지 않은 것이 없는데, 이것이 곧 고금古今의 제왕들이 다 같이 실천하며 정치를 하시던 것으로써 하늘과 땅에 가득 차고 옛날과 지금을 관철하는 것이로되 실은 일찍이 내 마음 안에서 벗어나지 않사옵니다. 이것을 따르면 나라가 다스려지고 이것을 잊으면 나라가 어지러워지기 때문에 잠시라도 가히 떠날 수가 없습니다. 그러므로 이 도道의 본체로 하여금 생각하고 보고 듣는 사이에 요연하게 밝혀야지 감히 잠시라도 밝지 못한 것을 그대로 두어서는 아니 되옵니다. …

전하께서는 정말로 도道를 밝히고 홀로 있는 때를 조심하는 것으로써 마음을 다스리는 요점으로 삼으시고 그 도道를 조정朝廷의 위에 세우시면 기강은 어렵게 세우지 않더라도 정해질 것입니다. 그런즉 공자께서 말씀하신 "기월朞月도 가하다는 것과 3년이면 이룬다."[주1]는 것이 또한 여기에 있지 않은 것이 없을 것이옵니다.

原文 天與人本乎一 而天未嘗無其理於人 君與民本乎一 而君未嘗無其道於民 故古之聖人 以天地之大兆民之衆 爲一己 而觀其理 而處其道 觀之以理 故負天地之情 達神明之德 處之以道 故凝精粗之體 領彝倫之節 … 故以共天下之道 導與我爲一之人 以共天下之心 感與我爲一之心感之而化其心 則天下之人 善於吾道之大 莫敢不歸於善 顧吾之道與心誠未誠如何 而治亂分矣 … 其規模設施之方 則亦必有先定者 何以言之 道外無物 心外無事 存其心出其道 則爲仁而至於天之春 而仁育萬物 爲義而至於天之秋 而義正萬民 禮智亦莫不極乎天 而仁義禮智之道

주1 기월(朞月)도 가하다는 것과 3년이면 이룬다: 공자와 같은 성인이 정치를 하면 1년이면 기강이 대개 서고, 3년이면 그 치공(治功)이 이루어질 수 있다는 뜻.

立乎天下 則爲國之規模設施何有加於此耶 … 若法度之所以粗定 紀綱之所以粗立者 未嘗不在
乎敬大臣而任其政也 君未嘗獨治 而必任大臣而後 治道立焉 君者如天 而臣者四時也 天而自行
而無四時之運 則萬物不遂 君而自任 而無大臣之輔 則萬化不興焉 … 所以治國者 道而已 所謂
道者 率性之謂也 盖性無不有 故道無不在 大而禮樂刑政 小而制度文爲 不假人力之爲 而莫不
各有當然之理 是乃古今帝王所共由爲治 而充塞天地 貫徹古今 而實未嘗外乎吾心之內 循之則
國治 失之則國亂 不可須臾之可離也 是以使其此道之體 瞭然於心目之間 不敢有須臾之不明也
… 伏願殿下 誠以明道謹獨 爲治心之要 而立其道於朝廷之上 則紀綱不難立而立 法度不難定
而定矣 然則夫子朞月之可 三年之成 亦無不在乎是矣

_ 「조정암선생문집」 권2, 알성시책[주2] 을해

주2 알성시책(謁聖試策): 임금이
문묘에 참배할 때 성균관에서 실시
하는 시험으로 태종 14년(1414)에
처음 시행했다. 본 책문은 중종 10
년의 것이다.

자료4

참찬관 조광조가 아뢰기를, "인주人主의 한 마음이 광명光明해진 다음에야 사람의 사
정邪正을 알 수 있습니다. 소인小人 중에도 군자君子와 유사한 자도 있으나, 다만 자기
신하에 소인小人이 없는가 하고 매번 의심하는 것은 옳지 못합니다. 말하는 바와 행하
는 바를 보면 그 어질고 어질지 못한 것을 저절로 알게 됩니다. 다만 위에 있는 임금이
격물치지格物致知의 공부가 없으면 군자를 소인이라 하기도 하고, 소인을 군자라 하기
도 합니다. 또 소인이 군자를 공격할 때에도 역시 소인이라 지적指斥하여, 언행이 일
치하지 않다거나 이름을 낚는다고 하는 까닭에 당고黨錮에 연루된 선비들을 인군人君
은 살피지 않을 수 없습니다. 군자는 소인이 뜻을 얻을까 두려워하여 간혹 경연經筵
도중에 반복해 자세히 말하지만, 인군人君이 만일 성심誠心으로 선善을 좋아하지 않는
다면 반드시 군자의 말을 믿지 않고 소인에게 현혹되어 도리어 군자를 의심하게 됩니
다. 대개 군자와 소인은 마치 얼음과 숯과 같아서 서로 용납하지 못합니다. 소인들은
반드시 군자를 전멸시키지만 끝내는 자기들도 몸을 보전하지 못하게 되니, 소인이야
말로 어리석다 하겠습니다. 옛말에 이르기를 죄를 뒤집어씌우려면 어찌 구실이 없는
것을 걱정하겠는가 했는데, 소인이 군자를 모함할 경우에 어찌 주장하는 구실이 없겠
습니까. 우리나라는 폐조廢朝 때로부터 선비의 풍습이 이미 바르지 못하게 되었습니
다. 현재에는 비록 약간은 말할 만한 것이 있으나 분분한 말이 심히 많으니, 지극히 두
려운 일입니다. 지금에 있어서 마땅히 임금께서 선류善類와 악류惡類를 정확히 분별하
여 만일 참으로 간사한 자가 있으면 마땅히 '이 사람은 간사하다'고 하셔야 합니다. 또
임금께서 시비是非를 헤아려 옳다 하거나 그르다 하시는 것이 옳습니다. 이렇게 하여

옳은 것을 옳다 하고 그른 것을 그르다 하는 것이 임금으로부터 나오게 되면 사습士習은 점점 바른 데로 나가게 될 것입니다. …"라고 했다.

原文 參贊官趙光祖曰 人主之一心光明 然後可以知人之邪正 小人亦有如君子者 但不可每疑其臣之無奈小人也 若見其所言 所行 則自知其賢否也 但在上無格致之功 則或以君子爲小人 或以小人爲君子也 且小人之攻君子 亦指曰小人 或謂言行各異 或謂釣名 如黨錮之士 人君不可不察 君子懼小人之得志 或於經筵之間 雖反覆言之 在上若不誠心好善 則必不聽用君子之言 而惑於小人 反以爲疑也 夫君子與小人 如氷炭之不相容 小人者 必芟夷君子 終亦不保其身 小人亦云愚哉 古云 欲加之罪 何患無辭 小人之謀陷君子 亦豈無所執之辭乎 我國自廢朝 士習已不正矣 今雖稍有可言 而囂囂之言甚多 至爲可懼 今宜在上辨明其類 若眞奸邪者 則當曰奸邪 在上度之 而曰是曰非 可也 是是非非 自上而出 則自然士習之漸趨於正也 …

_ 『중종실록』권2, 중종 13년 4월 정유

자료5

대개 정치를 하는 요령은 그 강綱이 하나가 있고 그 목目이 열 개가 있습니다. 강綱이란 것은 체體이니 정치를 하는 본령本領이요, 목目이란 것은 용用이니 정치를 마련하는 법法입니다. 하나의 강을 들면 열 개의 목이 펴지지 않는 것이 없을 것이므로 신臣은 청컨대 일강一綱을 먼저 말씀드리고 다음에 십목十目까지 언급하겠습니다.

일강一綱이란 무엇을 이름인가. 군주의 심술心術이 이것입니다. 서정庶政의 번잡함과 만민萬民의 중다衆多함도 그 치란휴척治亂休戚의 기틀은 군주의 마음에 근본하지 않는 것이 없습니다. 그런 까닭으로 군주의 마음이 바르면 만사가 다스려지고 인심이 순하여 화기和氣에 이르게 될 것이며, 군주의 마음이 바르지 못하면 만사가 배루背淚되고 인심이 순하지 못하여 악기惡氣가 올 것이니 이것은 이치의 필연적인 것입니다. 옛날 성인이 왕위에 있을 적에 하늘을 본받아 정치를 하게 되니 마음이 정대광명正大光明하여 천리天理의 공公에 순수하고 인욕人慾의 누累가 없었던 것입니다. 그러므로 은미隱微한 데서부터 현저顯著한 데로 이르게 되고 안으로부터 밖으로 미치게 되어, 밝고 환하여 사욕사심私慾邪心의 가림이 없었으므로 기강이 위에서 서고 교화敎化가 아래에서 밝아졌습니다. … 이에 있어서 임금의 심술心術을 바로잡는 요령도 반드시 학문을 통하여 얻게 되는 것을 알 것입니다. …

原文 盖爲治之要 其綱有一 其目有十 綱者體也 出治之本也 目者用也 制治之法也 一綱擧則十目無不張矣 臣請 先言一綱 而次及十目焉 何謂一綱 人主之心術是也 庶政之繁 萬民之衆

而其理亂休戚之幾 未有不本於人主之心者 故人主之心正 則萬事理人心順而和氣至 人主之心
不正 則萬事乖人心拂而戾氣應 此理之必然也 思昔聖人在位 體天出治 方寸之地正大光明 純
乎天理之公 而無人欲之累 故自微至著 由內及外 洞然無有私邪之蔽 而紀綱立於上 敎化明於下
… 而其所以正心術之要 又必由學而得矣 …

_ 「회재집」 권7, 일강십목소

자료6

주3 하도낙서(河圖洛書): 하도는
전설상으로 중국의 복희씨 때 황
하에서 나온 용마(龍馬)의 등에 나
타난 도형으로 복희씨가 이를 보고
팔괘를 만들었다고 함. 낙서는 하
(夏)의 우왕이 홍수를 다스렸을 때
낙수에서 나온 영묘한 거북의 등에
쓰여 있었다는 글인데 홍범구주(洪
範九疇)의 원본이 되었다. 따라서
하도낙서는 군주 및 제왕의 통치
원리와 권위를 상징한다.

판중추부사判中樞府事 신臣 이황은 삼가 두 번 절하고 아뢰옵니다. 도道는 형상이 없고
하늘은 말이 없습니다. 하도낙서河圖洛書주3가 나오면서 성인이 이것을 근거로 하여 괘
효卦爻를 만들었으니, 이때부터 비로소 도道가 천하에 나타났습니다. 그러나 도道는
넓고 크니 어디서부터 착수하여 들어가며, 옛 교훈이 천만 가지인 데 어디서부터 따
라 들어가리오. 성학聖學에는 강령綱領이 있고, 심법心法에는 지극히 요긴한 것이 있습
니다. 이것을 드러내어 도圖를 만들고, 이것을 지목指目하여 해설을 만들어서, 사람들
에게 도道에 들어가는 문文과 덕德을 쌓는 기초를 보여 주니, 이것은 역시 후현後賢이
부득이하여 만들게 된 것입니다. 하물며 임금이 된 이의 일심一心은 만기萬機가 연유
하는 곳이요, 백 가지 책임이 모이는 곳인데, 뭇 욕심이 서로 침해하면 뭇 간사함이 서
로 꿰뚫으니, 만약에 조금이라도 태만하고 소홀하여 방종放縱이 따르게 되면, 마음의
해는 마치 산이 무너지고 바다가 들끓는 것과 같을 것이니, 이것을 누가 막겠습니까.
옛날의 성군과 현명한 왕이 이런 점을 근심했습니다. … 마음을 유지하고 몸을 방범
防範하는 것이 이와 같이 지극합니다. 그러므로 덕이 날로 새롭고 공업功業이 날로 넓
어져서, 작은 허물도 없게 되고 큰 이름이 나게 되었습니다. 그런데 후세의 군주가 천
명을 받고 왕위에 앉아 있으면서 그 책임이 지극히 중하고 지극히 큼에도, 스스로 몸
과 마음을 다스림은 하나도 이같이 엄격한 것이 없습니다. 오만하게 스스로 성자 같
은 태도를 취하고, 왕공王公과 수많은 백성들의 추대에 들떠서 스스로 방자하니, 이러
다가 결국 흐트러져 망하게 되면, 이 어찌 이상한 일이라 하겠습니까. … 신臣은 가만
히 엎드려 생각해 보건대, 당초에 글을 올리고 학문을 논한 말들이 이미 임금의 뜻을
감동·분발하게 해 드리지 못하고, 그 뒤로도 임금께 여러 번 아뢴 말씀이 또한 조금
도 도움이 되지 못했으니, 미력한 신의 정성으로는 무엇을 말씀드려야 할지를 모르겠
습니다. 다만 옛 현인과 군자들이 성학聖學을 밝히고 심법心法을 얻어서 도圖를 만들고

설說을 만들어, 사람들에게 도道에 들어가는 문文과 덕德을 쌓는 기초를 가르친 것이, 오늘날 해와 별같이 밝아 있습니다. 이에 감히 이것을 가지고 나아가 전하에게 진술하여, 옛 제왕들의 공송工誦^{주4}과 기명器銘^{주5}의 끼친 뜻을 대신하고자 합니다. … 이에 삼가 종전에 있었던 것에서 더욱 뚜렷한 것만 골라 일곱 개의 그림을 얻고 그중 심통성정도心統性情圖는 정임은程林隱의 그림에다가 신이 만든 두 개의 작은 그림을 덧붙인 것입니다. 이 밖에 또 세 개의 그림이 있는데, 이것은 비록 신이 만들었으나 그 글과 뜻이 조목條目과 규획規畫에 있어서 한결같이 옛 현인이 만든 것을 풀이한 것이요, 신의 창작이 아닙니다. 이것을 합하여 「성학십도聖學十圖」^{주6}를 만들어서 각 그림 아래에 또한 외람되게 신의 의견을 덧붙여서 조심스럽게 꾸며 올립니다. …

原文 判中樞府事臣李滉 謹再拜上言臣竊伏 以道無形象天無言語 自河洛圖書之出 聖人因作卦爻 而道始見於天下矣 然而道之浩浩 何處下手 古訓千萬 何所從入 聖學有大端 心法有至要 揭之以爲圖 指之以爲說以 示人入道之門 積德之基斯 亦後賢之所不得己而作也 而況人主一心 萬機所由 百責所萃衆 欲互攻群邪迭鑽 一有怠忽 而放縱繼之 則如山之崩如海之蕩 誰得而禦之 古之聖帝明王 有憂於此 …

其所以維持此心 防範此身者 若是其至矣 故德日新 而業日廣 無纖過 而有陽號矣 後世人主 受天命而履天位 其責任之至重至大爲如何 而所以自治之具 一無如此之嚴也 則其憫然自聖 傲然自肆於王公之上 億兆之戴 終歸於壞亂殄滅 亦何足怪哉 …

臣竊伏惟念當初上帝論學之言 旣不足以感發天意 及後登對屢進之說 又不能以沃贊睿猷 微臣惆惆 不知所出 惟有昔之賢人君子 明聖學而得心法 有圖有說 以示人入道之門 積德之基者 見行於世 昭如日星 玆敢欲乞以是進陳於左右 以代古昔帝王工誦,器銘之遺意 庶幾 …

於是 勤就其中揀取其尤著者 得七焉 其心統性情 則因程圖 而附以臣作二小圖 其三者 圖雖臣作而其文其旨 條目規畫 一述於前賢 而非臣創造 合之爲聖學十圖 每圖下 輒亦僭附謬說 謹以繕寫投進焉 …

　　　　　　　　　　　　　　　　　　_ 『퇴계선생문집』 권7, 진성학십도차병도

자료7

가만히 생각하옵건대, 제왕의 도道는 심술心術의 은미隱微한 데 근거하여 문자文字로 나타나 있는데, 성현이 잇달아 일어나서 수시로 말을 반복하고 미루어 밝혔기 때문에, 책이 점점 많이 엮어져 경훈經訓과 자사子史가 천만 권이나 되는데, 어느 것인들 도道를 기록한 문자文字가 아니겠습니까. 지금부터는 성현이 다시 일어나더라도 다시 미진未盡한 말이 없을 것이오니, 다만 성인의 말로써 이치를 살피고 이치를 밝혀서 행하도록 하여, 성기成己와 성물成物의 공을 다할 뿐입니다. … 올 초가을에 비로소 편編을 이루어 그 이름을 『성학집요聖學輯要』라 했습니다. 무릇 제왕의 학문하는 본말本末과 정치하는 선후先後, 덕을 밝히는 실효實效, 백성을 새롭게 하는 실적實跡의 대개를 드러내어, 작은 것을 미루어 큰 것을 알게 하고, 이것으로 인해 저것을 밝혔으니, 곧 천하의 도道는 실로 이에 벗어나지 않사옵니다. 이것은 신의 글이 아니라 성현의 글입니다. … 제왕의 학문은 기질을 변화하는 것보다 절실한 것이 없고, 제왕의 정치는 정성을 미루어 어진 이를 쓰는 것보다 앞설 것이 없을 것입니다. 기질을 변화하는 데는 마땅히 병을 살펴 약을 쓰는 것을 공功으로 삼고, 정성을 미루어 용현用賢하는 데는 마땅히 상하上下가 틈이 없는 것을 실제로 삼아야 합니다. …

엎드려 바라옵건대, 전하께서는 먼저 큰 뜻을 세우셔서 반드시 성현을 표준으로 삼으시고, 삼대三代를 본받으십시오. 전심하여 글을 읽으시고 사물에 나아가 이치를 궁구하시어 말이 내 마음에 거슬리면 반드시 도리에 맞는가를 생각하시고, 말이 내 뜻에 순하면 반드시 도리가 아닌가를 생각하시어 곧은 말을 즐겨 들으십시오. 간諫하는 것을 싫어하지 마시어 착한 것을 받아들이는 도량을 넓히시고, 의리義理의 귀결을 깊이 살피시며, 몸을 굽히는 것을 부끄러워 마시고, 남에게 이기려는 사사로움을 버리시면, 일용日用하는 사이에 실천하는 것이 성실해져 한 가지도 실수가 없을 것이며, 한가한 가운데 마음가짐이 돈독하여 한 가지 생각도 잘못이 없을 것입니다. 더욱이 중도에서 게으르지 않으시고 작은 성공에 만족하시지 않으며, 병통의 뿌리를 모두 버리시고 아름다운 자질을 온전히 하시어 제왕의 학문을 이룩하시면 얼마나 다행이겠습니까. …

原文 竊念帝王之道 本之心術之微 載於文字之賢 聖賢代作 隨時立言 反覆推明 書籍漸多 經訓子史 千函萬軸 夫孰非載道之文乎 自今以後 聖賢復起 更無未盡之言 只可因其言而察夫理 明其理而措諸行 以盡成己成物之功而已 …

今秋之初 始克成編 其名曰 聖學輯要 凡帝王爲學之本末, 爲治之先後 明德之實效 新民之實迹 皆粗著其梗槩 推微識大 因此明彼 則天下之道 實不出此 此非臣書 乃聖賢之書也 …

帝王之學 莫切於變化氣質 帝王之治 莫先於推誠用賢 變化氣質 當以察病加藥爲功 推誠用賢 當以上下無間爲實 …

伏望殿下 先立大志 必以成賢爲準 三代爲期 專精讀書 卽物窮理 有言逆于心 必求諸道 有言遜于志 必求諸非道 樂聞謙直之論 不厭其觸犯 以恢受善之量 深察義理之歸 無恥於屈己 以去好勝之私 日用之間 踐履誠確 無一事之或失 幽獨之中 持守純篤 無一念之或差 不怠於中道 不足

於小成, 悉法病根 克完美質 以成帝王之學 不勝幸甚 …

— 『율곡전서』권9, 성학집요 진차

출전

『율곡전서』

『중종실록』

『조정암선생문집(趙靜庵先生文集)』『정암문집(靜庵文集)』: 조선 전기 문신이자 학자인 정암 조광조(趙光祖, 1482~1519)의 시문집으로 10권 5책이다. 처음에는 선조의 명으로 김굉필 · 이언적 · 정여창 등의 문집과 함께 『유선록』이란 이름으로 펴냈다. 숙종 9년(1683) 박세채 등이 부록 등을 더 보태고, 송시열이 펴냈다.

『중용(中庸)』: 1190년 중국 성리학자 주희가 사서에 포함시킨 유교 경전 가운데 하나. 불교도들과 초기 성리학자들은 일찍부터 『중용』의 형이상학적 관점에 관심을 기울였으며, 주희도 이 점에 주목하여 사서의 하나로 선택했다. 머리글에서 주희는 『예기』 가운데 한 편인 이 글을 공자(기원전 551~479)의 손자 자사가 지었다고 했다. 자사는 중용을 유교 사상의 핵심 주제로 보았으며, 중용은 사람들이 모든 행동에서 본받아야 할 원칙이며, 나라를 다스리는 근본이라 했다. 중용의 중은 치우치지 않음[不偏不倚], 지나치지도 모자라지도 않음[無過不及], 감정이 겉으로 드러나지 않은 상태[희로애락지미발(喜怒哀樂之未發)]를 뜻하고, 용은 변함없음[平常, 不易]을 뜻한다. 중용을 실천하는 일은 평범한 사람도 할 수 있을 만큼 쉬우나, 철저히 지키는 일은 성인도 어렵다고 한다. 그러나 지극한 정성이 곧 중용에 가깝다고 할 수 있다. 중용을 지켜 여기서 벗어나지 않는 것이 군자의 도이며 세상의 정해진 이치라 한다.

『퇴계선생문집(退溪先生文集)』『퇴계전서(退溪全書)』『퇴계집(退溪集)』: 조선 중기 문신이자 학자인 이황(李滉, 1501~1570)의 문집. 여러 판본이 전한다. 첫 간행은 선조 때 추진되었으나 임진왜란으로 중지되었다. 그뒤 문인 조목 등이 선조 33년(1600) 51권 31책의 목판본으로 펴냈다. 나중에 유성룡이 연보와 부록을 보탰다. 영조 22년(1746) 후손 수연이 빠진 원고를 모아 '속집' 8권 4책을 펴냈다. 고종 6년(1869) 후손과 유생들이 도산서원에서 그동안 나온 문집 · 외집 · 별집 모두 97권 75책의 필사본으로 펴냈다. 일제강점기에 후손이 재정리하여 96권 39책으로 편찬했다. 1915, 1916년에 조선고서간행회에서 그동안 간행본을 한꺼번에 『퇴계전집』으로 펴냈고, 1968년 성균관대학교 대동문화연구원에서 『퇴계전서』를 내놓았다.

『회재집(晦齋集)』: 조선 전기 문인이자 학자인 회재 이언적(李彦迪, 1491~1553)의 시문집으로 13권 5책이다. 이언적이 죽은 뒤에 아들 전인이 시문을 모아 1565년경 이황이 행장을 지어 붙여 정고본을 완성했다. 이를 손자 준이 주관하여 1575년 경주에서 펴냈다. 초간본은 본집 10권과 연보, 부록으로 이루어졌는데, 1600년 별집 4권을 늘려 14권 5책으로 냈다가, 1624년 별집을 원집에 포함하여 다시 펴냈다. 1631년 다시 편차를 바꾸어 13권 5책으로 펴냈다. 이언적의 사상은 철저히 주자학적 가치관을 바탕으로 하였는데, 뒤에 이이 · 이황에게 영향을 끼쳤다는 점에서 사상사적으로 중요하다.

찾아읽기

이범직, 『한국중세예사상연구－오례를 중심으로』, 일조각, 1991.

김돈, 『조선전기 군신권력관계 연구』, 서울대학교 출판부, 1997.

김준석, 『한국중세 유교정치사상사론 2』, 지식산업사, 2005.

설석규, 『조선중기 사림의 도학과 정치철학』, 경북대학교 출판부, 2009.

11 훈구·사림의 갈등과 왕위 교체
사화와 반정

사화는 성종 이후 중앙 정계에 새로운 정치 세력으로 등장하기 시작한 사림이 피화를 당한 일련의 정치적 사건을 일컫는다. 발생 요인을 달리하면서 연산군에서 명종 대까지 중종반정과 4차례의 사화가 발생했다. 무오사화, 갑자사화, 중종반정, 기묘사화, 을사사화가 그것이다. 이러한 일련의 사화와 반정을 거치면서 사림이 계속 화를 당했으나 16세기 중엽 이후에는 오히려 사림이 정치를 주도하는 양상이 초래되었다.

무오사화

무오사화戊午士禍는 연산군 4년(1498)에 이극돈李克墩·유자광柳子光 등이 『성종실록』 편찬을 위해 김일손이 그의 스승 김종직이 지은 '조의제문弔義帝文'을 사초로 제출한 것을 구실로 발생했다. 조의제문은 항우가 폐위시킨 중국 초나라의 마지막 왕인 의제義帝를 애도하는 내용의 글로 되어 있다.[자료1·2] 요컨대 세조의 왕위 승계가 유교적 명분에 어긋난다는 사림의 인식을 반영했던 것이다. 이로 인해 이미 사거死去한 김종직뿐만 아니라 그의 문인門人 대부분이 화를 당했다. 사초로 인해 발생했기 때문에 무오사화戊午史禍라고도 한다.

무오사화는 김종직 일파와 훈구파 간의 알력, 사림 및 언관言官의 도전에 대한 훈구파 및 정조계政曹系 노성대신老成大臣의 대응, 사회 경제적 성과로 재지 중소지주층에서

김종직(1431~1492)은 정몽주 · 길재, 그리고 아버지 김숙자로부터 학통을 이어받고, 조선 시대 도학의 정맥을 이어가는 중추적 구실을 함으로써 사림의 종장이 되었다. 그가 쓴 「조의제문」은 무오사화의 단서가 되었다.

새로운 정치 세력이 형성되어 이들이 기성의 특권 관료층의 정치에 대해 비판적 자세를 보임에 따라 일어난 마찰, 삼사三司의 역할 증대에 대한 일종의 제재 조치, 홍문관의 언관화言官化 이후 야기된 정치 구조의 변화에 대한 왕과 재상의 결속에 의한 반동 등 여러 요인이 겹치면서 발생했다.

무오사화는 훈구 재상들의 고변이 계기가 되었으나 연산군은 모든 과정을 주도적으로 처리해 갔고, 대간의 임명에도 직접 간여하고 있었다. 이와 같이 무오사화의 발생 및 처리 과정에서 오히려 주목되는 사실은 언관언론이 통제되고 위축되면서 연산군의 전제적 성향이 점차로 노정되고 있었다는 점이다.

따라서 정치 권력의 변동에 초점을 두고 파악할 때, 연산군과 삼사의 대립 · 갈등, 즉 왕권과 언관권이 상대적 위치에서 대응하는 군신 권력 관계가 지속되는 가운데 발생한 사건이 무오사화였다. 무오사화를 계기로 연산군 초기에 이루어진 삼사의 정치 주도적 입장은 언관언론을 행사하더라도 그 기세가 서서히 꺾여갔고, 반면에 승정원을 기반으로 한 연산군의 전제적 성향과 비정秕政이 차츰 나타나기 시작했다. 무오사화와 그 처리 과정을 통해 무엇보다 언관언론의 기능이 위축되면서 비정의 단초가 나타나기 시작했다는 사실을 주지할 필요가 있다.

갑자사화

갑자사화甲子士禍는 연산군 10년(1504)에 『경국대전』의 법운용 변질과 '능상凌上' 또는 불경죄를 전제로 신료의 탄압이 진행되는 가운데 연산군의 생모 윤씨의 폐비 · 사사賜死 문제를 둘러싸고 발생한 사건이었다. 폐비 윤씨에 대한 설원雪冤의 성격으로 인해 피화의 범위가 크게 확대되었고, 피화인被禍人도 무오사화에 비해 크게 증가했다. [자료5] 이를 계기로 신구재상新舊宰相인 훈신勳臣이 제거되고 이미 무오사화로 치죄治罪된 인물들도 가죄可罪되었다. 아직 남아 있던 사림도 축출되었다.

연산군의 생모 윤씨는 굿하는 방법을 기록한 방양서方禳書와 비상의 은닉, 중궁으로서의 실행, 후궁에 대한 투기 등을 일삼아 국모로서 체모를 잃었다는 죄로 성종 10년(1479) 6월에 폐비가 되고, 이어서 폐비된 이후의 대우 · 거처 문제 등이 계속 논란이 되자 성종 13년(1482) 8월에 사사되었다. 이 사건은 결과적으로 성종 7년(1476)에 훗날 원자가 된 연산군을 출산한 윤씨의 비극적인 삶과 갑자사화와 같은 비극을 잉태하게 되었다.

그런데 연산군은 이미 즉위 초기에 생모 윤씨의 폐비 · 사사의 전말을 알고 있었고, 폐비 윤씨에 대한 추숭追崇의 조치를 시행하고 있었다. 갑자사화의 발단이 되었다고 할 수 있는, 흔히 임사홍任士洪이 연산군에게 고변했다는 내용은 생모 윤씨가 폐비 · 사사되도록 참소한 인물이 성종의 후궁인 엄씨와 정씨였다는 사실이었다. [자료3 · 4]

이 사건을 통해 명실상부한 연산군의 친위 체제가 구축되었다. 이후 연산군은 경연 중지, 홍문관과 사간원의 혁파 등을 통해 언관언론 기능을 대폭 축소했고 궁금[宮禁, 궁궐의 별칭] 및 척신戚臣 세력을 본격적으로 등용했으며 노골적으로 황음적荒淫的 성향을 노정했다.

두 차례의 사화를 거치면서 군도君道의 상실과 구장법제舊章法制의 혁파를 통해 극단적으로 신권臣權이 위축되는, 군신 권력 관계의 파탄이 초래되었다. 이와 같은 유교 정치 및 군신 권력 관계의 파탄은, 이후 신료 주도의 정치 운영이 전개될 때, 더욱 철저한 유교 이념과 명분의 반영을 수반하여, 왕권의 위상이 재정립되는 요인으로 작용했다.

정치 세력의 갈등 측면에서 볼 때, 무오사화가 기성의 훈구와 신진 세력인 사림 사이의 대립 · 갈등이었다고 하면, 갑자사화는 연산군과 궁정 세력이 중심이 되어 신구의 훈구대신 및 신진 사림을 제거한 사건이었다.

중종반정

중종반정은 연산군 12년(1506) 박원종·성희안·유순정 등이 연산군을 축출하고 진성대군晉城大君을 왕으로 추대한 사건이다. 연산군(1476~1506)은 성종 14년(1483)에 세자로 책봉되어 19세인 성종 25년(1494) 12월에 즉위했다. 즉위 무렵 성종의 계비 정현왕후貞賢王后 윤씨의 소생인 진성대군은 불과 7세였고, 따라서 성종의 원자인 연산군의 즉위는 왕위 승계 절차로 볼 때 아무런 하자가 없었다. 연산군의 치세 동안 무오사화와 갑자사화를 통해 수많은 사림이 화를 입고, 성종 때 마련된 법과 정치 운영이 마비되다시피 했다. 연산군은 임사홍 등의 궁금 세력과 더불어 향락과 난폭하고 음란한 행위를 자행하면서 학정을 거듭했다.

거사가 일어나던 날 밤에 박원종 등이 창덕궁을 향해 나아가자, 문무백관과 군민 등이 풍문을 듣고 다투어 달려와 가도를 꽉 메웠다는 점을 보면, 이 거사에 많은 군병이 조직적으로 동원되지는 않았다. 누군가 주모자가 되어 거사하지 않더라도 당시 잘못된 정치를 바로잡아야 한다는 공감대가 조정 내외에 이심전심으로 형성되어 있었다. 이러한 학정 하에서 누구라도 반정反正의 거사를 촉발하면 성공할 수 있는 정황이었다.

전 이조참판 성희안과 지중추부사 박원종이 먼저 연산군의 폐출을 밀약하고, 이조판서 유순정을 끌어들였다. 이들을 3대장三大將이라 통칭했다. 그리고 군자감부정 신윤무辛允武, 군기시첨정 박영문朴永文, 형조정랑 장정張珽 등이 군사를 동원하고, 진성대군을 추대함으로써 거사에 성공했다.[자료6]

중종반정은 무엇보다 무오·갑자사화로 초래된 연산군 대의 비정이 촉발 요인이었다. 박원종을 비롯한 연산군이 총애하던 신료들이 주도했던 점으로 볼 때, 당시 신료들 내부에서는 비정을 초래한 군주는 언제라도 갈아치울 수 있다는 암묵적, 또는 공공연한 인식이 확산되고 있었다. 이런 점에서 볼때 신료가 주도하여 이루어진 중종반정은 이 시기에 이르러 군신의 권력 관계가 새롭게 변환된 양상을 상징한다고 할 수 있다.

기묘사화

중종이 즉위하면서 사림을 다시 등용하고 도학道學을 숭상함으로써 유교 정치를 회복하고자 했다. 중종 10년(1515)에 조광조가 등용되면서 신진기예의 사림이 현량과賢良科를 통해 대거 진출했다. 이들은 주로 삼사三司의 언관직言官職에 진출하여 자신들의 의견을 공론公論이라 표방하면서 급진적 개혁을 주장했다. 경연의 활성화, 소격서昭格署 폐지, 향약의 실시, 『소학小學』의 보급 등을 추진했다. 이러한 정책을 추진하는 과정에서 언관권言官權이 확대되고 나아가 '조광조지세趙光祖之勢'를 형성하게 되었다. 결정적으로 정국공신靖國功臣의 위훈偽勳 삭제 문제를 계기로 훈신勳臣의 대대적인 반격이 기묘사화였다.

기묘사화는 중종 14년(1519)에 중종의 밀지密旨에 의해 홍경주洪景舟 · 남곤南袞 · 심정沈貞 등이 조광조趙光祖 · 김정金淨 · 김식金湜 · 김구金絿 · 윤자임尹自任 · 박세희朴世熹 · 박훈朴薰 · 기준奇遵 등을 체포 · 구금함으로써 발생했다. 이들에게 적용된 죄명은 붕당朋黨을 결성하여 정치적 입장이 다른 인물들을 배척했다는 사실과 후진後進을 이끌어 지나치게 격렬한 언사를 자행했다는 것이었다. 조광조의 사사賜死를 필두로 신진 사류가 피화를 당함으로써 사림 세력은 크게 위축되었다. 또한 이들이 추진했던 정책도 대부분 혁파되었다. 삭훈削勳된 정국 공신의 작위 회복, 현량과의 혁파, 향약의 폐지 등의 조치가 이루어졌다.[자료7]

중종 대 정치사의 전개 과정에 있어 기묘사화는 분기점의 성격을 지닌다. 중종반정 이후 일련의 군신 권력 관계의 변동 속에 나타난 신권 강화 및 언관권 확대 현상이 기묘사화를 계기로 또 다른 양상으로 전개되었기 때문이다. 또한 군신 권력 관계의 어느 일방이 절대화되어서는 안 된다는 측면에서 볼 때, 조광조 등장 이후 언관언론이 지나치게 활성화되어 언관권이 비대해짐으로써 기묘사화는 이미 전제된 사건이었다. 기묘사화는 정치 권력의 측면에서 볼 때 왕권王權과 재상권宰相權, 그리고 언관권言官權이 상호 견제 · 균형을 모색하는 과정에서 언관권의 지나친 비대화에 따른 왕권 · 재상권의 대대적인 반격이었다.[자료8] 그 이면에는 왕위 승계와 관련된 왕권의 성격 변화, 낭관권郎官權의 정치력 강화와 언관권의 강화 · 확대에 따른 재상권에 대한 견제력의 확

조광조(1482~1519)가 기묘사화에 피화되어 유배·사사된 전남 화순군 능주면 남정리에 세워진 적려유허비.

대라는 정치 구조의 새로운 양상이 전개되고 있었다.

기묘사화 이후 남곤南袞·심정沈貞·김안로金安老 등의 권신權臣이 집권했다. 그러나 중종 33년에 이르러 기묘명현己卯名賢의 소통疏通을 주장하는 유생층의 상소를 계기로 기묘피화인己卯被禍人의 대부분이 소통되거나 서용되었다. 이로 인해 다시 사림이 등용되기 시작했다. 삼사에 사림 진출의 비율이 증대되어 가면서 언관언론이 본래의 기능을 회복하는 추세가 형성되었다. '기묘명현'의 소통 문제를 유생층에서 공론을 통해 본격적으로 제기한 것도 이러한 분위기 형성에 일조했다. 중종 치세의 분기점이기도 한 기묘사화와 그 피화인에 대한 중대한 문제가 유생층의 초야언론이라는 공론 제기를 통해 해결의 실마리가 이루어지는 정치 운영이 등장하고 있었다. 이러한 현상은 공론 형성층 및 정치 참여층의 확대를 의미했으나, 이후 전개되는 을사사화 및 권척신의 등장으로 한동안 침체되었다.

기묘사화 피화의 핵심 인물인 조광조는 사림이 정계의 주도권을 장악한 선조 1년(1568)에 신원되어 영의정으로 추증되었다. 그리고 조광조는 광해군 2년(1610) 김굉필·정여창·이언적·이황과 함께 문묘에 배향되었다.

을사사화

중종 말에 중종의 후사를 둘러싼 갈등이 생겨났다. 왕세자[인종]—장경왕후莊敬王后—윤임尹任 측과 경원대군[명종]—문정왕후文定王后—윤원형尹元衡 측의 갈등이었다. 전자를 대윤大尹, 후자를 소윤小尹으로 가리키는데 이러한 대윤·소윤의 갈등은 노성해 가는 중종을 둘러싸고 더욱 첨예하게 대립했고, 왕위 승계 과정에 외척 세력이 간여하는 정치 상황이 초래되었다. 인종仁宗이 재위 8개월 만에 타계하자 12세인 명종이 즉위했다. 이로써 명종이 어린 탓으로 문정왕후가 수렴청정을 하고 그의 동생인 소윤의 윤원형 일파가 실권을 장악했다.

을사사화乙巳士禍는 이러한 요인이 중첩되는 가운데 명종 즉위년(1545)에 발생했다. 이 사화에서 소윤의 윤원형 일파가 대윤의 윤임 일파를 제거하기 위해 내세운 구실이 이른바 택현설擇賢說이었다. 인종의 후사로 명종이 아니라 계림군桂林君이나 봉성군鳳城君 가운데 현인賢人을 선택하고자 했다는 것이다. 결국 문정왕후의 밀지를 받은 이기李芑·윤원형·정순붕鄭順朋·임백령林百齡·허자許磁 등이 주도하여 윤임尹任·유관柳灌·유인숙柳仁淑 등이 탄핵당했다.[자료10]

을사사화 이후에도 계속 고변告變과 옥사가 이어졌다. 명종 2년(1547) 9월의 '양재역 벽서 사건良才驛 壁書事件', 명종 3년(1548) 2월의 사관 안명세史官 安名世 피화 사건, 명종 4년(1549) 4월의 을사사화에 연루된 이약빙李若氷의 아들 홍윤洪胤의 역모 사건 등이 계속 일어났다. 이후 윤원형·이량李樑 등에 의한 척신 정치가 계속되면서 일시적으로 사림의 기세가 꺾이기도 했다. 또한 을사사화는 왕위 승계를 둘러싼 외척 간의 갈등이지만 양측에 모두 사림이 가담했다는 점에서 종래의 사화와 다른 양상을 보여 준다.[자료9]

명종 20년(1565) 4월에 문정왕후가 죽고 곧바로 윤원형이 축출되면서 새로운 국면이 전개되었다. 을사피화인에 대한 방환放還·직첩환급職牒還給, 보우普雨·윤원형의 처벌, 양종선과兩宗禪科의 혁파 등이 유생층의 상소가 공론화公論化되어가는 과정에서 이루어졌다. 삼사三司의 언관언론言官言論과 유생층의 초야언론草野言論이 모두 당연한 공론公論 형성층이라는 관행이 용인되었다. 그리고 곧이어 선조 대에 이르러 사림이 전적으로 정치를 주도하게 되었다.

　거듭된 사화를 통해 정치 세력의 측면에서 훈척과 사림의 갈등은 결국 사림의 정계 주도로 귀결되었다. 훈척勳戚에서 사림으로의 정치 세력 교체뿐만 아니라 거듭된 사화와 신료 주도의 반정을 거치면서 조선 초기 이래의 군신 권력 관계가 새롭게 정립된 사실도 주목된다. 다시 말해 권력 관계에서 어느 일방이 절대화되어 전제적專制的 또는 권신적權臣的 경향으로 나아가는 것을 지양하고, 상대성을 전제로 한 새로운 군신 권력 관계가 형성되었다. 절대성이 전제가 된 조선 초기의 군신 권력 관계가 16세기 후반에 이르러 상대화된 군신 권력 관계로 재편되었던 것이다. 또한 정치 운영에 있어서는 삼사의 언관언론과 더불어 유생층의 초야언론이 공론 형성층으로 용인되는 변화가 관행화되었다.

　사림이 주도하는 정치 운영은 무엇보다 삼사의 언관언론뿐만 아니라 출사하지 않고 초야에 있으면서도 상소를 통해 공론을 형성하는 유생층이 등장함으로써 가능해졌다. 중외유생층이 공론 형성층의 일익을 담당하는 정치 참여층의 확대가 이루어졌다. 이후 본격적으로 전개되는 조선 중기의 사림 정치 또는 붕당 정치는 정치 세력의 측면에서 삼사의 언관언론과 중외유생층의 초야언론에 의한 공론형성층의 확대, 정치 구조의 측면에서 언관언론의 활성화 · 낭관권의 형성 · 비변사 체제의 등장으로 인한 통치 기구의 재편, 그리고 정치 운영론의 측면에서 성학군주론 · 붕당론 · 예론 등의 다양한 정치 사상이 대두하면서 전개되어 갔다. 결국 이러한 과정을 거치면서 정치 권력의 측면에서 군신 권력 관계의 상대화, 왕권의 자의적 지배 영역 축소 및 제도화, 그리고 군신공치君臣共治의 경향이 자리 잡게 되었다.

자료1

정축년[丁丑年, 세조 2, 1457] 10월 밀양에서 경산京山으로 가다가 답계역踏溪驛에서 잤다. 그날 밤 꿈에 신인神人이 칠장복七章服^{주1}을 입고 키가 크고 인품이 있는 모습으로 와서, "나는 초회왕楚懷王^{주2}의 손자 심心인데 서초패왕西楚霸王^{주3}에게 죽음을 당하여 빈강彬江^{주4}에 빠져 잠겨 있다." 하고는 갑자기 보이지 않았다. 깜짝 놀라 잠을 깨어 생각하니, "회왕은 남방 초나라 사람이고 나는 동이東夷의 사람이다. 땅이 서로 만 리나 떨어져 있고 시대가 또한 천여 년이나 떨어져 있는데 내 꿈에 나타나는 것은 무슨 징조일까. 또 역사를 상고해 보아도 강물에 던졌다는 말은 없는데 아마 항우가 사람을 시켜 몰래 쳐 죽여 시체를 물에 던졌던 것인지 알 수 없는 일이다." 하고 글을 지어 슬퍼했다. 그 글에 "하늘이 사물과 법칙을 마련하여 사람에게 주었으니, 누가 그 사대四大^{주5}와 오상五常^{주6}을 높일 줄 모르리오. 중화中華 사람에게만 넉넉하게 주고 동이 사람에게는 부족하게 준 것이 아니니, 어찌 옛적에만 있고 지금은 없으리오. 나는 동이 사람이고 천 년이나 뒤에 났는데도 삼가 초의 회왕을 슬퍼하노라. 옛날에 진시황이 어금니와 뿔을 휘두르니 사해四海^{주7}의 물결이 모두 피가 되었다. 비록 전어, 상어, 미꾸라지, 고래인들 어찌 보전하리오. 그 물에서 빠져나오고자 바쁘게 날뛰었다. 이때 6국의 후손들은 세력이 없어지고 딴 곳으로 피난하여 겨우 평민平民과 같이 지냈다. 항량項梁^{주8}은 초楚의 무장 집안의 자손으로서 진승陳勝^{주9}에 뒤이어 일을 일으켰다. 회왕을 찾아내어 백성의 여망에 따랐으므로 멸망했던 초나라를 다시 보존하게 되었다. 건부乾符^{주10}를 쥐고 천자天子가 되었으니 세상에서 미씨芊氏^{주11} 보다 높은 이가 없었다. 유방을 함곡관函谷關에 들어가게 하니, 또한 그 인의仁義를 볼 수 있겠다. 양羊처럼 성내고 이리처럼 탐욕하여 관군冠軍^{주12}을 함부로 죽였는데도 어찌 항우를 잡아 처형시키지 않았는가. 아, 형세가 그렇지 못했으니 나는 회왕을 더욱 두렵게 여긴다. 길러놓은 자에게 도리어 해침을 당했으니 과연 천운이 어긋났도다. 빈彬의 산이 험하여 하늘에 닿으니 햇빛이 어둑어둑 저물려 한다. 빈彬의 물이 밤낮으로 흐리니 물결이 넘쳐서 돌아오지 않는다. 영원한 천지 간에 한恨이 어찌 다하리오. 혼령이 지금도 정처 없이 헤매고 있구나. 나의 마음이 쇠와 돌을 뚫을 만하니 회왕이 갑자기 꿈에 나타났도다. 주자朱子의 필법을 따르자니 생각이 불안하고 조심된다. 술잔을 들어 땅에 부으면서, "영령이시여 와서 흠향歆饗하시기 바랍니다. …" 했다.

주1 칠장복(七章服): 평상복이 아닌 기호나 무늬를 놓은 옷.

주2 초회왕(楚懷王): 전국7웅 가운데 초나라 마지막 왕의 이름. 항우가 거사했을 때 정치적으로 이용하기 위해 그의 손자를 조부의 이름을 따서 회왕이라 하여 반란의 구심이 되었으나 후에 항우에게 살해당했다.

주3 서초패왕(西楚霸王): 항우.

주4 빈강(彬江): 중국 남방에 있는 강.

주5 사대(四大): 노자의 『도덕경』에 있는 말로서 도(道), 천(天), 지(地), 왕(王)의 네 가지가 크다는 것.

주6 오상(五常): 인, 의, 예, 지, 신

주7 사해(四海): 육지로 둘러싸여 있는 바다.

주8 항량(項梁): 진(秦)의 2세 황제 때 초나라의 후예로 반란을 일으킨 사람.

주9 진승(陳勝): 진의 2세 황제 때 처음으로 반란을 일으킨 사람.

주10 건부(乾符): 왕위를 뜻함.

주11 미씨(芊氏): 초나라의 성씨

주12 관군(冠軍): 초나라의 송의

丁丑十月日余自密城道京山宿踏溪驛 夢有神人披七章之服頎然而來自言 楚懷王孫心爲西楚覇王所弑沉之郴江 因忽不見 余覺而愕然曰 懷王南楚之人也 余則東夷之人也 地之相去不啻萬有餘里而世之先後亦千有餘載來感于夢寐玆何祥耶 且考之史無投江之語豈羽使人密擊而投其屍于水歟是未可知也 遂爲文以吊之惟天賦物則以予人兮孰不知其尊四大與五常 匪華豐而夷嗇兮曷古有而今亡 故吾夷人又後千祀兮恭吊楚之懷王 昔祖龍之弄牙角兮四海之波殷爲嬴血也 雖鱣鮪鰍鯢曷自保兮思漏綱而營營時六國之遺祚兮沉淪播越僅媲夫編 氓梁也南國之將種兮踵魚狐而起事求得王以從民望兮存態繹於不祀握 乾符以面陽兮天下固無尊於羋氏遺長者以入關兮亦有足覩其仁義 羊狠狼貪擅夷夫冠軍兮胡不收以膏諸斧嗚呼 勢有大不然者兮吾以王而益懼爲醯醋於反噬兮果天運之蹠盭 郴之山礴以觸天兮景晻曖以向曛 郴之水流以日夜兮波淫泆而不返天長地久恨其曷已兮 魂至今猶飄蕩 余之心貫于金石兮王忽臨乎夢想循紫陽之老筆兮思墮蜳以欽欽擧雲疊以酹地兮

자료 2

김종직은 초야의 미천한 선비로 세조 때 과거에 급제했다. 성종 때 발탁되어 경연經筵에 두어 오랫동안 시종侍從의 자리에 있었다. 형조판서에 이르러서는 은총이 온 조정을 기울게 했다. 병으로 물러나게 되자 성종은 소재지의 관리로 하여금 특별히 미곡을 내려주도록 하여 그 연한을 마치게 했다. 지금 그의 제자 김일손이 찬수한 사초史草에 부도不道한 말로써 선왕조先王朝의 일을 거짓으로 기록하고 또한 그의 스승 김종직의 '조의제문弔義帝文'을 실었도다.

傳旨曰 金宗直草茅賤士 世祖朝登第 至成宗朝 擢置經筵 久在侍從之地 以至刑曹判書 寵恩傾朝 及其病退 成宗猶使所在官 特賜米穀 以終其年 今其弟子金馹孫所修史草內 以不道之言 誣錄先王朝事 又載其師宗直 弔義帝文

자료 3

왕이 성종成宗의 묘지문墓誌文을 보고 승정원에 전교하기를, "이른바 판봉상시사判奉常寺事 윤기무尹起畝란 이는 어떤 사람이냐? 혹시 영돈녕領敦寧 윤호尹壕를 기무起畝라 잘못 쓴 것이 아니냐?" 했다.

승지들이 아뢰기를, "이는 실로 폐비 윤씨의 아버지인데, 윤씨가 왕비로 책봉되기 전에 죽었습니다." 했다. 왕이 비로소 윤씨가 죄로 폐위廢位되어 죽은 줄을 알고, 수라를 들지 않았다.

原文 王見成宗誌文 傳于承政院曰 所謂判奉常寺事起畝者何人耶 無奈以領敦寧尹壕 誤爲 起畝耶 承旨等啓 此實廢妃尹氏之父 而卒於尹氏未封王妃前 王 始知尹氏 以罪廢死 爲輟膳

— 『연산군일기』 권4, 연산군 1년 3월 기해

자료 4

승정원에 전교하기를, "대행 왕조에 폐비의 묘에 어떻게 묘지기를 정하여 수호하게 했는가?" 했다. 승정원에서 일기를 상고하여 기해년에 폐비한 교서敎書와 신축년 장사한 것과 기유년에 내린 전지傳旨를 써서 아뢰니, 전교하기를, "윤구尹遘 등의 죄를 정한 때의 전지도 아울러 상고하여 아뢰라." 했다. 승정원에서 상고하여 아뢰니, 다시 묻지 않았다.

原文 傳于政院曰 大行王朝廢妃墓 何以定墓直 使之守護 承政院考日記 書巳亥年廢妃敎書 辛丑年葬厄 己酉年下旨 以啓 傳曰 尹遘等定罪時傳旨 竝考啓 承政院考啓 王不更問

— 『연산군일기』 권4, 연산군 1년 4월 갑자

자료 5

안양군安陽君 항과 봉안군鳳安君 봉은 정씨鄭氏의 소생이다. 왕은 모비 윤씨가 폐위되고 죽은 것이 엄씨嚴氏와 정씨[13]의 참소 때문이라 여기고, 밤에 엄씨 · 정씨를 궁정에 결박해 놓고 손으로 함부로 치고 짓밟았다. 항과 봉을 불러 엄씨와 정씨를 가리키며 "이 죄인을 치라." 하니 항은 어두워 누군지 모르고 치고, 봉은 어머님임을 알고 차마 장杖을 대지 못하니, 왕이 불쾌하게 여겨 사람을 시켜 마구 치되 갖은 참혹한 짓을 하여 마침내 죽였다.

왕이 손에 장검을 들고 자순왕대비慈順王大妃 침전 밖에 서서 큰소리로 연달아 외치되 "빨리 뜰 아래로 나오라." 하기를 매우 급박하게 하니, 시녀들이 모두 흩어져 달아났고, 대비는 나오지 않았다. 그런데 왕비 신씨愼氏가 뒤쫓아가 힘껏 구원하여 위태롭지 않게 되었다.

왕이 항과 봉의 머리털을 움켜잡고 인수대비 침전으로 가 방문을 열고 욕하기를 "이 것은 대비의 사랑하는 손자가 드리는 술잔이니 한 번 맛보시오." 하며, 항을 독촉하여 잔을 드리게 하니, 대비가 부득이하여 허락했다. 왕이 또 말하기를, "사랑하는 손자

주13 엄씨와 정씨: 성종의 후궁인 엄귀인嚴貴人과 정귀인鄭貴人.

에게 하사하는 것이 없습니까?" 하니, 대비가 놀라 창졸간에 베 2필을 가져다주었다. 왕이 말하기를 "대비는 어찌하여 우리 어머니를 죽였습니까?" 하며, 불손한 말이 많았다. 뒤에 내수사內需司를 시켜 엄씨·정씨의 시신을 가져다 찢어 젓을 담아 산과 들에 흩어버렸다.

原文 怜慞 鄭氏之出 王以母妃尹氏廢死 由於嚴 鄭之譖 夜縛嚴 鄭于宮庭 手自亂擊踐踏之 召怜慞 指嚴 鄭曰 撲此罪人 怜暗不知爲誰撲之 怜心知其爲母 不忍加杖 王不之快 令人亂撲 備諸慘酷 竟殺之 王手劒立慈順王大妃寢殿外 厲聲連叫曰 速出庭下 甚迫 侍女皆散走 大妃猶不出 賴王妃愼氏追到力救 得不危 王捽怜慞髮 至仁粹大妃寢殿 開戶辱之曰 此大妃愛孫 所進觴可一嘗 督怜進爵 大妃不得已許之 王又曰 愛孫其無賜乎 大妃驚 遽取布二匹賜之 王曰 大妃何殺我母 多有不遜之辭 後令內需司取嚴 鄭屍 裂而醢之 散棄山野

_ 『연산군일기』 권52, 연산군 10년 3월 신사

자료6

이윽고 무인일 저녁에 모두 훈련원에 모여 희안이, 김수동·김감에게 달려가 함께 가자고 하니, 감은 즉시 따랐고 수동은 두려워 망설이다가 결국 따랐다. 또 유자광이 지모가 많고 경력이 많다고 하여, 역시 불러 함께하는 한편 용사들을 임사홍과 신수근·신수영의 집에 보내어 퇴살椎殺하고, 또 사람을 보내어 신수겸愼守謙을 개성부에서 베니, 이를 들은 도중都中의 대소인들이 기약도 없이 모여 들어 잠깐 동안에 운집하자 즉시 모든 장수들을 편성하고 용구마龍廐馬를 내어 주어 각기 군사를 거느리고 궁성을 에워싸고 지키게 했으며, 또 옥에 있는 모든 죄수들을 놓아 종군하게 하니, 밤이 벌써 3경이었다.

윤형로尹衡老를 금상今上의 사제私第에 보내어 그 사유를 아뢰고 그대로 머물러 모시게 하고, 이어서 운산군雲山君 이계李誡와 무사 수십 명을 보내어 시위하여 비상에 대비하게 했다. 희안 등은 모두 돈화문 밖에 머물러 날이 새기를 기다리니, 숙위宿衛하던 장사와 시종·환관들이 알고 다투어 수챗구멍으로 빠져 나가 잠시 동안에 궁이 텅 비었다.

승지 윤장·조계형·이우가 변을 듣고 창황히 들어가 왕에게 사뢰니, 왕이 놀라 뛰어 나와 승지의 손을 잡고 턱이 떨려 말을 하지 못했다. 장璋 등은 바깥 동정을 살핀다고 핑계하고 차차 흩어져 모두 수챗구멍으로 달아났는데, 더러는 실족하여 뒷간에 빠지는 자도 있었다.

原文 乃於戊寅夕 皆會訓鍊院 希顏馳見金壽童金勘 語與同赴 勘卽從之 壽童驚懼罔措 良久 乃從 又以柳子光多機謀 且歷事多 亦召與俱 分遣勇士于任士洪 愼守勤守英家 椎殺之 又遣人 斬愼守謙于開城府 都中大小聞者 皆不期而會 須臾雲集 乃部署諸將 發龍廐馬以給之 使各領 軍 圍把宮城 又縱諸獄囚 以從軍 時夜已三鼓 遣尹衡老 詣今上私第 白其由 仍留侍 繼遣雲山君 誠等及武士數十人侍衛 以備非常 希顏等俱止敦化門外待曙 宿衛將士 侍從閹寺等知之 爭由溝 竇而出俄頃宮已空矣 承旨尹璋曺繼衡李塤聞變 倉皇入白王 王驚惶走出 執承旨手 噤不能言 璋 等托以伺察外變 稍稍亡散 皆自水溝中走出 或有失足墜溷厠間者

_ 『연산군일기』 권63, 연산군 12년 9월 기묘

자료7

조광조 · 김정金淨 · 김식金湜 · 김구金絿 등은 서로 붕당朋黨을 맺고서 자기에게 붙는 자는 천거하고 자기들과 뜻이 다른 자는 배척하여 성세聲勢로 서로 의지하여 권요權要 의 자리를 차지하고 후진後進을 유인하여 궤격詭激이 버릇이 되게 하고 국론과 조정을 날로 그릇되게 했다. 조정의 신하들이 그 세력이 번성한 것을 두려워하여 아무도 입 을 열지 못하게 된 일과 윤자임尹自任 · 박세희朴世熹 · 박훈朴薰 · 기준奇遵 등이 궤격한 논의에 화부和附한 일 등을 추고하라.

原文 下傳旨于義禁府曰 光祖 金淨 金湜 金絿等 交相朋比 附己者進之 異已者斥之 聲勢相 倚 盤據權要 引誘後進 詭激成習 使國論朝政日非 在朝之臣 畏其勢焰 莫敢開口事 及自任 世熹 朴薰 奇遵等 和附詭激之論等事 推之

_ 『중종실록』 권37, 중종 14년 11월 을사

자료8

임금이 이르기를, "나라의 정사는 조정에 있어야 하고, 조정의 정사는 대신이 해야 하 며, 대간은 부족을 보완할 뿐이다. 옛말에 '정사가 대각臺閣에 있으면 어지러워진다' 했는데, 근래 정사가 대신에게 있지 않고 대각에 있다. 임금과 대신이 그 폐해를 알고 도 구제하지 못하매 과격이 버릇되어 기구 대신耆舊大臣이 다들 논박을 받고 물러가게 되었으니 이것은 종사宗社에 관계되므로 이 폐단을 바로잡고서야 조정이 안정할 것이 기 때문에 그렇게 한 것이다. 어제 아랫사람들의 의논을 들으니 다들 '간사한 무리가 한 짓'이라 한다 하나, 이는 대신과 함께 종사의 대계를 위하여 협의하여 한 것이고 간사한 자 한 사람이 한 것이 아니다. 김근사 등을 전일 합당하지 않다고 논하기는 했더라도 어찌 대단한 일이었겠는가? 헤아려서 처리하라." 했다.

대간이 또 아뢰기를, "조광조 등에게 죄줄 만한 일이 있더라도, 광명정대하게 그 사람들을 모아서 분부하시기를 '곧은 논의를 듣기 싫어서가 아니고 사기를 꺾으려는 것도 아니며, 폐해가 이렇게까지 되었으므로 마지못해 죄주는 것이다' 하고, 한산閑散에 두거나 멀리 내치면, 그 사람들도 그 죄에 승복하고 중외中外가 모두 쾌하게 여길 터인데, 그렇게 하지 않고 늘 쌓아두고 결단하지 않다가 한두 사람이 어두운 밤에 은밀히 아룀에 따라 이와 같이 죄주시는 것은 궤비詭秘가 심하여 나라의 일 같지 않습니다. 신 등이 어제 간사한 무리가 은밀히 아뢰었다고 들었는데, 이제 다시 들으니 상께서 홍경주洪景舟에게 비밀히 이르시기를 '조광조 등의 우익羽翼이 이미 이루어졌다. 당초 현량과賢良科를 두고자 할 때에 나도 좋다고 생각했었는데, 이제 와서 생각하니 실로 우익을 심은 것이므로 죄다 제거하려 했으나, 경卿의 사위 김명윤金明胤도 그 가운데에 있으므로 하지 않았다' 하는데, 이 말이 이미 밖에 퍼졌습니다. 임금과 신하 사이는 반드시 서로 정성으로 대하여 간격이 없고 뜻이 서로 맞아야 그 나라를 보유할 수 있는 것입니다. 임금의 위엄으로 이 두세 선비를 죄주는 것이 무엇이 어렵기에 어두운 밤에 밀지密旨를 내려서 비밀히 하십니까? 신임한다면 정성으로 대하여 의심하지 않아야 하고, 죄가 있다면 분명하고 바르게 죄를 정해야 할 것인데, 밖으로는 친근히 하고 신임하는 듯이 보이고 속으로는 제거하려는 마음을 품으셨으니, 임금의 마음이 이러한 것은 위망危亡의 조짐입니다. 신 등은 통곡과 눈물을 견딜 수 없습니다. 김근사·성운의 일은, 지난 잘못을 말하는 것이 아니라, 그날 유생들이 상소했을 때에 후설喉舌의 자리에 있으면서 위태로운 때를 당하여 저렇듯 막은 것이 매우 옳지 않으므로 아뢴 것입니다." 했다.

임금이 이르기를, "이는 대간이 잘못 들은 것이다. 나도 말하여 조정이 시원히 알게 하려 했다. 당초에 홍경주洪景舟가 남곤南袞·송일宋軼·김전金詮 등의 집에서 들으니 무사武士 30여 인이 문사文士들을 제거하려 한다고 하더라 한다. 그러나 어찌 이것으로 고변告變할 수 있겠는가? 조정에서 치치하면 될 것이다. 조광조 등의 마음은 옳더라도 궤격詭激이 버릇되어 이렇게까지 되었으니, 조정으로 하여금 그 사습士習을 바로잡게 하면 마땅한 처치가 될 것이다. 그러므로 육경六卿과 협의하여 아뢰었던 것이다.

정원政院에 이르지 않은 것은 궤비詭秘한 듯하며, 나도 그것이 그른 줄 스스로 안다. 밀유密諭했다는 것은 잘못 들은 것이다. 김명윤의 일이 퍼진 것도 잘못된 것이다. 대저 현량과는 조종조祖宗朝에 해온 일이 아니므로 반드시 할 것 없다고 했을 뿐이다. 어찌 죄다 제거한다고 했겠는가? 이는 잘못 전해진 것이다." 했다.

原文 上曰 國政當在於朝廷 朝廷之政 大臣爲之 而臺諫則補闕拾遺耳 古云 政在臺閣則亂 近來政不在大臣而在臺閣 人君大臣 知其弊而莫之救 過激成習 使耆舊大臣 皆被論退去 此宗社 所關 必矯此弊 然後朝廷安靜 故乃爾 昨聞下議 則皆云邪流之所爲 此與大臣 爲宗社大計 協謀 而爲也 非奸邪一人之所爲也 謹思等前日論其不合 亦豈大段事乎 其量度而處之 臺諫又啓曰 光 祖等 雖有可罪之事 當光明正大 會聚其人等而敎之曰 非以惡聞讜論也 非以摧沮士氣也 弊至如 是 故不得已罪之 或置閑散 或爲遠貶 則其人等亦服其罪 而中外咸快矣 不然而常積畜不決 因 其一二人密啓於昏夜之際 罪之如此 則乃詭秘之甚 非如國事也 臣等昨聞邪流之密啓 今更聞之 則自上密諭於洪景舟曰 光祖等羽翼已成 其初欲設賢良科 予意以爲好矣 到今思之 則實樹羽翼 也 欲盡除去 而卿之壻金明胤 亦在其中 故不爲公 是言今已騰播於外矣 君臣之間 必推誠無間 情志相孚而後 可以保有其國也 以人君之威 罪此二三儒士 有何難焉 而乃至有密旨 昏夜之間 秘密爲之乎 若信任 則當推誠不貳 有罪則當明正定罪可也 外示親信 而內懷剪除之心 君心如此 危亡之兆也 臣等不勝痛哭流涕 金謹思成雲事 非以舊失言之 其日儒生等上疏也 居喉舌之地 當 危疑之際 如是阻當 甚不可 故啓之耳 上曰 此臺諫誤聞之矣 予亦欲言之 使朝廷洞快知之 當初 洪景舟 於南袞宋軼金詮等家聞之 則武士三十餘人 欲剪除文士 然豈可以此告變也 必自朝廷處 置則可也 光祖等心雖是 而詭激成習 以至於此 使朝廷矯其士習 則處置得宜矣 以是與六卿議 合而啓之矣 其不諭政院者 是似詭秘 予亦自知其非矣 予諭事 聞之誤矣 金明胤事 騰播亦誤矣 大抵賢良科 非祖宗朝舊事 不必爲也云爾 豈可爲盡除之云乎 此誤傳之也

_ 『중종실록』 권37, 중종 14년 11월 무신

자료9

정유년丁酉年 이후부터 조정 신하들 사이에는 대윤大尹·소윤小尹의 설이 있었는데 일을 좋아하는 군소배들이 부회附會하여 말이 많았다. 이기李芑·임백령林百齡·정순붕鄭順朋·최보한崔輔漢의 무리들은 윤원형尹元衡 형제와 은밀히 결탁했다. 인묘仁廟가 승하한 뒤에 원형이 기회를 얻었음을 기뻐하여 비밀리에 보복할 생각을 품고 위험한 말을 꾸며 다른 사람들을 두렵게 하니 소문이 위에까지 들리고 자전慈殿은 밀지密旨를 원형에게 내렸다. 이에 이기·임백령·정순붕·허자許磁가 이로 인해 변을 고하여 큰 화를 만들어냈다.

原文 史臣曰 自丁酉之後 朝廷之間 有大小尹之說 喜事群小 附會多言 李芑 林百齡 鄭順朋

崔輔漢之徒 陰結尹元衡兄弟 及仁廟昇遐之後 元衡喜其得路 陰懷報復 羅織恐動 飛語上聞 慈殿下密旨于元衡 於是 李芑 林百齡 鄭順朋 許磁 因此上變告 釀成大禍

　　　　　　　　　　　　　　　　　　　　　　　　　　　　_ 「명종실록」 권1, 명종 즉위년 8월 임자

자료 10

8월에 예조참의 윤원형에게 윤임·유관·유인숙 등을 치죄하라는 밀지가 내리자, 윤원형이 이를 대사헌 민제인閔齊仁과 대사간 김광준金光準에게 통보했다. 21일辛亥에 양사兩司가 중학中學에서 회합을 가졌다.

제인과 광준이 말하기를, "지금 대신 중 두세 사람이 대비의 의심을 받고 있다. 이 때문에 재상 아무개의 집에 밀지를 내리셨고, 또 어떤 익명서가 발견되어 유언이 그치지 아니하여 궁중에서는 공포에 싸여 있다. 만일 우리가 먼저 그 단서를 적발하여 가벼운 죄명으로 선처하지 아니하면, 사태가 딴 길로 번져 나가서 국가에 화를 미치게 될까 염려된다. 그러므로 비록 피차가 애매한 줄은 아나, 현실의 사태로 헤아려 볼 때 그대로 보고 넘길 수 없게 되었다." 했다.

좌중이 모두 말하기를, "이것은 간특한 자가 화를 얽어서 만들려는 수작이다. 우리가 그의 시키는 대로 하여 그 단서를 끄집어낸다면, 이것은 바로 그 술책 중에 떨어지고 마는 것이니 할 수 없다." 했다.

지평 김저가 말하기를, "이 일은 다만 윤임만을 처치하려는 것이 아니고, 어질고 충성된 인사들이 모조리 도륙되는 화가 여기서 시작되는 것이다. 기묘년의 화는 말만 하여도 콧등이 신데, 지금 인사들이 또 남곤과 심정의 한 짓을 따른단 말이냐." 하자, 또는 앉고 또는 일어서서 노기가 등등했다.

집의 송희규宋希奎는, "나는 비록 뼈가 마디마디 부서질지라도 따를 수 없다." 하고, 장령 정희등鄭希登은, "조정의 중대한 일을 논핵하는데, 어찌 내지內旨를 가지고 한단 말이냐." 하고, 사간 박광우朴光佑·헌납 백인걸白仁傑·정언 유희춘柳希春·김난상金鸞祥은 낯을 붉혔고, 장령 이언침李彦忱·지평 민기문閔起文은 하늘을 쳐다보고 길게 한숨을 쉬면서, "지금 임금이 어리시어 나라가 불안한 시기인데, 간특한 소인들이 서로 뜬소문을 만들어내고 있다. 우리는 이것을 가지고 대신을 논핵해서는 아니 될 것이다." 했다.

민제인 등이 종일 밀지에 따르기를 간청했으나, 끝내 아무도 따르지 않아 그대로 헤어졌다. 이에 간당奸黨들은 놀라고 겁을 내며 일이 성사되지 못할까 두려워했으니, 윤원형은 지중추 정순붕 · 병조판서 이기 · 호조판서 임백령 · 공조판서 허자 등과 광화문 밖에서 회합했다.

原文 八月下密旨于禮曹參議尹元衡處乃罪尹任柳灌柳仁淑等事也 元衡通于大司憲閔齊仁 大司諫金光準 二十一日辛亥 兩司會于中學 齊仁光準日今之二三大臣爲 慈殿所疑有密旨降于 宰相某某家 又有匿名書流言未已宮壼恟懼 若不先發其端從輕善處 則深恐事出他道貽禍國家 雖知彼此之曖昧揆以時事不容悠悠而已 座中皆曰此乃奸人搆禍之事而我爲其所使以開端是正 落其術中不可爲 持平金礦曰此非特爲尹任發也忠賢魚肉其基於此 己卯之禍言之酸鼻而今之 君子又踵衰貞所爲乎 或坐或起怒氣勃勃 執義宋希奎曰我則雖寸剉吾骨而碎之有不從也 掌令 鄭希登曰論劾朝廷之大事豈可以內旨爲也 司諫朴光佑 獻納白仁傑 正言柳希春金鸞祥 聲色俱 厲 掌令李彦忱 持平閔起文 仰天太息 以爲當主少國疑之時奸細之徒胥動浮言 不可因此論劾大 臣 齊仁等懇乞終日竟不從而散 邪黨震駭懼事不濟元衡乃與知中樞鄭順朋兵曹判書李芑戶曹 判書林百齡工曹判書許磁等 會于光化門外

_ 『연려실기술』 권10, 명종조고사본말 을사사화

출전

『중종실록』

『연려실기술(燃藜室記述)』: 조선 후기 역사가 이긍익(李肯翊, 1736~1806)이 지은 기사본말체(記事本末體)로 된 역사책. 『원집』, 『별집』, 『속집』으로 구성된다. 먼저 『원집』은 태조 이래 역대 왕별로 왕실에 관한 내용을 간략히 서술하고 다시 재위 기간에 있었던 정치적 특기 사항을 실었다. 다음으로 당시 활약한 인물들을 서술하였다. 『별집』은 역대 관직을 비롯하여 갖가지 전례 · 문예 · 천문 · 지리 · 대외 관계 · 역대 고전 등을 크게 편목을 나누어 연혁을 싣고 출처를 밝혔다. 『별집』은 단군 조선 이래 우리 문화사를 서술하였는데, 조선 시대 문화가 이전 문화에서 어떻게 발전해 왔는가를 설명하려 했다. 또한 숙종 때 일을 기록한 『속집』이 나중에 찬술되었는데, 붕당사를 집중적으로 정리하였다. 규장각에 원집 30책과 속집 19책으로 된 것과 별집 2책으로 된 필사본이 보관되어 있는데, 철종대까지 서술하여 고종대 이후에 어떤 사람이 보충한 듯싶다. 『연려실기술』은 조선 후기 대표 역사서로 당대 역사 의식을 밝히는 데 중요한 자료이다. 특히 사건 전개 과정과 당대 역사가들의 평가를 분명하게 밝힐 수 있는 기사본말체라는 서술 형태를 취하면서, 당파적 편견을 없애고 되도록 공정한 역사 의식을 토대로 당시 역사상을 파악하려 했다는 점은 높이 평가된다. 또한 기술하고자 한 사실에 대하여 지은이의 견해가 아니라는 뜻에서 인용 서목을 덧붙인 점은 실증을 통한 역사의 객관화를 지향하는 것으로 근대 역사학의 정신과도 일맥상통한다.

『연산군일기(燕山君日記)』: 연산군 즉위년(1494) 12월부터 12년(1506) 9월까지 역사적 사실을 기록했으며 모두 63권이다. 중종 2년(1507) 6월 편찬에 들어가 중종 4년(1509) 9월에 끝냈다. 연산군은 폐위된 왕이어서 '조(祖)'와 '종(宗)' 같은 묘호(廟號)가 없고, 기록도 '일기(日記)'라 하였다.

『명종실록(明宗實錄)』: 명종 즉위년(1545) 7월부터 22년(1567) 6월까지 일어난 역사 사실을 실었으며 모두 34권이다. 선조 원년(1546) 9월부터 작업에 들어가 선조 4년(1549) 4월에 완성하였다. 이 실록은 다른 실록과 달리 월(月) 일(日)이 바뀔 때마다 별행(別行)으로 기술 · 편찬되어 있으므로 찾아보기가 쉽다.

찾아읽기

이병휴, 『조선 전기 기호사림파 연구』, 일조각, 1984.

국사편찬위원회, 『한국사』 28(조선 중기 사림세력의 등장과 활동), 1996.

김돈, 『조선 전기 군신권력관계 연구』, 서울대학교 출판부, 1997.

김우기, 『조선 중기 척신정치연구』, 집문당, 2001.

김범, 『사화와 반정의 시대』, 역사비평사, 2007.

김돈, 『조선 중기 정치사 연구』, 국학자료원, 2009.

서울특별시사편찬위원회, 『서울 2천년사』 12(조선시대 정치와 한양), 경인문화사, 2013.

II.

조선 전기의 경제

1 관직을 매개로 한 토지 지배권
과전과 직전

중세 우리나라의 토지 소유가 갖는 기본 특징은 토지의 사적 소유권 위에 수조권(收租權)이라는 또 하나의 토지 지배권이 중첩되어 있던 점이었다. 즉 사적 소유권에 입각한 지주전호제(地主佃戶制) 위에 수조권에 의거한 전주전객제(田主佃客制)가 운영되었다. 조선은 고려와 마찬가지로 이 토지 지배권을 신분과 직결시켜 분급하고 이를 과전 제도로서 운영하고 있었다.

과전 제도의 특징

과전 제도는 고려 말기에 수조권 확보를 둘러싼 신·구 관료 간의 갈등과 대립, 그리고 수조권자와 납조자納租者, 즉 양반 관료층과 일반 농민층 사이의 수조收租·납조納租를 둘러싼 대립·항쟁 등 사전私田 문제[자료1]를 처리하고, 그런 선상에서 국가 재정을 확충하려는 목적에서 제정된 토지분급제土地分給制이다.

과전으로 대표되는 수조지의 절급은 국왕을 정점으로 한 집중적인 권력을 실현하는 집권 관료제와 그 성립 및 운영 근거인 군신 관계를 매개해 주는 물인인 조처였다. 이것의 핵심은 지배층이고 통치층인 사士가 피지배층이고 생산층인 농農에 대하여 행하는 지배와 수취를 정치적 경제적으로 보장하는 것이었다. 특히 과전은 양반 사대부 및 그 가계의 존양을 위해 지급되었기 때문에 '사자仕者의 세록世祿'이라고 불렀으며 세

『고려사』의 과전법조. 과전법(科田法)은 고려의 문란한 토지 제도를 바로잡기 위하여 제정된 것으로, 공양왕 3년(1391) 사전 개혁을 단행하여 새로운 전제의 기준으로 삼은 토지 제도이다.

업전世業田·조업전祖業田으로 간주되었다. 과전의 수전자는 모두 사대부였다. 국왕·국가가 과전의 분급을 통해 사대부 양반들에게 요구한 것은 충성을 다하는 신료로서의 직역봉공이었다. 신료의 충성은 통일 권력의 존속에 불가결한 요소였다. 통일 권력의 실현체는 사방의 근본인 왕실 곧 경읍京邑을 보좌하는 기전畿甸과 왕실 번병으로서의 주군州郡으로 편성되는 군현제였다. 조선의 과전은 이에 일치시켜 지급했다. 경기에는 과전을 절급하여 사대부를 거경하게 했고, 외방 주군에는 군전을 설치하여 한량관을 왕실의 번으로 삼았다.

과전법 상의 토지는 모두가 수조지收租地의 재분배에서 설정된 것으로, 여기에는 소유지의 재분배나 재조정은 시행되지도 않았고 또 그럴 필요도 없었다. 능침전陵寢田, 창고전倉庫田, 궁사전宮司田, 군자시전軍資寺田, 사원전寺院田, 외관外官의 직전職田·늠전廩田, 그리고 향리鄕吏·역리驛吏 및 군장軍匠·잡색전雜色田 등은 왕실과 일반 행정 사무에 공적·사적으로 필요한 재정 확보를 목적으로 설정된 토지이고, 과전은 양반 관료의 경제적 보장을 위해 18과科로 구분하여 현임·퇴임을 막론하고 10~150결까지 지급되었으며, 경기京畿 지역에 국한하여 분급되었다. 이를 흔히 사전 경기私田京畿의 원칙이라고 부르는데 중앙 권력의 통제를 목표로 한 것이다. 반면에 군전軍田은 무직사無職事·무직역無職役의 한량관閑良官들을 대상으로 5~10결씩 지급되었는데, 이는 외방에 설정되었다.[자료2]

이러한 토지의 점유자들은 소유·경작권자, 즉 전객佃客에게서 전조田租로서 수확의 1/10, 즉 1결당 30두斗씩을 징수하고 이 가운데 2두씩을 세稅의 명목으로 국가에 납부하게 되어 있었다. 이는 지배 신분층인 수조권자로서의 전주田主가 피지배 신분층인 소유·경작권자로서의 전객佃客에 대한 수조收租 상에 있어서 공정율公定率을 설정한 조치였다. 그러나 전조 외에 수납가輸納價, 초가草價 등도 징수하여 실제 수확량은 수확의 1/6, 때로는 1/5에 육박했다. 전주는 1결당 전조 미 30두, 곡초 10속 또는 그 대가인 초가미 10두, 그리고 수납대가미 8두 내외 등 총 50두에 달하는 현물을 전객에게서 합법적으로 수취했다. 전객은 자기 소경전의 5/6 내지 4/5만이 자신의 실제 소유지인 셈이었다.

전주와 전객 사이의 갈등, 대립은 수조收租 문제에서만 나타나는 것은 아니었다. 전주가 이유 없이 전객의 소경전所耕田을 탈취하는 행위가 빈번하게 발생하여 이를 금지시켰으며, 동시에 경작 농민, 납조 농민을 토지에 묶어 두기 위하여 전객이 마음대로 자기 소유지를 처분하지 못하게 했다. 이른바 전주 측의 경제외적 강제가 동반되고 있었다.

따라서 과전의 취득은 단순한 수조 권한의 획득이 아니라 타인의 토지에 대한 사실상의 지배를 행하는 일종의 점유였다. 전객의 소경전 소유는 본질적으로 불완전한 소유였다. 전주의 전객 지배는 군신과 민의 정치적 지배 복속 관계로 이어지고 군자와 소인의 천지적 분별로 설명되는 사유 체계로 발현되고 있었다. 전주가 '사=군신=군자'로서 신분적 정치적 윤리적으로 전객을 '농=민=소인'으로 지배하고 수취하는 사회 구성이 고려 및 조선 전기의 체제였다. 전주전객제의 실제와 그 의미는 여기서 성립하는 것이다.

사전私田은 공신전功臣田을 제외하고는 세전世傳이 될 수 없으나, 실제로는 세전되었다. 수신전守信田 · 휼양전恤養田이 사실상 그것이었고, 이는 결국 세전 과정을 법제적 단계를 거쳐 공인하는 처사였다. 따라서 사실상 분급, 회수가 제대로 이루어지지 못했고, 이를 보완하는 법으로서 진고체수법陳告遞受法이라 하여 타인이 신고하면 그에게 분급하는 제도도 시행되었다.

수조권의 축소와 소멸

과전 제도는 기본적으로 수조지 소지의 불균등을 내포하고 있어 시간이 지남에 따라 관료층 내부에서 대립과 반목이 증대하고 심화되어 갔다. 그리하여 세조 12년 (1466)에 과전의 세전성을 폐지함으로써, 즉 구체적으로는 수신전 · 휼양전을 몰수하여 현직자에 한해서만 재분배했다. 이를 직전職田이라고 한다.[자료3·4] 그러나 과전 제도가 가진 문제는 이뿐이 아니었다.

좀 더 근본적인 문제는 수조권자의 자의적인 전조田租 수취와 이에 부수하는 각종 형태의 강압, 그리고 이에 저항하는 납조자 전객의 여러 가지 방식의 저항이 갈수록 증대하고 있었다. 이 문제는 결국 직전제 시행 후 몇 년이 지난 성종 원년(1470) 관수관급제官收官給制로 일단락되었다.[자료5·6]

관수관급제는 수조권자의 직접적인 전조의 수취를 봉쇄하고 납조자가 전조를 관官에 납부하고, 정부는 이를 받아서 1결당 세稅에 해당하는 2두를 제한 나머지 액수를 관리들에게 분급하는 제도였다. 그러므로 직전제의 출현은 수조권자의 세전世傳적 권능과 직접 수조의 권한을 말살시키는 것이었고, 이는 납조자의 경제적 성장을 반영하는 동시에 중앙 집권의 강화라는 현상으로 이해된다.

이러한 직전법마저 제대로 운영되지 못하고, 명종 11년(1556)에 이르러 이미 직전을 소지하고 있는 관리에 대해서도 지급이 중단되었다. 이후 직전법은 임진왜란을 거치면서 완전히 폐기되어 버렸다. 수조권, 수조지의 소멸인 것이다. 명종 이후 직전제가 폐지되면서 지주전호제가 본격적으로 발달했다. 이러한 일련의 과정을 도표로 정리하면 다음과 같다.

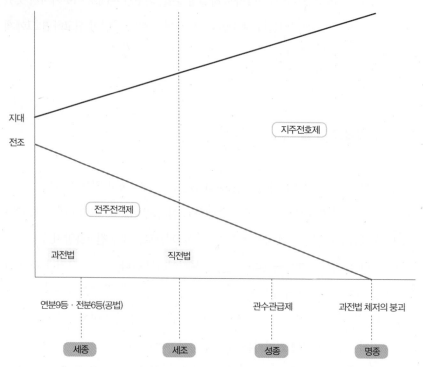

우리나라 중세의 토지 소유 관계는 수조권에 바탕을 둔 전주전객제, 사적 소유권을 토대로 한 지주전호제의 이중적 지배 관계였다. 명종 대 이후 직전제가 폐지되면서 지주전호제가 본격적으로 발달하였다.

　　직전의 폐지는 과전 제도뿐만 아니라 삼국 시기 이래 장구한 세월 동안 지속되어 오던 토지분급제의 사실상의 소멸이었다. 이로써 수조권에 입각한 토지 점유 및 전주 전객제에서 소유권상의 전주가 전호 또는 전객으로 파악되던 전근대 우리나라 신분 계급제 사회의 전형적인 토지 소유 관계가 사라졌다. 이제 소경전所耕田의 전주田主는 법제상으로나 관념상으로나 완전한 전주가 되었다. 토지에 대한 권한은 소유권만 남게 되고 토지 소유 관계도 이를 기반으로 한 것만 남게 되었다.

　　한편 조선 왕조는 토지가 아닌 산림천택山林川澤에 대해서는 공유의 원칙과 사점 금지私占禁止의 강화를 추구해 갔다. 고려 말 권세가에게 사점되었던 산림천택을 몰수하고 제도를 고쳐 민인의 공동 이용지 및 국가의 공적 물품 조달처로 삼았다. 다만 묘지로 이용되는 유택과 농사農舍 주변의 산지는 제한된 범위 내에서 용인했다. 이후 조선조 500년간 산지 사점의 폐단은 거의 없었고, 왕실과 권세가에 의해 산지 사점이 일부 성행했으나, 산지 이용의 공공성 및 그 소유의 공유성은 지켜졌다. 국가는 산지를 소유로 인정하지 않았다. 이것이 무너지는 것은 일제가 사적 소유를 강제하여 국유림과 민유림을 조성하면서부터였다.

자료1

신우 14년(1388) 7월 대사헌大司憲 조준(趙浚) 등이 상서하기를 " ··· 근년에 이르러 겸병이 더욱 심해져 간흉한 무리가 주州에 걸치고 군郡을 포괄하는 규모로 겸병하고 산천을 경계로 하여 그 모두를 조업전祖業田이라 칭하면서 서로 빼앗으니, 1무畝의 전주田主가 5, 6명을 넘고 1년에 조세를 8, 9차례나 거두게 되었습니다. 위로는 어분전御分田주1으로부터 종실宗室·공신전功臣田과 조정의 문무 양반전, 그리고 외역전外役田주2이라든가 진津·역驛·원院·관전館田에까지 이르고, 무릇 다른 사람이 대대로 심어 놓은 뽕나무와 집까지 모두 빼앗아 가졌습니다. ··· "했다.

原文 辛禑十四年 七月 大司憲趙浚等 上書曰 ··· 近年 兼幷尤甚 奸兇之黨 跨州包郡 山川爲標 皆指爲祖業之田 相壤相奪 一畝之主 過於五六 一年之租 收至八九 上自御分 至于宗室功臣 侍朝文武之田 以及外役津驛院館之田 凡人界世所植之桑 所築之室 皆奪而有之

___ 『고려사』 권78, 식화1, 녹과전

주1 어분전(御分田): 토지 분급제에 따라 왕실에 지급한 토지.

주2 외역전(外役田): 지방 향리들의 직역 부담에 대한 대가로 지급한 토지.

자료2

공양왕恭讓王 3년(1391) 5월, 도평의사사都評議使司주3가 글을 올려 과전을 지급하는 법을 정할 것을 요청하니 왕이 따랐다. ··· 능침陵寢, 창고倉庫, 궁사宮司, 외관外官의 직전職田과 늠급전廩給田, 그리고 향鄕·진津·역리驛吏 및 군軍·장인匠人의 전지田地를 정한다. 경기京畿는 사방의 근원이니 마땅히 과전을 설치하여 사대부를 우대한다. 무릇 경성에 거주하여 왕실을 시위하는 자는 시산時散주4을 막론하고 과科에 따라 과전을 받는다. 제1과는 재내대군在內大君에서 문하시중門下侍中에 이르기까지 150결 ··· 제18과는 권무權務주5·산직散職주6으로서 10결씩이다. 외방은 왕실의 울타리이니 마땅히 군전軍田을 설치하여 군사를 기르고, 동서양계東西兩界는 예전대로 군수軍需에 충당하며, 6도의 한량관리주7는 자품資品의 고하高下 논하지 말고 각기 군전 10결 또는 5결씩을 지급한다. ··· 무릇 수전자受田者가 죽은 후, 그의 아내가 자식이 있고 수신守信주8하는 자는 부夫의 과전 모두를 전수받고, 자식이 없이 수신하는 자의 경우는 반을 감하여 전해받으며, 본래 수신한 사람이 아닌 경우는 이에 해당하지 않는다. 부모가 모두 사망하고 그 자손이 유약한 자는 마땅히 휼양恤養하여야 하니 그 아버지의 과전 전부를 전해받고, 20세가 되는 해에 본인의 과科에 따라 받는다. 여자는 그의 남편이 정해진 과科

주3 도평의사사(都評議使司): 고려 시기 재추회의(宰樞會議)의 기관으로 도당이 있었는데, 이것의 권한이 고려 후기로 오면서 더욱 강화되고 명칭도 도평의사사로 바뀌었다. 조선 시기로 넘어오면서 의정부로 개편되었다. 국가의 중대사를 논의하고 결정했다.

주4 시산(時散): 시관과 산관을 아울러 부르는 말. 시관은 직임관, 산관은 무직임관.

주5 권무(權務): 임시직.

주6 산직(散職): 일정한 관직이 없고 관계만 있는 관리.

주7 한량관리: 직사(職事)가 없는 사족과 직역이 없는 사족의 자제.

주8 수신(守信): 남편이 사망한 뒤 개가하지 않고 수절하는 것.

주9 조미(糙米): 메조미, 곧 현미(玄米).

주10 장물(臟物): 범죄 행위에 의하여 부당하게 취득한 물품.

주11 태(笞): 작은 가시나무로 만든 몽둥이로 죄인의 볼기를 치는 형벌.

주12 장(杖): 큰 가시나무로 만든 몽둥이로 때리는 형벌.

주13 직첩(職牒): 관리의 임관 사령장. 고신(告身)이라고도 함.

에 따라 받고, 여전餘田은 다른 사람이 갈라 받는다. … 무릇 사원·신사神祠에 토지를 시납施納할 수 없으며 위반자는 죄로 다스린다. … 공사公私의 천구賤口·공상工商·매복賣卜·맹인·무巫·창기倡妓·승니僧尼 등의 사람은 본인 및 자손이 토지를 받지 못한다. 대저 공사전公私田의 조租는 수전水田은 1결에 조미糙米주9 20말, 한전旱田은 1결에 잡곡 30말로 하며, 이외에 횡렴橫斂하는 자는 장물臟物주10로써 다스린다. 능침원·창고·궁사·공해·공신전 외에 무릇 토지를 가진 자는 모두 세稅를 납부해야 하는데, 수전은 1결에 백미白米 2말, 한전은 1결에 황두黃斗 2말씩이다. … 전주田主가 전객佃客의 소경전所耕田을 빼앗으면, 1부負에서 5부는 태笞주11로써 20대, 매 5부씩 늘어감에 따라 일등씩 가하여 죄가 상杖주12 80에 이르면 직첩주13은 회수하지 않으나, 1결 이상이면 그 토지를 타인이 받게 한다. 전객은 자기의 소경전을 마음대로 타인에게 팔거나 증여할 수 없다.

原文 三年 五月 都評議使司 上書 請定給科田法 從之 … 以定陵寢·倉庫·宮司·軍資寺 及寺院·外官職田·廩給田·鄕·津·驛吏軍匠雜色之田 京畿 四方之本 宜置科田 以優士大夫 凡居京城衛 王室者 不論時散 各以科受 第一科 自在內大君 至門下侍中 一百五十結 … 第十八科 權務散職 十結 外方 王室之藩 宜置軍田 以養軍士 東西兩界 依舊充軍需 六道閑良官吏 不論資品高下 隨其本田多少 各給軍田十結 或五結 … 凡受田者 身死後 其妻 有子息守信者 全科傳受 無子息守信者 減半傳受 本非守信者 不在此限 父母俱亡 子孫幼弱者 理合恤養 其父母 全科傳受 待年二十歲 各以科受 女子 則夫定科受 其餘田 許人遞受 … 凡人 毋得施田於寺院·神祠 違者理罪 … 公私賤口·工商·賣卜·盲人·巫覡·倡妓·僧尼等人 身及子孫 不許受田 凡公私田租 每水田一結 糙米二十斗 旱田一結 雜穀三十斗 此外有橫斂者 以臟論 除陵寢·倉庫·宮司·公廨·功臣田外 凡有田者 皆納稅 水田一結 白米二斗 旱田一結 黃豆二斗 … 田主 奪佃客所耕田 一負至五負 苔二十 每五負 加一等 罪至杖八十 職牒不收 一結以上 其丁 許人遞受 佃客 毋得將所耕田 擅賣擅與

_ 『고려사』 권78, 식화1, 녹과전

자료3

과전을 폐하고 직전을 설치했다.

原文 革科田 置職田

_ 『세조실록』 권39, 세조 12년 8월 갑자

자료 4

수신守信·흉양전이 폐지되어 직전이 되었다.

原文 守信恤養田廢而爲職田

_ 『성종실록』 권249, 성종 22년 정월 임오

자료 5

직전職田·사전賜田의 세稅와 초가草價[주14]는 경창京倉에 납부하며[기한은 다음 해 3월 초 10일까지이다.] 군자감의 미두(米豆)로 바꾸어 지급한다. [초(草) 1속(束)을 미 2승(升, 되)으로 계산한다. 직전·사전에서는 1결마다 2두씩을 관에서 징수한다.]

原文 職田賜田稅幷草價納京倉 [限來春三月初十日] 以軍資監米豆換給 [草一束准米二. 職田寺田則每一結官收二斗]

_ 『경국대전』 2, 호전, 직전

> **주14 초가(草價):** 과전·직전의 소지자가 그 토지의 소유 경작자에게서 전조 외에 볏짚을 징수하는데, 이를 초가(草價)라 한다. 대개는 쌀로 환산하여 받았는데, 곡초 한 뭇[1束]에 쌀 2승(升)씩이었다.

자료 6

… (대왕대비가) 전지하기를, "사람들이 직전職田이 폐단이 있다고 많이 말하기에 대신에게 의논하니, 모두 말하기를, '우리나라 사대부의 봉록俸祿이 박하여 직전을 갑자기 고칠 수 없다' 하므로, 나도 또한 그렇게 여겼었는데, 지금 들으니 조사朝士의 집에서 그 세를 지나치게 거두어 백성들이 심히 괴롭게 여긴다 한다. 또 시장[市] 안의 악미惡米를 금하는 것은 마땅히 악미를 제조하는 자를 잡아 죄주어야 하겠는데, 지금 들으니 이 무리들은 법망에서 빠져나가고 말곡식·되곡식을 가지고 조석을 꾸려나가는 자가 도리어 죄를 받는다 한다. 또 들으니 제사諸司의 점심點心을 빈한한 노비로 하여금 후하게 판비辨備하도록 책임지우기 때문에 노비가 심히 괴롭게 여긴다 한다. 또 들으니 문소전文昭殿의 제복祭服이 더럽다 하니, 심히 정결하게 향사享祀하는 뜻이 아니다. 이 여러 가지 일을 모두 경영하여 처리해서 되도록 사의事宜에 합당하게 하여야 할 것이다." 했다. 한명회 등이 아뢰기를, "직전의 세稅는 관官에서 거두어 관에서 주면 이런 폐단이 없을 것이고, 악미는 민간에서 저희끼리 서로 행용行用하니 반드시 금법禁法을 베풀 것이 없고, 제사諸司의 점심의 폐단과 문소전의 제복祭服의 더러운 것은 모두 관리의 허물이니 해사該司로 하여금 검거檢擧하게 하여야 합니다." 했다. 전지하기를, "직전의 세는 소재지所在地의 관리로 하여금 감독하여 거두어 주게 하고, 악미는

금하지 말며, 제향아문祭享衙門의 관리는 금후로는 가려서 정하라." 했다.

原文 … (大王大妃) 傳曰 人多言職田有弊 故議諸大臣 皆曰 我國士大夫俸祿微薄 職田未可遽革 予亦以爲然 今聞朝士家 濫收其稅 民甚病之 又市裏惡米之禁 當得造惡米者罪之 今聞此輩網漏 而其持斗升 以資朝夕者 反受罪 又聞諸司點心 責令貧寒奴婢厚辦 奴婢甚苦之 又聞文昭殿祭服陋汚 甚非潔淨享祀之義 凡此數事 皆當經紀 務合於宜 明澮等啓曰 "職田稅 官收官給則無此弊矣 惡米 民間自相行用 不必設禁也 諸司點心之弊文昭殿祭服陋汚 皆是官吏之過 宜令該司檢擧 傳曰 職田稅 令所在官監收給之 惡米勿禁 祭享衙門官吏 今後擇差

_ 『성종실록』권4, 성종 1년 4월 무진

출전

『경국대전』

『고려사』

『성종실록』

『세조실록』

찾아읽기

김태영, 『조선 전기 토지 제도사연구』, 지식산업사, 1983.

이경식, 『조선 전기 토지 제도연구』, 일조각, 1986.

국사편찬위원회, 『한국사』 24(조선 초기의 경제구조), 1994.

국사편찬위원회, 『한국사』 28(조선 중기 사림세력의 등장과 활동), 1996.

이경식, 『조선 전기 토지 제도연구 II』, 지식산업사, 1998.

이경식, 『증보판 한국 중세 토지 제도사』, 서울대학교 출판문화원, 2012.

2 독특한 전세 수납 제도

결부제와 공법, 그리고 양전

'농자천하지대본(農者天下之大本)'의 가치에서 보듯, 조선 시기의 농업은 부의 원천이었고 농업의 토대는 토지였다. 그러므로 토지 소유 및 면적에 대한 정확한 파악과 이에 따른 전세(田稅)의 정확한 징수는 국가의 경제 질서 유지에 절대 불가결한 작업이다. 고대에서 조선 시기까지 내용을 조금 달리하면서 토지의 절대면적 단위가 아니라 상대면적 단위로 결부제가 존속했다.

결부제와 공법

결부제는 토지의 수확량을 전제로 실제의 면적을 파악하는 제도였다. 토지 소유에 대한 정확한 파악은 우선 토지 측량 제도의 완비를 조건으로 하며 이를 양전量田이라고 부른다. 결부제結負制에서 1결은 100부이고 1부는 10속이다. 속은 '뭇'이라 불렀는데, 한 묶음을 뜻하는 것으로, 가령 벼라면 볏단 하나라는 뜻이다. 부는 볏단 10개를 모은 것인데 '짐'으로도 불렀다. 이 볏짐이 100개 모이면 결이 된다. 이렇듯 결부제는 수확량을 기준으로 하여 토지의 크기를 표시하는 방식이다. 조선 시기에는 토지의 수확량을 기준으로 토지 면적을 산출하고 있었으므로 토지의 비옥도에 따라 같은 1결이라도 실제의 면적에는 큰 차이가 있었다.

고려 후기에는 토지 등급을 비옥도에 따라 3등급으로 나누었으나[자료1], 조선 세종 때 공법貢法이 마련되면서 6등급으로 나누게 되었다. 그리고 공법은 결부제를 정비하여 토지 비옥도에 따라 6등급으로 나눈 전분6등법, 수세를 위한 전세 제도로서 풍흉에 따라 매년 전세율을 9등급으로 정하도록 한 연분9등법을 주된 내용으로 하고 있다. 이로 인해 매년 농사 형편에 따라 실제의 수확량을 산정하고 손실액을 전세 부과에서 경감해주는 기존의 답험손실법踏驗損實法의 폐해를 줄일 수 있게 되었다.

전품6등법에서 1등전 1결은 38무(畝)=2,759.53평, 2등전은 44.7무=3,246.23평, 3등전은 54.2무=3,936.36평, 4등전은 69무=5,010.14평, 5등전은 95무=6,898.94평, 그리고 6등전은 152무=11,038.12평이었다. 1등전과 6등전의 면적 비율은 1:4였고, 1결의 수확량은 미 400두[피곡은 800두]를 기준으로 했다. 그리고 연분9등법에 의해 전세액은 미 400두를 전제로 그 1/20인 미 20두였다. 그리하여 상상년 20두에서 연분에 따라 2두씩 감하여 하하년 4두로 정했다. 과전법에서 1결당 1/10 수조율에 의한 30두 전세액이 공법에서는 1/20 수조율에 의해 20두로 크게 경감되었다. [자료 9]

공법은 원래 여러 해 동안의 토지 생산량의 평균치를 기준으로 삼아 1/10에 해당하는 일정한 액수를 과세하는 일종의 정액세법으로 중국 고대에 시행했다고 전하는 제도였다. 세종 초부터 논의가 시작되어 세종 12년(1430)에 위로는 고관에서부터 아래로는 농민에 이르기까지 전국적으로 17만여 명에게 찬반을 묻기까지 했다. 그 결과 전국적으로 공법에 찬성한 관민은 98,657인, 반대는 74,149인이었다. 세종 18년(1436) 윤6월에 공법을 실시하기 위한 담당 관청인 전제상정소田制詳定所를 설치하고, 세종 26년(1444년) 12월에 공법의 최종안이 확정되었다. [자료2~4] 공법의 시행은 하삼도에서부터 시작하여 성종20년(1489) 함경도에 이르기까지 단계적으로 진행되었다.

공법의 시행으로 전품에 따른 1결의 실질적인 면적이나 전세의 액수에서 생산을 증대하는 여건을 조성하고 농민의 부담을 크게 경감할 수 있었다. 그러나 전품 등급의 부여, 개간농지·정전·진황농지에 대한 양전 등은 여전히 정확을 기하기 어려운 문제였고, 공법 시행 이후에도 담당 관원의 자의적 집행이나 전세 부담자의 신분적 위치에 따라 전세액이 결정되는 폐단이 여전했다. 15세기 말에 이르러서는 전품 등급과 연분이 거의 무시된 채 주로 하하년을 기준으로 한 전세액의 징수가 관례화되었다.

그러나 농지에는 전세 외에도 1결당 대동미 12두, 삼수미 2두, 결작 2두의 정규적 부세와 여러 가지 명목의 수수료 · 운송비 등의 잡부금에 이르기까지 과중한 부담이 부가되었다. 조선 후기에는 이러한 전세 제도의 문제를 영정법, 비총법 등을 통해 해결하고자 했다.

양전

한번 정해진 토지의 등급인 전품田品은 영구히 지속할 수 있는 게 아니었다. 인력人力의 투하나, 시비施肥의 다과多寡, 또는 홍수 · 가뭄 · 태풍 · 서리의 피해 등 자연적인 재해로 인하여 전품은 늘 변동할 수밖에 없었다. 6등전이 4, 5등전으로 1등전이 6등전으로 바뀌는 일도 많았다.[자료5] 이에 따라 전조田租가 징수되므로 전품에 대한 정확한 파악은 양전의 필수적인 내용이었다. 동시에 양전척[量田尺, 양전 시에 사용하는 자(尺)]도 전품이 6등으로 나누어 있으므로 '수등이척隨等異尺'이라고 하여 길이가 각기 다른 척尺이 모두 6개 필요했다. 1등전척에서 6등전척까지 있었던 것이다.[자료6] 그러나 실제로 각 등전의 농지를 측량할 때는 1등 양전척인 주척[周尺, 4.775척=95.50센티미터]을 사용했다. 6개의 다른 양전척을 사용하여 양전을 할 때 발생하는 현실적인 번잡스러움과 착오를 해결하기 위함이었다. 그리고 각 전품 등전의 결부를 측량할 때는 1등전의 단일양전척에 기준한 준정결부准定結負의 표를 작성하여 이에 따라 2~6등전의 결부를 편리하게 찾도록 했고, 이를 양전의 준칙으로 삼았다.[자료 10]

그러나 이런 방식의 토지 측량은 번거롭고 시행 과정에서 여러 가지 어려운 문제가 발생함에 따라, 효종 4년(1653)에 명실상부한 단일單一 양전척을 사용하게 되었다. 이미 실제로는 1등전의 단일양전척 하나만을 사용해 왔으나 면적을 달리하는 방식이었다. 1등척 하나를 가지고 토지의 실적을 계산하되, 토지의 등급에 따라 결부수結負數를 달리하는 방법이었다. 즉 1등전은 1결, 2등전은 85부, 3등전은 70부, 4등전은 55부, 5등전은 40부, 그리고 6등전은 25부負로 하는 방식이었다.[자료7] 이는 단순한 계산 방법의 변화인 듯 보이지만 실제로는 수확량을 기준으로 했을 때 생기는 결함을 제거하는 방식이었다. 이제는 면적을 중심으로 결부를 다르게 하는 것으로 전환함으로써 토지 중

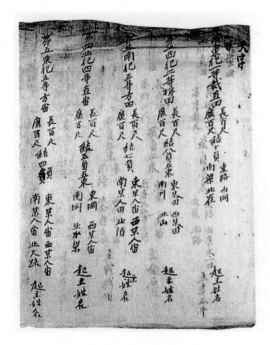

양안은 조선 시대의 토지대장으로, 전안(田案)이라고도 한다. 전답의 소재 · 위치, 전품의 등급 · 형상, 결부수, 자호 등을 기록한 것으로, 토지 측량인 양전에 의해 작성되었다. 농민의 경작 면적, 소득 등을 추정하는 데 편리한 자료이다. 양전은 원칙적으로 20년마다 한 번씩 실시하고, 새 양안을 3부 작성하여 호조와 토지 소재의 도 · 군에 각각 보관하도록 하였다.

심의 양전 방식으로 변화해 가는 것을 뜻했다. 오랫동안 지속되어 온 수확량을 전제로 한 결부제의 양전 방식이 토지의 면적을 중심으로 한 정량화된 양전 방식으로의 전환을 의미했다.

양전 시에는 토지대장인 양안量案이 작성되었다. 여기에는 전답田畓의 구분과 소재, 토지의 소유주, 위치, 전품의 등급과 모양, 결부의 수 등이 기재된다. 그리고 5결마다 천자문의 자호를 사용하여 표시했다. 이 양전은 법제적으로는 20년에 한 번씩 시행하도록 되어 있고, 그때마다 새로 작성된 양안은 3부 만들어 호조 · 본도本道 · 본읍本邑에 각각 보관하도록 되어 있으나, 실제로는 그대로 지켜지지 않았다. 양전 자체가 본래 대규모 사업으로 막대한 인력과 비용이 소요되고, 이에 부수하여 일반 농민에 대한 작폐가 막심했기 때문이다. 또한 양반 · 토호土豪 등 대토지 소유자들의 이해관계에 얽혀 수십 년 내지 100여 년이 지나야 다시 시행되는 게 보통이었다. 그것도 전국적으로 일시 시행되지 못하고 특별히 문제가 되는 지방만 국지적으로 시행되는 게 상례였다.[자료8]

양전이 가진 의미는 중대하고 그 시행은 매우 어려웠다. 그러므로 양전 때에는 특별히 균전사均田使 등 중앙에서 관리를 파견하여 이 사업을 감독 · 독려하고, 수령이나 실무자인 향리들의 위법 행위를 처벌하도록 했으며, 양전 시 부정에 관련되어 파직된 수령은 5년이 지나야 복직이 가능하게 하는 등 엄한 처벌 규정이 있었다. 그러나 수령 · 향리 · 양반 · 토호가 연결되어 자신들의 토지는 5 · 6등전으로 하고, 가난한 농민의 척박한 토지를 1 · 2등으로 하는 사례도 적지 않았다. 양전을 시도할 때마다, 양반이나 토호들은 좋아하지 않았다. 양전은 국가의 수세收稅 확보가 목표이나 여기에는

| 조선 시대 전국 토지 결수의 변화

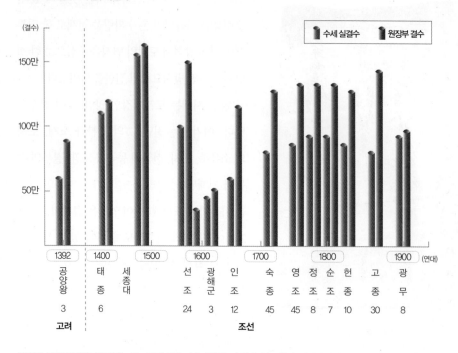

과전법 성립 당시 전국의 토지는 60~80만 결에 지나지 않았으나 양안, 영토 확장, 연해지 개간 등으로 세종 때에는 172만 결로 늘어났다. 그러나 전란으로 토지가 황폐화되고 토지대장이 소실되어 왜란 전의 토지 결수에 비해 왜란 후에는 1/3로 감소되었다. 그리하여 개간 사업이 진행되고 양전 사업이 실시되면서 숙종 때에는 140만 결까지 증가되었는데, 이것은 거의 세종 때의 수준으로 회복된 것이다. 그러나 은결이나 면세지의 증가로 국가의 전세 수입은 별로 늘지 않았다.

이러한 사회 계층들의 상이한 이해관계가 얽혀 있었던 것이다.

양전으로 파악된 조선 시기의 토지 결수는 과전법 성립 당시 79만 8,116결이었고, 세종 때에는 4군 · 6진의 영토 확장 및 연래지 개간 등으로 약 172만 결로 증가했다. 임진왜란으로 토지가 황폐화되고 토지대장마저 소실되면서 왜란 후의 토지 결수는 왜란 전에 비해 1/3로 격감했다. 이후 양전이 계속되고 개간 사업 등이 진행되면서 숙종 때에 이르면 약 140만 결까지 회복되었다. 그러나 은결이나 면세지의 증가로 국가의 전세 수입은 특별히 증가하지 않았다.

자료1

우리나라는 토지의 지품地品이 같지 아니하여 … 전조前朝에서는 단지 농부의 손가락 둘을 10번 더하여 상전척上田尺으로 삼고, 손가락 둘을 5번, 셋을 5번 더하여 중전척中田斥으로 삼고, 손가락 셋을 10번 더하여 하전척下田尺으로 삼아 3등전等田을 정하고, 1결의 수조는 모두 30두씩을 정수로 했다. 고제古制와 어긋남이 있으나 개국 이래 그대로 이 법을 써서 다시 양전하고 있다.

> **原文** 我國土地之品不同 與慶尙·全羅等道沿海之田種稻一二斗而所出幾之十石 若京畿·江原等道山谷之田種穀一二石而所出不過七八石 其田品之不同 此前朝但以農夫手二指計十爲上田尺二指計五三指計五爲中田尺 三指計十爲下田尺 定爲三等 一結收租竝以三十斗定數 有違古制 開國以來仍此法改量

_ 『세종실록』 권49, 세종 12년 8월 무인

자료2

호조에서 공법에 의거하여 전답 1결마다 조 10두를 거둘 것을 건의하니 모든 이에게 그 가부를 물어 아뢰게 했다. 호조에서 아뢰기를, "매번 벼농사를 답험踏驗할 때면 조관朝官을 보내기도 하고 감사監司에게 위임하기도 하며, 또 많은 전답田畓을 기한 안에 모두 조사하여 끝마치고자 하므로, 향곡鄕曲에 늘 거주하는 품관品官으로 위관委官을 삼았습니다. 그런데 위관委官과 서원書員 등이 또는 보는 바가 밝지 못하고 또는 사정에 끌리어 늘리기도 하고 줄이기도 하며, 덜기도 하고 채우기도 하며, 또 마감磨勘할 때에는 문서文書가 너무 많고 복잡하여 관리들이 이루 다 살필 수가 없는 틈을 타서 간활한 아전[姦吏]들이 꾀를 부려서 뒤바꾸어 시행하게 됩니다. 비단 경중輕重이 적중適中하지 못할 뿐만 아니라, 그 지대支待하는 비용과 분주히 내왕하는 수고 등 폐단이 적지 않사오니, 청하건대 이제부터는 공법貢法에 의거하여 전답 1결마다 조租 10두를 거두게 하되, 다만 평안도와 함길도만은 1결에 7두를 거두게 하여, 예전부터 내려오는 폐단을 덜게 하고, 백성의 생계를 넉넉하게 할 것이며, 그 풍재風災·상재霜災·수재水災·한재旱災로 인하여 농사를 완전히 그르친 사람에게는 조세를 전부 면제하게 하소서." 했다. 명하여 "정부·육조와, 긱 관시와 서울 안의 전함前銜 각 품관과, 각도의 감사·수령 및 품관으로부터 여염閭閻의 세민細民에 이르기까지 모두 가부可否를 물어서 아뢰게 하라." 했다.

戶曹啓 每當禾穀踏驗之時 或遣朝官 或委監司 欲以數多之田 而及期畢審 令鄕曲恒居 品官爲委官 委官書員等或所見不明 或挾私任情 增減損實 又當磨勘之時 文書汗漫 官吏不能盡 察 姦吏乘間用謀 換易施行 非唯輕重失中 其支待供億之費 奔走之勞 爲弊不貲 請自今依貢法 每一結收租十斗 唯平安 咸吉道 一結收七斗 以除舊弊 以厚民生 其因風霜水旱等災傷 全失農 者 全免租稅 命自政府六曹各司及京中前銜各品 各道監司守令品官 以至閭閻小民 悉訪可否以 聞

_ 『세종실록』 권47, 세종 12년 3월 을사

자료 3

호조에서 중외中外의 공법貢法에 대한 가부可否의 의논을 갖추어 아뢰기를, " … 전라 도에서는 수령 42명과 품관·촌민 등 29,505명은 모두 가하다고 말하고 낙안군사樂安 郡事 권극화는 아뢰기를, '만일 현재 경작하는 전지起田 1결에 10두만을 거둔다면 너 무 경하고, 경작하는 전지와 묵어 있는 토지를 분별하지 않고 모두 10두씩을 거둔다 면, 일찍이 척박한 전지를 부치다가 마지못하여 묵혀 버린 자는 사실 불만이 있을 것 입니다. 이제부터 8월을 당하여 전주田主가 묵히고 경작하는 곳을 신고하면, 수령이 직접 이를 심찰하여, 묵혀져 있는 수량을 제외하고 다만 경작한 전지 중에서 풍년에 는 15두를 거두고, 중년中年에는 10두를 거두고, 흉년에는 7두를 거두게 하소서. 이와 같이 하면 풍년에 너무 적게 거둬들이는 불만과 흉년에 너무 많이 거둬들이는 한탄 이 다 없어질 것입니다.' 하였습니다. 관찰사 신개申槪·도사都事 김치명金致明, 그리고 수령 12명과 품관·촌민 등 257명은 모두 불가하다고 했습니다. 무릇 가하다는 자는 98,657인이며, 불가하다는 자는 74,149명입니다." 하니, 황희黃喜 등의 의논에 따르라 고 명했다.

戶曹具中外貢法可否之議以啓 … 全羅道守令四十二人 品官村民幷二萬九千五百五 人 皆曰可 樂安郡事權克和以爲 若於起田一結 只收十斗 則過輕 若不分起陳 幷收十斗 則曾 執堉田 不得已陳荒者 實有慊焉 自今當八月 田主告其陳及加耕處 守令親審 除其陳荒之數 只 於起田 豊年則收十五斗 中年則十斗 凶年則七斗 如是則樂歲寡取之嫌 凶年多取之嘆 可兩除 矣 觀察使申槪 都事金致明 守令十二人 品官村民幷二百五十七人等 皆以爲不可 可者 凡九萬 八千六百五十七人 否者 七萬四千一百四十九人 命從喜等議

_ 『세종실록』 권49, 세종 12년 8월 무인

자료 4

전제상정소田制詳定所에 전지하기를, "토지 결복結卜의 개정 및 전품田品의 등급과 연분年分의 고하高下를 분간하여 조세 받는 법을 정하되, 먼저 충청도의 청안淸安·비인庇仁과, 경상도의 함안·고령과, 전라도의 고산高山·광양 등 여섯 고을에 금년부터 시험으로 시행하고자 하니, 그 시행할 수 있는 조건들을 의논하여 올리라." 했다. 전제상정소에서 의논하기를, "1. 본국은 고려 때의 옛 법을 그대로 써서 토지를 3등급으로 나누어 모두 방면方面의 수數를 쓰고 면적을 계산하지 아니합니다. 지질의 고척膏塉이 남쪽과 북쪽이 같지 아니한데, 그 전품田品의 분등分等을 8도道를 통通한 표준으로 계산하지 아니하고 다만 1도道로써 나누었기 때문에, 세 등급의 전지[三等田]가 고척이 같지 않으므로 납세의 경중이 아주 달라서, 부자는 더욱 부자가 되고 가난한 자는 더욱 가난하게 되니, 심히 옳지 못한 일입니다. 만약 여러 도道의 전품田品을 통고通考하여 6등급으로 나눈다면 거의 전품이 바로잡히게 되고 조세도 고르게 될 것입니다. …

原文 傳旨田制詳定所 土田結卜改定及田品等第年分高下分揀收稅之法 欲先於忠淸道淸安·庇仁 慶尙道咸安·高靈 全羅道高山·光陽等六官 自今年試之 其可行條件擬議以聞 田制詳定所議以爲 一 本國因高麗之舊 三等之田 皆用方面之數 不計實積 地之膏塉 南北不同 而其田品分等 不通計八道 只以一道分之 故三等田膏塉不同 納稅輕重頓異 富者益富 貧者益貧 深爲不可 若通考諸道田品 分爲六等 則庶幾田品得正 收稅以均 …

_ 「세종실록」 권106, 세종 26년 11월 무자

자료 5

오늘날의 결부법은 토지를 6등급으로 나누어서 그 기구하고 현혹됨이 이보다 심한 것이 없으니, 비록 우왕禹王과 후직后稷으로 하여금 이 일을 맡도록 하여도 완벽하게 하지는 못할 것이다. 하물며 토지의 비척肥瘠이 세월에 따라 달라져서 촌락이 번성하여 거름을 많이 하면 척박한 토지도 비옥하게 되며, 촌락이 쇠잔하여 힘이 다하면 비옥한 토지도 척박해지고, 또한 옛날에 샘이 많던 것은 송림이 무성해지고 샘이 마르게 되며, 옛날에 물이 적던 것은 도랑을 파서 물이 풍족해지는데 또 어찌 1등, 2등을 고정시켜 놓고 오랜 시대에 걸쳐 변하지 않게 할 수 있겠는가.

原文 今此結負之法分爲六等 嶇眩惑莫此爲甚 雖使禹稷當之無以盡善 況土地肥瘠時月以變 村盛多糞則瘠者以肥 村衰力屈則肥者瘠 又或昔之多泉者松茂而泉渴 昔之乏水者渠成而水足 一等二等又可何揣定膠古歷世而莫之變乎

_ 「목민심서」 호전 육조, 전정

자료 6

모든 토지는 6등급으로 나누며, 20년마다 한 번씩 토지를 다시 측량하여 양안量案을 만들고, 호조·본도·본읍에 갖추어 둔다. [1등전의 척(尺)은 주척(周尺)주1에 준하여 4척(尺) 7촌(寸) 7분(分) 5리(釐)이고 … 6등전의 척은 9척 5촌 5분이다. 실면적, 즉 사방(四方) 1척을 파(把)라 하고, 10파를 속(束)이라 하며, 10속을 부(負)라 하며 100부를 결(結)이라 한다. 1등전 1결은 38무(畝)에 준하고 … 6등전은 152무에 준한다. 각 등전 14부는 명나라 전답의 1무에 준한다. 항상 계속하여 경작되고 있는 토지는 정전(正田)이라 칭하고 때로는 경작하고 때로는 휴경(休耕)주2하는 토지는 속전(續田)이라 칭한다. 정전이라 하더라도 토질이 척박하여 곡식이 잘되지 않거나, 속전이라 하더라도 토성(土性)이 기름져 소출이 아주 많은 것은 수령이 장부(帳簿)에 올렸다가 관찰사에게 보고하여 식년(式年)주3에 바로잡는다.]

原文 凡田分六等 每二十年改量成籍 藏於本曹本道本邑[一等田尺長准周尺四尺七寸七分五釐 … 六等九尺五寸五分 實積一尺爲把 十把爲束 十束爲負 百負爲結 一等田一結准三十八畝 … 六等田一百五十二畝 各等田十四負准中朝田一畝 常耕者稱正田 或耕或陳者稱續田 其稱正田而地品瘠薄禾穀不隧者 續田而土性肥膏所出倍多者 守令置簿報觀察使式年改正]

— 『경국대전』권2, 호전 양전

자료 7

효종 4년(1653)에 구제舊制의 등급에 따라 척수尺數를 달리한 법을 혁파하고, 주척周尺의 4척 7촌 7분 5리를 가지고 양척量尺으로 정하고, 그 등급의 높낮이는 논할 것 없이 통틀어 결부結負를 계산하여 전田의 1척을 파로, 10파를 속으로, 10속을 부로, 100부를 1결로 하고 계산하여 10,000척이 되는 전지에 대하여 1등전을 1결, 2등전을 85부 … 6등전은 25부로 정하며 전품田品에 따라 세를 걷도록 했다. 그런데 전지田地의 모양이 각기 다르고 명색이 현란하게 되기 쉬우므로 다만 알기 쉬운 방전方田주4·직전直田주5·제전梯田주6·규전圭田주7·구고전勾股田주8의 5가지 명색으로 타량打量하여 안案에 기록했다. … 6파 이상은 속으로 하고 5파 이하는 따지지 않았다. … 전田은 자호字號를 붙이되 천자문의 차례를 사용하고 다시 一·二·三으로 차례를 정했다. 묵은 밭과 일군 밭을 막론하고, 5결이 차면 한 자호로 표시한 다음에 전田의 동·서·남·북의 사표四標와 소유주의 이름을 양안에 기록한다.

原文 孝宗癸巳罷舊制隨等異尺之法 直以周尺四七尺寸七分五里爲量田尺 毋論等之高下通量解負 田一尺爲把 十把爲束 十束爲負 百負爲一結 計積萬尺之地 一等則爲一結 二等則爲

주1 주척(周尺): 중국 주례에 규정된 양전척. 시대에 따라 장단(長短)에 차이가 생겨 일률적으로 그 길이를 말하기 어렵다. 오늘날 대만 고궁박물관이 소장하고 있는 주척은 춘추 시대의 것으로 알려져 있는데 1척의 길이가 0.231미터. 조선 시대에 사용된 주척의 실제 길이는 0.2081미터로 추정된다.

주2 휴경(休耕): 지력을 회복하기 위해 1~2년쯤 경작을 하지 않고 땅을 묵히는 것.

주3 식년(式年): 20년 주기 원칙의 양전 식년. 본래 식년은 태세의 지지(地支)가 자(子)·묘(卯)·오(午)·유(酉)인 해를 가리키나, 여기서는 20년마다 돌아오는 양전하는 해를 뜻하는 듯하다.

주4 방전(方田): 가로 세로의 길이가 같은 크기의 사각형의 토지.

주5 직전(直田): 가로와 세로의 길이가 서로 다른 크기인 사각형의 토지.

주6 제전(梯田): 사다리꼴 모양의 토지.

주7 규전(圭田): 두 변의 길이가 같은 사각형의 토지.

주8 구고전(勾股田): 세 변의 길이가 모두 다른 삼각형의 토지.

八十五負 三等則爲七十負 四等則爲五十五負 五等則爲四十負 六等則爲二十五負 隨其田品差
等收稅 而田形各異名色易眩 故只以人所易知方田·直田·梯田·圭田·句股田五名色打量錄案 …
而六把以上收而渭束 五把以下勿論 … 田有字號 用千字文第次以一二三爲次 無陳起 滿五結則
用一字號標之 以田之東西南北四標及主名懸錄量案

_ 「만기요람」 재용편 2, 전결, 양전법

자료 8

사헌부에서 계啓하여 아뢰기를 "20년마다 양전하는 것이 나라에서 정해진 법이나 연
이어 사고가 있어 오랫동안 시행하지 못하고 있습니다. 특히 함경도에서의 양전은 다
른 도道에 비해 가장 오랫동안 시행하지 못하고 있었습니다. 금년 농사가 어느 정도
이루어졌으니 양전을 시행해야만 합니다. 단지 함경도는 연이어 흉년이 들었고 전염
병까지 돌아 아직까지 회복하지 못하고 있습니다. 지금 이곳으로 양전하러 가는 경차
관京差官의 수가 무려 40여 인이고 그 밖에 산사算士, 서도胥徒, 위관委官의 무리는 이보
다 10배가 넘습니다. 이들을 접대하는 비용은 모두 이곳 백성들이 부담하는데, 올해
농사가 어느 정도 되었다고는 하나 이들을 접대하느라 다시 백성들은 궁핍해질 것입
니다. 올해 양전하지 않더라도 반드시 큰 해가 되지는 않을 것입니다. 그런데 만약 이
곳에 양전을 강행한다면 백성들이 받는 피해는 흉년보다 심할 것이니 어찌 조정이 백
성들을 사랑하는 뜻에 어긋나지 않겠습니까? 청하건대 함경도의 양전은 잠시 중단하
는 것이 좋겠습니다." 하였다. 국왕이 이르기를 "나도 그렇게 생각하니 다시 의논하
라." 하였다. 대신大臣들이 의논하여 이르기를 "사헌부의 계啓가 지당하오니 중단하는
것이 옳겠습니다." 하였다.

原文 司憲府啓曰 每二十年改量田成籍國有定法 連仍事故久廢不擧 鏡道量田於諸道中最
久 今年農事稍稔改量之擧未爲不可 但本道連年饑饉之餘癘疫熾發尙未寢息 鏡城以北闊落然
今此遺差人員無憲四十餘人 其他算士胥徒委官之屬什倍於此 而抄發之弊亦及他道 供億之需
崎辦於民 不可以一二年稍稔擧此耗費之事重因僅存民 今歲雖不改量 未必至於大害 而强欲行
之則民之受弊及有甚於荒年 恐違朝廷恤民之意 咸鏡道量田請姑停 答曰 予亦以爲然 故再再收
議 而大臣議云當爲故爲之矣 啓意至當 停之可也

_ 「중종실록」 권98, 중종 37년 7월 경오

자료 9 전품과 양전척[수등이척], 결 실적, 소출, 조액

전품	1등전	2등전	3등전	4등전	5등전	6등전
양전척 주척(周尺) (m)	4.775척 95.50cm	5.179척 103.58cm	5.703척 114.06cm	6.43척 128.68cm	7.550척 151.0cm	9.550척 191.0cm
결실적 양전척(면)	100척	100척	100척	100척	100척	100척
(적)	10,000척	10,000척	10,000척	10,000척	10,000척	10,000척
경무(頃畝)	38무	44무7분	54무2분	69무	95무	152무
(결당 평 약)	2,759.53평	3,246.23평	3,936.36평	5,010.14평	6,898.94평	11,038.12평
결 소출(미)	400두	400두	400두	400두	400두	400두
결 조액(미1/20세)	20두	20두	20두	20두	20두	20두

자료 10 전품과 1등정 단일양전척에 기준한 준정결부[해부법]

전품	1등전	2등전	3등전	4등전	5등전	6등전
양전척 주척(주척) (m)	4.775척 95.50cm	4.775척 95.50cm	4.775척 95.50cm	4.775척 95.50cm	4.775척 95.50cm	4.775척 95.50cm
준정결부 결(실적)	1결 2,759.53평	85부01파 2,759.53평	70부1속1파 2,759.53평	55부07파 2,759.53평	40부 2,759.53평	25부 2,759.53평
결 실적	2,759.53평	3,246.12평	3,936.00평	5,010.94평	6,898.82평	11,038.12평

각 전품의 결당 평과 결 실적이 정수가 되지 못하고, 따라서 각 전품 간의 체감 수가 균일하지 못한 것은 처음부터 양전척의 길이를 정할 때 미세한 편차가 있었기 때문이다. 이로 인해 수등이척[자료 9]과 단일양전척[자료 10]에 의해 면적을 측정할 때, 2~5등전의 1결당 실적의 평수에 미세한 차이가 발생했다. 여기서 결 실적은 각 등전의 결부가 파악되었을 때, 그 실적이 얼마가 되는가를 표시한 것이다.

__ 이경식, 『증보판 한국 중세 토지 제도사』, 서울대학교 출판문화원, 2012, 211쪽

출전

『경국대전』

『세종실록』

『중종실록』

『만기요람(萬機要覽)』 : 조선 시대 왕정에 참고가 되는 각종 자료를 모아놓은 책, 서용보(徐榮輔, 1759~1816) · 심상

규(沈象奎, 1766~1838) 등이 순조의 명으로 펴냈다. 18세기 후반부터 19세기 초에 이르는 조선 왕조의 재정과 군정에 관한 내용을 한데 모았다. 완성된 시기는 알 수 없으나, 관찬 사서의 기록이나 실린 통계 자료로 볼 때 순조 8년(1808) 무렵인 듯하다. 책 권수는 사본에 따라 일정하지 않으나 집옥재본(集玉齋本)을 기준으로 보면 「재용편」은 6편 62절목, 「군정편」은 5편 23절목으로 분류 · 서술했다. 항목마다 간략한 연혁과 각종 통계 자료, 법규 등을 실어 각 관청과 제도 실상을 한눈에 볼 수 있게 했다. 이 책은 국왕이 일상 업무를 수행하는 데 수시로 참고할 수 있도록 조선 국가의 전체 재정 · 군사 제도를 살펴볼 수 있고, 규정뿐 아니라 실제 운영 상황도 실려 있어 18 · 19세기 사회 경제사 · 정치사 · 군사 제도사 연구에 꼭 필요한 자료이다. 현재 집옥재본 · 이왕직본 등 필사본 10종이 전해지며, 각 사본은 편목, 내용 서술에서 조금씩 차이가 있다.

「목민심서(牧民心書)」: 목민관인 수령이 지켜야 할 지침을 밝힌 다산 정약용(丁若鏞, 1762~1836)의 책으로 모두 48권 16책이다. 「부임」, 「율기」, 「봉공」, 「애민」, 「이전」, 「호전」, 「예전」, 「병전」, 「형전」, 「공전」, 「진황」, 「해관」의 12편으로 나누고, 각 편은 다시 6개조로 나누어 모두 72조로 구성되어 있다. 정약용이 19년 동안의 유배에서 풀려나던 해인 순조 18년(1818)에 완성하였다.

찾아읽기

김태영, 「조선 전기 토지 제도사 연구」, 지식산업사, 1983.

이호철, 「조선 전기 농업 경제사」, 한길사, 1986.

국사편찬위원회, 「한국사」 24(조선 초기의 경제구조), 1994.

국사편찬위원회, 「한국사」 28(조선 중기 사림세력의 등장과 활동), 1996.

김용섭, 「한국중세농업사연구」, 지식산업사, 2000.

이경식, 「증보판 한국 중세 토지 제도사」, 서울대학교 출판문화원, 2012.

3 군현에 부과된 공물
공납제

조선 전기 국가 수입의 근간은 전세·요역·공납이었다. 공납은 백성들로부터 거두어들이는 현물 형태의 각종 조세를 말하는데, 그중 왕실이나 중앙의 각 관청에서 필요한 농수산물·임산물과 그 가공품, 수공업 제품 등을 공물(貢物)로 지정하여 전국 각 군현에서 수취하는 체계가 공납제(貢納制)였다. 공납제는 이 시기 국가 전체 재정의 6/10을 차지할 만큼 비중이 매우 높았다.

공납 부과의 원칙과 문제

　공납제는 해당 지방의 토산물土産物을 공물로 지정하는 '임토작공任土作貢'의 방침에 따라 정해진 공물을 지방 군현이 주체가 되어 중앙의 각 관청에 직접 납부하는 것을 원칙으로 했다.[자료1·2] 그런데 토산물이 산출되는 지역에만 해당 공물을 분정할 경우 그 지역은 중앙 권력에 의해 항시 집중적으로 수탈의 대상이 되었다. 이로 인해 국가는 민인의 공물 부담을 균등하게 하기 위해 '임토작공'의 원칙에 위배됨에도 불구하고 불산공물不産貢物도 군현에 분정했다. 불산공물의 분정으로 인해 공납제는 방납의 소지를 처음부터 안고 있었다.

　공납은 크게 공물貢物과 진상進上으로 나눌 수 있다. 공물은 납부 방식에 따라 원공물元貢物과 전세조공물田稅租貢物, 납부 시기에 따라 상공常貢과 별공別貢, 그리고 납부

주체에 따라 관비 공물官費貢物과 민비 공물民備貢物로 각각 구분할 수 있다. 원공물은 수전·한전의 결수를 계산하여 거기에 잡물을 부과하여 중앙 각 사에 납부하는 것이었고, 전세조공물은 미곡 대신에 목면·마포·유밀 등을 징수하여 중앙 각 사에 납부하는 것이었다. 전세조공물은 주로 왕실 공물을 담당하는 관청에서 수취했다. 매년 일정하게 정해진 상납을 상례로 하여 공안貢案에 수록된 것을 상공이라 하고, 불시로 공납하게 하는 것을 별공이라 했다. 관비 공물은 지방군현에 배정된 공물을 민호에게 부담시키지 않고 지방 관아에서 직접 준비하여 납부하는 공물이고, 민비 공물은 민호의 생산물을 기준으로 직접 부담하는 공물이었다. 그리고 진상은 공물과는 달리 각도 관찰사, 병마·수군절도사를 비롯한 지방 장관이 소속 관할 관청에 부과하여 물품을 마련하고, 군수·현감 중에서 담당관을 선정하여 해당 물품을 사용원에 상납하는 것인데, 국왕에 대한 봉상 예물로서 주로 국가 의례에 필요한 물품이었다.

공물의 종류와 수량은 국가 소요의 경비를 기준으로 책정한 것이므로, 그 변경은 거의 허용되지 않았다. 공안에 규정된 공물의 종류와 양은 일단 정해지고 나면 해당 군현의 생산 사정이 변동하여도 조정되기 어려웠다. 감면되는 경우에도 다른 고을로 옮겨 분정하거나 인납引納을 통해 전체 공물의 액수를 유지하는 일이 많았다. 또 공물의 양은 군현에 소속된 토지의 다과多寡를 기준으로 하여 군현 단위로 책정되었다. 지방 군현에서는 이렇게 배정된 공물을 특정한 민호를 정역호定役戶로 지정하여 조달하거나, 군현민의 노동력을 동원하여 생산·납부하고 있었다.[자료3] 예컨대 정역호 중에는 경기도 내 사재감司宰監 소속의 공천公賤인 수군에게 소목燒木을 상납하는 역을 정속시킨 소목군燒木軍이 있었다. 뒤에 정역호는 폐지되고 이들의 공납의 역은 일반 민호에게 전가되었다.

정부는 각 군현의 공물의 종류와 양을 공안貢案이라는 장부에 규정하여 관리했다. 공안상의 공물은 토지에서 수취하는 조세와 함께 조선 정부가 운용하는 현물 재정의 주요 재원이었다. 공안에는 공물·진상을 비롯하여 전세, 어세, 염세, 선세, 공장세, 공랑세公廊稅, 행상로인세行商路引稅, 무격세巫覡稅, 노비신공, 선상노비, 각종 부역 등의 잡세가 수록되어 있었다. 그리고 공안은 호조, 제용감濟用監, 감영, 각 읍에 각각 1건씩 비치되어 있었다.

공납제는 제도 자체 및 운영상의 문제가 야기되고, 향촌 사회의 노동력 사정이 바뀌면서 15세기 중반 이후 변화하기 시작했다. 연산군 이후 재정 수요가 크게 늘어나면서 수시로 별공別貢의 형태로 공물이 추가 배정되거나 다음 해의 공물을 미리 거두는 인납이 일상화했다.[자료4] 여기에 공물의 수납 과정에서 벌어지는 관리들의 여러 비리가 겹쳐지면서, 15세기 후반에 이르면 공납이 군현 일반 백성들의 가장 큰 조세 부담으로 문제되고 있었다.

한편 정부는 특정 공물을 생산지 백성만이 전부 부담하는 폐단 때문에 부득이하게 군현에서 생산되지 않는 공물을 배정하기도 했다.[자료5] 이 경우, 수령은 군현민에게 쌀이나 면포 등을 거두어 해당 공물이 생산되는 지방에서 직접 사서 납부하게 되었고, 점차 이러한 과정을 상인에게 위탁하기 시작했다. 이른바 대납代納이었다. 대납은 군현민의 부역을 통해 이루어지던 공물 생산이, 15세기 중반 이후 역제役制가 붕괴되고, 그 대가를 면포로 받아들이게 되면서 한층 성행했다. 초기의 대납은 이처럼 불가피한 측면이 있었고, 따라서 국가가 부분적으로 이를 허용하기도 했다.[자료6]

방납의 등장

공물의 상납 과정에서는 대납과 함께 방납防納 역시 일찍부터 전개되었다. 방납은 공물을 부담하는 백성들의 의사와 관계없이, 상인을 비롯한 방납업자들이 공물을 미리 중앙 관청에 납부하고 나중에 지방 군현민에게서 그 대가를 수령하는 것이었다.[자료7] 해당 군현에서 생산되지 않는 공물이나 그 수납 기한이 촉박한 경우 방납이 불가피한 때도 있었지만, 대부분은 방납에 따른 이익을 노리고서 벌이는 공물의 청부請負 행위였다.

방납은 국초 이래 정부에서 금지했다. 조선 초기에 일부 사원의 승려나 특수 기관에 부분적으로 허용하기도 했으나 예종 때에 다시 금지했고, 방납 금단禁斷에 대한 조선 정부의 방침은 확고했다.[자료8] 그러나 방납에 따른 이익이 적게는 몇 배, 많게는 수십 배에 이르렀기 때문에 정부의 방납 금지 조처는 실효를 기대하기 어려웠다. 심지어는 해당 고을에서 생산 가능한 품목까지도 방납업자들이 수령과 결탁하여 방납하기도 했다.[자료9] 정상적인 절차에 따라 지방 군현에서 마련하여 상납하는 공물 또한, 중앙 관청의 서리나 노예들이 방납업자들과 연계하여 품질이 나쁘다는 핑계로 그 수납을 거부함으로써 방납이 이루어지고 있었다.[자료10] 방납 확대의 원인은 불산공물[不産貢物, 지역에서 생산되지 않는 공물]과 난비지물[難備之物, 구비하기 어려운 물품]의 분정에서 오는 구조적 결함이 있었으나 무엇보다도 방납으로 인해 방납모리배가 막대한 이익을 얻을 수 있었기 때문이었다.

공물의 방납 활동에는 위로는 왕실·관인·사대부 세력으로부터 아래로는 승려·상인·서리에 이르기까지 다수의 계층이 참여했다. 방납은 공물을 미리 납부하여야 하는 만큼 재원도 요구되었지만, 권력과의 결탁이 반드시 필요했다. 방납은 공물의 종류·수량·납부하는 관청·상납 기한 등이 기재된 문서인 공물 진성陳省을 해당 군현 수령으로부터 발부받아 이를 공물과 함께 납부하고, 납입 완료 증명서인 준납첩准納帖을 발급받아 여기에 근거하여 지방 군현민으로부터 대가를 수령하는 형식으로 마무리되었다. 따라서 공물 진성의 획득 과정이나 준납첩 발급 과정에서 권력과의 연계가 자연스럽게 이루어졌다. 국가의 금지에도 불구하고 조선 전기에 방납이 지속되고 확대되었던 것은 이처럼 왕실·사대부 등 특권층이 직접 또는 간접으로 방납 활동에 간여하고 있었던 데에 그 한 배경이 있었다.[자료11]

방납의 확대는 공납제의 제도적 미비점과 운영상의 문제 때문만은 아니었다. 15세기 중반 이후 확산된 공물 방납은 당시 사회의 상업 발달과 밀접하게 연관되어 전개되는 현상이었다. 방납은 방납업자들이 마련하는 공물의 상품화와 그 교역의 활성화가 전제되지 않고서는 불가능했다. 방납 과정은 그 자체가 조세 수취의 한 과정이기도 했지만, 공물의 상품으로서의 대규모 교환을 전제로 한 형태였던 것이다. 또 방납인들의 공물 구매 장소가 주로 도성이었던 만큼, 도성 시장에서 국가가 필요로 하는 전국 각지의 생산물과 수공업 제품을 구입할 수 있는 여건이 조성되어 있음을 의미하는 것이었다.[자료12] 이 과정에서 도성에는 방납을 전문적으로 담당하는 사주인私主人이 상인과 중앙 관청의 서리 중에서 출현하고 있었다.[자료13] 방납은 이처럼 교환 경제의 성숙을 기반으로 출현하고, 또 반대로 그 확대를 촉진하기도 했다.

도성의 시전은 15세기 후반에 이르면서 두드러진 팽창과 발전을 보였다. 성종 3년(1472년)에 오늘날의 종로 4가 일대가 시전 구역으로 편입되었다. 외방 인구가 도시로 유입되고, 공물의 대납, 방납, 경중무납이 일반화되면서 도성이 이들 제반 공물의 공급처로 기능했다.

　　방납은 국가와 백성 사이에 방납업자가 개재하여 국가가 장악하여야 할 조세의 상당 부분을 이들이 가로채는 형태였기 때문에, 이로 말미암아 국가와 백성 모두가 피해를 입고 있었다.[자료14] 따라서 국가는 공납제를 다시 정비하여 민생의 안정과 이탈되는 중간 이익의 국가 환수를 도모하게 되었다. 공물을 현물 대신 쌀로 거두어들여, 국가가 직접 필요한 공물을 구매하려는 '공물수미법貢物收米法'은 이 과정에서 모색되었다.[자료15] 수미법은 수취 제도로서 공납제의 폐단을 시정하려는 조처인 동시에, 당시 발전하고 있던 상업에 대한 국가의 파악과 장악을 확대시키려는 방침이기도 했다. 임진왜란을 거치면서 모색된 공물 수미법이 17세기에 들어 대동법大同法으로 최종적으로 정리되는 데에는 이와 같은 수취 제도나 역제의 변동, 상업의 발달 등 사회 경제상의 변동이 자리하고 있었다.

자료 1

군현의 공물은 토산물로 정하고 해당 군현에서 생산되지 않는 물품은 수납을 면제시키도록 하라.

原文 郡縣貢物 隨其土産更定其額 其不産之物 許免收納

___ 「태조실록」 권15, 태조 7년 9월 갑신

자료 2

사헌부에서 상서하기를, "토질에 따라 공부貢賦를 정하는 것은 고금의 아름다운 법입니다. 우禹임금이 9주九州를 나누어 그 공부貢賦에 등급을 둔 것은 대개 지방의 토질에 알맞은 것에 따라 거두자는 것입니다. 우리나라 조정에서도 토질에 따라 공부貢賦를 거두는데, 그 제도는 오래됩니다. 오로지 동계東界·서계西界 두 계만은 지난 전조前朝 때에 있어서 여러 번 병란兵亂을 겪었으므로 주·군이 소란하여 전지가 황폐했습니다. 백성을 옮겨 진에 입거시켜서 수어守禦에 이바지하게 하고, 잠정적으로 일경日耕의 법을 만들어 그 수조收租를 관대하게 하여서 민생을 넉넉하게 했으며, 공부의 법은 미처 시행할 겨를이 없었습니다. 성조盛朝가 개국하여 민생을 휴양시켜 편안하게 살게 한 지 20여 년입니다. 이미 사람이 많아지고 이미 생활이 넉넉하여져 전야田野가 날로 개간되고 경계經界가 이미 바루어졌으니, 공부를 시행하여 주상을 봉공奉供할 때가 바로 이때입니다. 그 순문관巡問官·총융관摠戎官이 토산土産을 많이 거두어 일찍이 조정에 운수運輸 공납貢納하지 않고, 다만 영營 안의 비용으로 충당하니, 나라에는 보탬이 없습니다. 빌건대, 각도의 예에 의하여 토의土宜의 산물을 가지고 참작하여 액수額數를 정하여서 상공常貢을 삼도록 하소서." 했다.

정부에 내려서 의논하게 하니, 모두 가可하다고 했다. 임금이 명하기를, "전에 수조하던 것을 가지고 수를 조정하여, 그 도에 부득이한 경비를 제외하고 아울러 모두 서울에 수납케 하라." 했다.

原文 司憲府上書 書曰 任土作貢 古今令典 禹別九州 厥貢惟錯 蓋因方土所宜而取之 惟我國朝 隨土收貢 其制尙矣 惟東西二界 曩在前朝 累經兵亂 州郡騷然 田疇荒穢 移民入鎭 以供守禦姑爲日耕之法 寬其收租 以裕民生 貢賦之法 未遑修擧 盛朝開國 休養生息二十餘年 旣庶旣富田野日闢 經界旣正 修貢奉上 正在此時 其巡問摠戎之官 多收土産 曾不輸貢于朝 但充營中之費國無其益 乞依各道例 將土宜之物 參酌定額 以爲常貢下 政府議之 皆以爲可 命將在前收

齊數除其道不得已經費外 竝皆輸納于京

_ 『태종실록』 권26, 태종 13년 11월 신사

자료 3

국초에는 닥나무·옻·닭·돼지·채소·과일 등의 물품들을 모두 주현州縣으로 하여금 스스로 심고 길러서 상공上供[주1]하게 했기 때문에 법전에 실려 있는 공물 중에서 백성들이 직접 납부하는 것은 많지 않았습니다.

原文 國初 楮漆鷄豚蔬果地産之類 皆令州縣官自蒔養而上供 故法典所載貢物之出 於民者 其目不多

_ 『선조수정실록』 권24, 선조 23년 4월 임신

주1 상공(上供): 공물을 지정된 중앙 관청에 납부하는 일.

자료 4

각 관청의 항공恒貢[주2]을 매년 인납引納[주3]시키고, 또 평시서[주4]로 하여금 시전에서 무역케 하니 그 폐단 또한 커서 고치지 않으면 안 됩니다. 신 등이 보건대 각 능陵의 제사에 드는 제수祭需를 모두 봉상시奉常寺[주5]가 벌이는 인납과 시전으로부터의 무역에 의존하고 있습니다. 이러한 사정은 봉상시만이 아니라 모든 관청들도 마찬가지입니다.

原文 各司恒貢年年引納 或令平市署貿易 其弊亦甚 不可不改 臣等謂 各陵祭享之需 皆出於奉常寺引納貿易 非獨奉常 諸司皆然

_ 『연산군일기』 권28, 연산군 3년 10월 갑오

주2 항공(恒貢): 공안 상에 항상적으로 정해져 있는 공물.

주3 인납(引納): 다음 해에 받을 공물을 미리 당겨서 거두어들이는 일.

주4 평시서(平市署): 시전을 관장하는 관청. 도량형·물가·상거래 질서를 바로 잡는 기능을 수행함.

주5 봉상시(奉常寺): 제사와 시호에 관한 일을 맡아 보는 관청.

자료 5

벌꿀이 강원도에서 생산된다 하여 다른 도에 배정하지 않고 모두 강원도에만 배정하면 강원도는 결코 그것을 감당할 수가 없을 것입니다. (경상도) 용궁龍宮과 예천醴泉에서 돗자리[席子]가 생산된다 하여 돗자리를 모두 여기에만 부과하면 이 또한 감당해낼 수 없습니다. 모든 물품이 이러하니 공물을 오로지 토산물로만 배정하는 것은 불가능합니다.

原文 若以蜂蜜産於江原道 不定他道而皆定於江原 則江原必不能當 龍宮醴泉席子所産皆定於此 則亦必不能當矣 凡物類此 不可以所産爲定

_ 『문종실록』 권4, 문종 즉위년 10월 경진

자료 6

공물은 백성과 대납하는 자 양쪽이 희망할 경우 대납을 허용하고, 그 대납가는 수령이 가격을 정하여 수납하여 준다.

原文 貢物聽兩相情願代納 守令依定價收給

— 『세조실록』 권23, 세조 7년 정월 갑진

자료 7

주6 진성(陳省): 지방 군현에서 바쳐야 할 공물의 종류 · 수량 · 납부하는 관청 · 상납 기한 등이 기재된 문서. 수령이 발급하며, 해당 군현의 공물과 함께 공물을 수납하는 중앙 관청에 보내게 되어 있음.

주7 준납첩(准納帖): 지방 군현에서 지정된 관청에 공물을 납부한 후, 중앙 관청으로부터 발급받는 확인 문서. 방납이 이루어질 경우, 이를 가지고 해당 군현에 내려가 그 대가를 수령했음.

지금 대소의 관리들과 승려들이 각 군현으로부터 진성陳省주6을 발급받아 중앙 관청에 바칠 공물을 자기들이 준비한 것으로 미리 납부하고, 중앙에서 준납첩准納帖주7을 지급받아 해당 군현에 내려가 그 가격을 배로 징수하니 이로 인한 백성들의 고통이 매우 큽니다.

原文 今大小人員及棟樑僧徒等 受各道各官陳省 以其各司所納貢物自備先納 受帖下歸倍取其價 侵擾人民甚矣

— 『태종실록』 권17, 태종 9년 3월 임술

자료 8

주8 제서(制書)를 어긴 죄: 제서유위율(制書有違律). 왕의 조칙을 받들어 시행하지 않은 자에게 내리는 벌로서, 관리에게만 적용되고 일반인에게는 해당되지 않음. 곤장 100대에 처함.

공물을 대납한 자는 곤장 80대와 징역 2년에 처하고 영원히 관리로 임용하지 않으며 [대납을 허용한 수령은 제서(制書)를 어긴 죄주8로써 다스린다] 물품은 국가에서 몰수한다.

原文 代納貢物者, 杖八十徒二年 永不敍用[聽徒守令 以制書有違律論] 其物沒官

— 『경국대전』 권5, 형전, 금제

자료 9

비록 자기 군현에서 생산되는 토산물이라 하더라도 백성들이 이를 스스로 납부하지 못하고 반드시 방납하는 사람이 있습니다. 이들은 권력자에 연줄을 대고서 대납권代納權을 획득하여 원래 물품 가격의 몇 배를 징수해 갑니다.

原文 雖其土産 民例不得自納 必有防納之人 因緣請托 得其代納 每徵倍蓰之價

— 『포저집』 권2, 논선혜청소

자료 10

각 도에서 중앙의 관청에 납부하는 공물을 해당 관리들이 매우 정밀하게 살피면서 모두 품질이 나쁘다 하여 받아들이지 않고, 대신 도성 안에서 사들인 물품을 납부할 때라야만 이를 받아들입니다. 따라서 각 관청의 아전들이 이 과정에서 이득을 노려 다투어 대납을 하면서 원래 공물 가격의 몇 배를 요구하고 있습니다.

原文 各道京中各司所納貢物 極爲精察而皆以不善退之 必得京中之物然後納於諸司 故各司典隷射利之徒 爭先代納倍蓰其價

__ 『세종실록』 권84, 세종 21년 윤2월 계미

자료 11

당시 위로는 왕자 · 궁실 · 공경 사대부의 가문에서부터 아래로는 서리胥吏[주9] · 경상京商[주10]의 무리에 이르기까지 모두 이익을 탐하는 데 힘쓰고 염치를 되돌아보지 않았다. 그리하여 모든 군현의 크고 작은 공물을 모두 다투어 방납하면서 대가를 몇 배로 받고 있었다.

原文 時上自王子諸宮公卿大夫之家 下至吏胥京商之輩 唯務貪利之重 莫顧廉恥之喪 乃列邑大小貢物爭占防納益徵之裝

__ 『선조실록』 권171, 선조 37년 2월 정유

주9 서리(胥吏): 중앙 관청의 아전

주10 경상(京商): 도성에서 활동하는 상인. 주로 대상인인 시전 상인과 부상대고(富商大賈)들이 방납에 참여했음.

자료 12

지금 지방 군현의 공물 중에서 토산물이 아닌 것이 많아서 마치 나무 위에서 물고기를 찾고 배를 타고 짐승을 잡는 것과 같습니다. 따라서 해당 공물이 생산되는 다른 군현에서 구입하거나 또는 도성 시장에서 사서 납부하게 되니, 백성들의 부담이 백 배에 이르고 국가 재정 또한 넉넉지 못합니다.

原文 今則列邑所貢 多非所産 有如緣木求魚乘船捕獸 未免轉貿他邑 或市于京 民費百倍公用不裕

__ 『선조수정실록』 권8, 선조 7년 정월 정축

자료 13

공물로 납부하는 물품은 반드시 해당 군현의 토산물로만 정해지지 않습니다. 더구나 추가로 배정되는 공물이나 납부 기한이 촉박한 경우에는 비록 토산물이라 하더라도 방납자에게 미리 대가를 맡겼다가 그때를 맞추어 상납하는 것만 같지 못합니다. 그러므로 부득이하게 공물의 상납을 주인主人주11에게 의뢰하게 됩니다.

原文 所納之物未必其邑之産 況有別例之定 又拘期限之迫 雖備本邑 不如防納者之預畜而待時也不得不有資於主人

__ 『명종실록』 권32, 명종 21년 4월 무인

주11 주인(主人): 방납 사주인(防納私主人)의 준말. 초기에는 지방 군현의 공물 상납을 담당하는 관리가 도성에 왔을 때 이들을 숙박시키고 공물의 구매를 주선하는 역할을 했음. 이후 방납 청부를 전업으로 하게 되면서 '방납 사주인', '사주인', '주인' 등으로 불렸으며, 그 권리를 자손에게 세전(世傳)하거나 매도하기도 함. 주로 도성의 부상대고나 공물의 수납을 직접 담당하고 있는 서리들 중에서 출현했음.

자료 14

백성들의 생활이 곤궁한 것은 공물로 거둬들이는 물품 중에서, 방납을 통해 이익을 탐하는 무리들에게 흘러들어가는 것이 무려 전체의 3분의 2가 넘기 때문입니다.

原文 民生困瘁 由於供上之物無幾 而入於防納牟利之輩 殆過三分之二

__ 『선조실록』 권15, 선조 14년 정월 신묘

자료 15

해주의 공물법을 보면, 논 1결마다 쌀 1두를 징수하고 관청에서 물건을 마련하여 도성으로 상납하기 때문에 백성들은 쌀을 내는 것만 알고 다른 폐단이 거의 없습니다. 이것은 참으로 오늘의 백성들을 구할 수 있는 좋은 방법입니다. 만약 이 법을 사방에서 실시하면 방납의 폐단을 멀지 않아 자연스럽게 개혁할 수 있을 것입니다.

原文 余見海州貢物之法 每田一結 收米一斗 官自備物 以納于京 民間只知出米而已 刁蹬之弊 略不聞知 此誠今日救民之良法也 若以此法 領于四方 則防納之弊 不日自革矣

__ 『율곡전서』 권15, 동호문답

출전

『경국대전』

『명종실록』

『세종실록』

『연산군일기』

『율곡전서』

『태조실록』

『태종실록』

『동호문답(東湖問答)』: 선조 2년(1569)에 이이가 왕도 정치에 대한 경륜을 질문하고 대답하는 형식으로 서술하여 임금에게 올린 글. 논군도(論君道), 논신도(論臣道) 등 모두 11편으로 구성되어 있다.

『문종실록(文宗實錄)』: 문종 즉위년(1450) 2월부터 2년(1452) 5월까지 일어난 역사 사실을 실었으며 모두 13권이다. 제11권은 없고 현존하는 것은 12권뿐이다. 이 실록은 단종 원년(1453)에 『세종실록』 편찬이 끝나갈 무렵에 시작하여 세조 원년(1455) 11월에 완성하였다. 편찬 도중에 계유정난이 일어나 실록 편찬의 실권이 수양대군 지지 세력으로 넘어가 믿기 어려운 기사가 적지 않은 듯하다. 제11권이 없는 이유에 대해 수양대군에게 불리한 기사 탓에 고의적으로 없애버렸다는 설도 있다.

『선조수정실록(宣祖修正實錄)』: 『선조실록』의 잘못된 사실과 빠진 부분을 바로잡고 보완하려고 펴낸 실록. 『선조실록』은 광해군 때 북인 기자헌·이이첨 등이 중심이 되어 펴냈으므로 당쟁과 관련한 서술에서 서인과 남인에 대해 공정하지 못한 부분이 많았다. 따라서 인조반정으로 서인이 정권을 잡자 수정해야 한다는 의견이 나왔다. 인조 초에 실록 수정을 건의하였으나 여러 사정으로 시행하지 못하다가, 인조 19년(1641) 2월 대제학 이식의 상소로 실록 수정이 결정되었다. 이식 등이 인조 21년(1643) 7월에 『선조실록』 가운데 바로잡을 부분을 뽑고, 가장사초와 비문·행장·야사·잡기 같은 자료를 모아 바로잡았다. 그러나 선조 24년(1646) 정월에 이식이 다른 일로 파직되고 곧이어 죽는 바람에 이 수정 사업은 중단되었다. 그뒤 효종 8년(1657) 3월 우의정 심지원의 요청으로 수정 사업을 다시 시작해, 같은 해 9월에 마무리지었다. 『선조수정실록』은 1년을 1권으로 해 모두 42권으로 되어 있다.

『선조실록(宣祖實錄)』: 선조 즉위년(1567) 7월부터 선조 41년(1608) 2월까지 일어난 역사 사실을 실었으며 모두 221권이다. 광해군 즉위년(1609) 7월에 편찬을 시작해 광해군 8년(1616) 11월에 완성하였다. 『선조실록』은 선조 25년(1592) 이후 16년 동안의 기사가 전체 221권 중 195권을 차지한다. 임진왜란 이전의 선조 초기 기사는 『춘추관일기』, 『승정원일기』, 『각사등록』 같은 관련 기록들이 모두 없어져 편찬 자료가 모자라 26권밖에 안 된다.

『포저집(浦渚集)』: 포저 조익(趙翼, 1579~1655)의 문집. 인조부터 효종 때에 활약한 서인의 중심 인물이었던 조익의 활동과 사상 등을 알아볼 수 있는 책이다.

찾아읽기

국사편찬위원회, 『한국사』 24(조선 초기의 경제 구조), 1994.

국사편찬위원회, 『한국사』 28(조선 중기 사림 세력의 등장과 활동), 1996.

박도식, 『조선 전기 공납제 연구』, 혜안, 2011.

4 선박으로 조세를 운송하다

조운과 조창

국가의 재정은 조세 징수를 통해 조달되는데, 근대 이전에는 각 지방에서 현물로 받아들인 조세를 서울까지 운반하는 제도가 필요했다. 조운은 각 지방의 조세를 선박을 이용하여 서울까지 운송하는 제도로서, 조전(漕轉)이라고도 불렀다. 우리나라는 구릉과 하천이 많고 운송 수단도 발달하지 못했으므로 많은 분량의 세곡(稅穀)을 운반하는 데는 육로를 이용하는 육운보다는 조운이 훨씬 편리하고 적합했다.

조창과 조군

조운은 크게 수운水運과 해운海運으로 나눈다. 내륙의 강길을 이용하는 경우를 수운 또는 참운站運이라 하고, 바닷길을 이용하는 것을 해운이라 했다. 국가는 지방의 세곡을 조운으로 운반하기 위하여 각 세곡 출발지와 도착지에 조창漕倉을 설치했다. 강변에 수운창水運倉, 해변에는 해운창海運倉을 설치하여 세곡을 모으고 선박을 통해 중앙의 경창京倉으로 수송했다.

조선의 조운제는 고려의 것을 토대로 정비되었다. 고려는 13조창을 설치하여 운영했다. 고려의 조창은 단순한 창고가 아니라 일종의 행정 구획이었다. 그러나 12세기 말 무신난을 계기로 여러 제도가 문란해지면서 조운제의 기능도 약화되었다. 14세기 후반 왜구가 창궐하면서 조운은 거의 폐지되다시피 했다. 조선은 건국 직후부터 고려 말 왜구의 침입 등으로 파괴된 창고의 보수와 증설로 조운 활동을 빠른 시일 내에 정상화하는 데 노력했다. 그리하여 아래 〈표〉에서 보듯, 국초에는 서해안의 예성강구로부터 남해안의 섬진강구에 이르는 해안 9곳에 조창을 설치했다. 조창의 수세 지역에 포함되지 않은 평안도, 함경도, 제주는 세곡을 조운하지 않고 자체적으로 보관해 두었다가 군량미나 외국 사신의 접대비로 사용케 했다.

| 15세기 조창의 수세 지역

구분		조창명	조창의 수세 구역	부속 조선 수
직납		경창(서울)	경기도의 여러 읍과 강원도의 회양, 금성, 금화, 평강, 이천, 안협, 철원	–
참운	좌수참	가흥창(충주)	경상도의 여러 읍과 충청도의 충주, 음성, 괴산, 청안, 보은, 단양, 영춘, 제천, 진천, 황간, 영동, 청풍, 연풍, 청산	51척
		흥원창(원주)	강원도의 원주, 평창, 영월, 정선, 횡성	
		소양강창(춘천)	강원도의 춘천, 홍천, 인제, 양구, 낭천	
	우수참	금곡포창(백천)	황해도의 해주, 연안, 풍천, 신천, 장연, 문화, 강령, 옹진, 송화, 장연, 은율, 백천	20척
		조읍포창(강음)	황해도의 강음, 황주, 서흥, 평산, 봉산, 곡산, 수안, 안악, 재령, 신계, 우봉, 토산	
해운		공세곶창(아산)	충청도의 아산, 서산, 한산, 연산, 임천, 정산, 공주, 홍주, 신창, 결성, 보령, 전의, 청양, 이산, 대흥, 석성, 해미, 태안, 천안, 비인, 은진, 목천, 면천, 연기, 덕산, 서천, 직산, 홍산, 부여, 남포, 예산, 당진, 평택, 온양, 청주, 문의,회덕, 진잠, 옥천, 회인	60척
		덕성창(용안)	전라도의 용안, 전주, 임실, 남원, 임피, 김제, 장수, 금구, 운봉, 익산, 만경, 여산, 금산, 진산, 태인, 옥구, 진안, 고산, 무주, 함열	63척
		법성창(영광)	전라도의 영광, 흥덕, 옥과, 부안, 함평, 진원, 담양, 무장, 장성, 정읍, 곡성, 창평, 고부, 순창, 고창	39척
		영산창(나주)	전라도의 나주, 순천, 강진, 광산, 진도, 낙안, 광양, 화순, 남평, 동복, 흥양, 무안, 능성, 영암, 보성, 장흥, 해남	53척

『경국대전』, 『신증동국여지승람』

조창의 관리를 위하여 차사원差使員, 해운판관海運判官, 수참판관水站判官 등을 두어 각 조창에서의 조세 수납과 반출을 감독, 관리하게 하고 그 아래 서기 이하 몇 명을 두어 창고 행정을 맡겼다. 세곡을 안전하게 수송하기 위하여 풍랑이 없는 2~5월 사이의

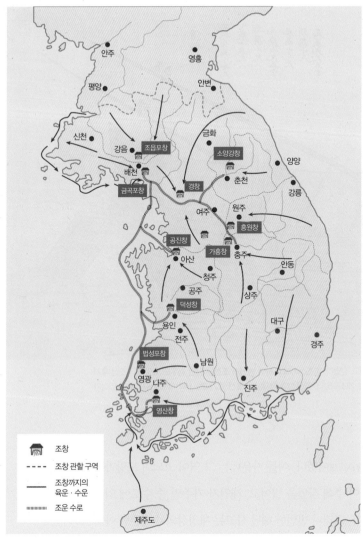

조운로. 조운은 각 지방에서 현물로 받아들인 조세를 서울까지 운반하는 제도였다. 강을 이용한 참운과 바다를 이용한 해운이 있었다.

일정한 기간을 정해, 선박마다 600~1,000석을 한도로 적재하게 했다.[자료1~3] 조난 사고의 주된 원인은 발선 기일을 어기는 과기過期와 중량을 초과하는 과적過積에 있었으므로 이를 철저히 금지시켰다. 운항 중 조운선이 난파하면 그곳 지방관이 즉시 이를 구제하고 피해 미곡을 건조해야 했으며, 고의로 파선한 자나 세곡을 훔친 자는 처벌했다.[자료4]

각 조창의 세곡은 서울 한강변의 경창에 집결되었는데, 경창에는 군자창軍資倉·광흥창廣興倉·풍저창豊儲倉이 있었다. 이 가운데 군자창의 세곡은 군량미로, 광흥창의 세곡은 관료들의 녹봉으로, 그리고 풍저창의 세곡은 왕실 경비를 위시하여 국가 경비에 충당했다.

조운을 실제 담당하는 사람들을 조군漕軍이라 불렀는데, 사공沙工·격군格軍의 구별이 있었다. 사공은 선장, 격군은 선원에 해당되고, 특히 수운에 속한 조졸을 수부水夫라고 했다. 이들은 세습직이었으며 본래 신분은 양인이었지만 누구나 기피하는 천역

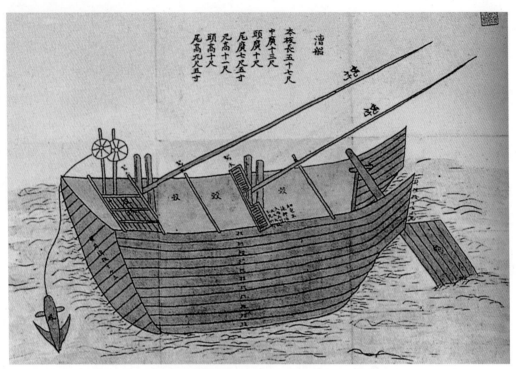

漕船

本板長五十七尺
中廣十三尺
頭廣十尺
頭廣七尺五寸
尾廣十二尺
頭高十八
尾高九尺五寸

조운선은 병선과 유사하였으나 병선보다 짧고 깊었다. 병조선이라고 하여 병선과 조선을 겸한 경우도 있었으나 조선 후기에는 병선과 분리되어 전문적인 운반선으로 개조되었다. 조운선의 적재량은 조선 초기에는 6백 석으로 규제되어 있다가 점차 8백~1천 석으로 늘어났다.

에 종사하기 때문에 신량역천身良役賤이었다. 이들 가운데는 그 역이 고되어 도망가는 자가 많아 이를 방지하기 위하여 추쇄 작업을 벌이고, 해안가 거주민 중 수로에 익숙한 자를 강제로 징발하기도 했다. 그러나 빈번한 해난 사고는 재정상의 손실뿐만 아니라 수많은 인명 피해를 가져와 조군 확보에 큰 문제를 안겨주었다. [자료5]

관선 중심 조운제의 동요

세조 때를 전후하여 체계화된 관선 중심의 조운 체제는 15세기 말에 나타난 사회 경제적 변화와 함께 점차 동요했다. 대립제代立制, 수포제收布制의 성행으로 인한 국역 체

용산에 있던 별영창.

제의 문란은 조군들의 피역避役 현상을 가속화시켰고, 또 관장제官匠制의 붕괴로 선박 건조도 어렵게 된 것이다. 이에 반하여 상업 활동과 연안 어업의 꾸준한 성장 속에서 사선私船 소유자를 중심으로 사선 활동이 활발해지자 국가에서는 조운의 운영을 점차 사선에 의존했다. 사선은 관선에 비하여 기능이 우수했고, 정부로서도 조군의 확보, 선박의 건조 등 복잡한 문제에 대하여 고심할 필요가 없었다.

조선 전기의 관선 중심 조운 체제는 16세기 중엽에 사선임선私船賃船이 등장하면서 동요하기 시작했고[자료6] 임진왜란 이후 근본적으로 쇠퇴하게 되었다. 대동법의 실시로 조운량이 증가하자 기존의 조운 시설로는 감당하지 못하고 새로운 방식을 모색하지 않으면 안 되었던 것이다. 이에 지토선[地土船, 조창에 소속되지 않은 각 읍의 배], 경강사선[京江私船, 한강 일대 상인들의 배], 주교선[舟橋船, 국왕이 한강을 건널 때 사용되는 배], 훈국선[訓局船, 훈련도감의 배] 등을 이용하여 세곡을 운반했다.[자료7]

그러나 지방 관리와 사공들 간의 결탁으로 인한 조세 횡령, 잦은 해난 사고, 경창 도착의 지연 등의 병폐는 여전히 해결되지 않았다. 무엇보다 구조적 요인으로서 조군漕軍과 조선漕船의 확보가 어려워지고 있었다. 조군은 처음부터 조역漕役을 감당할 수 없을 만큼 온갖 잡역에 동원되었고, 익사의 위험이 상존했다. 조군의 피역 현상은 16세기를 전후하여 널리 파급되었고 17세기 이후에는 조군의 확보가 거의 이루어지지 않았다. 관장제의 방식으로 이루어지는 조선의 건조 작업도 마찬가지로 잘 이루어지지 않았다. 그런데 대동법의 실시로 조세의 금납화金納化가 일반화되면서 필요한 세곡 운송의 물량은 엄청나게 증가했다. 18세기 이후 사선임운私船賃運이 세곡 운송의 일반적 수단이 되고, 숙종 30년(1704) 조역이 공식적으로 혁파되면서 조선 정부는 사실상 형식적인 조운제 운영을 포기하기에 이르렀다.

자료 1

여러 도의 조전漕轉은 기한 내에 발선發船하여 상납한다. ○ 충청도 · 황해도는 2월 20일 이전에 발선하여 3월 10일 이전에 상납한다. 전라도는 3월 15일 이전에 발선하여 4월 10일 이전에 상납한다. 경상도는 3월 25일 이전에 발선하여 5월 15일 이내에 상납한다.

原文 諸道漕轉 趁限發船上納 ○忠淸道黃海道 二月二十日以前發船 三月初十日內上納 全羅道 三月十五日以前發船 四月初十日內上納 慶尙道 三月二十五日以前發船五月十五日內上納

― 「속대전」 권2, 호전 조전

자료 2

조선에는 배 한 척에 500석 외에 100석을 더 싣는다. 그리고 개인의 곡식을 더 실었다가 발견되면 압령차사원은 이를 잡아들여 조사하고 죄를 정하며[대명률의 제서유위율에 따라 장 100대를 친다], 해당 조선의 조졸 등은 형추한 뒤 사변하고, 물건 주인도 똑같이 논죄한다.

原文 漕船 每隻五百石外 一百石加數裝載 而私穀添載 摘奸時現發 則押領差使 拿問定罪 [依大明律 制違 杖一百] 當船漕卒等 刑推徙邊 物主 一倂論罪

― 「신보수교집록」, 호전 조전

자료 3

조선漕船, 사선私船을 막론하고 적재량은 1천 석으로 한정하며[잡비조로 필요한 물품은 첨재할 수 있다], 감관監官과 색리色吏가 동승하여 원산元山에서 점검을 받고, 연안의 읍 · 진에서 이를 호송하여야 하며, 사사로운 물품을 첨재한 경우에는 몰수한다.

原文 毋論漕私船 實載並以一千石爲限[雜費添載] 監官色吏 同騎船 現點於元山 沿邑鎭護送 私物添載者 屬公

― 「육전조례」, 호조판적사, 조전

자료 4

세곡선이 파선된 지방의 지방관은 직접 파선된 곳에 달려가서 주위를 단속하고 실상을 조사하여 감사에게 보고한다. 세곡선이 파선된 지방의 지방관으로서 이틀 안에 직접 달려가서 수數대로 구출하지 아니했거나 포구민浦口民으로서 곡물을 도취한 경우에는 모두 체포하여 처벌한다. 파선되었다고 거짓말한 것이 탄로날 경우에는 감관監官·색리色吏·선주船主·사공을 모두 효시하고 격군을 엄한 형을 내린 후 정배定配하고 곡식을 일일이 받아낸다.

原文 敗船地方官 卽爲躬親馳往摘奸形止覈 得實狀飛報監司 敗船地方官 二日內不爲親往 不肯盡數拯出任地 浦民倫取者 並拿同定罪 虛稱至敗現露者 監色船主沙工 並爲梟示 格軍嚴刑定配 米太一徵捧

__ 『수교집록』 호전 조전

자료 5

집의 김홍도가 아뢰었다. "듣건대 조군의 역은 더욱 가혹하다고 합니다. 단지 10명의 조졸漕卒로 하여금 대맹선大猛船[주1] 한 척을 만들라고 하고, 또 배 위에 각종 장비들과 조운시의 양식도 스스로 갖추라고 하고 있습니다. 그리고 경창京倉에 조세를 상납할 때는 경창 하인배들이 이들에게 온갖 횡포를 부리고 있다고 합니다. 이에 한 번 조선造船의 역을 치르면 조군 중 유리도산하는 자가 열에 여덟아홉이고, 또 한 번 승선乘船의 역을 거치면 땅과 집을 온전히 지키고 있는 자가 열 중에 두셋도 되지 않습니다. 지금 군역 중 조군의 역이 가장 고통스럽다 할 수 있습니다."

原文 執義 金弘都啓辭 聞 漕軍之役 尤可矜惻 只今漕卒十數人 自造大猛船一隻 而船上 什物皆令辨備 又自備食糧 漕軍上納而上納之時 京倉下吏侵毒萬端 故一経造船之役 則流離逃散者 十常八九 一経乘船之役 則安保田廬者 十無二三 卽軍役之今 最古也

__ 『비변사등록』 13책, 인조 27년 3월 19일

주1 대맹선(大猛船): 조선 시대 병선의 하나. 군기·군량·군졸을 배에 싣고, 갑옷을 입은 진장(鎭將)이 승선하여 주야로 해적을 방어했다. 1척에 수군 80명이 배치되어 왜구를 방어·격퇴하는 데 사용했다. 그런데 배의 몸체가 크고 속도가 느려 무용론(無用論)이 자주 제기되기도 했다. 1척을 만드는 데 목재는 대개 235조(條)가 소요되었다. 강원도와 영안도를 제외한 각 도에 80척이 배치되어 있었다. 영안도는 세조 13년(1467)에 이시애의 난으로 인해 감영이 함흥에서 영흥으로 옮겨짐에 따라 개칭된 도명인데, 연산군 때 다시 함경도로 개칭되었다.

자료 6

조강에 나아갔다. … 특진관特進官 신공제申公濟는 아뢰기를, "요사이 조운할 때면 모두 사선私船을 사용하는데, 그 사람들이 올 적마다 매번 정장呈狀하여 답답한 사정을 고해왔습니다. 올해의 조운은 이미 지나갔지만, 내년에 또 사선을 쓴다면 그들의 원망이 어찌 끝이 있겠습니까? 국가에서 사선을 사용하여 조운할 때엔 그들의 세금을 감해 줍니다. 그러나 세금을 감해 줘도 배를 사용하여 이익을 얻는 것과는 큰 차이가 있으니, 어떻게 생활할 수 있겠습니까? 백성의 원성과 고생은, 사세로 보아 으레 그렇게 되는 법입니다. 사선을 소유하고 있는 사람들이 이익을 얻는 것은 국가와 상관 없는 일이긴 합니다. 그러나 전라도와 충청도 등의 곡식은 사선으로라도 서울에 실어 와야 합니다. 서울의 시가市價가 그에 따라 오르내리기 때문입니다. 이미 지나간 일은 어쩔 수 없는 것이지만, 지금도 조운에 관한 별다른 조처가 없습니다. 바라건대 『대전 大典』에 의하여, 내년에 조운할 때는 대맹선·중맹선·소맹선을 원수대로 다시 만들 지는 못할지라도 전선戰船도 아울러 준비했다가, 조운에는 큰 배들을 쓰고 싸움에는 전선을 사용한다면, 신의 생각에는 양쪽 다 편리하리라 여겨집니다. … "했다.

原文 御朝講 … 特進官申公濟曰 近來漕轉之時 皆用私船 其人等 每至呈狀告悶 今年則已 過矣 若於明年 又用私船 則其怨悶 又何極耶 國家用私船漕轉 則減其稅矣 雖減其稅 與用船興 利 大有輕重 其何以資生乎 民之怨苦 勢所必至 其人之興利 雖不關於國家 然全羅忠淸等道之 穀 必以私船輸入于京中 然後京中市價 亦以此貴賤也 今此漕運之事 別無措置 其已然之事則已 矣 請依大典 及明年漕運時 大中小猛船 雖不可依數復立 而戰船亦竝爲之 當漕則用大船 當戰 則用戰船 臣意以爲兩便 …

_ 「중종실록」 권65, 중종 24년 5월 을묘

자료 7

주2 주교사(舟橋司): 조선 정조 때 선박·교량 및 호남·호서 지방의 조운 등에 관한 사무를 관할하기 위하여 설치한 준천사의 부속 관청. 한강은 강폭이 넓고 수심이 깊어 강남과 강북을 왕래하는 데 커다란 장애가 되었다. 이에 조선 전기부터 국왕이나 국장 행렬이 강을 건널 때 배다리(舟橋)가 가설되었다. 조선 후기 정조 대에 들어와 국왕이 온천이나 왕릉을 행차할 때 자주 주교가 설치되었으며, 정조 3년(1789)에는 이것을 전담하는 주교사를 설치하여 운영에 불편함이 없도록 했다. 주교사 관원은 도제조 3인, 제조 6인, 낭청 3인을 두었으며, 운영 경비는 영남 별회곡 2,000석과 호남·호서 지방의 세곡을 운반하고서 받은 비용으로 충당했다.

무릇 조창 및 수참에 소속된 고을 이외에는 주교사舟橋司주2의 선박으로써 운반하되, 수량이 적은 경우에는 지토선地土船을 임차하여 모두 기한 내에 상납하여야 한다.

原文 凡漕倉及水站屬邑外 以舟橋船裁運 數少者 以地土船賃載 並限上納

_ 「육전조례」 호조판적사, 조전

자료 8

조군 제도를 고쳤다. 이정청釐整廳에서 아뢰기를, "영광靈光 등 네 곳 창고의 조선漕船이 71척인데, 호조에서 개식改槊과 개조에 드는 쌀과 복호가復戶價 및 선재를 끌어내릴 적에 민간에서 수합하는 쌀을 합계해 보니, 배 한 척을 새로 만드는 데 드는 비용이 1천 석石을 밑돌지 않는다고 합니다. 조운할 적에 산군山郡에 사는 조군은 배를 탈 수가 없어서 값을 지급하고 사람을 사서 대신 세우는데, 각 창倉의 천호千戶가 그 이익을 독점하기 위해 싼값으로 사람을 사서 배를 태우고 나머지를 모두 착복한다고 합니다. 그래서 세곡이 많아 다 실을 수 없을 경우에는 조군을 시켜 배를 임대하게 하고, 세곡이 적어 배가 남을 경우에는 또 배를 타지 않는 조군에게 쌀을 징수하며, 혹 세곡에 축이 나면 아울러 집에 있는 조군에게 월리月利로 징수하고 있습니다. 수보修補하는 데드는 잡물과 공역가工役價를 마구 징수하여 한도 끝도 없으니, 이것이 조군들이 견딜수 없는 폐단인 것입니다. 이제부터는 이를 변통하여 천호를 혁파하고 원조군元漕軍 3,408명을 영원히 조역에서 면제시키소서. 그리고 보병步兵의 예例에 따라 각각 면포 2필씩을 받아들인다면, 마땅히 130여 동同이 됩니다. 조군에게는 선가船價가 없었습니다만, 지금 한결같이 임선하여 싣는 예에 따르면 모두 71선船의 선가를 감하고도 600여 석의 쌀이 남게 되어 이것으로 배를 만드는 비용에 충분히 충당할 수 있고, 따라서 민간의 모비耗費를 면제시킬 수 있습니다. 매선每船에 사공이 1인이고 격군格軍이 15명인데, 반드시 창고가 있는 포변浦邊의 원조군元漕軍 가운데 내력이 분명한 사람을 가려 정하여 문안을 작성하되, 양천을 논할 것 없이 모집하여 숫자를 채우게 해야 합니다. 그리고 사람마다 각각 조군의 신포身布 2필씩을 지급하여 주고, 호역을 면제시키고, 경강의 배는 경강의 선인들을 가려 정하되 그 호역을 감해 주어야 합니다. 이렇게 해서 사공과 격군을 정하여 본창本倉으로 내려보내고, 조운이 끝난 뒤에는 그 배들을 강도江都에다 이박移泊시켜 변란에 대비하게 하소서." 했다. 윤허하고 절목節目을 만들어 계하啓下하여 중외中外에 반포했다.

原文 改漕軍之制 釐整廳啓 靈光等四倉漕船七十一隻 合計戶曹改槊改造米 復戶價 及船材 曳下時民間收合米 則一船新造之費 不下千石 漕運時山郡漕軍 不得騎船 給價雇立 各倉千戶 獨專其利 以輕價雇軍騎船 其餘盡歸私用 或稅穀多而不得盡載 則使漕軍賃船 穀少而有餘船 則又徵米於不騎船漕軍 或有無面 則併徵月利於在家漕軍 修補雜物及工役之價 無不侵徵 固有 限節 此漕軍難堪之弊也 自今變通 革罷千戶 元漕軍三千四百八名 永除漕役 依步兵例 各捧綿 布二疋 當爲一百三十餘同 漕軍曾無船價 今則一依賃載之例 計減七十一船船價 尙有六百餘石 之米 足備造船之費 以除民間耗費之弊 每船沙工一人 格軍十五名 必以倉底浦邊元漕軍 有根 着者擇定成案 毋論良賤 募入充數 每名各給漕軍身布二疋 減除戶役 京江船 以京江船人擇定 而減其戶役 定沙格 下送本倉 漕運之後 移泊其船於江都 以爲待變之地 允之 作節目啓下 頒布 中外

_「숙종실록」권39, 숙종 30년 정월 정사

출전

「육전조례(六典條例)」: 육조(六曹) 각 관아의 사무 처리에 필요한 행정 법규와 사례를 편집한 행정 법전 고종 3년

(1866) 12월에 완성하고 1867년 5월에 인쇄하여 반포했다. 1865년 9월 국가의 기본이 되는 법전인 『대전회통(大典會通)』이 완성되었으나, 실제에 행해지고 있는 행정 법규집이 없어 법전을 시행하는 데 불편이 많아 모든 행정 법규와 관례를 일괄 정리하여 편집할 필요가 있었다. 이에 영의정 조두순이 『육전조례』라는 명칭을 붙여 편집할 것을 건의하여 이에 착수했으며, 『대전회통』의 편집을 담당했던 관원들이 계속 담당하여 완성했다.

『수교집록(受教輯錄)』: 숙종 24년(1698)에 이익 · 윤지완 · 조사석 · 서문중 · 최석정 등이 왕명을 받아 『대전후속록(大典後續錄)』 이후에 각 도 및 관청에 내려진 수교 · 조례 등을 모아서 편찬한 책. 이 편찬사업은 숙종 8년(1682)에 승지 서문중의 발의로 시작되어 16년 만에 완성되었다. 『대전후속록』 이후 약 150년간 새로운 조례와 규식이 많이 나왔으나 법전으로 편찬된 바가 없어 이 책이 편찬되었고, 이것은 『속대전』 편찬에 기초가 되었다.

찾아읽기

김재근, 『한국선박사연구』, 서울대학교 출판부, 1984.

최완기, 『조선 후기 선운업사연구』, 일조각, 1989.

국사편찬위원회, 『한국사』 14(고려 전기의 경제구조), 1993.

국사편찬위원회, 『한국사』 24(조선 초기의 경제구조), 1994.

국사편찬위원회, 『한국사』 33(조선 후기의 경제), 1997.

임초롱, 「조선시대 아산 공세곶창지의 특성에 관한 연구」, 충남대학교석사학위논문, 2007.

5 '무본억말'의 상업 정책

시전과 행상

조선 시대에도 상업은 경제 구성의 주요 영역으로 확고히 자리 잡고 있었다. 상인층이 성장하고 교역 기구와 유통 체계가 정비되어 갔다. 조선 정부는 재정 운영이나 부세 수납과 관련하여 유통에 적극 관여했다. 시전(市廛)은 상업 활동의 대표적인 기구였고, 행상(行商)은 조선 시대 대표적인 상인이었다. 조선 전기 시전은 도성에 설치된 상설 상업 기구였고, 행상은 지방을 무대로 활동하는 상인이었다.

'무본억말'과 '이권재상'의 상업관

조선 왕조는 농업을 진흥하고 상업·수공업을 국가가 장악하고 통제하기 위해 '무본억말務本抑末'의 경제 정책을 표방했다. 이 정책은 생재生財·산업관, 직업·신분관과 상호 연계를 맺으면서 구체적으로 실천되었다. 주지하듯 재물을 증식하는 생재의 근본은 농업이었고, 이를 본업本業으로 간주하면서 여타의 상·공업을 말업末業으로 인식했다. 그리고 그 업의 담당자인 사·농과 공·상을 각각 상하인 동시에 귀천의 관계로 배치했다. 그러므로 억말책은 말 그대로 상업을 억압하고 억제하는 정책은 아니었다. 상업과 상인의 활동을 인정한 위에서, 일면으로는 이를 장악하여 국가의 간여와 조정을 강화하고, 다른 한편으로 농업의 축소와 농업 인구의 감소를 초래하는 일반 백성들의 말업을 좇는 경향을 억제하고 통제하려는 정책이었다. 이를 위해 정부는 상

조선 시대에 독점적 상업권을 받고서 국가 수요품을 조달한 여섯 종류의 큰 상점인 육의전이다. 조선 시대의 시전은 태종 때 고려 개경에 있던 시전을 그대로 본떴다. 오늘날의 종로 1~3가와 남대문로 1가 일대에 점포를 지어 관설 상점가를 만들어 상인들에게 점포를 대여하여 상업에 종사하게 하고, 그들로부터 점포세·상세를 받았다.

업 전담자를 지정하고 육성하여 이들에게 맡기고, 그 활동을 국가에서 파악한다는 방침을 견지했다. 도성의 시전市廛 상인과 지방의 행상行商은 국가가 허용하고 아울러 파악·통제하는 상인이었다.[자료1]

'이권재상'론은 '무본억말'론과 짝하여 조선 왕조의 상업에 대한 통제와 관리 방침을 담고 있는 이념이었다. '이권재상'은 '상'으로서 사·농이 '하'인 공·상에 대해 상위에 위치하면서 이권을 독점하고 지배함을 의미했다. 또한 이것은 현실적으로 나타나는 사대부·지주의 공·상에 대한 지배를 합리화하는 논리가 되면서, 이들 사대부·지주·대농의 최상위에 국가와 군주가 위치하는 만큼, 그 이권에 대한 최종 최고의 '상'은 자연스럽게 국가와 군주에게 귀속하는 것을 의미했다. 그리고 귀천과 상하의 논리를 전제로 양반 지주의 이권이 우선적으로 인정되면서 조선의 상업 정책도 이들 위주로 전개되어 갔다. 그러나 상업을 포함한 경제 운영 전반에 대한 최종 권한은 국가와 군주에 속했다. 이로써 상업에 대한 국가의 적극적인 간여와 조정, 그리고 통제는 그 정당성을 보장받았다.

원래 '이권재상'의 이념은 화폐 유통과 관련하여 '화권재상貨權在上'의 형태로 강조되면서, 이후 산림천택山林川澤으로 상징되는 가용 자원 전체와 전 산업에 두루 적용되었다. 상업에서 '이권재상'은 정부가 재정 운영의 일환으로 상업을 직접 운용하거나 관리·통제하는 정책을 통해 실현되었다. 어느 경우이든 상업의 이권을 국가가 장악하되, 양반 지주층의 상업적 이익을 전제로 하면서 국가나 백성 전체의 공공의 이익을 도모한다는 '이권재상'론에 입각한 상업 정책이었다. 이와 같이 '무본억말'과 '이권재상'론은 직업과 신분을 일관된 체계에 의거하여 편성 · 고정하려는 정치 경제 사상으로서 고려 말의 모색기를 거쳐 조선 건국과 함께 상업 정책의 이념으로 정리되면서 이후 각종 경제 정책을 통해 실현되어 갔다. [자료2]

도성의 시전 상인

'무본억말'과 '이권재상'의 상업관에 따라 조선 정부는 도성에 시전을 조성하고 운영했다. 시전을 통해 도성 상업과 전국의 교환 과정을 관장하고, 동시에 국가의 수요물과 도성민의 일상적인 수요품을 조달하려는 목적이었다. [자료3] 태종 12년(1412) 2월부터 14년(1414) 말까지 세 차례에 걸친 행랑行廊 조성 공사 끝에 오늘날의 종로 1~3가와 남대문로 1가 일대에 시전의 상가商街가 배치되고, 이 구간이 시전 구역으로 설정되었다. 시전 행랑에는 강제로 이주된 개성 상인을 비롯한 대상인들이 입주하여 영업했다. 시전은 각각의 판매 물품에 따라 시전 내의 일정 구역에 구분되어 배치되었다. 이러한 원칙 아래에서 개점하여 영업한 시전으로는 현재 철물전鐵物廛 · 면주전[縣紬廛, 비단을 파는 가게] · 목화전木花廛 · 면주전[綿紬廛, 솜이나 목화를 파는 가게] · 모전[毛廛, 여러가지 과일을 파는 가게] 등이 확인된다. 물론 생활필수품과 양반 사대부들의 사치품을 취급하는 어물전魚物廛 · 입전[立廛, 비단 가게] · 미전米廛 · 백목전[白木廛, 무명을 파는 가게. 면포전이라고도 함] · 염전鹽廛 등 다른 시전들도 존재했을 것이다. 조선 후기에는 육의전六矣廛이라고 하여 고액의 상세를 부담하는 여섯 종류의 대표적인 시전이 등장하였다. 그러나 고액의 상세 부담 능력에 따라 반드시 여섯 종류의 시전에 한정된 것이 아니라 7개에서 14개의 시전까지 늘어나기도 하였다.

국가가 건설한 공랑에서 영업하는 이들 시전 상인들에게는 그에 상응하는 의무로서 시역市役이 부과되었다. 시역은 크게 보아 상세商稅 · 책판責辦 · 잡역雜役 등의 3가지였다. 상세는 각 시전 구성원의 수에 따른 일종의 인두세와 공랑의 임대료인 공랑세를 추가한 정액세였다. 책판은 공물이나 진상으로 충당하지 못하는 국가의 수요물에 대

조선 후기의 화가 이형록이 그린 「설중향시」. 눈이 쌓인 속에서 여러 필의 말에 짐을 싣고 저잣거리로 향하는 행상의 모습이다.

한 충당 의무였다. 물론 독판 물품에 대해서는 대금이 지급되었다. 그리고 잡역은 주로 국장이나 대신의 예장에 대한 출역 의무였다. 시전 상인들은 시역市役을 부담하는 대신, 국가의 보호 및 육성을 받으며 도성 내 물품 판매의 독점권을 보장받았다.[자료4]

도성 인구가 증가하고, 전국 각지의 공물을 도성에서 대납하거나 사서 바치는 추세가 일반화하면서 시전은 확대되고 발전해 갔다.[자료5·6] 그리하여 성종 대에 이르면 기왕에 설정된 시전 구역이 확대되어 종로 4가 지역이 새로 편입되었고, 곧이어 시전의 가게를 종류에 따라 재배치하려는 목적에서 전면적인 시전 재편 사업이 뒤따랐다. 이 과정에서 시전은 '좌주座主', '유사有司' 등의 이름과 기능을 갖춘 조직 체계를 정비해 갔으며, 나아가 그들의 상권을 국내외로 확대시키고 있었다. 당시 국가가 시전의 시역 부담을 크게 증대시킬 수 있었던 것도 이러한 시전의 확대 및 발전을 기반으로 가능했다.[자료7]

조선 전기의 상업은 시전 상업과 함께, 사상인私商人과 민간 상업을 또 한 부문으로 하고 있었다. 15세기 후반에 이르면 이들 부분의 상업 발전 역시 두드러졌다. 그리하여 도성에서는 시전 상인 외에 새로운 상인 세력이 대두하고, 이들이 시전의 상권商權을 잠식하게 되면서 상권 분쟁이 제기되기에 이르렀다.[자료8] 비시전계 상인으로서 후에 '난전亂廛'으로 부르던 사상인 세력이 성장한 결과였다. 당시 정부는 이들의 활동을 '시전금란市廛禁亂'의 일환으로 통제하는 한편으로, 이미 '부상대고富商大賈'로 성장해 있는 이들 중의 일부를 시전에 편입시켜 시역을 부과함으로써 시전 위주의 도성 상업 질서를 유지하려 했다.[자료9]

지방의 행상

조선 전기 지방의 상업은 행상이 주로 담당하고 있었다. 행상은 일반 백성들의 필수품 교역과 관련하여서도 필요했지만, 특히 선상船商·대상大商은 지방 양반 사대부의 지주 경영과 그 자본의 회전을 위해서도 반드시 요구되는 상인이었다. 조선 정부는 행상을 육상陸商과 선상船商으로 구별하여 파악했다.[자료10] 육상은 주로 경량, 소량의 농촌 사회 필수품들을 취급하던 상인으로, 후에 보부상이라 부르던 상인이었다. 이들 중 경상京商이나 개성 상인은 대상인으로서 전국을 무대로 활동했지만, 대부분의 지방 상인은 소상인으로서 거주 지역을 교역권으로 활동했다. 육상은 행상단行商團을 조직하고 교통 체계로서 원院을 이용하며 성장해 갔다. 이들의 활동은 장시場市가 성립되기 이전에 벌써 전국에 미치고 있었다. 한편 선상이 취급하던 상품은 주로 곡물이나 수산물, 소금 등이었다. 지주제가 확대되고 지방 지주의 수중에 집적된 자본이 늘어감에 따라 그 회전과 증식을 매개하면서 전국을 상대로 한 선상의 활동이 확대되었다. 특히 15세기 후반 이후 전국적인 곡물 교역망이 갖추어지면서 그들의 성장은 더욱 두드러졌다.[자료11]

장시의 성립 이후, 행상은 장시에서 이루어지는 상품 교역을 주도하면서 넓어진 상업 활동 공간을 최대한 이용하고 있었다. 장시 내에서만이 아니라 장시의 유통 권역을 매개하면서 지방 교역의 담당자로서 한층 성장하여 갔던 것이다. 그중 선상의 상업 활

조선 후기의 화가 오명현이 그린 「떠돌이 상인」. 지게에 옹기를 지고 길을 재촉하는 떠돌이 상인의 모습을 재치 있게 묘사하였다.

동은 거래의 규모나 영역이 확대되면서 중간 교역 기구로서 주인층主人層을 성립시키기도 했다.[자료 12] 이처럼 행상이 성장하고 지방의 교역 기구가 대두하여 정비되면서 도성을 거점으로 하는 교역망이 수립되어 갔다. 특히 15세기 후반 선상에 의해 서해 남북 해로의 안전이 확보되어감과 함께 도성을 중심으로 한 상품 교역은 더욱 확대되어 갔다.[자료12] 여기에 도성의 상업 도시로서의 면모가 강해지고 국내외의 상업 발전이 수반되면서, 도성 중심의 교역망은 더욱 안정되어 갔다. 이 시기 도성 사상인 중의 일부가 부상대고로 성장할 수 있던 조건도 여기에 있었다.

자료1

농업은 본업本業이요, 수공업과 상업은 말업末業이다. 지금 백성들 중에서 본업을 버리고 말업을 좇는 자가 많아, 외방의 많은 사람들이 도성에 모여 수공업과 상업으로서 생업을 삼기 때문에 본업인 농업에 힘쓰는 자가 적다. 비록 이들을 강제적으로 쫓아낼 수는 없다 하더라도 이를 금하지 않으면 안 된다.

原文 農本也 工商末也 今百姓舍本逐末者多 外方之人多聚京中 爲工商之業 而務農者少 雖不可驅迫而出之 亦不可不禁也

_ 「중종실록」, 권25, 중종 11년 5월 임진

자료2

2품 이상의 관원들을 대궐 안에 모아 전폐錢幣를 사용하는 일의 가부를 의논하도록 명했다. 영의정 이덕형李德馨이 의논드리기를, "우리나라는 천화泉貨가 없고 단지 쌀과 베만 사용하기 때문에 농민은 고통을 겪어야 하고 나라는 빈약할 수밖에 없습니다. 이처럼 나라가 어지러운 때를 당하여 당장의 경비도 오히려 모자랄까 걱정인데, 혹시라도 뜻밖에 써야 할 일이 생기면 속수무책일 것입니다. 부득이 격식을 피하고 방법을 마련하여 이권利權이 국가에 있도록 해놓고 통용시켜야만 국가의 재정도 지탱해 갈 수 있고, 군량도 조치해 갈 수 있을 것입니다. 지난번에 양경리楊經理가 신에게 매번 하는 말이 '당신네 나라는 난리 이후에 양향이 다 없어졌으니, 불가불 전화錢貨를 사용하는 일을 창시創始하여 공가公家의 용도를 넉넉하게 해야 한다'고 하더니, 어느 날 다급하게 신더러 시행에 관한 사항을 상량해 보라고 알려왔기에, 신이 접반사 김수金睟와 함께 마련하여 계품했었습니다. 그런데 성상께서 갑자기 사용하기는 어렵다고 하시므로, 이 의논을 정지했었습니다. 이번에 호조가 마련한 사목事目이 더욱 어렵게 되었기에 이런 의논을 하게 되었습니다. 만일 먼저 관가에서 돈을 주조하여 유포한 다음에 어느 날부터 각 처에서 쓰기 시작한다고 약정約定하고서, 받아야 할 포화布貨를 참작해서 전폐를 사용하도록 하여 되도록 사람들의 마음에 편리하게 한다면, 오래도록 시행될지 어떨지는 몰라도 이권이 관가에 있게 되고 포화의 유통에도 반드시 이익이 있을 것입니다. 다만 돈을 주조할 재료가 나는 곳이 적은 데다가 법을 제정한 다음에 간사한 짓을 하는 자가 생길까 염려됩니다. 이는 유사들이 제대로 계획을 세우느냐에 달렸으니, 겨우 시작했다가 곧 그만두게 되는 후회가 없도록 해야 할 것입니다." 했다. …

原文 命三品以上官 集闕內 議用錢可否 領議政李德馨議曰 我國無泉貨 只用米布 故農病而國貧 當此板蕩之時 目前經費 猶患窘乏 脫有意外之需 則將束手無救 不得已破格設法 使利權在上而通行 然後國計可以支度 兵餉可以措備 往年楊經理 每語臣以爾國亂後 糧餉匱竭 不可不創用錢貨 以裕公家之用 一日急令臣 商量應行事宜來告 臣與接伴使金晬 磨鍊啓稟 自上以爲難於遽用 其議遂寢 今者戶曹之事目 益艱難 乃有此議 若先自官家 鑄錢流布之後 約以某日爲始 於各處 應捧布貨 參酌用錢 務便人情 則雖未知行之可以久遠 而利柄在官 布貨流溢 必有所益 第所鑄之資 出處旣少 法立之後 奸騙可慮 此則在有司詳盡規畫 俾無縷設旋廢之悔而已 …

_ 『선조실록』 권163, 선조 36년 6월 기유

자료 3

주1 왕도(王都): 국왕이 거주하는 도성. 곧 서울.

주2 공가(公家): 조정 또는 왕실.

주3 좌고(坐賈): 점포를 가지고 장사하는 상인. 돌아다니며 장사하는 행상과 대비되는 개념으로 시전 상인도 여기에 포함됨.

왕도王都주1의 제도는 왼쪽에는 종묘, 오른쪽에는 사직, 앞에는 조정, 뒤에는 시장을 배치한다. 시장은 일반 백성들의 교역과 관계되어 있고, 공가公家주2의 수용需用에 도움이 되므로 나라를 다스리는 이가 중하게 여긴다. 도성 내 각 시전은 좌고坐賈주3를 위한 시설이다.

原文 王都之制 左祖右社 前朝後市 市者小民之貿遷係焉 公家之需用資焉 治國者重之 都下各廛所以安坐賈也

_ 『만기요람』 재용편 5, 각전

자료 4

주4 공랑(公廊): 시전 상인이 국가로부터 빌려 점포로 쓰는 건물. 국가에서 행랑을 지어 대여했기 때문에 공랑이라 함.

주5 본조: 이 규정이 『경국대전』 호전(戶典) 조에 수록된 것이므로, 여기의 본조는 호조를 이름.

주6 저화: 조선 전기의 법정 화폐로 종이로 만들었음.

공장工匠의 등급 및 좌고坐賈와 공랑公廊주4 수를 기록하여 (그 장부를) 본조주5·공조·본도·본읍에서 간직하여 세를 거둔다. 공장은 상등이 매월 저화주6 9장, 중등이 6장, 하등이 3장이다. … 좌고는 매월 저화 4장, 공랑은 매 1칸마다 봄 가을에 각각 저화 20장씩을 거둔다.

原文 錄工匠等第及坐賈公廊之數 藏於本曹工曹本道本邑收稅 工匠上等每朔楮貨九張 中等六張 下等三張 … 坐賈每朔楮貨四張 公廊每一間春秋各楮貨二十張

_ 『경국대전』 호전 잡세

자료5

나라가 개창開創되고 수도가 건립된 지 어언 100여 년이 되면서 도성 인구가 날로 증가하고 있습니다. 그리하여 도성 안에서는 이들을 모두 수용할 수가 없게 되었고, 자연 인가人家가 고지대에까지 들어서고 있는 실정입니다.

原文 國都開建百有餘年生齒日繁盛 中不能容 不得已家於高也

_ 「성종실록」권67, 성종 7년 5월 을사

자료6

각 도에서 중앙의 관청에 납부하는 공물을 해당 관리들이 매우 정밀하게 살피면서 모두 품질이 나쁘다 하여 받아들이지 않고, 대신 도성 안에서 사들인 물품을 납부할 때라야만 이를 받아들입니다. 따라서 각 관청의 아전들이 이 과정에서 이득을 노려 다투어 대납을 하면서 원래 공물 가격의 몇 배를 요구하고 있습니다.

原文 各道京中各司所納貢物 極爲精察 而皆以不善退之 必得京中之物然後 納於諸司 故各司典隷射利之徒 爭先代納倍蓰其價

_ 「세종실록」권84, 세종 21년 윤2월 계미

자료7

국가가 필요한 여러 물품을 모두 시전에서 사들이기 때문에 폐단이 적지 않습니다. 대저 국가에 소용되는 물품은 모두 항공恒貢주7이 있어서 공안貢案주8상의 물품이 반드시 부족하지 않을 터인데, 담당 관리가 관리를 온전히 하지 않아서 매번 필요한 물품을 시전에서 사들이게 됩니다. 그런데 시전에 없는 물품일 경우에는 백방으로 강구해도 이를 마련하기 어려워서 시전 상인들이 매우 고통스러워하고 있습니다.

原文 國家雜物皆貿于市廛云 厥弊不貲 大抵國家所用之物 皆有恒貢 貢案所載之物 必非不足 而有司不謹典守 一應之物皆貿於市廛 市廛所無之物則百般旁求艱難應貿 故民甚若之

「중종실록」권71, 중종 26년 6월 무오

주7 항공(恒貢): 항상적으로 정해져 있는 공물.

주8 공안(貢案): 국가에서 거두어들이는 조세와 공물의 품목과 수량을 적어 놓은 장부.

자료8

무릇 왕이 도읍을 정할 때는 조정을 앞에 두고 시장은 뒤에 설치하는 '전조후시'가 예로부터의 제도입니다. 우리나라는 왕도의 배치에 대한 옛 제도를 본받아 종루鐘樓에서 종묘까지를 시전으로 설정했습니다. 그런데 지금은 도성 안의 방방곡곡에서 모두 시장이 열리는 형편이고, 이로 인해 물가가 치솟고 있습니다.

原文 夫王者定都 前朝後市乃古制也 以我國之制見之 則自鐘樓至宗廟爲市廛 而今則坊坊曲曲 無不出市之地 以此而物價踊貴

_ 『중종실록』 권31, 중종 13년 정월 임자

자료 9

주9 시적(市籍): 시전 상인의 명단과 그들이 판매하는 물품의 종류를 기록해 놓은 장부. 이를 근거로 하여 시역이 부과되고, 또 시전에 대한 정부의 보호 조처가 이루어짐. 시안(市案), 전안(廛案)이라고도 함.

간사하게 시장의 질서를 어지럽히는 상인들 중에서 아직 시적市籍^{주9}에 올라 있지 않은 상인들은 평시서로 하여금 하루속히 시역市役을 정하게 하여 시전 상인들이 지는 역을 균등하게 하고 시전을 안정되게 하여야 하겠습니다.

原文 奸民之亂市而不係市籍者 如令平市署束定市役 則庶市民均役而市肆完定

_ 『증보문헌비고』 권163, 시적고1, 시

자료 10

주10 노인(路引): 행상에 대한 상업 허가증. 성명·출신지·나이·상업 허가 지역 등이 표기되었음.

주11 수상(水商): 선상.

행상에게는 노인路引^{주10}을 발급해 주고 세를 거둔다. 육상陸商은 매월 저화 8장을 납부하게 하고, 수상水商^{주11}의 경우 큰 배는 100장, 중간 배는 50장, 작은 배는 30장을 각각 납부하게 한다.

原文 行商給路引收稅 陸商則每朔楮貨八張 水商則大船一百張 中船五十張 小船三十張

_ 『경국대전』, 호전 잡세

자료 11

사선인私船人들의 영리 활동은 비록 국가와 관련된 것은 아닙니다. 그러나 전라도와 충청도의 곡물은 반드시 이들을 통해 도성으로 운반되고, 그러한 연후에야 도성 곡물 가격의 높고 낮음이 결정되고 있습니다.

原文 其人之興利 雖不關於國家 然全羅忠清等道之穀 必以私船輸入于京中 然後京中市價亦以此貴賤也

_ 『중종실록』 권65, 중종 24년 5월 을묘

자료 12

평안도는 … 상인들이 곡물을 무역하기 위해 배를 이용하여 이 지역에 출입하는 것뿐만 아니라 재상이나 조관朝官[주12]들이 그들의 농장에서 생산된 곡물을 운반하기 위해 배를 운항하는 것 또한 모두 금지한다. 만약 이를 위반할 때에는 그들의 배를 국가에서 몰수하고 관련 상인은 변방으로 내쫓으며, 이들을 맞아들인 주인主人[주13]과 포浦의 감고監考[주14]들 또한 모두 다른 도에 소재한 역驛의 역졸驛卒로 보낸다.

> **原文** 平安道段 … 商賈貿易穀行船是白沙餘良 宰相朝官田藏所出之穀至亦 一切禁斷 犯者乙良 全船屬公 極邊入居 許接主人及浦監考 幷以他道殘驛定屬
>
> _ 『각사수교』, 호조수교

자료 13

장산곶長山串[주15]은 이제까지 배들의 통행이 매우 어려운 곳이었으나, 지금은 뱃사람들의 항해 기술이 발달하여 배를 운항하는 것이 편리해졌습니다.

> **原文** 長山串在古不通舟楫 而今則人多工巧 故行船便利爾
>
> _ 『명종실록』, 권16, 명종 9년 5월 경술

주12 조관(朝官): 조정에 출사한 관원. 곧 중앙의 관리.

주13 주인(主人): 해로 및 수로 교통상의 요지인 포구를 거점으로 하여 곡물 선상들을 접대하고 편의를 제공하면서 그들의 곡물 매집 활동을 중개하던 상인. 곧 무곡 주인(貿穀主人). 후에 선주인, 강주인, 포구 주인 등으로 분화되면서 발전함.

주14 감고(監考): 포구 관련 업무를 담당하던 하급 관리.

주15 장산곶(長山串): 황해도 장연 소재의 곶. 충청남도 태안군에 있는 해협인 안흥량과 더불어 뱃길이 험하여 선박들의 전복 사고가 자주 일어나는 곳임.

출전

『경국대전』

『만기요람』

『명종실록』

『선조실록』

『성종실록』

『세종실록』

『중종실록』

『각사수교(各司受敎)』: 조선 전기에 각 사에서 국왕으로부터 받은 수교(受敎)를 모아 놓은 책. 『경국대전』에 규정되어 있지 않은 법률적 가치가 있는 내용을 수록한 것으로, 명종 원년(1546)부터 선조 9년(1576)까지의 수교가 실려 있다.

『증보문헌비고(增補文獻備考)』: 우리나라 상고로부터 대한제국 말기에 이르기까지의 문물과 제도를 분류하여 정리한 책. 영조 46년(1770) 홍봉한 등이 처음 『동국문헌비고』로 편찬한 이래. 정조 6년(1782)에 이만운이 다시 정리하여 『증보동국문헌비고』라 했으며 고종 광무 연간에 다시 수정 증보하여 『증보문헌비고』라 했다.

■ 찾아읽기

강만길, 『조선시대 상공업사연구』, 한길사, 1987.

고동환, 『조선후기 서울상업발달사연구』, 한길사, 1987.

홍희유, 『조선상업사(고대·중세)』, 과학백과사전종합출판사, 1989.

국사편찬위원회, 『한국사』 24(조선 초기의 경제구조), 1994.

박평식, 『조선전기 상업사연구』, 지식산업사, 1999.

이태진 외, 『서울상업사』, 태학사, 2000.

변광석, 『조선후기 시전상인 연구』, 혜안, 2001.

박평식, 『조선전기 교환경제와 상인연구』, 지식산업사, 2009.

6 모든 백성의 노동력 부담

국역 편성

전세와 공납의 현물 조세와 달리 역은 노동력 자체를 징발하는 조세였다. 자연 경제를 바탕으로 성립되어 있던 전근대 사회에서는 국가에서 필요한 노동력을 전국의 인정(人丁)을 직접 징발하는 역(役)의 방법으로 조달하고 있었다. 국가에서 각 개인에게 부과하는 역을 국역이라 하는데, 조선 시기의 국역은 크게 신역(身役)과 요역(徭役)으로 구분되었다.

군역

신역과 요역으로 이루어진 조선 시기의 국역 가운데 신역은 신분에 따라 특정 인정에 부과하는 것으로 군역軍役, 직역職役, 천역賤役 등이 있었다. 요역은 부역賦役, 역역力役, 호역戶役이라고도 하는데, 신분의 높고 낮음에 관계없이 개별 민호民戶의 불특정 노동력을 차출하는 역이었다.

조선의 군역은 관료, 향리와 같은 직역 부담자 및 교생 등의 면역자, 그리고 공사천의 천역 부담자를 제외한 양반에서 평민에 이르는 모든 신분층이 부담해야 하는 신역인 동시에 국역이었다. 군역은 신역의 중심으로서 양인만이 부담했기 때문에 양역이라고도 했다. 군역은 16세 이상 60세 이하의 남자에게 부과했다. 이때 군역 의무자 모두가 군인으로 징발되는 것이 아니라, 토지와 인정을 고려하여 자연호를 나누거나 합

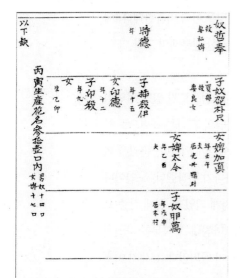

노비의 매매·양여·상환 등의 행위를 기록한 「노비문서」. 노비는 토지에 매인 생산자이기 때문에 그 매매를 엄격히 제한하였다. 「경국대전」에서는 가옥·토지의 경우와 같이 노비를 매매한 뒤 물릴 수 있는 기한을 매매 뒤 15일로 정하였고, 100일 안에 관아에 청원하여 입안(인증서)을 받도록 노비 매매에 관해 엄격히 규정하였다.

쳐서 일정한 군호軍戶를 편성한 후, 1군호에 1명씩의 정군[正軍, 호수라고도 함]을 내게 하고 군호 내에 정군을 제외한 나머지 인정[봉족 또는 보인이라 함]들은 정군의 입역立役을 여러 측면에서 지원하도록 했다.[자료1~3] 세조 10년(1464)에 마련된 보법 체제가 그것이었다.

보법은 2정을 1보로 하고, 토지 5결은 1정에 준하도록 하며, 노비의 자녀들도 봉족 수로 계산하고 누정漏丁·누호漏戶에 대한 벌칙을 강화했다. 지금까지 자연호를 중심으로 한 '3정 1호'의 원칙에서 벗어나 '2정 1보'를 군역 편성의 기준으로 함으로써 군역 담당자가 크게 확대됨과 동시에 균일화·평준화되었다. 그러나 보법의 시행은 호 또는 혈통 관계를 무시한 단위 설정, 토지 5결을 1정으로 한 토지준정제에 대한 대토지 소유자들의 반발 등의 문제를 야기하기도 했다.

조선 전기의 군역 담당자로는 병종의 유형에 따라 크게 3가지로 구별할 수 있다. 국가가 요구하는 일정한 자격을 갖추고 무예 시취試取에 응하여 군역을 수행하는 갑사甲士와 같은 직업 군인, 국가의 강제적인 징발에 따라 의무적으로 군역을 수행하는 정병[正兵, 기병·보병으로 구분됨]과 수군水軍의 양인 의무 병종, 그리고 충의위·충찬위와 같은 특권층 자손으로 편성된 병종이 그것이다. 이러한 군역제는 병농일치제로 운영되었다. 즉 갑사, 정병, 수군들은 각 지방에서 농사를 지으면서 일정한 기간 동안 번상番上, 지방의 군사를 뽑아 차례로 서울의 군영으로 보내던 일 또는 유방留防, 전력상 중요한 지역에 군대를 배치해 방비하게 하던 일하면서 군역의 의무를 수행했다.

세조 때 마련된 보법 체제의 군역 균일화 정책에 따라 양반도 갑사와 정병의 일반 군역에 편입되어 신분에 따른 구분은 완화되었으나, 동시에 양반층의 군역 기피 현상도 나타나기 시작했다. 성종·중종 때를 거치면서 양반층의 군역 제외는 당연시되고 군역 담당자는 흔히 양인으로 표현되는 신분층으로 국한되게 되었다. 이른바 양인개병제였다. 이러한 양반층의 군역제외 현상에 대해 구체적 설명은 아직 미흡한데, 대체로 16세기 이래 사족 지배 체제의 형성에 따른 반상班常에 입각한 신분제의 고착, 또는 과전제의 소멸 등을 그 요인으로 제시하고 있다.

군역은 16세기를 경과하면서 양반층이 군역 편제에서 제외됨으로써 일반 양인이 주로 부담하는 신역으로 굳어지게 되고, 양역이란 용어가 군역의 또 다른 표현으로 사용되게 되었다. 이로부터 일반 양인의 군역 부담은 더욱 늘어나게 되었다. 군역을 피하여 유리·도망하는 현상이 『경국대전』 성립 시기부터 나타나기 시작했다. 노인이나 어린이를 제외한 일반 양인은 군역과 요역의 이중 부담을 지게 되었고, 실제 각종 요역에 군인이 동원되는 현상이 일반화되었다. 군역의 고역은 마침내 그 복무를 타인이 대신하고 일정한 대가를 지불하는 대립代立의 폐단을 발생시키게 되었다. 16세기 이후 대립제와 수포제가 성행하면서 중앙에서는 갑사의 소멸, 기병의 보군화, 보병의 수포군화 등이 진행되고, 지방에서는 불법적으로 방군수포제放軍收布制가 시행되면서 점차 무너져 갔다.[자료4]

이와 같이 군역제가 양반층의 이탈에 따라 군역 담당층이 양인으로 축소되고, 실제 입역 대신 대립 및 수포화에 따라 재정적 성격으로 전환하면서 결국 5위제를 근간으로 한 군사력이 약화되고 국방력의 공백이 초래되었다. 임진왜란은 이런 상황 속에서 발발했다.

직역

직역은 양인이 담당하는 것으로 중앙 및 지방의 공공 기관에 종사하는 역이었다. 중앙에서 이러한 역을 담당하는 자로는 녹사錄事·서리書吏 등의 경아전京衙前을 비롯하여 제원諸員·조예皂隸 등 말단 사무 담당자, 장수杖首·나장羅將 등 사법·경찰 잡무 담당자, 그리고 반당伴倘·구사丘史 등 관원 수종 담당자 등이 있었다.[자료5]

지방에는 행정 실무를 맡는 향리와 군사 실무를 맡는 군교軍校가 있었다. 특히 향리는 지방 관아에서 세습하며 행정 실무를 담당하여 향역이라 했다. 이 밖에도 역의 역

쌍검을 추는 기녀들의 모습을 생동감 있게 그린 신윤복의 「쌍검대무」. 관노비였던 기녀들은 양반들 연회의 춤을 통해 신역인 천역을 담당하였다.

리驛吏, 조창의 조군漕軍, 목장의 목자牧子, 봉수대의 봉군烽軍 등도 공역에 종사하는 직역 부담자였다.

양반의 경우에 현직 관료는 별도의 직역을 부담할 필요는 없었다. 그들의 관직 자체가 신역인 직역과 상쇄되는 것으로 간주되었기 때문이다. 또 관료가 되기 위하여 학업에 종사하는 과정인 성균관과 향교의 유생 역시 학업에 종사하는 것 자체가 직역으로 간주되었다. 이 이외에 3품 이하 전직 관료 등 모든 양반에게는 원칙적으로 신역인 직역의 부담이 지워졌으며, 그 내역은 군역이었다. 그러나 실제로 양반들은 군역을 피하고자 하는 수가 많았다. [자료6]

천역은 천인[賤人, 노비]들이 담당하는 신역이었다. 천인들에게는 천역이 신역으로서 직역인 동시에 국역을 의미했다. 천인, 즉 노비는 공노비와 사노비로 구분되는데, 사노비는 그 상전에게 노동력이나 신공身貢을 제공하므로 국역의 대상에서 제외되었으나 국가 공공 기관에 소속된 공노비의 경우 소속 기관에 그들의 노동력을 제공하거나 신공을 납부해야 했다. 공노비에는 각사노비各司奴婢, 내노비內奴婢, 관노비官奴婢, 역노비驛奴婢, 교노비校奴婢 등이 있었다. [자료7]

요역

요역은 국가를 유지하는 데 필요한 각종 물자의 생산 및 수송, 토목 공사를 비롯한 잡역 등 노동력이 요구되는 모든 분야에서 민호의 노동력을 강제로 징발하는 수취 방식이다. 노동력 자체를 징발하는 부역 노동 가운데 요역은 큰 몫을 차지하고 있었고, 일반 민호는 정기적 또는 부정기적으로 무상의 노동력을 제공하지 않으면 안 되었다. 오늘날까지 존속하여 문화재로 일컫고 있는 전근대의 궁궐, 성곽, 고분, 제방 등 각종 영조물은 대부분 피지배층 농민의 힘겨운 요역 노동의 산물이었다. 즉 잡역雜役, 잡요雜徭, 소경요역所耕徭役, 호역戶役, 역역力役, 부역賦役 등의 용어로 표현되었다. 다양한 용어로 불렸던 만큼 요역제의 내용은 복잡성을 띠고 있다.

요역은 특정 인신에 대해서가 아니라 개별 민호에 부과되는 부역 노동이었다. 요역은 군역·직역·천역 등의 신역과 달리 개별 민호에서 불특정의 노동력을 차출하는 부역이다. 또한 신역과 달리 원칙적으로 신분의 고하를 불문하고 부과되는 부역이기도 했다. 신역과 구별되는 요역의 특성과 관련하여 요역은 호역이라고도 했다.

요역은 역사의 내용에 따라 크게 4종류로 구분된다. 전세미의 수송, 공물·진상·잡물의 조달, 토목 공사, 그리고 사신과 관리 등의 접대·영접 등이다. 이 가운데 비교적 정기적으로 부과되는 것은 전세미의 수송, 공물·진상·잡물의 조달과 관련된 요역이었고, 이는 군현의 민호에 정례적으로 부과되는 상시 요역이었다. 나머지는 대체로 부정기적으로 민호에게 부과되는 요역이었고, 민호의 부담은 일정하지 않았다. 전

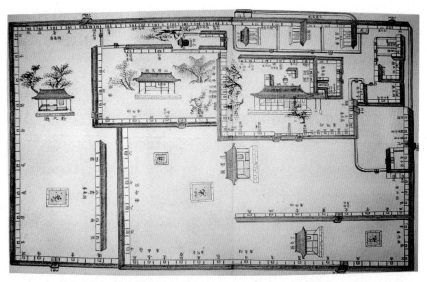

선조 41년(1608)에 상평창을 개칭한 선혜청으로 대동법의 실시에 따라 대동미, 포(布), 전(錢)의 출납을 맡아 보던 곳이다. 위치는 서부 양생방, 즉 인애궁의 옛터(오늘날 남대문과 남대문시장 중간의 높은 지대)에 있었다.

체적으로 민호의 요역 부담은 부정기적이고 부정량적인 것이었다.

요역의 부과 기준은 고려 시기에는 각 호의 인정수人丁數에 따랐으나 조선에 와서는 토지 소유량에 따르는 것으로 바뀌었다. 『경국대전』의 요역 규정은 전 8결을 기준으로 요역할 한 사람을 내되, 일 년의 요역 일수는 6일을 넘기지 않는다고 되어 있다. 1년에 6일만 요역에 동원한다는 이 규정은 민호의 요역 부담량을 표준화하려는 시도였다. 종전에는 명시되지 않았던 연간 사역 일수를 6일이라 못박아둔 점, 또한 그 이상의 입역이 요구될 때에는 반드시 국왕에게 계문啓聞한 뒤에 시행할 수 있다는 점 등이 법제화되었다.[자료8]

그러나 이 같은 요역제의 규정이 실제의 운영 과정에서 전국적·통일적으로 그대로 준용되지는 않았다. 비록 8결의 전결 수나 6일 한도가 지켜지지 않는 경우가 많았으나, 이로써 전결을 기준으로 역민役民한다는 원칙은 요역제 운영의 기본 원리로 자리 잡게 되고, 17세기 이전 요역제 운영의 기본 원리가 될 수 있었다.

요역은 불특정의 민호로부터 수시로 노동력을 직접 징발한다는 점, 이와 관련하여 수령의 자의와 지역의 특수 사정이 크게 개입된 상태에서 운영되었다는 점에서 다른 조세 수취 제도와 구별된다. 따라서 '부역균賦役均'이라고 하여 '수령7사'의 하나로 일찍부터 강조되고 있었지만, 전결을 기준으로 한 차역差役의 원칙은 군현 내부에서 차별적으로 적용될 여지가 애초부터 있었다. 물론 요역은 신분제에 기초하여 부과되는 신역과 구별되고, 신분의 고하와 직역의 유무를 막론하고 소경전을 가진 자라면 복호復戶를 제외한 모든 민호를 차역할 수 있는 호역이었다. 그러나 그 운영의 실제는 신분적 지배 질서와 긴밀한 관계를 맺고 있었고, 따라서 요역도 신분 질서의 규제 아래 운영되던 부역 노동의 한 형태였다.

17세기 이후 요역은 점차 물납세화物納稅化되는 추세를 보였다. 대동법의 실시에 따라 공납·진상 등과 관련된 많은 요역 종목이 새로운 전결세田結稅 가운데 흡수되거나, 군현별로 마련·시행되던 잡역세雜役稅 형식으로 물납화되었다. 즉 조선 후기 이후 요역제는 국민의 노동력을 직접 징발하는 방식에서 국민에게 세금을 걷어 임노동자를 고용하여 노동하게 하는 방식으로 바뀌었다. 이른바 요역제 부역 노동의 해체와 모립제募立制 고용 노동의 발전이 이루어져 갔다.

자료1

도평의사사에서 상언하기를, "나라에서 군사의 일이나 역사役事가 있을 때, 모든 백성들을 동원하면 농사에 종사할 사람이 없어 백성들은 피폐하게 됩니다. 그러므로 지금부터 각 호에서 아들이나 사위·동생·조카·친척으로 나이 60세 이하 16세 이상자로써 품관마병品官馬兵 1원員은 봉족奉足 4명을, 무직마병無職馬兵 1명은 봉족 3명을, 보병 1명은 봉족 2명씩 주는 것으로 정하여 호주의 이름 아래 시행합니다. … 거느리고 있는 노비의 수가 많은 사람은 따로 봉족을 지급하지 않습니다. …" 하였다.

原文 使司上言 … 凡遇軍情及徒役事 盡數抄出 使不得農業以致凋瘵 今後各戶同居各居勿論 以子壻弟姪族親 年六十以下十六以上者 品官馬兵一員奉足四名 無職馬兵一名奉足三名 步兵一名奉足二名爲定 戶主名下施行 … 奴子數多率居者 不給各別奉足 …

__ 「태조실록」 권11, 태조 6년 2월 갑오

자료2

충청도 군적사軍籍使 신후갑愼後甲·경상도 군적사 권반權攀·전라도 군적사 강로姜老 등이 하직하니, 사목事目을 주면서 말하기를, "내가 잠저潛邸 때부터 일찍이 군사들의 간고한 것을 불쌍히 여겼다. 지금 생각하고 헤아리기를 여러 해 동안 했는데, 그 강약強弱을 고르게 하고 그 재예才藝를 정精하게 시험하는 것이 가장 나으니, 그 조목은 아래와 같다.

1. 2정丁을 1보保로 하고, 1전田을 5결結로 하여 1정에 준급准給할 것

1. 3보가 있어 1보를 받드는 것을 '갑사甲士'라고 하고, 2보가 있어 1보를 받드는 것을 '기병騎兵·정병正兵·취라치吹螺赤[주]'라고 하고, 1보가 있어 1보를 받드는 것을 '평위로平虜衛·파적위破敵衛·근장近仗·별군別軍·보병步兵·정병正兵·대병소大平小·기선군騎船軍'이라 하고, 독보獨保가 있는 것은 '봉수군烽燧軍·방패防牌·섭육십攝六十'이라 할 것.

1. 시험에 합격하여 군적에 오르는 자는 봉족을 면해 주되, 누정漏丁·누호漏戶가 있기를 기다리거든 1노자奴子를 보충하여 줄 것이며, 봉족 숫자에 준하는 자는 다른 정을 주지 말 것.

1. 누정·누호를 고하는 자는 비록 숫자 외에는 이를 주더라도 3정을 넘기는 경우 5정

주1 취라치(吹螺赤): 조선 시대에, 군대에서 나각을 불던 취디수다.

을 초과하고, 4정 이하이면 가자加資하되, 한결같이 부근附近에 따라서 이를 정할 것.

1. 누정이 나타날 때 5정이 차거든 수령을 파출罷黜할 것.

1. 군사로서 봉족을 침해하여 못살게 구는 자와 불법으로 역사役事시키는 자는 절린切隣과 아울러 모두 군법으로 논하고 봉족으로 만들 것.

1. 먼저 보를 만들고 다음에 보를 줄 것. …

1. 군사 집 이외의 고공雇工은 군적軍籍에 올리지 말 것"이라 했다.

임금이 다시 군적을 정비하려고 하여 먼저 사목事目을 내어서 그 개요를 게시하고, 또 조신朝臣 가운데 정간한 자를 골라서 경차관으로 삼아, 먼저 하삼도에 가게 했다.

原文 忠淸道軍籍使愼後甲 慶尙道軍籍使權摯 全羅道軍籍使姜老等辭 授事目曰 予自潛邸 嘗愍軍士艱苦 今思度有年 莫若均其强弱而精試才藝 其條如左

一 二丁爲一保 一田五結 準一丁

一 有三保奉一保者曰甲士 有二保奉一保者曰 騎 · 正兵 吹螺赤 有一保奉一保者曰平虜衛 破敵衛 近仗 別軍 步 · 正兵 太平簫 騎船軍 有獨保者曰烽燧軍 防牌 攝六十

一 中格籍軍者免奉足 待有漏丁 漏戶則充給 一奴子準奉足數者 不給他丁

一 告漏丁漏戶者 雖數外給之 過三丁則五丁超資 四丁以下加資 一從附近定之

一 漏丁現出 滿五丁則守令罷黜

一 軍士侵剝奉足者 非道役使者 竝切隣竝軍法論 作奉足

一 先作保 次給保 …

一 軍士家外雇工勿籍

上欲更張軍籍 先出事目以示梗槪 又選朝臣之精幹者爲敬差官 先行于下三道

_ 『세조실록』 권34, 세조 10년 10월 을미

자료3

【급보(給保)】서울과 지방의 군사에게는 보를 주되 차등을 둔다. ○ 2정을 1보로 한다. 갑사에게는 2보를 준다. 기정병騎正兵, … 수군은 모두 1보 1정을 준다. 보정병步正兵 … 에게는 모두 1보를 준다. … 보인으로부터 잡물을 함부로 거두는 자[1인으로부터 매월 면포 1필을 초과하여 거두지 못한다] 및 법을 어기면서 보인을 사역하는 자는 가까운 이웃까지 함께 모두 군령으로 논하고 본인은 항등降等하여 보인으로 한다.

原文 京外軍士給保有差 二丁爲一保 甲士給二保 騎正兵 … 水軍竝一保一丁 步正兵 … 竝 一保 … 濫收保人雜物者 [一人每朔毋過綿布一匹] 違法役使者 幷切隣以軍令論 當身降爲保

_ 『경국대전』 권4, 병전 급보

자료 4

정병 등이 모두 타인으로 대립代立하는 데, 그 대립자는 역役이 고되다 하여 값을 많이 받으니, 2개월에 면포 17, 18필에 이르기도 한다.

原文 正兵等皆以他人代立 其代立者 以役苦 多受其價 二朔內 或至綿布十七八匹

_ 『성종실록』 권277, 성종 24년 5월 병술

자료 5

서울과 지방의 양역良役 명목은 매우 많아서 하나하나 그 예를 들 수 없사오나, 그중에도 이른바 조예皂隷, 나장羅將 등은 가장 고역입니다. 이들 역시 [정병과 같이] 면포로써 그 역을 갚게 되었으나, 소속 관청에서는 이미 다른 사람으로 대립代立시켜놓고 갑자기 독촉하여 그 역의 대가를 내게 하니, 이들은 이자까지 붙여 원래 액수의 3배를 내는 것이 보통입니다.

原文 內外良役名目甚衆 不可枚數 而其中所謂皂隷羅將諸員者 最其苦役也 此亦以綿布償役而已 其所屬之司 旣以他人代立 而不時侵督邸吏償役債 邸吏出息以納 而歷算所費 徵其三倍於當身

_ 『율곡전서』 권5, 소차, 만언봉사

자료 6

유생으로 독서하는 사람의 적籍에 오르지 않은 자를 정병에 보충시키려 하니 유생들이 군역을 면하려고 앞을 다투어 향교에 입학했다.

原文 儒生付籍讀書者外 悉充正兵 因此 儒生年將者 窺免軍役競投鄉校

_ 『세조실록』 권28, 세조 8년 7월 정사

주2 신공(身貢): 공 · 사노비가 공공 기관이나 그 상전에게 쌀이나 면포 등을 정기적으로 납부하는 것. 공노비의 신공은 태종 때는 제용감(濟用監)에 납부토록 했으나, 세조 때부터 사섬시(司贍寺)가 담당했다. 공노비의 신공액은 조선 전기를 걸쳐 계속 변동했는데 세조 10년(1464) 노(奴) 1인당 면포 1필, 쌀 2말[비(婢)는 1필, 쌀 1말]로 정해져 『경국대전』에 오르게 되었다.

자료 7

서울과 지방의 입역立役하는 노비는 신공身貢주2을 면제하고 봉족 2구口를 급여한다. ○ 호수는 봉족에게서 매 1년마다 면포 각 1필을 거둔다. ○ 서울은 2번으로 나누어 서로 교대하여 입역한다. 지방은 7번으로 나누어 서로 교대하여 선상選上한다.

原文 京外立役奴婢 免貢給奉足二口 ○ 戶首於奉足 每年收綿布正布各一匹 ○ 京則分一番相遞立役 京外分七番相遞選上

_ 『경국대전』 권5, 형전, 공천

자료 8

무릇 전지 8결에서 인부 1명을 내되, 1년의 부역 일수는 6일을 넘지 못한다. 만약 길이 멀어서 6일 이상 걸리면 다음 해의 부역 일수를 그만큼 감해 주고, 한 해에 두 번 부역을 시켜야 할 경우에는 반드시 왕에게 아뢰고서 시행한다. 수령이 징발을 균등하게 하지 않거나 영역관領役官^{주3}이 일을 지체하여 기한을 넘기는 경우에는 법률에 따라 죄를 준다. [서울의 부근 10리 이내에는 모두 경역(京役)에 동원시킨다.]

주3 영역관(領役官): 거느리고 사역하는 관리.

原文 凡田八結出一夫 一歲不過役六日 若路遠六日以上 則准減翌年之役 若歲再役 則須啓乃行 守令不均調發 領役官遲留過限者 依律科罪 [京城底十里內 皆京役]

_ 『경국대전』 권2, 호전 요부

출전

『태조실록』

『세조실록』

『경국대전』

『성종실록』

『세종실록』

『경국대전』

『만언봉사(萬言封事)』: 조선 중기의 문신·학자인 이이가 선조 7년(1574) 1월에 왕에게 올린 상소문. 『율곡전서』 총 44권 중 권5에 수록되어 있다. 당시 지진이 일어나는 등 재이가 심하여 선조는 조정의 신하로부터 초야에 이르기까지 의견을 구하는 교지를 여러 차례 내렸다. 이때 우부승지에 재임했던 이이가 이 글을 지어 올린 것이다. 내용은 앞부분에서 임금이 여러 선비에게 직언을 구하는 심정과 취지를 약술하고, 본문에서는 정사의 문제점 7항과 대안의 9항을 실제 상황을 열거하며 체계적으로 논술했다. 이 상소의 내용은 당시 사회에 대한 전반적인 진단과 처방이라는 점에서 후대에도 큰 영향을 미쳤다.

찾아읽기

민현구, 『조선 초기의 군사 제도와 정치』, 한국연구원, 1983.

이재룡, 『조선 초기 사회구조연구』, 일조각, 1984.

유승원, 『조선 초기 신분제연구』, 을유문화사, 1987.

국사편찬위원회, 『한국사』 24(조선 초기의 경제구조), 1994.

국사편찬위원회, 『한국사』 32(조선 후기의 정치), 1997.

국사편찬위원회, 『한국사』 30(조선 중기의 정치와 경제), 1998.

윤용출, 『조선 후기 요역제와 고용노동』, 서울대학교 출판부, 1998.

김종수, 『조선 후기 중앙군제연구』, 혜안, 2003.

III.

조선 전기의 사회

1 신분과 직역으로서의 양반
양천과 반상

조선 초기의 신분 제도는 왕조 개창으로 이루어진 새로운 정치 및 사회 경제적 변화와 주자성리학의 신분 관념을 바탕으로 형성되었다. 조선 왕조의 신분 재편성의 방향은 지배 신분층의 재정립과 양인 신분층의 확대를 목표로 했다. 지배 신분층은 최고 지배층인 양반의 배타적인 신분적 우위의 확보와 중간 지배층인 중인층의 형성으로 재편성되었다.

고려 말 · 조선 초의 양인 확대 정책

무엇보다 새 왕조 국역 정책의 기본 방향은 양인 신분층의 확대였다. 양인 신분층의 확대는 국역을 부담할 양인의 확보와 노비 등 천인 신분층의 시급한 확정으로 이루어질 문제였다. 결과적으로 이러한 정책이 시행되는 가운데 양천과 반상이 뒤섞이면서 양반 · 중인 · 양인 · 천인의 네 신분층을 형성했다.

고려 말 중앙 집권 체제의 약화와 왕권의 쇠퇴 속에서 조선 왕조를 건국한 신흥 사대부들은 강력한 중앙 집권 체제의 확립을 추구했다. 이를 위해 무엇보다 국역國役의 대상인 양인 계층의 폭을 확대하고자 했다. 고려 후기에는 사회적 혼란이 거듭되는 가운데 양인 농민들이 대귀족의 농장에 강제로 소속되거나 스스로 몸을 의탁하면서 천인 신분인 사노비가 크게 증가하고 있었다. 이로 인해 권세가의 세력은 더욱 확대되고, 그 반면에 국역을 담당할 양인층은 점점 줄어들고 있었다. 공민왕 이래 중앙 정부에서는 토지 개혁과 함께 이들을 양인으로 환원시키려는 정책을 줄기차게 추진했다. 공민왕 이래 거의 상설 기구가 되다시피 한 전민변정도감田民辨正都監은 이러한 두 가지 문제를 함께 다루는 기구였다.[자료1]

조선을 건국한 새로운 지배층도 그들 자신이 지주층이었기 때문에 대지주층과는 다소 차이가 있더라도 사유 전토의 경영에서 노비 노동력을 필요로 하기는 마찬가지였다. 그래서 새 왕조에서도 천인 신분인 노비의 존재는 결코 부정될 수 없었다.[자료2] 그러나 이러한 두 가지 처지의 절충이 요청되더라도 가능한 한 양인을 보다 더 많이 확보하려는 것이 새 왕조의 국역 정책의 기본 방향이었다.

양인과 천인의 의무와 권리

국역 대상의 확보·파악이 조선 왕조 통치 체제의 일차적인 기반으로 추구됨에 따라, 모든 사회 구성원은 일단 양인과 천인으로 구분되는 경향이 있었다. 그리고 이들 사이에는 의무와 권리에 차등이 있었다. 우선 의무의 차등은 신역身役의 부과 대상이나 내용에서 뚜렷하게 나타났다. 양인은 남자만이 대상이 되었으나 천인은 남녀 구분 없이 모두 사역의 대상으로 파악되었다. 그리고 내용에서도 양인의 신역은 일차적으로 군역을 의미했지만, 천인은 군역에서 철저히 배제되었다.

권리 면에서 양인과 천인의 차이는 공권력에 의한 신체와 생명의 보호라는 인간의 기본권의 유무에서 뚜렷했다.[자료3] 천인인 노비는 재산으로 간주되어 매매·상속·양도·증여의 대상이 되었으며[자료4], 거주 이전의 자유가 없었다. 노비와 양인이 싸웠을 경우 노비가 한 등급 더 무거운 벌을 받는 것은 양·천 사이의 법제적 지위의 차이를 잘 보여 준다. 그러나 권리 면에서 양·천의 가장 분명한 차이는 관직 진출권의 유무였다. 양인 안에도 관직 진출권이 제한된 자가 적지 않았으나 양인 일반은 일단 관직 진출권을 가진 자로 상정되었다. 간혹 노비가 국가에 큰 공로를 세워 정규 관식인 유품직流品職을 제수받기도 했으나 이 경우 반드시 종량從良 절차가 전제되었다.

그러나 이러한 양·천의 구분은 국가의 법제적 구분이었지, 사회 구성원의 실제 존재 양태가 그대로 반영되는 것은 아니었다. 양·천의 법제적 구분 아래, 사회 구성원은 상급 신분층으로서 양반[자료5], 그리고 기술관·서얼·이서吏胥 등 중인 계층, 그 다음에 양인으로서 가장 다수를 차지하는 평민층[자료6], 천인의 주류인 노비 등으로 다양하게 나뉘어 존재했다.[자료7]

양천제와 반상제

조선은 양반 관료 사회라고 규정되는 바와 같이 양반이 정치·사회·경제면에서 제반 특권과 권리를 배타적으로 향유하면서 그 아래의 중인·평민·노비와는 격을 달리했다. 이것은 반상班常이라는 말로 표현되었다. 반상은 곧 신분상으로 지배자와 피지배자를 대별大別하는 것인데 반·상의 반班에는 중인이 포함되지 않고, 상常에는 평민 아래의 노비까지 함께 포함되었다. 이러한 구분은 법제적 구분과는 달리 사회 통념상 최고의 신분인 양반의 지배자적 위치를 보다 더 부각시키려는 의식에서 생성된 것이라고 할 수 있다.

새로운 왕조를 개창한 15세기에는 양천의 개념, 왕조가 어느 정도 안정기에 접어든 16세기에는 반상의 개념이 두드러졌다. 시기적으로 두드러진 특성으로 인해 흔히 조선의 신분제를 15세기의 양천제에서 16세기의 반상제로 바뀌었다고 이해하기 쉬우나 그렇지 않다. 조선 시기 내내 신분제는 법제적 구분인 양천을 근간으로 사회 통념상의 구분인 반상의 개념이 착종되면서 형성되었다.

두 개념이 뒤섞이면서 양반·중인·상인[양인, 평민]·천인의 신분 계급이 나타났다. 양반은 문반과 무반의 직역을 통칭한 개념인데도 상급 지배 신분을 의미한다는 점이 고려와 다른 이 시기 사회 신분 제도의 특성이었다. 고려의 문벌귀족이 세습적이고 폐쇄적인 성격이 강했다고 한다면, 조선의 양반은 이와 다른 특성으로 인해 양인층을 근간으로 끊임없이 생성·소멸되는 탄력성이 있었다. 이처럼 조선 시기에는 세습적이기보다 성취적이며, 폐쇄적이기보다 신분 간의 사회 이동이 활발했던 사회 신분 제도

소를 타고 외출한 선비의 모습을 그린 풍속화이다. 조선 시대에 양반은 소나 말을 탄 것만으로도 상민이나 노비에 대한 권위를 과시할 수 있었다.

가 존속했다. 국가 차원의 법제적 규범인 양천제와 당시의 실제 신분 계급 관계를 반영한 사회 통념상의 반상제가 서로 어울려 중세의 신분 구조를 이루었다. 중세 사회가 발전하면서 신분 구조는 양천제라는 법제적 틀을 바탕으로 점차 사회 통념상의 신분 규범이 더 규정적인 요소로 작용하는 방향으로 나아갔다. 이것은 지주제의 확대 · 발전과 조선 사회의 안정 · 변동을 반영하는 것이기도 했다.

양반의 신분적 지위

양반이란 용어는 원래 관직 제도상의 문반과 무반을 통칭하는 개념으로 쓰이면서, 문 · 무반직을 가진 사람만을 양반이라 칭했다. 그러나 양반 관료 체제가 점차 정비되어 감에 따라 문 · 무반직을 가진 당사자뿐만 아니라 가족이나 가문까지도 양반으로 불리게 되었다. 관직 개념인 양반이 신분 개념으로 확대된 것이다. 대략 양반은 고려 후기에서 조선 초기에 이르는 동안 점차 최고 지배 신분층을 가리키는 신분 개념으로 쓰이게 되었다.

동시에 향리·서리·기술직·역리·장교·서얼 자손은 신분적으로 양반과 구별되어 조선 초기부터 서서히 중인 계층으로 분류되고 있었다. 따라서 조선 초기에 이르러 지배 신분층은 상급 지배 신분층인 양반과 하급 지배 신분층인 중인으로 갈리게 되었다. 이때 성립되기 시작한 중인층은 조선 후기에 독립된 신분층으로 굳어져 갔다. 양반과 중인 각각 시기가 경과하면서 폐쇄적인 혼인 관계와 직역의 세전으로 점점 심화되어 갔다. 그리고 상급 지배 신분층인 양반은 문음, 과거, 관직, 군역, 토지 소유 등의 특전 내지 특권을 누리고 있었다.

양반과 양인은 동일한 '양良' 신분에 속하기 때문에 그 구분이 명확하지는 않았다. 좁은 의미의 양인은 양민·상인·상민·평민 등으로 불리기도 했다. 양반과 양인은 문지門地의 높고 낮음으로 구분되었다. 가계 내에 관직자, 과거 합격자가 많거나 왕실 및 훌륭한 가문과 혼인을 한 경우가 얼마나 많은가에 따라 집안의 가격이 정해졌다. 집안에 관직과 학문과 부가 떨어지지 않아야 양반으로서의 지위를 유지할 수 있었다. 양반도 가문이 몰락하여 중인·양인·노비로 전락할 수도 있었고, 양인 중에서도 과거나 공을 세워 양반으로 신분 상승할 수 있는 사회 이동의 통로가 열려 있기도 했다. 관습적으로 양반과 양인의 구분은 4조[부·조·증조·외조] 안에 현관顯官, 9품 이상의 문·무반직]이 있는가의 여부가 기준이 되기도 했다. 16세기 이후 양반들이 가문의 문지를 널리 알리기 위해 족보·문집·비명碑銘·서원·부묘祔廟·누정樓亭 등을 만드는 데 온갖 노력을 다한 이유도 여기에 있었다.

양반은 신분적 특권을 향유하는 기반인 노비를 소유하고 있었다. 물론 양반이 아닌 신분층도 노비를 소유하고 있었고, 심지어는 노비가 노비를 소유하는 경우도 있었다. 그러나 노비주의 대부분은 양반이었다. 노비는 양반의 사회적 권위와 경제적 이익을 제공해 주는 주요한 생활 근거였다. 노비의 노동력으로 인해 양반은 생산 노동에 직접 종사하지 않고 독서와 수기치인에만 종사하여 조선의 최고 지배층으로 군림할 수 있었다. 따라서 양반은 가능한 한 많은 노비를 확보하려고 했고, 이를 위해 노비세전법·일천즉천一賤則賤·노비종모법奴婢從母法 등의 노비 신분법을 마련했다. 노비는 토지와 함께 양반에게 가장 주요한 재산이었다.

양반이 기생과 어울려 뱃놀이하는 모습을 담은 신윤복의 「주유청강」이다. 가운데 악기를 연주하는 하인의 모습이 인상적인데, 조선 시대 양반은 이처럼 악기를 연주하는 하인을 따로 두었다고 전해진다.

　　양반은 노비에 대한 지배를 강화하기 위하여 법제적으로 이들을 천인화하고, 양반과 노비와의 관계를 천지상하의 지배·복종 관계로 묶어 놓았다. 가부장적인 가족 구성을 원칙으로 하는 조선 사회에서 가계는 반드시 부계를 따르게 되어 있었다. 노비에게만 유독 모계를 따르도록 한 '종모법'은 노비를 가축과 같은 재물로 간주했기 때문이다. 그리고 노비가 형벌에서 비롯되었다고 하여 노비는 『경국대전』의 형전에 수록되어 있다.

　　요컨대 양반은 토지·노비·관직·군역에 있어서의 여러 특권을 누리면서 노비를 사적 예속인으로, 양인을 국가의 공민으로, 중인을 행정 실무자로 각각 지배하고 있었다. 그러나 이들 신분층 간에 넘을 수 없는 폐쇄적 장벽이 가로놓였던 것은 아니었다. 양반이 반역죄를 범하여 노비가 되기도 하고 가문이 몰락하여 중인이나 양인이 되기도 했다. 그 반대로 노비나 양인·중인이 과거·입공立功 등을 통해 양반이 될 수도 있었다. 이러한 신분 이동 또는 사회 이동이 자유롭고 일반화되어 있었던 것은 아니었으나, 조선 사회는 양천제를 바탕으로 개방적인 사회 체제를 유지하고 있었다. 조선 후기에 이르러 사회 변동이 더욱 촉진되면서 양반층이 급증하고 양반 내에 대가 · 명가 · 향반 · 잔반의 구분이 생기는 이유도 여기에 있었다.

그런데 양반과 중인의 성립 시기에 대해 15세기까지는 넓은 의미의 양인에 해당하는 신분만 있었고, 16세기에 이르러 사림파가 등장하면서부터 양반이, 그리고 조선 후기에 이르러 중인이 생겼으며, 그 이전에는 양반 · 중인의 신분층이 따로 없었다는 견해도 있다.

자료1

간관 전백영 등이 상소했다. ··· 전조前朝 말에 전제田制가 문란해지자 호강豪强들이 토지를 겸병했고, 호적 제도 역시 해이해지면서 양인과 천인이 뒤섞이게 되어 노비 소송이 날로 번다해지고 골육骨肉이 서로 다투게 되었습니다. 그리하여 호강들이 남의 토지와 노비를 빼앗으며 심지어 양인을 강제로 천인으로 만드니 사람이 원망하고 신이 노하여 마침내 나라가 멸망하기에 이르렀습니다. 전하께서 잠저潛邸에 계실 때 이를 분개하시어 이미 전제田制의 폐단을 고치셨으나, 노비 문제에 대해서는 쟁송爭訟이 여전하오니 도감都監을 설치하시고 공정한 관리를 임명하시어 ··· 그 쟁송의 근원을 막으십시오.

> **原文** 諫官全伯英等 上疏曰 ··· 前朝季田制旣紊 豪强兼幷 戶籍亦廢 良賤悃淆 詞訟日繁 骨肉相毁 或牢籠山野 奪人土田 或假勢枉法 奪人獲 以至壓良爲賤 人怨神怨 意致減亡 殿下在潛低 慨然有念 旣正田制其弊 自息唯 奴婢一事爭訟 尙煩 殿下命 置都監擇 正官吏 ··· 皆燁毁以杜爭端

> ＿ 「태조실록」, 권6, 태조 3년 8월 기사

자료2

우리나라에서는 대대로 번창한 가문을 유지해 온 양반 대족들이 중앙과 지방에 퍼져 있어서 비록 간웅姦雄이 있다 하더라도 함부로 그 틈을 엿볼 수 없었다. 대가세족이 대가세족으로 될 수 있는 것은 노비를 거느리고 있기 때문이다. 이로써 내외 상하 간의 구분을 지킬 수 있고, 예의와 염치를 기를 수 있고, 기력을 이루고 명망을 나타낼 수 있는 것이다. 고려 조에 원나라를 섬기던 초기에 나라가 거의 지켜질 수 없었으나 권부, 이제현 등의 가문이 서로 붙들어 유지하여 마침내 종사를 안정시킬 수 있었다. 근래 함경도의 여러 군에 다른 도와 같이 세신 수십 집이 있었다면 길주吉州의 적주1이 어찌 경내境內의 조신朝臣을 섬멸하여 국왕을 지키는 자가 한 사람도 없게 되었겠는가? 이는 다름 아니라 노비가 없음으로 인해 세신世臣이 없기 때문이다.

> **原文** 以東方大家世族 布列中外 雖有姦雄 不得睥睨於其間也 夫大家世族之爲大家世族 以其有奴婢也 以此 而有內外上下之分也 體義廉恥之養也 氣力之成 名望之著也 前朝事元之初 國幾不守 以其有權溥李齊賢等諸家 相與維持 卒安宗社 近日 或吉道列郡 有世臣數十暇家他道 則吉州之賊 安能盡殲境內朝臣 而無一人 爲之勤王者乎 此 無他 無奴婢 因無世臣故也

> ＿ 양성지, 「눌재집」 속편, 북방비어삼소사책

주1 길주(吉州)의 적: 세조 13년 (1467) 세조의 정책에 반대하여 반란을 일으킨 이시애. 이시애는 함경도 토호 출신으로 세조의 중앙 집권화 정책과 북도 차별 정책에 반발하여 난을 일으켰다.

임금은 주인이 종을 죽인 일로 인해 이를 금하는 법을 더욱 엄하게 하고자 했다. 변계량이 아뢰기를, "정치를 하는 데는 명분보다 중요한 것이 없습니다. 주인과 종 사이의 높고 낮음에도 명분이 있는 것입니다. 무릇 법은 마땅히 윗사람을 높이고 아랫사람을 억누르도록 하여야 하는 것인데, 이제 이와 같은 법을 행하면 저 무지한 종들이 '주인이 형벌을 잘못 쓰면 결국 죄는 주인이 얻을 것이다'라고 생각하여 마음대로 날뛰게 될 것이니 그 폐단을 이루 말할 수가 없을 것입니다. 주자朱子도 말하기를, '살인이 비록 중하지만 노비를 죽이는 것과 같은 것을 어찌 가볍지 않다 하겠는가'라고 했사오니, 이제 비록 새로운 법을 세우지 않더라도 지금 있는 법률에 따라 죄를 주는 것으로 충분하지 않겠습니까?"라고 했다. 이에 임금이 옳게 여겨 받아들였다.

原文 上因形曹主殺奴婢之啓 欲申嚴其禁 卞季良啓曰 爲政之體 莫大於名分 主奴之尊 亦名分之所寓也 凡立法 須當尊上柳下 令申明此法 彼無知奴婢 必曰 主雖枉形終 必得罪反歸 爛逆志流之弊 不可勝言 朱于亦曰 殺人雖重 如殺奴婢 豈不輕乎 令如有枉形致死者 雖不立法 依律論罪 亦何難哉 上嘉納之

_ 「세종실록」 권34, 세종 8년 12월 정묘

무릇 노비의 매매는 관청에 신고하여야 하며 사사로이 몰래 매매했을 경우에는 관청에서 그 노비 및 대가로 받은 물건을 모두 몰수한다. 나이 16세 이상 50세 이하는 가격이 저화楮貨[주2] 4천 장이고 15세 이하 50세 이상은 3천 장이다.

原文 凡買賣奴婢告官 私和買賣者 其奴婢及價物 沒官 年十六以上五十以下價 楮貨四千張 十五以下五十一以上 三千張

_ 「경국대전」 5, 형전. 사천

주2 저화(楮貨): 고려 공양왕 때 처음 만든 종이돈. 닥나무 종이로 만든 데서 이름이 유래했다. 저폐(楮幣)라고도 한다. 저화 4,000장은 면포 200필에 해당한다.

과거에 응시하는 유생들을 접수할 때 응시원서에 사조[四祖, 부·조·증조·외조] 가운데 널리 알려진 현관顯官이 없는 경우 지방에 사는 자는 보단자保單子와 경재소의 3인, 서울에 거주하는 자는 보단자와 당부當部 관원 3인의 추천을 받아 서명 후 제출해야 응시를 허락한다. 만약 의심 가는 것이 있으면 서명자와 경재소, 당부관원을 심문하고 호적대장을 증거로 범인을 찾아 천역에 처하는 것으로 치죄하며 사관四館의 관원을 모두 파면시킨다.

原文 擧子錄名時 四祖非有衆所共知顯官者 外方人 則保單子及京在所備三員 京居人則 保單字及當部官員備三員 着名進呈後 許赴 如有可疑 則着名員及京在所當部官員 推閱帳籍 考犯者 治罪賤役 定體四官員 並陟黜

_ 『대전후속록』 권3, 예전 제과

자료 6

지금 양민良民이라고 칭하는 자들의 등급은 일정하지 않습니다. 비록 의관벌열衣冠閥閱의 후손은 아니지만 상하·내외의 구별을 가진 자가 있으며, 비록 상하·내외의 구별을 갖지는 않았지만 대대로 평민인 자가 있으며, 비록 신분이 천민은 아닐지라도 천민과 다름없는 자도 있습니다.

原文 今良者等級 非一有定 非衣冠閥閱之孫 而有上下內外之別者 有雖無上下內外之別 而世爲平民者 有身非賤 而與賤不異者

_ 『세종실록』 권64, 세종 16년 4월 계해

자료 7

주3 중정(中正): 중국 위나라 때에 주·군에 설치했던 하급 관직으로, 이 관직을 통해 인재를 시험한 뒤에 중앙 관직에 등용했다.

주4 공조(功曹): 중국의 주·군에 설치했던 관직으로 사공(司功)이라고도 한다. 제사·예악(禮樂)·학교·선거·고시 따위의 잡다한 사무를 맡았다.

우리 조신은 명분으로써 나라를 세웠다. 지금 사대부라는 명칭이 매우 성하고 많은 것은 사람은 등용할 때 오로지 문벌만을 가지고 따졌기 때문이다. 그러므로 인품의 계층이 매우 많아졌다. 종실과 사대부는 조정에서 벼슬하는 집안이 되고, 사대부보다 못한 계층은 시골의 품관, 중정中正주3, 공조功曹주4 따위가 되었다. 이보다 못한 계층은 사서士庶 및 장교, 역관譯官, 산원散員, 의관醫官 및 방외方外의 한산인閒散人이 되었다. 더 못한 계층은 아전, 군호軍戶, 양민 따위가 되었으며, 이보다 더 못한 계층은 공사천公私賤 노비가 되었다. 노비에서 지방 아전까지가 하인의 한 계층이고, 서얼과 잡색雜色이 중인의 한 계층이며, 품관과 사대부를 함께 양반이라고 한다. 그러나 품관이 한 계층이며, 사대부도 따로 한 계층이다. 사대부 가운데에도 대가와 명가라는 구분이 있어, 명목이 매우 많고 서로 교유하지도 않는다. 거리끼고 걸리는 것이 이와 같으므로, 성쇠·존망의 변화가 없을 수 없었다. 그러므로 사대부가 혹 신분이 낮아져 평민이 되기도 하고, 평민이 오래되면서 혹 신분이 높아져 차츰 사대부가 되기도 했다.

原文 朝開運 以名分立國 至今士大夫之名甚盛 以衆用人 專取門閥故也 人品層級 甚多 宗室與士大夫 爲朝廷搢紳之家 下士大夫 則爲鄕曲品官·中正·功曹之類 下址 爲士庶及將校·譯官·散員·醫官·力外閑散人 又下者 爲吏胥·軍戶·良民之屬 下之爲公私賤奴婢矣 自奴婢而京外吏胥 爲下人一層也 庶孽及雜色人爲中人一層也 品官與士大夫同謂之兩班 而品官一層也 士大夫一層也 士大夫中 又有大家名家之限 名目甚多 交遊不相通 其抱碍捉刺如址 不能無盛衰存㣔之變 故士大夫或夷爲民 平民久遠 則昇漸爲士大夫矣

＿ 이중환, 『택리지』 총론

출전

『경국대전』

『세종실록』

『태조실록』

『눌재집(訥齋集)』: 조선 초 문신 양성지(梁誠之, 1415~1482)의 문집. 10권 4책(원집 6권, 속집 4권)이다. 양성지는 세조 대 중신으로 각종 제도 · 운영에 많이 관여했다. 원래 양성지 문집으로는 상소를 모은 『주의』 10권, 『가집』 6권이 있었는데 임진년과 병자년 두 번 전란을 거치면서 잃어버렸다. 이에 정조 15년(1791) 정조가 규장각에 상소와 잡저, 시를 모아 펴내게 하였고, 그 뒤 남원 양씨 문중에서 거듭 펴냈다. 현재 조선 초 경세론을 보여 주는 자료는 드문데, 『눌재집』은 『경국대전』을 편찬 중이던 세조 대의 정책과 각종 제도의 운영 사례를 보여 준다는 점에서 상당히 중요한 자료이다.

『대전후속록(大典後續錄)』: 『대전속록』 시행 후 중종 37년(1542)까지 약 50년 동안의 현행 법령을 모아 중종 38년에 펴낸 법령집. 『대전속록』은 성종 22년(1491) 10월에 시작하여 이듬해 7월에 초안을 완성하고, 성종 24년(1493)에 펴냈다. 성종 16년(1485) 정월부터 시행한 『경국대전』에 빠지고 잘못된 조문이 있었고, 새로 많은 수교를 시행하여 법 운영에 차질을 빚자, 『경국대전』 시행 뒤 수교 가운데 필요한 것을 골라 영구 법제로 삼고자 펴냈다.

『택리지(擇里志)』: 영조 27년(1751) 이중환이 우리나라 각지에 대한 현지 답사를 기초로 저술한 인문지리서. 내용은 사민총론(四民總論), 팔도총론(八道總論), 복거총론(卜居總論), 총론(總論) 등으로 구성되어 있다. 실학파 학풍의 배경에서 만들어진 대표적 지리서로서 『동국여지승람』으로 대표되는 군현별 자료 정리 중심의 사전적인 수준을 벗어나 총체적으로 주제를 다룬 인문과학적 지리서다.

찾아읽기

이성무, 『조선 초기 양반연구』, 일조각, 1980.

한영우, 『조선 전기 사회경제연구』, 을유문화사, 1983.

송준호, 『조선사회사연구』, 일조각, 1987.

유승원, 『조선 초기 신분제연구』, 을유문화사, 1987.

이준구, 『조선 후기 신분직역변동연구』, 일조각, 1987.

국사편찬위원회, 『한국사』 25(조선 초기의 사회와 신분구조), 1994.

이성무, 『조선양반사회연구』 일조각, 1995.

한영우, 『조선 시대 신분사연구』 집문당, 1997.

이성무, 『조선의 사회와 사상』 일조각, 1999.

이정수 · 김희호, 『조선시대 노비와 토지소유방식』 경북대학교 출판부, 2006.

규장각한국학연구원, 『조선 양반의 일생』 글항아리, 2009.

2 인구는 어떻게 파악했나
호적과 호패

집권 왕조 국가가 통치하기 위한 기초 작업은 토지와 인민에 대한 정확한 파악이다. 이 가운데 인민에 대한 파악은 나라의 노동력과 군역 확보를 위해 필수적인 조치였다. 우리나라에서는 일찍부터 토지와 인민을 파악하는 제도적 장치가 있었던 것으로 보인다.

호적의 작성

통일신라 시기에 만들어진 촌락 문서는 국가에서 촌락마다 호를 단위로 하여 토지와 인구 및 가축의 수, 유실수有實樹의 수 등에 대한 정확한 파악을 통하여 호등戶等을 구분하여 파악하고 있었음을 전해 주고 있다. 고려 시기에도 국가의 인민 파악과 직역의 구별이 엄격히 이루어지고 있었다. 특히 고려 말에 작성된 이른바 '이성계 호적'으로 알려진 국보 호적을 통하여 고려 시기의 호구 파악 방식을 알 수 있다.

조선 왕조에 들어와서 국가 제도의 정비에 따라 호적 제도도 더욱 엄격하게 정비되었다. 고려 시기와 조선 시기의 호적 기재 방식은 크게 다를 바가 없으나, 호처戶妻, 병산并産, 모母, 외조外祖, 본관本貫 등의 기재 방식에 약간의 차이를 보이고 있는데, 이는 고려 시기 부계와 모계의 양측적 친속 관계가 조선 시기에 들어와서 부계친을 중심으로 한 친족관계로 변함에 따라 호적기재의 형식도 바뀌고 있음을 말해 준다.

조선 시기의 호적 제도는 호구 파악을 통한 군역, 요역의 부과와 신분의 판별, 노비 소유권의 확인 등 여러 가지 기능을 하는 것이었다. 호적은 자子·묘卯·오午·유酉의 식년式年마

국보 제23호로 지정되어 있는 태조호적원본. 이성계가 조선을 건국하기 2년 전에 작성한 호적. 원래 고려 시대에 양반은 3년에 한 번 호적 두 벌을 작성하여 하나는 관청에 두고 나머지 하나는 자기가 보관하였는데, 이 원본은 이성계 자신이 보존한 것이 전해진 듯하다. 당시 이성계의 관직 등이 명기되어 있고, 호주 이성계를 중심으로 한 세계(世系), 동거하는 자식·형제·조카·사위 등 족파와 노비까지 기록하였다.

다, 즉 3년에 한 번씩 관官이 호주의 신고를 받아 이를 기초로 하여 작성하는데, 지방은 3부를 만들어 1부는 본도本道, 또 1부는 본읍本邑 그리고 나머지 1부는 호조戶曹에 보관하며, 서울은 호조와 한성부에 각각 1부씩 보관한다. 또한 호주에게도 1부씩 지급하는데, 개인 소장의 호적과 경외京外 관아에 비치하는 호적은 호적으로서의 기재 사항은 동일하지만 규식은 약간 다르다.

호적의 작성은, 우선 호주가 3년마다 호구식戶口式[자료2]에 의거하여 2부의 호구단자戶口單子를 작성하여 올리면 이임里任·면임面任의 검사를 거쳐 주군에 보내지고, 주군에서는 구 대장舊臺帳 또는 관계 서류를 대조하여 착오 여부를 확인한 후, 1부는 단자를 제출한 호주에게 환부還付하여 각 가에 보관하게 하고, 1부는 관에서 호적을 개수改修하는 자료로 이용하는 형식으로 이루어졌다.[자료1]

이때 각 호주가 작성한 호구단자는 어디까지나 호적을 개수하기 위하여 올리는 보고용 문서지만, 그 단자가 관에 의하여 구 장적舊帳籍과 대조·확인되어 제출자에게 환부되면 일종의 신분증명서 및 호적등본의 구실을 하는 준호구적准戶口的인 효력도 함께 갖게 되었다. 호적의 기재 사항은 거주하는 면·리의 이름, 통·호수, 호주의 직역·성명·나이·본관·4조[四祖, 부·조부·증조부·외조부]의 직역 및 성명, 호주의 처의 연

령 · 본관 · 4조의 직역 및 성명, 동거하고 있는 가족의 직역 · 성명 · 연령, 소유하고 있는 노비나 거느리고 있는 고공雇工의 이름 · 연령 · 부모 성명 · 도망 또는 조거 이동 등이었다. 그리고 종친, 의빈儀賓, 양반, 서인, 노비 등은 신분 계급의 차이에 따라 기재 사항을 달리하고 있었다.[자료2]

오가작통법과 호패법

이러한 호적제의 법제적 운영과 실행 목적은 궁극적으로 피지배층의 노동을 무상으로 징발, 사역하는 데 있었으므로, 농민들을 위시한 일반민들의 직접, 간접적인 저항과 항거를 끊임없이 받았다.[자료3] 그리하여 조선 정부는 호적제 시행을 좀 더 원활하게 하는 동시에 주민 서로 간의 상호 감찰과 고발 및 그 확인 대장으로서 호적의 정비 · 강화를 위하여, 오가작통법五家作統法이라 하여 5가를 1통으로 묶어 상호 감시와 연대 책임을 지우는 제도[자료1], 또 16세 이상의 정남丁男에게 호패를 차게 하는 호패법號牌法 등 보조 기능을 갖는 제도를 별도로 시행했다.[자료4~5]

그러나 실제로 조선 전기에 오가작통법이 실시되지는 않은 것 같다. 오가작통법이 실제로 시행된 것은 숙종 이후이다. 호패법 역시 조선 전기 중에도 강력한 전제 군주였던 태종과 세조 때 실시된 적이 있으나 이 제도의 가혹한 인신 구속적 성격으로 인하여 오래 지속되지 못했다. 임진왜란 후에도 흐트러진 기강을 바로잡고 호구 수를 제대로 파악하기 위하여 광해군 때 호패청을 설치하고 호패법을 실시하려 했으나 역시 제대로 실시되지 못했다. 조선 후기에 호패법이 제대로 실시된 것은 반정으로 광해군의 뒤를 이은 인조 때였다.

양난을 겪은 조선 국가는 이러한 호패법과 오가작통법을 통해 어느 정도 양역 인구를 확보하고 중흥의 기반을 마련한 것으로 보인다. 17세기에 작성된 호적대장의 직역 기재는 18, 19세기의 호적대장과는 비교할 수 없을 정도로 정밀한데, 이것은 바로 호패법과 오가작통법의 시행으로 가능했을 것이다.

| 조선 왕조의 시대별 호구 수와 추정 인구

연대	호수	구수	추정 인구(명)
태조 2(1393)	–	301,300	5,572,000
태종 6(1406)	180,246	370,365	5,869,000
세종 22(1440)	201,853	692,475	6,724,000
중종 6(1511)	–	–	10,010,000
중종 14(1519)	754,146	3,745,481	10,469,000
중종 38(1544)	836,669	4,162,021	11,633,000
선조 25(1592)	–	–	13,737,000
인조 20(1642)	481,660	1,649,012	10,764,000
효종 5(1654)	628,603	2,047,261	11,037,000
현종 10(1669)	1,313,652	5,018,744	13,192,000
숙종 37(1711)	1,466,245	6,394,028	15,457,000
숙종 43(1717)	1,557,709	6,839,711	16,347,000
영조 23(1747)	1,759,692	7,340,318	18,544,000
정조 23(1799)	1,741,184	7,412,686	18,389,000
순조 29(1829)	1,563,216	6,644,482	16,456,000
헌종 12(1846)	1,581,596	6,743,862	16,549,000
철종 10(1859)	1,600,434	6,869,102	16,839,000
광무 8(1904)	1,419,890	5,928,802	17,219,000

조선 시대의 호구 자료는 3년마다 각 가호에서 호구단자를 관아에 제출하여 수합된 통계 자료다. 호구 조사의 주된 목적이 군역 등의 조세 부담자를 파악하기 위한 것이었기 때문에 호구 자료는 실제 인구의 증감을 반영하기에는 많은 한계가 있다. 그러나 조선 왕조의 호구 통계는 3년마다 일정한 기준으로 수백 년 동안 작성된 것이므로 이 자료를 통해 실제 인구의 증감 추세를 파악할 수 있다.

호적대장 · 호구단자 · 준호구

호적대장戶籍大帳은 3년에 한 차례씩 자 · 묘 · 오 · 유의 간지가 드는 호적식년戶籍式 年에 각 군현에서 작성하는 책이다. 수령은 관 내 주민의 변동 상황과 신상명세를 면 · 리[또는 방·계]별로 3부를 기재 · 집성하고, 이를 관찰사[감영]와 국왕[한성부 또는 호조]에게 1

부씩 보고하고 1부는 그 군현에 보관했다. 호적대장의 표지에는 'ㅇㅇ道 ㅇㅇ郡(또는 縣·府·牧) ㅇㅇ式(또는 式年)戶籍大帳'이라고 기재되었다.

호적대장은 오늘날의 호적과는 달리 주민등록부의 성격을 지닌 호적책이라 할 수 있다. 이러한 성격의 호적은 1909년에 민적법民籍法이 제정·공포되어 오늘날의 호적으로 성격이 바뀔 때까지 조선 왕조 500년 동안 존속했다. 다만 갑오개혁 때 기재 양식 및 내용과 작성·보고 절차에 약간의 변화가 있었다. 이를 신식 호적이라 하여 그 이전의 호적과 구별하고 있다.

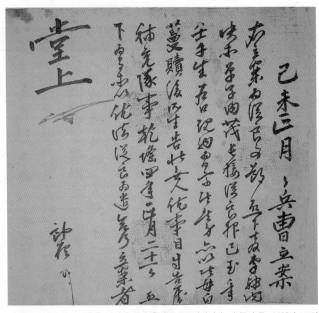

개인이 호적에 실릴 내용을 작성해 관에 올리는 호구단자이다. 이 문서에는 본인의 4조와 처의 4조, 그리고 자녀가 명시되어 있다.

호구단자戶口單子는 호적식년에 각 가호의 호주가 『경국대전』에 규정된 '호구식戶口式' 양식에 따라 자기 집에 거주하고 있는 사람들의 신상명세를 작성하여 수령에게 제출한 문서를 말한다. 오늘날 전래되고 있는 대부분의 호구단자는 수령에게 제출한 문서가 아니고, 호주가 제출한 내용을 수령이 확인하고 통統·호戶 수를 기재하여 호주에게 돌려준 문서다.

왜냐하면 원래 호구단자는 각 리별로 2부씩 수합하여 수령에게 제출하면, 실제로 호방의 호적색 색리들은 이를 앞 식년의 호적대장과 대조하여 이상 유무를 확인하고 통·호 수를 부여한 뒤 1부는 호주에게 돌려 주고 1부는 호적대장을 작성하는 데 사용하도록 했기 때문이다. 따라서 호적대장은 각 가호의 호구단자를 그대로 옮겨 적은 것이다. 다만, 호적대장에는 각 가호 끝에 앞 식년과 대조·확인했다는 뜻의 'ㅇㅇ戶口相準'이나 'ㅇㅇ自首' 또는 'ㅇㅇ加現' 등이 첨가되었다. 또 각 면 끝에 면 내의 호·구 수와 그 변동, 성명·연령별·직역별 인구 수가 집계·기재되고, 이들의 합계가 호적대장

끝에 다시 기재되는 것이 관례였다. 중앙 정부에서는 이들 합계를 가지고 각 군현의 호·구 수와 전국의 호·구 수를 파악했고, 또 이를 바탕으로 각종 부역을 배정했던 것이다.

조선 후기에는 호·구의 증가에 따른 대조 업무의 분산·간편화와 부세 배정의 증대에 따른 호구 수의 축소·조절을 위해 각 면·리로 하여금 수합된 호구단자를 가지고 자체적으로 통·호 수를 부여하면서 각 면 또는 리 단위의 호적책을 작성하여 수령에게 제출하게 하는 경우가 많아졌다. 이를 '호적중초戶籍中草'라 한다. 따라서 대체로 18세기 이후의 호적대장은 대부분 『경국대전』 규정과는 달리 이 '호적중초'에 기초하여 작성되었다고 할 수 있다.

준호구準戶口는 호적대장에 등재된 사람이 필요한 용도에 쓰기 위하여 해당 관아에 신청하여 발급받은 오늘날 주민등록등본과 같은 문서다. 관아에서는 『경국대전』에 규정된 '준호수식準戶口式'에 따라 호적대장에 기재된 내용을 그대로 적어 발급했기 때문에 내용은 호구단자와 동일했다. 다만, 문서의 서두에 '언제 어느 군현 어느 식년의 호구장戶口帳을 보면'이라는 기록이 붙고, 또 수정하거나 가감한 글자가 없다는 뜻의 도장이 찍히는 것 등이 다를 뿐이다. 현재 준호구는 호구단자와 함께 많이 전하고 있는데, 그 대다수가 양반 신분의 것으로 나타난다. 중인이나 평민 이하의 신분에서는 준호구의 발급이나 호구단자의 보관 필요성이 적었기 때문이었다.

자료1

3년마다 호적을 개정하여 본조本曹^{주1} · 한성부 · 본도本道 · 본읍本邑에 간직한다. 서울과 지방은 5호를 1통으로 하여 통주統主를 둔다. 지방은 5통마다 이정里正^{주2}을 두고 1면面마다 권농관勸農官^{주3}을 두며[땅이 넓고 호가 많으면 헤아려 그 수만큼 더 둔다.] 서울은 1방坊마다 관령管領을 둔다.

原文 每三年改戶籍 藏於本曹漢城府本道本邑 京外以五戶爲一統有統主 外則每五統有里正 每一面有勸農官[地廣戶多則量加] 京則每一坊 有管領

_ 「경국대전」2, 호전 호적

주1 본조(本曹): 여기서는 호조를 가리킨다.

주2 이정(里正): 지방 동리에서 공공 사무를 맡아보는 사람. 이임, 이장(里長)이라고도 한다.

주3 권농관(勸農官): 지방의 방이나 면에 속하여 농사를 장려하는 관리.

자료2

【호구식戶口式】호戶 〇〇부部 · 〇〇방坊 · 〇〇리里[지방은 〇〇면, 〇〇리라 칭한다.] 주住, 〇〇 관직 · 성명 · 연갑年甲 · 본관 · 사조四祖^{주4}, 처 〇〇 씨 · 연령 · 본관 · 사조 [종친은 자기 직함과 처의 사조를 기록한다. 의빈(儀賓)^{주5}은 자기 직함·사조와 〇〇 공주·옹주에게 장가 간 것을 기록한다. 서인은 자기 및 처의 사조를 기록하되 서인으로서 사조를 모르는 자는 반드시 다 기록하지 않아도 된다.], 데리고 사는 자녀 〇〇 연갑[여서(女壻)는 모두 본관을 기록한다.] 노비 · 고공雇工 〇〇 연갑.

原文 【戶口式】戶某部某坊第幾里[外則稱某面某里] 住某職姓名年甲本貫四祖 妻某氏年甲本貫四祖[宗親錄自己職銜妻四祖 儀賓錄自己職銜四祖尙某主 庶人錄自己及妻四祖 庶人不知四祖者 不須盡錄] 率居子女某某年甲[女婿則幷錄本貫] 奴婢雇工某某年甲

_ 「경국대전」3, 예전 호구식

주4 사조(四祖): 부, 조부, 증조부 및 외조부의 통칭.

주5 의빈(儀賓): 부마(駙馬) 등과 같이 왕족 신분이 아니면서 왕족과 통혼한 사람의 통칭.

자료3

호구대장을 작성한 후 멋대로 옮겨 다니는 자가 있으면 가장은 장형 100대에 처하며 이웃에 사는 것을 허락한 자도 처벌한다. 마을 내에 옮겨 가거나 오는 자가 있는데도 이정里正이 즉시 신고하지 않으면 장형 70대, 수령으로서 고을에 사는 것을 허락하고 본거주지로 돌려보내지 않거나 옮겨 갔는데도 추적하지 않는 자는 장형 60대에 처한다.

原文 成籍之後 如有流移者 家長杖一百 許接者罪同 里正於里內有移去移來 不卽告官者杖七十 守令許接而不還本者 移去而不推核者 各杖六十

_ 「태조실록」4, 태조 2년 11월 기사

자료 4

지평주사知平州事 권문의權文毅가 호패법을 행하도록 청했다. 그 글에 이르기를, "사람의 마음에는 순박과 야박의 변함이 있는 까닭으로 법을 세움에는 상경常經과 권도權道의 다름이 있습니다. 명나라 태조 황제의 법령과 기강은 엄하고 또 분명하여 군민軍民의 무리에게 모두 호패를 주었습니다. 이 때문에 백성들이 유망流亡할 마음을 근절하여 호구가 증감하는 폐단이 없어졌습니다. 이는 세상의 변함에 따라서 법을 세우는 방법입니다. 삼가 생각하건대, 국가에서 법을 세우고 제도를 마련하는 것은 일체 중화中華의 제도에 따라 모조리 갖추었는데, 오로지 호패만은 미치지 못하여 인민의 유망이 잇따르고 호구가 날마다 줄어듭니다. 감사와 수령이 비록 찾아서 잡는 데 정성을 다하나 그 효과를 보지 못하는 것은 진실로 호패로 식별함이 없어서 많은 사람에게 섞이기 쉽기 때문입니다. 원하건대, 향장鄕長·사장舍長·이장里長의 법을 세워서 100호에 향장을 두고, 50호에 사장을 두고, 10호에 이장을 두어 양민과 천예賤隷의 액수를 두루 알지 않음이 없게 하고, 중국의 제도에 의하여 모두 호패를 주어 출입할 때에 차고 다니게 할 것입니다. 이 법이 한 번 세워지면, 사람들이 모두 토착이 되어 정한 직업이 있을 뿐 아니라 일정한 마음이 있게 될 것입니다. 실로 군사를 강하게 하고 나라를 굳건히 하는 데 한 가지 도움이 될 것입니다." 했다. 의정부에 내려서 의논하여 시행하게 했다.

原文 知平州事權文毅 請行號牌之法 書曰 人心有淳薄之變 故立法有經權之異 皇明太祖皇帝 法令紀綱 旣嚴且明 軍民之衆 皆給號牌 是以民庶絶流亡之心 戶口無增損之弊 此因世變而救之之術也 恭惟國家 立經陳紀 一遵華制 纖悉備具 獨於號牌 未能及焉 流亡相繼 戶口日減 監司守令 雖切切於探捕 未見其效者 誠以無牌以爲標 易混於衆庶故也 願立鄕舍里長之法 百戶置鄕長 五十戶置舍長 十戶置里長 良民賤隷之額 靡不周知 依中國之制 皆給號牌出入佩持 如此則流移逃匿者 無所容矣 此法一立 人皆土着 非特有恒産而有恒心也 實强兵固國之一助也 下議政府擬議施行

_ 『태종실록』 권11, 태종 6년 3월 갑인

자료 5

남자 장정으로서 16세 이상이면 호패를 패용한다. [동반·서반 및 내관(內官)주6 2품 이상인 자는 아패(牙牌)를 패용하고, 3품 이하 및 삼의사(三醫司)주7로서 잡과에 등과한 자는 각패(角牌)를 패용하며, 생원 및 진사는 황양목패(黃楊木牌), 유품(流品)·잡직·사(士)·서인·서리·향리는 소목방패(小木方牌), 공사천(公私
賤)·가리(假吏)**주8**는 대목방패(大木方牌)를 패용한다.] 서울에서는 한성부, 지방에서는 각 해당 관
官에서 낙인하여 이를 발급한다. 호패를 패용하지 않은 자는 제서유위율制書有違律**주9**
에 따라 처벌하고, 다른 사람의 호패를 패용한 자는 호적에 누락된 죄로서 처벌하고
다른 사람에게 호패를 빌려준 사람은 장형杖刑 1백과 도형徒刑 3년에 처한다. 군병軍兵
은 그대로 요패腰牌를 찬다.

> **原文** 男丁十六歲以上 佩號牌[東西班及內官二品以上 用牙牌 三品以下及三醫司登雜科者
> 角牌 生進黃楊木牌 流品雜職士庶人書吏鄕吏 小木方牌 公私賤假吏 大木方牌] 京則京兆 外則
> 各其官 烙印以給 不佩者以制書有違律論 借佩他人號牌者 以漏籍律論 與者杖一百徒三年 軍
> 兵仍用腰牌
>
> ＿「속대전」2, 호전, 호적

주8 가리(假吏): 한 지방의 세습 아전이 아닌 다른 지방에서 온 아전.

주9 제서유위율(制書有違律): 중국 명나라의 법전인 「대명율」에 제서 [詔勅, 왕의 조칙]를 받들어 시행하는데 위반하는 자는 장 100대에 처하고 왕의 뜻을 잘못 깨달은 자는 3등(等)을 감한다는 요지의 규정.

■ 출전

「경국대전」

「태조실록」

「태종실록」

「속대전(續大典)」: 조선 영조 때 편찬한 법전. 「경국대전」의 속전으로 4권 6책으로 되어 있다. 「경국대전」의 편제와 내
용을 기본으로 하고 있으나, 그 이후 공포된 각종 법령 중 시행할 만한 것과 「경국대전」에서 누락된 내용 중 당시 사
회에 맞는 것을 보충하는 한편, 「경국대전」 조항 중 사회의 변화에 따라 적절하지 못한 것을 제외했다. 주로 호전, 형
전 등에 여러 항목이 추가되었으며, 특히 형법의 시행에서 신중과 관용을 기하고 형량을 가볍게 하는 등 관형주의
(寬刑主義)를 취하고 있는 것이 특색이다. 영의정 김재로가 왕명에 의해 1746년 발간했다. 조선 사회의 법제·문물
과 18세기의 사회 경제적 상황을 연구하는 데 중요한 자료다.

■ 찾아읽기

이수건, 「조선 초기 호구연구」, 「인문과학」 5, 1971.

권태환·신용하, 「조선 왕조 시대 인구추정에 관한 일시론」, 「동아문화」 14, 1977.

정석종, 「조선 후기 사회 변동 연구」, 일조각, 1983.

한영국, 「조선 왕조 호적의 기초적 연구」, 「한국사학」 6, 1985.

국사편찬위원회, 「한국사」 34(조선 후기의 사회), 1995.

최홍기, 「한국 호적 제도사 연구」, 서울대학교 출판부, 1997.

한영국, 「조선 왕조 호적대장의 탐구」, 「한국사 시민강좌」 24, 일조각, 1999.

노영구, 「조선 후기 호적대장 연구현황과 전산화의 일례」, 『대동문화연구』 39, 2001.

이유진, 「18세기 대구 호적을 통하여 본 도시지역의 특징」, 『한국사론』 57, 2011.

3 빈민 구제의 사회 보장 제도

진휼과 환곡

조선 시대에 농민 생활을 안정시키기 위한 진휼 정책으로서 대표되는 것은 환곡제였다. 환곡은 국가가 춘궁기에 농민에게 곡식을 대여했다가 추수 후에 이를 환수하는 제도로서, 흔히 '환자'라고 칭했다. 이것은 가난한 농민을 구제하고 농업의 재생산을 보장하기 위한 방편의 하나로 마련된 것이나, 한편으로는 군량미 등 국가 비축곡을 개색[改色, 묵은 것을 새 것으로 바꿈]하기 위한 목적도 겸했다.

환곡의 역사

환곡제는 고구려 고국천왕 16년(194)에 제정·실시된 진대법賑貸法에서 비롯하지만, 이것을 환곡 또는 환자[還上, 이두 글자로서 '환자'로 읽음]라고 부르기 시작한 것은 고려 성종 때부터로 추정된다. 성종은 5년(986)에 태조 때 설치된 흑창黑倉을 확장, 정비하면서 의창義倉이라 개칭하고, 여기에서 국곡國穀의 대여·회수뿐 아니라 진제[賑濟, 굶주린 백성에게 곡식을 무상으로 분급하여 구휼하는 제도]도 담당하게 했다. 고려 시대의 환곡은 조선 초기와 마찬가지로 군자곡軍資穀을 비롯한 국가 비축 미곡을 원곡元穀으로 하여 수도와 각 주·현에 설치된 의창에서 지방 장관의 책임 아래 운영되었을 것으로 보고 있다. 그러나 무신난을 전후한 때부터 의창은 기능을 상실하기 시작하여, 고려 말에 이르러선 가난한 농민들은 다음 해의 농사를 위해서나 굶주림을 면하기 위해 사채私債에 의

존했다. 채주債主들은 사채 이자를 받는 데 그치지 않고 채무자의 토지를 겸병하거나 그 가족의 노동력을 수탈했으며, 나아가 이들을 노비로 삼기까지 했다.

조선의 환곡

「채미도」. "비가 넉넉하게 내려 산나물이 쑥쑥 자라네. 시누이와 함께 나물 캐러 가누나…"라는 시구가 적힌 작자미상의 그림에서 당시 서민의 생활상을 엿볼 수 있다.

조선은 건국 후 농민들의 몰락을 저지하고 그 생활을 안정시키기 위해 의창을 다시 설치하고, 그 운영에 큰 관심을 쏟았다.[자료1] 국초에는 충분한 양의 의창곡을 확보할 수 없어 기능이 발휘되지 못했으나, 세종 5년(1423)에 군자곡을 의창에 첨가하면서 그 규모가 약 107만 석가량 되어 이때부터 의창이 제대로 운영되기 시작했다.[자료2] 이 시기에 의창곡을 분급하는 방식은 두 가지였는데, 하나는 분급한 후 이자 없이 원곡만을 받는 환곡이고, 다른 하나는 무상으로 분급하는 진제賑濟였다.

환곡은 흉년뿐 아니라 평시에도 양식이나 종자種子가 부족한 농민들에게 분급하는 것으로, 가을에 상환할 수 있는 능력을 우선 고려해야 했기 때문에 그 분급의 주 대상은 어느 정도의 경제적 능력을 갖춘 중소 토지 소유 농민들이었다. 이와 달리 진제는 심한 흉년이 들었을 때 굶주린 농민들을 돕기 위해 적은 양의 미곡을 분급하는 것으로, 주 대상은 무전농민無田農民이나 유이기민流移飢民들이었다.[자료3] 환곡과 진제의 비율은 시기와 지방에 따라서 많은 차이를 보이지만, 전체적으로 환곡으로 분급한 양이 훨씬 많았다. 또 환곡 가운데는 식량보다 종자로 지급한 양이 많았다. 극심한 흉년에는 수백만 명의 기민飢民이 환곡·진제로 연명했으며, 절반 이상의 농민들이 국가에서 분급하는 종자에 의존하여 농사를 지은 적도 있었다.

춘궁기에 분급한 환곡은 가을에 이자 없이 원곡만 수납하도록 했으나, 경제적 처지가 열악한 농민의 경우에는 평시에도 환곡을 갚는 것이 쉽지 않았으며 흉년이 들면 거의 불가능했다. 따라서 많은 양의 미납 환곡이 생기는 것은 필연적이었다. 정부에서는 잇따른 흉년 등으로 미납 환곡이 누적되어 농민들이 도저히 상환할 수 없는 지경이 되면 이것을 탕감해 주기도 했다. 그러나 미납 환곡이 늘어가고, 탕감이 시행됨에 따라 환곡으로 다시 대여할 수 있는 의창곡은 계속해서 줄어들었다. 이러한 문제점을 해결하기 위해 세조 7년(1461)에는 의창을 대체할 수 있는 새로운 진휼 기구로 사창社倉을 설치했다.[자료4]

사창제는 두 가지 점에서 의창과 전혀 달랐다. 2할의 이자를 수취한다는 점과 재지사족在地士族들이 사장社長이 되어 그 운영을 주관한다는 점에서였다. 전자가 미납환곡으로 말미암아 계속해서 의창의 곡식이 줄어들었던 문제를 해결하는 방안이었다면, 후자는 관官에서 진휼 기구를 운영하는 데 따른 문제점을 해소한다는 방책이었다. 그러나 이러한 사창 제도는 시행한지 얼마 되지 않아 각종 폐해를 드러내어 성종 원년(1470)에 폐지되었다.[자료5]

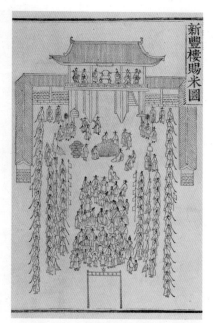

화성의 여러 건물 가운데 하나였던 신풍루에서 백성들에게 구휼미를 내려 주는 모습을 그린 「신풍루사미도」이다.

이후 환곡은 16세기 중엽에 이르러 그 이자의 10분의 1을 호조에 회록[會錄, 국가 회계에 편입시키는 겠하게 하는 일분모회록―分耗會錄 제도가 실시되어, 환곡의 이자 수입이 국가 세입의 일부가 되는 큰 변화를 겪게 된다. 그리고 그것은 왜란과 호란을 치르면서 국가 재정이 극도로 어려워진 17, 18세기에 크게 확산되어 갔다. 그리하여 18세기 말엽에는 1,000만 석에 달하는 환곡은 여러 관청에서 각양각색으로 운영하면서 중앙과 지방의 경비를 적지 않게 보조하고 있었고, 그에 따라 환곡은 점차 부세의 성격을 지니게 되었다. 해마다 일정한 수입을 보장하기 위해서 강제적 대여와 이자 획득이 불가피했기 때문이다. 이에 환곡은 농민 생활을 안정케 하는 진휼보다는 세입에 치중하는 변화를 보이게 되었고, 수탈 양상을 띠게 되었다.[자료6]

자료1

의창의 설치는 본래 궁핍한 사람을 진휼하기 위해서이다. 씨 뿌리는 시기가 되면 먼저 가난한 농민들에게 곡식의 종자를 분급分給하되 반드시 되질斗量을 하여야 하며, 추수한 후에는 다만 그 본수本數만을 납부한다. 그 출납한 수량은 매년 마지막 달에 삼사에 보고하되, 수령 중에서 되질하지 아니하거나 부유한 자에게 분급한 자는 논죄論罪한다.

原文 義倉之設本爲賑恤窮之 每當農月 先給窮民糧種 必須斗量 秋成只納本數 其出納之數 每年季月報三司 其守令不行斗量升給 富彊者論罪

_ 「태조실록」, 권2, 태조 원년 9월 임오

자료2

의창은 환자還上 · 진제賑濟를 위해 설치한 것이며, 국고國庫는 군국軍國의 수요에 쓰기 위한 것입니다. 근래의 몇 년 사이에 흉년이 여러 번 닥쳐 일반 백성들이 오로지 환자 · 진제만 바라보고 살아갑니다. 이러한 까닭으로 의창곡이 모자라 부득이 국고로 환자 · 진제를 지급하여 구휼하게 되었습니다. 이에 군수軍需가 점차 줄어들어 거의 없어질 지경이 되었으니, 진실로 염려스럽습니다.

原文 戶曹啓義倉爲賑濟還上而設 國庫乃軍國之需 近年以來屢致凶荒允 民之生專仰賑濟 還上緣 此義倉不數不得已 以國庫支給救恤 軍需漸至殆盡 誠爲可慮

_ 「세종실록」, 권21, 세종 5년 9월 갑오

자료3

의정부가 전라도 감사의 첩정牒呈에 의거하여 계문啓聞하기를, "무릇 많은 기민飢民들을 가리지 않고 모두에게 진제賑濟를 시행하면 국용國用이 반드시 모자라게 될 것입니다. 이제부터는 전토田土와 의지할 친척이 있는 자에게는 다만 환자還上를 지급하고, 의지할 바가 없는 자에게만 진제를 시행하는 것이 어떻겠습니까. 또 기민이 서로 아는 사람을 찾아서 주거住居를 옮기고 유이流移하다가 굶어 죽는 사람들이 간혹 있습니다. 이러한 자들이 있으면 친척의 유무를 막론하고, 마을에서 일정한 재산이 있는 자를 보증인으로 세우고 환자를 분급하여 진휼하는 것이 어떻겠습니까?" 했다. 국왕이 이에 따랐다.

原文 議政府據全羅道監司呈啓允 諸飢民者不分辨而並給賑濟 則國用必乏 自今有田土及 親戚可依者 只給還上 無所依者然後乃給賑濟 且飢民彼此求食轉徙流移因而餓莩者間 或有之 苟有如此者 莫論親戚有無 保援里中有恒産者 官給還上賑恤可如 從之

_ 『세종실록』 권74, 세종 18년 9월 정유

자료 4

각 도의 여러 읍에 있는 의창곡의 수량이 적어 매번 구황救荒할 때마다 군자미軍資米를 쓰고 있습니다. 생각해 보건대, 수隋나라의 장손평長孫平주1은 매번 수확할 때마다 상등 민호上等民戶에게는 1석石을, 중호中戶에게는 7두를, 하호下戶에게는 4두를 수취하여 의창을 설립하자고 주청奏請했습니다. 송나라의 주희는 상평창미常平倉米를 빌려 원본으로 삼아 취식取息하여 사창社倉을 설립하자고 했습니다. 그 본뜻은 모두 미리 비축하여 백성들의 위급함을 구하기 위한 것이었습니다. 청컨대 이제부터는 군자곡을 진대賑貸했다가 환수할 때는 매 10두에 4두씩의 이자를 붙여 받고, 연초年初에 그 수량을 계문啓聞하도록 하십시오.

주1 장손평(長孫平): 중국 수나라 때 사람. 탁지상서·공부상서 등을 역임하고 의창을 설치한 것으로 유명하다.

原文 諸道諸邑義倉米穀數少 每當救荒之時用軍資米 竊稽隋長孫平奏請每當收穫之日取民 上戶一石 中戶七斗 下戶四斗 以立義倉 宋朱熹請借常平米取息以立社倉原 其本意皆欲豫蓄 以救民急 請自今以軍資米穀賑貸其還收之時 每十斗取息四斗 歲抄具數以聞從之

_ 『세조실록』 권8, 세조 3년 7월 을축

자료 5

사창社倉은 마을마다 설치되어 사장社長에게 맡겼기 때문에 곡식을 대여할 때, 사장의 친소親疎와 은원恩怨에 따라 많이 주기도 하고 적게 주기도 하여 환과고독鰥寡孤獨주2은 혹 받지 못하는 경우가 있다. … 곡식을 보관할 때도 공가公家의 곡식을 자기의 소유물인 것처럼 취급하여 마음대로 출납하고, 또는 곡식을 바꾸기도 하고, 사사로이 도적질 하기도 한다. 또한 인력이 부족하고 저장함이 허술하여 도적을 불러들이기도 한다. 세월이 지날수록 쌓아둔 것이 모손耗損되어 마침내 자기 힘으로 보상할 수 없음을 알게 되면, 흔적을 감추려고 꾀하고 마침내는 그 창고를 불지르고 도적이 불질렀다고 말한다. … 의창義倉은 실로 만세에 바꿀 수 없는 양법良法이다. 바라건대 의창을 복립復立하는 것이 민의 희망이다.

주2 환과고독(鰥寡孤獨): '홀아비, 과부, 어리고 부모 없는 사람, 늙어서 자식 없는 사람'을 이르는 말.

原文 故邪盖社倉散置村間委諸社長其散之也 以已親疎恩怨爲之多少 而鰥寡孤獨或不與焉 … 積其守之也 公家之粟視爲已有任意出納 或換易 或私竊 且人力不敷慢藏 招盜賊 月旣久積 致耗損 終知力不蝕償 則謀欲滅跡 必將其庫廩曰盜賊火之也 … 義倉實萬世不易之良法 伏望 復立義倉以慰民望

_ 「세조실록」 권46, 세조 14년 6월 병오

자료 6

주3 조적(糶糴): 환곡의 별칭. 조는 봄에 곡식을 방출하는 것을 말하고, 적은 가을에 곡식을 환수하는 것을 말한다.

환자還上는 사창社倉이 일변한 것이며, 조적糶糴주3도 아니면서 백성의 뼈를 깎는 병폐가 되었으니 백성이 죽고 나라가 망함은 바로 눈앞에 닥친 일이다. … 맨 처음 이 법을 만든 본뜻은 반은 백성의 양식을 위함이요, 반은 나라의 경비를 위한 것이니, 어찌 반드시 백성에게 모질고 사납게 하기 위하여 만든 것이겠는가. 지금은 폐단이 거듭되어 나라의 경비에 보탬이 되는 것은 열 가운데 하나요, 여러 아문에서 관장하여 자기들의 몫으로 삼는 것이 열 가운데 둘이요, 군현의 아전들이 농간질하고 판매를 해서 스스로 장삿속으로 이득을 취하게 되는 것이 열 가운데 일곱이다. 백성은 일찍이 쌀 한 톨도 만져 보지 못했는데 해마다 바쳐야 하는 쌀이 천이나 만이나 되니, 이것은 세를 거두는 것이지 어찌 진대賑貸라 하겠으며, 이것은 폭력이나 위력을 써서 강제로 빼앗는 것이지 어찌 부렴이라 할 수 있겠는가.

原文 還上者社倉之一變 非糶非糴爲生民切骨之病 民劉國亡呼吸之事也 … 原初設法之本意 半爲民食 半爲國用 豈必爲虐民厲民而設之哉 今也弊上生弊亂上添亂雲渝靈洩沙滾波濤爲天下不可究詰之物上之所用以補經費者十之一 諸衙門所管以自爲廩者十之二 郡縣小吏飜弄販賣 以自作其商賣之利者十之七 一粒之穀民未嘗未見其末而白輸米若粟歲以千萬 此是賦斂豈可曰賑貸乎此是勒奪豈可曰賦斂乎

_ 정약용, 「목민심서」 호전 6조, 곡부 상

출전

「목민심서」

「세조실록」

「세종실록」

「태조실록」

■ 찾아읽기

국사편찬위원회, 『한국사』 25, (조선 초기의 사회와 신분구조), 1994.

국사편찬위원회, 『한국사』 32, (조선 후기의 정치), 1997.

양진석, 「17, 18세기 환곡 제도의 운영과 기능변화」, 서울대학교 박사학위 논문, 1999.

문용식, 『조선 후기 진정과 환곡 운영』, 경인문화사, 2001.

송찬섭, 『조선 후기 환곡제 개혁연구』, 서울대학교 출판부, 2002.

송찬섭, 「1862년 삼정이정논의와 환곡정책의 전개」, 『역사연구』 23, 2012.

원재영, 「조선후기 진휼정책과 진자의 운영」, 『조선시대사학보』 64, 2013.

4 향촌 교화의 자치 규약
향약

향약은 송나라에서 향촌 전체를 교화하고 선도할 목적으로 창
안한 향촌 자치 규약이다. 11세기 후반 도학자 여대균 형제들이
먼저 만들었고 이를 『여씨향약』이라 한다. 100년 뒤에 주자는 향
촌 교화를 목적으로 이를 약간 수정하여 『주자증손여씨향약』을
만들었다.

향약의 기원, 『여씨향약』과 『주자증손여씨향약』

향약은 본래 송나라 인종·신종 연간인 11세기 후반에 섬서성陝西省 남전현藍田縣의
도학자道學者 여대균(呂大鈞, 1030~1083) 형제들이 향리 전체를 교화하고 선도할 목적
으로 창안한 향촌 자치 규약이다. 이를 『여씨향약呂氏鄉約』이라 일컫는다. 여씨 형제들
은 북송의 유학자인 장재張載·정호程顥·정이程頤의 문하였다. 이 가운데 여대방呂大防
은 명신으로, 대충大忠·대균大鈞·대임大臨은 학자로 명망이 높았다. 특히 경전經典뿐
만 아니라 예禮에 밝았고 도학자로도 이름을 떨쳤다. 여씨 형제들이 향약을 만들었던
것도 이러한 분위기와 밀접한 관련이 있다. 그 후 100년 뒤 주자는 향촌 교화를 목적으
로 『여씨향약』을 약간 손질하여 『주자증손여씨향약朱子增損呂氏鄉約』을 만들었다.

송의 사대부들은 양자강 남쪽이 개발되면서 새롭게 성장한 재지 지주 출신으로 구

성되어 있었다. 이들의 세력 기반은 향촌에 있었고 따라서 향촌 사회의 질서를 확립하고 구성원들을 교화시키는 것이 무엇보다 중요한 일이었기 때문이었다. 이들이 향약鄕約·서숙書塾·서원書院·사창社倉 등의 향촌 자치 기구를 만들어 운영했던 것도 이러한 맥락에서였다. 따라서 주자도 이러한 향촌 자치 기구에 깊은 관심을 가졌고 실제로 그 규약과 내용을 정하고 이를 실시하는 데 앞장섰던 것이다.

주자는 『여씨향약』을 대본으로 하여 다른 책을 참조하고 자기의 의견을 첨부하여 월단집회독약月旦集會讀約의 예禮를 만들었다. 『주자향약』 가운데 주자가 독창적으로 만든 부분은 이 규정뿐이다. 주자는 향약의 약규約規를 그대로 실천하기가 매우 어려우니 매달 한 차례씩 향약집회鄕約集會를 소집하여 장유유서長幼有序의 원칙 아래 엄격한 상견례의 의식을 가진 다음 향약 약규를 거듭 읽고 해설할 것을 강조했다. 그 자리에서 선행을 칭송하고 악행을 처벌하는 절차를 밟도록 했다. 향촌 교화를 강력히 실시하기 위해서는 엄격한 의식이 필요했기 때문이었다. 향음주례鄕飮酒禮·향사례鄕射禮에서도 술 마시기와 활쏘기 자체에 의미를 부여하기보다는 이를 행하는 의식을 더 중시한 것도 그 때문이라고 할 수 있다.

또한 『주자증손여씨향약』이 『여씨향약』보다 크게 달라진 부분은 예속상교禮俗相交 항목이다. 이 항목도 주자가 완전히 새로 만들어 넣은 것은 아니고 『여씨향약』을 지은 여대균의 향의鄕儀의 내용을 간추려 재정리해 놓은 것이다. 향의는 빈의賓儀 15항, 길의吉儀 4항, 가의嘉儀 2항, 흉의凶儀 2항으로 되어 빈의가 가장 상세하다. 주자는 길의·가의·흉의는 대부분 가의에 해당하기 때문에 향의에 해당하는 빈의만을 예속상교 항목에 대폭 손질하여 편입시켰다. 주자는 향촌 질서를 바로잡는 데는 무엇보다도 구성원 사이에 예의범절을 잘 지키게 하는 것이 중요하다고 여겼던 것이다. 이는 예를 중시하는 송 유학의 전통이기도 했고, 반면에 여대균은 향약을 너무 각박하게 만들지 않기 위해 예속상교 부분은 되도록 간략하게 규약을 정했다.

그러나 조선 후기까지도 『여씨향약』 정본은 전하지 않고 다만 『주자증손여씨향약』만이 전한다고 할 뿐이었다. 조선 유학자들은 『여씨향약』 정본에는 관심이 없었다. 어디까지나 주자가 향촌 교화 수단의 하나로 재정리한 『주자증손여씨향약』에만 관심이 있었다. 중국에서는 『여씨향약』이나 『주자증손여씨향약』이 그리 널리 보급되지 않았

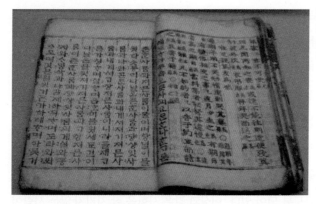

던 데에 반해 조선에서는 주자성리학을 숭상하면서 후자만이 대단히 존숭되었고 이를 실천에 옮기려고 했던 것이다. 향약이 이황이나 이이에 의해 우리나라 실정에 알맞게 변형되어 시행했다고는 하지만 기본적인 틀과 내용은 거의 『주자증손여씨향약』을 중심으로 하고 있다.

향약의 4강령

향약의 4강령으로 널리 알려져 있는 조문은 '덕업상권德業相勸', '과실상규過失相規', '예속상교禮俗相交', '환난상휼患難相恤'이다. [자료4]

'덕업상권'은 도덕에 관한 것이다. 즉 덕업은 선을 행하고, 부형과 윗사람을 잘 섬기며, 밖에 나가서는 벗들과 화목하며, 법령을 준수하고, 조세를 정성껏 부담해야 한다는 것이다. 선을 행한 사람은 집회 일에 추천하여 기록에 남기고 그렇지 못한 사람에게 경계가 되도록 했다.

'과실상규'는 과실을 서로 규제한다는 내용이다. 술주정, 도박, 싸움, 언행불손 등의 제재 및 환난을 낭한 님을 도와주어야 한다는 것이다. 이를 실천하지 않은 사람도 과실로 취급되어 곤욕을 당했다.

'예속상교'는 예의와 풍속을 서로 교환하도록 규정한 내용이다. 이것은 주자학에서 가장 중요시하는 것으로서 윗사람과 아랫사람 사이에 지켜야 할 예의범절이다. 즉 일상생활에서 서로의 만남, 방문, 초대, 마중과 배웅 및 길흉사에 취할 태도 범절 등의 예절에 관한 것이다. 예컨대 20세 이상의 차이가 지는 윗분을 존자尊者라 하고, 10세 이상 20세 이하 사이의 연상자를 장자長者라 하여 각기 그들에 대하여 취할 바 언행을 규정하고 있다. 존자에게는 부행자父行者라 하여 아버지처럼 대하고, 장자는 형행자兄行者라 하여 형처럼 대하도록 되어 있다. 그리고 존자나 장자를 음식에 초대할 때는 몸소 찾아뵙고 글월로 초대를 청하여야 하며, 멀리 출타하거나 멀리에서 오는 사람이 있을 때에는 전송과 출영을 하도록 되어 있다. 이상과 같은 사항을 잘 지키지 않는 사람이 있으면 직월直月에게 보고하여 약정約正이 나무라도록 할 뿐만 아니라 좋지 못한 행동을 기록에 남겨 놓는다.

'환난상휼'은 어려움을 당한 사람을 즉시 협조하여 도와주도록 한 내용이다. 수재, 화재, 도적을 맞은 경우, 질병에 걸려서 앓고 있을 때, 상을 당했을 때, 모함을 받아 억울하게 죄를 얻었을 때, 생계가 아주 어려운 빈민, 그리고 어른이 모두 죽고 남은 자녀가 외롭고 의지할 곳이 없을 때 등 7가지 사항에 관하여는 꼭 도와주도록 한 내용이다. 이를 외면하면 지탄의 대상이 되었다.

조선 시대의 향약 : 사족향약 · 주현향약 · 동리향약

중국과 역사 · 문화 · 풍토가 다른 조선에서는 중국의 향약을 그대로 실시하지 않았다. 명칭도 향약이라고도 하고 또는 다른 용어로도 썼다. 내용도 마음대로 취사 선택할 수 있었다. 왜냐하면 우리나라에도 종래부터 향헌鄕憲, 향도香徒, 계契, 두레 등의 향촌 공동체의 조직과 규약을 가지고 있었기 때문이다. 따라서 향약은 향촌의 규약이라는 의미로 사용하기도 했다. 그러므로 향약이 반드시 『여씨향약』이나 『주자증손여씨향약』을 말하는 것은 아니었다. 향약이라는 이름은 같지만 실행 주체 · 실행 목적 · 실행 시기에 따라 내용이 얼마든지 달라질 수 있는 것이다. 사족士族이 주체가 될 때에는 사족향약士族鄕約이나 향규鄕規가 되고, 수령이 주체가 될 때에는 수령향약守令鄕約

이 되며, 동·면·리·촌 등의 공동체의 단합과 질서를 유지하기 위하여 실시되면 동약洞約·면약面約·리약里約·촌약村約이 되는 것이다. 무엇보다 향약의 성격은 향규니 향약이니 하는 명칭보다는 그 주체와 내용·목적이 더 중요하기 때문이다. 그러므로 조선 시대의 향약은 실행 주체를 기준으로 사족향약·수령향약[또는 주현향약]·동리향약으로 대별해 볼 수 있다.

사족향약은 향회를 중심으로 운영되었다. 구성원을 향원, 명단을 향안이라 했고, 경비는 향계가 조달했다. 계契는 회의의 회비로 운영되기도 하고 일정한 기금을 가지고 그 이자로 운영되기도 했다. 또한 목적 사업에 계라는 이름을 붙여 사용하기도 했다. 따라서 향약鄕約·동약洞約·촌약村約·종약宗約을 향계鄕契·동계洞契·촌계村契·종계宗契로 바꾸어 부르기도 했다.

유향소留鄕所는 향회의 행정 기구였다. 유향소의 청사를 향청鄕廳이라 했고, 유향소의 좌수·별감 등 향임鄕任은 향망鄕望을 많이 받는 향원을 뽑아 경재소京在所의 재가를 받아야만 했다. 향회의 대표는 향집강[鄕執綱, 향선생(鄕先生)·향수(鄕首)·향로(鄕老)·향대부(鄕大夫)라고도 부름]으로서 나이 많고 덕이 높은 사람이 추대되었으며 임기도 없고 일향一鄕의 여론을 좌우했다. 향집강은 향임을 통하여 군현의 인사·조세·역역·공부 등 행정 업무에 간여했으며 향안에 등재된 향내인뿐 아니라 등재되지 않은 향외인의 일까지 간여하기도 했다. 향원은 내향內鄕·외향外鄕·처향妻鄕 등 3향을 고려하여 사족만이 일정한 심사를 거쳐 될 수 있었다.

사족향약에서는 향음주례鄕飮酒禮·향사례鄕射禮·사창제社倉制 등을 실시하여 향원 간의 단결과 질서를 도모하고 향촌 교화에 역점을 두고 있었다. 퇴계·율곡의 향약은 사족향약의 모본이 되었다. 그러나 임진란 이후에는 지방 사회에 구향舊鄕과 신향新鄕의 구분이 생겨 향전鄕戰이 일어나고 수령이 은근히 신향을 편들게 되자 사족향약은 위기를 맞이하게 되었다. 그리하여 구향들은 향안에서 나와 따로 유안儒案을 만들기도 했다. 향안파치鄕案罷置가 그것이었다. 조선 초기에 집권 관료들은 향리를 누르기 위하여 재지사족在地士族인 품관品官들을 지원했으나 향리 세력이 약화된 조선 후기에는 향촌 지배의 중심 세력인 구향을 누르고 신향을 지원함으로써 집권화 정책을 추구하게 된 것이다.

주현향약州縣鄕約 또는 수령향약은 수령이 중심이 되어 군현·면·리·동 단위로 실시된 향약이었다. 이는 중앙 정부의 군현·면리제 강화와 향촌 교화 정책의 일환이기도 했다. 그러나 주현향약은 사족향약이 우세하던 조선 중기에는 사족들의 비협조로 큰 실효를 거두지 못했으나 수령권守令權이 강화된 17·18세기 이후에는 널리 유행되었다. 수령권을 강화하기 위하여 수령은 수령에게 협조적인 신향新鄕의 향청鄕廳과 향리의 작청作廳을 지원하고 구향을 견제하고자 했다. 그리하여 유향소의 향청은 신향이 차지하는 비율이 높아지는 대신 향청의 향임은 완전히 수령의 관할 아래 편입되어 가고 있었다.

동리향약洞里鄕約은 주현향약의 일환으로 실시되었다. 그러나 동리향약에는 두 가지 특징이 더 가미되어 있었다. 하나는 공동납共同納 문제이고, 다른 하나는 촌락에 자생적으로 오래 전부터 내려오는 향도香徒·계·두레·동제洞祭 등 공동체 조직과의 결합 문제이다. 숙종 37년(1711) '양역변통절목良役變通節目'의 이정제里定制도 조세·환곡·역역力役의 공동납을 목적으로 실시된 것이었다. 관에서는 민고民庫를 설치하여 촌락의 공동납을 지원하기도 했다. 그러나 공동납은 족징族徵·인징隣徵의 폐해와 하층민들의 불공평한 부담 때문에 삼정의 문란과 민란이 초래되는 원인을 제공했다. 이러한 동리향약에는 사족들의 상계上契와 하층민의 하계下契가 합쳐져 있어 자연히 그 부담은 하층민들에게 집중되었다.

동리향약은 또한 향도·촌계·동계 등 전통적인 촌락 공동체의 계규약契規約을 바탕으로 실시되고 있었다. 이러한 향촌계 규약은 상부상조 정신을 바탕으로 이루어진 하나의 생활 공동체였다. 그러나 이러한 향촌계 규약은 관습적으로 운영되어 왔기 때문에 지금 전하고 있는 것이 드물다.

향약의 실시와 그 특성

향약의 실시 시기를 기준으로 할 때, 조선 시대 향약은 중종 12년(1517) 김안국金安國이 경상감사로 있을 때 간행한 『여씨향약언해』가 그 발단을 이룬다. 『성리대전性理大

「경직도」(작가 미상)는 농부가 경작을 하고 누에를 치고 베를 짜는 일련의 농사 기본 과정을 45개의 그림에 담고 이를 5언 시로 읊은 남송 누숙(樓璹, 1090~1162)의 그림에서 유래하였다. 이 그림은 타작, 지붕잇기, 새끼꼬기 등 가을걷이에 한창 바쁜 농가의 정경을 묘사하고 있다.

全」에 실린 『여씨향약』은 주자학과 더불어 고려 말에 이미 전래되었다. 그러나 그 주해 註解가 없어 민간에서 이해하기 어려웠는데, 주자학적 이상에 몰두하여 교화敎化에 열성적이었던 김안국이 『여씨향약』에 언해를 붙여 간행했다.[자료1]

조선 중기 조광조를 비롯한 사림은 주자학적 이상 사회의 실현, 즉 삼대의 이상 사회 구현을 의도한 도학 정치를 펼치고자 했다. 이를 위해 풍속을 단속하는 향약은 그것의 좋은 방편으로 간주되어 전국적인 실시를 도모했다. 그러나 이러한 의도는 기묘사화己卯士禍로 인해 급속히 사라졌다.

당시 사림이 실시하고자 했던 향약은 전통과 조화된 자치적인 성격의 것이 아니었다. 무엇보다 이상에 치우친 관 주도官主導의 폐단이 발생하고 있음을 조광조 스스로도 비판하고 있었다. 또한 향약은 약정約正에 적임을 얻어야 행할 수 있는데, 지방에서 고을마다 인재를 얻을 수 없는 것도 문제였다.[자료2]

한편 명종 때에 조광조의 신설伸雪 문제가 논의되면서 향약의 시행 문제도 논의되었고, 선조 초에 향약의 실시 문제가 다시 당면 문제로 등장했다. 조정에서는 또다시 『주자증손여씨향약』을 관 주도로 실시하고자 했다. 여기에 대해 이이李珥는 "지금은 양민良民이 먼저요, 교민敎民은 다음이다."라고 주장하여 반대하여 중지시켰다. 그러나 그는 뒷날 해주에서 「해주일향약속海州一鄕約束」, 「사창계약속社倉契約束」 등을 마련하여 향약 실시에 앞장섰다.[자료3]

임란 이후 서민들은 막대한 피화로 겨우 잔명만 유지하는 경향이었으므로 인륜이나 명분을 돌볼 겨를이 없었다. 따라서 상하 모두 무너진 질서와 생활 윤리 등을 재건할 필요가 시급했다. 여기서 상하를 망라한 새로운 향약, 즉 향규와 향도의 약속을 종합한 지연적인 자치 조직으로서 동계洞契·동약洞約이 출현하게 되는 사회적 여건이 마련된 것이다. 일반 서민을 대상으로 교화를 목표로 실시하고자 했던 향약은 실제 제대로 실시된 적이 없었고 이와 같이 시대적 사회적 여건에 맞춰 동약·동계 등으로 변통해 실시되었던 것이다.

자료1

동지중추부사 김안국이 아뢰기를, "신이 경상도관찰사가 되어 이 도를 관찰해 보니, 인심과 풍속이 극도로 퇴폐했습니다. 지금 주상께서 풍속을 바꾸려는 데에 뜻이 있으므로 신은 지극하신 뜻을 받들어 완악한 풍속을 고치고자 합니다. 가만히 그 요점을 생각해 보니 고인의 책으로 풍속을 좋게 할 수 있는 것을 취하여 자세히 언해諺解하고 도 내道內에 반포하여 가르치면 좋겠습니다. 이들 서책에 대해 신은 뜻을 두어 수찬修撰했으나 일이 너무 번잡하여 미처 상세히 살필 겨를이 없었으므로 잘못된 부분이 반드시 많을 것입니다. 바야흐로 특별히 찬진청撰進廳을 설치하여 문적文籍을 간행하고 있으므로, 이러한 책들을 수교讎校주1한 다음 발간해서 8도에 반포한다면 풍속과 교화를 장려하는 데에 조그마한 이익이 있을 것입니다. 『여씨향약』·『정속正俗』주2 등은 풍속을 돈후하게 하는 책들입니다. 향약은 비록 『성리대전性理大全』에 실려 있으나 주해註解가 없으므로 중국에서 먼 지방 사람들은 알기가 쉽지 않습니다. 이 때문에 신은 상세히 언해해서 사람들이 보기만 하면 바로 해득하게 했으며, 『정속』 역시 언문으로 번역했습니다. 농서農書·잠서蠶書는 의식을 장만하는 큰 정사에 관계되므로 세종 때 우리말로 번역해서 발간한 다음 팔도에 반포했었는데, 지금 역시 농사에 마음을 크게 기울이므로 신은 이것도 언해했습니다. 『이륜행실=倫行實』주3로 말하면 신이 전에 승지承旨가 되었을 때에 간행할 것을 청했습니다. 삼강=綱이 중한 것은 아무리 어리석은 부부라도 모두 알고 있으나 붕우朋友·형제兄弟의 이륜에 이르러서는 범상한 자들은 간혹 모르는 경우가 있습니다. 그러므로 신은 삼강행실=綱行實에 준하여 분류해서 편찬한 다음 간행했습니다. 바라건대 구급에 간편한 비방을 널리 반포하던 성종 조의 전례를 따라 많이 개간하여 널리 반포하소서." 했다. 전교하기를, "경이 그 도에 있으면서 학교와 풍속을 변화시키는 일에 전심한다는 말을 듣고 가상히 여겼다. 또 아울러 이러한 책들을 엮어 가르친다 하는데, 이 책은 모두 풍교風敎에 관계되는 것이라 찬집청에 보내 개간하여 널리 반포하게 하라." 했다.

주1 수교(讎校): 교정. 원본을 대조하면서 교정하는 일이 흡사 원수 사이인 것처럼 진지하기 때문에 수교라 함.

주2 『정속』: 원 지정 5년(1345)에 왕지화가 교화성속(敎化成俗)을 위해 엮은 책

주3 『이륜행실』: 중종 13년(1518) 경상도관찰사 김안국이 편찬한 『이륜행실도』를 가리킴. '장유'와 '붕우'의 이륜에 대한 책이다. 『삼강행실도』와 마찬가지로 덕행을 묘사한 그림 위에 한글 설명을 하고, 끝에는 한문을 붙였다. 형제도 25인, 가족도 7인, 붕우도 11인, 사생도 5인으로 구성되어 있고, 정조 21년(1797)에 『삼강행실도』와 합책하여 『오륜행실도』를 간행했다.

原文 同知中樞府事金安國啓曰 臣爲慶尙道觀察使 觀其道人心風俗 頹弊乃極 今者上方有志於轉移風俗 故臣欲體至意 變革頑風 而竊思其要 取古人之書 可以善俗者 詳加諺解 頒道內以敎之 此等書冊 臣有志修撰 而第緣事務煩劇 未遑詳悉 錯誤必多 今方別設撰集廳 印出文籍 此等書 使之更加讎校 印頒八道 則於淬勵風化 庶有小益也 如呂氏鄕約 正俗等書 乃敦厚風俗之書也 鄕約 雖載於性理大全 而無註解 遐方之人 未易通曉 故臣乃詳其諺解 使人接目便解 正

俗 亦飜以諺字如農書蠶書 乃衣食之大政 故世宗朝翻以俚語 開刊八道 今亦頗致意務本之事
故臣亦加諺解 如二倫行實 臣前爲承旨時 請開刊 如三綱之重 雖愚夫愚婦 皆知之 至於朋友 兄
弟之倫 凡常之人 或有不知 故臣依三綱行實 撰類以刊之 如辟瘟方 則瘟疫之疾 易於傳染 人多
死傷 故在世宗朝 重惜人命 飜以俚語 印頒中外 今則稀罕 故臣亦加諺解以刊 至如瘡疹方 曾已
翻譯開刊 而不頒布于中外 人之夭札者 多以此疾 故臣往慶尙道時賣去 刊印於本道 已頒布矣
願依成宗朝廣頒救急簡易方例 多印廣布 傳曰 卿在其道 盡心於學校 轉移風俗之事 予聞之嘉美
又復撰此等書以敎之此書皆有關於風敎 其下撰集廳 開刊廣布

_ 『중종실록』 권32, 중종 13년 4월 기사

자료2

대사헌 조광조가 아뢰기를 "향약의 본뜻은 이와 다릅니다. 지금 실시하고자 하는 향
약은 대단히 촉박하여 왕도王道에 매우 어그러집니다. 그 까닭은 감사監司가 이를 독
촉하여 행하기 때문입니다. 경중京中도 그러하므로 신이 오부五部를 불러 말했습니
다. 치도治道는 급박해서는 안 되고 덕으로 여유를 두고 백성을 교화시켜야 다스린다
고 말할 수 있습니다."라고 했다. 사신이 평하기를 "광조가 향약을 논한 말은 매우 마
땅하다. 사람들이 그 요체를 모르고서 안정하지 못하게 하는데, 또는 찬성贊成으로서
도약정都約正을 겸행하는 일까지 있으므로 비난하는 사람이 있으며, 외방外方에서는
감사監司가 강요해서 행하므로 또한 소요가 있으니, 이것이 어찌 법이 잘못된 탓이겠
는가. 시행함에 요령이 없어서 그런 것이다."라고 했다.

原文 光祖曰 鄕約本意則不如是 今之鄕約 大似迫促 甚非王道之事也 其故乃監司 迫而使之
行也 京中亦如是 故臣召五部言之矣 治道不可急迫 當以德優游而使民化之 然後可以言治也
史臣曰 光祖論鄕約之言甚當 人不知其要 使不得安靜 或至以贊成而兼行都約正之事 人有非之
者 外方則監司迫而行之 故亦或有騷擾 是豈法之過也 行之未得其要而然耳

_ 『중종실록』 권37, 중종 14년 10월 경오

자료3

처음 규약을 정할 때에 뜻이 같은 이[동지(同志)]에게 규약문規約文을 두루 알려서, 마음
을 바로잡고 몸가짐을 단속하여 허물을 고쳐 착한 행동을 하려는 마음을 갖고, 향약
에 참여하기를 원하는 자 몇 사람을 선택하여, 서원에 모여 약법約法을 의정議定하고,
도약정都約正 · 부약정副約正 · 직월直月 · 사화司貨를 선정한다.

1. 모인 사람들은 나이와 덕망과 학술이 높은 자 한 사람을 추대하여 도약정으로 삼고, 학문과 덕행이 투철한 자 두 사람을 뽑아 부약정으로 삼으며, 약중約中에서 직월과 사화를 교대로 뽑되, 직월은 반드시 심부름을 시킬 만한 노복奴僕이 있는 자를 뽑고 사화는 반드시 서원의 유생 중에서 뽑는다. 도약정과 부약정은 사고가 있지 않으면 바꾸지 않으며, 직월은 모임이 있을 때마다 교대로 바꾸고, 사화는 1년에 한 번씩 교대로 바꾼다. …

原文 一初立約時 以約文徧示同志 擇其願操心撿身 遷善改過 以參約契者若于人 會于書院 議定約法選定都副約正 及直月司貨

一 衆推一人 有齒德學術者 爲都約正 以有學行者二人 副之 約中輪回 爲直月司貨 直月必以有奴僕 可司令者爲之 司貨必以書院儒生爲之 都副正非有故 則不遞 直月每會輪遞 司貨一年輪遞 …

— 『율곡전서』 권16, 해주향약 입약범례

자료4

향촌의 규약에는 4가지가 있다. 덕업상권德業相勸, 과실상규過失相規, 예속상교禮俗相交, 환난상휼患難相恤이 그것이다. …

덕업상권은 덕과 업으로 서로 권함이라. 덕德이란 선한 것을 보고 반드시 행하며, 내 허물을 듣고 반드시 고치며, 그 몸을 잘 다스리며, 그 집을 잘 다스리며, 아버지와 형을 잘 섬기며, 자식과 동생을 잘 가르치고, 노복을 잘 제어하며 … 흥리興利와 제해除害를 잘 하며, 거관居官 시에 그 직임을 잘 수행함을 일컫는다. 업業이란 집에서 부형을 섬기고 자제를 가르치며 처첩을 대접하는 것이고, 밖에서는 웃어른을 섬기며 벗을 대접하며 후생을 가르치며 노복을 제어하며 … 예악사어서수禮樂射御書數[주4] 등을 좋아함이 모두 할 일임을 일컫는다. 이와 같은 덕업을 향약을 같이하는 사람은 각자 나아가 닦으며 서로 권면한다. 모이는 날에 잘한 사람은 서로 추천하며 못한 사람은 책에 써서 경계한다.

과실상규는 허물을 서로 경계함이라. 과실過失은 의리에 위배되는 허물 6가지를 말한다. 첫째는 술주정·도박·싸움·송사를 즐기는 것이요. … 둘째는 행동거지가 예를 넘고 법에 어긋나는 것이요. … 셋째는 행실이 공손하지 않은 것이요. … 넷째는 말이 충직하거나 신실하지 못한 것이요. … 다섯째는 말을 만들어 남을 모함하는 것이요 … 여섯째는 사사로이 영리하기를 너무 심하게 하는 것이다. …

주4 예악사어서수(禮樂射御書數): 공자가 '군자6예[君子六藝]'라 하여 교육 목표로서 특히 강조하였는데, '예의, 음악, 활쏘기, 말타기, 글쓰기, 수학'을 반드시 익혀 군자가 되라 한 것.

예속상교는 예의 풍속으로 서로 사귐이라. 예속지교의 첫째는 연장자와 어린 사람이 함께함에 다섯 등급이 있다. 존자尊者는 자기보다 나이가 20세 이상으로 아버지의 나이와 비슷한 자를 말한다. 장자長者는 10년 이상으로 형兄의 항렬에 있는 자를 말한다. 적자敵者는 나이가 상하 10년 미만으로 나이 많은 사람이 어른이 되고 나이 적은 사람은 젊은이가 된다. 소자少者는 자기보다 나이가 10년 이하인 자를 말한다. 유자幼者는 자기보다 20세 이하인 자를 말한다. … 예속으로 서로 사귀는 일은 직월直月이 주관한다. 기일期日이 있으면 기일대로 하되, 규정을 담당한 자는 위반하고 태만한 것을 감독한다. 규정을 위반한 자는 직월이 약정約正에게 고하여 이를 나무라고 또한 과실 장부에 기록한다.

환난상휼은 환난을 당했을 때 서로 구휼함이라. 환난은 7가지가 있는데, 첫째는 수·화재水·火災 …, 둘째는 도적盜賊 …, 셋째는 질병疾病 …, 넷째는 사상死喪 …, 다섯째는 고약孤弱 …, 여섯째는 무왕誣枉주5 …, 일곱째는 빈핍貧乏 … 이다. … 환난을 서로 구휼하는 일은 구휼받을 자가 있으면 그 집에서 약장約長에게 알린다. 급하면 근처에 사는 약원들이 약정約正에게 알린다. 그러면 약정은 직월에게 명하여 두루 알리도록 하고, 아울러 사람들을 모아 해결하도록 독촉한다. 대개 같은 약원끼리는 재물·기구·수레·말·노복 등 있고 없는 것을 서로 빌린다. …

주5 무왕(誣枉): 죄없는 사람을 모함함.

原文 凡鄕之約四 一曰 德業相勸 二曰 過失相規 三曰 禮俗相交 四曰 患難相恤 …

德業相勸 德 謂見善必行 聞過必改 能治其身 能治其家 能事父兄 能敎子弟 能御僮僕 … 能興利除害 能居官擧職 業 謂居家 則事父兄 敎子弟 待妻妾 在外 則事長上 接朋友 敎後生 御僮僕 … 禮樂射御書數之類 皆可爲之 非此之類 皆爲無益 右件德業 同約之人 各自進修 互相勸勉 會集之日 相與推擧其能者 書于籍 以警其不能者

過失相規 過失 謂犯義之過六 一曰 酗博鬪訟 … 二曰 行止踰違 … 三曰 行不恭遜 … 四曰 言不忠信 … 五曰 造言誣毁 … 六曰 營私太甚 …

禮俗相交 禮俗之交 一曰 尊幼輩行凡五等 其一曰 尊者 謂長於己二十歲以上在父行者 其二曰 長者 謂長於己十歲以上在兄行者 其三曰 敵者 謂年上下不滿十歲者 長者爲稍長 少者爲稍少 其四曰 少者 謂少於己十歲以下者 其五曰 幼者 謂少於己二十歲以下者 … 右禮俗相交之事 直月主之 有期日 則爲之期日 當糾集者 督其違慢 凡不知約者 以告于約正而詰之 且書于籍

患難相恤 患難之事七 一曰 水火 … 二曰 盜賊 … 三曰 疾病 … 四曰 死喪 … 五曰 孤弱 … 六曰 誣枉 … 七曰 貧乏 … 右患難相恤之事 凡有當救恤者 則其家告于約長 急則同約之近者 爲之告約正 命直月徧告之 且爲之糾集而程督之 凡同約者 財物器用車馬人僕 皆有無相假 …

_「주자증손여씨향약」

출전

『율곡전서』

『중종실록』

『주자증손여씨향약(朱子增損呂氏鄕約)』: 중국 송나라 때 주희가 한데 모은 향약. 원래 『여씨향약』은 1076년 여대
균·대충·대방·대림 4형제가 향약을 조직하고 규약을 기술한 것이다. '향약' 1권, '향의' 1권이었는데, 남송 주희가
내용을 바로잡아 『주자증손여씨향약』을 완성했다. 주된 강목은 좋은 일은 서로 권장한다[德業相勸], 잘못은 서로 고
쳐준다[過失相規], 사람을 사귈 때는 서로 예의를 지킨다[禮俗相交], 어려움을 당하면 서로 돕는다[患難相恤] 등이
다. 우리나라에서는 중종 13년(1518) 김안국이 이를 한글로 풀어 『여씨향약언해』를 펴냈다.

찾아읽기

이성무, 『조선양반사회연구』, 일조각, 1995.

국사편찬위원회, 『한국사』 28(조선 중기 사림세력의 등장과 활동), 1996.

이근명, 「주희 「증손여씨향약」과 조선사회」, 『중국학보』 45, 2002.

윤인숙, 「조선전기 향약의 구현과 '사문화'의 확산」, 『대동문화연구』 81, 2013.

5 '반농반도'의 무리가 등장하다
군도와 임꺽정의 난

임꺽정의 난은 명종 14년(1559) 3월에 발생하여 명종 17년(1562) 1월에 관군에 의해 소탕되었다. 이 난은 조선 전기에 산발적으로 발생한 민란 가운데 가장 규모가 컸고 오래 지속되었다. 이 난은 황해도에서 경기도, 평안도, 강원도에 걸쳐 발생했고 조선 전기의 정치 · 경제 · 사회적 모순을 모두 담고 있는 농민 저항이었다.

군도

조선 전기 농민의 처지는 고려 말에 비해 한결 나아졌다고 할 수 있다. 농민들이 꾸준하게 노력한 결과 생산력이 높아지고 많은 토지가 개간되었으며, 토지에 비교적 안착하게 되었던 것이다. 그러한 가운데에서도 한재 · 수재로 인한 흉년 등 자연 재해나 토지 소유를 둘러싼 사회 경제적인 폐단, 그리고 수령의 가렴주구와 양반 토호들의 횡포 등으로 인해 농민들이 살던 곳을 버리고 다른 지역으로 유랑하거나 도망하는 일이 많았다. 이때 일부 사람들은 한때의 굶주림을 면하기 위해 도둑이 되는가 하면, 집단으로 떼를 이루어 방화 · 약탈 · 절도 등으로 삶을 꾸려가기도 했다. 이렇게 무리를 이룬 도적 떼를 군도群盗라 한다.[자료1~3] 이들은 '모이면 도적이 되고 흩어지면 농민이 되는' 존재들이었다. 군도들은 주로 산간이나 섬에 근거지를 두고 서울 주변을 비롯해 각종 물화의 집산지인 도시 주변을 중심으로 활약했다. 함경도·평안도·황해도·강원도·경상도에는 산적이 많았으며, 전라도·충청도 해안에는 수적水賊들이 많았다. 특히 조선 전기에는 국가의 수색을 피하여 산골짜기나 섬 등에 장기간 숨어 생활하는 집단이 발생했다. 산골짜기에 숨어든 이들은 화전을 일구면서 생활을 하다가 그것도 어려우면 산적으로 변신했다. 따라서 국가에서는 산적들을 막기 위한 대책의 일환으로 화경火耕을 금하는 조치를 내리기도 했다.

대부분 도적들은 활이나 창, 칼 등을 들고 관청이나 지주 부호를 습격하고 교통로를 장악하여 각종 공물 및 상인들의 재물을 약탈했다. 조선 초기에는 병농일치兵農一致에 입각하여 농민들은 군역에 종사해야 했으며 이때 필요한 병기는 각자 마련하도록 되어 있었다. 따라서 도적들이 각종 무기를 갖추기는 비교적 쉬웠다. 한편 도적들은 장물의 처리를 위하여 관아의 아전과 연결되기도 했다. 또 부호나 부상富商 등 세력가들의 비호를 받기도 했는데 이들은 장물아비 역할을 하거나 와주窩主 노릇을 했다. 생산력의 증가와 농민적 유통 기구의 필요에 의한 장시의 발달은 장물의 유통을 보다 쉽게 해주었다.

임꺽정의 난

이 난은 정치 기강의 문란과 이에 따른 군정軍政의 해이, 농촌 사회의 피폐와 농민의 몰락, 그리고 이를 바탕으로 활동하던 광범위한 도적들의 무리를 배경으로 발생했다. 16세기에 이르러 연산군의 폭정과 사화, 그리고 중종반정 등 지배층 내부에서의 갈등이 치열해지면서, 왕권이 약화되고 정치 기강이 문란해졌다. 이에 따라 군사 제도와 군역 체계가 해이해지고 치안 유지력이 약해졌다. 이러한 상황에서 양반들의 과다한 토지 겸병과 관료들의 과도한 수취로 농민들의 몰락도 현저하게 나타났다. 견딜 수 없게 된 농민들은 고향을 등지고 유망하거나 도적이 되어 자신의 생존을 위해 싸울 수밖에 없었다. 도적들의 활동은 더욱 극성스러워져 홍길동의 저항이 있었고[자료4] 그 후에도 군도들의 활동이 빈번한 분위기에서 조선 전기 최대의 농민 저항으로 볼 수 있는 임

고석정. 강원도 철원군 동송읍 장흥리에 있는 정자. 조선 명종 때에 의적 임꺽정이 고석정 건너편에 돌벽을 높이 쌓고 칩거하면서 조공물을 탈취하여 빈민을 구제했다고도 한다.

꺽정의 난이 일어났다. 당시 사림은 농민들이 도적이 되는 원인으로 수령의 가렴주구와 중앙 재상들의 탐오한 행위, 그리고 권세가들의 매관과 무뢰한 자제들의 백성 약탈 행위 등으로 파악하고 있었다.[자료1·3] 이들 문제는 상호 연결된 것으로 결국 정치 질서의 문란에 따른 지배 세력들의 포탈이 가장 큰 원인이었다고 할 수 있다.

이 난에 참가한 계층은 백정을 중심으로 상인·장인匠人·향리·역리驛吏·군사 및 일반 민인들이었다. 여기에 참여한 상인이나 장인들은 반농반상半農半商 또는 반농반장半農半匠으로 볼 수 있고, 향리나 역리도 처지 면에서는 농민들과 큰 차이가 없었다. 이들이 임꺽정의 활동을 적극 지지한 것은 지배층에 대한 같은 불만을 지니고 있었기 때문이었다. 특히 토지를 빼앗기고 공납을 비롯한 각종 가혹한 착취에 시달리다 유랑하던 농민들과 비참한 처지에 있던 하층 아전들이 가담했다. 그리고 상업 유통 경제의 발달에 따라 상인 및 수공업자 등도 여기에 참가하고 있었다.

명종 14년(1559)부터 명종 17년(1562)까지 활동한 임꺽정 무리는 조선 전기의 도적 중 세력이 가장 컸으며 활동 범위도 넓었다. 그들은 황해도를 중심으로 경기·강원·평안·함경도 주변 지역에서 활동했다. 임꺽정 무리가 거점으로 삼았던 지역은 백정들이 많이 사는 지역과 육로 교통의 중심지로써 상업이 발달하고 공물이 운송되며 사신들의 왕래가 빈번하여 농민들의 부담이 무거웠던 역촌 지대, 그리고 주변에 갈대밭이 많은 곳 등 공통성을 지니고 있었다. 이들의 활동은 봉산鳳山 · 서흥西興 · 평산平山 · 안성安城 · 개성開城 · 장단長端 · 서울 등 상당히 넓은 지역에 걸쳐 확대되었다. 봉산에서 서울에 이르는 주요 도로를 따라 전개되었고, 봉산에서 문화文化 · 재령載寧 · 해주海州 및 구월산 지역에서 뚜렷한 활동이 이루어졌다. 이 지역을 중심으로 거의 황해도의 주요 지역 및 황해도와 인접한 경기도 북부 지역에서 전개되었으며, 그 영향이 평안도 · 강원도 지역에까지 미치고 있었다. 특히 이들은 교통로, 국가의 조세 수취 운반로, 상업의 유통망 등을 집중적으로 노렸다.

이들은 이러한 곳을 거점으로 약탈 · 살인 · 방화를 서슴지 않았으며 장물을 가지고 개성 · 서울 등 도회지에서 교역 및 상업 활동을 했다. 또 임꺽정 집단은 관을 사칭하여 수령을 골려 주거나 관아를 습격하여 동료를 구출하는 파옥 사건을 일으키는 등 국가 권력에 대항했다. [자료5]

이와 같이 임꺽정은 농민들과 긴밀한 연계를 맺으면서 관청을 습격하고 옥문을 열었으며 양반과 토호의 집을 습격하여 민으로부터 약탈한 곡식과 재물을 탈취했다. 또한 서울과 평양 간의 도로를 장악하여 지방에서 서울로 보내는 전세 및 공물의 물품들을 탈취했다.

임꺽정 무리는 국가의 권위에 대해 무장으로 항쟁을 감행하고 사회적으로 큰 혼란을 불러일으켰다. 이에 대해 국가에서는 적극적인 진압책과 소극적인 회유책으로 대응했다. 우선 적극적 진압책으로 여러 차례 토포사討捕使와 군사를 파견하여 임꺽정의 난을 진압하려 했다. 임꺽정이 체포되기 전 해 겨울, 토포사 남치근 등이 황해도와 강원도로 내려가 감행한 토벌 작전이 성공을 거두었다. 소극적인 회유책으로 임꺽정이 활동한 지역의 전세와 요역을 일시 감면해 주거나 군적의 작성을 연기해 주었다. 그러나 도적 발생의 원인이라 생각되는 사회 경제적 문제를 해결하거나 농민들의 생활을 개선할 근본적인 대책은 마련되지 않았다.

당시 이 난에 대해 국왕과 관료들은 위기 의식을 가지고 있었다. 이들의 활동에 대해 "반역의 극적劇賊", "보통의 도적들에 비할 것이 아니라 바로 반역 도당", "평범한 도적이 아니라" 등의 표현을 사용하며 두려워했다. 임꺽정 무리의 세력이 점차 확대되고 치열해지자 명종은 '적국敵國'에 준하는 것으로 두려워했다.[자료6·7] 이전의 난과 달리 임꺽정의 난은 규모 자체가 광범위하게 발생하여 활동 범위도 넓어 군도群盜 형태의 농민 저항으로 최고조에 달했다. 그러나 임꺽정 무리를 비롯한 이 시기 군도들도 국가 권력을 부정하고 왕조 전복을 목적으로 하는 것이 아니라 수령을 비롯한 지방 관아 세력을 부정하거나 약탈·살인하는 도적 형태를 지니고 있었다.

임꺽정의 난은 농민 저항과 도적 활동이 명확히 구분되지 않는 군도의 형태를 빌린 농민 저항의 한 현상이라고 파악할 수 있다. 이는 중세 사회의 농민 저항이 지니는 특징이라고 할 수 있다.[자료8]

자료1

도적이 성행하는 것은 수령의 가렴주구 탓이며, 수령의 가렴주구는 재상이 청렴하지 못한 탓이다. 오늘날 재상들의 탐오한 풍습이 한이 없기 때문에 수령들은 백성의 고혈을 짜내어 권요權要를 섬겨야 하므로 돼지와 닭을 마구 잡는 등 못하는 짓이 없다. 그런데도 곤궁한 백성들은 하소연할 곳이 없으니, 도적이 되지 않으면 살아갈 길이 없는 형편이다. … 진실로 조정이 맑고 밝아서 재물을 좋아하는 마음이 없고, 수령들을 모두 청렴한 사람들로 가려 차임한다면, 칼을 잡은 도적이 송아지를 사서 농촌으로 돌아갈 것이니, 어찌 이토록 기탄없이 살생을 하겠는가.

原文 盜賊之熾發 由於守令之掊克 守令之掊克 由於宰相之不廉 今之宰相 貪汚成風 不知紀極 是以守令剝民膏血 以事權要 啖豚咀雞 無所不至 而民窮無告 其勢不爲盜 則無以資生 … 苟朝廷淸明 而無惟貨其吉之心 守令皆得如龔黃者而任之 則帶釰者買犢而歸農矣 安有殺越無忌 如此之甚者乎

_ 「명종실록」 권25, 명종 14년 3월 기해

자료2 영남탄嶺南歎 …

또는 죽어 진구렁 메우고 / 또는 장돌뱅이로 떠돌고

또는 절간에 몸을 던지고 / 또는 도적떼로 숨어든다.

수백의 무뢰배가 / 떼지어 노략질을 하여

대낮에 사람을 죽이고 / 야밤에는 횃불을 들고 날뛴다.

수십 고을 서로 연결이 되어 / 무리는 늘어나고 형세는 커져서

도로엔 행인이 끊어지고 / 군현에서도 감히 대적하지 못한다네

백성이 피폐하여 흩어지자 / 도적 무리 점차로 강포해졌구나 …

原文 嶺南歎 … 或死溝壑中 或托場市商 或於山寺投 或於寇盜藏 無賴數百群 相聚涅剽攘 白日殺越人 昏夜明火光 連結數十州 徒繁勢更張 行旅不得通 郡縣莫敢當 齊民盡消亡 奸究漸强梁 …

_ 「국간집」 중권 영남탄

자료3

경기 관찰사 심수경이 배사하니, 전교하기를, "관찰사가 할 일은 이미 교서에 일러 놓

았다. 도적 잡는 모든 일을 각별히 잘 조처하여 늦어지지 않도록 하라." 했다.

[사신은 논한다. 근래 지방관이 배사할 때에 상의 교유는 으레 도적 잡는 것을 위주로 하니, 이는 병이 아픈 것만을 알고 병이 생기는 근본은 생각하지 않는 것이다. 저 도적이 생긴 것은, 도적질하기를 좋아해서가 아니라 기한(飢寒)이 절박하여 부득이 도적이 되어 하루라도 연명하려고 하는 자가 많기 때문이니, 그렇다면 백성을 도적으로 만든 자가 과연 누구인가. 권세가의 문전이 시장을 이루어 공공연히 벼슬을 팔아, 무뢰한 자제들을 주군에 나열하여 백성들을 약탈하게 하니, 백성이 어디로 간들 도적이 되지 않겠는가. 상은 이런 것을 알지 못하고 도적 잡는 한 가지 일만 매번 간곡히 부탁하니, 탄식을 이루 금할 수 있겠는가.]

原文 京畿觀察使沈守慶拜辭 傳曰 方伯所爲之事 自有諭敎書 捕盜諸事 各別善措 俾無稽緩
[史臣曰 近者外官拜辭之時 上之敎諭 例以捕盜爲主 是知病之痛 而不原致病之本也 彼盜之發 非喜爲盜 飢寒之迫 不得已而爲之 苟延一日之命者 蓋多矣 則其使民爲盜者 果誰之使耶 權門如市 公然賣爵 使無賴子弟 羅列州郡 割剝之侵漁之 則民安往而不爲盜乎 上不知此 而每懇懇於追捕一事 可勝歎哉]

_ 『명종실록』 권27, 명종 16년 10월 계유

자료4

의금부의 담당 관리 한치형이 보고하기를, "강도 홍길동이 옥정자玉頂子·홍대紅帶[주1] 차림으로 스스로 첨지라 칭하며 대낮에 떼를 지어 관청에 드나들면서 거리낌 없는 행동을 자행했는데도 권농관·이정·유향소 품관들이 몰랐을 리가 없습니다. 그런데도 체포하거나 보고하지 않았으니 징계하지 않을 수 없습니다. 이들을 모두 변방으로 옮겨야 합니다." 했다.

原文 義禁府委官 韓致亨啓 强盜洪吉同 頂玉帶紅 稱僉知 白晝成群 載持甲兵 出入官府 恣行無忌 其勸農里正 留鄕所品官 豈不知之 然不捕告 不可不懲 並徙邊何如 傳曰 知道

_ 『연산군일기』 권39, 연산군 6년 12월 기유

주1 옥정자(玉頂子)·홍대(紅帶): 벼슬아치의 복장으로, 옥정자는 망건 한가운데 옥으로 만들어 단 장식이고 홍대는 붉은색 허리띠다.

자료5

포도대장 김순고가 아뢰기를, "풍문으로 들으니 황해도의 흉악한 도적 임꺽정의 일당인 서임이란 자가 이름을 엄가이로 바꾸고 숭례문 밖에 와서 산다고 하므로 가만히 엿보다가 잡아서 범한 짓에 대하여 추문하였습니다. 그가 말하기를, '지난 9월 5일에 우리가 장수원長水院에 모여서 궁시弓矢와 부근斧斤을 가지고 밤을 틈타 성 안에 들어가 전옥서典獄署의 옥문을 부수고 우리 두목 임꺽정의 처를 꺼내가려고 하였다.[전날 장통방(長通坊)에서 엄습하여 잡으려 할 때 임꺽정은 달아나고 그의 처 3인만 잡았다.] 그 처를 꺼낸 다음 오간수구五間水口를 부수고 그곳을 지키는 군사들이 있는 곳으로 나와야 하는데, 비록 알더라도 모두 잔약한 군졸들이라 화살 하나면 겁을 줄 수 있었다. 그런데 우리 중에 곤란하게 여기는 자가 두 사람이 있어 그들을 다 죽였다. 후에 우리 두목의 처가 형조의 전복典僕에 소속될 것이라는 말을 듣고는 중지하였다. 오는 26일에 또 평산 남면 마산리에 사는 우리 당인 대장장이 이춘동의 집에 모여서 새 봉산군수鳳山郡守 이흠례를 죽이기로 의논하였다. 대체로 이흠례는 신계 군수新溪郡守로 있었을 때 우리들을 많이 잡아들였는데 지금 본직에 올랐으니 먼저 이 사람을 해치면 위엄을 세울 수 있을 뿐만 아니라 우리도 후환이 없을 것이기 때문이다.' 하였습니다. 이런 말을 비록 다 믿을 수는 없지만 그 정상을 조사하면 지극히 흉악하고 참혹합니다. 부장部將 1인, 군관 1인에게 말을 타고 기일에 맞추어 속히 달려가서 봉산군수 이흠례, 금교찰방金郊察訪 강여姜侶와 함께 몰래 잡게 하는 것이 어떻겠습니까?" 하였다.

전교하기를, "아뢴 대로 하고, 선전관 정수익에게도 아울러 말을 주어 급히 보내라." 하였다.

原文 捕盜大將金舜皐啓曰 側聞黃海道獷賊林巨叱正同黨徐林者 變名嚴加伊 來接于崇禮門外 伺而捕之 推其所犯 其言曰 去九月初五日 其黨聚于長水院 欲持弓矢斧斤 乘昏入城 打破典獄署獄門 出其魁林巨叱正之妻 [前日長通坊掩捕之時 林巨叱正出走 只獲其妻三人] 破五間水口而出 其處守直之軍 雖或知之 皆是殘卒 一矢可刲 其黨有二人難之者 卽拉殺之 後聞其妻將屬刑曹典僕而止焉 且將以來二十六日 又會于平山南面馬山里居同黨冶匠李春同家 議殺新鳳山郡守李欽禮 蓋以欽禮 曾爲新溪時 多捕我輩 今陞本職 先害此人 則非徒可以立威 我輩亦無後患 云 此等言 雖不可盡信 原其情狀 極爲兇慘 部將一人 軍官一人 發馬速遣 及期馳往 與鳳山郡守李欽禮 金郊察訪姜侶 秘密跟捕何如 傳曰 如啓 宣傳官鄭受益 拉給馬急送

_ 『명종실록』, 권26, 명종 15년 11월 병술

자료6

정원에 전교했다. "삼공, 영부사, 병조·형조의 당상, 좌우 포도대장에게 비밀히 하유하여 옛 병조에 모이게 하라." 했다. … 대신늘이 의셰하기를, "도적이 어느 세상이고 없었던 적은 없지만 오늘날같이 극성스러웠던 적은 없습니다. 이들은 평범한 좀도둑에 비할 것이 아니고 바로 반역의 극적劇賊입니다. 부장을 활로 쏘고 칼로 찌르는 일이 계속하여 일어나니 나라를 욕보이고 위엄을 손상시키는 것이 이보다 심할 수 없습니다. 그러니 기회를 타서 적을 섬멸하여 뿌리째 뽑아버리지 않아서는 안 됩니다. 다만 경기·황해도·평안도·함경도·강원도 등 5도에 각각 대장을 차정하게 되면 소요스러워지는 폐단이 없지 않을 것이니 병조로 하여금 종2품 무신 2원을 가려서 순경사巡警使라고 이름하여 황해도·강원도 두 도에 내려 보내게 하소서. 황해도는 경계가 평안도와 닿아 있고 강원도는 경계가 함경도와 이어져 있으므로 도적의 종적을 찾기만 하면 도계를 넘어가서 잡을 수 있으며, 경기는 서울과 아주 가까워서 자연히 도적의 기별을 들을 것이므로 즉시 개성으로 가기만 하면 도사都事가 무관으로 군사를 맡고 있으니 끝까지 가서 잡을 수 있습니다. … " 했다.

傳于政院曰 密諭三公 領府事 兵·刑曹堂上 及左右捕盜大將 會于古兵曹 … 大臣等議啓曰 盜賊 無世無之 未有如今日之極熾也 此非尋常狗鼠之比 乃叛逆之劇賊也 射刺部將 先後相繼 辱國損威 莫此爲甚 不可不乘機殲滅 痛絶根柢 但京畿 黃海 平安 咸鏡 江原五道將 則不無騷擾之弊令兵曹 擇從二品武臣二員 稱巡警使 下送于黃海 江原兩道 而黃海則境連平安 江原則界接咸鏡如尋蹤跡 則越道捕探 京畿密近京輦 自可聞奇 卽赴開城 則都事以武官掌兵 可以窮捕也 …

_ 『명종실록』 권26, 명종 15년 12월 임진

자료7

정원이 황해도 관찰사 김주의 계본[적들이 해주에서 평산 지방으로 들어가 대낮에 민가 30여 곳을 불태우고 많은 사람을 살해했다.]으로 입계하니, 상이 삼공·영부사, 병조와 형조의 당상관·포도대장 등을 불러 전교하기를, "적변賊變이 이와 같으니 매우 놀라운 일이다. 지난 해 순경사巡警使가 갔을 때 만약 오래 머물렀으면 적을 거의 섬멸했을 것인데, 잠깐 갔다가 즉시 돌아와 다만 도적에게 비웃음만 당했으니 조정에서 잘 조처하지 못한 듯하다. 지금 서임徐林에게만 맡겨놓고 예사롭게 보고 있어서는 안 된다. 경들은 의논하여 아뢰라." 했다.

이준경 등이 아뢰기를, "하찮은 적들이 오래도록 법망을 피해 다니며 살인과 약탈을 멋대로 자행하여 하나의 적국처럼 되었는데도 그 도의 수령은 멀리서 보고 위축되어 감히 어찌하지를 못하니, 그 도의 백성들은 도적이 있는 줄만 알고 나라가 있는 줄은 모릅니다. 기강이 이 지경에 이르렀으니, 몹시 통분스럽습니다. 생각건대 황해도에는 본래 주장主將이 없습니다. 비록 감사監司가 있지만 으레 모두 유신儒臣이라서 조치가 잘못되고, 백성을 통솔하는 자가 없어 도적들이 횡행하게 되었으니, 부득이 경장京將 중에서 위망과 지략이 있는 자를 가려 보내고 굳세고 용맹스러운 자들을 뽑아 거느리게 해야 합니다. 또 한 도의 군대를 동원하여 그중에서 도적의 실정을 잘 아는 자를 통부統部에 나누어 정하여 이목으로 삼아 도적의 종적을 알아내 사방에서 공격하고 포위해야 합니다. 그렇게 하면 도적이 하나도 살아남지 못하게 될 것입니다. 그런데 황해도에서 일을 거행하려면 반드시 경기·함경도·평안도·강원도에 먼저 조치하여 모든 일을 준비하게 하고, 경장京將도 즉시 황해도로 내려 보내야 하며, 경장의 통보를 기다려서 이 네 도가 서로 약속하고 일제히 군대를 일으켜 수포搜捕하여 도적이 빠져 나가지 못하게 한 뒤라야 일을 이룰 수 있을 것입니다." 했다.

전교하기를, "지금 도적의 세력이 성하여 적국과 같다. 지금 만약 힘을 다하여 엄히 다스리지 않으면 이는 몇 도의 백성들을 모두 도적의 손에 주는 것이다. 후환이 이루 말할 수 없을 것이니, 특별히 조치하여 기필코 모두 잡으라." 했다. …

原文 政院以黃海道觀察使金澍啓本[賊人等 自海州 入平山之境 白晝焚蕩民家三十餘處 多殺人物]入啓 上命招三公 領府事 兵·刑曹堂上 捕盜大將等 傳曰 賊變至此 極爲駭愕 去年巡警使之往也 若久留 則庶可盡殲 而乍往卽返 徒取譏於賊輩 予恐朝廷處置 或有未盡也 今不可徒付徐林 諉諸尋常之地也 卿等議啓 浚慶等啓曰 蕞爾賤徒 尙稽天誅 恣行殺掠 如一敵國 而同道守令環視畏縮 莫敢誰何 一道人民 唯知有賊 不知有國 紀綱至此 可爲痛憤 竊念黃海一道 本無主將雖有監司 例皆儒臣 措置齟齬 人無統領 以致賊輩橫行 不得已擇遣京將之有威望智略者 抄率驍勇 又發一道之兵 以熟知賊情者 分定統部 以爲耳目 知其蹤跡 四面攻圍 則萬無逃死之理但欲擧事於本道 則必先措置于京畿 咸鏡 平安 江原道 使之整辦諸事 京將亦卽下送于黃海 待京將之報 令彼四道 相期共擧 窮搜極捕 俾無脫漏 然後庶幾可圖也 傳曰 今賊勢大熾 有同敵國今若不盡力嚴治 是擧數道之民 盡付於賊輩之手 後患不可勝言 別爲措置 期於勤捕 …

『명종실록』, 권27, 명종 16년 10월 임술

자료 8

임꺽정은 양주의 백정으로 성품이 교활하고 또 날래고 용맹했으며 그 무리 10여 명이 모두 날래고 빨랐다. 도적이 되어 민가를 불사르고 소와 말을 빼앗고 만약 이에 항거하면 살을 베고 사지를 찢어 몹시 잔인하게 죽였다. 경기에서 황해에 이르는 사이의 아전과 백성들이 적과 비밀히 결탁하고 관에서 잡으려 하면 반드시 먼저 알려 주었으므로 거리낌 없이 돌아다녀도 관에서 잡을 수가 없었다. 조정에서 선전관을 시켜 염탐케 했더니 미투리를 거꾸로 신고 혼란하게 한 뒤 뒤에서 활을 쏘아 죽였다. … 조정에서 또 옹진·장연·풍천 등 4, 5 고을의 무관과 수령을 시켜 군사를 거느리고 서흥에 모이게 했는데, 아전과 백성들이 먼저 통지해 적 60여 명이 말을 타고 높은 데서 내려 보며 활을 비 오듯이 쏘니 다섯 고을 병사들이 패하고 돌아갔다. 박응천이 마침 봉산군수로 있었는데 적들이 매우 꺼려했다. 그 때문에 적들이 마음대로 활동할 수 없어서 불편하게 여겨 패거리를 의금부도사로 꾸민 뒤 역마를 타고 객관에 이르러 "군수는 빨리 어명을 받으라." 했다. 박응천이 눈치 채고 몰래 군사를 모으니 적이 알고 도망갔다. 무관 윤지숙이 박응천을 대신하여 부임하면서 임진강에 이르러 배를 타는데 6, 7명의 상인들이 물건을 싣고 달려와 함께 배를 탔다. 윤지숙이 노하여 짐을 풀게 하니 모두 활·화살·칼·창이므로, 비로소 적인 줄 알고 배에서 내려 말을 타고 달아났다. … 남치근을 토포사로 삼아 재령에 진을 치게 하니 적들이 무리를 이끌고 구월산에 들어가 험한 곳에 자리를 잡았다. 남치근이 많은 군마를 이끌고 산 아래로 접근하며 한 명도 내려오지 못하게 하니 적의 모사꾼 서림이 잡힘을 면할 수 없음을 알고 스스로 산에서 내려와 항복했다. 군사를 몰아 숲을 샅샅이 뒤지며 올라가니 여러 적이 다 항복하되 5, 6명이 꺽정을 따르므로 서림을 시켜 유인하여 다 죽였다. … 적들이 난동을 부린 3년 동안에 다섯 고을이 피해를 입었고 2도의 군사를 움직여 겨우 한 도적을 잡았는데 양민의 죽음은 이루 헤아릴 수가 없었다.

原文 巨正楊洲白丁也 性狡黠且驍勇 與其數十皆極趫捷起 而爲賊焚燒民居亂搶牛馬 若抗之者則剮裂屠剪極其殘酷 自畿甸至海西一路吏民與之密結 官欲措捕輒 先漏通 以此橫行無忌 官不能禁 朝廷使宣傳官哨探 賊倒着麻鞋 使見者入 則謂之出 則謂之入 以亂其蹤跡宣傳官往 九月山見其跡 以爲賊已出 而徑還賊在 後射殺之 … 朝廷又使 瓮津·長淵·豊川等四五官武臣守令 領兵往捕聚于瑞興 吏民已通之賊夜 卒六十餘騎乘高俯瞰亂矢如雨 五官軍不能之潰而歸 朴應川方爲鳳山郡守 賊憚之有少年 衙客自鳳山還京 賊伏於安城站嶺 下欲犯之後 有一騎馳昧曰 此自鳳山出者愼 無犯然苦其不能任意行走使 其黨扮作金吾郞 乘傳急到館呼 郡守出就命 應川已知之 潛聚軍人 賊又詗知而逃 乃以武臣尹之淑代之 之淑到臨津乘船 有六七商人載物 而驅衝撞不顧 而上之淑怒欲捕治商人 開其_皆弓矢槍也 之淑始知爲賊 第馬下船諸賊追之僅免 … 以南致勤爲討捕使 出鎭載寧 賊領衆人九月山分據險扼 致勤軍盛集馬漸逼山下 使一賊不敢下山 賊之謀主徐霖知其不免 遂下山來降盡言其虛實情形乃進軍捿林剔藪 而上諸賊皆降 五六賊終始相隨 使霖往誘旣來盡, 斬之巨正越壑 … 賊發三年 五官見栈動 數道之兵僅捕一賊 而良民死者罔有紀極

_ 「연려실기술」 권11, 명종조고사본말, 포강도 임거정

■ 출전

『명종실록』

『연려실기술』

『연산군일기』

『국간집(菊磵集)』: 조선 전기 문신 윤현의 문집. 윤현은 좌의정 필상의 증손이며, 승홍의 아들이다. 윤현은 중종 26년 (1531)에 진사가 되고, 1537년에 식년문과에 장원으로 급제하여 이듬해 정언이 되고 수찬·교리 등을 역임한 뒤 사가 독서(賜暇讀書)를 했다. 그 뒤 경기도관찰사, 호조판서 등을 역임했다. 시문에 능했으며 행정 수완도 탁월했다. 특히 호조에서 근무할 때는 국가 재정을 풍족하게 하여 국조 이래 제일인자로 칭송되었다.

■ 찾아읽기

한희숙, 「15세기 도적활동의 사회적 조명」, 『역사와 현실』 제5호, 역사비평사, 1991.

한희숙, 「16세기 임꺽정 난의 성격」, 『한국사연구』 89, 1995.

이정수, 「조선 초기 도적발생과 국가적 대응」, 『한국중세사연구』 창간호, 한국중세사연구회, 1994.

이정수, 「16세기 황해도의 미곡생산과 상품유통 -임꺽정 난과 관련하여」, 『부대사학』 19집, 1995.

한희숙, 「조선시대 군도 활동양상의 변화와 그 추의」, 『지역학논집』 8, 2004.

IV.

조선 전기의 문화와 사상

1 관료를 실력으로 등용하다

문과·무과 및 잡과

조선 시기의 과거는 문과·무과·잡과, 문과의 예비 시험으로 생원·진사시가 있었다. 문·무과와 생원·진사시는 주로 양반이 보는 시험이었고, 잡과는 중인들이 주로 보는 시험이었다. 문과와 생원·진사시는 예조에서, 무과는 병조에서 각각 주관했다. 잡과 가운데 역과는 사역원, 의과는 전의감, 음양과는 관상감, 율과는 형조의 고율사 등 해당 관청에서 각각 주관했다.

문과와 생원진사시

문과는 고시 중에서 가장 수준이 높고 경쟁이 심했던 고급 문반의 등용문이었다. 문과는 정규 시험인 식년시式年試와 특별 시험인 각종 별시別試로 구분되어 있었다. 식년시는 문과뿐 아니라 모든 과거 시험의 공통적인 정규 시험으로 3년마다 한 번씩 실시되었다. 식년은 12간지干支 가운데 자子·묘卯·오午·유酉가 들어간 해를 가리킨다. 식년시는 초시初試·복시覆試·전시殿試 등 모두 3차례 시험을 치르게 되어 있었다. 3년마다 시행되는 정기 시험인 문과 초시는 향시·한성시·관시가 있었다. 향시는 8도[경기 20인, 강원 15인, 황해 10인, 충청 25인, 경상 30인, 전라 25인, 평안 15인, 함경 10인]에서, 한성시는 한성부[40인]에서, 관시는 성균관[50인]에서 실시하여 각 도의 인구 비율에 따라 모두 240인을 선발했다.[자료1·3]

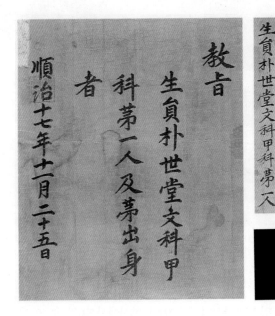

教旨
生員朴世堂文科甲
科第一人及第出身
者
順治十七年十一月二十五日

生員朴世堂文科甲科第一人

고려 · 조선 시대에 과거를 치른 최종 합격자에게 내어 주던 증서다. 붉은 바탕의 종이에 합격자의 성적 · 등급 · 성명 등을 먹으로 썼다. 조선시대에는 문과 · 무과의 전시 급제자에게는 홍패, 생원 · 진사의 경우에는 백패를 수여하였다.

2차 시험인 복시[또는 회시(會試)]에서는 지역과 상관 없이 성적순으로 33인을 선발하고, 3차 시험인 전시에서 갑과[3인], 을과[7인], 병과[23인]의 등급을 정했다. 갑과 3인 가운데 1등을 장원[壯元]이라 했다. 이들 33인은 등급에 따라 종6품의 실직에서 정9품의 품계를 받을 수 있었다. 현직 관리는 1~4품계까지 승진할 수 있었다. 문과 급제자에게는 무과 급제자와 함께 붉은 종이에 쓴 합격 증서인 홍패를 주었다.

문과 별시에는 증광시[增廣試] · 별시[別試] · 알성시[謁聖試] · 정시[庭試] 등이 있었다. 이들 별시는 국가의 경사가 있거나 문 · 무관, 성균관 유생들의 사기를 진작시키기 위하여 실시되었다. 증광별시를 제외한 각종 별시는 문과 또는 무과만 특별히 실시되었다. 조선 왕조 500년간 문과 실시의 횟수는 정시 206회, 별시 180회, 식년시 167회의 순이었다. 정시, 별시 등 각종 별시를 모두 합치면 638회 9,014인으로 식년시의 167회 6,123인보다 훨씬 많다.

문과 다음으로 영광스러운 것은 3년마다 각각 100명씩 선발하는 생원 · 진사시이다. 이를 소과[小科] 또는 사마시[司馬試]라고 한다. 생원 · 진사시는 초시와 복시[회시]로 구분되는데 문과와 달리 국왕이 친히 참석하는 3차 시험인 전시가 없었다. 생원 · 진사

한시각의 「북새선은도」 중 '길주과시도'이다. 현종 5년(1664) 함경도 길주에서 시행했던 문·무과의 과거 시험 장면을 그린 그림이다.

시의 초시에는 한성시와 향시가 있었고 한성시에서 200인, 향시에서 500인[경기 60, 경상 100, 충청 90, 전라 90, 강원 45, 황해 35, 평안 45, 함경 35]씩 각각 700인을 선발했다. 예조에서 실시하는 복시에서는 생원·진사 각 100인씩을 선발했다. 생원은 경학 능력, 진사는 문학 능력을 각각 시험했다. 생원·진사시 합격자에게는 흰 종이에 쓴 합격 증서인 백패를 주었다. 문·무과 합격자를 급제及第·출신出身이라 한 데 비하여 생원·진사시 합격자는 입격入格이라 했다. 생원·진사시는 문·무과와 마찬가지로 3년에 한 번씩 실시하는 식년시와 국가의 경사가 있을 때 실시하는 증광시가 있었다.

생원·진사시 합격자에게는 성균관 상재생上齋生으로 진학할 수 있거나, 문과에 응시할 수 있는 자격, 그리고 곧바로 음직 등을 통해 하급 관리로 나갈 수 있는 자격이 주어졌다. 생원·진사시는 조선 시기에 모두 229회에 47,748인이 선발되었다. 이 가운데 6.4%인 7,438인이 급제하여 대부분의 생원·진사는 무직無職의 사류士類로 남아 있었다. 이렇게 무직 사류가 압도적이었음에도 불구하고 생원·진사시가 설행되었던 것은 학교 제도와 과거 제도가 일원화되지 않고 별개로 운영된 데서 기인한다. 아울러 생원·진사는 지방 사회를 지배할 수 있는 확실한 양반의 자격증으로 이용되는 등 양반들의 이해 관계와 직결되었기 때문이기도 하다.

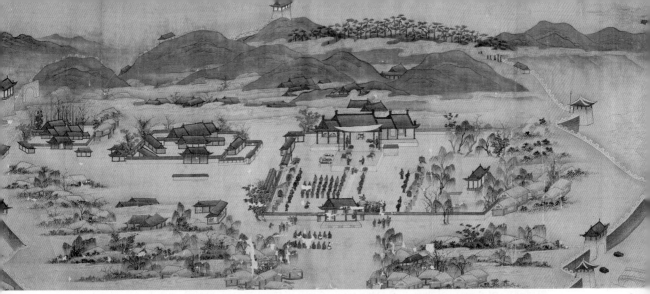

한시각의 「북새선은도」 중 '함흥방방도'이다. 현종 5년(1664) 힘경도 함흥에서 시행했던 방방행사, 즉 과거 급제자의 발표 의식을 그렸다.

무과

무반으로 진출하는 과거 시험으로 무과가 있다. 고려 말에 무과를 실시토록 했으나 왕조의 멸망으로 실시되지 못하다가 태종 2년(1402)에 이르러 처음 실시되었다. 무과에도 문과와 마찬가지로 3년마다 한 번씩 실시되는 정기 시험인 식년시와 부정기 시험인 별시가 있었다. 식년 무과에는 초시·복시·전시의 3단계 시험이 있었고, 문과의 생원·진사시 같은 별도의 시험은 없었다. 무과 초시는 훈련원에서 실시되는 원시院試와 각 도별로 실시되는 향시가 있었다. 초시에서 선발된 190인[훈련원 70인, 경상 30인, 충청·전라 각 25인, 강원·황해·평안·함경 각 10인]은 병조에서 실시하는 복시를 통해 28인이 선발되었다. 이들 28인은 전시에서 갑과[3인], 을과[5인], 병과[20인]의 등급이 정해졌다.

식년 무과에서는 28인의 정원이 대체로 지켜졌고, 별시 무과의 경우는 항상 식년 무과의 선발 인원보다 많이 뽑혔다. 세조 때 북방 정벌에 따른 야인의 회유책 또는 서북 지방민을 위한 민심 수습책의 하나로 별시 무과를 실시하여 많은 인원을 뽑았다. 변방 방어의 긴요성 때문이었는데 조선 후기에 이르러서는 주로 재정상의 이유로 인해 무과 출신자를 양산하게 되면서 무과를 '만과萬科'로 지칭하게 되었다. 소선 후기에는 무과 별시에서 수백·수천인의 급제자를 배출했으며 식년 무과에서도 28인을 넘고 특히 숙종 이후에는 수백 인씩 선발했다. 특히 숙종 2년(1676)에는 18,251인을 선발하기도 했다. 무과는 거의 매년 실시되었고 한 해에 몇 번씩 실시되기도 했다. 이로 인해 무과의 권위가 떨어지고 사회 혼란이 초래되기도 했으나 국가의 재정을 보완하고 하층민들의 신분 상승을 돕는 계기로도 작용했다.

잡과

잡과에는 역과譯科 · 의과醫科 · 음양과陰陽科 · 율과律科 등 네 종류가 있었다. 3년마다 역과 19명, 의과 9명, 음양과 9명, 율과 9명 등 모두 46명을 선발했다. 역과 중에는 한어 · 몽어 · 여진어 · 왜어의 4과가 있었고 대명 외교의 중요성 때문에 한어가 가장 중시되었다. 역과를 담당한 관청은 사역원司譯院이었다. 의학 교육이나 의과시취醫科試取를 담당한 관청은 전의감典醫監이었다. 율학 교육과 율과시취律科試取는 형조의 고율사考律司에서 담당했다. 음양과는 관상감觀象監에서 주관했다. 세종 때 음양학 · 천문학 · 풍수학으로 삼분되었으며, 세조 때는 풍수학을 지리학, 음양학을 명과학命課學으로 개칭했다.

잡과에는 전시가 없고 초시와 복시만 있었다. 초시의 복시는 모두 해당 관청에서 그 관청의 제조提調와 예조당상禮曹堂上이 실시했다. 이 가운데 향시가 있는 것은 한어과뿐으로 역과 초시인 향시는 역학원譯學院이 있는 평안 · 황해도에서 관찰사가 실시했다.

잡과에 응시하는 사람은 대체로 기술관이나 잡학생도雜學生徒들이었다. 기술관에 취재取才되기 위해서는 우선 잡학생도가 되어야만 했다. 그리고 잡학생도가 되기 위해서는 전 · 현직 고위 기술관의 추천을 받아야 했다. 잡학 교육은 중앙에서는 해당 관청에서, 지방에서는 해당 지방 군현에서 각각 실시했다. 『경국대전』에 나타난 잡학생도의 총 정원은 6,736인이다. 유학생도 15,500인[성균관 유생 200인, 사학유생 400인, 향교생도 14,900인]에 비하면 43% 정도에 해당한다. 잡과에는 잡학생도와 7품 이하의 전 · 현직 기술관들이 응시했다. 잡과 합격자는 해당 전문 관청에서 최고 3품까지 승진할 수 있

었으나, 다시 문과를 거치면 3품 이상의 승진도 가능했다. [자료4·5]

과거제의 특성

문과와 생원·진사시에는 양인 이상이면 누구나 응시할 수 있지만 반역 죄인과 탐관오리의 아들, 재가한 여자의 아들과 손자, 그리고 서얼은 응시가 불가능했다. 무과나 잡과에는 이러한 자격 제한이 없었다. [자료2]

급제자의 진출은 분관分館에 의해 좌우되었다. 분관은 과거 급제자를 분속시키는 제도인데, 문과는 홍문관·승문원·성균관·교서관 등 4관에, 무과는 훈련원·별시위에 분속했다. 조선 초기에는 급제자의 능력에 따라, 그리고 후기에는 문벌에 의해 홍문관 분관이 제일 좋은 것으로 간주되었다. 과거는 관직에 진출할 수 있는 1차적인 관문이었으며, 양반은 과거에 합격해야만 관직을 차지할 수 있었고, 관직을 지녀야 과거에서도 자손들이 유리한 위치를 차지할 수 있었다. 과거와 관직은 양반의 가문과 신분을 지키기 위한 필수적인 요건이었고 이를 획득하기 위한 투쟁은 후기로 갈수록 치열했다. 따라서 과거제의 폐해조차도 양반 체제에 변혁이 오지 않는 한 아무런 실효가 없었다. 결국 조선 시기 통치 체제의 근간은 과거제와 양반에 있었다고 할 수 있다.

생원·진사시와 문과·무과의 초시는 각 도에 정원을 할당했다. 능력에 따른 경쟁을 합리화하는 등 과거제의 체제를 정비했다. 음직의 서용에도 취재를 보이는 등 관직에 서용할 사람은 원칙적으로 시험을 거치도록 했다. 이미 관직·관계를 가진 급제자에게는 관계를 올려 주어 승진에 유리하도록 했고, 과거제와 음서제는 상호 보완적 기능을 통해 양반의 직역을 구조적으로 재생산함으로써 세습 신분으로서의 성격을 확보해 갔다.

과거제는 조선 후기에 들어와 여러 가지 과폐科弊가 거론되었고, 나아가 당쟁·서학·문체 등과 연설되면서 커다란 사회 문제로 대두했으나 1894년 과거제가 철폐될 때까지 구조적인 개혁은 없었다. 문과는 식년시를 통해 전국의 양반층을 포섭했고, 잦은 별시를 통해 양반 지배층을 서울 중심으로 재생산했다. 무과에서는 만과萬科가 성행하여 하급 계층을 부방군赴防軍으로 흡수했다. 문과는 중앙정치 세력의 끊임없는 재생산에 봉사했고, 무과는 서얼이나 양인 상층의 신분 상승 욕구를 포섭하는 기능을 수행했다.

단원 김홍도가 8폭 병풍에 그린 「평생도」 가운데 '삼일유가' 장면. 조선 시대 과거 급제자에게는 일종의 합격 증서인 홍패를 들고, 3일 동안 시가지를 돌며 호탕하게 놀게 하는 풍습이 있었는데 이를 삼일유가라 한다. 그림은 과거 급제자가 머리에 어사화를 꽂은 채 말을 타고 있고, 무동과 피리, 북, 소리꾼을 앞세우고 당당한 퍼레이드를 벌이고 있는 모습이다.

자료1

과거 제도는 유래가 이미 오래다. 주周나라 때에는 대사도大司徒가 육덕·육행·육예로써 만민을 가르쳤는데, 그중에서 현능한 사람을 빈례賓禮로 천거하고 이를 선사選士라 했고, 태학太學에 천거하고 이를 준사俊士라 했으며, 사마司馬에 천거하고 이를 진사進士라 했다. 이들에 대한 품평이 정해진 뒤에 관직을 맡기고, 관직을 맡긴 뒤에 작위를 주며, 작위가 정해진 뒤에 녹祿을 주었다. 이처럼 인재를 가르침이 매우 철저했고 인재를 선택함이 매우 정밀했으며 인재를 등용함이 매우 신중했던 것이다. 주나라 전성기 때의 인재의 융성함과 정치의 아름다움은 후세에서 능히 미칠 바가 아니었다. … 전하께서 즉위하시어 과거법을 손익損益한 다음, 성균관에 명하여 사서와 오경으로써 시험 보이게 하니 이는 옛날 명경과明經科의 뜻이며, 예부에 명하여 부賦·론論으로써 시험 보이게 하니, 이것은 곧 옛날의 박학굉사博學宏詞의 뜻인 것이다. 이런 다음 다시 대책對策[주1]으로써 시험 보이니, 현량방정賢良方正·직언극간直言極諫의 뜻이다. 이렇게 하여 일거에 여러 왕조의 제도가 모두 갖추어졌으므로 장차 사문私門이 막히고 공도公道가 열리며 부화浮華한 자가 배척되고 진유眞儒가 배출되어 정치의 융성함이 한당漢唐을 능가하고 성주成周를 뒤따르게 될 것이니, 아! 거룩한 일이로다. 무과武科·의과醫科·음양과陰陽科·이과吏科·통사과通事科는 각각 종류별로 첨부하도록 하겠다.

> **주1** 대책(對策): 당시의 현안이나 정책 방향에 대해 응시자의 견해를 묻는 글.

> **原文** 科擧之法尚矣 在周大司徒以六德六行六藝教萬民 而賓興其賢能曰選士 升之學曰俊士 升之司馬曰進士 論定而後官之 任官而後爵之 位定而後祿之 教之其勤 考之其精 用之其重 故成周人才之盛, 政治之美, 非後世所能及也 … 殿下卽位損益科擧之法 命成均館試以四書五經 蓋古明經之意也 命禮部試以賦論 古博學宏詞之意也 然後試以對策 古賢良方正直言極諫之意也 一擧而數代之制皆備 將見私門塞 而公道開 浮華斥 而眞儒出 致治之隆軼漢唐 而追成周矣 嗚呼盛哉 其武科醫科陰陽科吏科通事科 各以類附見焉

> _ 「삼봉집」 권13, 「조선경국전」 상, 예전 공거론

자료2

3년에 한 번씩 시험을 보인다. 전년 가을에 초시初試를 보이고 그해 초봄에 복시覆試와 전시殿試를 보인다. 문과는 통훈대부通訓大夫 이하, 생원·진사시는 통덕랑通德郞 이하만이 응시하는 것을 허용한다.

죄를 범하여 영구히 임용할 수 없게 된 자, 장리贓吏^{주2}의 아들, 재가再嫁하거나 실행失行한 부녀婦女의 아들과 손자, 서얼 자손庶孼子孫은 문과·생원·진사시에 응시하지 못한다. 그 도에 살고 있지 않은 자나 조사朝士로서 현직에 있는 자는 향시에 응시하지 못한다.

시장試場은 2~3개소個所를 둔다. 응시자가 시관과 상피相避의 입장에 해당되는 자는 다른 시장에서 응시하여야 하고, 아버지가 복시에 응시하면 아들은 피한다. 음양과의 천문학은 천문학생도 이외에는 응시할 수 없다. 문관은 10년에 한 번씩 중시重試를 보인다.

> **原文** 三年一試 前秋初試 春初覆試殿試 文科則通訓以下 生員進士則通德以下許赴 罪犯永不敍用者 贓吏之子 再嫁失行婦女之子孫及庶孼子孫 勿許赴文科生員進士試 非居本道者 朝士見在職者 勿許赴鄕試 試場置二三所 擧子與試官應相避者赴他所 父赴覆試者子避 陰陽科天文學則本學生徒外 勿許赴 文科 十年一重試 堂下官許赴
>
> ＿ 『경국대전』 권3, 예전 제과

자료3

문과 초장初場에서 의의疑義^{주3}를 없애고 강론講論으로 시험하는 것은, 사장詞章만 답습하는 폐단을 억제하고 경학經學을 궁구하는 실학實學의 선비를 얻으려고 함이니, 참으로 아름다운 법입니다. 그러나 이제 이 법을 행하여 과거를 보인 것이 몇 차례나 되었는데도, 경학에 뛰어난 인재는 그 사이에 나오지 않고 도리어 문재文才와 기습氣習만 저하되고 번쇄煩瑣해졌습니다. 신은 일찍이 이렇게 된 것을 괴이하게 여겨 이유를 생각해 봤습니다. 문장을 짓는 것은 기氣로써 주장을 삼고 기氣를 기르는 것은 지志로써 근본을 삼습니다. 뜻이 넓으면 기가 웅장해지고 뜻이 좁으면 기가 용렬해지는 것은 당연한 사세입니다. 요즘의 학자들은 경서經書의 뜻을 연구하되 유사有司의 질문에 대비하려고 하기 때문에 그 뜻이 먼저 구두句讀와 훈고訓詁에 국한되어 오로지 기송記誦만을 힘써 입에 오르기를 취할 뿐, 의리義理의 깊은 뜻과 문장文章의 법에 대해서는 미처 힘쓸 겨를이 없습니다. 또 한 마디 말이 맞지 않아 물리침 당함을 부끄러워하고 겁을 내기 때문에 그 기가 먼저 위축되니, 이것이 곧 문장과 기습이 저하되고 번쇄한 이유입니다. 바라옵건대, 이제부터는 강론講論을 없애고 다시 의의疑義로 시험하되 다만 오경의五經義^{주4} 한 가지와 사서의四書疑^{주5} 한 가지만을 익히게 하고 방법은 전조前朝

주2 장리贓吏: 국가의 전곡을 횡령하거나 뇌물을 받은 관리.

주3 의의疑義: 4서나 5경에서 의심되는 부분이나 뜻을 출제하여 질문하는 것

주4 오경의五經義: 5경의 본문을 보고 이에 대해 응시자가 자기 나름의 해석을 가하여 입장을 제시하는 것

주5 사서의四書疑: 4서의 본문을 보고 해설을 가하면서 나름의 입장을 세우는 것

의 옛 식을 따르소서. 오경의五經義는 여러 경서經書에서 각각 내지 말고 사서의의 예처럼, 한 경서에서만 내기로 하고 혹 다른 경서를 아울러 내기도 하되, 편의에 따라 문제를 내어, 어떤 경의에서 나오는가를 먼저 알지 못하게 하면, 과거 응시자로 하여금 모두 오경五經을 통달하여 마음이 너그러워지고 뜻이 넓어지며 여유가 있게 박람博覽하여서 문장의 기氣가 증광增廣되고 문재가 진작될 것입니다.

原文 文科初場 罷疑義試講論 是抑詞章蹈襲之弊 務得窮經實學之士 誠爲令典 然行此法令 已數科 未有經學傑然之才出於其間 而其文才氣習歹爲猥瑣 臣常怪其然 而思忖之 爲文以氣爲 主養氣以志爲本 志廣則氣雄 志隘氣劣勢當然也 今學者欲求經旨 以待有司之問 其志先局於句 讀訓詁之間, 專務記誦取辦於口 其於義理之蘊 文章之法 有不暇致力焉 又恐 一言不中以見斥 出羞赧畏憚 其氣先挫 此乃文章氣習靡然 猥瑣之由也 乞自令罷講論 復試疑義 但業 經義一道 四書疑一道 並依前朝舊式 其五經義一道 不許諸經各出宜 如四書疑例 惑單擧一經 或幷合他經 隨宜設問 不使先之知出何經疑 則可使赴試者 皆通五經 而心志寬廣優 游博覽 辭氣增廣 而文 才振發矣

_ 「태종실록」 권13, 태종 7년 3월 정해

자료 4

문 · 무과 급제자 초자 · 초직표

과별	문과		무과	
등급	인원	품계(관직)	인원	품계
장원	1	종6품직	–	–
갑과	2	정7품직	3	종7품계
을과	7	정8품직	5	종8품계
병과	23	정9품직	20	종9품계

잡과 급제자 초자표

등급	역과	기타 잡과
1등	종7품계	종8품계
2등	종8품계	정9품계
3등	종9품계	종9품계

문과 유직자 가자 규정

등급	인원	품계
장원	1	4계를 더해 줌
갑과	2	3계를 더해 줌
을과	7	2계를 더해 줌
병과	23	1계를 더해 줌

__ 이성무, 『한국의 과거 제도』, 집문당, 1994, 110~111쪽.

자료 5 잡과 초시·복시 정액표

구분		초시	복시
역과	한학漢學	45	13
	몽학蒙學	4	2
	왜학倭學	4	2
	여진학女眞學	4	2
의과		18	9
음양과	천문학天文學	10	5
	지리학地理學	4	2
	명과학命課學주6	4	2
율과		18	9
계		111	46

주6 명과학(命課學): 성명(星命)과 복과(卜課), 즉 사람의 운명과 점치는 것에 관해 연구하는 학문.

__ 이성무, 『한국의 과거 제도』, 집문당, 1994, 168쪽.

자료 6

왕께서 다음과 같이 말씀하셨다. 나라를 다스리는 요체는 시무를 아는 데 있을 뿐이다. 조치를 시행할 때 마땅함을 잃어버리면 비록 소의간식宵衣旰食, 즉 임금이 부지런히 정사政事에 임한다고 해도 끝내는 위태롭고 망하게 되는 것을 면치 못한다. 옛 요순 삼대는 마땅히 어떤 일에 힘썼기에 시행함에 마땅함을 얻었으며, 오랫동안 나라의 안정을 유지한 비결은 무엇인가. 한·당 이래 힘을 쓴 일이 어떤 것이었기에 시행함에 마땅함을 많이 잃어버렸으며, 잇달아 어지러이 망한 것은 또한 무엇 때문인가. 내가 부족한 자질로 외람되이 큰 기업을 이었으니, 지혜와 현명함이 참으로 부족하다. 깊은 못과 얕은 얼음을 건너야 하는데 구제할 방법을 모르듯 지금 무엇을 힘써야 할지 모르겠다. 그러나 몇 가지 시급한 것을 들어보면 인재를 널리 구하여 마땅히 나라 일을 구제하는 것에 힘써야 하는데, 선비들 의견이 서로 달라 어찌할 방법이 없으며 서로 합심하고 공경하는 아름다움이 없다. 마땅히 쌓인 폐단을 없애고 쇠잔한 백성을 소생시키는 것에 힘써야 하는데, 백성의 짐을 덜어주고자 공물을 쌀로 바꾸는 것을 어떤 자는 한 지역의 책임을 맡긴다는 뜻에 어긋난다며, 회의적으로 생각한다. 경계는 마땅히 바르게 해야 하는데, 남양의 간척지는 실제와 많이 다르다. 호적은 마땅히 바르게 해야 하는데, 어떤 자는 호패법으로 인해 소요가 생기지 않을까 염려한다. 어떻게 해야 요강을 얻어 공적을 이룰지 모르겠다. 이 4가지 외에 또 마땅히 급히 힘써야 할 것이 있는가. 그대들 모두 뛰어난 인재이므로 반드시 평소 마음속에 분연히 품고 있었던 것이 있을 터이니, 각자 그 뜻을 모두 글에 실어 보아라. 내가 장차 친히 보리라.

原文 王若曰 爲治之要 在於識時務而已 施措苟失其宜 雖有宵旰之勤 終未免危亡之歸 在昔唐虞三代之時 所當務者何事 而施措得其宜 以致長久之術者 漢黨以降所當務者何事 而施措多失其宜 以之亂亡相尋者 亦何耶 予以寡昧 叨承聖緒 智有所不逮 明有所未燭 若涉淵氷 罔知收濟 當令所當務者 未知何事歟 收拾人才 以濟國事 在所當務 而士論携貳 調劑無策 未見協恭之美 劑袪積弊 蘇息殘民 在所當務 而改貢作米以防奸濫 則或疑其有乖於任土之意 經界在所當正 而南陽墾田 多不以實 版圖在所當整 而號牌之法 或慮其搔擾之端 未知何以則能得其要 而可底於績歟 此四者之外 抑別有當務之急歟 子諸生 皆俊傑也 必有平昔慨然於懷者 其各悉著于篇 予將親覽焉

— 임숙영, 『소암집』 권3, 신해전시대책

出典

『경국대전』

『삼봉집』

『소암집』

『태종실록』

찾아읽기

역사학회 엮음, 『과거』, 일조각, 1981.

국사편찬위원회, 『한국사』 23(조선 초기의 정치 구조), 1994.

이성무, 『한국 과거 제도사』, 민음사, 1997.

김창현, 『조선 초기 문과 급제자 연구』, 일조각, 1999.

차미희, 『조선 시대 문과 제도 연구』, 국학자료원, 1999.

이성무, 『개정증보 한국의 과거 제도』, 집문당, 2000.

규장각한국학연구원, 『조선 전문가의 일생』, 글항아리, 2010.

한영우, 『과거, 출세의 사다리 1(태조~선조)』, 지식산업사, 2013.

한영우, 『과거, 출세의 사다리 2(광해군~영조)』, 지식산업사, 2013.

한영우, 『과거, 출세의 사다리 3(정조~철종)』, 지식산업사, 2013.

2 관학 교육이 실시되다

성균관 · 4부 학당과 향교

조선 시기의 교육 기관은 크게 관학과 사학으로 구분할 수 있다. 관학 교육 기관으로는 성균관 · 4부 학당 · 종학 · 잡학 · 향교, 사학 교육 기관으로는 서원 · 서당 등이 있었다. 조선의 교육 제도는 군현제가 보편적으로 시행됨에 따라 지역 간 정치적 차별이 축소되고 지배층인 사족(士族)이 전국적으로 분포하는 것을 반영하고 있었다.

성균관과 4부 학당

조선 시기에는 전국의 모든 군현에 향교를 두고 원칙적으로 교관을 파견했다. 서울의 4학에는 성균관 관원을 교관으로 삼았고, 성균관에는 생원 · 진사와 함께 4학 등에서 선발한 유생이 입학하여 문과 시험을 준비했다.

성균관은 문과 시험을 준비하는 조선 시기 최고의 교육 기관이었다. 고려 말 이후의 성균관은 국가의 지배 사상인 주자학 이념 보급의 근거지로서의 기능과 국가의 관료를 양성하는 관료 양성소로서의 기능을 각각 갖고 있었다. 조선 왕조가 세워지고 유교가 지배 이념이 되면서 성균관은 '명인륜 성인재明人倫 成人才'의 사명을 띠고 태조 7년(1399)에 지금의 성균관대학교가 자리한 숭교방崇敎坊에 명륜당明倫堂 · 문묘文廟 · 동서재東西齋 · 정록청正錄廳 · 양현고養賢庫 · 식당 등 96칸에 이르는 시설을 갖추게 되었다.

성균관 유생의 정원은 국초에 200인으로 정해져 있었다. 성균관 유생은 생원·진사인 상재생上齋生, 이 상재생이 모자랄 때 유학幼學으로 보충하는 기재생寄齋生으로 구분되었다. 상재생은 원칙적으로 생원·진사에 한했으나 점차 완화되어 문과의 향시·한성시에 한 번 합격한 자, 생원·진사시의 향시·한성시에 두 번 합격한 자, 현직 관료인 참상·참하관도 입학할 수 있게 되었다. 기재생은 4학에서 승보시陞補試를 거쳐 올라온 4학 승보생과 문음 자제들 중에서 뽑는 문음 승보생으로 구성되어 있었다. 재학 연한은 제한되어 있지 않았으며 원점圓點 300을 따서 문과 초시에 자격을 획득하는 것이 목적이었다. 원점은 매일 아침·저녁 식당에 참석하는 것을 원점 하나로 계산해 주었다. 성균관의 각종 시험에서 우수한 성적을 거둔 자에게는 문과 초시·복시[회시]·전시에 직부直赴하거나 합격시키는 특전을 주었다. 오랫동안 성균관에서 수학하고 학문과 행실이 뛰어난 사람으로서 50세가 된 자나, 학관일강學官日講·학관순제學官旬製·예조월강禮曹月講의 성적이 우수한 자, 문과 관시·한성시에 일곱 번 합격하고 나이가 50이 된 자는 왕에게 천거하여 벼슬을 주기도 했다. [자료1·3·4·5]

고려 말에 5부 학당이 설치되었으나 조선 조에 이르러 이 가운데 북부 학당을 제외한 4부 학당만 서울에 실제로 설치·운영되었다. 4부 학당[서학·동학·남학·중학]에는 양인 이상의 신분이면 누구나 8세에 입학하여 생원·진사시를 준비하는 교육에 임할 수 있었다. 정원은 각각 100명씩이었고, 교육 내용은 『소학』과 사서四書가 중심이었다. [자료6·9]

향교

향교의 연원은 삼국 시대까지 거슬러 올라가고, 고려 시대에도 지방 학교인 향교가 형식적이나마 설치되었으나 1군에 1향교가 설치되는 데까지는 이르지 못했다. 태조는 즉위 교서에서 외방 향교의 설치를 강조한 바 있으며, 태종은 '수명학교修明學校'를 수령칠사守令七事의 하나로 넣어 그 성과 여부에 따라 수령의 포폄 기준으로 삼았다. 따라서 향교 진흥은 수령의 직책 가운데 중요한 것의 하나가 되었다. 모든 군현에 향교

대구 중구 남산동에 위치한 대구향교의 명륜당이다. 대구향교는 태조 7년(1398)에 현유의 위패를 봉안하고 지방민의 교육과 교화를 위하여 교동에 창건되었다. 경내에는 대성전·명륜당을 비롯하여 동무·서무·동재·서재·낙육재·양사재·유림회관·외삼문·동관·서관 등이 있다. 토담이 길게 가로놓여 있어 앞·뒤뜰이 분명하게 구분되는데, 앞뜰에는 명륜당·낙육재 등 비교적 최근에 지은 건물들이 있고 뒤뜰에는 대성전이 자리 잡고 있다.

가 일시에 다 설치된 것이 아니었으나 전국의 모든 군현에 향교가 설치되었다.[자료2]

향교에는 양인 이상의 신분으로 8세 이상의 남자가 입학했다. 향교의 유생 및 생도를 교생校生이라 했고, 중앙의 관학생들과 마찬가지로 공자의 선현을 모신 곳에서 유교 예절·유교 경전 등을 익혔다. 향교에는 공자를 모시는 대성전大成殿, 선현을 봉안하는 동·서무東西廡로 구분되는 문묘, 강학 장소인 명륜당, 동·서재로 구성된 학사, 제사를 관장하는 전사청典祀廳 등이 있었다. 교생의 정원은 각 군현의 인구 비례로 배정했고 전국 교생의 정원은 15,000여 명에 달했다.[부·대도호부·목 90명, 도호부 70명, 군 50명, 현 30명] 그 밖에 액외생額外生으로 불리는 정원 이외의 학생이 있었다. 교생은 농한기에 학사에 기거하면서 『소학』과 사서, 오경 등 유학 경전을 배우고 농번기에는 농사를 돌보았다. 매년 6월 시험을 치러 우등자에게는 생원·진사시의 초시를 면제하고 곧바로 복시覆試에 응시할 수 있게 하는 특전을 주었다. 성적 미달의 낙강생落講生은 군역에 충

왕이 성균관 대성전에 행차하여 유생들의 공부 상황을 살피기 위하여 경서에 대한 강의와 문답을 실시하는 광경을 그린 「성균관친림강론도」(작자 미상)이다. 화면 위쪽에 누각 형식의 건물이 ∩자형의 회랑으로 둘러싸여 있고, 그 아래에는 어좌와 큼지막한 차일이 중층의 기단 위에 설치되어 있다. 성균관 안에 있는 누각 형식의 건물로는 심관하는 사람들이 배례하는 장소로 사용하던 배전이 있는데, 대성전 앞에 위치해 있다.

당되도록 했다. 그러나 이런 예는 거의 없었고 오히려 향교는 점차 군역을 면제받는 자들로 붐비는 피역처가 되어 갔다.

교생은 출신 성분에 따라 상액上額·중액中額·하액下額으로 구분되기도 했다. 상액은 액내로 청금록靑衿錄·부거안赴擧案에 수록되고, 중·하액은 교생안校生案에 수록된 사람들이었으나 뒤에는 액내생이 교생으로 채워졌다. 양반들이 교육을 받을 생각도 없으면서 굳이 향교 청금록에 등록하고자 한 것은 향교에 이름이 등록되지 않으면 과거에 응시할 수 없게 한 규정과 확고한 지방 양반의 지위를 인정받아 향촌 지배를 강화하기 위해서였다. 청금록에 등재되는 동재유생東齋儒生은 내외 현족자顯族者 중 유교 경전에 대한 지식을 갖춘 자를 천거하게 되어 있었다. 따라서 청금록은 향안鄕案과 함께 양반 자격을 보증받는 중요한 문적이 되었다. 다만 향안은 내외 현족의 여부만을 따지는 데 반하여 청금록은 현족 중에서도 유교 지식의 유무를 필수 조건으로 하고 장차 과거에 나아갈 수 있는 길이 열리는 것이었으므로 청금록이 향안보다 더욱 중요했다.

그러나 향교에 대한 국가의 관심이 줄고 향교의 시설이나 교관들의 수준이 떨어짐에 따라 양반 자제들은 향교에 들어가기를 꺼렸고 양인 교생들과 함께 공부하기를 싫어했다. 양반은 직접 향교의 교육을 받는 교생이 되는 것을 기피했고 양인은 교생이 되기를 갈망했다. 따라서 교생은 점차 양인들이 차지하게 되었고 향교 교육은 갈수록 부실해졌다. 향교는 지방의 유학 교육 기관이라기보다 군역을 피하거나 기술관·서리 등 중인이 되기를 원하는 양인들로 가득 차게 되었다. 조선 후기에 이르러서는 군역의 면제와 관련해 군현의 교생 수가 크게 증가했다.[자료7·8]

조선 후기에는 서재교생西齋校生 중에서 액내생額內生을 정했다. 그러나 군역을 피하기 위해 들어오는 액외교생의 수는 제한이 없었다. 국가에서도 교화를 목적으로 했기 때문에 액외교생의 존재를 묵인했다.

향교가 향촌 지배를 목적으로 하는 양반 출신의 청금록 유생들에 의한 지방 교화의 중심지로 되고 양반 출신이 아닌 교생들은 군역을 피하는 것이 목적이었기 때문에 향교의 교육 기능은 유명무실해졌다. 그리하여 조선 후기의 향교는 교육 기능을 상실하고 교화 기능이 강화되는 방향으로 흘러가게 되었다. 향교가 지닌 교육적 기능의 상실은 새로운 인재 배출을 통해 끊임없이 유교적 지배 이념을 창출하는 순기능이 형해화·교조화되었으며, 유교가 지닌 좁은 의미의 종교적 기능만을 수행함으로써 '향교의 종교화'를 뜻한다고 할 수 있다.

교육 제도의 특성

조선의 교육 제도는 군현제가 보편적으로 시행됨에 따라 지역 간 정치적 차별이 축소되고 지배층인 사족士族이 전국적으로 분포하는 것을 반영하고 있었다. 전국의 모든 군현에 향교를 두고 원칙적으로 교관을 파견했다. 서울의 4학에는 성균관 관원을 교관으로 삼았고, 성균관에는 생원·진사와 함께 4학 등에서 선발한 유생이 입학하여 문과 시험을 준비했다. 기술 직업 교육인 잡학은 해당 관청에서 교육을 담당했다. 입학에 따른 신분적 제약은 해소되었고 고강考講·원점圓點·취재取才 등으로 학업을 권장했다. 중·후기의 교육은 서원·서당 등 사학기관이 중심이 되어 발달했다. 중기 이후 4학과 성균관의 교육 기능은 쇠퇴하여 점차 허구화됐다. 향교는 양인이 액외교생額外校生을 통해 신분을 상승해 가는 구실과 더불어 사족의 이해를 대변하는 향촌 기구로서 기능했다.

자료 1

학교는 교화敎化의 근본이다. 여기에서 인륜을 밝히고, 여기에서 인재를 양성한다. 삼대三代 이전에는 학교 제도가 크게 갖추어졌고, 진한秦漢 이후로도 학교 제도가 비록 순수하지는 못했으나 학교를 중히 여기지 않음이 없었으니, 일대의 정치 득실이 학교의 흥패에 좌우되었다. 그러한 자취를 오늘날에도 역력히 살필 수 있다. 우리나라에서는 중앙에 성균관을 설치하여 공경公卿 · 대부大夫의 자제 및 백성 가운데서 준수한 자를 가르치고, 부학교수部學敎授를 두어 동유童幼를 가르치며, 또 이 제도를 확대하여 주 · 부 · 군 · 현에도 모두 향학을 설치하고 교수와 생도를 두었다. 병률兵律 · 서산書算 · 의약醫藥 · 상역象譯[주1] 등도 역시 이상과 같이 교수를 두고 때에 맞추어 가르치고 있으니, 그 교육이 또한 지극하다.

주1 상역(象譯): 통역.

原文 學校 敎化之本也 于以明人倫 于以成人才 三代以上 其法大備 秦漢以下 雖不能純 然莫不以學校爲重 而一時政治之得失 係於學校之興廢 已然之迹 今皆可見矣 國家內置成均 以敎公卿大夫之子弟及民之俊秀 置部學敎授 以敎童幼 又推其法 及於州府郡縣 皆有鄕學 置敎授生徒 曰兵律曰書筭曰醫藥曰象譯 亦倣置敎授 以時講勸 其敎之也亦至矣

— 「삼봉집」 권13, 조선경국전 상, 예전 학교

자료 2

문묘를 세워 선성先聖께 제사하고 학교를 세워 자제를 교육하는 것은 온 천하가 몇 만 년이 지나도 폐하지 않는다. 이는 대개 사람에게는 천성이 있으니 진실로 배우지 않을 수 없으며, 배움의 방법은 더욱 성인의 글을 배우지 않으면 안 되기 때문이다. 이제 국가에서는 부 · 주 · 군 · 현마다 모두 문묘와 학교를 설치하고는 수령을 보내어 제사를 받들고 교수敎授를 두어 교육을 담당하게 하니, 이는 풍화風化를 베풀고 예의를 강명하여 인재를 양성해서 문명의 다스림을 돕게 하려고 해서이다. 무인년 봄에 추밀원사樞密院使인 손공孫公[주2]이 동북면도순문사東北面都巡問使로서 영흥부윤永興府尹을 겸했는데, 부임한 뒤 마침 상정上丁[주3]을 만나 몸소 석전釋奠[주4]을 거행했다. 이때 문묘와 학교가 좁고 누추한데다 썩고 퇴락한 것을 보고는 눈물을 흘리며 다시 건축하려고 했으나 지형 역시 낮고 습하여 고쳐 지을 수가 없으므로 물러나와 부로父老에게 의논했다. …

주2 손공(孫公): 개국공신인 손흥종(孫興宗). 태조 7년(1398) 정월에 손흥종이 동북면도순문사 겸영흥부윤이 되어 영흥에 와서 퇴락한 향교 건물을 새로 세운 사실에 대해 태종 3년(1403)에 당대의 석학으로 지성균관사이던 권근이 쓴 글.

주3 상정(上丁): 음력으로 상순에 드는 정일(丁日).

주4 석전(釋奠): 문묘에서 공자를 제사 지내는 의식. 음력 2월과 8월의 상정일에 거행한다.

原文 立廟以祀先聖 立學以敎子弟 遍天下歷萬歲而不廢 蓋人之有天性 固不可不學 而學之

爲道 尤不可不講聖人之書也 國家令府州郡縣莫不置廟學 遣守令以奉其祀 置敎授以掌其敎 蓋
欲宣風化講禮義 作成人才 以裨文明之治也 歲戊寅春 樞相孫公以東北面都巡問使 兼尹永興府
旣下車 適値上丁 躬行釋奠 觀其廟學隘陋頹腐 泫然出涕 欲更營之 且其地勢卑湫 不足改爲 退
而咨於父老曰 …

__ 「양촌집」 권14, 영흥부학교기

자료 3

성균관은 오로지 교육을 관장하는 곳으로 국가에서 양현고養賢庫를 설치하여 관관館
官^{주5}으로써 이를 겸하게 하고 항상 유생 200명을 양성했다. 상당부원군上黨府院君 한명
회韓明澮는 임금께 아뢰어 존경각尊經閣을 지어 경적經籍을 많이 간행하여 여기에 두었
고 광천군廣川君 이극증李克增은 임금께 아뢰어 전사청典祀廳을 세웠으며 나도 또한 향
관청享官廳을 세웠다. 그 뒤에 성전聖殿의 동서무東西廡^{주6}와 식당을 개축하고, 베 500여
필과 쌀 300여 석을 내리셨으며 또 학전學田을 내리셔서 이것을 관중館中의 수용에 충
당하게 했는데 … 이때 문사들이 명륜당明倫堂에 크게 모였다. 찬거리가 극히 정精했
고 승지承旨가 궁중의 좋은 술과 어주御廚^{주7}에 있는 맛있는 음식을 주어 인마人馬의 왕
래가 끊이지 않았다. 계축년[癸丑年, 1493] 가을에는 성균관에 왕이 거동하시어 선성先
聖과 선사先師에게 제사 드리고 하련대下輦臺에다 장막을 마련하니 문신文臣과 재신宰
臣, 추신樞臣은 장막 안에 입시하고, 당하관堂下官 문신들은 뜰에 줄을 지어 앉았으며
팔도八道의 유생儒生이 서울에 운집하니 무려 수만 명이나 되었다.

原文 成均館專掌敎訓 國家設養賢庫 以館官兼之 常養儒生二百人 上黨府院君韓明澮啓建
尊經閣 多印經籍藏之 廣川君李克增啓構典祀廳 余亦啓建享官廳 其後改築聖殿東西及食堂 又
賜布五百餘匹 米三百餘石 又賜學田 以備館中之需 … 於是文士大會明倫堂 饌品極精 承旨賚
宣酒及御 廚珍味 絡繹不絶 癸丑秋 幸成均館 祀先聖先師 退御帳殿于下輦臺 文臣宰樞入侍殿
內 堂下官文臣分庭列坐 八道儒生雲集京師 無慮萬餘人

__ 성현, 「용재총화」 2

자료 4

우리 태조께서 즉위하신 아무 해에 국학國學을 동북쪽에 설립했는데, 그 경영한 설계
와 규모 · 제도가 모두 적절하게 되어 모두가 완전한 것이었다. 대략적으로 남쪽에
문묘文廟가 있고 문묘의 좌우에 무廡가 있다. 문묘에는 선성先聖을 제사하고 무에는 선

주5 관관(館官): 성균관의 교관. 교
서관(校書館) · 홍문관(弘文館) · 예
문관(藝文館)의 관원이 겸직함.

주6 동서무(東西廡): 문묘의 동무
(東廡)와 서무(西廡)를 아울러 이르
는 말.

주7 어주(御廚): 임금의 음식을 마
련하는 요리 장소.

사先師를 제사하니, 이는 나라의 옛 전례典禮이다. 동쪽에는 정록소正錄所가 있고 그 남쪽에는 부엌이 있으며 부엌의 남쪽에는 식당이 있다. 문묘의 북쪽 양 옆으로 장랑長廊이 있고 장랑의 북쪽에 터를 돋우고는 좌우로 협실을 만들고 중앙에 마루를 만들어 선생과 제자가 강학講學하는 장소를 만들었는데 이를 명륜당明倫堂이라 부른다. 본관本館은 집이 대소를 합하여 모두 96칸인데, 이 명륜당만이 문묘와 함께 특별히 높을뿐더러, 치목治木도 잘했고 구조도 튼튼하며 우뚝하게 높고 눈부시게 찬란하다. 학관學官은 대사성大司成 이하 모두 몇 명인데, 이른 아침 북을 울려 제생諸生을 불러, 뜰 아래에 열립列立시키고 한 번 읍揖한 다음 명륜당에 올라 경서經書를 가지고 논한다. 군신君臣의 도리를 강론하고 부자父子의 도리를 강론하며, 장유長幼의 도리를 강론하고 부부·붕우의 도리를 강론하여, 익혀서 익숙하게 하고 서로 깨우쳐 권면勸勉한다.

原文 我 太祖卽位之其年 設國學於東北隅 凡經營設計規模制度 咸底適切 無一不完 大略南爲廟 廟左右 有廡 廟主祀先聖 而廡祀先師 國之古典焉 東爲正錄所 其南爲廚 又其南爲食堂 廟北兩旁 引長廊 廊之北 高其基 左右夾室而中爲堂 此爲師生講勤之所 是謂明倫也 館爲室大小 計凡九十有六 而獨是堂 與聖廟爲最尊 攻純構堅 其高也 奐其新也 學官大司成以下凡幾人 大昕 鼓徵 諸生列于庭下一揖之後 升是堂 執經論難 講之爲君臣焉 講之爲父子焉 講之爲長幼焉 講之爲夫婦朋友之道焉 援而熟之 箴之翼之

_ 「동문선」 권82, 성균관기

자료5

서울에 호세가의 자제들은 요행 생원시生員試에 합격하여 성균관에 있게 되나 얼마 있지 않아서 거처와 음식이 뜻에 맞지 않는 것을 꺼려서 부형의 음덕을 이용하여 모두 벼슬하기를 희망한다. 그리고 뜻있는 자들은 대개 시골의 한미한 선비여서 항상 성균관에 거처했는데, 왕왕 풍습병에 걸리어, 많은 선비들이 성균관에 있기를 싫어하여 늘 성균관에 있는 학생은 30~40명 미만이었다.

原文 京中豪勢子弟 幸中生員試 居館未幾 憚其居處飮食之未適其意 因父兄之蔭 皆欲從仕 間有志學之士 皆鄕曲寒生 恒居於館 往往得風濕之疾 故人多厭之 其居館者 常不滿三四十

_ 「태종실록」 권33, 태종 17년 윤5월 기사

자료6

이조吏曹에서 아뢰기를 "5부 학당五部學堂은 직책이 몽매한 자를 깨우쳐 줌에 있으니,

전학하는 방법을 더욱 엄중하게 하지 않을 수 없습니다. 취학한 생도 중에서 사서四書 이하를 읽는 자는 교관敎官에게 나누어 맡겨 잘 지도하여 성취시키게 하고 … 그리고 예조禮曹에서는 매달 학당에 나아가 그 문서를 거듭 조사하고 연말에 추려 뽑아 기록 하여 아뢰고, 식년式年주8마다 교관의 근만을 조사하며 그에게 맡겨진 생도로서, 성취 한 바가 가장 많은 자를 뽑아 쓰게 하소서," 하니, 왕이 따랐다.

주8 식년(式年): 3년마다 정기적 으로 과거 시험을 시행하는 연도 자·오·묘·유 년을 가리킴.

原文 吏曹啓 五部學堂 職在開蒙 勸課之法 尤不可不嚴 赴學生徒內 讀四書以下者 分隷敎 官 誘掖成就 … 禮曹每月詣學堂 重考置簿 歲抄具錄啓聞 每當子午卯酉 考其敎官勤慢 所隷生 徒成才最多者啓聞 不次擢用 從之

_ 「세종실록」 권18, 세종 4년 11월 정묘

자료7

인재를 가르치고 기르는 것은 학교에 있는 것이므로, 본조本朝는 주부州府에는 교수관 敎授官을 보내고 군현에 학장을 두었다. 그런데 학장이 되는 자들이 혹 임지에 부임하지 도 않고 또 효력도 없어 마침내 군현에 있어서는 다만 학교 이름만 있고 실효는 없다.

原文 敎養人材 在於學校 故本朝於州府則遣敎授官 郡縣則置學長 爲學長者 或不赴任 亦不 效力 遂使郡縣 徒有學校之名 而無實效

_ 「태종실록」 권27, 태종 14년 6월 계묘

자료8

학교는 인재가 육성되는 곳이고 풍화風化가 먼저 이루어지는 곳입니다. … 단 외방의 훈도訓導되는 자들이 모두 불학용렬不學庸劣하여 교회敎誨할 바를 모르고 교생校生이 되는 자들 또한 모두 피역避役 무뢰한들이기 때문에 헛된 기구가 되었다. 신의 생각으 로는 각 읍의 사족자제들을 뽑아 향교에 다니도록 하고, 문리文理에 능통한 자로 훈도 를 삼을 것 같으면 가르침에 효과가 있겠다.

原文 學校 人才所關 風化所先 … 但爲外方訓導者 皆不學庸劣 不知敎誨 名爲校生者 亦皆 無賴避役者 故學校爲虛器 臣意各邑士族子弟 搜出赴校 以能通文理者 爲訓導 敎誨有效

_ 「명종실록」 권8, 명종 3년 9월 계미

주9 생도(生徒): 성균관·4학·향 교·잡학의 학생을 가리킨다. 그러 나 성균관·4학의 학생은 보통 유 생이라 불렀다.

자료9

(성균관) 생원·진사가 부족하면 4학 생도四學生徒주9 중에서 나이가 15 이상이 되고 소

주10 유음적자(有蔭嫡子): 음직을
받을 수 있는 현관의 적자.

학과 사서 1경에 통한 자나, 유음적자有蔭嫡子[주10]로서 소학에 통한 자나 일찍이 문과,

생원 · 진사시의 향시 · 한성시에 합격한 자를 뽑아서 보충한다. 조사朝士로서 입학하

기를 원하는 자도 또한 들어 준다.

原文 成均館 生員進士不足 則取四學生徒 年十五以上 通小學四書一經者 有蔭嫡子 通小學

者 曾中文科 生員進士鄕試城試 補之 朝仕願赴學子 亦聽

__ 「경국대전」 권3, 예전, 생도

출전

「경국대전」

「동문선」

「명종실록」

「삼봉집」

「세종실록」

「태종실록」

「양촌집(陽村集)」: 고려 말, 조선 초 문신이자 학자인 권근(權近, 1352~1409)의 문집. 권근은 이성계의 새 왕조 창업

에 중심 역할을 했으며, 개국 후 각종 제도 정비에 힘썼다. 권근의 사상은 이황의 사단칠정론에 영향을 주었으며, 「예

기」를 중시하여 삼강오상(三綱五常) 확립으로 왕권 강화에 이바지했다.

「용재총화(慵齋叢話)」: 조선 초기 문신 성현(成俔, 1439~1504)이 지은 잡록으로 10권으로 돼 있다. 분량은 많지 않으

나 기록한 내용이 다양하므로 '총화'라는 제목을 붙였다. 고려부터 조선 성종까지의 민속이나 문학에 대한 논의가 비

중을 많이 차지한다. 그 밖에 역사 · 지리 · 종교 · 학문 · 음악 · 서화 · 문물 제도 등을 다루고 있어 당시 각 분야를

이해하는 데 많은 도움을 준다. 유명 인사에서 하층민까지 가리지 않고 서술 대상으로 삼으면서 음담패설이라 할 만

한 것까지 포함시켰다. 각 권은 편차 없이 서술하였으며, 권별 구분도 내용과는 관계없다. 풍속이나 설화 등을 싣고

있어 민속학이나 구비 문학 연구에 큰 도움이 된다. 중종 20년(1525) 경주에서 펴내 3권 3책의 필사본으로 전해오다

가, 1909년 조선고서간행회에서 펴낸 「대동야승」에 실렸다.

찾아읽기

윤희면, 「조선후기 향교연구」, 일조각, 1990.

국사편찬위원회, 「한국사」 23(조선 초기의 정치 구조), 1994.

이민홍 엮음, 「조선조 성균관의 교원과 태학생의 생활상」, 성균관대학교 출판부, 1999.

림관헌, 「한국 유학의 연원과 전개」, 성균관대학교출판부, 2013.

3 단군 숭배가 제도화되다

단군 숭배와 환구단

단군은 단군조선의 실체 여부와 관계없이 우리나라의 개국 시
조로 알려지면서 일찍부터 숭배의 대상이 되었다. 단군은 신화
와 전설, 민간 설화에도 꾸준히 등장하면서 숭배되었다. 그리고
단군 숭배는 '단군교'와 같은 일종의 종교가 되면서 신앙의 대상
이 되기도 했다. 특히 단군은 조선 초기에 이르러 재조명되면서
역사적 의미가 더욱 부각되었다.

개국 시조로서의 단군 숭배

조선 초기에 이르러 민족 및 개국 시조로 확인하면서 이루어진 단군 숭배는 우리
민족의 역사가 고조선에서 발원하여 중국사에 못지않다는 자부심, 민족 국가의 독립
성에 대한 자부심, 그리고 우리나라 영역이 본래 만주 요동에 걸치는 강역관의 확립
등의 의미를 내포하고 있었다. 단군에 관한 최초의 기록은 일연의 『삼국유사』로 알려
져 왔다. 그러나 이미 단군에 관한 기록은 고려 초기의 비기나 참서 등에 등장하고 단
군 숭배도 그 이전부터 있어 왔다. 그러나 그 기록이나 신앙은 어디까지나 신화나 전
설의 형태, 그리고 민중의 전통 사상의 범위에서 이루어졌다.

고조선, 진국, 고구려, 백제, 신라 및 발해의 역사 기록이 인멸된 형편에서, 현재 우
리 측 자료에서 단군을 역사적 인물인 우리 민족의 개국 시조로 인식하여 진술할 수 있

단군 영정. 『삼국유사』에 기원을 둔 단군의 실체에 대해서는 아직도 논란이 계속되고 있다. 단군 숭배가 민간 신앙 또는 종교로 정착되면서 여러 형태의 단군 영정이 만들어졌다.

게 된 것은 고려 몽고 간섭기 이후이다. 13세기 이전의 고려인들은 단군을 대체로 평양의 사당에 모셔진 지역 시조신, 또는 황해도 구월산 지역의 삼성사 등에 모셔진 민간 신앙적 지역신으로 간주했다. 13세기 이후의 몽고 침략 전후부터 일연의 『삼국유사』, 이승휴의 『제왕운기』, 백문보의 상소문 등의 기록을 통해 종래의 자연신이자 지역신적 단군 숭배가 국가 시조 및 역사 공동체의 시조인 단군 숭상으로 바뀌기 시작했음을 알 수 있다. 즉, 단군을 개국 시조로 서술함으로써 민간의 전통 사상이 지배층의 인식에까지 확대될 수 있었다. 이것은 민족 의식의 성장과 심화를 의미했다.[자료1]

조선 왕조를 개창하면서 사대부 계층은 민족 및 개국 시조인 단군에 대한 숭배를 제도화하기에 이르렀다. 고려 시기에 역대 시조로 기자와 동명왕에 대해 제사를 지낸 것에 비하면 커다란 변화였다. 우리 역사에서 처음으로 천명을 받은 국가 시조로서의 단군은 중국에서 역사의 원조로 숭앙하는 요임금과 동시대의 대등한 천명을 받은 군주라는 인식이 제도화되었던 것이다.[자료2]

태종 12년(1412)에 평양의 기자묘에 단군을 같이 제사하는 것을 제도화하고, 위패는 '조선후단군지위朝鮮侯檀君之位', 호칭은 '조선국왕朝鮮國王'으로 했다. 세종 11년(1429)에는 평양에 단군과 동명왕을 함께 모시는 사당이 세워졌다. 그리고 위패의 명칭은 '조선단군朝鮮檀君'으로 개칭했다. 세조 2년(1456)에는 단군의 위패를 '조선시조단군지위朝鮮始祖檀君之位', 기자의 위패는 '후조선시조기자지위後朝鮮始祖箕子之位'로 확정했다.[자료3~9]

조선 왕조에 들어와 단군 숭배는 평양의 단군사檀君祠와 구월산의 삼성사三聖祠를 중심으로 이루어졌다. 평양의 단군사당은 국가에 의해 건립되었으며, 이곳의 제사는 국가의 사전祀典에 중사中祀로 등재되어 있었다. 구월산의 삼성사당은 고려 시대 이래로 민간 신앙적 차원에서 단군 숭배가 이루어지던 곳이었다. 이곳도 국가로부터 단군 숭배의 공식 사당으로 인정받게 되고, 이후 국가의 관리가 정기적으로 단군에 대해 제사를 지냈다.

조선 초기에 이르러 민족 및 개국 시조로 확인하면서 이루어진 단군 숭배는 다음과 같은 의미를 지니고 있었다. 단군 숭배는 우리 민족의 역사가 고조선에서 발원하여 중국사에 못지않다는 자부심, 민족 국가의 독립성에 대한 자부심, 그리고 우리나라의 영역이 본래 만주 요동에 걸치는 강역관의 확립 등의 의미를 내포하고 있었다.

기자 숭배로 인한 침체

단군 숭배는 15세기의 세종·세조 때를 고비로 하여 16세기 이후에는 점차 쇠퇴하는 경향을 나타냈다. 주자학의 성리학적 질서가 강조되면서 단군 숭배를 무의미하게 간주하는 경향이 등장했다. 특히 15세기 말에 『동국통감東國通鑑』이 편찬되면서 이러한 경향은 점차 확산되어 우리 역사에 영향을 준 대부분의 문화적 요인을 기자箕子에 연결시켜 강조했다. 반면에 단군이 중국 요임금과 같은 시기에 등장했음을 부정하고 단군의 나이를 부정하기도 했다. 16세기가 되면 천명을 받은 최초의 국가 시조인 단군이라는 인식도 그 의미가 약해졌고, 동방 도학의 시조로서의 기자 인식이 더욱 부각되었다.

조선의 고유 문화와 신교 창시자로서의 단군

17세기 이후 역사학에서 단군조선이 정통의 역사적 사실로 정리되면서, 단군 숭배를 우리 역사에서 무의미하게 간주하는 인식에 대한 비판이 대두했다. 허목은 『동사東事』에서 기전체 형식의 역사 서술을 통해 단군을 정통 국가에 포함시켰다. 홍만종은 『동국역대총목東國歷代摠目』(1705)에서 단군 → 기자 → 마한 → 삼국 → 통일신라로 이어지는 정통론을 수용하면서 단군에 관한 기록을 체계적으로 모아 서술했다. 단군 시절부터 백성에게 머리털을 땋고 머리를 덮도록 가르쳤다. 단군 문화에서 군신·남녀 관계의 구별과 의복·주거 제도가 출발했으며, 단군이 신하를 시켜 홍수로 혼란스러운 국내 산천을 다스려서 백성의 주거 문화 수준을 높였다고 서술했다.

안정복은 『동사강목東史綱目』(1778)에서 단군으로부터 비롯된 이러한 우리 문화와 역사적 사실을 보다 체계화하여 집대성했다. 단군은 우리의 독자적인 문화를 세운 영웅적 시조라는 근거를 보강하면서 사실 고증의 측면과 민족 의식의 측면을 종합하면서 단군 문화를 우리 역사의 특징으로 적극적으로 평가했다.

또한 이종휘는 『동사東史』(1789)에서 기자 정통론을 부정하고 단군 정통론을 주장하면서 단군 신교神敎까지 인정했다. 단군·기자·삼한·후조선[위만]을 본기로 하고 세가·열전·지·연표를 두는 역사 서술 체제를 사용하여 단군을 우리 역사의 출발로 간주하고, 중국에 대항하는 민족적 의식에서 단군을 우리 문화를 형성한 인물로 적극적으로 평가했다.

조선 후기 평양의 단군사당에서는 조선을 개창한 신인神人으로 계속 제사를 올렸으며, 18세기 초에는 평안도민에 의해 숭령전崇靈殿으로 지위가 격상되었다. 구월산의 삼성사 제사의식도 결국 평양 단군사와 같은 위상을 갖게 되었다. [자료10·11]

요컨대 조선 후기에는 단군을 우리의 고유 문화를 만든 문화적 존재로 받들고 이를 입증하려는 노력이 계속되었으며, 이 과정에서 단군 정통론이 세워지고, 단군 신교神敎까지 인정하는 단계에 이르게 되었다. 또한 이러한 인식 체계는 한말 일제 강점기에 박은식·신채호·정인보·안재홍 등에 의해 근대적 연구로 정리되어 오늘날에 이르고 있다.

한편 전통 신앙으로 전해지던 단군 숭배는 한 말에 이르러 대종교[1909년의 창립 초기에는 단군교]를 창립했고, 1910년대에는 많은 애국지사들이 여기에 참여함으로써 간도·연해주 등 해외 항일 운동의 정신적 지주가 되었다. 대종교는 환인·환웅·단군 등 삼신을 삼신일체의 신격神格으로 숭배했고 제1세 교주 나철, 제2세 교주 김교헌 등으로 이어져 오다가 1930년대에 일제의 탄압으로 쇠약해졌다.

환구단

환구단圜丘壇은 천자가 하늘에 제사를 드리는 둥근 단으로 된 제천단이다. 예로부터 '천원지방天圓地方'이라 하여 하늘에 제사를 지내는 단은 둥글게, 땅에 제사 지내는 단은 모나게 쌓았다. 국왕이 정결한 곳에 제천단을 쌓고 기원과 감사의 제사를 드리는 것은 일찍부터 있어 왔다. 경천 신앙과 관련하여 제천 의식은 이미 원시 부족 국가 시대부터 존속되어 왔다. 삼국시대에도 국가적인 제천 의식이 거행되었다. 고려 성종 2년(983)에는 환구단에서 제천 의식이 거행되었다.

환구단. 서울특별시 중구 소공동에 있는 조선 시대의 제단이다. 1897년 고종의 황제 즉위식과 제사를 지낼 수 있도록, 옛 남별궁 터에 원단을 만들어 조성하였다. 단지 내에는 1899년 신위판을 봉안하는 3층 8각 지붕의 황궁우를 축조하고, 1902년 고종 즉위 40주년을 기념하는 석고단(돌북)을 황궁우 옆에 세웠다.

본래 『예기』에 따르면 천자만이 환구단을 세워 하늘에 제사를 지내는 제천 의식을 거행할 수 있었다. 제후는 자신의 영역 내에 있는 산천山川에만 제사를 할 수 있었다. 고려에서 제천 의식을 행한 것은 비와 풍년을 기원하는 현실적 필요와 더불어 아직 유교적 질서가 정착하지 못했기 때문이었다. 성종 · 예종 · 인종 때의 제천 의식도 일시적이었고 계속되지 못했다. 그러나 고려 말기의 몽고 간섭기에 이르러 제천 의식은 활발하게 거행되었다.

조선 시기에 들어와 이러한 제천 의식은 우여곡절의 과정을 겪게 되었다. 주자성리학의 영향과 명나라의 직 · 간접적인 압력 때문이었다. 조선 초기에는 이러한 제천 의식의 거행을 두고 전면적인 폐지론, 적극적인 찬성론, 그리고 절충론 등의 논란이 전개되었다. [자료12]

태조에서 세조에 이르는 시기에는 제천에 대한 찬성론이 대체로 우세했다. 이 시기에 비록 정기적으로 제천 의식이 거행되지는 않았으나 조선 왕조의 어느 시기보다 제천 행사가 활발했다. 성종 때에 사림이 대거 정계에 진출하면서 제천 행사는 거의 소멸되었다. 『경국대전』의 사전祀典 조항에도 환구단의 제사는 기재되지 않았다.

그 뒤 고종이 1897년 대한제국 황제로 즉위하면서 천자가 되었기에 완전한 제천 의식을 행할 수 있게 되었다. 1897년 의정 심순택이 우리나라도 천신에 제사를 드려야 한다고 상소했다. 이에 따라 영선사 이근명이 지관을 데리고 지금의 소공동에 길지를 정하고 제단을 쌓게 했고, 고종은 이 환구단에서 천지에 제사를 드리고 황제의 자리에 올랐다. [자료13~15]

1913년 일제에 의하여 환구단이 헐리고 그 터는 지금 조선호텔이 되었는데, 화강암 기단 위에 세워진 3층 팔각정의 황궁우는 지금도 남아 있다. 기단 위에는 돌난간이 둘러져 있다. 1·2층은 통층인데, 중앙에 태조의 신위가 있다. 제천단의 또 한 예로 강화도 마니산 정상에 자리 잡은 참성단이 있다. 이는 단군이 제천을 위해 쌓았다고 구전되어 온다.

제천 의식을 거행하던 제단은 환구단圜丘壇과 원구단圜丘壇의 명칭이 혼용되어 왔다. 한자 '圜'의 발음이 '환'과 '원'으로 쓰였기 때문이다. 2005년 문화재청에서 한자 표기는 『고종실록』에 기록된 '圜丘壇', 한글 표기는 고종이 천제를 지낸 1987년 10월 당시의 「독립신문」을 따라 '환구단'으로 정하였다.

자료 1

하늘의 운수는 순환하여 다시 시작하는데 700년이 하나의 소원小元이고 3,600년이 하나의 대주원大周元이 됩니다. 이것이 황제와 왕자王者 · 패자霸者의 다스려지고 혼란스러우며 흥하고 쇠퇴하는 주기입니다. 우리 동방은 단군으로부터 지금에 이르기까지 이미 3,600년이니 곧 주원周元의 운이 한 바퀴 돌아 만나는 기회를 맞이했습니다.

原文 天數循環周而復始 七百年爲一小元積 三千六百年爲一大周元 此皇帝王霸理亂興衰之期 吾東方自檀君至今已三千六百年 乃爲周元之會

_ 『고려사』 권112, 열전 25, 백문보

자료 2

예조전서 조박 등이 상서하여, " … 조선 단군은 동방에서 처음으로 천명을 받은 임금이고, 기자는 처음으로 교화를 일으킨 임금입니다. 평양부로 하여금 때에 맞추어 제사 드리도록 하소서."라고 했다.

原文 禮曹典書趙璞等上書曰 … 朝鮮檀君東方始受命之主 箕子始興敎化之君 令平壤府以時致祭

_ 『태조실록』 권1, 태조 원년 8월 경신

자료 3

예조참의 허조가 상서하여, "신이 생각하건대 본국에 기자箕子가 있음은 중국에 요堯임금이 있는 것과 같으니, 중국 조정에서 요임금에게 제사하는 예에 의거하여 기자의 묘에 제사 지내소서." 하니, 임금이 이를 예조에 하명했다. 하륜이 또한 일찍 "청컨대 조선 단군에게 제사 지내소서."라고 건의했다. 예조에서 두 가지를 참작하여 아뢰기를, "기자의 제사는 마땅히 사전에 올려 봄 · 가을로 치제하여 숭덕의 뜻을 밝힐 일이요, 또한 단군은 실로 우리 동방의 시조이니 마땅히 기자와 더불어 같은 묘에서 아울러 제사 하도록 하소서."라고 하니, 임금이 이에 따랐다.

原文 禮曹右叅議許稠上書 書略曰 臣竊謂本國之有箕子 猶中國之有帝堯 乞於箕子之廟依朝廷祀堯之例祭之 命下禮曹 河崙亦嘗建議 請祀朝鮮檀君 禮曹叅詳 箕子之祭宜載祀典春秋致祭 以昭崇德之義 且檀君實吾東方始祖 宜與箕子並祀一廟從之

_ 『태종실록』 권23, 태종 12년 6월 기미

자료 4

"삼가 교서관 축판식을 보니 단군과 기자에 대해서는 국왕이라 칭하고 전조의 태조에 대해서는 조선 국왕이라고 칭하는데, 이치에 맞지 않은 듯합니다. 단군과 기자에 대해서도 조선 국왕이라고 칭하도록 허락하소서 …"라고 하니, 임금이 이에 따랐다.

原文 謹按校書館祝板式 於檀君箕子稱國王 前朝太祖稱朝鮮國王 似不合理 許於檀君箕子稱朝鮮國王 從之

_ 「태종실록」 권26, 태종 13년 11월 경진

자료 5

변계량이 상서하였다. 글에서 말하길, " … 우리 동방은 단군이 시조인데, 대개 하늘에서 내려왔고 천자가 분봉分封한 나라가 아닙니다. 단군이 내려온 것이 요 임금이 나라를 세운 무진년戊辰年주1에 있었으니, 오늘에 이르기까지 3천여 년이 됩니다. 하늘에 제사하는 예가 어느 시대에 시작했는지를 알지 못하겠습니다만, 그러나 또한 1천여 년이 되도록 이를 또는 고친 적이 아직 없습니다. 태조 강헌대왕太祖康獻大王이 또한 이를 따라 더욱 공근恭謹했으니, 신은 하늘에 제사하는 예를 폐지할 수 없다고 생각합니다. …"라고 했다.

주1 무진년: 기원전 2333년.

原文 敬承府尹卞季良上書 書曰 … 吾東方檀君始祖也 盖自天而降焉 非天子分封之也 檀君之降在唐堯之戊辰 歲迄今三千餘年矣 祀天之禮不知始於何代 然亦千有餘年未之或改也 惟我太祖康獻大王亦因之 而益致謹焉 臣以爲祀天之禮不可廢也 …

_ 「태종실록」 권31, 태종 16년 6월 신유

자료 6

사온주부 정척이 상서하기를, " … 단군은 요임금과 더불어 병립하여 조선이라고 자호自號한 자이며, 기자는 무왕의 명을 받아 조선에 봉해진 자입니다. 제왕의 역년歷年의 수로 볼 때 요임금으로부터 무왕에 이르기까지는 무릇 천 이백 삼십여 년이 됩니다. 그러므로 기자의 신위를 북쪽에 앉히고 단군을 동쪽에 제향하는 것은 실로 나라를 세워 대대로 전하는 선후와 어긋나는 일입니다. … 또 듣건대 기자는 제전祭田이 있는데 단군은 없는 까닭에 기자는 초하루·보름 때마다 전례奠禮를 드리지만 단군은 다만 봄·가을에만 제사를 지낸다고 합니다. 지금 이미 단군을 기자에 배향하여 두 신위가 한 당堂에 앉아 있는데, 홀로 단군은 초하루와 보름에 전례가 없으니, 역시 미안한 듯합니다. 신이 생각하건대, 단군의 사당을 별도로 세워서 그 신위를 남향하게 하고 봉사한다면 대개 예의에 맞을 것입니다."라고 했다. 임금이 예조에 하명하여 상서한 대로 시행케 했다.

原文 司醞注簿鄭陟 上書曰 … 檀君與唐堯並立 而自號朝鮮者也 箕子受武王之命 而封朝鮮者也 以帝王歷年之數 自帝堯 至武王凡千二百三十餘年矣 然則箕子之坐北 檀君之配東 實有違於立國傳世之先後矣 … 臣又聞箕子有祭田 而檀君無之 故箕子每奠於朔望 而檀君只祭於春秋 今檀君旣配於箕子 則并坐一堂 而獨不奠於朔望 似亦未安 臣愚以謂 別建檀君祠堂 南向奉祀 則庶合祀儀 命下禮曹 如上書施行

___ 「세종실록」 권29, 세종 7년 9월 신유

자료7

기자묘箕子廟가 부성府城 북쪽 토산兎山 위에 있는데, 정자각亭子閣·석인石人·석양石羊이 모두 남쪽을 향했으며, 사당祠堂은 성안 의리방義理坊에 있다. 봄·가을에 향축香祝을 전하여 제사를 지낸다. 금상今上 12년 경술에 유사有司에 전지傳旨하기를, "예전에 무왕이 은나라를 이기고, 은나라 태사太師를 우리나라에 봉한 것과 그가 신하 노릇하지 아니할 뜻을 이루게 한 것이다. 우리나라의 문물 예악文物禮樂이 중국과 같은 것은 오직 기자의 가르침에 힘입은 까닭이니, 비석을 사당에 세우라." 했다. 단군사당은 기자의 사당 남쪽에 있고, 금상今上 11년에 비로소 사당을 세우고 고구려 시조 동명왕을 합사合祠했는데, 단군이 서쪽에, 동명이 동쪽에 있게 하여 모두 남향하게 했다. 봄·가을마다 향축香祝을 내리어 제사를 지낸다.

原文 箕子廟 在府城北兎山上 亭子閣石人石羊 皆南向 祠堂在城內 義理坊 春秋 傳香祝致祭今上十二年庚戌 傳旨于有司曰 昔武王克殷 封殷太師于我邦 遂其不臣之志也 吾東方文物禮樂 侔擬中國 惟箕子之敎是賴 於是 立石于祠堂 檀君祠在箕子祠南 今上十一年己酉 始置 與高麗始祖東明王合祠 檀君在西 東明在東 皆南向 每春秋 降香祝致祭

___ 「세종실록」 권154, 지리지, 평안도 평양부

자료8

조선단군신주朝鮮檀君神主를 조선시조단군지위朝鮮始祖檀君之位로, 후조선시조기자後朝鮮始祖箕子를 후조선시조기자지위後朝鮮始祖箕子之位로, 고구려 시조高句麗始祖를 고구려 시조동명왕지위高句麗始祖東明王之位로 고쳐 정했다.

原文 朝鮮檀君神主 朝鮮始祖檀君之位 後朝鮮始祖箕子 後朝鮮始祖箕子之位 高句麗始祖 高句麗始祖東明王之位

_『세조실록』 권4, 세조 2년 7월 무진

자료 9

예조가 아뢰기를, "…『동국여지승람東國輿地勝覽』을 상고해 보건대 … 삼성사三聖祠 역시 문화현 구월산에 있는데 바로 환인·환웅·단군의 사당이다. 봄·가을로 향축香祝을 내려 제사를 지내는데, 가뭄이 들었을 때 기도를 하면 영험이 있다고 했습니다. …"

原文 禮曹啓曰 … 輿地勝覽考之 … 三聖祠亦在文化九月山 卽桓因 桓雄 檀君之祠 春秋降香祝致祭 又水旱 祈禱輒應云 …

_『선조실록』 권89, 선조 30년 6월 경오

자료 10

예조禮曹에서 황해도黃海道 삼성사三聖祠에 있는 단군의 축문祝文을 평양平壤 단군사檀君祠의 예例에 의거하여 '전조선 단군前朝鮮檀君'이라 쓸 것을 청하니, 임금이 윤허했다.

原文 禮曹請 黃海道三聖祠所在檀君祝文 依平壤檀君例 書以前 朝鮮檀君 上允之

_『숙종실록』 권28, 숙종 21년 6월 병신

자료 11

단군의 묘소를 수리하고 무덤을 수호守護할 호구戶口를 두었다.

승지 서형수徐瀅修가 아뢰기를, "단군은 우리 동방의 맨 먼저 나온 성인으로서 역사에 편발 개수編髮盖首주2의 제도를 제정했다고 일컫고 있습니다. 군신 상하의 분수와 음식과 거처의 예절을 모두 단군이 창시創始했다면 단군은 동방에 있어서 사실 세상이 끝나도록 잊지 못할 은택이 있는 것이니, 모든 것을 극도로 갖추어 높이 받들어야 할 것입니다. 그런데 신이 강동江東에 벼슬할 때에 보았는데, 고을 서쪽 3리쯤 되는 곳에 둘레가 410척쯤 되는 무덤이 있었습니다. 옛 노인들이 서로 단군의 묘소라고 전하고 있었으며, 유형원의『여지지輿地誌』에 기록되어 있으니, 그것이 참인지 거짓인지를 막론

주2 편발개수(編髮盖首): 머리털을 땋고 모자를 써 머리를 덮는 모습을 말함.

하고 어떻게 황폐해지도록 놔두고 사람들이 마음대로 땔나무를 하거나 소와 말을 먹이도록 놔둘 수 있겠습니까? 만약 단군이 아사달산阿斯達山에 들어가 신神이 되었으므로 묘소가 있을 수 없다고 이의를 제기한다면, 중국의 황제는 교산喬山에 신발이 있는 일도 있었고 공동산에 무덤이 있는 고사도 있습니다. 더구나 평양에 단군의 사당이 있고 본 고을에서 숭령전崇靈殿으로 높였는데 이 묘소만 떳떳한 전장典章에서 빠졌다는 것은 정말 하나의 흠결된 일입니다." 했다.

하교하기를, "비록 믿을 만한 증거의 흔적이 없으나, 고을의 옛 노인들이 가리키는 곳이 있다면 병졸을 두어 수호하거나 돌을 세워 사실을 기록하는 등 근거할 수 있는 사례가 하나뿐만이 아니다. 더구나 이곳의 사적이 읍지邑誌에 자세하게 기록되어 있는데도 불구하고 비석을 세우지 않았을 뿐만 아니라, 수호하는 사람까지 없으니, 매우 흠결된 일이다. 연대가 멀고 또 믿을 만한 문헌도 없어서 제사는 지내지 못하더라도 땔나무를 하거나 목축을 하지 못하도록 금지해야겠다. 그 도백으로 하여금 순행할 때에 몸소 살펴보게 하고 무덤 가까이 사는 민호民戶를 수호로 정하고 본 고을 수령이 봄·가을로 직접 살피게끔 규식을 정하도록 하라." 했다.

原文 修檀君墓 置守塚戶 承旨徐瀅修啓言 檀君 即我東首出之聖 史稱編髮蓋首之制 君臣上下之分 飲食居處之禮 皆自檀君創始 則檀君之於東 實有沒世不忘之澤 其所尊奉 宜極崇備 臣待罪江東 見縣西三里許 有周圍四百十尺之墓 故老相傳 指爲檀君墓 登於柳馨遠輿地志 則毋論其虛實眞僞 豈容任其荒蕪 恣人樵牧乎 若以爲 檀君入阿斯達山爲神 不應有墓 則既有喬山之舃 而又有崆峒之塚矣 況檀君廟 在於平壤 而本郡秩之爲 崇靈殿 則此墓之尙闕彛典 誠一欠事 教曰 雖無徵信之跡 邑中故老 既有指點之處 則或置卒守護 或立石紀實 可據之例 不一而足 況此處事蹟 昭載邑誌 而不惟不立石 又無守護之人 甚是欠事 年代久遠 且無可信文字 雖不設祭 宜禁樵牧 令該道伯 巡過時躬審 以近塚民戶 定守護 本邑倅春秋躬審爲式

_「정조실록」 권22, 정조 10년 8월 기유

자료12

예조에서 아뢰기를, "우리나라에서는 삼국 시대 이래로 환구단에서 하늘에 제사를 올리고 기곡祈穀과 기우祈雨를 행한 지 이미 오래 되었으니, 경솔하게 폐할 수 없습니다. 사전祀典에 기록하여 옛날 제도를 회복하되 이름을 환단이라 고쳐 부르기 바랍니다." 하니, 임금이 그대로 따랐다.

原文 禮曹啓曰 吾東方自三國以來 祀天于圜丘 祈穀祈雨行之已久 不可輕廢 請載祀典以復

其舊改號圜壇 上從之

_ 『태조실록』 권6, 태조 3년 8월 무자

자료 13

장례원경 김규홍이 아뢰기를, "환구단의 여러 의식 절차에 대하여 서울에 있는 시임 의정時任議政과 원임 의정原任議政들에게서 의견을 수렴하는 것에 대하여 명령하였습니다. 당하관을 보내서 의견을 물었더니 의정 심순택沈舜澤이 말하기를, '삼가 『예기禮記』를 상고하여 보건대, 천자는 천지에 제사 지낸다고 하였습니다. 대체로 천자의 예로는 하늘을 섬겨 근본에 보답하며 처음을 돌이켜보는 것보다 더 큰 것은 없습니다. 땅을 쓸고 제사를 지내는 데서 질그릇, 바가지, 짚, 어린 송아지를 쓰는 것은 그 바탕을 숭상하고 정성을 귀하게 여기는 것입니다.

성인聖人은 관천觀天하는 도리를 의식 절차의 법칙으로 삼았기 때문에 제사 지내는 단유壇遺의 계급階級은 반드시 그 형상을 살피고 만들었습니다. 호천상제昊天上帝 지기 지신地祇之神 신주와 대명大明 야명夜明, 오성五星, 28수, 주천성신周天星辰, 풍운뇌우, 오악五嶽, 오진五鎭, 사해사독四海四瀆 신들의 신주, 변두籩豆의 수와 의식 규정의 정도는 하, 은, 주 삼대 이후로 제도가 각각 다른데 예가 미비한 것이 오늘과 같은 때는 없었습니다.

일의 형편을 볼 때, 옛날대로 하여서는 안 되니 조성造成하는 절차나 진설陳設하는 도식은 모두 장례원으로 하여금 고례古禮를 참고하여 거행토록 하며 성단星壇을 설치하는 경우는 분야의 별들에게 제사 지내는 의리에서 나왔으므로 이제 제사 지낼 수 없습니다. 그 밖의 산천단이나 성황당처럼 사전祀典을 상고하여 바로잡을 수 있는 것에 대하여서는 모두 바로잡는 것이 마땅할 듯합니다. 신은 원래 예학에 어둡다 보니 감히 하나씩 지적하여 대답하지 못하겠으니, 널리 물어서 처리하시옵소서'라고 하였습니다. 특진관 김병시와 조병세는 병으로 의견을 올리지 못하였지만 시임 의정과 원임 의정들의 의견이 이와 같으니 폐하께서 처결하여 주기 바랍니다." 하였다.

조칙을 내리기를, "의정들의 의견이 이와 같다면 장례원으로 하여금 널리 상고하여 재가를 받은 다음 즉시 거행하게 하라." 하였다.

原文 掌禮院卿金奎弘奏 圜丘諸船儀文 收議於在京時原任議政以入事 命下矣 發遣郎廳問

議 則議政沈舜澤以爲 謹按禮記 天子祭天地 夫天子之禮 莫大於事天而報本反始者也 掃地而

祭 陶匏稾秸牛角繭栗 皆所以尙質而貴誠也 聖人觀天之道 以爲儀文之則 故壇壝陛級 必觀其

象而作焉 昊天上帝皇地祇之神位版及大明夜明五星二十八宿周天星辰風雲雷雨五嶽五鎭四海

四瀆之神牌 籩豆之多寡 儀文之繁縟 自三代以後 制各不同 而禮之未備 莫今日若 其在事體 不

宜仍舊 造成等節 陳設圖式 竝令掌禮院 參互古禮擧行 若星壇之設 旣由於祭分野星之義 而今

不可疊祀 外他山川城隍之可稽祀典而釐正者 一體釐正爲宜 而臣素昧禮學 不敢指一仰對 惟願

博詢而處之云 特進官金炳始趙秉世 病未獻議矣 時原任議政之議如此 伏候聖裁 制曰 議政之

議如此 令掌禮院博考稟裁 卽爲擧行

_ 『고종실록』 권36, 고종 34년 9월 25일

자료 14

음력 정유년 9월 6일. 장례원경 김규홍이 아뢰기를, "신이 영선사장營繕司長 이근명과

함께 상지관 오성근을 데리고 환구단을 설치할 장소를 간심看審하니, 남서南署의 회현

방會賢坊 소공동계小公洞契의 해좌사향亥坐巳向이 길하다고 하였습니다. 여기에 경계를

정하여 단壇을 쌓는 절차를 영선시營繕司로 하여금 빨리 거행하도록 하는 것이 어떻겠

습니까?" 하였다. 또 아뢰기를, "환구단에 단을 쌓는 공사를 시작할 길일 및 위판位版

과 종향 위패從享位牌를 만드는 길일은 음력 9월 7일로 정하며, 그 조성하는 절차를 봉

상사奉常司로 하여금 전적으로 맡아서 거행하도록 하는 것이 어떻겠습니까." 하니, 모

두 윤허하였다.

또 아뢰기를, "환구단의 위판과 종향 위패를 만드는 장소는 어느 곳에 마련해야 하겠

습니까?" 하였다. 제칙制勅을 내리기를, "근정전에 하라." 하였다.

> **原文** 陰曆丁酉九月初六 掌禮院卿金奎弘奏 臣與營繕司長李根命 率相地官吳聖根 圜丘設
> 壇處所看審 則南署會賢坊小公洞契亥坐巳向之地爲吉云 以此定界 築壇節次 令營繕司卽速擧
> 行何如 又奏 圜丘築壇始役吉日及位版從享位牌造成吉日 以陰曆九月初七日爲定 而其造成節
> 次 令奉常司專管 擧行何如 竝允之 又奏 圜丘位版與從享位牌造成處所 以何處磨鍊乎 制曰勤
> 政殿爲之

_ 『고종실록』 권36, 고종 34년 10월 1일

자료 15

천지에 고하는 제사를 지냈다. 왕태자가 배참陪參하였다. 예를 끝내자 의정부의정 심

순택이 백관을 거느리고 아뢰기를, "고유제告由祭를 지냈으니 황제의 자리에 오르소

서." 하였다. 신하들의 부축을 받으며 단壇에 올라 금으로 장식한 의자에 앉았다. 심

순택이 나아가 12장문의 곤면을 성상께 입혀드리고 씌워드렸다. 이어 옥새를 올리니 상이 두세 번 사양하다가 마지못해 황제의 자리에 올랐다. 왕후 민씨를 황후로 책봉하고 왕태자를 황태자로 책봉하였다. 심순택이 백관을 거느리고 국궁鞠躬, 삼무도三舞蹈, 삼고두三叩頭, 산호만세山呼萬世, 산호만세山呼萬世, 재산호만세再山呼萬世를 창하였다.

原文 行告天地祭 王太子陪參 禮畢 議政府議政沈舜澤 率百官跪奏曰 告祭禮成 請卽皇帝位 羣臣扶擁至卽位壇金椅上坐 舜澤進十二章衰冕 加于聖躬 仍奉進璽寶 上撝謙再三 黽勉卽皇帝位 冊王后閔氏爲皇后 冊王太子爲皇太子 舜澤率百官鞠躬 三舞蹈 三叩頭 山呼萬歲 山呼萬歲 再山呼萬萬歲

— 『고종실록』권36, 고종 34년 10월 12일

출전

『고려사』

『선조실록』

『세조실록』

『세종실록』

『숙종실록』

『정조실록』

『태조실록』

『태종실록』

『고종실록(高宗實錄)』: 고종 45년 동안의 역사를 역대 실록 체제에 준하여 편년체로 펴낸 실록으로 총 52권 52책으로 구성되었다. 1927년 4월 1일부터 1935년 3월 31일까지 만 8년에 걸쳐 이왕직이 주관하여 편찬 · 간행하였다. 즉위년을 원년으로 통합하고, 고종 31년(1894)과 광무 1년(1897) · 1989년 · 1905년은 기사의 양이 많아 책을 나눠 편년 시기는 모두 48권 48책이 되었다. 4권 4책은 목록이다. 내용은 개항 이전까지는 비교적 원사료에 충실하나 이후 기사는 매우 간략하다. 그러나 각국과의 여러 약장, 관제 개폐, 갑오경장 이후의 조서 · 칙령 · 법률 등을 거의 아울렀다. 다만 이 실록은 일제 강점기에 일본인들이 간섭하는 바람에 사실이 왜곡되었을 위험이 있다.

찾아읽기

강만길, 「이조시대의 단군숭배」 『이홍직박사회갑기념논총』 1969.

한영우, 『조선 전기사학사연구』 서울대학교 출판부, 1981.

한영우, 『조선 전기 사회사상연구』 지식산업사, 1983.

한영우, 『조선 후기사학사연구』 일지사, 1989.

서영대 외, 『단군 · 단군신화 · 단군신앙』 한국정신문화연구원, 1992.

윤이흠 외, 『단군, 그 이해와 자료』, 서울대학교 출판부, 1994.

국사편찬위원회, 『한국사』26(조선 초기의 문화 I), 1995.

박광용, 「단군 신앙의 어제와 오늘」, 『한국사시민강좌』, 27, 2000.

정구복, 『한국중세사학사(II)-조선 전기편』, 경인문화사, 2002.

김성환, 『조선시대 단군묘 인식』, 경인문화사, 2009.

4 우리 문자가 만들어지다

훈민정음

훈민정음은 세종 25년(1443)에 원안이 만들어진 뒤, 수정·보완을 거쳐 세종 28년(1446)에 오늘날 알려진 내용으로 확정·반포되었다. 훈민정음의 창제는 세계 문자의 역사에 비추어 볼 때 음운(音韻) 이론을 바탕으로 이루어졌다는 점에서 획기적인 일이었고, 조선 초기의 문화 역량이 유감없이 발휘된 민족사적 위업이었다. 또한 훈민정음은 현존하는 세계 문자 역사상 창제 연도와 창제자를 알 수 있는 유일한 문자였다.

훈민정음의 창제

일찍이 한자 문화권에 속한 나라들 가운데 거란, 여진, 안남, 일본 등은 훈민정음에 앞서 각기 문자를 만들었다. 그러나 그 문자는 한자를 차용借用하는 단계에서 크게 벗어나지 못했다. 훈민정음은 이러한 차용의 단계에서 완전히 벗어나 본질적으로 다르게 만들어진 음소문자音素文字이다. 또한 차자借字 형태의 표기법으로 이두吏讀·구결口訣·향찰鄕札 등을 고안하여 사용한 바가 있기 때문에 이러한 창의성이 훈민정음 창제에 반영되었다고도 할 수 있다. [자료1·3]

훈민정음 창제 동기는 일차적으로 어문 불일치로 인한 백성들의 불편함을 덜어주기 위한 데에 있었다. 『훈민정음(해례본)』 서문에 간명하게 밝히고 있듯이 차자 표기借字表記로 만족할 수 없는 우리말 사용의 불편함이 계속되어 왔다. 여기서 또 하나 주목되

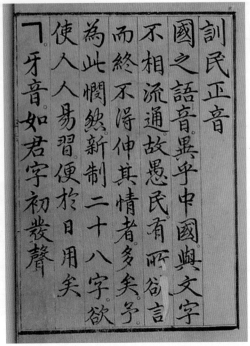

훈민정음 제자의 원리를 종합적으로 정리한 이론서인 『훈민정음(해례본)』(좌)과 『훈민정음(언해본)』(우). 훈민정음의 판본에는 크게 해례본, 언해본이 있고, 그 밖에 예의본이 있다. 실록본이 있는데, 이는 예의본에 속한다. 이 가운데 완전한 책의 형태를 지닌 것은 해례본이다.

는 점은 '우민愚民'을 뚜렷이 의식하는 정치를 표방했다는 것이다. '우민'을 의식하지 않을 수 없는 사회 상황에 이른 것이다. 이 시기에 표방된 '민유방본民惟邦本'의 정신도 민民이 나라의 근본임을 표방하지 않으면 안 될 시대 형편이 도래했음을 뜻한다고 할 수 있다. 따라서 당시의 지배층은 '민유방본'의 여러 정책을 시행해 갔던 것이고, 한글 창제도 이러한 실상에서 이루어졌던 것이다. 그리고 세종을 비롯한 당시의 지배층이 훈민정음 창제를 통해 구체적으로 이루고자 했던 것은 백성의 교화教化였다.

　　당시 훈민정음 창제를 반대했던 신료들은 그 이유의 하나를 『삼강행실도三綱行實圖』를 반포한 뒤에도 충신·효자·열녀가 더 많이 배출된 것을 보지 못했는데 반드시 언문으로 해석한 다음에야 본받겠는가 하는 점을 지적했다. 즉 교화의 수단으로 훈민정음 창제가 타당한가 하는 점을 지적한 것이다. 물론 세종은 이러한 창제 반대론자들을 속유俗儒라고 하여 논박했지만 '우민'에 대한 '민유방본'의 실질적인 목적은 교화에 있었던 것이다. 요컨대 언문 불일치로 인한 불편함, 왕조 개창으로 인한 민에 포괄되는 공민층公民層의 확대, 그리고 공민층에 대한 교화의 필요성 등이 새로운 문자에 대한 시대적 요청으로 이어졌던 것이다. [자료2]

훈민정음은 이러한 시대적 요청을 가장 먼저 깨달은 세종이 주도하고, 정인지, 신숙주, 성삼문, 최항, 박팽년 등의 집현전 학자들이 동원되어 창제되었다.

훈민정음 제자 원리

훈민정음의 제자 원리는 발음 기관과 삼재[三才, 즉 천(天)·지(地)·인(人)]를 토대로 상형象形했으며, 음양·오행의 원리를 이용하여 28자를 합성한 것으로 되어 있다. 초성初聲의 다섯 개 기본 자음[ㄱ, ㄴ, ㅁ, ㅅ, ㅇ]은 발음 기관의 상형이며, 나머지는 이것의 가획加劃으로 이루어진다. 그 소리는 오행五行의 목木·화火·토土·금金·수水를 가리킨다. 오행 중에서도 상생相生의 원리를 따른 것이다. 중성中聲의 기본인 3재 ·, ㅡ, ㅣ는 천·지·인을 뜻하는 삼재의 상형이며, 나머지는 이것의 합성이다. 이러한 제자 원리를 통해 초성 17자와 중성 11자가 만들어졌고, 이를 기반으로 초성·중성·종성의 3분법에 의해 조합되는 새로운 경지의 음운音韻 이론을 창안해 냈다. 이 음운 이론은 현대 언어학의 그것과 본질적으로 일치하며 과학성 또한 높이 평가되고 있다. 당시 중국의 음운학은 한 음절을 2분하여 그 첫 음[자음]을 성聲이라 하고 나머지를 모두 운韻으로 간주하는 2분법을 따르고 있었다. 훈민정음에 반영된 3분법은 이를 한 단계 진전시킨 것이며, 특히 중성과 종성은 중국 음운학에서는 전혀 볼 수 없는 새로운 개념이었다. [자료4]

이와 같이 훈민정음은 제자制字 과정에 고도의 역철학 및 음운 이론을 토대로 음소적 대립이 문자에서도 그대로 체계적으로 반영되고 있다. 예를 들어 평음平音에 해당하는 글자에 획을 하나 더하면 ㄱ 평음의 조음 위치와 기타 조음 방식이 동일한 유기음을 나타내는 글자가 된다[ㅂ과 ㅍ, ㄷ과 ㅌ, ㅈ과 ㅊ, ㄱ과 ㅋ 등]. 이러한 과학성 및 체계성은 훈민정음 문자 체계 곳곳에 오묘하게 스며들어 있다.

훈민정음과 한자 · 한문

훈민정음은 이전 시기의 단어 문자, 음절 문자 등에서 오랜 역사를 두고 발전해 온 다른 음소 문자들과는 달리 15세기 중엽에 세종을 비롯한 소수의 학자들에 의해 단기간에 발명되었다는 점에서 세계 문자 사상 유례가 없는 특이한 문자다. 또한 다양한 우리말을 마음대로 표현할 수 있고, 어떤 나라의 발음이더라도 거의 원형 그대로 표현할 수 있다는 점에서, 그리고 다른 어떤 문자 체계에서도 도달한 바 없는 체계성 및 과학성을 갖추고 있다는 점에서 세계에서 가장 훌륭한 문자로 지칭될 만하다.

이렇게 훈민정음은 문자 자체로서는 훌륭한 글자였지만 활용에 있어서는 지배층의 문자였던 한문의 보조적인 기능에 그쳤다. 당시 지배층이 사용했던 한자 또는 한문은 유교 및 유학이 보급 · 발달되는 과정과 깊은 관련을 맺으면서 이미 훈민정음이 창제되기 훨씬 이전부터 사용되어 왔다. 동아시아의 가장 선진적인 문화를 지니고 있었던 중국에서 제도와 문물을 받아들여 동일한 발전 과정에 있던 조선 시대로서는 대부분의 지식 체계가 한문으로 이루어져 왔던 전통을 하루아침에 훈민정음으로 바꿀 수는 없는 것이었다.

한자 및 한문은 기본적으로 중국에서 들어온 외국 문자이지만 일반적인 의미로서 통칭되는 외국 문자와는 다른 성격을 지니고 있다. 무엇보다 한문漢文은 중국에서조차 구어口語가 아니라 문어文語로 정립되어 가고 있었다. 또한 문어로서의 한문[고문(古文)]은 중국 내 어느 지역의 방언과도 일치하지 않는 추상적인 문어가 되어 갔다. 더구나 한자 · 한문이 전래된 이래로 우리나라에서는 이를 읽을 때 중국식 발음으로 읽은 것이 아니라 우리식 발음으로 토吐를 달아 읽었다. 물론 한문이 처음 들어왔을 때에는 중국식 발음을 거의 그대로 받아들였겠지만, 중국어에 나타난 음운상의 변화를 그 후 수용하지 않았던 것이다. 어디까지나 한문을 중국인과 의사 소통을 하기 위한 도구가 아니라, 책을 읽고 글을 쓰는, 학문과 문화 활동의 도구로 받아들이고 있었기 때문이다. 한문과 한자는 외국어, 외국 문자로서가 아니라 우리 것의 일부였다.

또한 한자와 한문이 계속해서 확장되고 지배층의 문자로 정착된 것은 유교 및 유학의 발달과 밀접한 관련이 있다. 유교 및 유학의 사상과 이념, 그리고 여기에 토대를 둔 정치 제도의 시행은 고대 및 중세의 국가 발달 과정에서 커다란 의미를 지니는 것이었다. 과거 제도가 본격적으로 시행되면서 유교의 이해와 그 매체인 한문의 소양은 지배층에게 필수적으로 요구되었다. 이로 인해 주지하듯 한자와 한문은 훈민정음이 창제되기 이전은 물론이고 그 후에도 지배층의 학술, 문화 활동의 필수적인 매체로서 받아들여졌던 것이다.

훈민정음 창제의 의의

우리 민족은 우리의 음성 언어와 일치하지 않는 외래의 문자 체계인 한문을 오랫동안 사용해 왔지만, 한편으로 매우 이른 시기부터 외래의 문자인 한문을 표의문자로서 그대로 사용하는 것이 아니라 우리말의 음성 언어를 나타내기 위한 수단으로 전용하려는 노력을 기울여 오기도 했다. 음독音讀 · 훈독訓讀 · 음가音假 · 훈가訓假 등에 의한 차자표기법借字表記法이 이러한 흐름 속에서 고안되어 인명 · 지명 · 관직명과 향가의 표기로 결실을 보았다. 이것이 보다 체계화되어 이두吏讀와 구결口訣로 이어졌다. 이러한 차자 표기법의 고안과 사용에도 불구하고 한자 및 한문은 우리말을 표기할 수단으로는 매우 불완전하고 비효율적인 문자임이 틀림없었다. 따라서 문자사文字史의 측면에서만 보더라도 세종이 우리말을 표기하기 위한 문자 체계인 훈민정음을 창제한 것은 여러모로 획기적인 사건이었다.

첫째, 한문의 사용과 더불어 기득권을 유지하던 지배층의 반발을 물리치고 일반 백성을 위한 문자를 창안했다는 점에서 파격적인 일이다. 둘째, 중국뿐 아니라 일본, 베트남을 비롯한 동아시아 전역에 한자와 한문을 사용하는 유교 문화권이 형성되어 있었던 당시 국제 사회의 분위기로 보아도 고유 문자의 발명은 평범한 일이 아니다. 거란, 여진, 위구르 등 아시아의 여러 민족들이 자기 언어를 표기하기 위한 문자를 만들어 사용했던 것은 사실이나 이들은 모두 한자를 변형해서 만든 것들이었고 후대에까지 지속적으로 사용되지 못했다는 점에서 한글과는 질적으로 다르다. 셋째, 세종이라는 한 사람이 주도하여 한글과 같은 세계 문자 사상 유례가 없는 과학적이고 독창적인 문자를 만들어냈다는 점에서 놀라운 일이 아닐 수 없다. 세종이 아시아 여러 민족의 문자 사용에 대해 두루 섭렵했을 뿐 아니라 중국의 음운학音韻學에 조예가 깊었고 우리 말에 대해 나름대로 깊이 연구한 훌륭한 학자이었기에 이런 일이 가능했던 것이다. 한 글을 세종이 집현전의 여러 학자들과 함께 만들었다는, 또는 세종은 한글 창제를 명령 하고 지휘하는 역할만 했을 뿐 실제적인 작업은 그 밑의 여러 학자들이 했을 것이라는 세간의 통념은 별로 근거가 없다. 신숙주, 성삼문 등의 학자들은 한글 창제 후 이 문자 체계에 대해 학문적으로 해설한 『훈민정음(해례본)』을 펴내고 한글을 이용하여 『동국 정운東國正韻』 등의 책을 만드는 각종 편찬 사업에 관여했을 뿐, 한글이라는 문자 체계 를 만드는 일은 세종이 거의 혼자서 은밀히 추진한 것이다.

훈민정음의 활용

실제의 활용에 있어서 훈민정음은 제한적이었지만 다음과 같이 크게 4가지 방향에 서 이용되었다.

첫째, 한자의 발음을 우리 현실에 맞게 바로잡기 위한 운서韻書를 편찬했다. 처음에 는 『운회韻會』를 번역하여 우리나라 한자음의 표준화를 단행하다가 무리가 있음을 깨 닫고 『동국정운』, 『홍무정운역훈洪武正韻譯訓』 등의 운서를 편찬했다. 둘째, 한문으로 된 중요 서적을 한글로 풀이하여 왕조의 위업을 널리 보급하거나 백성들을 교화하는 데 이용했다. 『용비어천가』, 『월인천강지곡』, 『석보상절』, 『금강경언해』 등이 그것이다. 점차 사서四書나 『농사직설農事直說』 등의 농서도 번역·보급되었다. 셋째, 행정 실무를 담당한 서리胥吏들로 하여금 훈민정음을 익히게 하여 일반 백성들에게 국가 시책을 알리는 데 이용했다. 넷째, 시가·산문 등의 문학 창작에 훈민정음이 점차적으로 이 용되었다.

요컨대, 훈민정음, 언문諺文, 국문國文, 한글 등 시기에 따라 명칭이 바뀌어온 것에 서 보이듯, 시기에 따라 받아들이는 의미가 계속 변동해 왔지만 과학성과 체계성, 그 리고 실용성에서 훈민정음은 세계 문자 사상 획기적인 우수 문자임이 틀림없다.

자료1

주1 고전(古篆): 한자의 상형 문자.

이달에 임금이 친히 언문 28자를 지었는데, 그 글자가 고전古篆주1을 모방하고, 초성·중성·종성으로 나누어 합한 연후에야 글자를 이루었다. 무릇 한문 및 우리나라 말을 다 적을 수 있으니, 글자는 비록 간요簡要하지만 전환하는 것이 무궁하다. 이것을 훈민정음訓民正音이라 이른다.

原文 是月 上親制諺文二十八字 其字倣古篆 分爲初中終聲 合之然後乃成字 凡干文字及本國俚語 皆可得而書 字雖簡要 轉換無窮 是謂訓民正音

_ 「세종실록」102, 세종 25년 12월 경술

자료2

집현전 부제학 최만리 등이 상소했다. 신 등은 엎드려 보건대 언문을 받으신 것이 지극히 신묘하니, 물건을 창조함에 지혜를 쓰신 것이 천고에 뛰어납니다. 그러나 신 등의 구구한 좁은 소견으로는 오히려 의심되는 것이 있으므로 감히 간곡한 정성을 펴서 삼가 다음과 같이 열거하오니, 성왕께서는 재택裁擇해 주시기 바라나이다.

1. 우리 왕조는 조종祖宗 이래로부터 지성至誠으로 대국大國을 섬겨 한결같이 중화의 제도를 준행했는데, 지금 글을 같이하고 법도를 같이하는 때를 당하여 언문을 창작하는 것은 남의 이목에 해괴합니다. 혹자는 '언문은 모두 옛 글자를 본뜬 것이지 새로 만든 글자가 아니다'라고 할 지 모릅니다. 그러나 글자 모형이 모두 고전古篆을 모방했다고 하더라도 음을 쓰고 글자를 합하여 모두 옛 것에 반대되니, 실로 의거依據할 바가 없습니다. 만일 이 소문이 중국에 들어가 혹 비난하는 자가 있게 되면 어찌 대국을 섬기고 중화를 사모하는 데에 부끄럽지 않겠습니까. …

1. 신라 설총의 이두는 비록 속된 말이지만, 모두 중국에서 통행하는 글자를 빌어서 어조語助에 사용하였기에, 문자가 원래 서로 분리된 것이 아니므로, 비록 서리胥吏나 종과 노예의 무리에 이르기까지 반드시 익히려 하면, 먼저 몇 가지 글을 읽어서 대강 문자를 알게 된 연후에 이두를 쓰게 됩니다. 모름지기 이두를 쓰는 자는 문자에 의거하여야 능히 의사를 통하게 되기 때문에, 이두로 인하여 문자를 알게 되는 자가 자못 많습니다. 또한 학문을 흥기시키는 데에 일정한 도움이 되있습니다. 만약 우리나라

주2 결승(結繩): 끈을 묶는 방법으로 의견을 교환하고 사물에 대한 기억을 하게 하는 것.

가 원래부터 문자를 알지 못하여 결승結繩주2하는 세대라면 우선 언문을 빌어서 한때

의 사용에 이바지하는 것은 오히려 가할 것입니다. 그래도 바른 의논을 고집하는 자는 반드시 말하기를, '언문을 시행하여 임시방편을 하는 것보다는 차라리 더디고 느릴지라도 중국에서 통용하는 문자를 습득하여 길고 오랜 계책을 삼는 것만 같지 못하다.'라고 할 것입니다. 하물며 이두는 시행한 지 수천 년이나 되어 부서簿書주3나 기회期會주4 등의 일을 하는 데 장애됨이 없는데, 어찌 예로부터 시행하던 폐단 없는 글을 고쳐서 따로 야비하고 상스러운 무익한 글자를 창조하십니까. 만약에 언문을 시행하면 관리된 자가 오로지 언문만을 습득하고 학문하는 문자를 돌보지 않아서 관원과 서리가 둘로 나누어질 것입니다. 진실로 관리된 자가 언문을 배워 통달한다면, 후진後進이 모두 이러한 것을 보고 생각하기를, 27자의 언문으로도 족히 세상에 입신立身할 수 있다고 할 것이오니, 무엇 때문에 고심노사苦心勞思하여 성리性理의 학문을 궁리하려 하겠습니까.

이렇게 되면 수십 년 후에는 문자를 아는 자가 반드시 적어져서, 비록 언문으로써 능히 이사吏事를 집행한다 할지라도, 성현의 문자를 알지 못하고 배우지 않아서 담을 대하는 것처럼 사리의 옳고 그름에 어두울 것이오니, 언문에만 능숙한들 장차 무엇에 쓸 것입니까. 우리나라에서 오래 쌓아 내려온 학문을 숭상하여 교화를 이루는 일이 점차로 땅을 쓸어버린 듯이 없어질까 두렵습니다. 전에는 이두가 비록 문자 밖의 것이 아닐지라도 유식한 사람은 오히려 천하게 여겨 이문吏文으로 바꾸려고 생각하였는데, 하물며 언문은 문자와 조금도 관련됨이 없고 오로지 시골의 상말을 쓴 것이겠습니까. 가령 언문이 전조前朝 때부터 있었다 하여도 오늘의 문명한 정치에 변로지도變魯至道주5하려는 뜻으로 여겨 그대로 물려받을 수 있겠습니까. 반드시 고쳐 새롭게 하자고 의논하는 자가 있을 것이고 이는 환하게 알 수 있는 이치입니다. 옛 것을 싫어하고 새 것을 좋아하는 것은 고금에 통한 우환이온데, 이번의 언문은 새롭고 기이한 한 가지 기예技藝에 지나지 못한 것으로, 학문에 방해됨이 있고 정치에 유익함이 없으므로, 아무리 되풀이하여 생각하여도 옳은 것을 찾아볼 수 없습니다. …

1. 무릇 사공事功을 세우는 데는 가깝고 빠른 것을 귀하게 여기지 않습니다. 그런데 국가國家가 근래에 조치한 것은 모두 속성速成만을 힘쓰니, 이것은 정치하는 체제가 아닌가 합니다. 만일 '언문諺文은 부득이 해서 만든 것'이라고 한다면, 이는 풍속을 바꾸는 큰일인 바, 마땅히 재상宰相과 함께 의논해야 하고, 아래로 백관百官에까지 이르러

주3 부서(簿書): 장부와 문서.

주4 기회(期會): 계약과 회계.

주5 변로지도(變魯至道): 선왕의 유풍만 있고 도가 제대로 행해지지 않던 노나라를 변하게 하여 도에 이르게 한다는 뜻

국민들이 모두 다 좋다 하더라도 오히려 선갑후경先甲後庚^{주6}하고, 다시 재삼 생각하여 제왕에게 질정하여도 어긋나지 않고, 중국에 상고하여도 부끄러움이 없으며, 백세百世 후의 성인을 기다려도 의혹이 없어야만 시행할 수 있는 것입니다. 이제 여러 의론을 널리 채택하지 않고, 갑자기 아전 10여 명으로 하여금 가르쳐 익히도록 하고, 또 옛 사람들이 이미 만들어 놓은 운서韻書를 경솔하게 고치고는 근거가 없는 언문을 부회附會하여, 수십 명의 공인工人을 모아 판각하여 급하게 널리 반포하려 하시니, 천하 후세의 공론公論에 어찌하시렵니까. …

임금이 소疏를 보고, 최만리 등에게 이르기를,

"너희들이 말하기를, '음音을 사용하고 글자를 합한 것이 모두 옛글에 위반된다.' 했는데, 설총의 이두 역시 음이 다르지 않으냐. 또 이두를 제작한 본뜻이 백성을 편리하게 하려 함이 아니겠느냐. 만일 그것이 백성을 편리하게 한 것이라면 지금 언문은 백성을 편리하게 하려 한 것이다. 너희들이 설총은 옳다 하면서 군상君上의 하는 일은 그르다 하는 것은 무엇이냐. 또 네가 운서를 아느냐. 사성 칠음四聲七音에 자모字母가 몇이나 있느냐. 만일 내가 그 운서를 바로잡지 아니하면 누가 바로잡을 것이냐. 또 소疏에 이르기를, '새롭고 기이한 하나의 기예라' 했으니, 내 늘그막에 날[日]을 보내기 어려워서 서적으로 벗을 삼을 뿐인데, 어찌 옛것을 싫어하고 새것을 좋아하여 하는 것이겠느냐. 또는 전렵田獵으로 매사냥만을 하는 것이 아닌데 너희들의 말은 너무 지나침이 있다. 그리고 내가 나이 늙어서 국가의 서무庶務를 세자에게 오로지 맡겼으니, 비록 세미細微한 일일지라도 참예하여 결정함이 마땅하거든, 하물며 언문이겠느냐. 만약 세자로 하여금 항상 동궁東宮에만 있게 한다면 환관宦官에게 일을 맡길 것이냐. 너희들이 시종侍從하는 신하로서 내 뜻을 잘 알면서도 이러한 말을 하는 것은 옳지 않다."고 했다.

최만리 등이 대답하기를, "설총의 이두는 비록 음이 다르다 하나, 음에 따르고 해석에 따라 어조語助와 문자가 원래 서로 떨어지지 않사온데, 이제 언문은 여러 글자를 합하여 함께 써서 그 음과 해석은 변한 것이고 글자의 형상이 아닙니다. 또 새롭고 기이한 한 가지의 기예技藝라 한 것은 특히 문세文勢에 인하여 이 말을 한 것이고 의미가 있어서 그러한 것은 아닙니다. 동궁은 공사公事라면 비록 세미한 일일지라도 참결參決하시지 않을 수 없으나, 급하지 않은 일을 무엇 때문에 시간을 허비하며 심려하십니까."

했다.

임금이 말하기를, "전번에 김문이 아뢰기를, '언문을 제작함에 불가할 것은 없습니다.' 했는데, 지금은 도리어 불가하다 하고, 또 정창손은 말하기를, '삼강행실을 반포한 후에 충신·효자·열녀의 무리가 나옴을 볼 수 없는 것은, 사람이 행하고 행하지 않는 것이 사람의 자질에 달렸기 때문입니다. 어찌 꼭 언문으로 번역한 후에야 사람이 모두 본받을 것입니까.' 했으니, 이따위 말이 어찌 선비의 이치를 아는 말이겠느냐. 아무짝에도 쓸데없는 용렬한 선비이다." 했다.

먼젓번에 임금이 정창손에게 하교하기를, "내가 만일 언문으로 삼강행실을 번역하여 민간에 반포하면 어리석은 남녀가 모두 쉽게 깨달아서 충신·효자·열녀가 반드시 무리로 나올 것이다." 했다. 정창손이 이 말을 이유로 품계하였기 때문에 이제 이러한 하교가 있은 것이었다. 임금이 또 하교하기를, "내가 너희들을 부른 것은 처음부터 죄주려 한 것이 아니고, 다만 소疏 내용 중에 한두 가지 말을 물으려 했던 것인데, 너희들이 사리를 돌아보지 않고 말을 변하여 대답하니, 너희들의 죄는 벗기 어렵다."라고 했다.

드디어 부제학 최만리·직제학直提學 신석조·직전直殿 김문, 응교 정창손·부교리 하위지·부수찬副修撰 송처검, 저작랑著作郎 조근을 의금부에 내렸다가 이튿날 석방하라 명했는데, 오직 정창손만은 파직시켰다. 의금부에 그 이유를 전지하기를, "김문이 앞뒤로 말을 바꿔 품계한 사유를 국문鞫問하여 아뢰라." 했다.

原文 集賢殿副提學崔萬理等上疏曰 臣等伏覩諺文制作 至爲神妙 創物運智 夐出千古 然以臣等區區管見 尙有可疑者 敢布危懇 謹疏于後 伏惟聖裁

一 我朝自祖宗以來 至誠事大 一遵華制 今當同文同軌之時 創作諺文 有駭觀聽 儻曰諺文皆本古字 非新字也 則字形雖倣古之篆文 用音合字 盡反於古 實無所據 若流中國 或有非議之者 豈不有愧於事大慕華 …

一 新羅薛聰吏讀 雖爲鄙俚 然皆借中國通行之字 施於語助 與文字元不相離 故雖至胥吏僕隷之徒 必欲習之 先讀數書 粗知文字 然後乃用吏讀 用吏讀者 須憑文字 乃能達意 故因吏讀而知文字者頗多 亦興學之一助也 若我國 元不知文字 如結繩之世 則姑借諺文 以資一時之用猶可 而執正議者必曰 與其行諺文以姑息 不若寧遲緩而習中國通行之文字 以爲久長之計也 而況吏讀行之數千年 而簿書期會等事 無有防礙者 何用改舊行無弊之文 別創鄙諺無益之字乎 若行諺文 則爲吏者專習諺文 不顧學問文字 吏員岐而爲二 苟爲吏者以諺文而宦達 則後進皆見其如此也 以爲: 二十七字諺文 足以立身於世 何須苦心勞思 窮性理之學哉 如此則數十年之後 知文字

者必少 雖能以諺文而施於吏事 不知聖賢之文字 則不學墻面 昧於事理之是非 徒工於諺文 將何用哉 我國家積累右文之化 恐漸至掃地矣 前此吏讀 雖不外於文字 有識者尙且鄙之 思欲以吏文易之 而況諺文與文字 暫不干涉 專用委巷俚語者乎 借使諺文自前朝有之 以今日文明之治 變魯至道之意 尙肯因循而襲之乎 必有更張之議者 此灼然可知之理也 厭舊喜新 古今通患 今此諺文不過新奇一藝耳 於學有損 於治無益 反覆籌之 未見其可也 …

一 凡立事功 不貴近速 國家比來措置 皆務速成 恐非爲治之體 儻曰諺文不得已而爲之 此變易風俗之大者 當謀及宰相 下至百僚國人 皆曰可 猶先甲後庚 更加三思 質諸帝王而不悖 考諸中國而無愧 百世以俟聖人而不惑 然後乃可行也 今不博採群議 驟令吏輩十餘人訓習 又輕改古人已成之韻書 附會無稽之諺文 聚工匠數十人刻之 劇欲廣布 其於天下後世公議何如 且今淸州椒水之幸 特慮年歉 扈從諸事 務從簡約 比之前日 十減八九 至於啓達公務 亦委政府 若夫諺文 非國家緩急不得已及期之事 何獨於行在而汲汲爲之 以煩聖躬調燮之時乎 臣等尤未見其可也 …

上覽疏 謂萬理等曰 汝等云 用音合字 盡反於古 薛聰吏讀 亦非異音乎 且吏讀制作之本意 無乃爲其便民乎 如其便民也 則今之諺文 亦不爲便民乎 汝等以薛聰爲是 而非其君上之事 何哉 且汝知韻書乎 四聲七音 字母有幾乎 若非予正其韻書 則伊誰正之乎 且疏云 '新奇一藝' 予老來難以消日 以書籍爲友耳 豈厭舊好新而爲之 且非田獵放鷹之例也 汝等之言 頗有過越 且予年老 國家庶務 世子專掌 雖細事固當參決 況諺文乎 若使世子常在東宮 則宦官任事乎 汝等以侍從之臣 灼知予意 而有是言可乎

萬理等對曰 薛聰吏讀 雖曰異音 然依音依釋 語助文字 元不相離 今此諺文 合諸字而竝書 變其音釋而非字形也 且新奇一藝云者 特因文勢而爲此辭耳 非有意而然也 東宮於公事則雖細事不可不參決 若於不急之事 何竟日致慮乎

上曰 前此金汶啓曰 制作諺文 未爲不可 今反以爲不可

又鄭昌孫曰 頒布三綱行實之後 未見有忠臣孝子烈女輩出 人之行不行 只在人之資質如何耳 何必以諺文譯之 而後人皆效之 此等之言 豈儒者識理之言乎 甚無用之俗儒也 前此

上敎昌孫曰 予若以諺文譯三綱行實 頒諸民間 則愚夫愚婦 皆得易曉 忠臣孝子烈女 必輩出矣 昌孫乃以此啓達 故今有是敎

上又敎曰 予召汝等 初非罪之也 但問疏內一二語耳 汝等不顧事理 變辭以對 汝等之罪 難以脫矣 遂下副提學崔萬理 直提學辛碩祖 直殿金汶 應敎鄭昌孫 副校理河緯地 副修撰宋處儉 著作郞趙瑾于義禁府 翌日 命釋之 唯罷昌孫職 仍傳旨義禁府 金汶前後變辭啓達事由 其鞫以聞

_ 「세종실록」 권103, 세종 26년 2월 경자

자료 3

천지자연의 성음聲音이 있으면 반드시 천지자연의 문자가 있다. 그리하여 옛사람이 성음을 바탕으로 하여 문자를 만들어, 만물의 정情을 통하게 하고 삼재三才의 도道를 실었으므로, 후세에서 변경할 수 없는 것이다. 그러나 사방각국四方各國의 풍토風土가 다르고 성음聲音 역시 이에 따라 다르기 마련이다. 중국 이외의 외국말은 성음만 있고 문자가 없으므로 중국의 문자를 빌어서 사용하고 있는데, 이것은 마치 둥근 구멍에 모난 자루를 끼워 맞추는 것과 같아 서로 맞지 않으니, 어찌 잘 통하여 막힘이 없겠는가. 요는 모두 각각 그곳에 따라 편리하게 할 뿐, 억지로 똑같게 할 수는 없는 것이다. 우리나라는 예악과 문물이 중국과 대등한데 다만 방언方言과 풍속의 말이 같지 않다. 이 때문에 글을 배우는 자는 뜻을 깨닫기 어려움을 근심하고, 옥사獄事를 다스리는 관리는 곡절曲折을 통하기 어려움을 괴롭게 여겼다. 옛날 신라의 설총이 처음 이두를 만들어 오늘에 이르기까지 관과 민간에서 사용하고 있지만 모두 한자를 빌려 쓴 것이어서, 또는 난삽하고 또는 막히어, 비루鄙陋하고 고거考據가 없을 뿐만 아니라 언어의 사이에 있어서는 그 1만 분의 일도 제대로 전달되지 못한다. 계해년癸亥年[주7] 겨울에 우리 전하께서 정음正音 스물여덟 자를 창제하신 다음 간략하게 예의例義를 들어 보이시고는 이름하여 훈민정음訓民正音이라 하셨다. 이 글자는 물건의 형성을 본떠 만들어서 글자 모양이 고전古篆과 같고 소리를 따라 음音이 칠조七調에 맞으니 삼극三極의 의義와 이기二氣의 묘妙가 모두 포함되지 않는 것이 없다. …

原文 有天地自然之聲 則必有天地自然之文 所以古人因聲制字 以通萬物之情 以載三才之道 而後世不能易也 然四方風土區別 聲氣亦隨而異焉 盖外國之語 有其聲而無其字 假中國之字 以通其用 是猶枘鑿之鉏鋙也 豈能達而無礙乎 要皆隨所處而安 不可強之使同也 吾東方禮樂文章 侔擬華夏 但方言俚語 不興之同 學書者患其旨 趣之難曉 治獄者病其曲折之難通 昔新羅薛聰 始作吏讀 官府民間 至今行之然皆假字而用 或澁或窒 非但鄙陋無稽而已 至於言語之間 則不能達其萬一焉 癸亥冬 我殿下創制正音二十八字 略揭例義以示之 名曰訓民正音 象形而字倣古篆 因聲而音叶七調 三極之義 二氣之妙 …

_「훈민정음」 해례 후서

자료4

천지의 도道는 음양오행陰陽五行[주8] 한 가지 뿐이다. 곤괘坤卦와 복괘復卦[주9] 사이가 태극太極이 되고 동動하고 정靜한 뒤에 음양陰陽이 되는 것이다. 천지 사이에 있는 온갖 생류生類가 음양을 버리고 어디로 가겠는가. 그러므로 사람의 성음聲音 역시 모두 음양의 이치가 있는데, 다만 사람이 살피지 못할 뿐이다. 이제 훈민정음訓民正音을 만듦도 애당초 지혜나 힘을 가지고 억지로 만든 것이 아니라 다만 그 성음聲音을 바탕으로 하

주7 계해년(癸亥年): 세종 25년 (1443).

주8 음양오행(陰陽五行): 음양은 우주만물을 상징하는 태극에서 나뉜 2가지 기운으로 음은 정(靜)이고 양은 동(動)을 가리킨다. 오행은 이러한 우주만물을 운행하는 원기(元氣)로서 5가지 원소인 목·화·토·금·수를 뜻한다. 그리고 이 오행의 상생과 상극에 의해 만물이 생성된다는 것이다. 이기론에 따르면 우주만물은 오직 이와 기로 이루어져 있는데, 이(理)는 태극(太極)이나 도(道)로 표현되면서 법칙·원칙·도덕률로서 현상인 기(氣)에 질서를 주는 통제자이며 형이상(形而上)을 구도짓고, 기(氣)는 음양으로 대체되면서 현상으로서 이의 주재를 받아야 할 존재이며 끊임없이 생멸하는 것이므로 형이하(形而下)를 구도짓는다고 한다.

주9 곤괘(坤卦)와 복괘(復卦): 곤괘는 육효(六爻) 모두 음획(陰畫)으로 되어 10월을 뜻하는 괘인데 이때는 양(陽)이 다하여 오직 정(靜)만이 있을 때이다. 복괘는 다시 양일획(陽一畫)이 밑에서 생기는 것으로 동지에 해당하는 괘이다. 아직 동(動)하기 이전의 상태로서 태극을 뜻한다.

여 그 이치를 다할 뿐이다. 이치가 이미 둘이 아니니 어찌 천지귀신天地鬼神과 그 용用을 달리하겠는가.

정음 스물여덟 자는 각각 모양을 본떠서 만들었다. 첫소리[初聲]은 모두 열일곱 자이니, 아음牙音의 ㄱ은 혀뿌리가 목구멍을 막는 모양을 본뜨고, 설음舌音의 ㄴ은 혀가 웃잇몸에 닿는 모양을 본뜨고, 순음脣音의 ㅁ은 입[口] 모양을 본뜨고, 치음齒音의 ㅅ은 이[齒] 모양을 본뜨고, 후음喉音의 ㅇ은 목구멍 모양을 본뜬 것이다. … 대저 사람의 성음은 오행에 근본했다. 그렇기 때문에 사시四時에 맞춰 봐도 틀리지 않고 오음에 맞춰봐도 틀리지 않는다. 목구멍[喉]은 깊숙하고 습기가 있으니 수水에 해당한다. 소리가 허虛하고 통通하니 마치 수水가 허명虛明하고 유통流通한 것과 같은 바 사시四時로는 겨울에 해당하고 오음五音으로는 우羽에 해당한다. …

原文 天地之道一陰陽五行而已 坤復之間爲太極 而動靜之後爲陰陽 凡有生類在天地之間者 捨陰陽而何之 故人之聲音 看之理 顧人不察耳 今正音之作 初非智營而力索 但因其聲音而極其 理既不二 則何得不興天地鬼神同其用也

正音二十八字 各象其形而制之 初聲凡十七字 牙音ㄱ象舌根閉侯之形 舌音ㄴ象舌附上齶之形 脣音ㅁ象口形 齒音ㅅ象齒形 喉音ㅇ象喉形 … 夫人之看聲本於五行 故合諸四時而不悖 叶之五音而不戾喉邃而潤 水也 聲虛而通 如水之虛明而流通也 於時爲冬 於音爲羽

_ 「훈민정음」해례 제자해

자료5 성음과 음양오행 관계

오행(五行)	목木	화火	토土	금金	수水
사시(四時)	춘春	하夏	계하季夏	추秋	동冬
오성(五聲)	각角	징徵	궁宮	상商	우羽
사방(四方)	동東	남南	중앙中央	서西	북北
도성(都城)	흥인지문	숭례문	보신각	돈의문	숙정문
오상(五常)	인仁	예禮	신信	의義	지智
사덕(四德)	원元	형亨	-	리利	정貞
오장(五臟)	간肝	심心	비脾	폐肺	신腎
오음(五音)	아牙, ㄱ	설舌, ㄴ	순脣, ㅁ	치齒, ㅅ	후喉, ㅇ

■ 출전

『세종실록』

『훈민정음』 : 세종 28년(1446) 정인지 등이 세종의 명으로 새로 창제한 훈민정음을 설명한 한문 해설서로, 전권이 33
장 1책이다. 책 이름은 글자 이름인 훈민정음과 똑같이 『훈민정음』 해례가 붙어 있어서 『훈민정음해례본』이나 『훈민
정음원본』이라고도 한다. 내용은 세종어제(世宗御製) 서문과 훈민정음의 음가(音價)와 운용법을 밝힌 『예의편』이 본
문처럼 되어 있다. 다음으로 이를 해설한 『해례편』이 제자해 · 초성해 · 중성해 · 종성해 · 합자해 · 용자해 순으로
나누어 써 놓았다. 책 끝에 창제 이유를 밝힌 정인지의 머리말이 실려 있다.

■ 찾아읽기

국사편찬위원회, 『한국사』 26(조선 초기의 문화 I), 1995.

김주원, 『훈민정음』, 민음사, 2013.

이상규, 『훈민정음통사』, 올재, 2013.

홍윤표, 『한글 이야기』(1, 2), 태학사, 2013.

안병희, 『훈민정음연구』, 서울대학교 출판문화원, 2013.

5 유학 사상의 발달

주자성리학과 예학

성리학은 우주 만물의 이치와 인간 사회의 문제를 이기론(理氣論)을 통해 하나의 일관된 원리로 파악하는 새로운 유학이다. 불교와 도교의 한계를 극복하고 이기론을 중심으로 한 형이상학적 논리 구조를 갖추었다는 점에서, 그리고 종래의 한당(漢唐) 유학이 지닌 훈고학과 사장학의 틀을 벗어난 새로운 유학이라는 점에서 성리학은 독특한 사상 체계다.

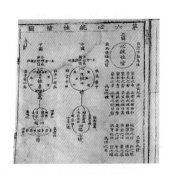

주자성리학의 논리 구조와 발달

남송의 주희에 의해 집대성된 성리학은 일명 송학·남송학·주자학·주자성리학·신유학 등으로 지칭해 왔다. 성리학의 사회 윤리를 나타내는 예는 성리학에 대한 이해 수준이 높아질수록 예학의 발달로 이어졌다. 성리학의 논리 구조는 우주론이자 존재론인 이기론, 인성론인 성즉리性卽理와 심통성정心統性情, 수양론인 존천리거인욕存天理去人欲과 거경궁리居敬窮理, 그리고 사회 윤리인 예론禮論과 이일분수론理一分殊論 및 명분론名分論으로 각각 체계화되었다.

성리학 전체의 기본 이론인 이기론은 우주 만물의 생성과 변화가 모두 보편적이고 불변적인 이理와 현상적이고 가변적인 기氣의 결합으로 구성되는데, 이는 태극太極이나 도道로 표현되며 기에 질서를 부여하는 통제자로서 물성物性을, 기는 음양陰陽으로 대체되면서 이의 주재를 받아야 할 존재이며 끊임없이 생멸하면서 물형物形을 결정한 다고 설명한다. 또한 이는 우주 만물의 자연 법칙인 동시에 인간의 도리인 도덕 규범 이기도 하여, 천天으로 상징되는 존재의 법칙인 우주적 자연 질서와 인人으로 표방되 는 당위의 법칙인 사회적 인간 질서가 이 안에 그대로 합일되어 있다고 하는 '천인합일 설天人合一說'도 여기에서 유래한다. 따라서 우주 만물은 이 동일한 이를 근원으로 한다 는 의미에서는 평등하지만, 기의 결합이나 작용 여하에 따라 차별상을 이루게 된다.

이와 같이 주자에 의해 체계화된 이기론은 이기이원론理氣二元論에 토대를 둔 '이와 기는 서로 떨어지지 않는다[이기불상리(理氣不相離)]'는 점을 강조한 사유 체계다. 그런데 이理는 인간을 포함한 우주만물에 근원적으로 내재하여 각 개체에 부여된 기질과 섞 인 내재성으로서의 이理와, 각 개체에 부여되기 이전의 기질과 섞이지 않은 우주 만물 을 초월한 궁극적 근원인 동시에 내재된 이를 통해 각 개체에 부여된 기질을 나타내는 초월성으로서의 이理라고 하는 양면성을 지니고 있어서 쉽게 이해되지 않는 개념이 다. 주자 또한 이 점을 분명히 하지 않았고, 이 때문에 조선 중기 이후 인성론을 둘러싼 논쟁이 전개되기도 했다.

이기론을 바탕으로 인간의 심성을 설명한 인성론은 인간의 본성이 곧 이理라는 성 즉리性卽理와 심이 성과 정을 통섭하는 주재자이며 양자 사이에서 선택하는 주체라고 하는 심통성정心統性情으로 체계화되었다. 즉 '심'이 아직 발하지 않은 상태가 '성'으로 도덕적 본성이며, 이미 발한 이후는 '정'으로 개인적 욕망을 가리킨다. 전자가 사단四 端, 후자가 칠정七情으로 사단과 칠정 모두를 정情으로 간주하는가, 아니면 사단은 본 연지성으로서 아직 발하지 않은 순수한 이理인 성性인가 하는 점이 사단칠정 논쟁의 초점이다.

인성론의 핵심인 성즉리의 상태를 계속 유지하기 위해서는 끊임없이 심성을 수양 하여 도덕적 의무감인 천리를 보존하고 인간적 욕망인 인욕을 제거하는 것[존천리거인욕 (存天理去人欲)]이 인간이 당면한 최대의 과제이다. 천리의 구체적 내용이 주지하는 바가 삼강과 오륜이다. 이러한 인간의 심성을 유지하기 위한 실천 방법이 거경궁리居敬窮理 이다. 이 가운데 거경은 모든 인간의 내면에 자리 잡고 있는 천리인 '본연지성本然之性' 을 주관적으로 성찰하여 자신이 도덕적 실천의 주체자임을 자각하는 방법이며, 『소학』

에 그 요체가 담겨 있다. 궁리는 객관적인 탐구를 통해 보편적 진리인 이理의 의미를 체득하는 것이며, 격물치지格物致知의 의미와 일맥상통한다. 『대학』을 비롯한 유교 경전을 통한 독서와 성찰이 여기에 해당한다.

성리학이 추구하는 이러한 이상을 현실 사회에 구현하는 방법이 사회 윤리 및 사회 사상으로서의 예禮이며, 그 이름에 따라 상하·존비·귀천이 나누어지는 명분론과 이理는 하나로서 평등하나 동시에 각각 나뉘어 차별성을 지닌다는 이일분수론理一分殊論에 의해 뒷받침된다.

명분론은 공자의 정명正名 사상에서 비롯되는 것으로 이름에 따라 상하 관계에 나타나는 차별을 당연하게 간주하는 논리이다. 이일분수론은 이理가 하나로 평등하나 동시에 각각 나뉘어 차별성을 지닌다는 사회 이론으로, 사회 전체의 본성을 가리키는 이일理一의 실현은 개인의 직분을 나타내는 분수리分殊理의 실현과 직결된다는 설명이다. 모든 사회 구성원은 상하존비의 차등적 상태인 분分에 따라 각각의 직분을 가지고 유기적 관계 속에서 전체 사회를 구성하며, 따라서 이러한 차별은 지주와 전호, 군신, 부자, 부부 관계 등에 모두 적용된다는 세계관이다. 요컨대 이理라고 하는 개념 틀 속에서 명분론의 타당성을 설명하여 하나의 일관된 통일적 세계관을 형성함으로써 중세 사회의 현실적 인간 질서는 모두가 자신의 사회적 분分, 즉 명분에 따라 상명하복의 관계 속에서 조화를 이루어야 함을 강조한다.

이러한 논리 구조를 갖는 성리학이 고려 중기 이후 원나라를 통해 우리나라에 전래되었다. 안향·백이정·권부權溥·이제현·이곡李穀·이색 등을 거치면서 성리학에 대한 이해가 깊어졌다. 특히 이색이 성균관에서 성리학 강학을 하고 사서四書가 충목왕 4년(1344)에 과거 과목으로 채택되는 등 제도적 뒷받침이 이루어지면서 성리학은 널리 보급되었다.

고려 말기에 이르러 불교에 의한 이른바 사원 경제의 발달이 이루어지고 이와 연관된 사회·경제적 폐단이 크게 늘면서 성리학을 사상적 기반으로 하여 대두한 신진사대부들이 새로운 역할을 담당하게 되었다. 이들 신진사대부는 당시 고려 사회의 사회경제적 폐단이 초래된 주된 요인이 불교 및 그 사상에 있다고 간주해 척불론을 제기했다. 그 폐단의 구체적인 해결책을 모색하는 과정에서 특히 토지 문제 현안에 대해, 그

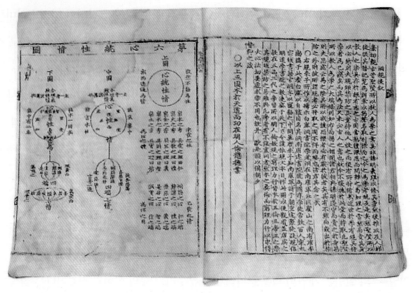

「성학십도(聖學十圖)」는 조선 중기의 학자 이황이 선조 1년(1568) 12월 왕에게 올린 상소문이다. 선조가 성군이 되기를 바라는 뜻에서 군왕의 도에 관한 학문의 요체를 도식으로 설명했다. 「퇴계문집」 중 내집(內集) 제7권차에 수록되어 있다.

리고 궁극적으로 왕조 유지 또는 왕조 교체를 둘러싸고 신진사대부는 두 계통으로 나누어졌다. 어느 계통의 신진사대부 세력이 승리하더라도 성리학으로의 통치 이념 전환은 이루어질 수밖에 없었다.

마침내 성리학이 새로운 통치 이념으로서의 역할을 하게 되지만 여말 선초 신진사대부들의 성리학은 여러 계통의 유학을 포괄하고 있었고, 아직은 주자성리학 일변도로 치우치지 않았다. 문물 제도의 정비가 우선적인 목표였던 창업기에는 현실 정치 운영에 필요한 사장詞章이 중시되고 유서학類書學·육학陸學 등의 다양한 송대 유학이 보급되어 있었다. 세종 때의 집현전을 중심으로 한 고제古制 연구 및 학문 장려 정책은 성리학 발달에 크게 이바지했다. 세조의 왕위 찬탈과 패도적 통치 방식은 이러한 흐름을 저지하는 것이었고 도통론 및 명분론 위주의 성리학 발달을 더욱 촉진하는 계기가 되었다.

16세기 이래 주자성리학을 습득하고 실천하는 주체로서 사림이 주도적인 정치 세력으로 등장하면서 성리학적 질서에 의해 통치 이념 및 사회 윤리가 보편화되었다. 사림의 성장 과정은 주자성리학에 대한 이해의 심화 과정이었으며, 무엇보다 이 점에 사림 등장의 역사적 의의가 있다.

성종 때에 이르러 김종직·김굉필·정여창 등을 중심으로 한 초기 사림의 등장은 조선 초기의 학문적 경향과 전통에 일대 전환을 가져왔다. 이들은 훈구의 비리와 전횡을 성리학적 명분론에 입각하여 비판했다. 왕조 개창 이후 한 세기 동안 8차례에 걸친 공신 책봉을 통해 통치 체제의 정당성을 확보하는 과정에서 형성된 훈구 세력과 그 비리, 그리고 점증하는 사회·경제적 모순을 성리학적 질서의 실천을 통해 극복하고자 했다. 무엇보다 수신을 강조했고 수신서인 『소학』을 중시했다.

이와 같이 도덕적 실천을 강조하는 도학적 성격의 강화와 함께 이를 실천해 나가는 과정에서 주자 중심, 의리 중심의 도통론道統論이 확립되기 시작했다. 그러나 성리학적 질서의 정착은 거듭된 사화에 의해 지연되었다. 사화의 와중에 등장한 기묘사림의 사상적 특징은 조광조가 강조한 '숭도의 정인심 법성현 흥지치崇道義 正人心 法聖賢 興至治'에 잘 나타나 있다. 일차적으로 군주에게 철저한 수신을 요구하고 이를 바탕으로 '지치'를 이룩하려는 현철군주론賢哲君主論이었다.

그러나 이들의 지나치게 급진적이고 이상주의적 개혁 정치의 요구는 기묘사화로 좌절되고 말았다. 그리고 을사사화가 이어지면서 향촌으로 되돌아간 사림은 향약 보급을 통해 향촌 질서의 안정을 도모하고, 서원의 건립을 통해 후학을 양성하는 새로운 방법을 모색했다. 기묘·을사사화를 통한 훈척의 탄압에도 불구하고 오히려 성리학을 연구하는 학자들의 수는 비약적으로 증가하고 지역적으로도 크게 확산되었다. 이들은 한편으로 성리학자였을 뿐만 아니라 초야언론을 통해 정치적 현안에도 적극적으로 참여하는 공론 형성층이었다.

마침내 명종 말 선조 초에 이르러 정치 주도 세력 모두는 사림으로 충원되었다. 아울러 성리학에 대한 연구 수준이 높아지면서 성리학에 대한 이해의 차이가 드러나기 시작했다. 또한 이러한 차이는 개선 또는 개혁해야 할 현실 정치의 문제점을 무엇으로 인식하는가 하는 것과도 관련되었다. 성리학의 이해 수준이 높아질수록 학파뿐만 아니라 여기에 기반한 정파의 차이가 생겨날 수밖에 없었다.

서경덕, 이언적, 이황, 이이, 조식, 기대승, 성혼 등에 의해 이론적 심화와 논쟁이 활발히 전개되었다. 성리학의 논리 구조로 볼 때 그 이론적 심화와 논쟁은 성리학적 세계관인 이기론, 인간의 심성을 수양하기 위한 심성론, 그리고 사회 윤리로서의 예론을 중심으로 전개되었다. 이러한 학설의 차이, 지역적 차이 등을 바탕으로 16세기 중반부터 서원을 중심으로 학파가 형성되기 시작했다. 인물로는 퇴계학파·남명학파·율곡학파·우계학파, 지역적으로는 영남학파와 기호학파가 형성되었다. 그리고 동인은 퇴계 이황을 종장으로 한 영남학파, 서인은 율곡 이이를 종장으로 한 기호학파로 각각 나누어졌다.[자료1·3]

퇴계 이황(1501~1570)의 사상은 주자성리학에 대한 이해의 심화와 더불어 훈척과의 투쟁 과정에서 구 체제에 대한 재야 사림의 비판 의식을 바탕으로 형성되었다. 그의 사상의 기본적 특성인 '이귀기천理貴氣賤', 이의 자발성, 이기이원론적 사고에 의한 도덕성과 수신의 강조는 훈척을 공격하는 중요한 사상적 기반이 되었다. 퇴계가 이의 자발성, 이의 독자성을 강조한 것은 기묘사화 이후 무너진 성리학적 공도를 확고히 하여야만 유교적 이상 정치를 실현할 수 있다는 당시의 시대적 과제를 이론적으로 실현하고자 했기 때문이다. 따라서 퇴계는 우주론보다는 도덕 수양의 이론적 근거가 되는 심성론의 정립에 더욱 심혈을 기울였는데, 이기론에서 이기불상잡理氣不相雜, 이기이물理氣二物, 이선기후理先氣後를 강조하는 것도 결국은 심성론에서 도덕의 절대성을 확보하기 위한 것이었다.[자료2]

율곡 이이(1536~1584)의 사상은 정권을 담당하고 현실을 주도하면서 개혁해 가는 사림의 입장에서 형성되었다. 그의 사상은 퇴계보다 상대적으로 기의 역할을 중시했으며 구체적으로 여러 개혁책을 제시했다. 동일한 성학을 주장하면서도 퇴계의『성학십도』에서는 군주 스스로가 성학을 따를 것을 제시한 반면, 율곡의『성학집요』에서는 현명한 신하가 성학을 군주에게 가르쳐 그 기질을 변화시켜야 한다고 하여 신하의 적극적인 역할을 상대적으로 강조한 것도 바로 이러한 시대적 변화를 반영한 것이었다. 율곡은 이기불상리理氣不相離의 측면을 강조하면서, 이기 관계를 '이통기국理通氣局'이라는 말로 표현하여 이理는 사물의 보편성을 가능하게 하는 관념적 존재 또는 원리이고, 기는 구체적 사물로 드러나는 질료적 존재로 규정했다.[자료4]

또한 그는 본연지성本然之性과 사단四端이 별도로 존재하는 것이 아니라 본연지성은

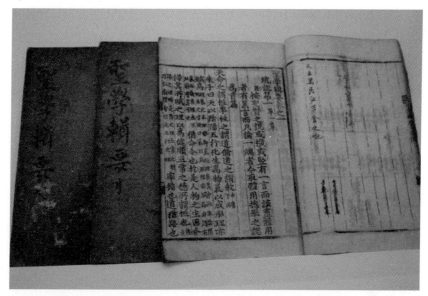

『성학집요(聖學輯要)』는 조선 중기의 학자 이이가 선조 8년(1575) 제왕의 학문 내용을 정리해 바친 책이다. 총 8편으로 구성되었으며 『율곡전서』에 실려 있다.

기질지성氣質之性 가운데 이만을 지칭하는 개념일 뿐이고 사단은 칠정七情 가운데 순수하게 선한 감정만을 지칭하는 것이라고 하여 본연지성은 기질지성에 포함시키고 칠정은 사단에 포함시켰다. 본연지성과 사단의 독자성이 부정됨으로써 심성론에서 이발기수理發氣隨는 인정되지 않고 기발이승일도氣發理乘一途만 인정된다는 것이다. 이러한 율곡의 이기설과 심성론은 퇴계의 성리설을 논리적으로 보완한 것으로 이후 율곡학파 학자들에게 전승되어 퇴계의 성리학과 더불어 조선 성리학의 양대 산맥을 이룬다.

사단칠정론 등의 이기심성 논쟁을 통하여 조선 학자들의 주자성리학에 대한 이해는 거의 완벽한 수준에 이르게 되고, 더 나아가 주자성리학에서 완전하게 해결하지 못했던 이기론과 심성론의 결합에 대한 연구가 다양하게 진행될 수 있는 바탕이 마련되었다. 심성론은 18세기 초에 이르러 조선 후기의 정치 주도 세력이면서 학파였던 서인으로부터 나누어진 노론학계 내부의 호낙 논쟁湖洛論爭 또는 인물성동이 논쟁人物性同異論爭을 낳기에 이르렀다. 이 논쟁은 인성과 물성은 본질적으로 다르다는 인물성이론[호론]과 인성과 물성은 본질적으로 같다는 인물성동론[낙론]의 대립이었다.

이와 같이 주자 중심의 성리학적 세계관은 조선 사회에 완전히 뿌리 내리고 성리학은 지배 사상으로서의 지위를 확고히 차지하게 되었다. 그러나 주자성리학에 대한 이해가 깊어지면서 불교, 양명학, 도교 등의 사상을 이단으로 금지 탄압했다. 사상 자체로서의 주자성리학은 주리론·주기론에서 유리론唯理論·유기론唯氣論으로까지 전개되면서 발달했으나, 사변적 요소가 강화되고 이단에 대한 배척이 심해지면서 교조화되고 탄력성을 잃게 되었다.

예학의 발달

원래 예는 사람이 신에게 접근하는 데 필요한 의식과 절차를 의미했다. 따라서 초자연적인 것에 대한 금기 사상[禁忌思想, taboo]과 관계가 있는 것이었고, 신을 가까이 할 수 있는 사람에게만 필요한 것이었다.

중국 주나라 때에 예는 신과 인간의 관계, 사람과 사람 사이의 관계 질서를 규정짓는 것으로 확대·적용되면서, 종교·정치·법률·도덕이 복합된 지배 계층의 문화가 되었다. 또한 주나라에서는 종법 제도를 실시하여 출생과 더불어 사회적 신분을 확정시키고 여기에 예 질서를 적용시켜 지배 계층 내부에서 일어날 수 있는 문제점을 근본적으로 제거하고자 했다. 이와 같이 예가 통치 계층의 내부 관계를 조정하고 해결하는 역할을 하면서, 예는 지배 계층의 행동 규범·사회 규범·사회 질서·지배 질서의 기능을 의미했고, 따라서 지배 계층이 중심이 된 신분 계급 사회에서 예는 국가의 근본 뿌리였다.

예가 지배 질서로 발전됨과 동시에 형법刑法 또한 필연적으로 발전했다. 귀족들은 예에 따라 행동하는 반면 백성들은 형법의 규제를 받았다. 형법은 근본적으로 하층민에 대한 억압 수단으로 등장했다. 예는 서인에게 내려가지 않고, 형벌은 대부에게 적용되지 않는다는 『예기』의 내용도 이러한 문화를 반영한 것이었다.

성리학의 사회 윤리로서 이와 같은 의미를 지닌 예는 성리학에 대한 이해 수준이 높아질수록 예학의 발달로 이어졌다. 실제로 예학의 발달은 이기심성론에 대한 이해

조선 중기의 정치가이며 예학 사상가인 김장생(1548~1631). 이이의 문인으로 그의 사상은 김집·송시열로 계승되었다. 『가례집람』, 『상례비요』 등의 저서가 있다.

수준의 심화와 궤를 같이 했다. 성리학의 논리 구조로 볼 때 성리학적 질서의 실천을 위한 모든 가치 기준은 결국 예를 통해 표현되었고, 당시의 사림을 비롯한 성리학자들이 구상한 요순 삼대의 이상적인 정치 형태인 왕도 정치는 예치禮治를 통해서만 이룰 수 있는 것이었다. 따라서 예치를 이루기 위한 이론 체계인 예론, 그 논지를 담은 예서, 학문적 체계인 예학, 그리고 예론이 발달하면서 학파에 바탕을 둔 당파 간의 논쟁인 예송이 생겨난 것은 필연적인 귀결이었다. 당시에 이루어진 대표적인 예서는 『주자가례』의 보급과 관련해 그 이론서인 사계 김장생(1548~1631)의 『가례집람』과 한강 정구(1543~1620)의 『오선생예설분류』였다.[자료5·6]

17세기에 들어와 '예학의 시대'로 일컬을 정도로 예학이 발달했고 예송을 비롯한 전례 논쟁이 전개되었다. 현종 때 제기된 두 차례의 예송은 예치를 지향했던 당시의 시대적 특성을 상징하는 사건이었다.

1659년의 제1차 예송[현종 즉위년, 기해예송]은 효종의 상에 계모인 조대비가 3년복을 입을 것인가 1년의 기년복을 입을 것인가 하는 문제였다. 효종의 복상 문제에 대해 서인이 국제國制인 『경국대전』과 『국조오례의』에 근거하여 1년을, 남인은 고례古禮인 『의례』에 근거를 두고 3년을 주장했다. 효종의 장자 또는 중자 여부를 보류한 채 서인의 주장을 채택했다.

제2차 예송[현종 15년, 갑인예송]은 1674년 효종 비의 상에 조대비가 1년의 기년복을 입을 것인가 9개월인 대공복을 입을 것인가 하는 문제였다. 제1차 예송에서는 아들에 대해 장자·중자의 구별을 두지 않은『경국대전』의 규정에 따라 효종의 장자 여부를 분별하지 않았다. 그러나 며느리에 대해서 장자의 며느리는 기년, 중자의 며느리는 대공으로 분별해 놓았기 때문에 효종의 종통을 판별해야만 했다. 결국 왕실의 권위 확립을 내세운 효종의 장자 현종에 의해 서인이 패퇴했다. 서인과 남인이 직접 대결한 것은 아니었지만 결과적으로 남인의 1년 기년설이 승리했다.

현상적으로 드러난 예론의 차이는 이와 같은 것이었으나 서인의 예론은 천하의 모든 사람은 같은 예의 적용을 받는다는 '천하동례天下同禮'의 원칙을 내세웠고, 남인은 왕의 예는 일반 사서의 예와 같지 않다는 '왕자례부동사서王者禮不同士庶'를 주장하는 예론이었다. 서인과 남인의 예론이 승패를 반복했지만, 결국 인륜의 복제를 따름에 있어서는 군주도 예외가 아니라는 논리가 조정 내외의 공감대를 형성해 갔다.

군주에 대해 장자 또는 중자 여부가 일반 사대부와 같이 거론되고 왕조 체제가 수립된 이래 군주에게 부여된 초월성·특수성의 측면이 현실적으로 구체화되는 상황이 예송의 전개 양상과 더불어 등장했다. 예의 적용 범위가 지배 계층 모두에게 보편화되고 확대되는 양상이 전개됨으로써 지배 계층의 산물인 예는 더 이상 특권과 독점의 위치에 머무를 수 없었다. 그리고 예송에서의 패배가 정권의 실각으로 이어지는 예치 시대가 만개했다.

이와 같이 성리학과 예학의 심화, 적장자 중심의 가족 제도, 학파와 당파의 긴밀성, 왕권의 변동에 따른 신권의 성장, 양란 이후 전후 재건을 위한 방략의 차이 등 당시에 직면한 정치·경제·사회·사상의 모든 요인들이 결합되어 조선 왕조의 왕실 전례 문제가 예송으로 표출된 것이다.

자료1

옛 성인이 사람을 가르친 법에는 강령이 있고 조목이 있어, 공자는 이것을 강론하여 제자들에게 전수했다. 증자曾子는 이것을 계술繼述하여 후세에 전했으니, 그 내려온 연원을 상고할 수 있다. 「우서虞書주1」에 "능히 큰 덕을 밝혀서 9족九族을 친히 하니 9족이 이미 화목하고, 백성을 잘 다스리니 백성이 모두 예의에 밝고, 만방萬邦과 화협和協하니 온 백성이 모두 변화하여 온화해졌다."고 했다. 또한, "인심은 위태롭고 도심道心은 미묘하니, 오직 정밀히 하고 한결같이 하여야만 참으로 중도中道를 행하게 될 것이다." 했다. 아마도 『대학』1편의 뜻은 여기에 근본을 두었을 것이다.

「우서」에서 말한 "큰 덕을 밝힌다."에서 "온 백성이 모두 변화한다."까지는 명덕明德·신민新民의 지극한 것이요, 또 "정밀히 하고 한결같이 한다."는 것은 명덕을 밝히는 일이며, "진실로 그 중도를 행한다."는 것은 명덕이 지선至善에 그치고 신민이 지선에 그치는 것도 역시 이에 말미암는 것을 밝힌 것이다.

8조목주2으로서 말한다면, "큰 덕을 밝힌다."는 것은 수신修身 이상의 일이며, "9족을 친히 한다."는 것은 제가齊家의 일이며, "백성을 잘 다스린다."부터 "만방과 화협한다."까지는 치국治國·평천하平天下의 일인 것이다. 8조목 가운데의 '정심正心' 두 글자는 실로 「우서」에서 온 것이니, 『대학』에서 '격물格物·치지致知·성의誠意·정심正心'이란 "정밀히 하고 한결같이 한다."는 것을 말한 것이다.

> 原文 古昔聖人教人之法 有綱有目 孔子講而明之以授其徒. 曾子述之以傳子世 其淵源所自 亦可考矣 虞書曰 克明峻德以親九族 九族旣睦 平章百姓 百姓昭明協和萬邦 黎民於變時雍 又曰 人心惟危 道心惟微 惟精惟一 允執厥中 大學一篇之旨 蓋本於此 其曰 明峻德以至於黎民於變者 明德新民之至也 其曰 惟精惟一者 明明德之事也 其曰 允執厥中者 明明德之止於至善 而新民之止於至善 亦由於此也 以八條目言之 明峻德者 修身以上之事也 新九族者 齊家之事也 平章百姓以至於協和萬邦者 治國平天下之事也 八條目中 正心 二字實自虞書中來 其曰 格致誠正精一之謂也

_ 「회재집」권11, 대학장귀보유서

자료2

성性·정情에 대한 논변은 선유들이 자세히 밝혀놓았습니다. 오직 시단四端·칠정七情주3에 대해서는 다만 모두 정이라고만 말했을 뿐, 이·기로 나누어 말한 것을 보지 못

주1 우서(虞書): 『서경』의 요전.

주2 8조목: 『대학』의 8가지 조목으로 격물·치지·성의·정심·수신·제가·치국·평천하를 가리킴. 명명덕(明明德)·신민(新民)·지어지선(至於至善)의 3강령과 대응됨.

주3 사단·칠정: 사단(事端)은 측은(惻隱)·수오(羞惡)·사양(辭讓)·시비(是非)로 각각 인·의·예·지의 단서가 된다는 것. 칠정(七情)은 희·노·애·락·애·오·욕으로 인간의 기본적인 욕망을 가리킨다.

했습니다. 지난해에 정생이 「천명도天命圖」주4를 만들면서 사단은 이에서 발하고 칠정은 기에서 발한다는 말이 있었는데, 어리석은 나의 뜻에도 또한 그 분별이 너무 심하여 혹 분쟁의 실마리가 될까 염려했습니다. 그러므로 순선純善·겸기兼氣 등의 말로 고쳤는데, 이는 서로 도와 강구하자는 뜻이었지, 그 말이 흠이 없다는 것은 아니었습니다.

이제 보내준 변설을 받아 보니, 잘못된 부분을 지적하여 자세히 깨우쳐 경계함이 더욱 깊습니다. 그러나 오히려 의혹이 없지 않으므로 시험 삼아 말씀드려 바로잡아 주시길 청하옵니다. 대저 사단도 정이요, 칠정도 또한 정입니다. 모두 똑같은 정인데, 어찌하여 사단이니 칠정이니 하는 차이가 있는가 하면, 바로 보내 주신 편지에 '각각 주장해서 말한 것이 같지 않기 때문'이라고 하신 그것입니다. 대개 이와 기는 본래 서로 의지해서 체體가 되고 용用이 되는 것이므로 진실로 이가 없는 기가 있을 수 없으며, 기가 없는 이도 있을 수 없습니다. 그러나 각각 주장해서 말한 것이 다르면, 또한 분별하지 않을 수 없는 것입니다. … 그러므로 나는 망령되이 생각하기를 "정에 사단·칠정의 분별이 있는 것은 마치 성에 본연지성本然之性과 기질지성氣質之性의 차이가 있는 것과 같다."고 생각합니다.

原文 性情之辨 先儒發明詳矣. 惟四端七情之云但俱謂之情 而未見有以理氣分說者焉. 往年鄭生之作圖也 有四端發於理 七情發於氣之說 愚意亦恐其分別太甚 或致爭端. 故改下純善兼氣等語蓋 慾相資以講明 非謂氣言之無疵也. 今者蒙示辯說 摘抉差謬開曉諄悉 警益深矣. 然猶有所不能無惑者 請試言之而取正焉. 夫四端情也 七情亦情也. 均是情也 何以有四七之異名耶 來喩所謂所就以言之者不同是也. 蓋理之與氣本相須以爲體 相待以爲用 固未有無理之氣 亦未有無氣之理. 然而所就而言之不同 則亦不容無別從. 故愚嘗妄以爲情之有四端七情之分 猶性之有本性氣稟之異也

— 『퇴계집』권16, 답기명언 제2서

자료3

정자程子주5·장자張子주6·주자朱子가 사생과 귀신의 정상에 대해서 매우 완벽하게 말했다. 그러나 역시 소이연所以然의 극치에 대해서는 설파하지 않으시고 모두 단서만을 제기할 뿐이어서 배우는 자로 하여금 스스로 깨닫게 하셨다. 이 때문에 후학들이 하나만 알고 둘은 알지 못하며, 조잡한 것만 알고 진수眞髓의 정미한 것은 파악하지

주4 정생의 「천명도」: 정생은 추만 정지운(鄭之雲, 1509~1561)을 가리킨다. 여기서 정지운이 사단·칠정에 대해 "사단은 이에서 발한 것이고, 칠정은 기에서 발한 것이다.(事端發於理 七情發於氣)"라고 지은 다음 퇴계에게 보이자, 퇴계는 "사단은 이가 발한 것이고, 칠정은 기가 발한 것이다.(事端理之發 七情氣之發)"로 고쳤다. 이 구절을 본 고봉 기대승이 사단과 칠정을 이와 기로 나누는 것은 잘못이라고 지적했다. 양자의 논란은 7년에 걸쳐 편지로 이루어졌고, 결국 퇴계는 이기호발설(理氣互發說) 내지 이발기수설(理發氣隨兒)로 수정했다.

주5 정자(程子): 북송의 성리학자 정호(1032~1085), 정이(1033~1107) 형제.

주6 장자(張子): 북송의 성리학자 장재(1020~1077)를 가리킴.

못하게 되었다. 나는 세 선생의 은미한 뜻을 채택하여 분명하지 못한 논論이나마 하려고 하니, 이 또한 천고千古의 의문을 깨뜨리게 될 것이다.

정자가 말하기를 "사 · 생死生과 인 · 귀人鬼는 하나이면서 둘이고, 둘이면서 하나이다." 하셨으니, 이것은 극진한 설명이다. 나는 또한 '사생과 인귀는 다만 기가 모이고 흩어질 뿐'이라고 한다. 모이고 흩어짐만 있을 뿐 유나 무가 없으니, 이는 기의 본체가 그렇기 때문이다. 담일청허淡一淸虛한 기가 끝없는 허虛에 충만해 있으니, 기가 많이 모인 것은 천지가 되었고 기가 적게 모인 것은 만물이 되었다. 모이고 흩어지는 현상에는, 나타나고 나타나지 않은 것과, 빠르고 늦음의 차이가 있을 뿐이다. 태허太虛에 모이고 흩어지는, 질과 양이 많고 적음에 따라 크고 작은 차이만 있을 뿐, 비록 한 포기의 풀이나 한 그루의 나무와 같은 세미한 것이라도 그 기는 끝내 흩어지지 않는데, 더구나 사람의 정신과 지각처럼 크고 또 오랜 것이 어디있겠는가. 형체와 넋은 흩어지는 것을 볼 수 있으니, 영원히 없어지는 것 같지만, 이것에 대하여 대부분 모두 깊이 생각하지 않았다. 비록 세 선생의 제자라 하더라도 모두 그 궁극한 곳에 나아가지 못하고 모두 조박粗粕만을 주워 모아 말했을 뿐이다.

담일청허한 기는 태허가 동하여 양을 낳고 정하여 음을 낳는 시초에 근원을 두고 있다. 그것이 모여 점점 쌓여, 넓고 두껍게 됨에 이르러, 천지가 되고 우리 인간이 된 것이다. 사람이 흩어지는 것은 형체와 넋이 흩어질 뿐, 모였던 담일청허의 기는 끝내 흩어지는 것은 아니고 담일청허한 태허 속에서 흩어질 따름이니, 동일한 기이다. 그 지각知覺의 모임과 흩어짐이 다만 오래고 빠름의 차이가 있을 뿐이다.

비록 하루나 한 달밖에 생존하지 못하여 가장 빨리 흩어지는 세미한 물건이라 하더라도 그 기는 끝내 흩어지지 않는다. 왜냐하면 담일청허한 기는 이미 시작도 없고 또 끝도 없기 때문이다.

이는 이理와 기氣의 극히 오묘한 경지이니, 배우는 자들이 진실로 공부가 이러한 경지에까지 도달한다면 수많은 성인이 다 전하지 않는 미묘한 뜻을 엿볼 수 있을 것이다. 비록 당장 눈앞에서 흩어지는 것을 볼 수 있는 한 조각 향불의 기라 하더라도 그 나머지 기는 끝내 흩어지지 않는 것이니, 어찌 기기 영원히 없어진다고 하겠는가.

原文 程張朱說極備死生鬼神之情狀. 然亦未肯說破所以然之極致 皆引而不發 今學者自得.
此後學之所以得其一而不得其二 傳其粗而不見十分之精某 欲採三先生之微旨 以爲鶻突之論

亦是以破千古之疑. 程曰 死生人鬼一而二二而一 此盡之矣. 吾亦曰 死生人鬼只是氣之聚散而已. 有聚散而無有無 氣之本體然矣. 氣之淡一淸虛者瀰無外之虛 聚之大者爲天地 聚之小者爲萬物. 聚散之勢 有微著久速耳. 大小之聚散於太虛 以大小有殊 雖曰草一木之微者 其氣終亦不散 況人之精神知覺聚之大且久者哉. 形魄見其有散 似歸於盡沒於無 此處率皆不得致思. 雖三先生之門下 亦莫能皆詣其極 皆掇拾粗粕爲說爾. 氣之淡一淸虛 原於太虛之動而生陽靜而生陰之始. 聚之有漸 以至博厚 爲天地爲吾人. 人之散也 形魄散耳 聚之淡一淸虛者終亦不散 散於太虛淡一之中 同一氣也. 其知覺之聚散 只有久速耳. 雖散之最速有日月期者乃物之微者爾 其氣終亦不散. 何者氣所以淡一淸虛者 旣無其始又無其終. 此理氣所以極妙底 學者苟能 工到此地頭始得 覷破千聖不盡傳之微旨矣. 雖一片香燭之氣見其有散於目前 其餘氣終亦不散 爲得謂之盡於無耶

_ 「화담집」 권2, 잡저, 귀신사생론

자료 4

이와 기는 원래 서로 떨어지지 아니하여 일물一物인 것 같지만, 다른 점은 이는 형체가 없고 기는 형체가 있으며, 이는 작용이 없고 기는 작용이 있는 것으로 구별됩니다. 형체가 없고 작용이 없으면서 형체가 있고 작용이 있는 것의 주재主宰가 되는 것은 이고, 형체가 있고 작용이 있으면서 형체가 없고 작용이 없는 것의 기器가 되는 것은 기입니다. 이는 형체가 없고 기는 형체가 있기 때문에 이는 두루 통하고 기는 국한되며 [理通氣局], 이는 작용이 없고 기는 작용이 있기 때문에 기가 발하며 이가 타는 것입니다[氣發理乘].

이가 통한다는 것은 무엇을 말합니까? 이는 본말도 없고 선후도 없습니다. 본말도 없고 선후도 없기 때문에 응하지 않았을 때에도 선이라 할 수 없으며, 이미 응했을 때에도 후라고 할 수 없습니다. 이렇기 때문에 이가 기를 타고 유행하여 천차만별로 같지 않으나, 그 본연의 묘는 있지 않은 데가 없습니다. 기가 치우치면 이도 역시 치우치지만, 치우친 것은 이가 아니라 기입니다. 기가 온전하면 이도 역시 온전하지만, 온전한 것은 이가 아니라 기입니다. 청탁淸濁·수박粹駁·조박糟粕주7·외진煨塵주8·분양糞壤주9·오예汚穢주10의 가운데에 이르기까지 이가 있지 않은 곳이 없어 각각 그의 성性이 되지만, 본연의 묘만은 손상될 것이 없습니다. 이것이 바로 '이가 두루 통한다'는 것입니다.

기가 국한된다는 것은 무엇을 말합니까? 기는 이미 형적이 있기 때문에 본말이 있고 선후가 있습니다. 기의 근본은 담일湛一하고 청허淸虛할 뿐인데, 어찌 조박·외진·

주7 조박(糟粕): 술지게미.

주8 외진(煨塵): 타고 남은 재.

주9 분양(糞壤): 썩은 흙.

주10 오예(汚穢): 더러운 것.

분양·오예의 기가 있겠습니까마는 다만 그 기가 오르락내리락 비양飛揚하면서 잠시도 쉬지 않아 천차만별하여 같지 않기 때문에 모든 변화가 생기는 것입니다. …

기가 발하며 이가 타고 유행한다는 것은 무엇을 말합니까? 음陰이 정靜하고 양陽이 동動하는 것은, 기가 자연히 그러한 것이요 시키는 것이 있어서 그런 것은 아닙니다. 양이 동하는 것은, 이가 동하는 것에 탄 것이요 이 자체가 동하는 것은 아니며, 음이 정하는 것은, 이가 정하는 것에 탄 것이요 이 자체가 정하는 것은 아닙니다. 그렇기 때문에 주자는 말씀하시기를 "태극이란 본연의 묘며, 동정이란 탄 바의 기이다."라고 하셨습니다. …

原文 理氣元不相離 似是一物 而其所以異者 理無形也氣有形也 理無爲也氣有爲也 無形無爲 而爲有形有爲之主者理也 有形有爲 而爲無形無爲之器者氣也 理無形而氣有形 故理通而氣局 理無爲而氣有爲 故氣發而其乘. 理通者何謂也 理者無本末也先後也 無本末無先後 故未應不是先 已應不是後是 故乘氣流行參差不齊 而其本然之妙 無乎不在 氣之偏則理亦偏 而所偏非理也氣也. 氣之全則理全 而所全 非理也 氣也 至於淸濁粹駁糟粕煨燼糞壤汚穢之中 理無所不在 各爲其性 而其本然之妙 則不害其自若也. 此之謂理之通也. 氣局者何謂也 氣已涉形迹 故有本末也有先後也 氣之本則湛一淸虛而已 曷嘗有糟粕煨燼糞壤汚穢之氣哉 惟其升降飛揚 未嘗止恩 故參差不齊 而萬變生焉於是 … 氣發而理乘者何謂也 陰靜而陽動機自爾也 非有使之者也 陰之靜 則理乘於靜 非理靜也 故朱子曰 太極者 本然之妙也 動靜者 所乘之機也 …

_ 『율곡전서』 권10, 서2, 답성호원

자료 5

예에는 근본과 문식文飾이 있다. 집에서 행하는 것부터 말하자면 명분을 지키는 것과 사랑하고 공경하는 진실이 그 근본이다. 관혼상제와 의장도수儀章度數[주11]는 그 문식이다. 근본이라는 것은 집에서 날마다 실행하는 상체常體[주12]이니 진실로 하루라도 닦지 않을 수 없다. 문식 또한 모두 사람된 도리의 처음과 끝을 바로 세우는 것이다. 비록 그것을 행함에 때가 있고 그것을 베풂에 장소가 있더라도 강구함이 분명하고 익힘이 익숙하지 않으면 일에 부닥쳤을 때 이치에 맞고 절문節文[주13]에 상응하지 못할 것이니, 이 또한 하루라도 강습하지 않을 수 없다.

삼대[주14]에는 예경禮經[주15]이 갖추어져 있었다. 그러나 지금 남아 있는 것은 궁려기복宮廬器服의 제도와 출입기거出入起居의 절문으로 모두 이미 세상의 예법에 맞지 않다. 세상의 군자가 혹 고금의 변화를 참작했다 해도 다시 한때의 법이 되고 마니, 또는 상세하고 또는 소략하여 절충할 바가 없다. 또는 그 근본을 버리고 말단을 힘쓰거나 진실에는 느긋하고 문식에만 급급한 데 이르기도 했다. 그리하여 뜻 있고 예를 좋아하는 선비도 오히려 그 요체를 거론하지 못하는가 하면, 가난으로 곤고한 자는 끝내 예에 미치지 못할까 더욱 근심한다. 내 생각에는 둘 다 걱정스럽다.

그러므로 일찍이 홀로 고금의 전적을 궁구했다. 그 대체의 변할 수 없는 것을 근간으로 하여 이에 약간 수정하여 일가一家의 책을 만들었다. 명분을 신중히 하며 사랑과 공경을 숭상하는 것을 근본으로 삼았다. 그것을 시행하는 데에는 쓸데없는 문식을 생략하고 근본과 진실에 힘써서 공자가 선진先進^{주16}을 좇던 유의遺意에 덧붙였다. 진실로 원하는 것은, 뜻을 같이 하는 선비들과 함께 깊이 익히고 힘써 행하여 옛사람의 수신제가의 도리와 근종추원謹終追遠^{주17}의 마음을 다시 보게 되는 것이다. 국가가 교화를 숭상하고 백성을 인도하는 뜻에도 조금이나마 도움이 있을 것이다.

주16 선진(先進): 선배.

주17 근종추원(謹終追遠): 조상이 상사를 당하여 장례를 신중히 치르고 조상을 생각하며 제사 지낸다는 뜻.

原文 凡禮 有本有文. 自其施於家者言之 則明分之守 愛敬之實 其本也. 冠婚喪祭 儀章度數者 其文也. 其本者 有家日用之常體 固不可以一日而不脩. 其文又皆所以紀綱人道之始終. 雖其行之有時 施之有所 然非講之素明習之素熟 則其臨事之際 亦無以合宜而應節 是亦不可一日而不講且習焉者也. 三代之際 禮經備矣. 然其存於令者 宮廬器服之制 出入起居之節 皆已不宜於世. 世之君子 雖或酌以古今之變 更爲一時之法 然亦或詳或略 無爲折衷. 至或遺其本而務其末 緩於實而急於文. 自有志好禮之士 猶或不能擧其要 而因於貧寠者 尤患其終不能有以及於禮也. 熹之愚蓋兩病焉. 是以賞獨究觀古今之籍. 因其大體之不可變者 而少加損益於其間 以爲一家之書. 大抵謹名分 崇愛敬 以爲之本. 至其施行之際 則又略浮文 敦本實 以竊自附於孔子從先進之遺意. 誠願得與同志之士 熟講而勉行之 庶幾古人所以脩身齊家之道 謹終追遠之心 猶可復見 而於國家所以崇化導民之意 亦或有小補云

_ 「주자가례」 서문

자료6

사람이 하루라도 예를 떠날 수 없으며 천하의 국가는 하루라도 예가 없어서는 안 된다. 이른바 예로 나라를 다스리면 다스려지고, 예가 문란하면 어지러워지며, 예가 존재하면 존재하며, 예가 망하면 그 나라는 망한다. 어떠한 가르침도 예교禮敎보다 앞서는 것이 없으며 어떠한 학문도 절실한 것이 없음을 확실하게 논하지 않을 것인가. 예로부터 성인이 예를 중시한 것은 이 때문이다.

原文 人不可一日離其禮 天下國家 不可一日無其禮 所謂禮治則治 禮亂則亂 禮存則存 禮已

則亡 豈非確論哉 故教莫先於禮教 學莫切於禮學 自昔聖人之重禮也 其以是哉

__ 「오선생예설분류」[주18] 권12, 발문

주18 오선생: 장재(張載), 정호(程顥), 정이(程頤), 사마광(司馬光), 주자(朱子)를 가리킴.

출전

『율곡전서』

『퇴계집』

『오선생예설분류(五先生禮說分類)』: 조선 중기 때 문신이자 학자인 정구(鄭逑, 1543~1620)의 문집. 전집과 후집 20권 7책이다. 송나라 성리학자 정호 · 정이 · 사마광 · 장재 · 주희 등의 예설을 모아 이를 관혼상제와 잡례 등으로 체계를 잡아 분류 · 정리했다. 전집은 주로 천자와 제후에 관한 예를 다루었고, 후집은 일반 사대부에 관한 예를 다루었다.

『주자가례(朱子家禮)』: 주자가 지은 유교 교양을 갖춘 사대부 계층의 행위 규범을 근거로 한 관례 · 혼례 · 상례 · 제례에 관한 예서. 관혼상제 가례는 절차와 과정이 있지만, 근본 목적은 절차로 명분을 높이고, 우리 삶이 인간다운 삶이라는 자존 의식을 키우면서 가족끼리 애정과 공경을 돈독히 하는 데 있다. 주자는 이를 「가례서」에서 '근명분숭애경(謹名分崇愛敬)'이라 하였다. 가례를 우리나라에서 본격적으로 시행한 때는 주자학이 들어온 때와 비슷하며, 조선 왕조에 들어와 본격적인 기능을 발휘한다. 율곡은 『격몽요결』에서 제사와 장례는 한결같이 『주자가례』를 따르라 하였지만, 『주자가례』 자체가 세목에서는 충분하지 않은 점이 많고, 예는 시대와 상황 변화에 따라 달라질 수 있기에, 조선 중기 이후 『주자가례』에 대한 수정과 보충이 다양하게 이루어졌다.

『화담집(花潭集)』: 조선 전기 문신이자 학자인 화담 서경덕(徐敬德, 1489~1546)의 문집. 4권 1책이다. 초판은 문인 박민헌 · 허엽 등이 펴냈으나 임진왜란 때 없어졌다. 선조 38년(1605) 홍방이 윤효선의 발문이 붙은 사본으로 된 유고를 얻어 신도비명(神道碑銘)을 덧붙여 출판했다. 그 판본이 희미해지자 김용겸이 새로 편차를 정리하여 펴냈다. 그 뒤 조유선 · 마자팡 등이 정조 10년(1786) 활자로 찍어냈다.

『회재집(晦齋集)』: 조선 중종 때의 문신 · 학자인 이언적(李彦迪, 1491~1553)의 유고집. 14권 5책이다. 손자 준이 편찬 · 간행한 것을 인조 9년(1631)에 옥산서원에서 중간하였다. 권1~4는 시(詩), 권5는 부(賦) · 잡저(雜著) · 서(書) · 서(序) · 논(論), 권6은 잠(箴) · 명(銘) · 기(記) · 제문(祭文) · 행장(行狀) · 갈명(碣銘), 권7~8은 소(疏), 권9 이하는 전(箋) · 장(狀) · 차(箚) · 대학장구보유서(大學章句補遺序) · 중용구경연의서(中庸九經衍義書) · 구인록서(求仁錄序) · 봉선잡의서(奉先雜儀序) 등으로 되어 있다. 부록으로 세계도 · 연보와 이황 행장, 이항복 묘지, 기대승 신도비명, 허엽 옥산서원 기, 박승임 강계부사묘기 등이 수록되어 있다. 또한 노수신의 서문과 유희춘 등의 발문이 있다.

찾아읽기

이범직, 『한국중세예사상연구』, 일조각, 1991.

국사편찬위원회, 『한국사』, 26(조선 초기의 문화 I), 1995.

국사편찬위원회, 『한국사』, 28(조선 중기 사림세력의 등장과 활동), 1996.

국사편찬위원회, 『한국사』, 31(조선 중기의 사회와 문화), 1998.

고영진, 『조선 시대 사상사를 어떻게 볼 것인가』, 풀빛, 1999.

이범직, 『조선 시대 예학연구』, 국학자료원, 2004.

김태영, 『조선성리학의 역사상』, 경희대학교 출판국, 2006.

강응천 외, 『16세기 성리학 유토피아』, 민음사, 2014.

6 사림의 사설 교육 기관

서원

서원은 조선 중기 이후 학문 연구와 선현제향(先賢祭享)을 위하여 사림에 의해 설립된 사설 교육 기관인 동시에 향촌 자치 운영 기구였다. 고려 시대 이래의 사학(私學)인 서재(書齋)에 선현을 봉사하는 사묘(祠廟)를 겸한 것으로서, 주로 명유(名儒) · 선배(先輩)의 연고지에 세워져 그 지방의 양반 자제들을 교육했다. 최초의 서원은 중종 38년(1543) 풍기군수 주세붕이 고려 말의 안향을 배향하고 유생을 가르치기 위해 경상도 순흥에 세운 백운동서원이다.

서원의 설립

서원의 등장은 조선 왕조 개창 이래 사림 세력이 전개해 온 사창제(社倉制) · 향사례 · 향음주례 · 향약 등 향촌 질서의 확립 과정과 흐름을 같이한다. 이러한 과정에서 교육과 교화를 표방함으로써 향촌 질서의 확립 운동을 합리화할 수 있는 구심체로서 서원이 성립 · 발전할 수 있는 여건이 마련되었다. 여기에 조광조로 대표되는 신진 사림이 등장하면서 구체적인 정책으로 문묘정사 운동을 전개했던 것이 서원이 발생할 수 있는 직접적인 토대를 제공했다. 이러한 문묘종사의 추진이 사림계의 학문적 우위성과 정치적 입장 강화, 그리고 향촌인에 대한 교화라는 명분을 동시에 지니는 것이었기 때문이었다.

주세붕에 의해 최초로 설립된 백운동서원은 어디까지나 사묘(祠廟)가 위주였고, 서

선조 7년(1574) 이황의 학덕을 추모하는 그의 문인과 유림이 중심이 되어 경북 안동시 도산면 토계리에 창건한 도산서원. 선조로부터 1575년에 '도산'의 사액을 받으면서 선현 배향과 지방 교육의 일익을 담당하는 동시에 영남 유림의 정신적 중추 기능을 하였다.

원은 다만 유생이 공부하는 건물만을 지칭하여 사묘에 부속된 존재에 그쳤다. 서원이 명실상부한 유생의 장수藏修 및 강학소講學所로 발전한 것은 이황에 의해서이다. 이황은 조광조의 도학 정치론에 공감하고 있었으며 이를 위해 교화가 선행되어야 한다는 입장에도 동조하고 있었다. 그러나 이황은 조광조 등의 선배 사류와 달리 군주보다 재지사림在地士林에 더욱 치중하는 경향을 보였다. 그리고 교화의 실효를 거두기 위해서는 무엇보다 이를 담당할 주체인 사림의 습속을 바로잡고 이들에게 주자학적 정치 이념과 학문 체계를 훈도·수련시킴으로써 장차 향촌 사회를 주도할 수 있는 보다 적극적인 교학 체계의 확립에 주력했다. 이를 위해서는 오로지 도학道學을 천명하고 밝히는 길밖에는 없으므로, 이를 위한 실천 도장으로서 송나라 주자에 의해 창안된 서원의 중요성을 강조했다.

풍기군수 시절 이황은 사액賜額을 청하여 백운동서원에 대해 최초의 사액 서원인 '소수서원紹修書院'의 어필御筆을 하사받음으로써 사림이 향촌에서 기반을 확보할 수 있는 국가의 공식적 승인을 받았다. 그 후 이황은 고향인 예안에서 역동서원易東書院 설립을 주도했고, 나아가 10여 곳의 서원 건립에 참여하거나 서원기書院記를 지어 보내는

등 보급에 주력했다. 내용 면에서도 이황은 유생의 장수처藏修處로서의 강당과 존현처
尊賢處로서의 사묘祠廟를 구비한 서원 체제를 정식화하고, 원규院規를 지어 서원에서의
학습 활동과 그 운영 방안을 모색했다.[자료1·2]

조선 시기에 건립된 서원의 숫자는 전 시기에 걸쳐 8도에 417개소가 있었으며 사우
祠宇는 492개소에 달한다. 특히 숙종 때 서원이 남설되면서 서원·사우의 구별이 모호
해졌다. 이 양자를 합하면 909개소에 이르는데 영조 17년(1741)의 서원 철폐 논의 당시
서원·사우 등 여러 명칭을 모두 합친 숫자는 1,000여 개소에 달했다. 그러나 서원과
사우는 목적과 기능이 서로 달랐고, 서원이 사우에 비해 당시의 사회 관념상 모든 면
에서 우월한 것으로 간주되었다. 17~18세기에 이르러 명칭 이외에 별다른 구별이 나
타나고 있지 않다는 점과 더불어 남설에 따른 폐단이 커져 갔던 것이다.[자료4·6]

서원 기능과 붕당 정치

서원이 건립된 명종조까지는 초창기임에도 불구하고 사액된 곳이 4개 처나 되어
이 시기에 관실官設에 준하는 교화 기구로 인정받고 있었다. 이는 이황 및 그 문인들에
의한 성과라고 볼 수 있으며, 이들의 활동이 활발하던 경상도 지역에 대부분이 건립되
었다. 척신 세력의 입장에서도 관학의 쇠퇴로 인한 대체 기구로서 서원의 존재를 인정
하지 않을 수 없었으며, 또한 제향 인물이 안향·정몽주·최충 등 고려 시대 인물이었
기 때문에 별다른 반발이 제기되지 않았던 것도 서원의 설립이 활발할 수 있었던 이유
중의 하나이다. 서원별 원규院規, 지방관의 인적·물적 지원 등이 이와 더불어 추진되
었다. 명종 말·선조 초 활발한 사림의 등장은 이러한 서원의 건전한 운영 덕분에 가
능했다.

선조에서 현종에 이르는 시기는 서원의 발전기라고 할 만한 양상이 초래되었다. 특
히 사림계기 선조 대에 들어와 정치 주도권을 잡으면서 서원은 본격적으로 발전했다.
선조에서 현종 때까지 106년간 연평균 1.8개씩 193개소가 설립되었고, 그 절반이 사액
서원이었다. 지역적으로도 전국적인 확산을 보게 되었고, 한강 이북 지역에서도 점차

보급되는 현상이 나타나고 있었다. 붕당 정치의 전개에 따른 당연한 결과였다. 특히 붕당 정치는 정쟁의 방식이 학문에 바탕을 둔 명분론과 의리를 중심으로 전개되었으므로, 붕당의 당파 형성에 학연이 크게 작용했다. 그 매개체인 서원이 조직 등에 중심적인 역할을 담당하게 된 것이다. 각 당파에서는 당세 확장의 방법으로 각 지역별로 서원을 세워 그 지역 사림과 연결을 맺고 이를 자기 당

성리학의 대가 퇴계 이황(1501~1570)의 고향으로 유명한 예안현의 고지도이다. 이황은 이 고을 토계리에 도산서당을 세우고 후학들을 교육했다. 이황이 죽은 4년 후인 1574년 (선조 7) 도산서당에 이황을 배향하여 도산서원을 창건하였고 다음해에 사액받았다.

대의 우익으로 확보하려 했고, 향촌 사림으로서도 서원을 통해 중앙 관료와 연결됨으로써 의사 전달·입신 출세의 발판으로 삼고자 했던 것이다. 그러나 이 시기는 서원이 양적으로 증가했지만 아직 남설이나 그로 인한 사회적 폐단이 우려할 정도로 나타나지 않았다. 이 시기의 서원은 사림의 교학과 취회소로서의 구실, 향촌 제반 문제에 대한 운영 기구로서의 기능 등을 수행했다. 이러한 기능이 토대가 되어 임진왜란과 병자호란 때 향촌 방어를 목적으로 한 의병 활동이 활발할 수 있었고, 서원이 그 거점으로서의 역할을 수행했다.

서원의 남설과 폐단

서원은 숙종 때 166개소[사액 105개소]가 건립되는 급격한 증설 및 남설濫設 현상을 나타내었다. 동시에 숙종 29년(1703) 이후에는 '서원금령書院禁令'이 내려져 서원 명칭으로의 건립이 금지됨으로써 사우祠宇가 남설되는 현상이 전개되었다. 예컨대 송시열을 제향하는 서원이 전국에 44개소나 되었다. 서원·사우의 이러한 남설은 이 시기에 당쟁이 격화되고 정쟁에 희생된 자파 인물에 대한 신원伸寃의 뜻이 강해지는 등 그 폐단이 표면화된 데에 원인이 있었다. 또한 17세기 후반 이후 현저해진 사족 간의 동족 내지 가문 의식이 강화되면서, 후손에 의한 조상제향처 내지 족적 기반 중심지로서의 서원 건립이 자행되었던 것도 서원 남설의 중요 원인이었다.[자료3·5]

서원의 남설이 정치적·사회적 폐단을 야기하면서 서원 폐단에 대한 조야의 인식도 점증해 갔다. 숙종 때부터 '서원금령'이 내려졌으나 본격적인 서원 철폐의 단행은 영조 17년(1741)에 이르러 탕평책의 실시와 연관되어 이루어졌다. 이로 인해 173개소의 서원 및 사우가 철폐되었다.[자료7]

이후 서원의 증설은 크게 둔화되어 물질적 지원이 중단된 서원은 거의 대부분 후손에 의해 운영되는 경향을 보이고 아울러 일반 백성에 대한 작폐도 심화되었다. 즉 교화의 방향을 상실한 서원은 오히려 지방 유생들이 백성을 착취하는 온상으로 남게 되었다. 관령官令보다 더 위력이 강한 묵패墨牌로 향촌만을 착취하던 화양동서원의 작폐는 19세기 이후의 서원이 사회에 끼친 역기능적 폐단을 단적으로 말해 주는 예이다. 결국 고종 8년(1871)에 흥선대원군은 학문과 충절이 뛰어난 인물을 제향하는 47개소의 서원만 남기고 전국의 서원을 철폐했다. 서원은 조선 시기의 중앙 집권적 유교적 통치 체제를 지탱하는 근간이었고 말기에 이르러 주자성리학의 교화를 통한 지배 이념의 기능을 상실하면서 조선 시기의 유적을 상징하는 것으로 변모했다.

자료1

하늘이 사람을 낳으매 사람이 되게 하는 바는 가르침이 있기 때문이다. 사람이되 가르침이 없다면 아비는 아비답지 못하고, 자식은 자식답지 못하며, 지아비는 지아비답지 못하고, 지어미도 지어미답지 못하며, 어른은 어른답지 못하고, 어린이는 어린이답지 못해서 삼강三綱이 무너지고 구법九法이 썩게 되어 사람의 무리는 멸망한 지 오래되었을 것이다. 무릇 가르침은 반드시 존현尊賢에서 비롯되므로 이에 사묘祠廟를 세워 덕을 높이고 서원書院을 두어 배움을 두텁게 하는 것이니 진실로 가르침이란 어지러움을 수습하고 굶주림을 구하는 것보다 급하다고 하겠다. …

이제 죽계竹溪 땅의 문성공文成公주1이 살던 동네에 가르침을 일으키고자 한다면 반드시 문성공에서부터 비롯되어야 할 것이다. 내가 변변치 못한 위인으로 태평한 세상을 만나 이곳의 군수가 되었으니 한 고을을 맡은 임무를 다하지 않을 수 없다. 이에 마음과 힘을 다하여 감히 사묘祠廟를 세우고 서원을 설치하는 것이다.

> **原文** 天生蒸民 所以爲人者 有敎也 人以無敎 父不父 子不子 夫不夫 婦不婦 長不長 幼不幼 三綱淪而九法斁 人之類滅久矣 夫敎必自尊賢始 故於是 立廟而尙德立院而敎學 誠以敎急於已亂救飢也 … 今夫竹溪 文成公之闕里 若欲立敎 必自文成始 某以似無 堂太平之世 忝宰是邦 於一邑 不得不任其責 遂竭心力 乃敢立其廟而架其院

— 주세붕, 「무능잡고」 권7, 원집, 죽계지서

주1 문성공(文成公): 안향(安珦). 조선 시대 문종의 이름이 향(珦)이어서 그의 이름을 유(裕)로 바꿔 부르게 됨.

자료2

풍기군수 이황은 삼가 목욕재계하고 관찰사 합하주2께 글을 올립니다. … 이 고을에 백운동서원이 있는데 전 군수 주세붕이 이를 창건했습니다. 죽계竹溪의 물이 소백산 아래에서 발원하여 옛날 순흥부順興府의 가운데로 지나니, 실은 유학계의 선정先正 문성공文成公 안유安裕주3가 살던 곳입니다. 죽계는 선현의 유적이 있는 것이므로 나아가 터를 잡고 서원을 지으니 무릇 30여 칸이나 되었습니다. 묘廟주4를 두어서 문성공을 봉향하며 문정공文貞公 안축安軸주5과 문경공文敬公 보輔주6를 배향하고 당재堂齋와 정우亭宇를 그 곁에 건립하여 유생들이 노닐고 강독하는 장소로 삼았는데 … 수많은 경사집經史集을 사서 간직해 두고 식미息米 제도와 섬학전贍學田을 두어 군중郡中의 여러 생원들로 하여금 그 일을 주관하게 했습니다. … 대저 서원의 명칭은 옛날에는 없었던 것이 일찍이 남당南唐 시기에 이발李渤이 여산廬山의 백운동에 학궁學宮을 창립하고 스승과

주2 합하(閤下): 정1품 벼슬아치를 높여 부르던 말.

주3 안유(安裕): 고려의 유학자 안향(1243~1306). 최초의 주자학자로 일컬어짐.

주4 묘(廟): 위패를 모셔 두는 곳.

주5 안축(安軸): 고려 후기의 학자(1282~1348). 호는 근재(謹齋). 원의 문과에 급제.

주6 안보(安輔): 안축의 아우.

생도를 두어 가르치며 이를 일러 국상國庠^{주7}이라 했으니, 이것이 서원이 시작된 유래입니다. …

우리나라의 교육하는 방법은 한결같이 중국 제도를 따라서 중앙에는 성균관과 4학이 있고 지방에는 향교가 있으니 가히 좋은 일이라고 하겠으나, 유독 서원만은 설치했다는 말을 아직 들은 바가 없으니 이것이 우리 동방의 큰 결점입니다. 그러던 중에 주세붕이 비로소 서원을 창건할 적에 세상에서 자못 의심했으나, 주세붕의 뜻은 더욱 독실해져 무리들의 비웃음을 무릅쓰고 비방을 극복하여 이 전례에 없던 장한 일을 단행했으니 하늘이 혹시 이로 말미암아 서원을 세우는 가르침을 동방에 일으켜 우리나라로 하여금 중국과 같게 하도록 하는 것인가 합니다. … 이제 주세붕의 창건이 비록 진실로 위대하고 안공安公이 이룩해 놓은 바가 또한 완벽하고 빈틈이 없다 하더라도 이것은 다만 한 군수郡守나 한 방백方伯의 업적일 뿐입니다. 일이 임금의 명령을 거치지 않고 이름이 국사國乘에 실리지 아니하면, 세상의 여론을 불러일으키고 사람들이 의심하며 이상하게 여기는 것을 진정시켜 한 나라의 본받을 만한 제도가 되지 못하여 영구히 전하지 못할까 두렵습니다. …

사방에서 기뻐하고 사모하여 서로 다투어서 제도를 본받아 진실로 선정先正의 자취가 남고 향기가 뿌려져 있는 곳, 예를 들어 최충, 우탁禹倬, 정몽주, 길재吉在, 김종직, 김굉필 같은 이가 살던 곳에 모두 서원을 건립하게 될 것이며, 또는 조정의 명에 의하고 또는 사사로이 건립하여서 책을 읽고 학문을 닦는 것으로 하여 조정朝廷이 학문을 존중하는 기풍과 태평한 세상의 즐거운 교육이 빛나고 드높일 것입니다.

原文 豊基郡守李滉 謹齊沐百拜上書于觀察使相公閤下 … 伏以郡有白雲洞書院者 前郡守周世鵬所創建也 竹溪之水 發源於小白山下 流經於古順興廢府之中 實斯文先正安文成公裕之故居也 又以竹溪 是前賢遺迹之所在 乃就相其地 營構書院 凡爲屋三十餘間 有祠廟以奉享文成公 以安文貞公軸 文敬公輔 配之 而爲立堂齋亭宇 以爲諸生遊處講讀之所 貿經史子集百千卷以藏之 給息米置贍田 使郡中諸生員 主其事 夫書院之名 古未有也 昔南唐之世 就李渤舊隱廬山白鹿洞 創立學宮 置師生以敎之 謂之國庠 此書院之所由始也 … …惟我東國迪敎之方 一遵華制 內有成均四學 外有鄕校 可謂美矣 而獨書院之設 前未有聞 此乃吾東方一大欠典也 周侯之始建書院也 俗頗疑恠 而周侯之志益篤 衆笑排羣詢而辦此 前古所無之盛擧 噫天其或者由是而興書院之敎於東方 使可同於上國也 今大周侯所作 雖信奇偉 安公之所成 亦甚完密 然此特一君守一方伯之爲耳 事不經宣命 名不載國乘 則恐無以聳四方之觀聽 定衆人之疑恠 爲一國之效法 而傳於久遠也 … 四方欣慕 爭相效法 苟有先正遺塵播馥之地 若崔沖禹倬鄭夢周吉

再金宗直金宏弼之居 莫不立書院 或出於朝命 或作於私建 以爲藏修之所 以賁揚聖朝右文之化
明時樂育之盛矣

_ 『퇴계전서』 9, 상심방백서

자료 3

우리나라의 서원은 가정[嘉靖, 1522~1566] 연간부터 시작하여 처음에는 10여 곳에 지나지 않았으며 모두 조정에 보고하여 사전祀典에서 명확히 밝히고 있었습니다. 만력(萬曆, 1573~1620) 이후에 이르러서 묘우廟宇를 건립하는 것이 해마다 늘어나서 고을마다 연이어져 있게 되었고 서원의 폐단이 논의됨에 이르게 되었습니다. 그것은 공론公論에 적합하지 않아 혹 관직이 높다든가, 혹 족벌이 커서 향사亨祀했고 다투어 제사 지내며 서로서로 자랑하기도 했습니다. 또 그것으로 사사로이 명예를 세우기도 했고, 선비들은 옛것을 본받지 아니했으며, 세도世道는 날로 무너지고 현인을 존경하고 덕을 숭상하는 의리는 도리어 사당私黨을 만들게 했습니다. 그런데도 조정은 습속이 투박해지는 것에 대해 의문이 없었으며 관리들은 능히 이를 금하지도 못했습니다. 참으로 한심스러움이 극에 달했습니다. … 서원의 세움은 처음에는 학문을 바르게 닦는 선비를 대우하기 위한 것이었습니다. 그래서 사우祠宇를 세우고 받들어 모시는 사람은 반드시 한때 명지明知한 바가 사표師表가 될 만한 인물이어야만 했습니다. 지금은 그렇지 아니하여 선비 되는 사람들은 학문에 힘쓰지도 아니하고 사우에 모시는 사람도 합당한 사람이 아니고 사원祠院은 비록 많으나 유학은 더더욱 어두워 참으로 한심합니다. … 이제부터 서원의 신설은 예조에 보고하고 조정의 논의를 거친 후 공론公論이 허락한 다음 세움이 마땅합니다.

原文 我東方書院之作 始於嘉靖年間 厥初創建 未過十所 俱聞於朝 明擧祀典 逮至萬曆以後 廟宇之作 歲益浸盛 比邑相望 其流之弊 至於論議不公 或官遺則祀之 或族大則祀之 競事豆 以相詡 因之以私立名譽 士不師古 世道日壞 尊賢尙德之義 轉成私黨 朝廷莫之問 官吏不能禁 習俗偸薄 誠極寒心 … 書院之設 初爲待學問靜修之士 而其立祠尊祀者 則必以一時所明知可爲師表者堂之 今則不然 爲士者不事學問 所祀者或非其人 祠院雖多 斯文益晦 誠可寒心 … 自今新設處 皆令轉報本曹 通議朝廷 公論準許然後創設爲當

_ 『인조실록』 권45, 인조 22년 8월 기미

자료 4 서원과 사우의 비교

구분	명칭	목적	기능	제향 인물	구조
서원	서원·서재·정사	사문진흥斯文振興, 인재 양성	장수藏修, 강학講學, 사현祀賢	선현先賢, 선유先儒, 사림종사士林宗師 → 유학자儒學者	사祠, 강당講堂, 재齋, 서고書庫
사우	사·사우·영당·향현사·별묘·향사	보본숭현報本崇賢 → 교화	사현祀賢	유현儒賢 → 충절인忠節人	사묘祠廟

__ 정만조, 『조선 시대 서원 연구』, 집문당, 1997, 93쪽

자료 5

대개 서원이라 함은 본래 많은 선비들의 장수藏修를 위하여 설립한 것이었다. … 그런데 근래에 와서는 이 뜻을 모두 잃어버려서, 서원에 출입하는 사람들은 단지 봄, 가을 제사 지내는 것으로만 일삼고 있으니 이는 이름은 서원이라 하나 실상은 사우祠宇인 것이다. 따라서 서원이 온 나라에 가득하나 학술學術은 밝아지지 않고, 사풍士風도 더욱 무너져서 세상의 속된 무리들로부터 웃음거리가 되고 있을 뿐이다.

原文 大抵書院之名本 爲多士藏修而設 … 近世此義全喪 出入書院之都不讀書 只以春秋享祀爲事 是則名雖書院 而實則祠宇也 是以書院殆遍一國 而學術則不明 士風則愈壞 秖爲流俗笑之資耳

__ 『도암선생문집』 권21, 서, 답고암원유

자료 6 연대별 서원·사우의 건립 및 사액 숫자 일람표

연대	건립 수		사액 수	
중종(1506~1544)	4	12	—	1
인종(1545)	—	—	—	—
명종(1545~1567)	18	1	4	—
선조(1567~1608)	63	22	16	4
광해군(1608~1623)	29	9	12	2
인조(1623~1649)	28	25	4	—
효종(1649~1659)	27	10	7	4
현종(1659~1674)	46	23	31	11

숙종(1674~1720)	166	174	105	27
경종(1720~1724)	8	20	9	2
영조(1724~1776)	18	145	7	8
정조(1776~1800)	2	6	3	9
순조(1800~1834)	1	--	1	--
헌종(1834~1849)	--	1	--	1
철종(1849~1863)	--	1	1	1
고종(1863~1873, 대원군집권기)	--	--	--	--
연대 미상	7	43	--	--
소계	417	492	200	70
총계	909		270	

자료7

무릇 법령이 해이해지는 것은 오로지 법을 굽히는 데서 비롯되니 모든 법을 시행하지 않을 수 없다. 갑오정식甲午定式^{주8} 이후로 알리지 아니하고 사사로이 사원祠院을 건립하거나 추향追享한 것은 유현儒賢과 대신大臣의 제향처를 막론하고 아울러 철거하라. 이미 죽은 자를 제외하고, 이 일을 알고 있는 도신道臣은 파직하고 수령은 체포하며, 앞장서서 주장한 유생은 모두 5년간 정거停擧^{주9}하라. 이후로 알리지 아니하고 사원을 건립하거나 추향하면, 이를 아는 도신道臣은 체포하고 수령은 고신삼등률告身三等律로 다스리고 유생은 멀리 유배 보내도록 하라. 만약 숨기고 알리지 않으면 어사御史를 파견하여 조사하라.

주8 갑오정식(甲午定式): 숙종 40년을 일컬음.

주9 정거(停擧): 일정 기간 동안 과거를 못 보게 하던 벌.

原文 凡法令之解弛 專由於撓漾 不可不行一切之法 甲午定式之後 不稟私建祠院及私追享者 勿論儒賢大臣 幷撤去 已故者外 聞知道臣幷罷職 守令拿處 首唱儒生 竝限五年停擧 此後不稟建祠院及追享者 聞知道臣拿處 守令施以告身三等之律 儒生遠配 而其隱而不聞者 當以御史廉問矣

__ 「승정원일기」 권930, 영조 17년 4월 8일 임인

출전

「퇴계전서」

『도암선생문집(陶菴先生文集)』: 조선 후기 문신이자 학자인 이재(李縡, 1680~1746)의 시문집으로 50권 25책이다. 철종 5년(1854) 후손들이 편집하여 펴냈다. 이재는 영조의 탕평책을 부정한 노론 가운데 준론(峻論)의 대표 인물로 당시 정국에 많은 영향을 미쳤다. 당시 호락논쟁(湖洛論爭)이나 인물성동이논쟁(人物性同異論爭)에서 이간의 학설을 이어받아 한원진 등 심성설인 호론(인물성이론)을 반박하는 낙론(인물성동론)에 섰다.

『승정원일기(承政院日記)』: 인조 1년(1623) 3월부터 고종 31년(1894) 6월까지 승정원에서 처리한 왕명 출납, 제반 행정 사무, 다른 관청과의 관계, 의례적 사항 등을 기록한 일기. 3,047책이며 필사본이다. 본래 조선 왕조는 초기부터 왕명 출납과 관계된 기록을 남겼는데, 인조 이전 것은 여러 차례에 걸친 전쟁으로 없어졌다. 1894년 이후 승정원이 승선원·궁내부·비서감·비서원으로 바뀌면서 『승정원일기』도 이름이 바뀌어 1910년까지 남아 있었다. 본래 3,047책으로 되어 있었으나 제2454책과 제2465책이 없어져 모두 3,045책이 남아 있다. 1894년 이후 것까지 합하면 3,245책이다. 이 책은 『일성록』, 『비변사등록』과 더불어 『조선왕조실록』 편찬에 기본 자료였고, 『조선왕조실록』에 앞서는 1차 사료로 평가한다. 『일성록』에 비해 분류는 산만하지만 국정 전반에 대해 날마다 써놓았다는 점에서 가치가 있다. 지금은 규장각에 있다.

『무릉잡고(武陵雜稿)』: 조선 중기 문신이자 학자인 주세붕(周世鵬, 1495~1554)의 시문집. 주세붕은 우리나라 최초의 서원인 백운동서원(白雲洞書院)을 풍기에 세웠는데, 이 서원은 이후 풍기 군수였던 이황의 청원으로 '소수(紹修)'라는 사액을 받아 조선 최초의 사액서원이 되었다. 모두 20권 10책으로 원집 8권, 별집 8권, 속집 4권으로 구성되어 있다. 초간본은 이황의 교정을 받아 선조 14년(1581)에 나왔고, 이후 빠지거나 잘못된 부분을 다시 정리하여 철종 10년(1859)에 다시 펴냈다.

『인조실록(仁祖實錄)』: 인조 원년(1623) 3월부터 인조 27년(1649) 5월까지 역사 사실을 기록했으며 모두 50권이다. 효종 원년(1650) 8월에 시작하여 효종 4년(1653) 6월에 완성하였다. 기년법은 즉위년칭원법(卽位年稱元法)을 썼다.

찾아읽기

정순목, 『한국 서원교육제도연구』, 영남대학교 민족문화연구소, 1979.

국사편찬위원회, 『한국사』 28(조선 중기 사림세력의 등장과 활동), 1996.

정만조, 『조선시대 서원연구』, 집문당, 1997.

정시열 외, 『조선 서원을 움직인 사람들』, 글항아리, 2013.

김미영, 「서원 향사의 변화와 사회문화적 의미」, 『국학연구』 22, 2013.

7 조선 유학자의 문묘 배향

문묘종사

문묘는 공자를 제사 지내는 사당이다. 여기에는 공자를 중심으로 하여 그 제자, 문인 가운데 귀감이 될 만한 인물을 배향했다. 문묘의 출현을 통해 유학이 의례화를 거치면서 제의의 일종인 유교로 변화되어 가는 양상을 살펴볼 수 있다. 공자의 사당인 문묘에 종사된 우리나라 유현은 모두 18명이었다. 이 가운데 15명이 조선 조에 들어와 종사되었다. 문묘종사에 관한 시대별 논의와 그 과정을 거쳐 종사된 인물을 통해 조선 시대 정치사 전개 과정의 또 다른 양상을 찾아볼 수 있다.

5현의 문묘종사 논의

공자를 비롯한 중국의 유현들이 배향되던 문묘에 우리나라 유현을 종사한다는 것에 대해서는 무엇보다 다음 세 가지 의미를 부여할 수 있다. 첫째, 중국의 유학·유교를 수용해 오는 과정에서 우리 나름의 이해 기반이 이들 인물을 중심으로 해서 서서히 확충되고 영향력이 확대되어 갔다고 하는 점이다. 둘째, 유교의 종교적 기능, 즉 문묘를 중심으로 의례화가 이루어지면서 제의가 강조되고, 이로 인해 문묘종사 문제가 당시 정치 운영의 상징적 지표로 작용하면서, 점차 유학 자체의 학문적 발달과는 괴리되는 흐름으로 나아갔다는 점이다. 셋째, 결과적으로 이러한 제의의 의례적 행위에서 중심 역할을 하게 된 문묘종사의 인물을 둘러싼 갈등이 조선 중·후기 정치사의 전개 과정과 맞물려 특징적인 양상을 초래했다는 점 등이 그것이다.

문묘에 종사된 우리나라 유현은 모두 18명이다. 최치원·설총·안향은 고려 조에서, 정몽주·김굉필·정여창·조광조·이언적·이황·이이·성혼·김장생·송시열·송준길·박세채·김인후·조헌·김집의 15명은 조선 조에서 각각 종사되었다. 조선의 문묘종사는 중종 때 사림이 정치 세력으로 등장하면서 시작되었다. 정몽주가 종사된 이후 김굉필·정여창·조광조·이언적·이황의 5현은 광해군 때, 이이와 성혼은 종사와 출향·복향을 거듭한 뒤 숙종 때 최종적으로 종사되었다.

김장생 이하 7인은 김인후를 제외하고 대부분 서인 세력에 속하는 인물이었다. 서인이 주도하는 조선 후기의 정치 상황에서 이이·성혼에 대한 문묘종사의 붕당적 대립·갈등을 겪은 뒤에 이루어진 이들 7인은 어떻게 보면 주도 붕당 중심의 의례적 성격을 반영하고 있었다.

조선 조의 문묘종사는 이이와 성혼을 둘러싸고 서인과 남인 사이에 전개된 논의가 그 절정이었고, 이에 앞서 논란이 된 '회퇴변척'은 그 전조였다. 따라서 문묘종사는 단순히 문묘에 의례의 일환으로 종사되는 것만을 의미하지 않았고, 결국 당시의 정치사적 의미를 동시에 함유하는 것이었다.

우리나라 유교 명현에 대한 문묘종사는 고려 조에 처음 이루어졌다. 고려 현종 12년(1021)에 최치원, 이듬해에 설총, 그리고 충숙왕 6년(1319)에 안향이 문묘에 배향되었다. 조선 조에 들어와 태종·세종·성종 때 권근·이제현·이색·정몽주 등을 둘러싸고 문묘종사 문제가 제기된 바 있었다. 그러나 본격적인 문묘종사 논의는 중종 12년(1517) 8월, 성균관 유생들이 정몽주·김굉필의 문묘 배향을 주장하면서 비롯되었다. 이로부터 2개월에 걸쳐 문묘종사 논의가 치열하게 전개되었다.

그런데 전 왕조의 인물인 정몽주의 종사에 대해서는 대신 및 공신 계열에서도 별다른 이론을 제기하지 않았으나, 삼사 및 조광조 등의 사림 계열에서 김굉필 외에 정여창의 종사까지 주장함으로써 대신과 삼사 간에 대립이 초래되었다. 정몽주는 이미 태종 때 충절을 인정받아 영의정으로 추증되고 '문충'의 시호까지 하사받았다. 결국 정몽주만 배향되고 김굉필·정여창은 그 집안에 제수를 지급, 제사만 지내게 했다. 그리고 김굉필·정여창 집안에 대한 제수 지급 문제는 기묘사화 이후 중종 18년(1523)에 다시 거론되어 이들에 대한 과중한 상전을 고지게 했다.

중종 때 문묘종사 논의는 정몽주만을 배향하는 것으로 귀결되었다. 이 문제를 제기한 유생들 대부분이 정몽주의 문묘종사를 당연하게 생각했으나, 사화 피화자인 김굉필·정여창은 조광조 일파를 제외한 대소 신료와 유생들 대부분에게 아직 용인될 수 없는 인물로 간주되었다.

중종 때 본격화된 문묘종사 논의는 이 시기에 새로운 정치 세력으로 등장해 가던 조광조 일파와 연관되고, 또한 유생층의 정치 참여 및 공론 참여의 경향과도 맞물려 이루어졌다. 그리고 문묘종사 논의는 처음부터 도학의 계보 및 오도의 흐름을 누가 정통으로 계승하는가 하는, 도통론 중심으로 전개되었다. 아울러 이 논의는 성리학적 정치 이념에 입각한 도학적 정당성을 확보하는 데 초점을 두었으므로 이것을 적극적으로 주장할 수 있는 학문적 배경을 토대로 한 정치 세력의 등장과 맞물려 전개될 수밖에 없었다.

선조 때 문묘종사 논의는 유생들의 상소와 더불어 제기되었다. 선조

문묘향사 배열도. 성균관은 교육 기관과 제사 기관으로서의 두 가지 모습을 가지고 있는데, 이 배열도는 제사 기관으로서의 역할을 보여 주는 것이다. 문묘, 즉 대성전에는 공자를 중심으로 4성(聖)10철(哲)과 송조(宋朝) 6현(賢)이 배향되어 있고, 동무(東廡)와 서무(西廡)에는 공자의 제자 및 중국 유학자 94위와 우리나라의 16현(賢)이 배향되어 있다. 이 그림에는 각 인물의 배향 시기와 간단한 인물 소개가 함께 기재되어 있는데, 김집과 조헌이 빠져 제작 시기가 고종 대 이전으로 올라감을 알 수 있다.

원년(1568) 여름에 성균관 유생들이 김굉필·정여창·조광조·이언적 등 4현의 문묘종사를 주장하여, 이 가운데 조광조가 영의정으로 추증된 바 있었다. 이어서 선조 3년

(1570) 4월, 성균관 유생들이 세 차례에 걸친 상소를 통해 4현에 대한 문묘종사를 주장했다. 그리고 관학 유생들의 문묘종사 논의로 인해 조광조에게 '문정文正', 이언적에게 '문원文元'의 시호가 주어졌다. 따라서 선조 때에 비록 문묘종사는 이루어지지 않았으나 조광조로 대표되는 '기묘명현'에 대한 실질적인 신원이 이루어졌다.

그런데 이러한 5현의 문묘종사 여부와는 관계없이 이 시기에 들어와서 50여 개 이상의 서원이 건립되었고, 그 가운데 21개는 사액을 받고 있었다. 그리고 김굉필·조광조·이언적·이황 등 4현은 선조 당대에 사액서원의 봉사 인물로 배향되고 있었다. 이와 같이 선조 당대에는 비록 이들 5현이 종사되지 못했으나 각지의 유생들이 주도해 건립한 서원의 봉사 인물로 이들 5현은 실질적으로 피봉되고 있었다.

광해군 때에 들어와 유생층이 오도 수호를 자임한다는 명분을 전제로 먼저 제기한 것이 5현에 대한 문묘종사였다. 광해군 즉위년(1608)부터 제기된 5현의 문묘종사는 결국 광해군 2년(1610) 7월에 허용되었고, 구체적인 절차와 절목을 마련하여 두 달 뒤에 교서가 반포됨으로써 일단락되었다.[자료1·2] 이 과정에서 경상도 유생으로부터 관학, 전라도, 평안도, 함경도, 나주, 개성부 유생에 이르기까지 대대적인 상소가 제기되었다. 경상도 유생들의 상소로부터 비롯된 문묘종사 논의는 관학 유생들이 10여 차례에 걸쳐 이에 호응함으로써 절정에 달했다.

이후 유생들은 서경덕과 조식에 대해서도 문묘종사를 요청했다. 서경덕의 문묘종사는 개성부 유생들이 상소함으로써 제기되었다. 이례적으로 신속하게 예조에서 대신들의 의견을 수렴했으나 5현에 대한 국론은 이미 오래 전에 정해졌기 때문에 문묘종사된 것이고 서경덕이 여기에 누락된 것은 나름대로 이유가 있는 것이라고 하여 대부분 반대의 뜻을 표명했다.

특히 조식에 대한 대북계 유생들의 문묘종사 요구는 이들이 광해군 대의 정국에서 주도권을 장악한 동 7년(1615) 이후에 제기되었으나 결국 실현되지 못했다. 대북파가 동원한 관학·경상도·공홍도 유생들과 양사 및 홍문관까지 요청했으나 이루어지지 못했다. 대북파의 영수로 지칭되는 정인홍·이이첨 등이 광해군 때의 정국을 좌지우지하고, 그리고 이들로부터 영향을 받은 유생들과 신료들이 조식의 문묘종사를 실현시키고자 했으나 실현하시 못했던 것이다.

이와 같이 도통의 측면에서 볼 때, 문묘종사 문제는 그야말로 오도의 수립과 관련된 유생층 나름의 비정치적 성격을 띤 것이고, 동시에 조정 신료들의 공감을 불러일으켜 공론을 형성해야 한다는 점에서는 정치성을 띤 중요한 정치 행위 그 자체였다. 문묘종사 문제는 처음부터 유생층 및 조정 신료들의 이와 같은 이중적 입장이 반영된 것이었다. 그러나 정치적 실권을 장악한 붕당의 입장에서는 오도의 수립과는 별개로 직계 스승을 도통의 반열에 올려놓고, 이를 통해 치세의 정당성을 도모하게 마련이어서, 결국 문묘종사는 오도의 수립과 관계없이 붕당적 이해 관계를 그대로 반영하면서 정치성이 노골화될 수밖에 없었다. 더구나 다음에서 살펴볼 정인홍이 제기한 이른바 '회퇴변척晦退辨斥'을 통해 붕당적 이해관계를 바탕으로 한 갈등과 대립은 더욱 첨예해져 갔다.

'회퇴변척' 논란

광해군 3년(1611) 3월, 정인홍이 제기한 이른바 '회퇴변척' 차자는 문묘종사에 내포된 상징성과 세속성을 동시에 반영한 이중적인 내용을 담고 있었다. 이미 문묘종사된 5현 가운데 회재 이언적과 퇴계 이황을 배척해야 한다는 이러한 주장이 제기되면서 붕당 간의 갈등은 더욱 첨예해졌다. 주자성리학의 정통성을 계승하는 데에 중추적인 역할을 한 인물을 도통으로 배향·숭상함으로써 오도를 수립하려는 유학자들에게 있어 문묘종사 문제는 도학의 정통 계보에 오르는 상징성을 띤 운동이었고, 그런 점에서 현실 정치와 괴리된 초월성의 영역에 속한 것이었다. 그러나 이황을 제외하고 종사하려는 인물 자체가 조선 중기에 들어와 사림이 정계에 진출하는 과정에서 사화를 겪고 피화된 인물이었다는 점에서 현실 정치와 직접적으로 연관되어 있었다. 사림이 정계의 주역으로 등장하면서 자신들의 학문적 종지宗旨를 분명히 함과 동시에 정치적 차원에서의 정당성 및 정통성을 확보하기 위해 신원 및 문묘종사를 요구했던 것이다. [자료3]

정인홍의 '회퇴변척'은 당시의 정국 속에서, 그리고 대부분의 사람들이 이들을 대유학자라고 인식하고 있는 상황에서 대대적인 저항을 불러일으켰고, 따라서 광해군의 비호를 받는 정인홍과 그의 추종 세력인 일부 유생들이 제기한 회재 및 퇴계에 대한 비판이 용납될 수 없었다. 곧바로 500여 명의 유생들은, "오늘날 임금이 임금답고 신하는 신하답고 아비는 아비답고 자식은 자식답게 되고, 입는 옷과 하는 말이 오랑캐의 범주에 빠져들지 않게 된 것은 모두가 두 신하의 공이며, 더구나 이황은 생전의 행실이 독실하여 뭇 어진 이를 집대성한 인물이니, 그가 지난날을 계승하고 후세를 개도한 공로를 따지면, 실로 우리나라의 주자인 셈"이라고 하여 정인홍을 배척할 것과 유적 삭제를 주장했다. 그러나 광해군은 정인홍의 유적 삭제를 주장한 유생을 오히려 삭제하고 종신 금고에 처했다.

또한 이러한 두 학파의 대립·갈등이 어떻게 전개될 것인가 하는 점을 선조 대의 사관이 "양가의 문도들은 두 선생의 학문의 깊이를 알지 못하고 다만 그 자취만으로 서로 헐뜯고 비방하여 마침내 여러 대에 걸쳐 더욱 심해지니 뜻 있는 선비들이 개탄한 지 오래"라고 이미 예고한 바 있었다.[자료4]

광해군 대에 이르러 본격화된 대북파 및 남·서인계의 대립·갈등은 '회퇴변척' 논란을 거치면서, 그리고 대북파가 정계의 주도권을 장악하면서 더욱 격렬해졌고, 애초부터 지니고 있던 이러한 한계 때문에 붕당화 및 붕당 정치는 더욱 첨예한 양태로 대립이 격화되면서 갈등이 증폭되었다. 그러나 이러한 붕당 간의 대립·갈등이 유생층의 공론에 기반을 두고 전개되었기 때문에 공론 형성층 및 정치 참여층으로서의 유생층의 위상은 더욱 확고해져 갔다.

이이·성혼의 문묘종사 논의

율곡 이이와 우계 성혼의 문묘종사는 인조 때 처음 제기된 이래 효종·현종을 거쳐 숙종 7년(1681) 9월에 이루어졌다. 그리고 이들의 출향은 숙종 15년(1689) 3월, 이들의 복향은 숙종 20년(1694) 6월에 각각 이루어졌다. 숙종 당대에 동일 인물에 대한 문묘종사와 출향, 그리고 복향이 이와 같이 반복되어 발생했다.[자료5·6·7]

문묘종사와 관련해서도 그렇지만 조선 시대 정치사에서 숙종 대는 참으로 특이한

유교를 집대성한 공자와 그의 제자 및 한국과 중국의 대유(大儒)의 위패를 모시고 봉향하는 사당인 서울 문묘의 대성전이다. 문묘는 정전인 대성전과 그 앞마당 좌·우의 동무와 서무, 그리고 삼문으로 구성되어 있다.

시기였다. 숙종은 정치적 위기에 봉착할 때마다 남인·서인이라는 특정한 정치 집단의 집권과 축출을 '환국'이라는 정치적 국면의 전환을 통해 왕정을 안정적으로 유지하고자 했다. 숙종 6년(1680)의 경신환국으로 서인이 득세하면서 일당 전제의 양상이 나타났고, 이어서 숙종 9년 이후에 서인은 노론·소론으로 분립되었다. 숙종 15년(1689) 2월, 기사환국으로 남인이 재집권하고 송시열·김수항·김익훈 등의 서인 집권 세력은 축출되었다. 그리고 숙종 20년(1694) 3월, 갑술환국으로 서인 세력이 집권했다.

율곡과 우계의 문묘종사는 숙종 7년(1681) 9월, 경신환국의 정국을 통해 서인 세력이 집권한 가운데, 500여 명의 관학 팔도八道 유생들의 상소와 함께 이루어졌다. 인조반정 직후 인조의 즉위와 동시에 율곡에 대한 문묘종사 논의가 처음 제기되었을 때, 인조는 문묘종사가 중대한 일이어서 경솔히 결정할 수 없으며, 그의 문인 제자 및 서로 아는 자들의 말만으로 종사하는 것도 타당하지 않다는 견해를 피력한 바 있었다. 결국 숙종은 외형상으로 여러 선비들의 요청이 오래되고 깊어서 끝내 억지로 떨쳐버리기 어렵다고 토로하면서 율곡·우계의 문묘종사를 허용했다. 그러한 율곡·우계의 문묘종사가 서인 계열 유생들의 요구를 토대로 하여 거의 60년 만에 이루어진 것이다.

물론 영남 남인계 유생들의 반대가 있었다. 숙종 7년(1681) 9월, 60여 명의 유생들은 위와 같은 조처에 대해 반대했다. 반대의 논지는 율곡이 불교에 물들었다는 점과 임란 당시 우계가 선조를 호종하지 않았다는 것이었다.

이후 남인계 유생들과 이들의 입장을 옹호하는 관료들의 반대가 계속 이어졌으나 숙종은 양현의 문묘종사가 공론에 따라 이루어진 조치임을 강조하면서 유배, 파직 등의 엄중한 조치로 이에 대처했다. 그리고 숙종 8년(1682) 5월, 율곡·우계에 대한 문묘종사 절목과 교서를 반포하여 배향에 따른 구체적인 전례를 시행했다. 이와 같이 율곡과 우계의 문묘종사는 남인에서 서인으로의 '환국'을 전제로, 그리고 남인계 유생의 반대와 서인계 유생의 찬성을 바탕으로 이루어졌다.

숙종 15년(1689) 2월, 태어난 지 3개월 된 후궁 소생의 원자 정호定號 문제를 계기로 서인이 축출되고 남인이 정국을 장악한 '기사환국'이 발생했다. 정국을 주도하던 서인 노론계의 송시열, 김수흥, 김수항 등이 사사 또는 유배에 처해졌다. 인현왕후 민씨가 폐비에 처해지고 희빈 장씨가 왕비로 책봉되었다. 또다시 남인계 유생들은 율곡과 우계의 출향을 주장했다. 서인계 유생들은 이에 반대했으나 송시열이 올린 상소로 인해 숙종의 입장은 이미 출향으로 굳어져 있었다. 서인의 영수인 송시열을 극렬하게 비난한 데에 뒤이어 출향에 처한 이이와 성혼에 대해 더 이상 거론하지 말 것을 언명했던 것이다. 그러나 또 한 차례의 '환국'이 발생하면서 이러한 숙종의 뜻은 또다시 번복되었다.

숙종 20년(1694), '갑술환국'이 발생하면서 또다시 정치 세력의 교체가 이루어졌다. 기사환국으로 집권한 남인이 물러나고 노론·소론 등 서인이 다시 정국을 장악했다. 폐비 민씨가 복위되고 기사환국 당시 사사 또는 유배되었던 송시열 등의 서인이 복관되었다. 율곡과 성혼의 복향을 요구하는 서인계 유생들의 상소가 이어지는 가운데 신중히 거행하자는 대신들의 주장에도 불구하고 숙종은 앞장서서 두 유현의 복향을 명했다. 숙종의 입장은 "처음에 정직한 이를 욕하는 무리들에게 속아 두 어진 신하를 출향하기에 이르렀으므로 내가 항상 후회하고 한탄해 왔다. 만일 다시 전도될 것을 염려하여 즉시 거행하지 않는다면 끝내 흠이 될 것이다. 특별히 두 신하의 복향을 명한다."고 하여, 두 유현을 무함하는 무리에게 속았다는 점을 주된 이유로 내세웠다.

이와 같이 율곡과 우계는 숙종 7년(1681) 경신환국으로 남인계가 축출된 상황에서 여러 선비들의 요구가 오래되고 깊어서 끝내 떨쳐버리기 어려워서라는 이유로 문묘에 종사되었다. 이어서 숙종 15년(1689), 기사환국으로 서인 노론 세력이 축출된 가운데 숙종은 송시열에 대한 극단적인 반감을 표출하면서 두 유현을 출향했다. 그리고 숙종 20년(1694), 갑술환국으로 다시 남인 세력이 축출되면서 숙종의 주도로 율곡과 우계는 복향되었다. 남인계 유생들은 율곡과 우계의 문묘종사에 대해 불효와 불충을 이유로 내세워 줄곧 반대 입장을 나타내었다. 무엇보다 문묘종사와 출향, 그리고 복향 과정에 정치 주도 세력의 교체라는 정치 상황의 변화가 주된 계기가 되었다. 이러한 '환국'의 정치적 국면을 이용해 두 유현의 문묘종사를 둘러싸고 야기된 서인과 남인 간의 갈등 양상에 대처함으로써 숙종은 나름대로 독자적인 왕정을 수행하고자 했다. 그러나 붕당 각 파의 전제화를 기반으로 전개된 숙종의 왕정 및 왕권의 위상은 취약할 수밖에 없었다.

율곡·우계의 문묘종사가 이와 같이 우여곡절을 겪은 뒤 노론 일당 전제의 정치 상황이 계속되는 가운데 향후의 문묘종사는 학맥으로 볼 때 율곡과 사제 관계인 서인 세력의 유현들을 중심으로 이루어졌고, 이들에 대한 더 이상의 논란도 제기되지 않았다. 송시열이 조선의 도학 전통인 도통론을 의리론의 관점에서 새롭게 하여 이이·김장생·조헌의 서인을 근간으로 수립한 것도 이러한 양상과 표리 관계를 이루는 것이었다. 이후 문묘종사는 이들의 사제 문인 관계를 중심으로 하여 이루어졌다. 숙종 43년(1717)에 김장생, 영조 32년(1756)에 송시열·송준길, 영조 40년(1764)에 박세채, 정조 20년(1796)에 김인후, 그리고 고종 20년(1883)에 조헌·김집이 각각 문묘에 종사되었다. [자료8]

문묘종사의 결과

공자의 사당인 문묘에 종사된 우리나라 유현은 모두 18명이었다. 이 가운데 15명이 조선 조에 들어와 종사되었다. 문묘종사에 관한 시대별 논의의 추이와 이러한 논의 과정을 거쳐 종사된 인물을 통해 조선 시대 정치사 전개 과정의 또 다른 양상을 찾아볼 수 있고, 그 결과를 다음과 같이 정리할 수 있다.

첫째, 문묘종사의 논의를 유생층이 주도했다는 점이다. 본래 문묘가 유생들이 중심이 되어 성리학을 수학하는 곳이기 때문에 이들이 주도하는 것이 당연하다고 할 수 있다. 그러나 이러한 현상 자체가 조선 중·후기에 공론 형성의 중심 세력으로 등장하면서 전개되는 공론 형성층 및 정치 참여층으로서 유생들의 정치적 기능을 의미하는 것이다.

중종 때 처음 정몽주에 대한 문묘종사 주장으로부터 고종 때에 이루어진 조헌·김집에 이르기까지 유생층이 이를 주도했다. 유생층이 이들 인물에 대해 문묘종사를 주장하면 출사한 관료들이 이어받아 그 필요성을 거듭 제기하고 결국에는 국왕이 윤허하는 방식으로 문묘종사가 이루어졌다. 그리고 광해군 때 김굉필·정여창·조광조·이언적·이황의 5현이 종사되는 과정에서 유생층은 붕당에 관계없이 동일한 입장이었다. 그러나 '회퇴변척' 이후 유생층은 붕당 각 파의 입장에 따라 뚜렷한 차이를 보였다. 대북파에 의해 주도된 '회퇴변척'은 대북파와 서·남인, 율곡·우계에 대해서는 서인·노론과 남인 간에 찬성과 반대의 입장이 분명했다.

둘째, 붕당 정치와 불가분의 표리 관계를 형성하면서 문묘종사가 전개되었다는 점이다. 선조 이후 학파에 기반을 둔 정파인 붕당이 출현하고, 이를 토대로 붕당 정치가 전개되면서 붕당 각 파의 정파적 이해가 문묘종사를 둘러싸고 첨예하게 대립했다. 도통론에 의해 정몽주 및 5현의 문묘종사가 이루어진 뒤 북인, 특히 대북파는 조식의 문묘종사를 의도하면서 이언적과 이황의 출향을 주장했다. 이러한 이른바 '회퇴변척'을 둘러싸고 북인과 이를 반대하는 서·남인은 극렬하게 대립했다. 붕당의 정치적 입지와 명분을 제공해 온 종장宗長에 관련된 문제였을 뿐만 아니라 문묘종사를 통해 수립하고자 했던 조선 성리학의 도통에 직결된 문제였기 때문에 논쟁은 더욱 격렬했다.

광해군 때는 정치적으로 대북파가 주도하는 시기였으나 뚜렷한 이유 없이 이들의 정치적 처신을 문제로 삼고 출향을 주장한 것은 처음부터 무리한 것이었다. 결국 서·남인의 대대적인 반대로 대북파의 의도는 좌절되었고, 인조반정 이후 대북파가 제거되면서 더 이상 이러한 주장은 제기되지 않았다. 또한 학파에 바탕을 둔 정파로서의 붕당이었기 때문에 주자성리학의 본질에 관한 논란이 중심이 되어야 했으나 '회퇴변척'은 학문상의 깊은 이해와 상관없는 외형상의 행적에 집착하여 전개된 논란이었다. 이어서 숙종 때 이이·성혼을 둘러싼 문묘종사, 출향, 그리고 복향으로 이어지는 서인·노론과 남인 사이의 논란은 '환국'의 중대한 정치적 국면의 전환을 바탕으로 이루어졌다. 이러한 한계 때문에 붕당 정치는 더욱 첨예한 양태로 대립하면서 갈등이 증폭되었고 붕당 각 파에 의한 일당 전제화로 이어졌다.

셋째, 문묘종사된 인물들이 원칙적으로 도통론에 입각하고 있다는 점이다. 도통론은 성리학적 정치 이념에 입각한 도학적 정당성 또는 정통성을 확립하고자 하는 주장으로, 최종적으로는 이러한 정통 계보에 부합된 특정 인물의 문묘종사를 통해 실현되는 것이다. 이것은 한편으로 사림 전체의 학문적·정치적 정통성을 확립한다는 차원에서 제기되었고, 또 한편으로 붕당 정치의 전개 과정 속에서 특정 붕당의 정통성을 확보하려는 방식으로 전개되었다.

전자는 조선 조에 들어와 문묘종사를 본격적으로 제기한 조광조 일파에 의해, 그리고 후자는 조선 후기 송시열을 중심으로 한 서인·노론에 의해 각각 주장되었다. 정몽주와 김굉필·정여창·조광조·이언적·이황의 5현은 충절과 도학의 학문적 깊이 등 도학의 정통 계보에 입각한 도통론에 의해 종사되었다. 그리고 이이는 송 주자 정통성의 조선적 계승이라는 송시열이 중심이 된 서인·노론의 주장을 바탕으로 우여곡절 끝에 복향된 뒤, 이이·김장생·조헌·김집·송시열 등 사제 관계를 근간으로 한 서인·노론 일파의 문묘종사로 실현되었다.

넷째, 도통의 확립이라는 측면에서 볼 때, 문묘종사 문제는 그야말로 오도의 수립과 관련된 유생층 나름의 비정치적 성격을 띤 것이고, 동시에 조정 신료들의 공감을 불러일으켜 공론을 형성해야 한다는 점에서는 정치성을 띤 고도의 정치 행위였다. 다시 말해 문묘종사는 학문적 상징성과 정치적 세속성을 동시에 함유하고 있다.

그러나 학문적 공로에 의한 권위가 정치 세력 간의 대립을 통해 결정됨으로써 결과적으로 문묘종사는 정치적 성격을 띠는 의례 절차로 굳어졌다. 학문적 권위에 의한 명분도 중요한 것이지만 정치 세력의 대립·갈등에서 우위에 서야만 자기 붕당 유현의 문묘종사는 실현될 수 있었다. 이이·성혼을 둘러싼 대립이 최종 복향으로 결정됨으로써 이후의 문묘종사는 서인계 노론 중심으로 전개되었다. 결국 학문적 권위를 확보할 수 있는 다양한 학문의 발달 폭은 좁아지고 탄력성은 떨어졌다. 조선 후기에 발달한 실학의 새로운 학풍이 수용될 수 없는 한계가 이러한 문묘종사 논의 과정을 통해서도 확인될 수 있다.

끝으로 문묘종사된 인물들은 정치적으로 '신원'의 의미를 지닌다고 하는 점이다. 신원은 문묘종사를 통해 그 인물의 억울함이 풀리고 나아가 그 인물이 속한 붕당의 정치적 정당성이 회복된다는 의미다. 정몽주는 여말 선초의 왕조 교체 과정, 김굉필·정여창은 무오·갑자사화, 조광조는 기묘사화, 송시열·송준길·박세채는 기해예송·기사환국 등의 정치적 사건에 연루되어 피화되었다. 이들은 문묘종사를 통해 신원됨으로써 조선 조 최고의 권위와 명예를 회복할 수 있었다.

이와 같이 조선 시대 문묘종사의 인물 논의는 정치 세력의 등장 및 정치사의 전개 과정과 맞물려 전개되었다. 문묘종사는 도학의 정통 계보를 근간으로 이루어지는 고도의 상징성을 지닌 정치적 행위였다. 이로 인해 붕당 각 파의 성리학적 정치 이념의 정당성 및 정통성을 확보하려는 경쟁이 붕당 정치를 통해 치열하게 이루어졌고, 붕당 각파의 전제화 경향과 함께 제의의 일부로 의례화되는 특성을 나타내었다.

자료1

예조가 아뢰기를, "5현五賢의 종사從祀에 대하여 대신에게 의논하니, 완평부원군 이원익은 '신은 전에 하문했을 때 이미 모두 진달했으며, 지금에는 별다른 의견이 없습니다. 이는 오직 성상이 결단하여 시행하는 데 달렸을 뿐입니다. 다시 무슨 논의가 필요하겠습니까.' 했고, 영의정 이덕형과 좌의정 이항복과 우의정 심희수도 따르는 것이 좋겠다고 했습니다." 했다. 드디어 종사를 허락했다.

> **原文** 禮曹啓曰 五賢從祀議于大臣 則完平府院君李元翼以爲 臣前於下鄕時 已盡陳達 今無他說 唯在聖上斷然行之 更何待乎 領議政李德馨 左相李恒福 右相沈喜壽 皆以爲可從 遂許從祀

_ 「광해군일기」 권31, 광해군 2년 7월 기미

자료2

김굉필 · 정여창 · 조광조 · 이언적 · 이황 등을 문묘文廟에 종사從祀하는 일로 교서를 내리기를, "하늘이 대현大賢을 낸 것은 우연치 않은 일로서 이는 실로 소장消長의 기틀에 관계되는 것이다. 덕이 있는 자에게 상사常祀를 베풀어야 함은 의심할 나위가 없는 일이니 존숭하여 보답하는 전례典禮를 거행하는 것이 마땅하다. 이에 반포하여 귀의할 바가 있게 한다.

우리 동방을 돌아보건대 나라가 변방에 치우쳐 정학正學의 종지宗旨를 전수받은 일이 드물었다. 기자箕子에 의해 홍범구주洪範九疇의 가르침이 펼쳐져 예의의 방도를 알고 있었다. 하지만 신라 시대의 준재들도 사장詞章의 누습陋習을 벗어나지 못했고, 고려 말에 이르기까지 천 년 동안 겨우 포은圃隱 한 사람을 보게 되었을 뿐이었다.

그러다가 우리 조종祖宗께서 거듭 인덕을 베푸시는 때를 만나 참으로 문명을 진작시키는 운세를 맞게 되면서 김굉필 · 정여창 · 조광조 · 이언적 · 이황과 같은 다섯 신하가 나오게 되었는데, 이들이야말로 염락관민濂洛關閩의 제자諸子주가 전한 것을 터득하고 격물格物 · 치지致知 · 성의誠意 · 정심正心의 공을 이룩한 이들로서 그 법도가 매한가지이니, 참소하고 질시하는 무리들을 그 누가 끼어들게 할 수 있겠는가. 포부를 펴고 못 펴는 것은 시대 상황과 관련이 있는 것으로서 설령 한 시대에 굴욕스러운 일을 당했다 할지라도 시비는 저절로 정해지는 것이니 어찌 오랜 세월을 기다려야만 알

주1 염락관민(濂洛關閩)의 제자(諸子): 염계의 주돈이, 낙양의 정호 · 정이, 관중의 장재, 민중의 주희 등의 성리학자를 가리킴.

성질의 것이겠는가. …

정덕正德 기원紀元 때에 처음으로 종사하자는 유신儒臣의 요청이 있었는데, 그 뒤 선왕先王께서 즉위하신 초엽부터는 다사多士의 항장抗章이 많이 나오게 되었다. 그러나 생각건대 그 거조를 경솔하게 취하기가 어려워서 그렇게 하신 것일 뿐이니, 어찌 높이고 숭상하는 것이 지극하지 못했다고 말할 수야 있겠는가. 내가 왕위를 계승함에 이르러 그들과 같은 시대에 있지 못함을 한탄하며 전형典刑이 나에게 있어 주기를 바랐으나 구천에서 다시 일으킬 수 없는 것을 어찌하겠는가. 이에 문묘에 종사하여 제사를 받들면서 백세토록 사표師表로 삼게 하는 동시에, 40년 동안 고대했던 사람들의 마음에 응답하고 천만 세에 걸쳐 태평의 기업을 열 수 있도록 하리라 생각했다. 이는 대체로 이만큼 기다릴 필요가 있어서 그러했던 것이니, 하늘이 아니고서야 그 누가 이렇게 하겠는가.

이에 금년 9월 4일에 증贈 의정부 우의정 문경공文敬公 김굉필, 증 의정부 우의정 문헌공文獻公 정여창, 증 의정부 영의정 문정공文正公 조광조, 증 의정부 영의정 문원공文元公 이언적李彦迪, 증 의정부 영의정 문순공文純公 이황 등 다섯 현신을 문묘의 동무東廡와 서무西廡에 종사하기로 했다. 아, 이로써 보는 이들을 기뻐 춤추게 하고 새로운 기상을 진작시키려 하는데, 이 나라의 어진 대부들은 그 누구나 모두 벗을 숭상하는 마음을 가질 것이고 우리 당黨의 문채가 나는 소자小子들은 영원히 본보기로 삼고자 할 것이다. 이에 교시하는 바이니 모두 잘 이해하리라 믿는다." 했다.

原文 從祀金宏弼 鄭汝昌 趙光祖 李彦迪 李滉等于文廟 下敎書曰 天之生大賢也不偶 實係消長之機 德必得常祀而無疑 宜擧崇報之典 玆用播告 俾有依歸 稽我東國之偏荒 罕傳正學之宗旨 箕疇布敎 雖識禮義之方 羅代蚩英 未免詞藻之陋 迄至麗季千載 僅見圃隱一人 洪惟祖宗熙洽之辰 允屬文明振作之運 有若金鄭趙李五臣者出 眞得濂洛關閩諸子之傳 格致誠正之功 其揆一也讒諂媢嫉之輩 誰使參之 窮通有時 縱負一世之屈 是非自定 何待百年而知 …
在正德紀元 始有儒臣之陳請 自先王初服 屢見多士之抗章 惟其擧措之難輕 豈云尊尙之不至 逮予纘緒 恨不同時 尙有典刑 奈九泉之難作 其從與享 庶百世以爲師 爰答四十載顒望之情 擬啓千萬世太平之業 蓋有待而然也 庸非天而誰欸 玆於本年九月初四日 以贈議政府右議政文敬公金宏弼 贈議政府右議政文獻公鄭汝昌 贈議政府領議政文正公趙光祖 贈議政府領議政文元公李彦迪 贈議政府領議政文純公李滉等五賢臣 從祀于文廟東西廡 於戲 聳動觀瞻 作新氣象 是邦大夫賢者孰無尙友之心 吾黨小子 斐然永存矜式之地

_「광해군일기」 권33, 광해군 2년 9월 정미

정인홍이 상차上箚주2를 올려 문원공 이언적과 문순공 이황을 문묘에 종사하는 것이 잘못이라고 비방하니, 차자를 궐 내에 두고 내리지 않았다. … 그 차자의 대략에, "신이 젊어서 조식曹植을 섬겨 열어 주고 이끌어 주는 은혜를 중하게 입었으니 그를 섬김에 군사부일체의 의리가 있고, 늦게 성운成運의 인정을 받아 마음을 열고 허여하여 후배로 보지 않는데, 의리는 비록 경중이 있으나, 두 분 모두가 스승이라 하겠습니다. 신이 일찍이 고 찬성 이황이 조식을 비방한 것을 보았는데, 하나는 상대에게 오만하고 세상을 경멸한다는 것이고, 또 하나는 높고 뻣뻣한 선비는 중도中道를 요구하기가 어렵다는 것이고, 또 하나는 노장老莊을 숭상한다는 것이었습니다. 그리고 성운에 대해서는 청은淸隱이라 지목하여 한 조각 작은 절개를 지키는 사람으로 인식했습니다. 신이 일찍이 원통하고 분하여 한 번 변론하여 밝히려고 마음먹은 지 여러 해입니다. …

이황은 두 사람과 한 나라에 태어났고 또 같은 도에 살았습니다만, 평생에 한 번도 얼굴을 마주한 적이 없었고 자리를 함께한 적도 없었습니다. 그런데도 한결같이 이토록 심하게 비방했는데, 신이 시험삼아 그를 위해 변론하겠습니다. 이황은 과거로 출신하여 완전히 나가지도 않고 완전히 물러나지도 않은 채 서성대며 세상을 기롱하면서 스스로 중도라 여겼습니다. 조식과 성운은 일찍부터 과거를 단념하고 산림에서 빛을 감추었고 도를 지켜 흔들리지 않아 부름을 받아도 나서지 않았습니다. 그런데 황이 대번에 괴이한 행실과 노장의 도라고 인식했으니, 너무도 모르는 것입니다. 『주역』에 이르기를 '왕후王侯를 섬기지 않고 고상高尙을 일삼는다'라고 했는데, 공자가 이에 대해 말하기를 '그 뜻이 법칙이 될 만하다' 했고, 정자가 또 이에 대해 증거를 대기를 '이윤伊尹과 태공망太公望과 같은 인물의 시초이고 증자曾子·자사子思의 무리다'라고 했습니다. 이윤이 신莘에서 농사짓고, 여망呂望이 바닷가에서 살고, 증자와 자사가 벼슬하지 않은 것이 과연 세상을 경멸하고 중도를 지나쳐 노장의 행동을 한 것이란 말입니까. …

이언적과 이황이 지난날 가정嘉靖 을사년과 정미년 사이에 또는 극도로 높은 벼슬을 했고, 또는 청직과 요직을 지냈으니, 그 뜻이 과연 벼슬할 만한 때라고 여겨서입니까? 이것은 진실로 논할 것도 못 되거니와, 만년에 이르러서는 결연히 물러나 나라에

주2 상차(上箚): 관료가 임금에게 차자(箚子)를 올리는 일. 차자는 소장의 일종으로 일정한 격식을 갖추지 않고 간단히 사실만을 기록하여 올리며, 상소보다는 간소한 형식의 글이다.

서 여러 번 불러도 나가지 않았으니, 이 또한 하나의 높고 뻣뻣한 일이며 세상을 경멸하는 행실입니다. 어찌하여 조식과 성운이 행한 바를 탐탁하게 여기지 않고 도리어 지나치게 높은 노장을 본받았단 말입니까. …

두 사람은 모두 유학하는 사람이라는 칭호를 지니고서 소인이 득세하여 군자를 해칠 때에 구하지 못하고 같이 행동을 한 수치가 있었으니, 신하가 도로써 임금을 섬기다가 불가하면 그만두는 의리와 돌처럼 단단한 절개로 속히 떠나는 의리와는 또한 너무도 다르지 않습니까. 또 그들이 평소에 한 모든 일은 주행기周行己의 허물을 면하지 못했습니다. 만약 정자가 주행기를 너무 심하게 꾸짖은 것이 잘못이라면 그만이거니와 그렇지 않다면 군자가 자기의 사욕을 이기고 자신을 닦는 도리로 헤아려 볼 때 너무나도 거리가 멀지 않습니까. 이것이 속인에게 있는 일이라면 진실로 별일 아니지만 조금이라도 유학을 한다는 이름이 있는 자에 있어서는 작은 일이 아니라는 것이 확실합니다. 이황이 자기를 살피는 데에는 어둡고 남을 책망하는 것은 심하니, 이것이 어찌 군자의 심사이겠습니까. … ." 했다. 차자가 들어감에 조야가 놀라고 분개했다.

原文 鄭仁弘 上箚譏斥文元公李彦迪 文純公李滉從祀之非 箚留中 … 其箚略曰 臣少事曺植, 重被開發之恩 事有如一之義 晚知於成運 開心相與 不視爲後輩 分義雖有輕重 俱可謂之師生也 臣嘗見故贊成李滉 誣毁曺植 一則曰傲物輕世 一則曰高亢之士 難要以中道 一則曰老莊爲崇 目成運以淸隱 認爲偏小一節之人 臣心嘗憤鬱 思一辨明 許多年矣 …

滉與二人 共生王國 又同一路 平生未嘗識其面目 又無一席麗澤之和 而一向誣毁 至於已甚 臣嘗爲之辨曰 李滉 以科目發身 不全進不全退 依違譏世 自以爲中道 植與運 早廢科業 鏟彩山林 守道不撓 被召不起 滉遽忍爲詭異之行 老莊之道 殊不知 易不云乎 不事王侯 高尙其事 孔子曰 志可則也 程子又爲之引證曰 伊尹 太公望之始 曾子子思之徒是也 伊尹之耕莘 呂望之居海 曾子 子思之不仕 果是輕世過中 爲老莊之行者乎 …

李彦迪 李滉 往在嘉靖乙巳 丁未年間 或爵位崇極 或踐歷淸要 其意果以爲可仕之時乎 此固不足論也 至其晚年 斷然引退 屢召不至 此亦高元之一事 輕世之一行 何不以曺植 成運之所爲 爲不屑 而反效老莊之過高乎 …

二人俱有儒學之稱 而自垂明夷之翼 致有不拯其隨之恥 在人臣以道事君 不可則止 介于石不終日之義 不亦相似乎 且其平居 俱未免周行己之失 若以程子爲失於誅之太甚則已 不然 揆諸君子克己自修之道 不亦遠乎 此在俗間人 固是尋常一事 稍以儒學名者 其不爲薄物細故也審矣 滉暗於觀己而甚於責人 此豈亦君子之心事乎 … 箚入朝野駭憤

성균관 유생 정호성·허실·유희량·최성원 등이 팔도 여러 고을의 향교와 모든 서원에 서찰을 보내어 정인홍이 지은 '발남명집설跋南溟集說'을 추악하게 비방했다.

사신은 논한다. 영남은 인재의 부고府庫이고 사론士論의 근본이 되는 곳이다. 신라로부터 고려 그리고 고려로부터 성조聖朝에 이르기까지 명유名儒 석사碩士가 많이 배출되어 국가의 원기를 부지한 것을 뚜렷이 상고할 수 있다. 지난 선조先朝 때 퇴계와 남명 두 분 선생이 같은 도에서 함께 탄생하시어 도학道學을 창명倡明하고 의리義理를 밝혀 인심을 맑게 하고 세교世敎를 부지하는 것을 자기의 임무로 삼으니, 훈도薰陶되어 점점 감화하고, 보고 감동하여 흥기興起한 자가 부지기수였다. 비록 난세를 당했어도 사람들이 자식으로서 효에 죽고 신하로서 충에 죽어 인륜이 밝혀져 금수가 되지 않고 중국이 오랑캐가 되지 않은 것은 두 분 선생의 공로가 아니라고 말할 수 없다. 다만 그분들의 출처出處가 같지 아니하여 또는 도道를 행하여 시국을 구제하는 것으로 마음을 삼고, 또는 초야에 살면서 자기의 뜻을 구하는 것으로 즐거움을 삼았으나, 결국은 모두 도의[道義君子]에 어긋나지 않았다. 어찌 반드시 같아야만 되겠는가. 그런데 양가兩家의 문도門徒들이 두 분의 학문 깊이를 분명히 알지 못하고 행적만 가지고 서로 헐뜯고 비방하여 수세數世가 지나면서 더욱 심화되니, 뜻있는 선비들이 개탄한 지 오래다. 이번에 명색이 관학 유생인 자들 몇 명이 … 남명의 문도에게 감정을 품고서 정인홍의 '발남명집설'을 빌미로 각 도에 글을 보내어 선사先師를 얕잡아보고 조롱하기를 못하는 짓이 없이 했다. 그들이 정인홍을 배척하여 은근히 남명을 공격하고, 퇴계를 추존하여 드러내 놓고 남명을 배척한 것을 살펴보면 지나친 질투로 억누르고 찬양하기를 너무 심히 했으니 속 좁은 짓임을 알겠다. 남명은 은일지사隱逸之士로 학문을 독실하게 하고 실행에 힘썼으며, 도를 닦고 덕을 쌓았으니, 정통한 학식과 해박한 견문은 더불어 비교할 사람이 적다. 전현前賢과 짝하고 후학後學에 종사宗師가 될 만하니, 그렇다면 어찌 퇴계만 못하겠는가. 정인홍은 남명과 가장 오랫동안 종유從遊하여 의발衣鉢을 전수받은 자로 퇴계가 귀암龜巖을 지나치게 허여한 것을 보고 의심을 하자, 남명의 문하인들이 지나친 말을 만들어 그를 도와 공박한 것이다. 그의 생각에는 '저 귀암은 몹시 부정한 자이다. 남명이 악한 사람 미워하기를 원수처럼 했으니, 절교한 것이 마땅하다. 그런데 혹자는 잘못하여 남명을 너무 심했다고 여기니, 내가 스승의 뜻을 발명하지 않으면 천 년 후에 누가 참으로 시비是非를 알겠는가'라고 여겨 집설에 간략히 그 일을 변명한 것이니, 주제넘고 망령되다는 비방은 면할 수 없으나 그 정상은 애처롭다. 아, 학술이 밝지 못하고 시비가 분명치 않아서 남명같이 도학이 높은 분으로 오히려 곡사曲士들의 비난을 면치 못했으니 다른 사람이야 어찌 논할 것이 있겠는가. 다만 백세 후에 아는 자가 나오기를 기다릴 뿐이다.

原文 成均館儒生丁好誠 許實 柳希亮 崔誠元等 通書于八道列邑鄕校及諸書院 醜詆鄭仁弘 跋南溟集說

史臣曰 嶺南 人才之府庫 士論之根抵 自新羅至于高麗 自高麗迄于聖朝 名儒 碩士彬彬輩出 以扶國家之元氣者 班班可考 曩在先朝 退溪南溟兩夫子者 竝生於一道 倡明道學 開示義理 以淑人心 扶世教爲己任 士子之薰陶漸染 觀感興起者 不知其幾人矣 雖常衰亂之世 人之所以爲子死孝 爲臣死忠 彝倫以之不斁 中國免爲夷狄者 何莫非兩先生之功耶 惟其出處不一 或以行道救時爲心 或以隱居求志爲樂 而要其歸則皆不離於道義 君子何必同被 兩家門徒 不能明知二公學問之深淺 徒執其迹 互相訾謷 迄數世而滋甚 有志之士 慨嘆久矣 今者名爲館學儒生數三輩 … 挾憾於南溟門徒 借鄭仁弘跋南溟集說 馳書各道 侮弄先師 無所不至 觀其指斥仁弘 而潛攻南溟推尊退溪 而顯排南溟 至以嫉惡之過 抑揚太甚 爲說 多見其不知量也 南溟一肥遯之士 篤學力行 修道進德 精識博聞 鮮與倫比 可以追配於前賢 宗師於後學 則豈可與退溪差殊觀哉 仁弘從遊最久 得其衣鉢之傳者也 見退溪過許龜巖而致疑 南溟門下之人 設淫辭 而助之攻則其心以爲 彼龜巖 不正之甚者也 在南溟嫉惡如讎之心 絶之宜矣 而或者誤以南溟爲已甚之歸 我不發明其師志 則千載之下 孰知眞是非哉故 於集說 略辨其事 雖未免僭妄之譏 其情則感矣 噫 學術不明是非不著 道學如南溟 而尙未免曲士之議 他尙何說哉 直百世 以俟知者之知耳

_ 『선조실록』 권189, 선조 38년 7월 병신

자료 5

팔도 유생들이 재차 이이 등의 문묘종사를 청하자 대신의 의논을 거쳐 허락했다. 관학館學의 팔도 유생八道儒生 이연보 등이 소疏를 올려 지난번의 주청을 거듭하자 임금이 답하기를, "양현兩賢의 도덕과 학문은 실로 한 세대에서 우러러 사모하며 사림의 모범이 되니, 문묘에 종사하는 것을 대체로 누가 불가하다고 말하겠는가? 그러나 대대의 조정에서 일찍이 윤허하지 않았던 것과 내가 과단성 있게 처리하지 못하고 미루었던 것은 모두 신중하게 하려는 뜻에서 나온 것이다. 그러나 많은 인사들의 주청이 오래도록 계속되었고 또한 간절해서 끝내 억지로 어기기 어려우니, 그것을 해조該曹로 하여금 대신들에게 묻도록 하여 특별히 5현五賢을 종사하는 청을 윤허할 수 있도록

하라." 했다. 대신 김수항·김수흥·정지화·민정중·이상진이 모두 종사從祀하는
것이 진실로 합당하다고 하자 임금이 전교하기를, "대신의 의논이 모두 이와 같으니
지난번의 소疏대로 문묘에 올려서 배향하도록 비답한다." 했다.

原文 館學八道儒生李延普等上疏 更申前請 上答曰 兩賢之道德學問 實爲一世之景仰 士林
之矜式 從祀文廟 夫誰曰不可 而累朝之未嘗允兪 予之所以持難者 皆出於愼重之意也 多士之請
愈久而愈深 終難强拂 其令該曹 問于大臣 特允五賢從祀之請 大臣金壽恒 金壽興 鄭知和 閔鼎
重 李尙眞皆以爲 允合從祀 上敎曰 大臣之議皆如此 依前疏批 陞配文廟

_ 『숙종실록』 권12, 숙종 7년 9월 무진

자료 6

문성공 이이·문간공 성혼을 문묘 종향文廟從享에서 출향黜享했다. 삼가 살피건대 양
신兩臣을 종향하자는 의논은 인조 때부터 일어나서 세 성조聖朝를 거치며 50년이 되었
는데, 세 성조께서도 끝내 윤허하지 않으셨다. 장章·소疏가 공거公車에 쌓이고, 의논
議論이 유림儒林에 편만遍滿했으나, 선비의 귀추歸趨가 한결같지 않고 국론이 정해지지
않아 모함하고 모독하는 말과 투기하고 이간질하는 계책이 이르지 않는 곳이 없어,
인심은 괴멸되고 세교世敎는 패만하여 진실로 근심할 만했다. 다만 그 극極을 궁구窮
究해서 말한다면 종향從享하는 것은 유도儒道를 표장表章하여 문치文治를 증식增飾하는
바이니, 이는 인군人君에게 있어서는 진실로 성대한 절차이며, 그 사람에게 있어서는
진실로 도덕道德에 가손加損할 것이 없다. 임금의 마음이 처음에 깊이 알고 독실하게
믿지 못하여 단지 한때의 숭상하는 것을 따라서 좇았다면, 허례만을 당조當朝의 유현
儒賢 등에게 더 주었던 것이니, 그 사람에게는 영화榮華가 아니고 임금에게는 참된 덕
이 아니다.

성상이 신유년에 많은 선비들의 진청陳請을 쾌히 따라서 마침내 역대歷代의 조정에서
빠뜨리고 행하지 못한 전장典章을 거행했으니, 진실로 온 세상의 관청官廳을 우뚝 솟
게 했다. 그러나 이는 유교를 숭상하고 도덕을 존중하는 이름만을 취한 것이지 마음
속으로 기뻐하고 성심으로 복종하는, 참으로 그를 존경할 수 있음을 알게 한 것이 아
니었다. … 그러니 대개 임금은 본시 그 사람이 어떠한지 알지 못하고서 때에 따라서
처분했음은 짐작하여 헤아림이 없어서 그러했다. 뒷날에 비록 복향復享하더라도 또
한 사류士類의 진언進言으로 인하여 덮어 놓고 응하는 데 지나지 않으니, 또한 어찌 족

히 유교를 숭상하고 도덕을 존중하는 아름다움이 되겠는가?

黜文成公李珥 文簡公成渾於文廟從享 謹按兩臣從享之論 起自仁祖朝 歷三聖垂五十年而三聖終不許之章疏積於公車 議論遍於儒林 士趨不一 國論不定 詆誣慢侮之言 媚嫉慁間之計無所不至 人心之壞 世教之敗 固爲可憂 但究其極而言之 從享者 所以表章儒道 增飾文治 此在人君 固爲盛節 而在其人 實無所加損於道德也 上心初未能深知篤信 只以一時趨尙 從以循之則與加虛禮於當朝儒賢等耳 於其人非榮也 於君上非實德也

上於辛酉 夬從多士之陳請 遂擧累朝之闕典 誠聳一世之觀聽矣 然是特取崇儒重道之名 而若其心悅誠服 眞知其可尊 則猶未焉 … 蓋上本不知其人之如何 而隨時處分 無所裁度而然耳 後雖復享 亦不過因士類之進而漫應之耳 亦何足爲崇儒重道之美也哉

_ 「숙종실록」 권20, 숙종 15년 3월 을유

자료7

다시 이이와 성혼을 문묘에 종향從享했다. 이에 앞서 그들의 집에 사제賜祭했고 이어 각 도의 향교에 반교문頒敎文을 내리고 순찰사巡察使는 위판位版을 만들어 나누어 주도록 했기 때문에, 뒤좇아 길일을 가려 거행하게 된 것이다. 대개 임술년에 승배陞配할 때의 전례로 한 것인데, 이날 백관의 하례를 받고 중외中外에 반교문을 내렸다. 그 글에 이르기를, "왕은 말한다. 도를 장차 폐치廢置하게 되는 것도 천명이어서 성무聖廡의 사전祀典을 못 올린 지 오래였으나, 하늘이 사문斯文을 없애버리지 않아, 학궁學宮의 갖가지 의식을 거듭 시행하게 되었기에, 이렇게 대고大誥를 게시하여 널리 사방에 알린다. 세상의 도의道義가 낮아짐과 높아짐을 생각해 보건대, 진실로 유학의 교화가 일어나거나 쇠퇴하거나에 달렸다. …

지난번에 편당하는 사람이 조정을 담당하매 교묘하게 참소하는 말이 나의 뜻을 현혹함을 면하지 못하여, 상례의 제사를 오래 폐하매 영령英靈들이 편안히 의지할 데가 없게 되었고, 우리 도道가 장차 궁해지게 되매 선량한 사류士類들의 숨은 고통이 한이 없었다. 비록 거짓말이 올바른 것을 더럽히게 된 것이기는 하지만, 이 죄를 면할 수 없다. 돌아보건대, 한쪽 말만 듣는 통에 간계奸計를 부리게 된 것이기에, 내 마음에 부끄럽게 여긴다. 이번에 경장更張하는 날을 당하여 즉시 잘못을 뉘우치기 시작하여, 무릇 갖가지 죄악을 다스리고 충성을 표양하는 일을 혹시라도 거행하지 않는 것이 없게 하는데, 하물며 이런 유현儒賢을 존숭하고 덕을 숭상하는 일을 어찌 조금이라도 늦출 수 있겠는가? … 아! 천운天運은 밝아지기도 하고 어두워지기도 하는 것이기에 비록 한

때 억울하게 되었지만, 사람의 마음속에는 옳음과 그름이 본시 환한 것이다. 어찌 백세百歲토록 기다렸다 정해지겠는가? 오직 정상精爽은 어둡지 않은 것이므로 또는 이러한 정성에 밝게 감동하게 될 것이니, 광진光塵을 뒤따르게 되어 사도斯道를 우익羽翼해 주었으면 하고, 유신維新의 경사를 우악優渥하게 답해 주어 오래도록 태평한 기쁨을 내리게 되기를 바란다. 그래서 이처럼 교시敎示하노니, 마땅히 알지어다." 했다.

原文 復以李珥 成渾從享于文廟 先期 賜祭于其家 仍宣敎文諸道鄕校 巡察使造位版以頒 故追擇吉日擧行 蓋用壬戌陞配時舊例也 是日百官陳賀 頒敎中外 其文曰 王若曰 道之將廢也命聖廡之祀典久虧 天其未喪斯文 黌庠之縟儀重擧 肆揭大誥 誕告多方 言念世道之汚隆 實係儒化之興替 …

頃緣黨人之當朝 未免巧讒之惑志 常禮久廢 英靈之妥揭無憑 吾道將窮 善類之隱痛靡極 雖聱說之醜正 厥罪莫逃 顧偏聽之生奸 予心有覵 玆當更張之日 卽發悔悟之端 凡諸癉惡而旌忠 莫或不擧 矧此崇儒而尙德 尤豈少徐 固已默斷於中 而圖新舍舊 不待齊訴於下 而累牘連章 玆涓吉辰 復擧盛典 答六載顒若之望 中外均歡 開萬世太平之基 臣隣共賀 春秋奠祀 宜處駿奔之儀 章甫瞻依 永裨蛾述之化 … 於戱 天運之顯晦相敓 縱見屈於一時 人心之是非自明 豈待定於百歲惟精爽之不昧 倘昭格于玆誠 尙光塵之可追 庶羽翼夫斯道 蔚答維新之慶 冀垂久安之休 故玆敎示想宜知悉

_ 「숙종실록」권27, 숙종 20년 6월 기미

자료8

관학 유생 홍준원 등이 상소하여 문정공 김인후를 문묘에 종사할 것을 거듭 청했다. 비답하기를, "선정先正 문정공은 바로 우리 동방의 주자周子이다. 이정二程·장재張載·주자朱子를 먼저 공자 사당에 종사하면서 주자周子만 홀로 종사하는 반열에서 빠뜨린다면 이정·장재·주자의 마음이 편안하겠는가? 오늘 너희들이 청하는 것은 바로 문정공 조광조, 문순공 이황, 문성공 이이, 문정공 송시열의 마음이다. 윤허를 오늘까지 짐짓 미루어온 뜻은 그 예를 중하게 다루고 그 일에 신중을 기하자는 데에 있었을 뿐이다. 그런데 소가 이미 세 번이나 올라온 이상 무엇을 더 주저하겠는가. 선정 문정공 김인후를 문선왕의 사당에 배향하자는 너희들의 청을 시행하도록 윤허하는 바이니, 예조의 관원으로 하여금 전례典禮를 조사한 후 날을 정하여 거행하게 하라." 했다.

이어 전교하기를, "여러 도와 고을들에서는 다 올해 안에 거행하되, 고유告由하는 절차는 달리 근거할 만한 전례가 없으니 대략 서울 문묘의 동쪽 곁채와 서쪽 곁채에 술잔을 올리는 고사를 따라 선성先聖의 신위에 고유한 후 해당 신위에 치제하도록 하라. 그리고 제수는 술잔에 청주 한 잔을, 나무 제기에 미나리김치 한 접시를, 대나무 제기에 제철에 나는 과일 한 접시를 담으라는 내용을 뒤에 덧붙여 써서 내려 보내 예가 번거롭고 일이 귀찮다는 탄식이 없게 하라. 일찍이 듣건대 지방에서는 예를 치른 후에 제사를 따로 마련한다고 하는데 이처럼 무의미한 일은 다시 없을 것이다. 지금부터 규례를 만들어 하루 빨리 잘못된 관습을 고치도록 하는 일을 여러 도에 엄히 신칙하라." 했다. 이어서 명하기를, "증 예조판서 김인후를 영의정에 추증하고 천묘하지 않고 영구히 제사 지낼 수 있도록 허락한다." 했다.

原文 館學儒生洪準源等上疏 申請文靖公金麟厚從享文廟 批曰 先正文靖 即我東之周子也 兩程張朱先侑聖廟 而使周子 獨漏於從祀之列 在兩程張朱之心 安乎否乎 爾等今日之請 即趙文正 李文純 李文成 宋文正之心也 允諾之姑徐至今 意在重其禮 愼其事而已 疏旣三上 更何持難 爾等所請先正文靖公金麟厚配食文宣王廟庭事 許施 令禮官 取考典禮 卜日擧行 仍敎曰 諸道列邑皆於今年內擧行 而告由之節 別無可據之例 略倣京中文廟東 西廡酌禮之故事 告由於先聖位 致侑於當位 而祭品 爵一盛淸酒 豆一盛芹葅 邊一盛時果事 後錄下送 俾無禮煩事瀆之歎 曾聞外方 則別設禮成之祭云 無義莫甚 自今爲例 亟革謬習事 嚴飭諸道 仍命贈吏曹判書金麟厚 加贈領議政 許使不祧其祀

_ 『정조실록』 권45, 정조 20년 9월 기미

출전

『광해군일기』

『선조실록』

『숙종실록』

『정조실록』

찾아읽기

김상오, 「당쟁사의 입장에서 본 이이의 문묘종사문제」, 『전북사학』 4, 1980.

김상오, 「히서 김인후의 생애와 문묘족향 경위」, 『전북사학』 5, 1981.

이휘권, 「동방오현의 문묘종사 소고」, 『전북사학』 7, 1983.

박찬수, 「문묘향사제의 성립과 변천」, 『정재각박사고희기념동양학논총』, 1984.

지두환, 「조선 전기 문묘종사 논의」, 『부대사학』 9, 1985.

정옥자, 『조선 후기 문화운동사』, 일조각, 1988.

이태진, 『조선 유교사회사론』, 지식산업사, 1989.

허권수, 『조선 후기 남인과 서인의 학문적 대립』, 법인문화사, 1993.

김용곤, 「조선 전기 도학 정치사상 연구」, 서울대학교 박사학위 논문, 1994.

김돈, 『조선 전기 군신권력관계 연구』, 서울대학교 출판부, 1997.

김해영, 「조선 초기 문묘향사제에 대하여」, 『조선시대사학보』 15, 2000.

설석규, 『조선 시대 유생상소와 공론정치』, 선인, 2002.

진상원, 「조선 중기 도학의 정통계보 성립과 문묘종사」, 『한국사연구』 128, 2005.

윤정, 「조선 후기 정계의 정인홍 인식과 그 정치적 함의」, 『진단학보』 100, 2005.

우경섭, 「송시열의 도통론과 문묘이정 논의」, 『한국문화』 37, 2006.

김영두, 「중종 대 문묘종사 논의와 조선 도통의 형성」, 『사학연구』 85, 2007.

김돈, 『조선 중기 정치사 연구』, 국학자료원, 2009.

김용헌, 『조선 성리학, 지식권력의 탄생』, 프로네시스, 2010.

8 하늘을 대신한 사관의 직필

사관과 실록

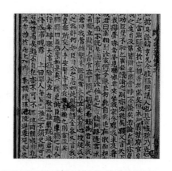

사관(史官)은 군주와 대소신료의 언행에 관한 시비득실과 중외 대소아문이 시행하는 여러 정책을 빠짐없이 기록하는 관료였다. 현실 정치의 귀감과 만세의 규범으로 인식되는 막중한 임무를 수행했던 만큼 사관의 임용 절차는 까다로웠다. 이들 사관에 의해 조선 왕조의 당대사인 실록이 각 왕대별로 편찬되었다. 『조선 왕조실록』은 태조에서 철종까지 25대 총 1,893권 888책으로 편찬된 왕대별 편년체 관찬 사서이다.

사관과 사초

조선 시대 역사 편찬 기구는 춘추관이었다. 춘추관은 시정의 기록을 맡으며 모두 문관으로 임명하되 영사에서 기사관에 이르는 전 관원을 중앙 부서의 중요한 기관의 관원으로 겸임토록 했다. 『경국대전』으로 확정된 춘추관의 겸관은 60여 명이었다. 이 가운데 예문관의 봉교[정7품, 2명], 대교[정8품, 2명], 검열[정9품, 4명] 등 한림翰林으로 통칭되는 8명이 춘추관의 기사관인 동시에 전임사관이었다. 8명의 전임사관을 제외한 50여 명의 관원들은 춘추관직을 겸직한 겸임사관들이었다. 이들은 주로 시정기時政記의 작성에 쓰이는 소속 관청에 관계된 자료를 초록하여 춘추관에 보내는 임무를 담당했다.

시정기는 사초와 상소문을 싣고 있는 『승정원일기』, 그리고 각 관청의 기록을 모아 연월일 순으로 정리한 것이다. 춘추관의 선임사관들은 사초 외에 시정기를 정리하는 임무가 있었다. 시정기는 정본과 부본이 있었다. 초서로 된 시정기의 초고인 부본이 먼저 만들어지는데 이를 비초飛草라 했다. 이 비초는 춘추관원을 포폄할 때 수사修史 임무의 근면·태만을 살피는 자료로 쓰였고, 시정기의 정본은 3년마다 인쇄하여 해당 관청이나 의정부·충주사고에 보관했다. 시정기는 원칙적으로 매년 만들어 책의 권수를 왕에게 보고하도록 되어 있었다.

전임사관 8명은 예문관의 전임관원인 동시에 춘추관의 기사관으로 사관이 되어 입시, 숙직, 사초의 작성, 시정기의 작성, 실록 편찬, 실록 보관을 위한 포쇄 등의 임무를 수행했다. 이들은 왕이 정사에 임할 때 직접 좌우에 입시하여 논의되는 정사의 내용을 일일이 기록하는 임무를 띠고 있었다. 이들은 정전에서의 정청뿐만 아니라 조계·상참·경연·대신인견·편전시사·각종 연회·수렵·행행行幸·강무·어례 등 왕을 중심으로 발생하는 모든 일들을 반드시 따라다니면서 기록하게 되어 있었다.

전임사관의 직무가 이렇게 확정되기까지 각 왕대별 정사 입시의 관행과 관련한 사관의 활동은 차이가 있었다. 태종 때 사관 민인생閔麟生이 허락 없이 편전에 들어가고 창틈으로 엿보다가 쫓겨나 유배를 당한 것은 익히 알려진 일화다. 태종은 사관의 역할을 인정하긴 했으나 사관의 입시를 반기지 않았고 되도록이면 제한하고자 했다. 세종은 사관을 시신侍臣의 반열에 넣는 우대 조처까지 했고 경연의 입시도 허용했다. 전제 군주로 알려진 세조는 사관이 자신에 대해 상세한 기록을 남기게 하는 데에 오히려 적극적이었다. 각 왕대별로 정도의 차이는 있었으나 조선 전기에 사관이 입시·수행 등의 활동을 통해 왕의 언행에 대해 기록을 남기는 것은 점차 하나의 관례가 되었다.

사관의 직무가 중요했던 만큼 이에 제수되려면 무엇보다 문관으로서 재才·학學·식識의 '삼장지재三長之才'가 요구되었다. 재란 역사 서술 능력, 학은 해박한 역사 지식, 식은 현실을 직시하여 공정하게 시시비비를 가리고 포폄할 수 있는 능력을 의미했다. 그리고 세계世系에 흠이 없는 사람, 예문관의 천거, 문과 급제자, 평소 마음가짐과 정직성, 동료와 원만한 유대 관계 등의 자격 조건이 요구되었다. 매우 엄격한 조건을 거쳐 제수되었던 만큼 사관의 관직은 당시 청직으로 인식되었고, 사관들 스스로 긍지와 자부심을 가지고 임무를 수행했다. 이러한 자부심을 가진 사관이 직무를 수행하는 과정에서 나타난 사관에 대한 태종의 대응은 사관의 정체성을 나타내는 재미있는 일화

다.[자료1~6]

사관의 직무 가운데 가장 중요한 것이 사초 작성이었다. 사초는 만세의 경계가 되어야 했기 때문에 철저한 비밀 보장과 함께 공론 형성의 바탕이 되었다. 사초는 군주의 마음에 맞게 쓰거나 고칠 수 없었으며, 다른 사람이 내용을 알 수 없고 누구라도 포폄의 대상으로 논의할 수 있었다. 사초에 기록된 내용은 원칙적으로 실록 편찬 시의 중요한 자료로 누구에게도 이야기하거나 열람할 수 없으며, 실록을 찬수한 뒤에는 군주라도 볼 수 없었다. 사초는 작성자가 현재 사관직에 있거나 다른 관직으로 옮긴 경우에도 반드시 가지고 다녀야 했으며 누설하거나 자의나 타의에 의해 절대로 개수할 수 없었다. 사초와 사관은 불가분의 관계로 분리하여 생각할 수 없었다.

사초는 입시사초入侍史草와 가장사초家藏史草로 구분할 수 있다. 입시사초는 전임사관 가운데 기사관(주로 검열)이 정사가 이루어지는 장소에 입시하여 기록한 것이다. 입시는 상번上番과 하번下番으로 나뉜 2명의 검열 가운데, 상번은 군주의 언동을 초서로 기록하고, 하번은 이것을 정서·정리하여 상번에게 바쳤다. 이 입시사초는 춘추관에 납입되어 겸임사관이 보고한 각 관청의 시행사와 함께 시정기로 작성되었다.

가장사초는 사관이 견문한 왕의 언동과 정사, 인물의 현부득실 등의 기록과 사평을 덧붙여 실명으로 직서直書하여 집에 간직해둔 사초였다. 가장사초는 실록을 편찬할 때 실록청에 제출하여 편찬 자료로 쓰였다. 가장사초는 입시하여 기록하는 전임사관의 기록인 입시사초와는 다소 성격이 다르며, 대체로 다른 본직을 가지고 있으면서 사초를 작성하는 겸임사관의 사초를 의미했다.

사초는 직서와 직필을 원칙으로 군주 및 대소 신료의 인물에 대한 사론을 담고 있기 때문에 언제라도 논란이 되고, 그 논란은 필화 사건으로 이어질 수 있었다. 또한 사론의 내용에 대해서는 군주 및 대소 신료들로부터 항상 열람하려는 유혹의 대상이 되었다. 성명을 기재했기 때문에 사관 스스로도 사초를 개서하려는 경우가 발생했다. 예종 때 사관 민수閔粹의 사초 개수 사건, 김일손의 사초로 인한 무오사화 등이 이 때문에 발생했다. 태조 이외에 사초를 직접 본 왕은 없었다. 무오사화 때 연산군조차도 김일손의 사초를 초출初出하여 보았다.[자료6]

실록 편찬

재위 중인 왕이 죽으면 실록을 편찬했다. 조선의 실록은 고려와 달리 왕이 죽은 후 곧바로 편찬되었다. 태종 8년(1408)에 태조 이성계가 죽자, 태종은 이듬해에 『태조실록』의 수찬을 명했다. 당대의 역사를 당대인이 편찬할 수 있는가 하는 문제가 제기되었으나 태종은 영춘추관사 하륜河崙의 의견에 따라 곧바로 편찬하도록 했다. 결국 『태조실록』은 태종 10년에 춘추관의 주도로 편찬에 착수하여 태종 13년에 15권 분량으로 완성되었다. 이후 이러한 당대사인 실록 편찬은 후대에도 그대로 적용되어 왕이 죽은 후 곧바로 이루어졌고, 단종 때부터 실록청을 두어 실록 편찬을 전담시켰다.

실록은 분년분방分年分房의 원칙에 따라 재위 연도를 고려해 여러 개의 방을 나누고 그 위에 도청을 두어 편찬했다. 영사 중에 1명을 총재관摠裁官에 임명하여 총감독을 맡기고, 대제학과 글 잘하는 문신을 당상堂上, 당하관인 낭청郎廳을 임명한 뒤, 도청都廳과 재위 연도를 고려하여 1~6방으로 나누어 즉위 연도부터 편찬했다. 3방으로 나눈 『명종실록』의 경우 총재관 1인, 도청 당상 3인, 각방 당상 6인, 도청 낭청 4인, 각방 낭청 12인으로 하여, 각 방은 당상 2인과 낭청 4인을 한 조로 구성했다. [자료7·8]

실록 편찬의 명이 내려지면 전왕 대에 사관을 역임했던 전임사관들은 재임 시 작성하여 집에 보관하던 가장사초를 정해진 기일 내에 실록청에 납입했다. 이러한 가장사초를 비롯하여 승정원일기·시정기·경연일기·각사등록·개인 문집·야사·조보 등의 자료가 실록청에 모이면 각방의 낭청이 전왕 대의 사실을 연대순인 편년으로 정리하고 각방의 당상이 이를 검토했다. 이것이 초초初草였다. 이 초초를 도청에 넘기면 도청의 당상과 낭청이 첨삭하여 중초中草를 작성했다. 이 중초를 도청의 당상과 총재관이 감수한 뒤 마지막으로 문장과 체제를 통일하여 정초正草를 작성했다. 정초가 작성되면 실록의 편찬이 완성되는 것이다. 초초·중초·정초의 세 단계를 거쳐 실록 편찬이 완료되면 곧바로 인쇄하여 사고에 봉안하고, 사초와 시정기 등의 편찬 자료와 초초·중초는 자하문 밖 세검정 부근에서 세초하여 종이로 재생·사용했다.

이렇게 편찬된 실록은 사초와 마찬가지로 아무나 볼 수 없도록 곧바로 춘추관과 외방 사고에 봉안되고 관리되었다. 실록의 관리는 정기적인 포쇄·점검·이안移安·취

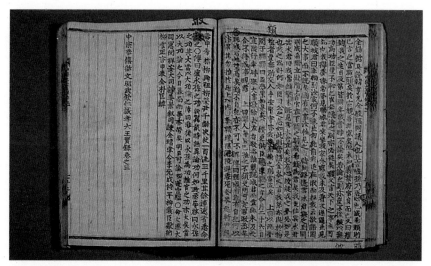

태조부터 철종(1392~1863, 472년간)까지 25대에 걸친 조선 왕조의 역사적 사실을 연월일순에 따라 편년체로 기술한 『조선왕조실록』. 총 1,893권 888책으로 이루어져 있으며, 총 49,646,667자의 방대한 내용을 포함하고 있다.

래取來·고출考出, 실록각의 개수와 수호하는 일 등을 말한다. 이 가운데 취래와 고출은 전례를 참고하기 위해 실록의 일부 기사를 수집해 오는 것을 말한다. 춘추관 및 충주·전주·성주의 외방사고에 봉안되는 실록은 사관들이 직접 수송했다. 봉안된 실록은 3년마다 사관이 직접 포쇄했고, 사고에 비가 새거나 문제가 발생할 경우에도 사관이 직접 이를 살피도록 했다. 사관만이 실록을 관리하도록 한 것은 실록에 수록된 내용을 사관 외에는 볼 수 없도록 한 비밀 보장의 정신 때문이었다.

실록의 사론

실록은 본문과 세주細註, 사론史論의 세 부분으로 구성되어 있다. 본문은 당대의 역사적 사실에 대해 편년체로 서술한 내용을 말하며, 세주는 본문의 서술 내용에 대해 별도의 설명을 붙인 보충 기사다. 사론은 '사신왈史臣曰'로 시작하여 당대의 현안 및 인물에 대해 시비 득실을 논한 것을 말한다. [자료9]

태조·태종·세종·문종의 실록에는 한 편의 사론도 수록되지 않았다. 정종·단종·세조·예종의 실록에 1~6편 정도 보이다가 『성종실록』에 이르면 재위 25년 동안 484~629편의 사론이 수록되었다. 그리고 연산군 때에 32편으로 주춤하다가 『중종실록』에 1,300여 편, 『명종실록』에 1,400여 편의 사론이 각각 수록되었다. 무엇보다 성종과 중종, 명종 때에 많은 사론이 작성되고 실록에 수록된 것은 유학의 발달과 함께 유교적·도덕적 의식의 성장, 사관에 임명된 인물들의 지적 성향, 사림 출신 사관들의 현실 정치에 대한 비판 의식 등이 복합적으로 작용한 것이라 할 수 있다.

사론은 실록 편찬 당시 작성한 후대사론後代史論도 일부 있지만 대부분은 당대의 사관이 직접 견문한 바를 근거로 기사 작성 당시에 논평한 당대사론當代史論이었다. 실록의 사론은 대체로 실록 편찬 당시에 제출한 가장사초에 수록된 사론을 근거로 작성되었다. 그리고 사론의 내용은 대부분 인물의 시비 득실에 관한 유교적·도덕적 관점에서의 평가였고, 동시에 유교적·도덕적 교훈사관에 입각한 사론이었다.

자료1

사관史官이 비로소 경연經筵에 입시入侍했다. 처음에 임금이 사관을 가까이하지 아니하니, 문하부門下府에서 상소하여 두 번 청했는데, 소疏는 대략 이러했다. "사관의 직책은 인주人主의 언동과 정사의 득실을 직서直書하여 숨기지 않고 후세에 전하니, 관성觀省에 대비하고 권계勸戒를 남기자는 것입니다. 고려 말년에 임금이 황음무도荒淫無度[주1]하여 부녀자와 내시를 가까이 하고 충성스럽고 어진 신하를 멀리 했으며, 사관이 직서直書하는 것을 꺼리어 근시近侍하지 못하게 했으니, 너무나 무도無道한 일이었습니다. 마땅히 고려의 실정失政을 거울삼고 관직을 설치한 의의를 생각하여, 특히 사관으로 하여금 날마다 좌우에 입시하여 언어 동작을 기록하고, 그때그때의 정사를 적게 하여 만세의 큰 규범을 삼도록 하소서." 임금이 그대로 따랐다.

지경연사知經筵事[주2] 조박이 나와서 말했다. "인군人君이 두려워할 것은 하늘이요, 사필史筆입니다. 하늘은 푸르고 높은 것을 말하는 것이 아니라 천리天理를 말하는 것뿐입니다. 사관은 인군의 착하고 악한 것을 기록하여 만세에 남기니 두렵지 않습니까?" 임금이 그렇게 여겼다. 조박이 일찍 예궐詣闕하여 무신武臣과 더불어 장기를 두다가 진강進講[주3]할 때에 이르러 책을 펴고 읽는데 그 글의 구절도 능히 떼지 못했다.

> **原文** 史官始入侍經筵 初 上不近史官 門下府上疏再請 疏略曰 史官之職 人主言動 時政得失直書不諱 以詔後世 所以備觀省而垂勸戒也 前朝之季 荒淫無度 昵比婦寺 踈遠忠良 憚史官之直書 使不得近 最爲無藝 宜鑑前朝之失 思設官之義 特令史官 日侍左右 記言動錄時政 以爲萬世之弘規 從之 知經筵事趙璞進曰 人君所可畏者 天也 史筆也 天非蒼蒼高高之謂也 理而已 史官記人君之善惡 以貽萬世 可不畏乎 上然之 璞早詣闕 與武臣爲局戲 至進講開卷讀 不能句其書

_ 「정종실록」 권1, 정종 원년 1월 무인

자료2

예문관 봉교 김흠조 … 등이 상소하기를, "삼가 듣건대, 서계書契가 제작되자 역사가 있었고, 역사가 있은 뒤에 시비가 밝혀졌으며, 시비가 밝혀지자 공론이 사라지지 않았다 합니다. … 예로부터 지금까지 위아래로 수천백 대에 각각 사관을 두어 당시 일을 기록하되, 아름다운 점을 가리지 않고 나쁜 점을 숨기지도 않아 사실에 따라 바르게 써서 진퇴시키고 여탈함이 하나같이 공정했던 것은 방책 등에 늠름하게 실려 있습

주석
주1 황음무도(荒淫無度): 주색에 빠져 사람으로서 마땅히 할 도리를 돌아보지 않음.

주2 지경연사(知經筵事): 경연청의 정2품 벼슬.

주3 진강(進講): 왕이나 동궁의 앞에서 학문을 강의하던 일.

니다. 그러므로 한 글자의 포폄이 부월보다도 엄하고 만세의 경계됨이 별이나 햇빛보다도 밝았으니, 사관의 직책이 너무도 중하지 않습니까. 비록 왕공의 위엄으로서 미미한 신하에 의해 논평을 당하게 된다 하더라도 이를 꾸미거나 지워버릴 수 없는 것은 실로 천하 만세의 공론이 두렵기 때문입니다. 만약 공론을 두려워하지 않고 뜻대로 꾸미거나 지워 버린다면 군신 상하가 서로 두려워하고 꺼리지 않아 오랑캐로 전락하게 되어 왕의 법이 무너지고 사람의 윤기가 끊어질 것이니 누가 다시 붓을 들고 사실대로 써서 뒷세상에 권면과 징계를 보여 주겠습니까? …" 했다.

原文 藝文館奉教金欽祖 … 等上疏曰 竊聞書契作 而有史學 有史學而後 是非明 是非明 而天下萬世之公論不泯 … 自古及今 上下數千百代 各有史氏 掌記時事 不虛美 不隱惡 據事直書 進退予奪 一於至公 而凜凜方策 故一字之褒貶 嚴於鐵鉞 萬世之鑑戒 昭於星日 史氏之職 不已重乎雖以王公之威 見譏於微臣之手 而不得取以潤削者 誠以畏天下萬世之公論也 若不畏公論 而任情潤削 則君臣上下 不相畏忌 …

_ 「중종실록」, 권3, 중종 2년 6월 임오

자료3

편전에서 정사政事를 들었다. 사관史官 민인생이 들어오려고 하므로, 박석명이 말리면서 말하기를, "어제 홍여강洪汝剛이 섬돌 아래[階下] 들어왔었는데, 주상께서 말씀하시기를, '무일전無逸殿 같은 곳이면 사관이 마땅히 좌우에 들어와야 하지마는, 편전에는 들어오지 말라' 하시었다." 했다. 인생이 일찍이 전지傳旨가 없었으므로 마침내 뜰[庭]로 들어왔다. 임금이 그를 보고 말하기를, "사관이 어찌 들어왔는가?" 하니, 민인생이 대답하기를, "전일에 문하부에서 사관이 좌우에 입시하기를 청하여 윤허하시었습니다. 신이 그 때문에 들어왔습니다." 했다. 임금이 말하기를, "편전에는 들어오지 말라." 하니, 민인생이 말하기를, "비록 편전이라 하더라도, 대신이 일을 아뢰는 것과 경연에서 강론하는 것을 신 등이 만일 들어오지 못한다면 어떻게 갖추어 기록하겠습니까?" 했다.

임금이 웃으며 말하기를, "이곳은 내가 편안히 쉬는 곳이니 들어오지 않는 것이 가하다." 하고, 또 민인생에게 말하기를, "사필史筆[주4]은 곧게 써야 한다. 비록 대궐[殿] 밖에 있더라도 어찌 내 말을 듣지 못하겠는가?" 하니, 민인생이 대답했다. "신이 만일 곧게 쓰지 않는다면 위에 하늘이 있습니다."

주4 사필(史筆): 사관이 역사를 적던 필법.

御便殿聽政 史官閔麟生欲入 朴錫命止之曰 昨洪汝剛入階下 上曰 若無逸殿則史官宜入左右 便殿則勿入 麟生以未嘗傳旨 竟入于庭 上見之曰 史官何以入乎 麟生對曰 前日 門下府請史官入侍左右 允之 臣是以入 上曰 便殿則勿入 麟生曰 "雖於便殿 大臣啓事 經筵講論 臣等若不得入 何以備記 上笑曰 此予燕處 勿入可也 又語麟生曰 史筆宜直書 雖在殿外 豈不得聞予言麟生對曰 臣如不直 上有皇天

_ 「태종실록」권1, 태종1년 4월 정해

자료 4

사관史官에게 6아일六衙日주5의 시조視朝 때에 입시入侍하라고 명령했다. 처음에 임금이 편전에 좌기坐起했는데, 민인생閔麟生이 호외戶外에서 엿보았다. 임금이 이를 보고 좌우左右에게 묻기를 "저게 어떤 사람인가?" 하니, 좌우가 대답하기를, "사관 민인생입니다." 했다. 임금이 노하여 박석명을 시켜 전명傳命하게 했다. "이제부터 사관이 날마다 예궐詣闕하지 말라."

命史官以六衙日視朝時入侍 初 上御便殿 閔麟生從戶外以窺 上見之 問於左右曰 彼何人耶 左右對曰 史官閔麟生也 上怒 令朴錫命傳命 自今史官毋得每日詣闕

_ 「태종실록」권2, 태종1년 7월 을미

자료 5

친히 활과 화살을 가지고 말을 달려 노루를 쏘다가 말이 거꾸러짐으로 인하여 말에서 떨어졌으나 상하지는 않았다. 좌우를 돌아보며 말하기를, "사관이 알게 하지 말라." 했다.

親御弓矢 馳馬射獐 因馬仆而墜 不傷 顧左右曰 勿令史官知之

_ 「태종실록」권7, 태종4년 2월 기묘

자료 6

이때 춘추관에서 『세조대왕실록』을 편수하면서 사초史草를 거두어 들였는데, 어떤 이는 말하기를, "만약 사초에 이름을 쓴다면, 반드시 직필直筆이 없을 것입니다." 했다. 어떤 이가 말하기를, "사초에는 예로부터 이름을 썼으니 지금 안 쓸 수가 없습니다." 하여 드디어 이름을 쓰게 했다.

봉상 첨정奉常僉正주6 민수는 사초에 대신의 득실得失을 많이 썼다. 민수가 이름을 쓴다는 말을 듣고 두렵고 꺼려하여, 기사관 강치성을 시켜 그 사초를 몰래 내다가 지우고 고쳤다. 기사관 최철관이 민수가 지사 양성지의 일을 고쳐 쓰는 것을 보고, 기사관 양수사에게 말하기를, "일이 만약 누설되면 우리들은 죄를 피할 수가 없다." 했다.

양수사가 드디어 수찬관 이영은에게 밀고하자, 이영은이 크게 놀라 마침내 여러 동료들과 상고해 보니 지우고 고친 것이 무릇 여섯 가지 일이었다. 영사領事 한명회·최항, 동지사同知事 정난종·김수령, 수찬관修撰官 예승석·조안정 및 이영은 등이 최철관의 공사供辭를 수취하고, 민수가 고친 곳을 모두 적어서 아뢰기를, "국사國史는 만세萬世의 공론公論입니다. 민수가 사초를 몰래 내다가 고쳤으니, 청컨대 국문케 하소서." 하니, 곧 의금부에 명하여 민수를 잡아오게 했다. …

전교하기를, "네가 고치고 지운 데는 반드시 정유情由가 있을 것이니 그것을 모두 다 말하라." 하니 민수가 말하기를, "양성지가 지금 춘추관에 근무하고 있어 신이 두려워서 고쳤습니다." 했다. …

의금부에서 잡아들이게 됨에 미쳐 민수는 매우 급해졌고, 임금이 또 친히 국문하자 민수는 놀라 두렵고 당황해서 감히 사정事情을 회피하지 못했다. 임금이 매우 곧기 때문에 민수가 옥獄에 나아갈 때 장차 면치 못할 것을 생각하고 자결하려 했는데 가인家人이 이를 막자 그만두었다.

原文 春秋館修 世祖大王實錄 收史草 或議 若書名史草 則必無直筆 或曰 於史草 自古書名 今不可不書 遂書名 奉常僉正閔粹史草 頗書大臣得失 粹聞書名 竊自畏憚 因記事官康致誠 潛出其草刪改記事官崔哲寬 見粹改書知事梁誠之之事 言於記事官楊守泗曰 事若洩 吾輩不能逃罪矣 守泗遂密告修撰官李永垠 永垠大驚 乃與諸僚考之 刪改者凡六事 領事韓明澮·崔恒 同知事鄭蘭宗·金壽寧 修撰官芮承錫·趙安貞及永垠 取哲寬供辭 具書粹改處啓曰 國史萬世公論也 粹潛出史草改之 請鞫之 即命義禁府 拿粹以來 …
傳曰 汝之改削 必有情由 其悉言之 粹曰 誠之今仕春秋館 臣畏而改之 …
及義禁府拿粹甚急 上又親鞫 粹驚惶不敢遁情 上頗直之 粹之就獄也 慮不免 將自引決 爲家人所抑而止

_「예종실록」권, 예종 1년 4월 정축

자료7

실록과 보감은 모두 사서이다. 그러나 그 체제는 다르다. 크고 작은 사건과 득실 관계를 빠짐없이 기록하여 명산名山에다 보관해 둠으로써 이 세상이 다할 때까지 전하려는 것은 실록이며, 훈모訓謨와 공렬功烈 중에서 큰 것을 취하여 특별히 게재해서 후세사왕嗣王의 법으로 삼게 하려는 것은 보감이다. 실록은 비장성祕藏性이 있는 데 반해 보감은 저명성著明性이 있으며. 실록은 먼 훗날을 기약하는 데 반해 보감은 현재에 절실한 것이다. 이 둘은 모두 없어서는 안 될 것이지만 우虞·하夏·상商·주周의 사서史書를 공자가 100편으로 정리한 취지에 비추어 보면『보감』이 더욱 근사한 점이 있다. 국가를 소유한 자는 모두 실록을 갖고 있지만 보감의 경우는 우리 조정에만 있는 것으로 그 작업이 광묘光廟 때부터 시작되었다. 전대를 상고해 보았을 때 송나라의『삼조보훈』·『전법보록』과 명나라의『조훈록』·『문화보훈』등의 책 또한 선조를 선양하거나 후손에게 교훈이 되지 않는 것은 아니다. 그러나 언동言動을 병기倂記하여 선조의 덕업까지 알게 하며 간략하면서도 빠뜨리지 않고 미더워서 증거로 삼을 만한 것으로는 우리나라의 보감 만한 것이 없으니, 대성인의 제작이 정말 훌륭하다고 하겠다.

…

原文 實錄與寶鑑皆史也 而其體不同 事巨細得失無不筆 藏之名山 以竢天下萬世者實錄 是已取其訓謨功烈之大者 特書而昭揭 爲後嗣王監法者寶鑑 是已故實錄秘 而寶鑑彰 實錄期乎遠而寶鑑切於今 是二者皆不可闕 而揆諸虞夏商周之史 夫子所刪 百篇之旨 則寶鑑爲尤近之然 有國者皆有實錄 而寶鑑則惟我朝有之 其作自光廟始也 考之前代 如宋之三朝寶訓 傳法寶錄 皇明之祖訓錄 文華寶訓之類 非不亦揚先而裕後也 若其幷記言動 兼該德業 約而不遺 信而可徵 未有若我朝之寶鑑 大聖人制作信乎其盡美矣 …

_『국조보감』수권 정조대왕 어제서문

주7 차자(箚子): 일정한 격식을 갖추지 않고 사실만을 간략히 적어 올리던 상소문.

주8 편언척자(片言隻字): 한두 마디의 짧은 말과 글.

자료8

실록청 당상實錄廳上 어세겸·이극돈·유순·홍귀달·윤효손·허침 등이 차자箚子주7를 올리기를, " … 대체로 실록을 수찬하는 예는『승정원일기』·『시정기』·『경연일기』와 제사의 등록謄錄으로, 무릇 상고할 만한 문서라면 모두 주워 모아서 연대를 나누고 방房을 나누어 각기 근정斤正하여 편집하게 하고, 여러 신하의 사초는 연·월·일에 따라 전문을 바로 써서 그 사이에 부입附入하므로 편언척자片言隻字주8라도 가감이 있을 수 없으며, 편성하여 도청에 올리면 도청은 각 방의 당상관을 소집하여 함께 거취를 의논해서 비록 적은 일이라도 적실하면 그대로 두고 아니면 삭제하는데 하물며 국가의 대사에 있어서는 어떠하겠습니까? … " 했다.

原文 實錄廳上 魚世謙 李克墩 柳洵 洪貴達 尹孝孫 許琛 安琛 上箚曰 … 大抵實錄修撰之

例 承政院日記 時政記 經筵日記 諸司謄錄 凡可考文書悉皆裒集 分年分房 使各斤正編輯 諸臣
史草 隨年月日 直書全文 附入其間 片言隻字不得有所增減編成 上之都廳 都廳招集各房堂上
共議去取 雖事之小者 的實則存之 否則削之 況國家大事乎 …

_ 『연산군일기』 권30, 연산군 4년 7월 을묘

자료9

사신은 논한다. 도적이 성행하는 것은 수령의 가렴주구 탓이며, 수령의 가렴주구는
재상이 청렴하지 못한 탓이다. 지금 재상들의 탐오가 풍습을 이루어 한이 없기 때문
에 수령은 백성의 고혈을 짜내어 권세 있는 중요 인물을 섬기고 돼지와 닭을 마구 잡
는 등 못하는 짓이 없다. 그런데도 곤궁한 백성들은 하소연할 곳이 없으니 도적이 되
지 않으면 살아갈 길이 없는 형편이다. 그러므로 너도나도 스스로 죽음의 구덩이에
몸을 던져 요행과 겁탈을 일삼으니, 이 어찌 백성의 본성이겠는가. 진실로 조정이 청
명하여 재물만을 좋아하는 마음이 없고, 수령을 모두 공龔·황黃[주9]과 같은 사람을 가
려 차임한다면, 검劒을 잡은 도적이 송아지를 사서 농촌으로 돌아갈 것이다. 어찌 이
토록 심하게 기탄 없이 살생을 하겠는가. 그렇게 하지 않고, 군사를 거느리고 추적·
포착하기만 하려 한다면 아마 포착하는 대로 또 뒤따라 일어나, 장차 다 포착하지 못
할 지경에 이르게 될 것이다.

原文 史臣曰 盜賊之熾發 由於守令之掊克 守令之掊克 由於宰相之不廉 今之宰相 貪汚成風
不知紀極 是以守令剝民膏血 以事權要 啖豚咀雞 無所不至 而民窮無告 其勢不爲盜 則無以資
生故相率而自投於死亡之地 以僥倖刦奪爲事 是豈民之性也哉 苟朝廷淸明 而無惟貨其吉之心
守令皆得如龔 黃者而任之 則帶釰者買犢而歸農矣 安有殺越無忌 如此之甚者乎 不然 徒欲率
兵趕捕則抑恐隨捕隨起 將不勝其捕矣

_ 『명종실록』 권25, 명종 14년 3월 기해

주9 공(龔)·황(黃): 한나라의 양리
(良吏) 공수(龔遂)와 황패(黃霸)를
가리킴.

출전

『국조보감』

『명종실록』

『연산군일기』

『예종실록』

『정종실록』

『중종실록』

『태종실록』

찾아읽기

차장섭, 「조선전기의 사관 – 직제 및 정치적 역할」, 『경북사학』 6, 1983.

한우근, 「조선전기 사관과 실록 편찬에 관한 연구」, 『진단학보』 66, 1988.

이성무, 『조선 양반사회론』, 일조각, 1995.

국사편찬위원회, 『한국사』 26 (조선 초기의 문화 I), 1995.

김경수, 『조선시대의 사관 연구』, 국학자료원, 1998.

오항녕, 「조선초기 사관제도 연구」, 고려대학교 박사학위 논문, 1998.

정구복, 『한국중세사학사(II)』, 경인문화사, 2002.

V.

조선 전기의
과학 기술과 예술

1 우리 농서가 처음 간행되다

『농사직설』

『농사직설』은 세종 11년(1429)에 편찬한 최초의 농서이다. 세종은 정초(鄭招) 등에게 명하여 종래 중국의 농서에만 의존하던 것을 풍토에 따른 농법의 차이를 고려한 각 도 농부들의 경험담을 토대로 우리 실정에 맞는 농서를 편찬토록 했다. 여기에 주로 수록된 농사법은 당시로써는 우수한 남쪽 지방의 농사법이었다.

『농사직설』 이전의 농서

『농사직설』은 우리 농학의 성립을 만천하에 알리는 농서였다. 고려 말 우리 농민이 이룩한 농업 기술 수준은 매우 높아서 종래 중국 농서로는 감당할 수 없었다. 조선 정부가 농학 연구와 농서 편찬에 힘을 기울여 『농사직설』을 만든 까닭이 여기에 있었다. 『농사직설』은 우리 농업 전통과 농업 기술을 본격 정리한 최초의 농서로서 우리 농학 연구, 농서 편찬의 출발점이다.

고려 말 조선 초 우리 농정은 중국 농서 특히 『농상집요農桑輯要』에 의거했다. 『농상집요』는 고래古來 화북 지방의 농업 경험을 정리, 종합한 농서로 밭농사, 조농사 중심, 세역歲易 농법을 싣고 있었다. 그러나 우리나라는 이미 남부 지방을 중심으로 논농사, 벼농사가 발달하고 연작連作을 하고 있었으므로 『농상집요』가 크게 도움이 되지 않았

『농사직설』은 세종 11년(1429)에 간행되었다. 종래 중국의 농서에만 의존하던 것을 풍토에 따른 농법의 차이를 고려하여, 각 도 농부들의 경험담을 토대로 국내 실정에 맞도록 세종이 정초 등에게 명하여 편찬한 가장 오래된 농서이다.

다. 우리 풍토와 농업 전통, 농법 수준에 적합한 우리 농서의 필요성이 절실해졌다.

우리 농서를 만들기 위한 작업은 태종 때부터 시작되었다. 『농서집요農書輯要』는 이런 노력의 결실이었다. 『농서집요』는 『농상집요』에서 우리 농사에 필요한 부분, 특히 밭갈이와 벼, 보리, 밀 재배 기술을 집중적으로 골라서 이두로 번역한 책이었다. 그러나 『농서집요』는 우리 농업의 요구를 충분히 만족시킬 수 없었다. 세종 때 이르러 정부는 우리 풍토가 중국과 다르므로 농업 기술도 다를 수밖에 없음을 천명하고 우리 농서를 만들기로 결정했다. 당시 정부는 북방보다는 남방의 농사법이 우수하다고 생각했다. 정부는 전라, 충청, 경상도의 노농老農에게 배움을 청해 하삼도 최고의 농법을 얻을 수 있었다. 『농사직설』은 바로 이 농법을 간추려 만든 책이다. [자료1·2·3]

『농사직설』의 논농사 경작법

『농사직설』은 주로 논, 밭곡식의 경작법을 간결하게 기록했다. 우리는 이 책을 통해 조선 전기의 농법, 특히 남부 지방의 농법을 알 수 있다. 당시 농민은 논농사에서는 수사미, 건사미, 모내기[묘종]로 경작했다. [자료4·5]

수사미[수경(水耕)]는 올벼나 늦벼에 따라 다소 차이가 있었으나 기본 방법은 같았다. 올벼 수사미는 추수 후 쟁기질로 논을 갈고 겨울에 거름을 펴두었다가 이듬해 봄에 다시 갈고, 써레질과 쇠스랑으로 논을 고르게 하였다. 그런 다음, 미리 싹을 틔운 볍씨를 논에 직접 뿌리고 번지[주3 참조]나 고무래[주4 참조]로 씨를 덮었다. 싹이 나오면 손으로 김을 매주고, 싹이 자란 후에는 호미로 서너 차례 김을 맸다. 성숙할 무렵에는 물을 빼주어 성장을 촉진시켰다. 늦벼 수사미는 정월에 땅이 풀리면 쟁기질로 갈아 거름을 넣

었고, 이후 과정은 올벼 수사미와 같았다. 조선 전기 농민은 대개 수사미로 벼를 경작했다. [자료6]

건사미[건경(乾耕)]는 봄 가뭄으로 논에 물이 없어 수사미를 할 수 없을 때 행했다. 처음에는 볍씨를 마치 밭작물처럼 마른 논에 심어 키우다가 모가 성장하면, 다시 물을 넣어 키우는 방법이었다. 농민은 마른 논에 쟁기질을 한 다음 곰방매로 흙덩이를 깨고, 써레질로 땅을 고른 다음 볍씨에 거름을 묻혀 발자국으로 홈을 치고 심었다. 이후 벼가 충분히 자라 물을 대주기 전까지, 비록 가뭄이 들어 모가 마르더라도 김매기를 게을리해서는 안 되었다. 건사미는 봄 가뭄이 심한 우리 풍토에서 개발된 독특한 농법이었지만 수사미보다 김매기가 힘들었고 수확량도 적었던 까닭에 널리 행해지지는 않았다. [자료7]

모내기[삽종(插種)]는 모판을 따로 만들어 볍씨를 뿌리고, 모가 한 줌 이상 자라면 다시 논에 옮겨 심어 경작하는 방법이었다. 이 방법은 수사미, 건사미보다 김매기가 쉽고 수확량도 많았으나 가뭄이 들면 위험했다. 조선 전기에는 수리 시설이 부족했던 까닭에 정부도 권장하지는 않았다. 경상도와 강원도의 일부 농민이 행했다. [자료8·9]

『농사직설』의 밭농사 경작법

우리 농민은 밭농사에서는 세역歲易을 극복하고 1년 1작을 위주로 하면서도 근경根耕과 간종間種을 발전시키고 있었다. 근경은 월동 작물인 보리나 밀을 수확한 후 다시 그 뿌리에 조나 콩, 팥 등을 심어 1년 2작이나 2년 3작을 행하는 방법이었다. 그러나 근경을 하면 지력地力 소모가 커서 널리 행하지는 못했다. 간종은 하삼도의 농업 전통에서 출현할 수 있었던 독특한 농업 기술이었다. 남부 지방에선 밭을 만들 때 이랑[무畝]과 고랑[무간(畝間)]으로 만들고 무에 밭작물을 심었다. 이듬해에는 이랑과 고랑을 바꾸었다. 해마다 이랑 바꿈을 한 이유는 지력을 유지하기 위해서였다. 그러나 토지가 부족한 가난한 농민은 고랑을 비워두기보다는 그곳에 밭작물을 심는 방법을 개척하고 있었다. 이를 간종이라 한다. 간종과 근경은 우리 밭농사가 조선 전기에 1년 1작에서 1

「춘일우경」은 봄날 소를 몰고 밭을 갈고 이랑을 고르는 농민들의 모습을 정겹게 그린 김홍도의 풍속화이다.

년 2작, 2년 3작의 방법을 개척해 나가고 있었음을 보여 준다. [자료10·11]

『농사직설』의 보급과 특징

『농사직설』은 우리 농학의 출발을 알리는 책이긴 했지만 당시 위정자의 잘못으로 인해 문제도 있었다. 조선 전기 위정자는 하삼도下三道의 농법을 중시하고 함경, 평안도를 중심으로 하는 북방의 농법을 천시했다. 이들은 북방에 논이 적은 까닭을 북방 농민이 게을러서라거나, 논농사 기술을 몰라서라고 판단하고, 북방에 『농사직설』을 보급하려고 하거나 논의 보급을 위해 많은 노력을 기울였다. 성과는 노력에 비해 보잘것없었다. 남방에 적합한 농법이 있었듯이 북방에도 북방 나름의 농법이 있었다. 『농사직설』은 당시 남방 농법의 최고 수준을 알려 주는 책이었지만, 북방에는 적합하지 않았다. [자료12·13]

조선 전기 하삼도를 중심으로 하는 남부 지방은 토지에 비해 인구가 많았다. 농사 기술은 한정된 토지에 많은 노동을 들이는 방향으로 발달하고 있었다. 『농사직설』의 조 농사법을 살펴보자. 남방의 농민은 밭을 이랑과 고랑으로 작성한 후, 발꿈치로 이랑에 홈을 내어 그곳에 씨를 뿌리고, 다른 발로 흙을 끌어 덮은 다음, 다시 한 발자국 앞으로 나가면서 이 동작을 반복했다. 싹이 나오면 무릎 꿇고 앉아서 호미질을 했다. 이렇게 세 번까지 김매기를 했다. 이런 방식의 파종법과 호미질은 세밀할 수는 있었지만, 들인 품에 비해 넓은 면적을 김맬 수는 없었다. 이러한 농법은 노동력이 풍부한 남부 지방에 적합한 농법이었다. [자료14]

조선 후기의 화가 이방운이 그린 「빈풍칠월도」는 농업과 잠업에 종사하는 주나라 농민들의 생활을 노래한 일종의 월령가인 「시경」의 「빈풍칠월」 편을 그린 그림이다. 이 시가는 중국의 주공이 어린 조카 성왕을 위하여 백성들의 농사짓는 어려움을 일깨워 주기 위해 지은 것이다.

북방은 인구에 비해 토지가 넉넉한 지방이었다. 남방처럼 토지를 절약하면서 경작할 필요는 적었다. 북방 농민은 토지를 널리 점유하고 이를 세역하면서 경작하고 있었다. 세역은 땅이 척박해서이기도 했지만, 다른 이유도 있었다. 땅이 넉넉했던 까닭에 땅을 놀려 지력地力을 회복시킬 수 있었다. 북방은 김매기 방식도 남방과 달랐다. 남방에서 주로 호미를 이용했다면, 북방에선 소를 이용한 후치질로 김매기를 했다. 축력을 이용했던 까닭에 남방보다 넓은 면적을 경작할 수 있었다. 북방에서는 토지보다는 노동을 절약하는 농법을 발전시키고 있었던 것이다. [자료15 · 16]

자료1

농사는 천하의 대본大本이다. 예로부터 성왕聖王이 이를 힘쓰지 아니한 사람이 없었다. 순제舜帝가 9관官과 12목牧에게 명하실 적에 맨 먼저 '먹는 것은 농사 시기에 달렸다' 했으니, 진실로 자성粢盛의 용도用度와 생양生養의 자료資料도 이것을 떠나서는 될 수 없기 때문이다. 삼가 생각하건대 태종 공정대왕太宗恭定大王께서 일찍이 유신儒臣에게 명하시어 옛날 농서農書로서 절실히 쓰이는 말들을 뽑아서 향언鄕言으로 주註를 붙여 판각板刻 반포하게 하여[주1] 백성을 가르쳐서 농사를 힘쓰게 하셨다.

우리 주상 전하께서는 명군明君을 계승하여 정사에 힘을 써 더욱 민사民事에 마음을 두셨다. 오방五方의 풍도가 같지 아니하여 곡식을 심고 가꾸는 법이 각기 적성適性이 있어, 옛글과 다 같을 수 없다 하여, 여러 도道의 감사監司에게 명하여 주현의 노농老農[주2]들을 방문하게 하여, 농토의 이미 시험한 증험에 따라 갖추어 아뢰게 하시고, 또 신臣 초招와 변효문卞孝文과 더불어 피열披閱 참고하여 중복된 것을 버리고 그 절요切要한 것만 뽑아서 찬집하여 한 편編을 만들고 제목을 『농사직설』이라 했다. 농사 외에는 다른 설說은 섞지 아니하고 간략하고 바른 것에 힘을 써서, 산야山野의 백성들에게도 환히 쉽사리 알도록 했다.

이미 위에 바쳐 주자소鑄字所에 내려서 약간 본본을 인쇄하여 장차 중외中外에 반포하여 백성을 인도하여 살림을 넉넉하게 해서, 집집마다 넉넉하고 사람마다 풍족한 데 이르도록 할 것이다. 신이 주周나라 시詩를 보건대, 주가周家에서도 농사로써 나라를 다스려 800여 년의 오랜 세월에 이르렀는데, 지금 우리 전하께서도 이 나라 백성을 잘 기르고 나라를 위하여 길이 염려하시니, 어찌 후직后稷과 성왕成王과 규범揆範을 같이 하지 않으랴. 이 책이 비록 작더라도 그 이익됨은 이루 말할 수 있겠는가.

原文 農者 天下國家之大本也 自古聖王 莫不以是爲務焉 帝舜之命九官十二牧也 首曰 食哉惟時 誠以粢盛之奉 生養之資 捨是 無以爲也 恭惟太宗恭定大王 嘗命儒臣 掇取古農書切用之語 附註鄕言 刊板頒行 敎民力本 及我主上殿下 繼明圖治 尤留意於民事 以五方風土不同 樹藝之法 各有其宜 不可盡同古書 乃命諸道監司 逮訪州縣老農 因地已試之驗具聞 又命臣招 就加詮次 臣與宗簿少尹臣卞孝文 披閱參考 祛其重複 取其切要 撰成一編 目曰農事直說 農事之外 不雜他說 務爲簡直 使山野之民曉然易知 既進 下鑄字所 印若干本 將以頒諸中外 導民厚生 以至於家給人足也 臣竊觀周詩 周家以農事爲國 歷八百餘年之久 今我殿下惠養斯民 爲國長慮 豈不與后稷成王同一揆範乎 是書雖小 其爲利益 可勝言哉

_ 『세종실록』 권44, 세종 11년 5월 신유

주1 반포하게 하여: 태종이 반포한 『농서집요』를 말함.

주2 노농(老農): 농사 경험이 풍부한 농부.

자료 2

경상도 감사에게 명령했다. 함길도, 평안도는 땅은 좋으나 무식한 백성이 옛 습관에 젖어 농사가 어그러져서 땅의 힘을 다하지 못하게 하니, 시행할 수 있는 좋은 법을 채취하여 전달해서 배우게 해야겠다. 도 내에서 밭 갈고 씨 뿌리고 김매고 수확하는 법과 오곡五穀과 땅의 성질과의 관계 및 잡곡을 번갈아 심는 방법에 대해 노농을 찾아 묻고, 중요한 내용을 뽑아 책으로 써서 올려라.

> **原文** 傳旨慶尙道監司 咸吉平安兩道地品好 而無知之民 泥於舊習 農事齟齬 未盡地力 欲採
> 可行良法 使其傳習 道內耕種耘穫之法 五穀土性所宜及雜穀交種之方 訪之老農 撮要成書以進
> 且 農書一千部 以國庫米豆 換紙印進
>
> _『세종실록』 권40, 세종 10년 윤4월, 갑오

자료 3

충청, 전라도 감사에게 명령했다. 평안, 함길도는 농사가 심히 거칠어 땅의 힘을 다하고 있지 못하다. 지금 행할 수 있는 기술을 채취해서 전해 익히게 하려고 한다. 무릇 오곡과 땅의 성질과의 관계, 밭 갈고 심고 김매고 수확하는 법, 잡곡을 섞어 뿌리는 방법에 대해 여러 고을의 노농을 찾아 듣고, 중요한 내용을 뽑아 책으로 써서 올려라.

> **原文** 傳旨忠淸全羅道監司 平安咸吉道農事甚疎 未盡地力 今欲採可行之術 令傳習 凡五穀
> 土性所宜及耕種耘穫之法 雜穀交種之方 悉訪各官老農等 撮要成書以進
>
> _『세종실록』 권41, 세종 10년 7월 계해

자료 4

벼 품종에는 올벼와 늦벼가 있고, 갈고 심는 법에는 수경[水耕, 향명 수사미], 건경[乾耕, 향명 건사미], 삽종[揷種, 향명 묘종]이 있다.

> **原文** 種稻 有早有晩 耕種法 有水耕[鄕名 水沙彌] 有乾耕[鄕名 乾沙彌] 又有揷種[鄕名 苗
> 種]
>
> _『농사직설』 종도

자료 5 『농사직설』의 구성과 쪽수

차례	쪽수
서문	(1쪽)
곡식의 씨앗 준비	1~2
땅 갈기	2~3
삼 심기	3~4
벼 심기(산벼를 덧붙임)	4~10
기장과 조 심기(저물곡조, 청량조, 수수를 덧붙임)	10~11
피 심기(강피를 덧붙임)	12
콩, 팥, 녹두 심기	12~14
보리, 밀 심기(봄보리를 덧붙임)	14~16
참깨 심기(들깨를 덧붙임)	16~17
메밀 심기	17~18
용어 해설	(1쪽)
총	18(20)쪽

자료 6

올벼는 추수 후에 물을 대기 쉬운 기름진 논을 택하여 겨울에 갈고 거름을 넣는다. 2월 상순에 또 갈고 써레질을 종횡으로 하고, 다시 쇠스랑으로 흙덩이를 깨서 부드럽게 한다. 파종에 앞서 볍씨를 물에 담가 3일이 지난 후 건져내어 짚으로 만든 섬에 담아 따뜻한 곳에 둔다. 자주 열어 보아 뜨지 않게 하고, 싹이 두 푼쯤 나오거든 논에 골고루 뿌린 다음 번지주3나 고무래주4로 씨를 덮고 물을 대며 새를 쫓는다. 모가 자라서 떡잎 두 장이 나오면 물을 빼고 손으로 김을 맨다. … 모가 반 자 정도 자라면 호미로 김을 맨다. 김맬 때 손으로 모 사이의 흙을 주물러 부드럽게 하며 김매기는 서너 차례 한다. 벼가 익으려고 하면 물을 뺀다.

주3 번지: 밭이나 논의 흙을 고르는 데 쓰는 농기구.

주4 고무래: 곡식을 모으고 펴거나 밭의 흙을 고르거나 아궁이의 재를 긁어 모으는 데에 쓰는 정(丁)자 모양의 농기구.

原文 早稻 秋收後 擇連水源肥膏水田耕之 冬月入糞 二月上旬又耕之 以木斫 縱橫摩平復以 鐵齒擺 打破土塊令熟 先以稻種清 水經三日 出 納蒿 中 置溫處 頻頻開視 勿致鬱 芽長二分 均撒 水田中 以板撈 或把撈 覆種 灌水驅鳥 苗生 二葉則去水 以水耘 去苗間細草 訖又灌水 … 苗長半尺許 又耘以鋤耘時 以手 軟苗間土面 耘至三四度 將熟去水早稻善零 隨熟隨刈

— 『농사직설』 종도

자료7

봄 가뭄으로 수사미를 할 수 없으면 마땅히 건사미를 해야 한다. 그 법은 땅을 간 후, 곰방매[주5]로 흙덩이를 깨뜨리고, 또 써레로 종횡으로 골라 흙을 연하게 한다. 볍씨 한 말을 숙분熟糞[주6]이나 오줌재 한 섬과 섞은 후 이를 발꿈치로 홈을 치고 심고 새를 쫓는다. 모가 성장할 때까지 물을 대주어선 안 된다. 잡초가 생기면 비록 가뭄이 들어 모가 말라도 호미질을 게을리해선 안 된다.

▣ **原文** 春旱不可水耕 宜乾耕 其法耕訖以木 打破土塊 又 以木斫 縱橫摩平熟治後 以稻種一斗 和熟糞或尿灰一石爲度 足種驅鳥 未成長不可灌水 雜草生則 雖旱苗 不可停鋤

_「농사직설」 종도

자료8

모내기[묘종]는 가뭄에도 물이 마르지 않는 논에서만 한다. 2월 하순에서 3월 상순까지 갈아 심을 수 있다. 논의 10분의 1은 모를 기르고, 나머지 10분의 9는 모를 옮겨 심을 곳으로 놔둔다. … [이 법은 김매기에 편리하나 만일 큰 가뭄이 들면 실수(失手)하니 농가에 위태로운 일이다.]

▣ **原文** 苗種法 擇水田雖遇旱不乾處 二月下旬至三月上旬可耕 每水田十分以一分養 苗餘九分以擬裁苗 先耕養苗處 … [此法 便於除草 萬一大旱 則失手 農家之危事也]

_「농사직설」 종도

자료9

경상도 고성에 사는 전 보령 현감 정치 등이 상언上言하기를, "본 고을은 흙의 성질이 차지고 단단하여 … 미리 묘종苗種을 길러서 [묘종이라는 것은 종자를 한 논에 뿌려서 그 싹이 자라는 것을 기다려서 나누어 심는 것인데, 김매는 데에 공력이 덜 들도록 하려는 것이다.] 4월을 기다려 옮겨 심는 것은 그 유래가 이미 오랜데, 묘종을 금지한 뒤부터 전연 농사에 실패하니, 묘종을 회복하게 하소서." 하니, 호조에 명하여 의정부와 여러 조曹와 함께 의논하게 하니 모두 아뢰기를, "경상도와 강원도의 인민에게 묘종을 금지하는 법이 육전六典[주7]에 실려 있으니 가볍게 고치는 것이 온당치 않습니다. 그러나 … 사람들이 좋아하고 싫어하는 것을 그 도의 감사로 하여금 캐물어서 보고받은 후에 다시 의논하게 하소서." 하매, 곧 그 도의 감사로 하여금 물어보게 했더니, 각 고을이 인민이 과연 모두 묘종이 편하다

주5 곰방매: 흙덩이를 깨뜨리고 씨를 묻는 데 사용하는 농기구. 곰배라고도 한다.

주6 숙분: 과거 우리 농가에선 아궁이에 볏짚, 나무 등을 때고 난 후 그 재를 뒷간으로 옮겨 똥과 섞어 쌓아 두고 오줌을 그 위에 부어 둔 후 거름으로 사용했다. 이를 숙분으로 추정하고 있다.

주7 육전: 조선 초기의 법전인 「경제육전」.

고 했다. 여러 사람들이 의논하기를 "소원에 따라 물을 댈 수 있는 곳에서는 묘종을 허가하소서." 하니, 그대로 따랐다.

原文 慶尙道固城住前保寧縣監鄭菑等上言 本縣土性 粘而堅剛 … 預養苗種 [苗種者 播種 於一田 待其苗長而分藝之 欲其鋤草功省也] 待四月移種 其來已久 自禁苗種 全失農業 乞從民 願 使復苗種 命戶曹 與議政府諸曹同議 僉曰 禁慶尙 江原人民苗種之法 載在六典 輕改未便 然 耕種難易 所出多少 精粗虛實 人情好惡 令其道監司訪問 啓聞後更議 卽令其道監司 訪問各官 人民 果皆以苗種爲便 僉議曰 宜從所願 有水根處 許令苗種 從之

_ 「세종실록」 권68, 세종 17년 4월 정사

자료 10

콩과 팥의 종자는 모두 일찍 심는 품종과 늦게 심는 품종이 있다. [이른 품종은 우리말로 춘경(春耕)이라하고 늦게 심는 품종은 근경(根耕)이라 한다. 근경이란 것은 보리, 밀의 뿌리에 심는 것이다.]

原文 大豆小豆種 皆有早有晩 [早種鄕名春耕 晩種鄕名根耕 根耕者 耕兩麥根也]

_ 「농사직설」 대두

자료 11

주8 전소자(田少者): 밭이 적은 농민

전소자田少者주8는 보리, 밀의 이삭이 아직 나오지 않았을 때, 양 이랑[무(畝)] 사이를 얕게 갈고 콩을 심는다. 보리나 밀의 수확이 끝난 후 다시 보리나 밀의 뿌리를 갈아 콩 뿌리를 덮어 준다.

原文 田小者 兩麥未穗時 淺耕兩畝間 種以大豆 收兩麥訖 又耕麥根 以覆豆根

_ 「농사직설」 대두

자료 12

함길도 관찰사 정갑손에게 유시하기를, "둑 쌓는 일과 물 대는 일은 이익이 아주 많은 것인데, 각 고을 수령들이 이것을 잡다한 일로 여기어 평소부터 마음을 쓰지 아니하므로, 땅이 이득을 잃게 되어 흉년을 방비하는 계책에 어긋남이 되니, 경이 널리 다니면서 잘 조사하여 둑을 쌓아 방비하는 일을 때맞추어 하도록 하라." 했다. 정갑손이 회보해 아뢰기를, "본 도는 토질이 비옥하여 논을 칠 곳이 많이 있사오나 풍속이 농사에 게으르고, 또 논에서 물이 몸에 젖고 흙이 발에 묻는 괴로움을 꺼리어서 밭농사만을 하므로, 한 번 비가 와서 물이 지면 반드시 흉년이 되어 굶주리게 됩니다. 대개 5진

鎭은 원래 북쪽 추운 지방이오나 경흥慶興을 제외한 4진鎭은 둔전屯田에 물을 끌어다 대면 볏모가 무성하게 자라서, 하삼도下三道와 다름이 없습니다. 경성과 길주가 그러하니 남도의 각 고을은 가히 알 만합니다. 하삼도에서 들어와서 사는 사람들이 저희들 습속에 따라서 많이 논농사를 하여 이익이 많으므로, 본 도 사람들도 본받아서 이익을 보는 자가 간혹 있사옵고, 산이 높고 서리가 일찍 내리는 곳은 논농사에 적당하지 아니하니, 갑산 등지 같은 곳이 그러한데, 다른 도에도 다 그러할 것입니다. 본 도는 밭이 여러 갑절 되고 논이 적음은 다른 이유 때문이 아니라, 백성들의 습속이 좋아하고 싫어한 대로 풍속이 되었기 때문입니다." 했다.

原文 諭咸吉道都觀察使鄭甲孫 堤堰灌漑 利益甚多 各官守令 視爲餘事 曾不用意 地有遺利 有違備荒之策 卿其廣行訪問 趁時堤防 甲孫回啓 本道土性沃饒 可作水田之處甚多 然風俗惰於農事 且憚水田沾體塗足之勞 專事旱田 一遇雨水 必至於失稔飢饉 夫五鎭 乃北極多寒之地 然慶興之外 四鎭屯田引水灌漑 稻苗茂盛 與下三道無異 鏡城吉州如此 則南道各官 可知矣 下三道入居之人 因仍本俗 多作水田 利益甚多 本道人效之取利者 間或有之 若山高早霜 不宜水田 如甲山等地 則他道亦皆然也 本道旱田倍蓰 而水田寡者 無他 民俗好惡成風之所致也

_ 『세종실록』 권106, 세종 26년 10월 병진

자료 13

(평안도 농민이 말하길) 이 농법은 남쪽 지방에 적합하지 서쪽(평안도)에는 적합하지 않다. 그대로 좇고 싶으나 남쪽과 기후가 다르니 천시天時를 어찌하겠는가. 흙의 성질이 다르니 지리地理를 어찌할 수 있겠는가.

原文 農法則皆曰是法也宜於南 而不宜於西 雖欲之風氣相隔奈於天時何 土性不類奈於地理何

_ 임장원(任長源), 농소(農疏)

자료 14

함길도·평안도의 감사에게 전지하기를, "도 내가 땅은 넓고 사람은 드물어, 집집마다 토전을 넓게 차지하고 있는데, 경작할 때에 힘쓰는 것은 간단하고 쉬우나 수확하는 것은 매우 많으니, 만일 타 도와 같이 힘을 다하여 경작한다면 반드시 곡식이 잘되어 쉽게 풍작을 이룰 수 있을 것이다. 지난번에 『농사직설』을 찬집撰集하여 각 도에 반포했으니, 성의껏 친절하게 가르치고 일러서 농민으로 하여금 고루 알지 못하는 사람이 없게 하고, 관가에서도 역시 농서에 의하여 갈고 심어서 백성으로 하여금 법을 받게 하라. 대개 인정이 예전 관습을 편안하게 여기고 새 법을 좋아하지 아니하여, 비록 부지런히 가르치고 일러도 준수하려고 하지 않는다. 만일 인심이 따르려고 하지 않거든 반드시 억지로 시키지 말고, 마땅히 점차로 잘 달래어 농서와 타 도에서 행하는 방법에 의하여 경작하게 하고, 또 관가로 하여금 또한 지난날의 유시諭示한 바에 의하여 갈고 심게 하고, 가을에 수확한 수량을 자세히 아뢰도록 하라." 했다.

原文 傳旨咸吉平安道監司 道內地廣人稀 家家廣占土田 耕耘之際 用力簡易 而所收倍多 若依他道竭力耕治 則意必禾穀益盛 易致豐稔 曩者撰集 農事直說 頒諸各道 令諄諄敎諭 俾農民無不周知 官家亦依農書耕種 令民取法 大抵人情 安於故常 不樂新法 雖勤敎諭 亦不肯遵 若人心不欲 不必强使爲之 宜漸次善誘 俾依農書及他道用功 使之耕作 且令官家 亦依曩日所諭耕種 秋成悉啓所收之數

_ 『세종실록』 권76, 세종 19년 2월 을해

자료 15

소를 써서 밭 갈고 소를 써서 김매고 있네
남쪽 백성이 힘들여 열심히 일하는 것과는 반대로다
해마다 화사한 햇빛과 순조로운 비를 만나니
밭에 가득한 조와 기장이 구름이 모여 있는 듯하구나

原文 用牛耕得用牛耘 反是南民備若勤 歲歲會逢暘暘順 滿田禾黍似屯雲

_ 기준, 『덕양유고』 온성잡영

출전

『세종실록』

『농사직설(農事直說)』: 조선 초 문신 정초(鄭招, ?~1434)와 변효문(卞孝文, 1396~?)이 엮은 농업 기술서. 12엽(葉) 1책이다. 세종 11년(1429) 엮은이들이 세종의 명을 받아 각 도 관찰사들에게 경험 많은 농부들한테 농업 기술을 듣게 하고, 이를 모아 펴냈다. 그 뒤에도 판을 거듭했으며, 효종 7년(1656)에는 『농가집성』에 포함시켜 찍기도 했다. 편찬 방법은 고농서 초록에 의한 정리가 아니라, 우리나라에서 실제로 하는 농업 관행을 조사하고 중국 농서를 참작하여 정리했다. 내용은 비곡종[備穀種, 이듬해 씨뿌릴 종자 준비법]·경지[耕地, 씨뿌리기 전에 경작지를 일구어 고르는 방법]·종마[種麻, 삼의 파종·재배·수확]·종도[種稻, 벼 재배법]·종서속[種黍粟, 기장·조·수수재배법]·종직[種稷, 피 재배법]·종대두소두녹두[種大豆小豆菉豆, 콩·팥·녹두 재배법]·종맥[種麥, 보리·밀 재배법]·종호마[種胡麻, 참깨 재배법]·종교맥[種蕎麥, 메밀 재배법] 등 10항목으로 되어 있다.

임장원의 「농소(農疏)」 : 정조 때 정부는 새로운 농서를 만들기 위해 전국의 지식인에게 농서를 올리라고 했다. 평안도 숙천의 수령 임장원은 이에 응해 「농소」를 올렸다. 그는 남쪽 지방 출신으로 남도 농법에 대한 자부심이 강했으나 평안도 농민에게 남도 농법을 가르치는 데 실패했다. 「농소」에는 이러한 경험이 실려 있다.

기준의 「온성잡영」 : 기준(1492~1521)은 중종 때 기묘사화로 함경북도 온성에 귀양을 가서 죽었다. 「온성잡영」은 그가 귀양살이하면서 온성의 풍속에 관해 읊은 시(詩)이다.

찾아읽기

김광언, 『한국농기구고』, 한국농촌경제연구원, 1986.

김용섭, 『조선후기 농학사연구』, 일조각, 1988.

민성기, 『조선농업사연구』, 일조각, 1988.

주강현 엮음, 『북한의 민속학』, 역사비평사, 1989.

김용섭, 『증보판 조선 후기농업사연구 ll』, 일조각, 1990.

이경식, 「조선 초기의 북방개척과 농업개발」, 『역사교육』, 52, 1992.

김상태, 「『농사직설』과 15세기 수전 농업의 실태」, 『인하사학』, 7, 1999.

이경식, 『증보판 한국 중세 토지제도사』, 서울대학교 출판문화원, 2012.

2 15세기 최첨단의 천문학 수준

『칠정산내편』과 『칠정산외편』

조선 전기, 특히 세종 대의 과학 기술 수준은 과연 어느 정도였는 가. 정말로 15세기 세종 대의 과학 기술 수준이 높았던 것인지, 그 리고 과연 높았다고 하면 조선 후기에는 왜 계속 발달하지 못했 는지 『칠정산내편』과 『칠정산외편』의 편찬을 통해 살펴보도록 하자. 요컨대 세종 대의 과학 기술 수준, 특히 천문학 수준은 15세 기 세계 과학의 첨단 수준에 위치하고 있었다.

『칠정산내편』·『칠정산외편』의 편찬과 역법의 수준

세종 대의 역법 수준은 세종 24년(1442)에 편찬이 이루어진 『칠정산내편』과 『칠정 산외편』을 통해 파악할 수 있다. 두 책의 간행은 세종 26년(1444)에 이루어졌다. 역법 은 고대로부터, 특히 동양에서 통치 이념과 관련하여 중시되어 왔다. 하늘의 이치는 천체 현상을 통해 표현되며, 천체 현상을 통해 알아낸 법칙성은 역법으로 체계화되었 다. 그리고 하늘의 이치를 제대로 알고 있는 국가 권력임을 나타내기 위해서는 역법을 바로잡고 이를 관장해야 했다. 특히 조선으로서는 새 왕조의 권위를 확립하기 위해서 무엇보다 새로운 역법의 정립이 절실하게 필요하였다.

『칠정산내편』과 『칠정산외편』의 편찬은 조선의 독자적인 역법의 확립을 위한 노력 이었고, 결과적으로 세종 대의 천문학과 수학의 수준이 여기에 도달하였다. 세종 초년부터 역법 연구에 착수하여 두 역서 모두 세종 24년에 편찬이 이루어졌다. 세종은 즉위 초년부터 정흠지鄭欽之·정초鄭招·정인지鄭麟趾 등에게 명하여『수시력授時曆』의 내용을 터득하게 하였다. 그리하여『수시력』을 완전히 이해하는 문제는 해결되었으나 새로 얻은『대통력통궤』가 이와 약간의 차이가 있었고, 이들 모두가 중국의 역법이므로 절기와 일출·일몰 시간 등이 조선과 달랐다. 세종은 조선에 알맞은 역법을 얻고자 하여 이순지·김담에게『수시력』과『대통력통궤』를 다시 정리하도록 하여『칠정산내편』을 편찬하게 하였다. 이 내편은 실제 관측에 의하여 한양을 기준으로 제작한 우리나라 최초의 역법이었다. 그리고 내편의 편찬은 세종의 열의에 의해 20년 이상의 노력 끝에 이루어진 대사업이었고, 이 편찬 과정에서 역대 천문과 역법에 관한 연구가 이루어졌으며 의상과 구루 등의 천문 의기들이 정비되었다.

이순지(李純之, ?~1465)는 조선 전기의 문신·천문학자이다. 세종 9년(1427)에 문과에 급제하고, 승문원교리·봉상시판관·서운관판사·승정원좌부승지 등을 거쳐 세조 11년(1465) 판중추원사에 올랐다. 세종의 명으로 역법을 연구한 뒤 정인지·정초·정흠지·김담 등과 같이『칠정산내외편』을 저술하였다.

　　그러나 원은 수시력의 일월식 추보가 완전하지 않아 이슬람의 역법인『회회력回回曆』을 병용하면서 그 결점을 보완하였다. 명에서도『대통력』과 별개로『회회력』에 의한 일월식 예보를 하고 있었다. 따라서 약간의 수정이 가해지긴 하였으나『칠정산내편』의 일월식 계산 역시『수시력』이나『대통력』의 범주를 완전히 벗어난 것이 아니었기 때문에 조선에서도『회회력』의 연구가 필요하였다. 그러나 명나라의 역관들이 한역한 회회력법에 약간의 오류가 있음을 알게 됨에 따라 세종은 이순지와 김담에게 명하여『회회력』을 다시 교정하여『칠정산외편』을 편찬하게 하였다. 이 내편과 외편의 완성으로 정밀하지 못했던 조선의 역법이 비로소 바로잡히게 되었다.

　　이후 내편과 외편은 효종 4년(1653)에 청나라의 역법인 시헌력時憲曆이 채택될 때까지 기본적인 우리나라의 역서였다. 칠정七政은 해·달과 목·화·토·금·수의 5개 행성을 가리킨다. 일반적으로 내편의 편찬자는『세종실록』·『연려실기술』·『증보문헌비고』등의 기록에 따라 정흠지·정초·정인지로 알려져 왔으나, 『사여전도통궤』의 기록에 의해 외편과 함께 내편의 실제적인 편찬과 간행 역시 이순지와 김담이 전담한 것임을 알 수 있다.[자료1~3]

내편은 주로 이들 천체의 운행을 상세히 다루고 있다. 내편은 당시 한양에서 관측한 자료를 근거로 하여 한양의 위도에 따라 작성되었다. 이때 관측한 한양의 위도는 37° 41′ 76″로 상당히 정확한 근사치였고, 1년의 길이를 365.2425일, 1달의 길이를 29.530593일로 정하였다.

『칠정산외편』은 이슬람의 『회회력』을 바탕으로 엮은 역서인데, 명나라보다 앞서서 『회회력』을 실용적으로 이용하였다. 외편에서는 1년의 길이를 365.242188일로 계산하여 『수시력』을 기준으로 한 내편보다 더 정확하였다. 세종 14년(1432)에 일식의 예측이 빗나가면서 본격적으로 착수한 역서의 편찬은 세종 29년(1447)에 이르러 내편과 외편을 바탕으로 정확하게 일식을 예측할 수 있게 되었다.[자료4~7]

내편과 외편이 근본적으로 다른 것은 각도의 표시법이다. 내편은 원주를 365° 25′ 75″, 1도를 100분, 1분을 100초로 하였고, 외편은 원주를 360도, 1도를 60분, 1분을 60초로 하고 있다. 『칠정산내편』 외에 『칠정산외편』까지 편찬한 것은 역법을 새롭게 정립하는 데에 중국뿐만 아니라 이슬람의 천문·역법에 반영된 세계의 이론까지도 포괄하자는 의미였다.

요컨대 『칠정산내편』과 『칠정산외편』의 편찬은 당시 가장 첨단의 역법으로 원나라에 도입되어 있던 『수시력』을 15세기 조선의 천문학자들이 한양의 위도를 기준으로 재조정하는 데 성공했다는 것을 의미하였다. 또한 조선은 한양을 기준으로 일식·월식을 비롯한 천체 운동을 계산하여 예측할 수 있는 수준에 도달하고 있었던 것을 의미하였다. 15세기 당시 자신이 위치한 곳에서 일식과 월식을 예보할 수 있는 문명권은 중국·이슬람에 이어 조선이 세 번째였다. 일본은 이보다 250여 년 뒤에 조선인 박안기朴安期의 도움으로 1683년 『정향력貞享曆』을 편찬하면서 이와 동일한 수준의 천문 계산법을 완성하게 되었다. 『정향력』은 일본인이 일본에 맞게 편찬한 최초의 역법이었다.

15세기 세종 대에는 이 밖에 간의, 규표[태양의 고도 관측기기], 혼의, 혼상, 자격루, 앙부일구, 해시계, 휴대용 물시계, 별시계 등 많은 천문 관측 기구들을 제작하여 경회루 둘

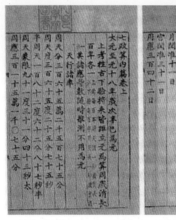

『칠정산(七政算)』은 15세기에 편찬된 역법에 관한 책으로 『세종실록』 156∼163권에 실려 있다. 이 책은 내·외편으로 되어 있는데, 내편은 세종 24년(1442) 정인지·정흠지·정초 등이 만들어 출판했고, 외편은 이순지·김담 등이 만들었다.

레에 설치하였다. 측우기는 강우량을 정확하게 측정한 기기였고, 수표는 청계천과 한강에 세워 유량을 정확하게 측정한 장치였다. 두 장치 모두 강수량과 하천의 수량을 과학적으로 측정한 세계 최초의 장치였다. [자료8∼9]

이와 같이 세종 대의 과학 기술 수준이 높았던 원인으로 세종의 위대한 영도력, 농업 생산에 대한 높은 관심, 그리고 민본주의와 왕도 사상에 토대를 둔 유교 사상의 수준 등의 요인을 들 수 있다. 실제로 세종 대에 만들어진 훈민정음은 문자 발명의 측면에서 볼 때 창제자와 창제연도를 알 수 있는 인류 역사상 유일한 문자이고, 음운론의 측면에서도 뛰어난 과학성을 나타내고 있다.

세종 대 과학 기술의 의미

15세기에 천문·역법의 수준에서 세계 최고의 수준에 있었던 조선이 어떻게 중기 이후로 침체되어 19세기 말에 그와 같이 낙후된 실상을 보였는가. 지금까지 세종 대의 농업 생산에 대한 적극적인 관심이 과학 기술의 발전을 가져왔고, 중기 이후 임진왜란과 병자호란을 겪으면서 초기의 농업 생산 및 과학 기술 수준은 회복할 수 없을 정도로 위축되었으며, 유교의 수용 및 주자학의 발달이 결과적으로 기술 천시의 풍조를 조장하면서 과학 기술의 부진을 초래하였다는 정도로 설명해 왔다. 이러한 점을 전적으로 부정할 수는 없겠지만 보다 설득력을 갖기 위해서는 세종 대의 과학 기술이 과연 어떠한 특성을 지닌 과학 기술이었는는지 파악할 필요가 있다.

조선 초기의 과학은 아주 실용성이 높은 분야에서 발달하였다. 다만 그 실용성은 지금 우리의 눈으로 볼 때 전혀 실용적이지 않았다. 당시 유교 사회에서의 과학이란 오늘날의 과학처럼 자연 속에 내재하는 법칙성을 밝히겠다는 목표에서 발달한 것이 아니라, 자연이라는 거울을 통해 인간 사회를 보기 위해 발달하였다. 예를 들어 우리가 세계에서 최초로 발명하였다고 자랑하는 측우기는 강수량의 측정, 풍흉의 예측보다는 정치의 득실을 따지기 위한 것으로 간주된다. 시계는 제사 지내는 정확한 시간을 알기 위해 필요했고, 역법은 관상수시觀象授時를 제왕의 첫째 의무로 보던 당시의 사상 풍토에서 절대적으로 필요한 일이었다.[자료6]

세종 대의 과학은 새 왕조의 안정된 집권과 명예를 위해 새 왕조의 틀을 유교적 전통 위에 굳건히 세우려던 그 나름의 노력에서 나온 것이었다. 일단 왕조의 운명이 반석에 오른 다음에는 동일한 노력을 지속할 필요성이 적어질 수밖에 없었고, 세종 이후의 군주들이 천문학 연구 개발에 세종과 같은 성의를 보일 필요가 없었던 것이다. 물론 유학이 주자학 일변도로 기울면서, 동시에 명분론이 지나치게 뿌리내리고, 과학 기술 담당자가 중인 또는 그 아래의 사회 신분으로 차별화되면서 기술 천시의 풍토가 자리 잡게 되기도 했다.

세종 대의 과학은 당시의 유기체적 우주관의 일부로서 새 왕조의 정치적 안정을 위해 크게 발전했다. 일단 왕조의 안정이 달성되자 그 이상 그 분야의 발전에 집착할 필요성이 없어진 셈이었다. 세종 대의 과학은 동시대의 세계 다른 곳과 비교해 볼 때 높은 수준임이 분명하였으나, 오늘날의 과학으로 이어지지 못한 한계도 분명하였다.

조선 전기의 이와 같은 과학 기술의 밑바탕에 자리 잡고 커다란 영향력을 행사했던 것은 전통적 자연관이었다. 전통적 자연관은 다음과 같이 세 가지의 특성을 지니고 있었다.

첫째, 대부분의 자연 현상을 재이로 파악하였다는 점이다. 자연 현상은 무심코 발생한 것이 아니라 현실 정치의 잘잘못을 지적하기 위해 하늘이 내리는 재이로 여겼다.

『조선왕조실록』에는 수많은 자연 현상을 기록하고 있는데, 그 대표적인 특징은 자연 현상을 재이로 파악하여 체계적으로 정리하고 있다는 점이다. 여러 자연 현상 가운데 조선 전기에 가장 빈도가 높은 기록은 '별이 낮에 보임'과 '햇무리'였다. 사실 이 현상은 실제로 일반인들에게 직접적 피해를 주지 않는 자연의 이상 현상이다. 주로 해의 정상적인 밝음을 저해하는 요소로 여겼기 때문에 중시되었고 관측되었다. 그리고 해의 밝음이란 임금의 영명함을 나타내어, 만약 자연에서 해가 밝기를 잃게 되면, 임금의 밝음에 위협 요소가 있음을 상징한다고 간주했기 때문에 열심히 관측하여 기록했다. 결국은 정치적 필요성 때문에 관측하였던 것이다.

둘째, 풍수지리설의 영향이 지대하였다는 점이다. 한양의 천도, 풍수지리를 바탕으로 한 태종의 여러 정책 결정, 경복궁의 명당 여부를 둘러싼 세종 대의 논의 등 조선 전기의 중요한 정책 결정이 풍수지리설에 의해 결정되었다.[자료10~12]

셋째, 유학 사상의 경향은 자연 그 자체에 대한 깊은 관심과 연구 태도를 가지고 있지 않다는 점이다. 모든 자연 현상을 정형화된 재이론적 자연관을 바탕으로 유교 정치의 관행으로 밀고 나갈 뿐이었다. 일식과 태양 관련의 수많은 자연 현상, 중종 대에 나타난 암탉이 수탉이 된 현상 등을 전통적인 유학 사상의 재이론적 관점에서 인식하였고, 결과적으로 국왕과 신료 간의 긴장 관계를 초래하였다. 그리고 이를 해소하는 방식으로 널리 여론을 수렴하는 구언求言의 방식을 동원하였다. 유교의 이상 정치를 추구하는 대부분의 조선 국왕들은 이러한 방식을 받아들였다.

흥미로운 것은 중종반정으로 축출된 연산군은 이러한 재이론적 자연관을 받아들이지 않았다는 것이다. 벼락이 선정전에 떨어진 현상, 일식과 지진의 발생, 금성이 낮에 보이는 현상 등은 신료들의 간언에도 불구하고 재이로 받아들이지 않았다. 연산군은 재이에 대한 유교적 해석을 거부하였다. 어떻게 보면 연산군은 조선의 국왕 가운데 재이에 대해 유교적 자연관이 아니라, 오늘날과 같이 합리적 자연관을 주장한 인물이었다고 할 수 있다.

이러한 연산군의 자연관 또는 인식 태도는 자연에 대한 깊은 관심과 연구에서 비롯된 것이 아니라, 대부분 그의 패륜적 정치 행위를 감추거나 호도하기 위해 신료들을 강박하는 과정에서 제기된 것이었다. 이에 대한 반동으로 중종 대는 유교적 재이관이 더욱 확고해졌다. 결과적으로 이러한 유교적 자연관은 조선 전기뿐만 아니라 조선 후기에도 결정적인 영향력으로 계속 작용하였다.[자료13]

조선 과학 기술의 특성

조선의 과학 기술은 동시기 중국, 일본과도 대비되는 나름대로의 특성을 지니고 있었다. 조선의 과학 기술은 전통적 자연관이라고 할 수 있는 재이론적 자연관을 계속 견지하면서, 전통의 무게 또는 중압감 측면에서 중국과 일본의 중간 정도에 놓여 있었다. 서양 과학 기술을 접촉·수용할 수 있는 기회에서 2세기 이상 지체되었고, 조선 전기에 설정된 과학 기술에 대한 사상과 제도가 후기까지 거의 그대로 연속되었다. 조선은 전통의 무게에서 벗어나지 못한 중국에 대한 의존도가 지나치게 공고하였고, 과학 사상과 양반층, 과학·공학과 중인층, 기술·기능과 천인층 등 과학 기술의 분야와 신분층이 폐쇄적으로 고착되어 있었다.

자료1

세종 25년(1443, 계해)에 예문제학藝文提學 정인지 등에 명하여 『칠정산내외편七政算內外編』을 지었다. 처음에 고려 최성지가 충선왕을 따라 원나라에 들어가서 『수시력授時曆』을 얻어 돌아와서 추보推步[주1]에 사용하였다. 그러나 일월교식日月交食하는 것과 오성五星이 행하는 도수에 관해 곽수경의 산술算術을 알지 못하였다. 조선이 개국해서도 역법은 『수시력』을 그대로 썼다. 『수시력』에 일월교식과 오성의 입성立成이 빠졌으므로 임금이 정인지 · 정초 · 정흠지 등에게 명하여 추보推步하도록 하니, 명나라 『대통통궤大統通軌』를 취하여 조금 첨삭해서 합하여 내편內篇을 만들고, 또 『회회력回回曆』을 얻어 이순지李純之 · 김담金淡 등에게 명하여 상고하고 바로잡게 하여 외편外篇을 만들었다.

주1 추보(推步): 천체 운행의 측정.

原文 世宗癸亥 命藝文提學鄭麟趾等 撰七政算內外篇 初高麗崔誠之 從忠宣王入元 得授時曆法以還 乃推步遵用 然日月交食 五星行度 則猶不知郭守敬算術 我朝開國 曆法仍授時 上以交食五星之獨缺立成 命鄭麟趾 鄭招 鄭欽之等推步 取皇明大統通軌 稍加隲括 合爲內篇 又得回回曆法 命李純之金淡等 考校爲外篇

_ 『연려실기술』 별집 권15, 천문전고, 역법

자료2

고려의 최성지가 충선왕을 따라 원나라에 있다가 수시력법을 얻어 본국으로 돌아와 처음으로 이를 준용하였다. 그러나 역법은 얻었으나 일식과 월식, 5개 행성의 도수 등에 관해서는 담당자가 알지 못하였다. 세종이 정흠지 · 정초 · 정인지 등에게 명하여 추산의 방법을 연구하여 터득하고 미진한 바는 임금의 지혜를 보태어 비로소 분명해졌다. 또한 중국에서 태음통궤와 태양통궤를 얻어 수시력법과 약간 차이가 나는 것을 조금 첨삭하여 내편을 만들었다. 또한 회회력법을 얻어 이순지와 김담에게 명하여 연구하도록 하니 중국의 역관에게서 얻은 것이 착오가 있어서 바로잡게 하여 외편을 만들었다. 이에 역법에서 여한이 없게 되었다.

原文 高麗崔誠之 從忠宣王 在元得授時曆法 以還本國 始遵用之 然術者且得其造曆之法 其日月交食 五星分度等法 則未之知也 世宗命鄭欽之 鄭招 鄭麟趾等 推算悉究得其妙 其所未盡究者 加以睿斷始釋然矣 又得太陰太陽通軌於中朝 其法小與此異 稍加隲括爲內篇 又得回回曆法 命李純之 金淡考校之 乃知中原曆官有差謬者 而更加潤正爲外篇 於是曆法可謂無遺恨矣

_ 『세종실록』 권156, 칠정산내외편

…태종 때에 『원사元史』를 받았다. 수시본경授時本經에 여러 역지曆志가 있었으나 역시 행용되지 못하였다. 세종 2년(1419, 기해)에 영서운관사 유정현이 유신으로 하여금 역법을 교정하도록 헌의하였다. 세종이 그 말을 가납하셨으니 제왕의 정치가 이것보다 더 중대한 것이 없다고 여겼기 때문이었다. 특별히 유념해 두었다가 예문관 직제학 정흠지 등에게 수시력을 연구하도록 하여 차츰 그 방법을 알도록 명하셨다. 다시 예문관 대제학 정초 등에게 그 방법을 더 연구하게 하여 그 방법을 터득하도록 명하셨다. 또 의상儀象과 구루晷漏를 제작하여 서로 참고하도록 함으로써 추험[추(驗)]하는 법이 크게 정비되었다.

또 근년에 얻은 중국의 통궤법通軌法은 본시 수시력을 기본으로 하나 혹 증손함이 있다. 서역의 회회력은 또 다른 별개의 역법인데 절목이 미비하다. 임술년(1442)에 다시 봉상시윤奉常寺尹 이순지와 봉상시주부 김담에 명하여 다른 것을 참별하고 그 정밀함을 취하고 사이에 몇 줄을 첨가하여 한 책을 만들어 『칠정산내편』이라 하였다. 또 회회력경, 통경, 가령의 책을 가지고 그 방법을 연구하고 약간의 손익을 가하여 생략된 것을 보충하여 전서로 만들어 『칠정산외편』이라 하였다. 단 수시력, 통궤, 회회력의 일출입주야각 등은 각각의 위치에 준하여 추정하는 것으로 우리나라와 다르다. 그러므로 이제 다시 한양의 매일 일출일과 주야의 시각으로 내외편 속에 기록하여 영구히 정식으로 하였다. …

原文 …太宗朝蒙 賜元史 授時本經 載諸曆志 然亦未及行用 殿下卽位之二年己亥 領書雲観事臣柳廷顯獻議 令儒臣釐正曆法 殿下嘉納其言 以爲帝王之政莫大於此 特留宸念 乃命藝文館直提學臣鄭欽之等 考究授時之法稍求其術 復命藝文館大提學臣鄭招等 更加講究得其術 且製儀象晷漏 用相參考 其推驗之法 已大備矣

又近年所得中朝 通軌之法 本於授時而或有增損之異 西域回回之曆別爲一法 而節目未備 歲在壬戌更 命奉常寺尹李純之 奉常寺主簿臣金淡 依授時通軌之法 參別同異酌取精密間 添數條作爲一書 命曰七政算內篇 又將回回曆經 通經 假令之書 推究其術微加損益 仍補闕略遂成全書命曰七政算外篇 但授時曆 通軌 回回曆 日出入晝夜刻 各據所在推定與國不同 今更以本國漢都 每日日出入晝夜刻 錄於內外篇中永爲定式…

_ 『사여전도통궤(四餘纏度通軌)』발문

승정원에 전지하기를, "이전에 구식救食주2할 때에는 시위하는 여러 신하들이 군사들과 더불어 좌우로 열을 나누었기 때문에, 어떤 이는 해를 등지고 서게 되었다. 오늘의 일식은 정오正午에 있으니, 서쪽에 서 있는 자는 정오를 지나면 당연히 해를 등지게 될 것이다. 마땅히 합쳐서 동쪽에서 시위하게 하라." 하였다.

임금이 소복 차림으로 근정전 영외楹外의 섬돌 위에 나아가서 의례儀禮대로 구식하였으나 마침내 일식하지 아니하였다. 임금이 입내하여 서운관書雲觀의 관원에 명하여 종일토록 측후測候하게 하였다. 북경에 갔다가 돌아온 통사 이연을 불러서 묻기를, "중국에서도 또한 원일에 일식이 있을 것이라고 말하더냐." 하였다. 대답하기를, "중국에서도 역시 원일 오시午時에 일식이 있을 것이라고 말하였습니다." 하였다.

原文 傳旨承政院 前此救食之時 侍衛群臣與軍士 分列左右 故或背日而立 今日食在午 其在西者 過午則當背日 宜令合侍於東 上以素服 御勤政殿楹外階上 救食如儀 竟不食 上入內 命書雲觀官 終日測候 召赴京回來通事李譓問 中國亦言元日有日食否 對曰 中國亦言元日午時日當食

_『세종실록』 권55, 세종 14년 1월 신유

주2 구식(救食): 일식을 관람하는 행위.

상참을 받고, 윤대를 행하고, 경연에 나아갔다. 임금이 말하기를, "일력의 계산법은 예로부터 이를 신중히 여기지 않는 제왕이 없었다. 이에 앞서 우리나라가 추보推步하는 법이 정밀하지 못하더니, 역법을 교정한 이후로는 일식·월식과 절기의 일정함이 중국에서 반포한 역서와 비교할 때 털끝만큼도 틀리지 아니하므로, 내가 매우 기쁘다. 이제 만일 교정하는 일을 그만두게 된다면 20년 동안 강구한 공적이 중도에 없어지게 되므로, 다시 정력을 더하여 역서를 완성하여 후세로 하여금 오늘날 조선이 이전에 없던 일을 세웠음을 알게 하고자 한다. 그 역법을 다스리는 사람들 가운데 역술에 정밀한 자는 자급資級을 뛰어 올려 관직을 주어 권면하게 하라." 하고, 강이 파하였다.

原文 受常參 輪對 經筵 上曰 曆算之法 自古帝王莫不重之 前此我國未精推步之法 自立曆法校正以後 日月之食 節氣之定 較之中朝頒曆 毫釐不差 予甚喜之 今若罷校正之事 則二十年講究之功 半途而廢 故更加精力 以爲成書 使後世 知今日建立朝鮮無前之事 其治曆之人 精於術者 超資加職以勸勉之 講罷

_『세종실록』 권58, 세종 14년 10월 을묘

자료6

예조에서 서운관書雲觀이 보고한 문서에 의거하여 아뢰기를, "금후에는 일식·월식에 내·외편법內外篇法과 수시授時·원사법元史法·입성법立成法·대명력大明曆으로 추산推算하는데, 내편법에 식분食分[주3]이 있으면, 내편법으로 경·외관에게 알려 주고, 기타의 역법은 곧 아뢰게 하소서. 만약 내편법에 식분이 없는데, 다른 역법 중에 비록 한 역법에라도 식분이 있으면, 외관은 제외하고 경중의 각 아문에만 알려 주게 하고, 『수시력』과 『회회력』은 이미 내·외편에 갖추어 있으니 반드시 다시 추산할 것이 없으며, 『선명역宣明曆』은 편질編帙이 빠져서 누락되었으며, 측정 방식도 역시 어긋나고 그릇되었고, 경오원려庚午元曆은 이차里差의 법이 실로 빙고憑考하기 어렵습니다. 예전 네 가지 역법은 취재할 때에 쓰지 말도록 하시고, 『칠정산내외편』과 『대명력大明曆』으로 취재하는데, 또 이전에 올린 『칠정력七政曆』은 술법이 미진하여, 중국에서 추산한 것과 합하지 아니하기 때문에, 근년에는 그만두었습니다. 청컨대, 이제 내편의 법으로 추산하여 전과 같이 성책成冊해서 올리게 하소서." 하였다. 그대로 따랐다.

原文 禮曹據書雲觀牒啓 今後日月食 以內外篇法 授時·元史法 立成法 大明曆推算 於內篇法有食分 則以內篇法 知會京外官 其他曆法直啓 若於內篇法無食分 而於他曆法中 雖一曆法有食分 則除外官 只於京中各衙門知會 授時曆及回回曆法則已具內外篇中 不必更推 宣明曆則編帙脫漏 術亦差謬 庚午元曆則里差之法 實難憑考 右四曆毋用於取才時 以七政算內外篇及大明曆取才 且前所進七政曆則術法未盡 與中朝所推不合 故近乃停寢 請以今撰內篇法推算 依前成冊以進 從之

_ 『세종실록』 권101, 세종 25년 7월 기미

자료7

서운관書雲觀에서 보고하기를, "오늘 신시申時로부터 유시酉時까지 일식日蝕이 있을 예정이나 짙은 구름에 가리어 보이지 아니할 것이니, 구식救蝕하지 아니할 것입니다." 하였다. 각도에 유시를 내려 해가 가려지는 수치를 알아보게 하였더니, 혹은 짙은 구름이 가려서 보이지 않았다 하고, 혹은 신시에 서북간西北間에서 가려지기 시작하였다고 하였다.

原文 書雲觀報 是日自申至酉 日當食 密雲不見 故不救蝕 下諭諸道 訪問所食分數 或云密雲不見 或云申時西北間始食

_ 『세종실록』 권117, 세종 29년 8월 경신

주3 식분(食分): 일식이나 월식이 있을 때에 해와 달에 가리어 보이지 않는 정도

『제가역상집諸家曆象集』[주4]이 이루어졌다. 모두 4권인데, 동부승지 이순지李純之가 발문跋文을 쓰기를, "제왕의 정치는 역법과 천문天文으로 때를 맞추는 것보다 더 큰 것이 없다. 그런데 우리나라 일관日官들이 그 방법을 소홀히 한 지 오래되었다. 선덕宣德 계축년(1433) 가을에 우리 전하께서 거룩한 생각으로 모든 의상儀象과 구루晷漏[주5]의 기계, 천문天文과 역법曆法의 책을 연구하지 않은 것이 없으며, 모두 극히 정묘하고 치밀하였다. 의상에 있어서는 이른바 대소 간의[주6]·일성정시의[주7]·혼의[주8] 및 혼상[주9]이요, 구루晷漏에 있어서는 이른바 천평일구天平日晷[주10]·현주일구懸珠日晷[주11]·정남일구定南日晷[주12]·앙부일구仰釜日晷·대소 규표大小圭表 및 흠경각루欽敬閣漏·보루각루報漏閣漏와 행루行漏이다. 천문에는 칠정七政[주13]을 본받아 중외中外의 관아에 별자리를 배열하여, 들어가는 별의 북극에 대한 몇 도度 몇 분分을 다 측정하게 하고, 또 고금古今의 천문도天文圖로 같고 다름을 참고하고 측정하여 바른 것을 취하게 하고, 그 28수[宿]의 도수度數·분수分數와 12차서의 별의 도수를 모두 『수시력授時曆』에 따라 수정해 고쳐서 석본石本으로 간행하였다. 역법으로는 『대명력大明曆』·『수시력授時曆』·『회회력回回曆』과 『통궤通軌』·『통경通徑』 등 여러 책을 본받아 모두 비교하여 교정하고, 또 『칠정산내외편七政算內外編』을 편찬하였다. 그래도 오히려 미진해서 또 신에게 명하여, 천문·역법·의상·구루에 관한 여러 전기傳記에 섞여 나온 글들을 찾아내어서, 중복된 것은 깎고 긴요한 것을 취하여 부문을 나누고 한데 모아서 1질이 되게 만들어 열람하기에 편하게 하였다. 진실로 이 책에 의하여 이치를 연구하면 생각보다 얻음이 많을 것이며, 더욱이 전하께서 하늘을 공경하고 백성에게 힘쓰는 정사가 극치에 이르지 않은 것이 없음을 볼 수 있을 것이다." 하였다.

原文 諸家曆象集 成 凡四卷 同副承旨李純之跋曰 帝王之政 莫大於曆象授時也 而吾東國日官之疎於其術久矣 宣德癸丑秋 我殿下發於宸衷 凡諸儀象晷漏之器 天文曆法之書 靡不講究 皆極精緻 在儀象 則曰 大小簡儀 日星定時儀 渾儀及渾象也 在晷漏則曰天平日晷 懸珠日晷 定南日晷 仰釜日晷 大小圭表及欽敬閣漏 報漏閣漏 行漏也 天文則於七政列舍 中外官入宿去極度分 皆測之 又將古今天文圖 參別同異 測定取正 而其二十八宿度分及十二次宿度 一依授時曆 修改 以刊石本矣 曆法則於 大明曆 回回曆 通軌 通徑 諸書 竝加讎校 且撰七政算內外篇矣 然猶未已 又命臣搜索 其天文曆法儀象晷漏書之雜出於傳記者 刪其重複 取其切要 分門類聚 作爲一帙 以便觀覽 苟因是書而究其理 則思過半矣 尤以見殿下敬天勤民之政 無所不用其極也

_ 세종실록, 권107권, 세종 27년 3월 30일

주4 『제가역상집(諸家曆象集)』: 세종 27년(1445) 이순지가 편찬한 천문서. 이 책은 세종이 서운관의 제도와 기구를 정비하고 역법을 정리하여 『칠정산내외편』을 편찬하게 하고 나서, 다시 이순지에게 명하여 고금의 천문·역법·의상(儀象)·구루(晷漏)에 관한 개요를 편찬하도록 한 것이다.

주5 구루: 해시계와 물시계.

주6 간의: 천체의 경도, 위도를 측정하는 천체 위치 측정 기구.

주7 일성정시의: 낮에는 해를 이용하고 밤에는 북극성을 이용하여 시간을 측정하는 기구.

주8 혼의: 혼천의(渾天儀)라고도 함. 간의가 제작되기 이전에 천체의 위치 관측에 주로 사용.

주9 혼상: 지구의와 같은 커다란 천구의(天球儀)로서 별의 위치와 운동을 알기 위한 기구.

주10 천평일구: 휴대용 해시계의 일종.

주11 현주일구: 기둥에 연결된 실의 그림자를 눈금을 새긴 원판 위에 내려뜨려서 그 방향에 따라 시각을 재는 휴대용 해시계. 주로 행차할 때나 군사 훈련용으로 쓰임.

주12 정남일구: 지금의 망원경과 같은 역할을 하는 규형(窺衡)을 사용하여 나침반 없이 방위를 잡을 수 있고, 24절기와 태양의 고도까지 측정할 수 있도록 만든 정밀한 해시계.

주13 칠정(七政): 해, 달과 5행성(목, 화, 토, 금, 수성)을 가리킴.

세종 14년에 세종이 경연에 나와서 역상曆象의 이치를 논할 때, 예문관 제학 정인지에게 이르기를, "우리 동방이 멀리 해외에 있으나 모든 제도를 한결같이 중국의 것을 따랐다. 다만 천문을 관측하는 기구가 없었는데, 경이 이미 역산曆算을 맡은 부서의 제조가 되었으니, 대제학 정초와 함께 옛 법을 강구하여 의표儀表를 창조하여 천문 관측에 쓰게 하되, 그 요점은 북극北極 위도를 정함에 있을 것이다. 먼저 간의簡儀를 만들어 올리도록 하라." 하였다.

이에 정초 · 정인지 등은 옛 문헌을 살피는 것을 맡고, 중추원사 이천, 호군 장영실은 공역의 감독을 맡아 먼저 목간의木簡儀를 만들어서 한양의 북극 위도가 38도 남짓 된다고 측정하였다. 원사元史에 실려 있는 바와 측정한 것이 부합되었다. 드디어 구리를 녹여서 여러 가지의 의상儀象을 만들었는데, 7년이 지나 무오년(1438)에 이룩되었다. 첫째는 대소 간의, 둘째는 혼의 · 혼상, 셋째는 현주 · 천평 · 정남 · 앙부일구, 넷째는 일성정시의, 다섯째는 자격루였다. …

原文 十四年壬子 上御經筵論曆象之理 敎藝文提學鄭麟趾曰 我東方邈在海外 凡所施爲一遵華制 獨觀天之器有闕 卿旣提調曆算 與大提學鄭招 講求古典 刱造儀表 以備測驗 然其要在乎定北極出地高下可 先制簡儀以進

於是鄭招 鄭麟趾 掌稽古典 中樞院使李蕆 護軍蔣英實 掌督工役 先制木簡儀 測定漢陽北極出地三十八度少 與元史所測合 遂鑄銅爲諸儀象 越七年戊午功告成 一曰 大小簡儀 二曰 渾儀渾象 三曰 懸珠天平定南仰釜日晷 四曰 日星定時儀 五曰 自擊漏 …

__ 「연려실기술」권3, 세종조고사본말, 찬술 제작

영의정 황희 · 예조판서 신상 · 지신사 안숭선 등에게 명하여, 목멱산에 올라서 산수山水의 내맥을 탐지해 보고 풍수학하는 이들을 시켜 최양선의 말을 서로 변론하게 하였다. 이양달 · 고중안 · 정앙鄭秧은 백악白岳을 현무玄武라 하여 경복궁의 터로서 명당이 된다 하고, 이진 · 신효창의 말은 최양선과 같았다. 황희 등이 화공을 시키어 삼각산의 지형을 그림으로 만들어 올리게 하고, 풍수학風水學하는 이들을 시켜 각기 소견을 써서 올리게 하여 곧 집현전으로 내려 보냈다. 당시 사람들이 이진과 신효창 등이 가만히 양선을 사주하여 지리의 요망한 학설을 가지고 승진되는 계제를 삼으려 한다고 비평하였다.

이양달·고중안·정앙 등은 "백악은 삼각산 봉우리에서 내려와 보현봉普賢峰이 되고, 보현봉에서 내려와 평평한 언덕 두어 마장이 되었다가 우뚝 솟아 일어난 높은 봉우리가 곧 백악인데, 그 아래에 명당을 이루어 널찍하게 바둑판 같이 되어서 1만 명의 군사가 들어설 만하게 되었으니, 이것이 바로 명당이고, 여기가 곧 명당 앞뒤로 한복판 되는 땅이다. 주산主山의 북쪽 바깥 협곡은 삼각산에서 서남쪽으로 둘러서 한 가지가 되어 나암사羅岩寺의 남쪽 끝으로 돌아 닿고, 그 갈림 가지 하나가 역시 서남으로 돌아서 무악재의 서편 가에 이르렀으니, 이것은 명당 서북 언덕의 여러 갈래 물줄기가 돌아 흐르는 대략이다. 또 주산의 동북쪽은 그 하나의 큰 가지가 청량동淸涼洞의 물 근원 등처로부터 동북으로 둘러 동남쪽으로 돌아서 큰 들에 이르러 멈추고, 한 가지는 청량동의 물 근원으로부터 동남으로 둘러서 벽돌가마 아래 큰 들에 이르러서 그치고, 그 갈림 가지 하나가 사한동沙閑洞 물 근원으로부터 둘러서 그치고, 또 한 가지가 사한동 근원으로부터 남동쪽으로 돌아서 동대문東大門에 이르러 그쳤으니, 이것은 명당 동남 언덕 여러 갈래 물줄기의 대략이다. 백악 명당의 좌우로써 말하면 왼편 팔은 주산의 서쪽 가에서 나와서 서남으로 둘러서 동대문 수구水口에 이르렀고, 그 오른편 팔은 역시 동남으로 둘러 가지고 역시 동대문 수구에 이르렀다. 그런즉 명당의 전후좌우가 균제하고 방정하여 불평한 것이 없다. 또 주산의 정통되는 큰 내맥이 남방으로 직행하여 그 기운이 힘차게 왕성하기 때문에, 백악白嶽과 인왕仁王·무악母嶽·남산南山이 모두 우뚝 솟아서 봉우리를 이룬 것이다. 이제 말하는 자들이 내맥이라 하는 것은 그 기운이 작아서 단지 정업원淨業院 뒤에 한 작은 봉우리가 일어나서 오직 종묘의 자리를 이루었을 뿐이요, 다른 혈穴 자리를 이루지 못했으니, 만약 이 봉우리가 아니었으면 종묘의 자리도 이루지 못했을 것이며, 이 봉우리 밖에는 다시는 왕성한 기운이 없기 때문에 종묘 자리가 되고서는 다시 일어난 봉우리가 더 없는 것이다. 곁갈래 맥과 정통의 맥으로서 본다면 종묘는 그것이 곁갈래 맥에서의 정통맥이요, 지금 말하는 자들의 말은 실로 곁갈래 맥에서의 곁갈래 맥인 것이다. 옛사람은 산맥의 크고 작고 왕성하고 쇠약한 것을 초목의 가지와 줄기의 크고 작고 성하고 마른 데에 비하는 것이다." 하였다.

이진·최양선 등은 "삼각산의 내맥이 보현봉普賢峯이 되고, 보현봉이 우람하게 높고 낮은 언덕 땅으로 퍼져 가지고 거기서 양편으로 갈라져서, 왼편 가닥은 울툭불툭 길게 내려가다가, 이것도 좁은 목을 이루어 안암安庵 땅에 이르고, 오른편 가닥은 반 마장쯤 내려오다가 우뚝한 봉우리가 되었으니, 이것이 백악白嶽이고, 백악에서 반 마장쯤 내려와서 한 산줄기를 이루었으니, 이것이 인왕산仁王山이고, 인왕산에서 2마장쯤 내려오다가 남쪽으로 회돌아서 주산에 절을 하고 섰으니, 이것은 가위 조회 인사하는 정식이라 할 만하여, 가운데에 바른 백이 머리를 동남간으로 들이밀어 2마장쯤 가다가 남쪽으로 휘돌아서 주산에 절하고 섰으니 조회 인사의 정식이라 할 만하며, 가운데에 바른 맥이 머리를 동남간으로 들이밀어 2마장을 가서는 언덕을 이루었으니 주산이 된 것이다. 주산의 떨어진 맥이 마치 달아맨 실이 다시 일어나고 벌의 허리가 끊어진 듯 이어진 기이한 형상과 같은 것이 이른바 현무玄武가 머리 숙인 형국이란 것이다. 왼편 팔이 구붓하게 혈 자리 앞으로 돌아 닿고, 오른편 팔이 활과 같이 명당에 절을 하며 세 겹으로 가지와 잎들처럼 좌우로 감싸 안고, 산과 물이 정이 있게 천지를 배포하여 하늘의 관문이 되고 땅의 중축이 되는 곳에 두 편이 가운데를 맞아서 명당이 된 것이니, 바로 존귀한 형국 가운데 모든 물흐름도 하늘 뜻에 합치되니, 이것이 가위 기운이 모인 곳이라 귀하기가 더 말할 수 없다. 경문經文에 이르기를, '두 물이 껴있는 곳이 곧 명당이다.'고 하였는데, 가지와 잎새가 중앙을 둘러 휘돌아 있는 것이 그것이다." 하였다.

原文 命領議政黃喜 禮曹判書申商 知申事安崇善等 登木覓究觀山水之脈 令相地 相與辨論 崔揚善之言 李陽達高仲安鄭秧 則以白岳爲玄武 而景福宮之基爲明堂 李蓁申孝昌之言 與揚善同 黃喜等令畫工圖成三角山形以進 令相地者各書所言以進 乃下集賢殿 時人譏蓁孝昌等 陰嗾揚善 以地理妖說 欲爲希進之階

其李陽達高仲安鄭秧等言曰 白嶽自三角峯而下 作普賢峯 自普賢峯來作平岡數里而聳起尖峰 是白嶽也 其下作明堂 寬如碁局 可立萬兵 此正明堂也 此則明堂前後正中之地也 主山之北外峽 則自三角西南 回作大一枝 環至羅巖寺之南極 其一枝亦西南回至毋嶽之西畔 此則明堂西北岡 衆水回還之大槪也 又主山之東北 則其一大枝 自淸涼洞源等處 東北周回東南 至大野而住 一枝 自淸涼洞之源 東南周回 至甓瓦窰下大郊而止 其一枝則自沙閑洞源 東南周回而止 又一枝自沙閑洞源 南東回至東大門而止 此則明堂東南岡衆水之大槪也 至以白嶽明堂之左右而言 則左臂 白主山西畔而出 周至西南至東大門水口 其右臂亦周回東南 亦至東大門水口 然則主山明堂 前後左右 均齊方正 而無不平矣 且祖上正龍大脈 直行南方 其氣熾盛 故白嶽與仁王 毋嶽 南山 皆突起成峰 今說者之來脈 其氣小 故但起淨業院後一小峯 唯作宗廟穴 不成他穴 若非此峯 則亦不成宗廟之穴 此峯外更無盛氣 故宗廟入穴 亦無更起之峰 以旁起脈正起脈觀之 宗廟乃旁起

脈之正脈也 今說者之言 乃旁起脈之旁脈也 古人以山脈之大小盛衰 比草木枝幹之大小榮枯也
李薰崔揚善等言曰 三角山來至于普賢峯 普賢峯磊落而成岡隴山隴 分爲左峽 起伏遙長 作關欄
而至于安庵地 右峽行至半里 作星峯 曰白嶽 白嶽行半里成岡龍 曰仁王山 仁王山行至二里 回
轉于南 朝揖主山 此可謂朝對之正也 中有正脈入首東南間 行至二里 回轉于南 朝揖主山 此可
謂朝對之正也 中有正脈入首東南間 行至二里成隴丘 曰主山 主山落脈 如懸絲再起 蜂腰斷續之
異狀 曰玄武垂頭 左臂彎環穴前到 右臂如弓揖明堂 三重枝葉左右抱 山水有情天地設 天關峗地
軸峗 兩邊迎中有明堂 政尊貴局中 諸流合天心 此可謂氣聚之地 貴不可露 經曰 兩水夾處是明
堂 枝葉周回中者是

_ 「세종실록」 권61, 세종 15년 7월 9일

영의정 황희, 좌의정 맹사성, 우의정으로 치사致仕한 권진 등을 불러 일을 의논하였
다. … "1. 근자에 글을 올리어 지리를 배척하는 사람이 더러 있으나, 우리 조종께서
지리에 근거하여 수도를 여기다 정하셨으니 그 자손으로서 쓰지 않을 수 없다. 정인
지는 유학자인데, 역시 지리를 쓰지 않는 것은 매우 근거 없는 일이라고 말하였고, 나
도 생각하기를 지리의 말을 쓰지 않으려면 몰라도, 만일 부득이하여 쓰게 된다면 마
땅히 지리의 학설을 따라야 할 것이다. 지리하는 자의 말에, '지금 경복궁 명당에 물이
없다.'고 하니, 내가 궁성의 동서편과 내사복시內司僕寺의 북지北地 등 처에 못을 파고
도랑을 내어서 영제교永濟橋의 흐르는 물을 끌고자 하는데 어떻겠는가."하였다. 모두
아뢰기를, "좋습니다." 하였다.
"1. 경복궁의 오른팔은 대체로 모두 산세山勢가 낮고 미약하여 널리 벌어지게 트이어
품에 안는 판국이 없으므로, 남대문 밖에다 못을 파고 문안에다가 지천사支天寺를 둔
것은 그 때문이었다. 남대문이 이렇게 낮고 평평한 것은 필시 당초에 땅을 파서 평평
하게 한 것이었으리라고 생각된다. 이제 높이 쌓아 올려서 그 산맥과 연하게 하고 그
위에다 문을 설치하는 것이 어떻겠는가. 또 청파역靑坡驛에서부터 남산에까지 잇닿은
산맥의 여러 산봉우리들과 흥천사興天寺 북쪽 봉우리 등처에 소나무를 심어 가꿔서
무성하게 우거지도록 하는 것이 어떻겠는가." 하니, 모두가 "좋습니다." 하였다.

原文 召領議政黃喜、左議政孟思誠、右議政仍令致仕權軫等議事。… 一。"近者上書, 排
斥地理者有之, 然我祖宗以地理而定都于此, 則其後嗣不可不用。鄭麟趾儒者也, 亦曰: '不用地
理, 甚爲無據。' 予以爲地理之說, 不用則已, 如不得已而用之, 則宜從地理之(設)〔說〕。 地理

450 뿌리 깊은 한국사 샘이 깊은 이야기

者曰: '今景福宮明堂無水.' 予欲宮城東西及內司僕北池等處, 鑿池開川, 引流永濟橋, 如何?" 僉
曰: "可." 一. "景福宮右臂, 大抵皆山勢低微, 廣闊通望, 無有抱局, 故於南大門外鑿池, 於門內
置支天寺, 爲此也. 予以爲南大門如此低平者, 必初掘土平之也. 今欲高築, 連其山脈, 置門於
上, 如何? 且自靑坡驛以至南山連脈諸峯及興天寺北峰等處, 栽植松木, 使之茂翳, 如何?" 僉曰:
"可." 一. "左臂架閣庫西邊山脈, 爲川水所激, 頹落頗多, 李陽達屢請之. 予欲築城濬川, 如
何?" 僉曰: "可." …

__ 『세종실록』 권61, 세종 15년 7월 2일(임신)

자료12

경연에 나아갔다. 지리 살피는 이양달이 아뢰기를,

"경복궁 명당의 물은 왼편 물이 소격전 골짜기 근처에서부터 나오고, 오른편 물이 백
악과 인왕산 기슭에서부터 나와서 혜정교 아래에 이르러 좌우의 물이 합류하여 돌아
싸고 내려가니, 등지고 흐른다고 말할 수 없사오며, 궁성 서문 밖의 작은 냇물이 도관
都官 북쪽에 이르러 오른편 물과 합류하여 일직선으로 가로질러 내려가니, 바로 옛사
람의 명당 상류수 이론에 부합되는 것입니다. 하필 공교하게 파서 비뚜로 흐르게 하
겠습니까. 신의 마음에는 예전대로 두는 것만 같지 못하다고 생각되옵니다. 지리서
에 이르기를, '왼편에 물 있고 왼편에 산 있으면 재물이 쉽게 생기고, 오른편 활로 오
른편을 안은 것은 그 다음 간다. 음택陰宅이나 양택陽宅이나 다 이러하되 왼편의 산에
서 기울어져 흐르는 것만 같지 못하다.' 하였습니다."

하니, 아뢴 것을 풍수학에 내려 보냈다.

原文 御經筵相地. 李陽達啓: "景福宮明堂之水, 左水出自昭格殿洞源, 右水出自白嶽及仁
王山麓, 至惠政橋下, 左右水合流回抱, 不可謂背流. 宮城西門外小川流, 至都官北, 與右水合
流, 如一字之橫過, 正合古人明堂上水議論, 何必巧鑿傾流, 臣心以爲莫如仍舊. 地理書曰: '左
水左山財易發, 右弓右抱次其間. 陰陽二宅皆如此, 莫如傾流左畔山.'"啓下風水學.

__ 『세종실록』 권61, 세종 15년 8월 갑신

자료13

대내에서 내온 꽃 한 가지를 정승들에게 보이며 이르기를, "가을에 피는 꽃을 옛사람
은 흔히 재앙이라고 지목하였는데, 전에 창경궁昌慶宮에서 화재가 발생했을 때 한 대
간臺諫이 재변災變이라 하여 행차하지 말 것을 청하였다. 만약 그들에게 이 꽃을 보인

다면 또한 반드시 재앙이라 하리라." 하였다. 정승들이 아뢰기를, "복숭아·오얏이 겨울에 꽃핀다면 상리常理에 어긋나므로 그것을 재변이라 하는 것은 옳습니다. 이제 이 한 가지 꽃이 비로 말미암아 우연히 핀 것을 어찌 재변이라 할 수 있겠습니까. 복숭아·오얏이 겨울에 필지라도 반드시 만개滿開하여야 비로소 재변이라 할 수 있습니다." 하였다

原文 內出花一枝 示于政丞等曰 秋之開花 古人多指以爲災者 前日昌慶宮失火 有一臺諫以爲災變 請勿行幸 若使此輩見此花 則亦必以爲災矣 政丞等啓 桃李冬華 反於常理 其謂災也宜矣 今此一枝之花 因雨偶開 豈可以爲災乎 雖桃李冬華 必滿開然後 始可謂之災也

_ 『연산군일기』 권54, 연산군 10년 7월 계축

출전

『세종실록』

『연려실기술』

『연산군일기』

『사여전도통궤(四餘纏度通軌)』: 조선 초기의 천문학자 이순지와 김담이 왕명을 받아 세종 26년(1444)에 출간한 천문서. 사여(四餘)의 운행을 추산하는 방법을 해설한 책이다.

찾아읽기

박성래, 「대원군시대의 과학 기술」, 『한국과학사학회지』 2권 1호, 1980.

박성래, 「한·중·일의 서양과학수용」, 『한국과학사학회지』 3권1호, 1981.

박성래, 「조선시대 과학사를 어떻게 볼 것인가」, 『한국사시민강좌』 16, 1995.

국사편찬위원회, 『한국사』 27, (조선초기의 문화 II), 1996.

국사편찬위원회, 『한국사』 35, (조선후기의 문화), 1998.

임정혁, 「과학사에 있어서의 '근세'」, 『한국과학사학회지』 25권 2호, 2003.

이은희, 『칠정산내편의 연구』, 한국학술정보, 2007.

안영숙, 『칠정산외편의 일식과 월식 계산방법』, 한국학술정보, 2007.

이은희·한영희, 「조선초 간행의 교식가령 연구」, 『한국과학사학회지』 34권 1호, 2012.

박성래, 『한국과학사상사』, 책과함께, 2012.

3 조선 도자의 다양성과 순백의 미

분청사기와 백자

도자사에서 조선 전기는 고려청자의 제작 전통이 계승·변화되어 분청사기가 만들어지고, 백자가 본격적으로 생산되면서 다양한 도자 문화를 형성한 시대였다. 분청사기는 우리나라만의 독자적인 도자 양식으로 14세기 후반부터 16세기 전반까지 약 200여 년간 성행하였다. 조선 백자는 고려 백자의 전통을 바탕으로 중국의 희고 단단한 경질 백자의 영향을 받아 제작되었으며 조선 전 기간 동안 널리 성행하였다.

분청사기의 등장과 특징

분청사기는 '분장회청사기粉粧灰靑砂器'의 준말로 고려 말 상감청자의 품질이 점차 나빠지자 조선시대에 이르러 그릇 표면에 백토를 듬뿍 발라 장식한 데에서 이름이 붙여졌다. 분청사기는 기본적으로 회색 태토가 담청색 유약 속에 비쳐 보여서 표면은 회청색인 경우가 많으며, 그 위에 백토를 분장하였기 때문에 결국 '백토를 분장한 회청사기'를 말한다. 청자 및 백자와 구분되는 분청사기의 두드러진 특징은 태토의 표면에 백토를 바르고 그 위에 갖가지 기법으로 다양한 소재를 장식한다는 점이다.

분청사기는 고려 시대에 질 좋은 청자를 만들던 장인들이 고려 말 왜구의 출현과 혼란한 정세를 피해 전국 각지로 흩어져 생계를 위해 조잡한 청자를 만들게 되면서 등장했다. 따라서 분청사기는 전라도 강진과 부안 등지의 대단위 고려 시대 청자 생산지와 달리 중·소규모의 전국 각지의 가마에서 생산되었다. 분청사기를 제작하던 가마터는 중부와 남부 지방에서 주로 발견되는데, 이는 『세종실록』 지리지에 보이는 도자기 제작지의 숫자에 부합한다.[자료1]

분청사기 상감연화당초문 병은 대한민국 보물 제1067호로, 상감기법을 써서 연꽃 덩굴무늬를 새긴 조선 시대 분청사기 병이다.

분청사기는 제작 기법이나 형태, 문양에 있어서 고려청자의 제작 전통을 바탕으로 장식 기법과 문양 소재, 제작 방법이 새롭고 다양하게 발전하면서, 청자와 구분되는 개성과 특징을 갖춘 자기로 탄생하였다. 분청사기는 그릇의 종류도 많지만 장식 기법과 소재가 다양한 것이 중요한 특징이다. 장식은 그릇 표면에 백토를 얇게 칠하거나 뾰족한 도구로 새기거나 칼로 긁거나 도장으로 찍거나 붓으로 그림을 그리는 등 여러 기법을 사용했다. 장식 방법이나 재료에 따라 분청사기의 장식 기법은 상감象嵌, 인화印花, 조화彫花, 박지剝地, 철화鐵畵, 귀얄, 덤벙 등으로 구분된다.

상감은 표면에 음각을 한 후 움푹 파인 부분에 백토나 자토를 채워 장식하는 기법으로 색의 대비에 의해 장식 효과를 나타낸다. 인화는 단순한 형태의 문양이 새겨진 도장을 그릇 표면에 찍은 후, 그 홈에 백토를 채워 장식 효과를 내는 기법으로, 넓은 의미에서 상감과 동일하다. 조화는 그릇 표면에 귀얄 방식으로 백토를 얇게 칠한 후 그 위에 뾰족한 도구로 그림을 그려 장식하는 기법이다. 박지는 조화 기법으로 그림을 그린 후 소재 배경 면에 남아 있는 백토를 긁어 장식 효과를 내는 기법이다. 철화는 얇게 바른 백토 위에 산화철을 안료로 해서 그림을 그리거나 칠하여 장식하는 기법이다. 귀얄은 풀을 바를 때 쓰는 넓적한 붓인 귀얄로 백토만을 얇게 바른 기법인데, 회흑색 바탕에 이리저리 빠른 속도로 백토를 칠할 때 나타나는 붓 자국의 굵고 가는 질감과 속도감, 그리고 색의 대비가 특징이다. 덤벙은 그릇의 굽을 잡아 거꾸로 들고 백토를 탄 물에 담갔다가 꺼내어 표면을 하얀 흙으로 얇게 씌워 장식하는 기법이다.

분청사기는 1467년 무렵 경기도 광주에 관요인 사옹원 분원이 설치되면서 질과 장식 기법, 성격 등이 크게 변화하였다. 관요의 설치로 백자는 눈부시게 발전한 반면 분청사기는 지방의 관아용이나 그 지역의 민수품으로 장식이 변화되고 수요가 줄어들었다. 조선의 왕실은 관요가 설치되기 이전인 15세기 전반까지 각 지방의 사기 장인들로부터 분청사기를 공납받아 사용하였다. 특히 태종 17년(1417)에는 공납품의 사취를 막기 위해 그릇에 납품처 관청의 이름을 새기도록 했으며, 세종 3년(1412)에는 만든 사람인 장인의 이름을 쓰게 하여 품질 향상을 꾀하기도 하였다. 따라서 분청사기는 15세기에 전성을 누리다가 서서히 지방화되고 소멸되었다.[자료2·3]

분청사기는 조선 초기의 활기찬 사회 분위기를 담아낸 듯 다양하고도 독특한 장식 기법과 개성이 넘치는 소재와 표현 방법으로 고려청자나 조선 백자와 구분되는 독특한 도자 문화를 구축하였다. 또한 전국 각지의 가마에서 만들어지고 공통의 제작 경향을 나타내기도 하였으며, 격식과 화려함을 갖추고 있으면서 일상의 해학과 자유로움이 함께 나타난다. 16세기 이후 분청사기는 조선 백자의 유행과 증가로 장식이 단순해지고 질이 거칠어지면서 수요가 줄어들었고 제작이 중단되기에 이르렀다.

백자의 특성과 전개

백자는 백토로 만든 형태 위에 무색 투명한 유약을 입혀 섭씨 1,300~1,350도 정도에서 환원염으로 구워낸 자기의 일종이다. 백자는 청자보다 조금 더 높은 온도에서 굽기 때문에 기술적으로 앞선 그릇이다. 청자나 백자는 고령토로 불리는 백토로 형태를 만들지만 백자의 흙이 청자보다 순도가 더 높다. 잡물 제거가 잘된 유약을 백자에서 사용하기 때문에 청자에서 흔히 보이는 미세한 균열이 백자에서는 잘 보이지 않는다.

조선 왕조에 들어와 백자가 청자를 대체해 제작된 배경에는 왕실이 추구한 일반인의 백자 사용 규제 정책, 백자에 대한 양반의 관심과 수요 증가, 중국 백자의 전래, 주자성리학의 발달 등의 요인이 있었다. 특히 주자성리학이 발달하면서 인간의 외적인 화려함보다는 내면의 수양을 중시하면서 질박하고 검소한 삶을 추구했던 조선의 시대적 분위기가 백자의 단순, 소박, 순백함으로 표현되었다고 할 수 있다.[자료4·5·10]

국보 제170호인 백자 청화매조죽문 유개항아리. 청색 안료로
매화, 대나무, 새를 그려넣은, 조선 백자 항아리이다. 연꽃봉우리
모양의 보주형 꼭지가 달린 뚜껑이 있으며 항아리의 주둥이는 안
으로 기울어져 있고, 어깨에서 벌어졌다 좁아져 세워진 몸체의
윗부분이 풍만한 모습이다.

조선의 백자는 조선 왕조 전 기간 동안 널리 성행하였지만, 특히 1467년 무렵 경기도 광주에 관청 및 궁중용 백자를 만들기 위한 관요官窯인 사옹원의 분원이 설치되면서 비약적으로 생산되기 시작하였다. 궁중의 각종 행사와 사신 접대, 양반들의 선호 등으로 인해 백자의 수요가 증대하면서 고령 등지의 공납만으로는 이를 충당할 수 없었다.[자료6·7] 그리하여 한양과의 거리, 연료로 사용된 나무, 한강을 통한 물자의 운송 등의 요인을 고려하여 광주에 분원이 설치되었다. 현재 300여 곳의 분원 가마터가 남아 있다. 관요의 설치와 사옹원의 운영은 국가의 새로운 요업 체계 확립을 의미하였다. 이로 인해 백자의 제작과 생산을 왕실과 관청에서 주도하게 되었고, 또한 백자가 조선 시대에 가장 중요한 도자공예품으로 자리를 잡게 되었다.

백자는 표면의 문양이나 색깔의 장식 기법에 따라 크게 순백자, 청화백자, 상감백자, 진사백자, 철화백자 등으로 구분할 수 있다. 백자의 하얀 빛깔은 우윳빛인 유백에서 눈처럼 하얀 설백, 회색빛의 회백, 그리고 푸르고 하얀 빛인 청백 등으로 점차 바뀌어 갔다. 순백자 가운데 대표적인 백자가 '달항아리'이다. 청화백자에 쓰인 청화안료는 중국에서 수입된 페르시아산의 회회청[回回靑, 중국의 신강성 회회 지방의 청색 안료]으로 세종 때부터 수입되기 시작하였으나 값이 비싸고 구하기가 어려웠다. 이를 대체하기 위해 토청[土靑, 불순물이 섞인 국내산 코발트 안료]을 개발하기도 하였다. 또한 백자의 제작과 사용을 규제하고 왕실과 관청에서 백자를 독점하기 위해 청화백자의 사용을 금지하거나 관요백자의 백토도 통제하였다.[자료8~10]

양란을 거치면서 조선의 도자 생산은 한동안 침체되었다. 1630년대부터 고가의 수입 안료인 회회청 대신 토청의 철화안료를 사용한 철화백자가 널리 성행하였다. 대외무역이 활성화되는 18세기에 도자를 비롯한 문화와 산업이 크게 융성하였는데 18세기 후반에 이르러 분원과 지방의 요窯에서 청화안료를 자체 생산하게 되면서 청화백자가 활발하게 제작되었다. 흰 바탕에 푸른 유약을 입혀 꽃·새·산수·인물 등 다양한 문양을 넣어 예술성이 높아진 다종다양한 형태의 청화백자가 널리 유행하였다.

조선 도자의 대외 교류

중국으로부터 희고 단단한 경질백자의 유행을 수용한 이후 조선의 백자가 사신을 통해 중국에 전파되거나 통신사의 선물로 일본에 전달되었다. 특히 일본은 조선에 설치된 왜관을 통해 조선의 자기를 주문 제작까지 하여 대량으로 수입해 갔다. 무엇보다 조선 도자와 그 제작 기법이 일본에 전파된 것은 임진왜란을 통해서였다. 전란을 통해 일본으로 납치된 조선의 도자 장인들은 17세기 초 규슈, 아리타[有田] 등지에서 일본 최초로 백자를 만드는 데 성공하였다.

원래 현대 백자와 같은 완벽한 백자는 14세기에 중국에서 처음 만들어졌다. 조선은 이 백자 기술을 받아들여 15세기에 조선 특유의 백자를 완성하였다. 그리고 17세기에 일본도 백자를 만들 수 있게 되어 3국 모두 백자 문화권에 들어서게 되었다. 일본의 도자는 이때부터 급속히 발전하였고, 유일하게 개항이 허용된 데지마[出島]를 통해 유럽으로까지 수출하였다.

자료1 세종 대 자기소 및 도자소 현황

구분	경기도	충청도	경상도	전라도	강원도	황해도	평안도	함경도	합계
자기소	14	23	37	32	4	12	12	5	139
도자소	20	38	34	39	10	17	12	15	185
계	34	61	71	71	14	29	24	20	324

— 『세종실록』 권148~155, 지리지

자료2

… 호조에서 또 아뢰기를, "장흥고의 공안부 사목기貢案付砂木器에 금후로는 '장흥고長興庫'라 3자三字를 새기고, 기타 각사各司에 납부하는 것도 또한 장흥고의 예例에 의하여 각기 그 사호司號를 새겨서 제품을 만들어 상납하게 하고, 위의 표標가 있는 기명器皿을 사장私藏하다가 드러난 자는 관물官物을 훔친 죄를 받게 함으로써 큰 폐단을 끊게 하소서." 하였다. 모두 그대로 따랐다.

原文 …戶曹又啓 長興庫貢案付砂木器 今後刻長興庫三字 其他各司所納 亦依長興庫例 各刻司號 造作上納 上項有標器皿 私藏現露者 以盜官物坐罪 以絶巨弊 皆從之

— 『태종실록』 권33, 태종 17년 4월 병자

자료3

공조에서 계하기를, "진상하는 그릇은 대개 마음을 써서 튼튼하게 제조하지 아니하였기 때문에, 오래 가지 않아서 파손되니, 지금부터는 그릇 밑바닥에 만든 장인匠人의 이름을 써 넣어서 이후에 참고하도록 하고, 마음을 써서 만들지 않은 자에게는 그 그릇을 거두어들이게 하소서." 하였다. 그대로 따랐다.

原文 工曹啓 凡進上器皿 不用心堅緻造作 緣此不久破毀 今後於器皿底 書造作匠名 以憑後考 其不用心者 徵其器皿 從之

— 『세종실록』 권권11, 세종 3년 4월 16

자료4

사헌부장령 이형증이 아뢰기를, "병조판서 이선이 개성부유수가 되었을 제 역마 3필을 지인知印 황재중에게 주어 전라도에 보내고 표전지表箋紙와 백자기白磁器를 구하여 왔었는데, 교대할 때에 황재중이 표전지 12장만을 바쳤습니다. 새 유수留守가 생각하기를 당초에 말 여러 필을 가지고 갔었으니 이 물건만이 아닐 것이고 반드시 실어온 물건이 있었을 텐데 숨기는 것이라 여기고 국문하였으나 실정을 잡지 못하였으므로 사헌부에서 잡아다 문초하였습니다. 황재중이 말하기를, '처음에 면주縣紬 3필을 가지고 가서 표전지 12장을 샀고, 그 나머지는 전라감사와 절제사節制使 및 남원부사 등이 증여한 유둔油芚·안총鞍籠·백자기 등의 물건인데, 이미 전임 유수 이선에게 전하였습니다' 하였습니다. 청컨대 전라감사 등은 모두 국문해야겠나이다." 하였다. 임금이 말하기를, "내 이미 알고 있다." 하였다.

> **原文** 司憲掌令李亨增啓曰 兵曹判書李宣爲開城府留守 給鋪馬三匹于知印黃在中 求表箋紙與白磁器於全羅道 及見代 在中只將表箋紙十二張納府 新留守以爲 初以數馬而行 非只爲此物也 必有?來之物而諱之 鞫而未得其情 本府執致訊之 在中曰 初齎縣紬三匹而去 買得表箋紙十二張 其餘則乃全羅監司 節制使 南原府使等所贈 油縣芚 鞍籠 白磁器等物也 已傳於前留守李宣也 請將監司等 幷加鞫問 上曰 予已知之
>
> _ 『세종실록』 권116, 세종 29 윤4월 무진

자료5

대소원인이 … 주기 외에 금은·청화백자기를 사용하는 자는 … 모두 장 80대에 처한다.

> **原文** 大小員人 用 … 酒器外 金銀 靑畫白磁器者 … 並杖八十
>
> _ 『경국대전』 권5, 형전 금제

자료6

고령에서는 해마다 백사기白沙器를 진공하였는데, 공인工人의 솜씨가 매우 거칠어서 이지러지고 흠집 난 그릇이 많았기 때문에, 담당 관리가 힐책을 받았다. 그런데 선공주1이 그곳에 가서는 공인을 불러서 이르기를, "옛날에 순舜 임금은 하빈河濱에서 질그릇을 만들었으므로, 호공胡公을 기용器用에 이롭다 하여 진陳에 봉封하였다. 이것을 어찌 하찮게 여길 수 있겠느냐. 너희들은 조손祖孫이 대대로 그 업業을 지켜왔는데 어찌하여 이토록 거칠단 말이냐. 너희들 처자妻子는 모두 떡을 만들 줄 알아서, 체를 여러 번 사용하면 쌀가루가 정결精潔해지는 것이고, 오래도록 문지르면 결이 매끄러워지

주1 선공: 김종직의 부이며 유학자인 김숙재(金叔滋, 1389~1456).

는 것이니, 그 방식과 이것이 어찌 다르겠느냐." 하였다.

마침내 아홉 번 체질하는 법을 가르친 결과, 그릇의 정치精緻하고 선결鮮潔하기가 광주廣州나 남원南原의 것보다 우월해졌다. 이에 앞서서는 그릇을 진헌進獻할 적마다 광주와 남원의 공인은 상賞을 받고, 고령현의 공인은 흔히 죄를 받았다. 지금은 고령현의 공인은 상을 받고, 광주와 남원의 공인은 도리어 견책을 받음으로써, 지금까지 선공의 은택을 힘입고 있다.

原文 高靈歲貢白砂器 工人用功 甚鹵莽 故器多若窳 官被詰責 先公至 召語工人曰 昔舜陶河濱 胡公利器用而封之陳 是豈可少哉 若等祖孫 世守其業 何鹵莽如是 若等妻子 皆知造餠餌篩之數重 則米屑精潔 撫按良久 則脈理膩滑 其用工與此何殊 遂敎其下九篩之法 精緻鮮潔 居廣州南原之右 先是 每進獻 二邑之工受賞 縣工多得罪 今縣工得賞 而二邑之工 反受譴 至今賴之

_ 김종직, 『점필재집』 이존록 하, 선공사업 4

자료7

을해년 여름에는 김 남해 윤덕金南海允德과 청도淸道의 공관에서 만나 밤에 이야기를 나누었는데, 공주2이 이르기를, "내가 옛날 고령에 있을 적에 김종서가 당시 도순찰사로 그 현縣에 들어와서 나를 불러 함께 식사를 하였는데, 김종서가 책상 위에 있는 백사기를 가리키면서 말하기를 '귀현貴縣의 사기가 매우 좋다'는 말을 두세 번이나 계속하였습니다. 그러나 나는 실로 그가 가지고 싶어 하는 줄을 알아차리지 못하고, 다만 '예' 하고 물러나와 버렸습니다. 그런데 뒤에 김종서가 서울에서 누차 사람을 대해서 나의 졸拙함을 책망하여 그 말이 나에게 전해지기를 기대하였습니다." 하였다.

주2 공: 김종직의 부친 김숙자를 가리킴.

原文 乙亥夏 與金南海允德 遇於淸道公館夜話 公云 予昔在高靈 金宗瑞時以都巡察使入縣 召余對食 金指案上白砂器曰 貴縣砂器 甚善甚善 言至再三 予實未了其欲之也 只唯而退 後金在京師 屢對人誚予之拙 冀予聞之

_ 김종직, 『점필재집』 이존록 하, 선공사업 4

자료8

전라도경차관全羅道敬差官 구치동丘致峒이 순천부에서 회회청과 비슷한 돌을 캐냈는데, 사기에 그림을 그려 구워내는 데 쓰인다. 아울러 강진현에서 청철靑鐵을 캐내어서 바치었다.

原文 全羅道敬差官丘致峒 採順天府回回靑相似石 畫沙器燔造 竝採康津縣靑鐵以進

_ 「세조실록」 권34, 세조 10년 8월 무자

자료9

천추사[이희옹(李希雍)인데 죽었다]의 서장관 이안충李安忠이 서울에 들어와 숙배肅拜하니
상이 사정전에서 인견하였다. 이안충이 아뢰기를, "… 신들의 생각에 금단禁斷하는
물건이 없으면 애걸할 것이 없겠기에, 궁각弓角·상모象毛 등의 물건은 위에 주달奏達
해 본 다음에 다시 무역하려고 이번에는 무역해 오지 않았고, 명박영자明珀纓子 및 도
련아청擣鍊鴉靑·회회청 등의 물건도 무역해 오지 못했으며, 호박琥珀·독활獨活·마
아초馬牙硝 등의 물건도 무역해 오지 못했습니다. 육두구肉豆蔻는 남방의 교지交趾에서
나는 것인데 요사이 중국과 교지가 서로 통하지 않고 있기 때문에 그런 물건들이 없
다 하였습니다. …"

原文 千秋使[李希雍身死] 書狀官李安忠 入京肅拜 上御思政殿引見 安忠曰 … 臣等以爲 無
禁物則無可乞之事 故如弓角 象毛等物 欲上達後更貿 而今不貿來也 明珀纓子及擣鍊鴉靑 回回
靑等物 無之故未得貿來 琥珀 獨活 馬牙硝等物 亦未得貿來 肉豆蔻 出於南方交趾之國 中國 近
與交址不相通 故無此物云 …

_ 「중종실록」 권97, 중종 36년 12월 기묘

자료10

사람이 사용하는 것 중에 질그릇이 가장 긴요하다. 지금의 마포와 노량진 등은 모두
진흙 굽는 것을 업으로 삼으니, 이는 모두 질그릇·항아리·독의 종류이다. 자기磁器
의 경우 백토白土를 써서 정밀하게 구워 만들어야 사용하기가 좋다. 외방 각 도道에 만
드는 사람이 많이 있으나, 다만 고령高靈에서 만드는 것이 가장 정교하다. 그러나 그
것도 광주廣州에서 만든 것만큼 정묘하진 못하다. 해마다 사옹원司饔院 관리를 좌우편
으로 나누어 각각 서리를 인솔하고 봄부터 가을까지 만드는 것을 감독하여 어부御府
에 보내어 바치게 하였는데 그 공로를 기록하여 등급의 차례를 정하여 뛰어난 사람에
겐 물건을 하사하였다. 세종 때에 임금이 사용하는 그릇은 오로지 백자기를 썼는데,
세조 때에 이르러서는 채색한 자기를 섞어서 썼다. 회회청을 중국에서 구하여 술병

과 술잔에 그림을 그렸는데, 중국과 다르지 않았다. 그러나 회청이 드물고 귀하여 중국에서도 많이 얻을 수 없었다. 조정에서 의논하기를, "중국에서는 비록 궁벽한 촌의 조그만 오막살이 술집에서도 모두 그림을 그린 그릇을 사용하는데, 어찌 다 회청으로 그린 것이리오. 응당 다른 물건으로 그릴 만한 것이 있을 것이다." 하였다. 중국에 가서 물으니, 모두 말하기를, "이는 토청土靑주3이다." 하였으나, 토청 역시 구할 수가 없었다. 이런 이유로 우리 나라에서는 그림 그린 사기 그릇이 매우 적다.

주3 토청(土靑): 청화 자기에 쓰는 푸른 도료.

原文 人之所用 陶器最緊 今麻浦露梁等處 皆以陶埴爲業 此皆瓦器缸瓮之類 至如磁器 須用白土 精緻燔造 然後可中於用 外方各道 多有造之者 惟高靈所造最精 然不若廣州之尤爲精也 每歲遣司甕院官 分左右邊 各率書吏 從春至秋 監造而輸納于御府 錄其功勞 而等第之 優者賜物 世宗朝御器 專用白磁 至世宗朝 雜用彩磁 求回回靑於中國 畫樽罍盃觴 與中國無異 然回靑罕貴 求中國亦未多得 朝廷議曰 中國雖窮村茅店 咸用畫器 豈皆回靑所畫 應有他物可畫者 訪於中國 則皆曰此土靑也 然所謂土靑者 亦未求得 由是我國畫磁器尠少

___ 성현, 『용재총화』 권10

출전

『경국대전』

『세조실록』

『세종실록』

『용재총화』

『중종실록』

『태종실록』

『점필재집(佔畢齋集)』: 조선 전기의 문신 김종직의 문집이다. 김종직이 죽은 다음 해인 성종 24년(1493) 그의 제자 조위에 의하여 편집되었다. 1497년 정석견에 의하여 최초로 간행되었으나 무오사화로 세상에 전하여질 수 없었다. 1520년에 생질인 강중진이 선산에서 다시 간행하였다.

찾아읽기

강경숙, 『한국도자사』, 일지사, 1989.

강경숙, 『분청사기』, 대원사, 1991.

김영원, 『조선백자』, 대원사, 1991.

정양모, 『한국의 도자기』, 문예출판사, 1991.

윤용이, 『한국도자사연구』, 문예출판사, 1993.

국사편찬위원회, 『한국사』 27(조선초기의 문화 II), 1996.

강경숙, 『한국도자사의 연구』 시공사, 2000.

방병선, 『순백으로 빚어낸 조선의 마음, 백자』 돌베개, 2002.

김영원, 『조선시대 도자기』 서울대학교 출판부, 2003.

방병선, 『왕조실록을 통해 본 조선도자사』 고려대학교 출판부, 2005.

방병선 외, 『한반도의 흙, 도자기로 태어나다』(한국문화사 32), 국사편찬위원회, 2010.

VI.

조선 전기의
군사 · 대외관계

1 군사 조직의 정비
5위와 진관 체제

조선의 통치 체제는 행정 제도뿐만 아니라 군사 조직의 개편을 통해 정비되어 갔다. 중앙군은 국왕을 보위하고 수도의 치안을 확보하는 임무가 가장 중요했고 5위 체제로 정비되었다. 지방군은 평안도와 함길도에 설치된 군익도 체제를 전국으로 확장하는 과정에서 세조 3년(1457) 진관 체제로 정비되었다. 진관 체제는 전국 각지의 요충지를 거진으로 해서, 거진의 군사 기지로서의 거점적 성격을 분명히 하고 나머지 주변 지역의 진들이 거진에 소속되도록 편성한 체제였다.

중앙군제의 정비

고려 말의 군제는 무신 집권기와 대몽 항쟁기를 거치면서 2군 6위의 중앙군 조직이 무너진 이래 군대의 징발과 통솔권이 모두 장수에게 위임된 사병제私兵制로 운영되고 있었다. 이러한 사병제 운영으로 고려 말의 정치는 혼란을 면치 못했다. 조선 왕조 개국 이후 정도전은 의흥삼군부를 설립하여 종래 사병의 성격을 띤 중앙군과 지방군을 모두 귀속시킴으로써 일원적 지휘 체제를 확립하려 했다.[자료1] 그러나 이러한 병권 집중 운동은 이방원[태종]에 의해 정도전이 살해됨으로써 중단되었다.

이방원은 정권을 잡기 위해 정도전을 제거했으나 병권 집중 자체를 반대한 것은 아니었다. 더욱이 이방원은 자신의 권력을 확고하게 하기 위해서라도 공신들이 거느린 사병 혁파가 절실했다. 그리하여 정종 2년(1400) 대사헌 권근, 문하부좌산기門下府左散

조선 초기의 행정 구역. 8도의 관찰사는 행정·군사 및 사법권을 행사하며, 수령을 지휘·감독하고, 민생을 순찰하는 감찰관의 기능도 갖고 있었다. 각 도에는 병영과 수영을 두고 병사와 수사를 파견하여 군사를 지휘하도록 하였다. 병영과 수영은 한 도에 각각 하나씩 두고 관찰사가 병사와 수사를 겸하는 것이 원칙이었으나 국방상 요지에는 따로 전임의 병사·수사를 파견하였다.

騎 김약채 등의 사병 혁파 건의를 받아들여 사병을 혁파했다.[자료2] 이러한 사병 혁파는 중앙 집권 체제의 확립을 가능하게 한 밑바탕이 되었다.

사병 혁파 이후 중앙군은 삼군부의 통솔 아래 10사司로 구분되었다. 이것은 세종 27년(1445)에 12사로 확대되었다가 문종 원년에는 5사로 축소 개편되었다. 이후 세조 3년(1457)에는 5사를 다시 5위로 개편하여 지금까지 5사의 영領에 고루 분속되던 중앙군의 병종兵種들을 각 병종별로 5위에 분속시켜 중앙군의 편제를 완전히 오위진법五衛陣法에 부합되도록 했다.[자료3]

5위는 의흥위, 용양위, 호분위, 충좌위, 충무위로 구성되었다. 이들 5위는 중앙의 각 병종뿐 아니라 지방의 병력도 통할했으니, 의흥위는 서울 중부와 개성부·경기·강원·충청·황해도의 군사, 용양위는 서울 동부와 경상도, 호분위는 서울 서부와 평안도, 충좌위는 서울 남부와 전라도, 충무위는 서울 북부와 영안도[함경도]의 군사를 각각 통할했다. 또 각 위는 5부部로 구성되었고 각 부는 4통統으로 나뉘었으며, 각 통의 아래에는 여旅 · 대隊 · 오伍 · 졸卒의 계통이 세워져 있었다. 5위의 중심 병력은 취재를 통해 선발한 갑사甲士였다. 물론 양인 가운데 의무 군역으로 번상 시위하는 정병正兵이 있었지만 이들은 갑사에 비해 부차적인 군사적 비중을 차지하고 있었다.

지방군제의 정비

조선 전기의 지방군제 역시 세조 때에 정비되었다. 세조 원년(1455)에는 이때까지 북방[평안·영안도]의 익군翼軍과 남방의 영진군營鎭軍으로 2원화되어 있던 군사 조직을 북방의 예에 따라 군익도軍翼道 체제로 통일했다. 이는 각 도를 몇 개의 군익도로 나누고, 각 군익도는 다시 중 · 좌 · 우의 3익으로 편성하여 인근의 여러 고을들을 여기에 소속시킴으로써 하나의 군사 단위를 이루도록 한 것이었다. 이것이 2년 뒤에는 다시 진관 체제鎭管體制로 변경되어 지방군제가 완성되었다. 진관 체제는 군익도의 중첩성을 지양하고 거진巨鎭을 중심으로 주변의 여러 진들을 이에 속하게 하여 하나의 진관으로 편성함으로써 자전자수自戰自守하는 독립적인 군사 거점의 성격을 갖도록 한 것이었다. 이때 육군만이 아니라 수군도 이러한 진관 조직을 갖추었다.

조선 전기의 지방 군사 제도는 이 진관 체제를 바탕으로 조직되었다. 먼저 각 도에는 병영兵營과 수영水營을 두고 병마절도사[병사]와 수군절도사[수사]를 파견하여 군사를 지휘하도록 했다. 병영과 수영은 한 도에 각각 하나씩 두고 관찰사가 병사와 수사를 겸하는 것이 원칙이었으나 국방상 요지에는 병영 · 수영을 증치하여 별도로 전임의 병사 · 수사를 파견했다. 병사는 경기 · 황해도 · 강원도에 1명, 충청 · 전라 · 평안도에 2명, 경상 · 함경도에 3명씩을 두었고, 수사는 황해 · 강원도에 1명, 경기 · 충청 · 평안도에 2명, 경상 · 전라 · 함경도에 3명씩을 두었다.

그러나 진관 체제는 15세기 이후 대립제代立制, 방군수포제放軍收布制 등 군역제의 문란으로 인해 무너져 갔고, 명종 10년(1555) 을묘왜변 이후에는 이에 대신하여 제승방략 체제가 등장하게 된다. 제승방략이란 유사시에 각 읍의 수령들이 소속 군사를 이끌

고 본진을 떠나 지정된 방위 지역으로 가서 서울에서 보낸 경장京將이나 그 도의 병·
수사를 기다려 지휘를 받는 전술이다. 그러나 이것은 후방 지역에는 군사가 없어 일차
방어선이 무너지면 그 뒤를 막을 방도가 없었으므로 임진왜란 초기 패전의 한 원인이
되었다.[자료4]

자료1

우리나라에서는 당나라의 부병府兵 제도주1를 우리 실정에 맞게 가감하여 10위衛를 설치하고 매 1위마다 5영領을 소속시켰으며, 상장군上將軍에서 장군將軍, 중랑장中郎將에서 위정尉正에 이르는 무관을 의흥삼군부義興三軍府주2에서 통솔케 했다. 재상으로 하여금 의흥삼군부의 일과 여러 위衛의 일을 맡게 했으니 … 체통이 엄격했다. 각 도에는 절제사를 두고 주군州郡의 군사를 당번제로 상경시켜 숙위하게 했으니, 이것은 중앙과 지방이 서로 유기적인 관계를 맺도록 하고자 하는 뜻이며, 지방의 군사를 의흥삼군부의 진무소鎭撫所에 소속시킨 것은 중앙이 지방을 통어하고자 하는 뜻이다.

原文 國家損益唐府兵之法 立十衛 每一衛率五領 自上將軍以下 至將軍 自中郎將以下 至尉正統之義興三軍府 令宰相判府事判諸衛事 … 體統嚴矣 每道置節制使 其州郡之兵 番上宿衛 亦內外相制之義 而屬之義興三軍府鎭撫所者 以內御外之義也

— 『삼봉집』 권7, 조선경국전상, 치전 군관

자료2

우리 태상왕이 개국하신 처음에 특별히 의흥삼군부를 두고 병권을 전담하도록 했습니다. 그러나 당시는 혁명 초기라 인심이 안정되지 않아 만약의 사태에 대비하기 위해 훈친勳親들로 하여금 사병을 거느리게 했습니다. 이로 인해 사병은 없어지지 않았고, 또 사병을 거느리고 있는 자들이 오히려 변란을 꾀하기도 했습니다. 다행히 하늘의 보살핌에 힘입어 전하께서 종사宗社를 안정시켰습니다만 사병은 여전히 존재하고 있습니다. … 사병은 한갓 변란만을 일으킬 뿐이요 이익이 없습니다. 지금 사병을 혁파하지 않으면 장래 어떤 화가 닥칠지 진실로 염려하지 않을 수 없습니다.

原文 太上王開國之初 特置義興三軍府 專掌兵權 革命之初 人心未定 當備不虞之變 宜令勳親各置私兵 由是私兵未能盡除 而典兵者 反謀扇亂 幸賴上天啓佑 殿下靖亂之社 至今日 私兵之置尚復如古 … 私兵之置 徒以生亂 未見其益 私門之兵 今亦未罷 將來之禍 誠不可不慮也

— 『정종실록』 권4, 정종 2년 4월 신축

자료3

【오위五衛】 의흥위義興衛 중위中衛이다. ○ 갑사甲士와 보충대가 이에 속한다. ○ 서울의 중부中部, 개성부, 경기의 양주·광주·수원·장단 진관鎭管의 군사는 중부中部에

주1 부병 제도: 당나라의 군사 제도. 부병은 지방 절충부에 소속된 군인을 말하며, 이들은 교대로 중앙에 번상하여 군역 근무에 임했다. 당의 부병제는 균전제에 입각하여 농민들에게 토지를 지급하고 이들 농민을 대상으로 조·용·조를 수취하거나 부병의 의무를 지우는 것이다.

주2 의흥삼군부: 조선 초기 군정을 총괄하던 군사 기구. 흔히 삼군부로 약칭된다. 고려 말 공양왕 3년(1391) 종래의 5군을 3군으로 바꾸어 삼군도총제부를 두었는데, 이를 태조 2년(1393) 9월 개칭한 것이다. 의흥삼군부는 태조의 친위 부대인 의흥친군위의 좌·우위와 고려 이래의 2군 6위의 8위를 합한 10위를 통솔하는 동시에, 종래 상장군·대장군의 회의처였던 중방을 대신하여 군사의 중추 기관으로 발전했다. 이후 오위 체제가 확립되면서 오위도총부로 개칭되었다.

속하고, 강원도의 강릉 · 원주 · 회양 진관의 군사는 좌부左部에 속하고, 충청도의 공주 · 홍주 진관의 군사는 우부右部에 속하고 충주 · 청주 진관의 군사는 전부前部에 속하고, 황해도의 황주 · 해주 진관의 군사는 후부後部에 속한다. 용양위龍驤衛 좌위左衛이다. … 호분위虎賁衛 우위右衛이다. … 충좌위忠佐衛 전위前衛이다. … 충무위忠武衛 후위後衛이다.

原文 【五衛】義興衛中衛○甲士補充隊屬焉○京中部開城府 京畿楊洲廣州水原長湍鎭管軍士 屬中部 江原道江陵原州淮陽鎭管軍士 屬左部 忠淸道公州洪州鎭管軍士 屬右部 忠州淸州鎭管軍士屬前部 黃海道黃州海州鎭管軍士 屬後部 龍驤衛 左衛 … 虎賁衛 右衛 … 忠佐衛 前衛 … 忠武衛 後衛

_ 『경국대전』 권3, 병전 경관직 오위

자료 4

비변사에서 진관법鎭管法을 복구하자고 청했으나 끝내 시행하지 않았다. 유성룡이 비변사에서 논계하기를, "국초에는 각도의 군병軍兵을 모두 진관에 분속시켰다가 위급한 상황이 발생할 경우에는 진관이 속읍을 통솔하여 잘 정돈하고 있으면서 주장主將의 호령을 기다렸습니다.

우선 경상도를 가지고 말한다면 김해 · 대구 · 상주 · 경주 · 안동 · 진주가 6진鎭이 됩니다. 그러다가 적군이 쳐들어와 한 진鎭의 군대가 혹 패하더라도 다른 진이 차례로 군사를 잘 단속하여 굳게 지켰으므로 여러 진이 연달아 붕괴되는 사태에까지는 이르지 않았습니다. 그런데 지난 을묘왜변 이후 김수문이 전라도에 있으면서 처음 분군법分軍法으로 고쳐 도 내의 여러 고을을 순변사巡邊使 · 방어사防禦使 · 조방장助防將 · 도원수都元帥 및 본도의 병사와 수사에게 나누어 소속시키고 이를 제승방략制勝方略이라고 했습니다. 이에 각도에서 모두 이것을 본받아 진관이라는 명칭은 남아 있었지만 실제상으로는 전과 같이 서로 연관되게 할 수는 없었습니다.

그리하여 혹시라도 위급한 사태가 발생할 경우 반드시 원근이 함께 동요하게 되고 장수가 없는 군사들은 들판에 먼저 모여 천리 밖에서 올 장수를 기다려야 할 형편이 되었습니다. 상수가 재 이르기도 전에 저병이 먼저 쳐들어올 경우 군사들의 마음이 먼저 동요될 것이니, 이는 반드시 패배할 방도입니다. 군사들이 일단 흩어지면 다시 모이기가 곤란하니, 이러한 때에 장수가 오더라도 누구와 함께 싸우겠습니까. 그러니

다시 조종조의 진관법을 정비하여 쓰는 것보다 더 좋은 법이 없습니다. 진관법은 평시엔 훈련하기가 쉽고 유사시엔 소집할 수가 있는가 하면 앞뒤가 서로 응하고 안팎이 서로 보완되어 토붕와해의 지경에 이르지는 않으므로 매우 편리합니다." 했다. 상이 이 말을 따라 각 도에 하서하여 상의하게 했다. 그러자 경상감사 김수가 아뢰기를, "제승방략이 시행된 지 이미 오래되었으므로 갑자기 변경시킬 수 없습니다." 했고 이 의논은 끝내 폐기되었다.

原文 備邊司請復鎭管法 竟不行 柳成龍議于備邊司曰 國初各道軍兵 皆分屬鎭管 有事則鎭管率屬邑 鱗次整頓 以待主將號令 以慶尙一道言之 則金海 大丘 尙州 慶州 安東 晉州是爲六鎭 脫有敵兵 一鎭之軍雖或失利 他鎭次第嚴兵堅守 不至於靡然奔潰 往在乙卯變後 金秀文在全羅道始改分軍法 割道內諸邑 散屬於巡邊使 防禦使 助防將 都元帥及本道兵 水使 名曰制勝方略 諸道皆効之 於是 鎭管之名雖存 其實不相維繫 一有警急 則必將遠近俱動 使無將之軍 先聚於原野之中 以待將帥於千里之外 將不時至 而賊鋒已逼 則軍心先動 必潰之道也 大衆一散 難可復合 此時將帥雖至 誰與爲戰 不如更修祖宗鎭管之制 平時易於訓鍊 有事得以調集 且使前後相應 內外相倚 不至於土崩瓦解 於事爲便 上從之 下各道商議 慶尙監司金晬以爲 制勝方略 行之已久 不可猝變 議遂寢

＿ 『선조수정실록』 권25, 선조 24년 10월 계사

■ 출전

『경국대전』

『삼봉집』

『선조수정실록』

『정종실록』

■ 찾아읽기

육군사관학교 한국군사연구실, 『한국군제사(근세조선 전기편)』, 육군본부, 1968.

차문섭, 『조선시대 군제연구』, 단국대학교 출판부, 1973.

천관우, 『근세조선사연구』, 일조각, 1979.

민현구, 『조선초기의 군사 제도와 정치』, 한국연구원, 1983.

국사편찬위원회, 『한국사』 23(조선 초기의 정치 구조), 1994.

김종수, 「조선초기 부병제의 개편」, 『역사교육』 77집, 2001.

김종수, 「고려·조선 시기 중앙군의 변화」, 『전농사론』 7집, 2001.

김종수, 『조선후기 중앙군제연구』, 혜안, 2003.

육군본부군사연구소, 『한국군사사 5 (조선 전기 I)』, 경인문화사, 2012.

육군본부군사연구소, 『한국군사사 6 (조선 전기 II)』, 경인문화사, 2012.

2 북방 영토의 개척
4군과 6진

우리나라 북방의 영토는 세종 때 4군과 6진이 설치되면서 확립
되었다. 이로 인해 여진족을 압록강 및 두만강 북쪽으로 몰아냈
고 국방상의 국경선 및 안정적인 농지를 확보할 수 있었다. 북방
의 영토는 고려 이래로 꾸준히 개척되어 왔고 조선 전기에 이르
러 실질적인 성과를 거두었다. 4군과 6진은 무엇보다 굳건한 영
토 의식을 지닌 세종의 북방 개척 의지와 탁월한 추진력에 의해
이루어진 결과였고, 이후 압록강과 두만강을 경계로 한 영토를
확정할 수 있었다.

4군과 6진의 개척

신라의 삼국 통일 이후 우리 민족의 최대 과제 가운데 하나는 북방 영토의 수복이
었다. 특히 고구려를 계승한 고려는 북진 정책을 국시로 삼아 이를 꾸준히 전개했으
며, 고려 말 원·명 교체기에 재차 북진을 시도한 바 있었다. 조선 시대에 들어와서도
이러한 정책이 여전히 계승되었지만 우리나라의 북방 지역은 조선과 명, 그리고 이 지
역에 흩어져 살고 있었던 여진족 등 삼자의 이해가 중첩되는 곳이어서 많은 어려움이
있었다.[자료1]

고려 말부터 조선 전기까지의 북방 정책은 국방상의 국경선 확보와 농지 확장을 목
적으로 한 동북면東北面과 서북면西北面의 북방 개척이었다. 고려 말에 동북면을 근거
로 하고 있던 이성계가 이미 이 지역의 여진족을 진무鎭撫하는 데 성공함으로써 국초

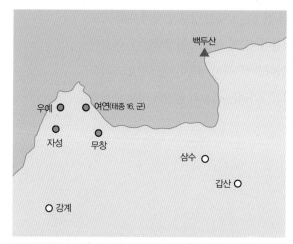

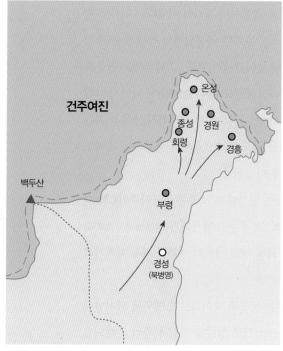

4군(위)과 6진(아래).

부터 두만강 하류 지역은 우리 강역에 포함되었다. 그 후 태종 때에는 여진족의 침입이 빈번하여 경원慶源에 설치했던 부府를 한때 경성鏡城으로 후퇴시킨 적도 있지만, 세종 때 다시 적극적인 북방 공략을 실시하여 이 지역을 회복했다. 즉 세종 16년(1434)부터 10여 년 동안 김종서 등으로 하여금 두만강 유역의 여진족을 정벌케 하여 경원·종성鍾城·회령·경흥·온성·부령富寧 등 6진鎭을 설치했다. 세종 16년에 경원과 회령, 세종 17년에 종성, 세종 19년에 경흥, 세종 22년에 온성, 그리고 세종 31년(1443)에 부령이 각각 설치됨으로써 두만강 유역을 확보할 수 있었다.

한편 압록강 유역에 대한 개척도 병행되었다. 압록강 하류 지역은 고려 말에 이미 수복했으나 상류 지역은 국초에도 여전히 여진족의 활동 무대로 남아 있었는데 태종 때 창성군昌城郡·석주石州·이주理州 등을 설치함으로써 압록강 이남 지방을 확보하게 되었다.[자료2] 그 뒤 이 지역에 대한 여진족의 침략이 심해지자 세종은 최윤덕崔潤德, 이천李蕆 등을 시켜 이들을 토벌하도록 하고, 그곳에 여연閭延·자성慈城·무창茂昌·우예虞芮 등 4군郡을 두었다.

4군 가운데 태종 16년(1416)에 여연군이 처음 설치되었고, 세종 15년에 자성군이, 세종 24년(1442)에 무창군이, 그리고 세종 25년(1443)에 우예군이 설치되면서 압록강 상류 지역을 확보할 수 있었다. 태종 16년부터 전개된 압록강 상류 일대에 대한 국토 개척은 세종 25년(1443)까지 27년에 걸쳐, 이른바 4군의 설치로 완성되었다. 이로써 오늘날 우리나라 영역의 기본 골격이 마련되었다.[자료3] 특히 세종이 4군 6진을 개척하는 과정에서 조종의 봉강封疆과 구지舊地를 지켜나가려는 세종의 군건한 영토 의식을 엿볼 수 있다.[자료1~6]

4군의 철폐

4군은 설치되자마자 토지가 척박하고 교통도 불편하여 지키기 어렵다는 이유로 폐지하자는 주장이 제기되었다. 실제로 4군은 조선의 북방 국경선에서 가장 돌출된 지역에 위치하여 적지의 내면으로 깊숙이 침투해 들어간 곳이었다. 그 배후에는 험준한 산악이 잇달아 자리 잡고 있어서 인근 지역들과의 교통도 매우 불편했다. 따라서 야인 집단이 방어상의 허점을 뚫고 침투할 가능성이 큰 지역으로서 지키기가 매우 어려운 곳이었다. 더구나 4군의 수비를 담당할 병력을 남도 지방으로부터 충당하는 데에도 많은 난점이 뒤따랐으며 군량의 운반 또한 매우 어려웠다.

그러나 이러한 여러 난점에도 불구하고 세종 연간에는 '조종봉강 불가축야祖宗封疆 不可縮也', '근수조종천험지봉강謹守祖宗天險之封疆', '조종구지 불가허기祖宗舊地 不可虛棄'라고 천명한 데에서 보듯, 4군 지역을 고수하여 북방 영토 개척의 성과를 계속 지켜가려는 군건한 영토 의식이 유지되고 있었다.[자료1 · 5 · 6]

그런데 세종 말엽에 이르러 몽골 서부에서는 몽골족 오이라트가 맹위를 떨치면서 그 세력이 여진족에 미치게 되고, 그 여파가 조선에도 영향을 끼칠 상황이 초래되었다. 행정과 군사적 체계를 최소한으로 조직화하여 군읍과 소보小堡의 설치로 압록강 연변을 경영하던 방위 체제로는 당시의 이러한 대규모 침구에 대응할 수 없었다. 따라서 종래의 방어 조직은 대폭적인 개편이 불가피했다. 그리하여 세종 29년(1447)에 연변의 군읍을 강계도江界道와 삭천도朔川道로 나누어 2품 이상의 절제사를 두고, 위원 · 자성 · 우예 · 여연 · 무창을 강계도에 소속시키고, 이산 · 벽단 · 창성 · 정녕 · 의

주·인산을 삭천도에 소속시켜서 야인 집단의 대규모적 침략에 대응할 수 있는 방어 구조로의 전환을 모색했다.

문종 즉위년(1450) 7월, 평안도는 축성·방수·기근 등으로 극도로 피폐한 상태였고, 명으로부터는 15,000여 명에 달하는 여진족이 조선으로 쳐들어올 가능성이 있다는 통보가 있었다. 이와 같은 당시의 대내외적 상황을 반영하여 문종 즉위년(1450) 8월과 9월, 여연·무창·우예의 3군을 폐지하자는 주장이 거세게 일어났지만 이는 조종구지祖宗舊地 수호의 영토 의식에 부딪혀 결행되지 못했다.

단종 원년(1452)에 재차 3군 철폐론이 일어나자 타당성 여부를 조사하여 여연·무창·우예의 3군은 동왕 3년(1455) 4월에 철폐되었다. 이에 따라 자성군이 북방 방위를 위한 최북방이 되었는데, 세조 5년(1459)에 그것마저 철폐하고 주민을 강계로 이주시킴으로써 결국 4군은 완전히 철폐되었다. 이후 이 지역을 폐사군廢四郡이라고 불렀으나 4군의 철폐가 이 지역 영유권 자체를 포기한다는 뜻은 아니었다. 다만 군사상 방어 진지의 임시적인 변동이었으며 행정상으로 4군의 직제를 폐지한 것에 불과한 것이었다. '폐사군' 이후에도 이들 지역은 90여 개의 파수처를 두어 군사 지역으로 관할하고 있었다.

사민 정책의 추진

북방 개척으로 영토가 넓어짐에 따라 사민徙民 정책이 적극 추진되었다. 북방 개척은 처음에는 군사력을 동원하여 수어守禦의 범위를 넓히고, 다음에는 진鎭을 설치하여 남쪽의 군병을 교대로 부방赴防하게 하는 순서로 진행되었다. 그러나 이 지역을 영구히 영토화하기 위해서는 농지를 확보하고 민호民戶를 충실히 해야만 했다. 또한 조선 왕조의 방어 정책을 볼 때 지역 방어는 그 지역에 토착한 민호가 담당하는 것이 기본이었다. 이에 국가는 사민입거徙民入居를 장려·강제했는데, 특히 4군 6진의 개척으로 북방 영토를 크게 넓힌 세종 이후 적극 추진되었다.

세종 때까지의 사민 대상은 주로 해당도의 유이민이었고 목적은 북방 영토의 회복

우량하(모련위)

연길 •
온성
종성 ● 경원
● 행영
오도리 희령
(건주좌위) 경흥
(태조 7, 부)
무산
부거
부령
(태조 7, 만호부) 종성

• 개원

• 무순

홍경 •
통화 •
사군
우량화 우예 여연 (태종 16, 군)
(건본주의) 자성
환인 • 무창 삼수
명직할령 갑산 길주
(공양왕 3, 만호부) (공양왕 2, 만호부)
봉황성 위원 단천
초산 강계 (공민왕 10, 만호부)
벽동
창성 연주 희전 북청
삭주
의주 운산 함흥
(공민왕 18, 목) 태천 영변 정평
가산
곽산 박천 덕천 영흥
정주 개천 고원
안주 순천 (공민왕 5, 목)
숙천 성천
평양 (공민왕 18, 만호부)

● 공민왕 대에 처음 설치된 만호부 · 군 · 부
○ 우왕 태종 대에 처음 설치된 만호부 · 군 · 부
● 세종 대에 처음 설치된 만호부 · 군 · 부
( ) 일시 설치되었다가 세조 4년 이전에 폐지된 군 · 부

세종 대의 국경 지역.

과 고수였다. 그러나 세조 이후의 사민은 대상이 하삼도下三道 민인이었고, 이 지방 한광지閑曠地의 개간이 주요 목표였다. 땅은 좁고 사람은 많은 하삼도의 토지 부족을 완화하고 땅은 넓고 사람은 적은 북방을 개척하여 농업 생산, 인구 증가를 도모하고자 추진된 것이었다.

북방 개간은 국가의 대과업으로 진행되었다. 당초에는 이 지역 주민들에게 면세免

稅와 복호復戶의 혜택을 주고 개간을 독려했으나 그것으로는 충분하지 않았다. 농지 개간, 농토 확대를 위해서는 더 많은 인구가 절실히 필요했던 것이다. 이에 정부는 하삼도 민호民戶의 북방 이거移居를 자원 또는 강제의 방식으로 수행했고 아울러 양반 사대부의 참여도 권장하고 또 강제했다.[자료4]

세조 이후 사민은 명실공히 개척민들이었다. 사민 초정抄定의 대상은 주로 3정丁 이상의 부실富實한 양인호였고 노비도 참가할 수 있었다. 이들은 대개 평안·함경도의 내부에 배속되었고 토지는 비옥한 한광지가 절급되었다. 사민 1호의 인구는 대체로 13~15인 정도로 추산되고, 정부는 1호당 30결 정도씩의 토지를 분급함을 원칙으로 세웠다. 이곳은 개척지이고 하삼도에 비해 토질도 척박하며 농사 절기도 짧아 모든 토지가 농경지로 이용될 수 없는 사정이 배려되어 이만한 규모를 절급했던 것이다. 개간은 촌락을 이루면서 진척되어 갔다. 또한 여진족의 위협이 큰 개간처에서는 지역 조건에 따라 벽보[壁堡, 외적을 막기 위해 쌓은 낭떠러지 형태의 보], 농보[農堡, 적의 침입을 농민에게 알려주고 적을 막기 위해 농사를 짓는 들판에 설치한 보] 목책[木柵, 외적의 침입을 막기 위해 나무로 말뚝을 박아 만든 울타리] 등을 설치하고 군사를 주둔시키거나 방비군을 편성하여 침략에 대비하여 개간했다.

북방 개간은 점차 압록·두만 강변을 넘어서까지 확대되었다. 개간의 진척과 더불어 성종 중반이 되자 함경도·평안도에 빈부 격차가 커지고 풍속이 각박해지는 사태가 지적되기 시작했다. 부민富民들은 대부분 하삼도에서 온 사민들이었다. 하삼도 지역에 진행되던 농촌의 분화가 이곳에서도 점차 사회 문제로 등장하기 시작한 것이다. 그러나 이것은 이 지역의 개척이 궤도에 올라섰음을 말하여 주는 것이었다. 이후 이 지역의 개간은, 국가 규모의 사업이 완전히 중단되지는 않았지만 주도권이 해당 관청이나 진鎭, 또는 지주, 농민의 개별 활동으로 넘어갔다.

자료1

참의參議 김효손이 경원에서 돌아와 경원에 있는 진鎭을 용성龍城으로 옮기는 것이 이롭겠다고 아뢰었다. 국왕이 이르기를 "이 계책은 조정에 있는 여러 대신이 이미 모두 말한 바이지만 나는 조종祖宗의 땅은 줄일 수 없다고 생각한다. 지난번에도 야인들이 우리 땅을 침점侵占한 것이 이미 많았거늘, 지금 또다시 후퇴하여 진鎭을 옮긴다면 이는 선조들이 물려주신 땅을 버리고 지키지 않는 것이다. 성보城堡를 널리 쌓고 민호民戶를 많이 모아서 지켜 막으면 될 것이다. 만약에 경원을 물러나 줄이는 것을 편리하게 여긴다면 여연閭延과 거제巨濟가 역시 한 덩어리가 되는데, 또 따라서 물러나 줄일 계획을 한다면 조종의 토지를 개척하는 뜻에 아주 어긋나는 것이다. 정부와 육조로 하여금 다시 상량商量하게 하라." 하였다.

　原文　參議金孝孫回自慶源復命 悉陳慶源移鎭於龍城之利 上曰 此計 在朝大臣已皆陳之 然予心以爲祖宗封疆 不可縮也 往者 野人侵占我地已多 今又退移 則是棄而不守也 若廣築城堡 多聚民戶以守禦 則可矣 如以慶源退縮爲便 則閭延 巨濟 亦是一體 又從而爲退縮之計 甚非祖宗拓地之意也 其令政府六曹更加商量

_ 「세종실록」 권37, 세종 9월 8월 을축

자료2

처음으로 창성군昌城郡·석주石州·이주理州를 설치했다. 의정부가 수판受判하기를, 이성도우익泥城道右翼에 속하는 이성이언·창주·벽단·음동·대소파아·우농고 등 각 처 이언伊彦[주1]을 합쳐 1개 주를 만들어 창성군이라 칭하고, 우익단련사右翼團練使가 이를 겸하게 했다. 강계도우익江界道右翼에 속하는 입석·고합외괴 등 각 처 이언을 합쳐 1개 주를 만들어 석주라 호칭하고 중익단련사中翼團練使가 이를 겸하게 했다. [강계도] 우익에 속하는 두목리·산양회·도을한·봉화대 등 각 처의 이언을 합쳐 1개 주를 만들어 이주라 칭하고 우익단련사가 이를 겸하게 했다.

　原文　初置昌城郡 石州 理州 議政府受判 泥城道右翼屬泥城伊彦 昌州 碧團 陰童 大小波兒 亏農庫等 各處伊彦 合爲一州 號稱昌城郡 以右翼團練使兼之 江界道中翼屬立石 古哈 外怪等 各處伊彦 合爲一州 號稱石州 以中翼團練使兼之 右翼屬豆木里 山羊會 都乙漢 烽火臺等 各處伊彦 合爲一州 號稱理州 以右翼團練使兼之

_ 「태종실록」 권3, 태종 2년 4월 정축

주1 이언(伊彦): 하나의 작은 지역 단위. 조선 초기 국가에서는 압록강 유역에 위치하고 있는 이언이라는 지역 단위를 묶어 보다 체계적인 행정 단위로 파악하고자 주·군 등을 설치했다.

자료3

왕은 말하노라. 우리 태조 강헌대왕康獻大王께서 천운에 응하여 개국한 뒤로부터 안으로는 덕을 닦고 밖으로는 적을 물리쳐서 우리 동쪽 나라를 편안히 하매, 북쪽 변방의 야인들이 위엄을 두려워하고 덕을 사모하여 마치 개가 꼬리를 흔들듯 애원했다. 이 때문에 국경 안에 밥 짓는 연기가 서로 연했고 사람과 육축六畜주2이 들어 퍼져서 닭이나 개가 짖는 조그마한 경보도 없었다. 태종 공정대왕恭定大王께서는 이 대통大統을 잇고 기업基業을 지키어, 포용하고 고루 덮어서 다른 종족을 길들여 복종시키시니, 섬 오랑캐와 산 오랑캐가 복종하지 않음이 없었다. 부덕한 나는 조종祖宗의 모훈謨訓을 이어 받들어 야인을 기르고 대우함에 있어, 특별히 궁휼을 가하여 때때로 그들의 굶주리고 궁핍함을 구제하여 주었다. 그러나 파저강婆猪江 근처에 사는 용주 이만주가 명나라의 반적 양목답올楊木答兀과 서로 결탁하여, 요동·개원 방면의 사람들을 잡아다가 노비로 만들었다. 노비가 된 자들은 혹독한 고통을 견디지 못하여 목숨을 보존하려고 우리나라로 도망하여 오는 자가 끊이지 않았다. 나는 대국을 섬기는 정성으로써 모두 상국[上國, 중국]으로 돌려보냈는데, 뜻밖에 야인들이 이것을 원망하고 분하게 여겨 우리 강토를 엿본 지가 여러 해가 되었다. 선덕宣德주3 7년[세종 14년, 1432] 11월에 이르러, 국경이 공허한 틈을 타서 강계江界 여연閭延 구자口子에 돌입하여 군민軍民을 살해하고 사람과 가축과 재산을 약탈했으니, 은혜를 배반하고 극도로 흉악하여 도저히 용납할 수 없는 죄를 범했는데, 도리어 속여 말하기를, "홀자온忽刺溫이 멀리 와서 도둑질하므로, 약탈하여 가는 인구와 마필馬匹을 탈환하여 머물러 두었다."라고 기망欺罔했다. 조정에서는 이미 적의 정세를 갖추어 명나라 천자의 궐하에 주달하고, 올해 4월에 장수를 명하여 죄를 문책함과 동시에 길을 나누어 함께 진군해서 적의 본거지를 쳐부수었다. … 아, 깊숙한 소굴이 깨뜨려졌으니, 바로 적의 무리가 전멸되는 시기이며, 강토가 깨끗해졌으니, 한 번 수고하여 오래 편안한 공효를 거두게 되었다. 만방에 포고하여 모두 들어 알게 하는 바이다.

原文 王若曰 自我太祖康獻大王 應運開國 內修外攘撫寧東土 北邊野人 畏威懷德 搖尾乞憐 由是塞門之內 烟火相望 人畜布野 無鷄鳴犬吠之警太宗恭定大王 繼統遵業 以包容徧覆 擾服異類島夷山戎 罔不率俾 予以否雲 仰承祖宗謨訓 畜待野人 特加矜恤 時濟其飢乏 近有婆猪江等處龍住李滿住 交結上國叛賊楊木答兀 其所係緤遼東開原地面人物 以爲奴婢者 不勝毒痛 逃命來投 絡繹不絶 予以事大之誠 悉送上國 豈期一野人輒生怨憤 窺伺我疆 積有歲年 至宣德七年

주2 육축(六畜): 6가지 가축. 곧 소·말·돼지·양·닭·개를 통틀어 이르는 말.

주3 선덕(宣德): 명나라 선종(宣宗, 1426~1435)의 연호.

十一月間 乘虛突入江界閭延口子 殺害軍民 刼掠人畜財産 背施負恩 窮凶極惡 罪不容誅 顧乃
詐道忽剌溫 遠來作賊 已返奪下搶去人口頭匹 留住欺妄 朝廷已具賊情 馳奏闕下 今年四月 命
將問罪 分道並進 擣賊窟穴 … 彼獍性不移 獸心自若 蜂屯蟻聚 敢行抗拒 我乃薄伐 所至克捷斬
級擒生 總五百餘口 其脫死遊魂 皆奔潰竄伏賊徒以平 … 於戱 窮廬震蕩 正群醜畢熸之秋 疆域
肅淸 收一勞久安之効 布告中外 咸使聞知

_ 「동문선」 권24, 정건주야인후파고교서

자료 4

병조에서 아뢰기를 "지금 경원慶源 · 영북寧北에 진鎭을 설치하기 위해서는 우선 벽
성壁城을 쌓고 토관土官을 설치하되 본도민本道民을 추쇄하여 1,100호는 영북진으로,
1,100호는 경원부로 옮기도록 하여야 합니다. 그리고 이들로 하여금 한편으로는 농사
짓고 한편으로는 외적의 방어에 임하게 하며, 또한 요역과 부세를 가볍게 하여 그들
의 생활을 풍족하게 만들어 남도南道 부방군赴防軍의 동원에 따른 적폐積弊를 제거하
십시오. 만약 본도에서 옮길 수 있는 민호가 2,200호가 되지 않으면 충청 · 강원 · 경
상 · 전라도 등지에서 자원하여 입거할 사람을 모집하여 양민은 토관직土官職을 제수
하고 향리, 역리驛吏는 영구히 그 역을 면제하며 천인은 양인으로 만들어 주십시오.
또 양진兩鎭에 노비 100호를 지급하되 도 내의 공노비로 충원하며 만약 공노비가 부족
하면 사노비로 충당하고 그 주인에게는 하도下道의 공노비를 지급하도록 하십시오.
부거참富居站의 석성石城 · 석막石幕의 목책木柵에는 군인을 적당한 인원수를 정하여
토관土官인 천호千戶로 하여금 인솔하고 나누어 지키게 하여야 합니다." 하니, 그대로
따랐다.

原文 兵曹啓 今設慶源 寧北鎭 姑築壁城 設置土官 刷移本道民一千一百戶于寧北鎭
一千一百戶于慶源府 使之且耕且戍 輕徭薄賦 以厚其生 待其阜盛 漸除南道赴防之軍 以革積
年之弊 如本道可徙民戶 未滿二千二百戶 則忠淸 江原 慶尙 全羅等道 自募入居者 良民則賞以
本處土官職鄕驛吏則永免其役 賤口則永放爲良 其兩鎭奴婢幷元屬 各給一百戶 以道內住公處
奴婢充給 若公賤不足 以私賤充之 仍以下道公賤充給本主 富居站石城 石幕木柵 量定軍人 令
土官千戶率領分戍 從之

_ 「세종실록」 권62, 세종 15년 11월 경자

자료 5

황희 · 맹사성 · 권진을 불러서 영북진寧北鎮 · 경원진慶源鎮 두 진鎮을 옮겨 배치할 조항을 의논한 뒤에, 지중추知中樞 윤회尹淮로 하여금 교지敎旨를 제술製述하게 하여 병조에 내려 말하기를, "옛날부터 제왕들은 국토를 개척하여 나라의 근본으로 삼는 일을 소중하게 여기지 않은 이가 없었음은, 역사책을 상고하여 보면 분명하게 알 수 있다. 또 우리나라는 북쪽으로 두만강을 경계로 했으니, 하늘이 만들고 땅이 이루어 놓은 험고險固한 땅이며, 웅번雄藩이 호위하여 봉역封域을 한계限界했다. 태조께서 처음으로 공주孔州에 경원부慶源府를 설치했고, 태종께서 경원부의 치소治所를 소다로蘇多老에 옮겼으니, 다 왕업의 기초를 시작한 땅을 중하게 여겼기 때문일 것이다. 경인년에 수신守臣이 좀스러운 도적에게 방어에 실패하여 물러나와 부거참富居站에 잠시 머물렀더니, 그냥 그대로 지금에 이르기까지 옛 성에 들어가지 못했다. 그러나 태종께서 일찍이 명령하신 바가 있으니, '만약 오랑캐들이 와서 살거든 곧 배척해 내쫓아서 적의 소굴이 되지 말게 하라' 하셨다. 이제 저 소다로蘇多老와 공주孔州가 거친 풀밭이 되었으며, 오랑캐의 기마가 밟아 유린하면서 제멋대로 놀며 사냥하는 마당이 되었다. 내가 매양 이 일을 생각할 때마다 가슴이 아프다. 또 알목하斡木河는 곧 두만강의 남쪽, 우리의 국경 안에 있다. 토지가 비옥하여 경농耕農과 목축에 적당하며, 바로 요충지에 위치했으니, 거진巨鎮을 설치하여 나라의 북쪽 문을 웅장하게 하기에 합당하다. 태조 때에 맹가첩목아猛哥站木兒가 순종하여 와서 우리나라의 번리藩籬가 되기를 청했다. 태조께서 사방에 있는 오랑캐를 지키려는 생각에서 우선 허락하셨더니, 이 자가 스스로 멸망하게 되어 번리藩籬가 일공一호하여졌다. 일의 기회가 왔으니 절호의 시기를 잃어버릴 수는 없다. 내가 선인들의 뜻을 이어 이루어서, 다시 경원부를 소다로蘇多老에 되돌려 옮기고, 영북진寧北鎮을 알목하斡木河에 옮긴 뒤에, 이주할 백성들을 모아서 충실하게 만들고자 한다. 그리하여 삼가 조종으로부터 물려받은 천험天險의 국토를 지키고, 변방 백성들의 교대로 수비하는 노고勞苦를 조금이나마 덜어 주고자 할 뿐이니, 큰일을 좋아하고 공功 세우기를 즐겨하여 국경을 열어 넓히려는 것과는 다르다. 너희 병조에서는 마땅히 이 뜻을 본받아, 반드시 행해야 할 조항條項이 있으면 계속 의논하여 알리라." 했다.

原文 召黃喜 孟思誠 權軫 議寧北 慶源兩鎮移排條件 令知中樞尹淮製敎旨 下兵曹曰 自古

帝王 莫不重興王之地 以爲根本 考諸史冊 班班可見 且我國家北界豆滿江 天造地設 雄藩衛而
限封域 太祖始置慶源府于孔州 太宗移府治于蘇多老 皆所以重肇基之地也 歲至庚寅 寇盜草竊
守臣失禦 退寓于富居站 因循至今 未返舊城 然太宗嘗有命 若胡人來居 則便行斥逐 勿使爲賊
窟穴今夫蘇多老 孔州 鞠爲茂草 胡騎踐踏 恣爲遊獵之場 予每念此 痛切于懷 且斡木河直豆滿
江之南在吾境內 土地沃饒 宜於耕牧 正當要衝 合設巨鎭 以壯北門 太祖之世 以猛哥帖木兒効
順來歸請爲藩籬 太祖軫守在四夷之慮 姑庸許之 玆者自底滅亡 藩籬一空 事會之來 機不可失
伊欲紹述先志 復還慶源府于蘇多老 移寧北鎭于斡木河 募民以實 謹守祖宗天險之封疆 少寬
邊民迭守之勞苦 非好大喜功 開斥境土之比 爾兵曹宜體此前意 所有合行條件 續議以聞

_ 「세종실록」 권62, 세종 15년 11월 경자

자료6

사정전에 나아가 의식과 같이 양로연養老宴을 베풀었다. 이귀령은 나이가 89세인데
잔치가 장차 끝날 무렵에 아뢰기를, "노신老臣이 일찍이 함길도 순문사와 찰리사를 지
내서 본 도의 일을 깊이 아옵니다. 옛적에 시중侍中윤관尹瓘이 여진을 토벌하고 비를
세운 뒤에 알목하의 땅이 풀밭으로 되어 야인의 소굴이 되었는데, 이제 바야흐로 성
덕聖德이 깊고 중하시와 장수를 명하여 서쪽을 치게 하여 군사를 온전히 하고 첩서捷
書를 바쳤으며, 또 알목하에 두 거진巨鎭을 두어 방비를 엄히 하셨으니, 노신이 거룩
한 일을 기꺼이 보고 경사를 기뻐함을 이기지 못하겠나이다." 했다. … 임금이 말하기
를, "이미 경의 아름다운 뜻을 알았소. 알목하 등의 곳은 조종祖宗의 옛 땅이니 헛되게
버릴 수가 없소. 내가 조종의 음덕을 입어 이에 이르렀나니, 늙은 대신들이 기뻐 위로
하고, 나도 기뻐하오. 또 연전에는 경이 여위고 약하더니 금년에는 살이 오르고 윤택
하니, 내가 매우 기쁘오." 했다.

原文 御思政殿 設養老宴如儀 李龜齡年八十九 宴將訖啓曰 老臣曾經咸吉道都巡問使與察
理使深知本道之事 昔侍中尹瓘征討竪碑之後 斡木河之地 鞠爲茂草 爲野人窟穴 今方聖德深重
命將西征 全師獻捷 又斡木河置二巨鎭 以嚴關防 老臣欣覩盛事 不勝喜慶 … 上曰 已知卿之美
意 斡木河等處 祖宗舊地 不可虛棄 予承祖宗之蔭 至於如此 老大臣等欣慰 予亦喜悅 且年前卿
瘦弱今年豐潤 予甚喜

_ 「세종실록」, 권65, 세종 16년 8월 병인

출전

『동문선』

『세종실록』

『태종실록』

찾아읽기

이인영, 『한국만주관계사의 연구』, 을유문화사, 1954.

김구진, 「조선 전기 대여진관계와 여진사회의 실태」, 『동양학』 14, 1984.

국사편찬위원회, 『한국사』 22 (조선 왕조의 성립과 대외관계), 1995.

이경식, 『증보판 한국 중세 토지 제도사 – 조선 전기』, 서울대학교 출판문화원, 2012.

3 외교 정책의 두 방향
사대와 교린

조선 왕조는 중국 대륙에서 원·명이 교체하는 시기에 개창되었다. 특히 이 변화는 여말 선초의 사회 변동과 국제 정세의 괄목할 만한 변화가 맞물려 전개되었다는 점에서 이 시기 대외 관계의 의미심장함을 엿볼 수 있다. 무엇보다 고려에서 조선으로의 왕조 교체가 단순히 대내적 문제에 머무를 수 없는 이유는 이 때문이었다.

대명 사대 정책

특히 조선 시기에 이르러 중국과의 대외 관계를 '사대事大'로 표현해 온 것은, 큰 나라를 섬기는 양상이 외형상으로 극명하게 노정된 듯했으나, 이를 일면적으로만 파악할 수 없는 이 시기 나름의 특성이 있었기 때문이었다. 왜인과 야인에 대한 외교 정책인 '교린'도 '사대'와 동일한 맥락에서 이루어졌다.

명 태조가 공식적으로 홍무洪武 연호를 표방한 것은 공민왕 17년(1368)이었다. 그리고 상도上都로 쫓겨간 원나라가 최종적으로 멸망한 해는 조선이 개창되기 1년 전인 1391년이었다. 북방 민족의 성쇠와 중국 대륙에서의 왕조 교체가 그대로 한반도에 전해진 고려 시기는 이러한 대외적 요인으로 말미암은 사회 전반의 동요와 갈등이 크게 증대되었다. 그중에서도 흔히 '원 간섭기'로 불리는 1세기 동안의 고려 사회는 원과의 대외 관계에서 비롯된 직·간접적 영향력이 한반도 전체에 그대로 파급되었다.

위화도 회군 이후, 그리고 조선 왕조가 개창되면서 대명對明 중심의 대외 관계가 자연스럽게 형성되었지만, 이렇게 되기까지 고려 말기의 대외 관계는 동시기의 대외적 특성을 그대로 반영하듯 우여곡절의 과정이 계속되었다. 그 양상은 상징적으로 연호 사용 여부로 나타났다.

각 시기별 연호 사용 실상을 표로 정리하면 다음과 같다.[자료1]

| 고려 말기 연호 사용의 실상

시기	표방한 연호	비고(사유)
공민왕 5년(1356) 6월	원 지정 연호 정지	반원 운동의 표방
공민왕 18년(1369) 5월	원 지정 연호 정지	명의 건국(1368)
공민왕 19년(1370) 7월	명 홍무 연호 사용	–
우왕 3년(1377) 2월	북원 선광 연호 사용	–
우왕 4년(1378) 9월	명 홍무 연호 사용	–
우왕 14년(1388) 4월	명 홍무 연호 폐지	요동 정벌
우왕 14년(1388) 6월	명 홍무 연호 사용	위화도 회군

위의 〈표〉에서 알 수 있듯이, 우왕 3년의 북원 연호 사용은 일시적이었고 기본적으로 공민왕 5년 이후 고려의 대외 관계는 대명 관계를 중심으로 전개되었다. 그리고 원에서 명으로 바뀐 중국 중심적 국제 질서의 변화에 탄력적으로 대응하면서 외교 정책을 수립해 갔던 것이다.

이러한 대명 중심의 외교가 '사대'를 표방하게 된 것은 자기 보전을 위한 하나의 현실적 대응이었다. 동시에 중세 시기의 외교 정책으로는 하나의 분기점을 의미했다. '사대'란 말의 어원 자체도 정신적인 굴종을 의미하는 것이 아니라 외교상의 지혜로운 대치 방식을 의미했다. 한반도에서 출현했던 국가들이 숙명적으로 약소국의 틀 속에서 존립하기 위한 과정은 이와 같이 인고의 연속이었다. 그러나 조선 왕조 단계에서 표방한 '사대'는 고려 왕조에서 당면했던 대외 관계와 질적인 측면에서 내용을 달리하고 있었다. 이제 북방 민족의 홍기로 인한 위협이나 중국 대륙의 왕조 교체로 인한 영향력이 조선 왕조의 성립으로 그 파급의 여파를 그대로 용인하지 않고 탄력적이면서 동시에 주체적으로 대응해 갈 수 있었다는 점이다. 왕조 개창 초기에 명나라의 계속된 트집에 대해 '공요정책攻遼政策'으로 대응하려 했던 것이나, 명과의 충돌을 피해가면서 4군 6진의 개척을 통해 최대한 압록강과 두만강 방면의 강역을 넓혀 갔던 점 등에서 그러한 면모를 찾아볼 수 있다.[자료2·3·4]

대 왜인 정책

왜인이 왜구의 모습으로 한반도에 출몰하여 노략질을 일삼았던 것은 1차적으로 일본이 이른바 남북조시대라는 혼란기에 내적인 통치가 제대로 이루어지지 않았기 때문이었다. 그러한 혼란상으로 인해 물질적·경제적 궁핍에 처한 주로 변방인 규슈 지방의 왜인이 한반도의 해안 지역에 출몰했던 것이다. 고려 말기부터 심해진 왜구의 침략과 노략질은 고려의 국력이 쇠퇴해진 주요 원인이 될 정도로 어려운 문제였다. 따라서 왜인에 대한 '교린' 정책은 회유와 응징의 방책을 적절히 조절하는 것이 필요했다. 세종 때 6진을 개척한 함길도 도절제사 김종서의 표현을 빌면 은恩과 위威의 적절한 조화였다.[자료7·9]

세종 대에 이루어진 내이포[오늘날 웅천]·부산포[오늘날 동래]·염포[오늘날 울산]의 3포 개항을 통해 개항장인 왜관倭館의 설치, 세견선과 세사미의 규정을 체결한 계해약조[세종 25년, 1443], 그리고 이종무를 파견하여 단행한 대마도 정벌[세종 원년, 1419] 등 왜인에 대한 적절한 회유와 응징으로 왜구의 발호를 근절할 수 있었다. 왜구의 삼포왜란[중종 5년, 1510]과 임신약조[중종 7년, 1512], 사량진왜변[중종 39년, 1544]과 정미약조[명종 2년, 1547] 등은 이러한 조절 과정에서 발생한 엄격한 교역 통제책과 교역 재개의 반복이었다. 조약이 다시 체결되더라도 대마도주는 1년에 50척의 세견선歲遣船을 파견할 수 있고, 1년에 200석의 세사미歲賜米를 대마도주에게 내린다는 계해약조의 규정을 기본으로 하여 조정되었다.

신숙주가 세종 25년(1443) 서장관으로 일본을 다녀온 뒤 성종 2년(1471)에 편찬한 『해동제국기』. 일본의 지세 · 국정, 교빙 왕래의 연혁 · 사신관대례접의 절목 등에 걸쳐 일본국기 · 유구국기 · 조빙응접기 등을 기록하였다.

왜인의 왕래가 빈번해지고 폐단이 증가함에 따라 이를 통제하기 위하여 도서圖書 · 행장行狀 · 노인路引 · 문인文引 등의 제도를 실시하거나 1년에 입국할 수 있는 왜선의 수 등을 제한하기도 했다. 그리하여 3포에 상주하는 왜인은 모두 60호로 한정했으나 세조 · 성종 때는 400호를 넘기도 했다. 또한 조선 초기의 경우 1년에 입국 선박 수가 220척, 입국 왜인 수가 5,500~6,000여 명, 무역을 제외한 왜인에 대한 접대 비용이 1만여 석에 달했다. 중종 4년(1509)의 경우 한 해 접대 비용이 2만 2천 석에 이르렀다.[자료5]

왜인과의 교역은 조공 형식이 기본이었고 일본국왕 · 거유 · 대마도주 등의 여러 세력과 다원적인 통교 체제를 취하고 있었다. 종류는 다양했지만 이들 사행의 주된 목적은 경제적 교역에 있었다. 그 유형은 사행무역 · 공무역 · 사무역 · 밀무역 등의 형태로 구분되어 최대한 경제적 목적을 위해 전개되었다. 회사回賜 형식으로 이루어진 수출품은 마포 · 명주 · 면포 등의 섬유 제품, 화문석 · 호피 등의 장식품, 인삼 등의 약재, 대장경 · 서적 · 문방구 등의 문화 제품이었다. 진헌물進獻物로 이루어진 수입품은 구리 · 유황 · 소목[蘇木, 콩과에 속하는 열대 지방의 나무인데 그 열매가 혈액 계통에 효능이 있어 한방에서 약재로 사용함] · 후추 등으로 광산물 · 약재 · 염료 · 향료에 해당하는 물품이었다. 왜인들이 가장 필요로 했던 물품은 섬유 제품과 쌀 · 콩 등의 곡물이었다. 특히 목면은 당시 일본에서 생산되지 않는 생활필수품이었다. 성종 17년(1486)에는 한 해 동안 유출된 목면량이 50만 필에 이르렀다. 당시 일본으로 수출된 조선의 목면은 일본인의 의생활에 혁명을 일으켰다고 평가될 정도로 중시되었다.

양국 간의 사신 파견 횟수를 비교해 보면 조선에 들어오는 일본 사행의 횟수나 인원수가 엄청나게 많았다. 사신 파견의 목적이 서로 달랐기 때문이기도 했다. 조선의 사신이 외교적인 임무만을 수행했던 데에 반해, 일본 측은 사행과 교역의 두 가지 목적을 달성하고자 했다. 심지어 조선의 사절은 사행 시 소요되는 식량과 경비를 모두 가지고 갔을 정도였다. 또한 조선의 모든 사행은 정부에서 파견한 국가 사절의 성격을 지니고 있으나, 일본 측의 사절은 국왕 사신 이외에 다양한 교역자로 구성되어 있었다.

그러나 일본 센고쿠 시대(1467~1568)의 혼란 속에 왜구가 다시 성행하면서 명종 말기부터 임진왜란이 일어나기 전까지는 교역과 왜구가 동시에 진행되는 상황이 전개되었다. 특히 을묘왜변[명종 10년, 1555] 이후에는 통교 관계의 명맥만 유지될 뿐 밀무역과 왜구가 성행했고, 중앙 정부의 통상적인 외교 관계는 단절되어 갔다.

대 야인 정책

야인野人인 여진족에 대해서도 회유와 응징을 내용으로 한 교린 정책을 전개했다.[자료6] 기마전과 유목 문화를 토대로 한 북방 민족은 우리 역사에서 남다른 의미를 지니고 있다. 고려 시대만 하더라도 거란·여진·몽고족에 의한 침략으로 전 국토가 거듭 유린당했다. 따라서 회유와 응징을 적절히 구사할 수 있는 교린 정책을 전개할 수 있게 되었다는 사실은 북방 민족의 침략에 속수무책으로 당할 수밖에 없었던 지금까지의 속성과 뚜렷이 비교된다.

더군다나 이러한 대외 관계는 북방 민족과 우리 민족과의 관계로만 국한되는 것이 아니었기 때문에 더욱 특별한 의미를 지닌다. 중국 한족과 하나의 고리로 묶인 삼각 관계의 연결 축이 전제로 되어 있는 것이고, 적어도 이러한 연결 고리에서 조선이 탄력적으로 대응할 수 있는 독자적 위상을 이 시기에 갖추고 있었다는 사실이다. 따라서 '교린'이 왜인과 야인에 대해 동시에 전개되었다고 하더라도 야인에 대한 교린 정책은

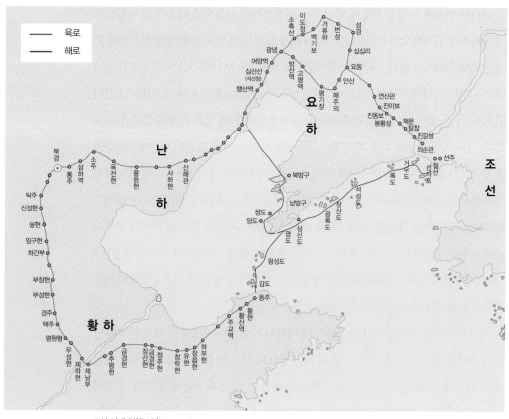

조선 시대 연행노정도.

이와 같이 남다른 역사적 의미를 지니고 있다.

당시 여진족의 대소 추장에 대해 회유와 응징을 적절히 구사하여 시행한 교린 정책은 "오면 막지 아니하고, 가면 붙잡지 아니한다."는 말 속에 함축되어 있다. 소극적인 태도라고도 할 수 있는데, 사실 '교린'의 의미 자체가 소극성을 전제로 한 대외 관계의 대처 방식이었다. '교린'을 통한 문화적·물질적 욕구가 아무래도 강했던 쪽은 왜인과 야인이었고, '사대'를 전제로 조선은 중국에 대해 이러한 욕구가 강했던 것이다. 사실 소선으도시는 여진족이 변경을 침범하여 인마人馬를 약탈하거나 왜구의 노략질만 없으면 적극적인 '교린'을 수행할 필요가 없었다. '사대'를 전제로 중국으로부터 문화적·물질적 욕구를 충분히 충족할 수 있었던 것이다. [자료7]

그러나 여진족의 변경 침입에 대처하는 과정에서 조선은 단순히 응징에 머물렀던 것이 아니라 결과적으로 4군과 6진의 개척을 통해 북방의 영토를 확장했다는 점에 또 다른 역사적 의미가 있다. 세종 때 이루어진 4군과 6진은 군사적 주둔지로 개척한 것이었으나 이들 지역에 꾸준히 삼남 지역의 농민들을 사민徙民함으로써 여진보다 조선의 민호民戶가 우세하도록 했고, 민족사의 측면에서 살펴볼 때 영토 확장의 발판을 이룩했다. 그리고 이런 영토 확장 과정에서 김종서를 시켜 고려 때 윤관이 세운 9성의 유적을 찾아보게 한 세종의 혜안이 눈에 띈다. 이로 인해 두만강 북쪽 700여 리 떨어진 지점에서 윤관이 공험진公嶮鎭에 세운 비를 찾아냈던 것이다. 세종 때 정립된 교린 정책은 회유와 응징의 조절 과정에서 4군 6진을 개척했지만, 이와 같이 역사적 의미가 부여되면서 동일한 '교린'이라도 야인과 왜인은 성격을 달리했다. 그리고 이 시기에 형성된 4군과 6진으로 상징되는 압록강과 두만강 유역의 영토가 오늘날 우리나라 영역의 기본 골격이 되었다는 사실이 의미심장하다.[자료8]

대다수의 여진은 조선뿐만 아니라 명에 대해서도 입조하여 조공을 하고 관직을 받았다. 여진인들이 조공을 하는 근본 목적은 필요로 하는 물품의 구입에 있었기 때문에 두 나라에 조공하면 그들이 필요로 하는 물품을 더 많이 획득할 수 있었다. 조선에서는 입조한 대소 추장에게 무관직을 제수하고 정3품 상호군上護軍에서 종7품 부사정副司正까지의 관직을 그 세력의 강약에 따라 내려 주었다. 물론 이것은 허직虛職이었지만 당시 조선과 여진 사이에 전개된 '교린'의 실상을 말해 주고 있다.

여진인들은 조공을 통하여 회사물回賜物과 상사물償賜物을 받았으나, 이것만으로 여진 사회에 필요한 생필품을 충당하기 어려웠다. 이것이 충당되지 못하면 끊임없이 변경을 침입하여 노략질을 했으므로 정기적으로 물품을 공급해 줄 필요가 있었다. 조선은 경성과 경원에 무역소를 설치하여 이러한 욕구를 충족시켰다. 교역을 통해 조선에서 가장 선호한 수입품은 말을 비롯한 초서피·토표피 등이었다. 여진은 미곡·염장 등의 생필품과 무기나 농구의 재료인 철 등이었다. 왜인과도 마찬가지로 양자 간의 교역에서 여진은 적극적이었고 조선은 소극적이었다.

자료1

처음에 명 황제가 말하기를 "철령의 북쪽과 동쪽은 원래 개원로開元路의 관할에 소속되었으니, 군민軍民인 한인漢人·여진인女眞人·달달인達達人·고려인高麗人을 그대로 요동에 소속시켜야 한다."고 했다. 최영은 백관들을 모아놓고 이 일을 의논하니, 모두 말하기를 "명나라에 줄 수 없습니다." 했다. 우왕이 최영과 요동을 공격할 것을 비밀리에 의논하자, 공산부원군 이자송은 최영의 집에 찾아가 불가함을 역설했다. … 3월에 우왕은 최영과 함께 요동을 공격할 계책을 결정했으나 감히 드러내어 말하지는 못하고 사냥 간다는 핑계를 대고 서쪽으로 해주海州에 행차했다. … 4월에 봉주鳳州에 머물러 태조太祖에게 말하기를 "내가 요양遼陽을 공격하고자 하니, 경卿 등은 마땅히 힘을 다하라." 했다. 태조가 대답하기를, "지금 정벌하는 것은 네 가지 불가한 점이 있습니다. 소小로써 대大를 거역하는 것이 첫째 불가한 것이고, 여름에 군대를 동원하는 것이 둘째 불가한 것이고, 온 나라 군대를 동원하여 원정에 나서면 왜적倭賊이 그 틈을 노릴 것이니 셋째 불가한 것이고, 지금은 여름철이라서 비가 자주 내리므로 아교가 녹아 활이 눅눅해지고 군사들은 질병을 앓을 것이니 넷째 불가한 것입니다." 라고 하니, 우왕은 그 말을 옳다고 여겼다. 태조가 먼저 물러나 온 최영에게 말하기를, "내일에 이 말씀을 다시 왕께 아뢰십시오." 하니 최영은 "그리 하겠다."고 했다. 밤에 최영은 들어가 우왕을 뵙고 아뢰기를 "원컨대 딴 말은 듣지 마소서." 했다. 다음날 우왕이 태조에게 말하기를 "이미 군대를 동원했으니 중지할 수 없다."고 했다. …

原文 初 大明帝以爲 鐵嶺迆北迆東迆西 元屬開元所管軍民 漢人 女眞 達達 高麗 仍屬遼東 崔瑩集百官議之 皆以爲不可與 禑與瑩密議攻遼 公山府院君 李子松就瑩第 力言不可 … 三月 禑獨與瑩決策攻遼 然猶未敢昌言也 托言遊獵 西幸海州 … 四月 次鳳州 謂太祖曰 寡人欲攻遼陽 卿等宜盡力 太祖曰 今者出師 有四不可 以小逆大 一不可 夏月發兵 二不可 擧國遠征 倭乘其虛 三不可 時方暑雨 弓弩膠解 大軍疾疫 四不可 禑頗然之 太祖旣退 謂瑩曰 明日 宜以此言復啓 瑩曰 諾 夜 瑩入白 願毋納他言 明日 禑語太祖曰 業已興師 不可中止 …

_ 『태조실록』권1, 총서

자료2

제나라 선왕宣王이 "교린하는 나라 사이에 도道가 있습니까?"라고 물었다. 맹자가 대답하기를 "있습니다. 오직 인자仁者만이 대로써 소를 섬길 수 있습니다. 이런 까닭에

탕湯이 갈葛을 섬기고 문왕文王은 곤이昆夷를 섬겼습니다. 오직 지자智者만이 소로써 대를 섬길 수 있습니다. 그러므로 태왕太王이 훈육獯鬻을 섬기고 구천句踐이 오吳를 섬겼습니다. 대로써 소를 섬기는 자는 천天을 낙樂하는 자요, 소로써 대를 섬기는 자는 천을 외畏하는 자입니다. 낙천자樂天者는 천하를 보保하고 외천자畏天者는 그 국國을 보保합니다. 『시경』에 이르기를 천의 위威를 외畏하여야 이를 보保라 합니다."라고 했습니다.

原文 齊宣王 問曰 交隣國 有道乎 孟子對曰 有 惟仁者 爲能以大事小 是故 湯 事葛 文王事昆夷 惟智者 爲能以小事大 故 太王 獯鬻 句踐 事吳 以大事小者 樂天者也 以小事大者 畏天者也保 樂天者 保天下 畏天者 保其國也 詩云 畏天者威 于時保之

_ 『맹자』 양혜왕 하편

자료3

판의흥삼군부사判義興三軍府事 정도전이 일찍이 오진도五陣圖와 수수도蒐狩圖를 만들어 올리니, 임금은 훌륭하게 여겨 훈도관訓導官을 두어 가르치고 각 절제사節制使와 군관軍官과 서반西班의 각 품관과 성중애마成衆愛馬[주1]로 하여금 진도陣圖를 강습하게 하고, 또 이것을 잘 아는 사람을 각 도에 보내어, 가서 가르치게 했다. 이때 정도전·남은·심효생 등이 군대를 일으켜 넘어갈 것을 꾀한 다음 임금에게 아뢰니, 임금은 좌정승 조준의 집에 가서 유시諭示했다. 조준은 마침 병으로 앓고 있었는데, 수레를 타고 대궐에 나아가 불가함을 강력히 주장하면서 말하기를 "우리나라는 옛날부터 사대事大의 예를 지켜 왔고 또 새로 개국한 나라로서 경솔하게 명분 없는 군대를 일으키는 것은 매우 불가합니다. 비록 이해利害를 가지고 말하더라도 천조天朝가 당당하여 조금도 허점이 없으니, 저는 일이 잘되지 못하고 뜻밖에 변만 생길까 두렵습니다."라고 하니, 임금이 그 말을 듣고 기뻐했다. 남은이 화를 내면서 말하기를 "두 정승은 조그마한 곡식을 출납하는 일은 잘하지만 함께 큰일을 도모할 수 없다."고 했다. 이로 말미암아 남은 등은 조준과 사이가 벌어졌다. 그 후 남은이 조준을 임금에게 모함하니, 임금이 노하여 꾸짖었다.

原文 判義興三軍府事鄭道傳 嘗撰五陣圖及蒐狩圖以進 上善之 命置訓導官以敎之 令各節制使 軍官 西班各品 成衆愛馬 習陣圖 又以通曉人 分遣各道敎之 時鄭道傳 南誾 沈孝生等 謀興兵出境 獻議於上 抵左政丞趙浚之第論之 浚方疾病 乃以輿進闕 極言不可曰 本國自古不失事

주1 성중애마(成衆愛馬): 몽골어에서 유래한 용어로 고려 때 숙위 또는 임금에게 근시하던 관직인 성중관을 가리킨다. 조선 왕조에도 이 명칭이 그대로 남아 내금위·충순위·충의위·충찬위·별시위·족친위 등에 속하여 근시 및 숙위를 담당한 관리를 가리켰다.

大之禮且以新造之邦 輕擧無名之兵 甚爲不可 雖以利害言之 天朝堂堂 無釁可圖 臣恐擧事不集 而變生不虞也 上聞之悅 誾憤然曰 兩政丞 於出納斗升之事則可矣 不可與圖大事 也 由是誾等與 浚有隙後誾搆浚於上 上怒叱之

_ 『태조실록』 권11, 태조 6년 6월 갑오

자료 4

사대문서事大文書는 사신이 여정에 오르기 7~8일 전에 왕에게 보고한다. 진헌예물進獻禮物주2은 본조에서 왕에게 보고하고, 호조에 공문을 보내어 해당 관사가 미리 준비하게끔 한다. 예물을 싸서 봉하는 날에는 의정부·육조·사헌부·승정원의 장관 및 정사와 부사가 감독하여 봉하고, 표表주3·전箋주4은 본조가 예문관에 공문을 보내어 글을 짓게 하며, 왕의 재가가 내려지면 승문원은 사신이 여정에 오르기 2일전까지 서사書寫를 마치고 제조가 감수하여 올린다. 표를 올리는 날에는 의정부·육조·승문원의 제조와 정사주5·부사가 다시 검사·대조한다. 정사·부사 및 서장관書狀官주6이 데리고 갈 자제와 가노家奴는 의정부가 녹차錄差주7하고, 사헌부가 검사·확인한다. 중국에 들어간 화자火者주8의 부모가 죽으면 본조가 왕에게 보고한 다음 요동에 있는 관사官司에 통보한다. 요동의 호송군護送軍주9이 의주에 도착하면 판관이 상고商賈주10의 물화物貨를 조사한 다음에야 매매를 허락한다.

原文 事大文書 起程前七日啓達 進獻禮物 本曹啓聞 移聞戶曹 令該司預辨封裹日 議政府六曹司憲府承政院長官 及司副司監封 表箋則本曹移文禮文館製述 啓下承文院起程前二日畢寫 提調監進 拜表日 議政府六曹承文院提調使副使更査對 使副使及書狀官帶行子弟奴 議政府錄差 司憲府檢覈 入朝火者親歿 則本曹啓聞 移咨遼東 遼東護送軍 則義州判官點檢商物賈物貨方許賣買

_ 『경국대전』 권3, 예전 사대

자료 5

조정 사신은 원접사遠接使주11를 의주에, 선위사宣慰使주12를 도 중 다섯 곳에 보내어 맞이하고 전송하며, 서울에 도착하면 하마연下馬宴주13·익일연翌日宴주14을 베풀며, 돌아갈 때는 전연餞宴주15을 베푼다. 무릇 접대는 의궤儀軌주16를 상고하여 행한다. 왜인주17·야인주18에 대해서도 같다. 일본국왕주19의 사신은 선위사를 보내어 통사通事주20를 거느리고 가서 맞이하고 전송한다. 일본국의 여러 대신의 사객使客주21은 통사만 보내어 맞이해

오고 조관朝官[주22]이 호송한다. 그 나머지 거추巨酋의 사절[주23] 및 대마도주對馬島主[주24]의 특송인[주25]은 향통사鄕通事[주26]가 인솔해 오고 조관이 호송한다. 모든 배를 내리는 곳 및 연도에서 위로연을 베푼다. 서울에 도착하는 날에는 예빈시禮賓寺에서 영접·위로하고, 왕에게 숙배肅拜하는 날에는 궐 내에서 왕이 잔치를 베풀어 주고, 또 왕이 본조에서 잔치를 베풀어 준다. 왜인·야인이 왕래할 때는 여염閭閻집에서 유숙하지 못하게 한다. 만일 여러 고을이나 여러 역驛을 침탈하거나 소란하게 하는 자, 드나들며 제멋대로 노는 자가 있으면 인솔하는 관리를 장杖 80에 처한다. 무릇 향화向化[주27]하여 오는 자는 본조에서 그 근각根脚[주28]·거처·공로·재간材幹을 심의하여 왕에게 보고하고 장부에 기록하여 해당 조에 공문을 보내어 관직에 임명하거나 급료와 노비를 차등을 두어 지급한다. 왜인이 포소浦所[주29]에 도착하면 변장이 서계書契[주30]·도서圖書[주31]·노인路引[주32]을 조사하여 세조수歲朝數[주33]에 의하여 올려보내고, 가지고 온 물건은 관찰사가 차사원差使員을 정하여 저울에 달고 되나 말로 되어서 길을 나누어 보낸다. 짐이 무거운 것은 수를 헤아려 포소에 그대로 두고 본조에 보고하면, 본조에서는 왕에게 보고한 다음 호조에 보내어 매매한다.

原文 朝廷使臣 則遣遠接使于義州 宣慰使于五處 迎送 宴慰到京 設下馬宴翌日宴 及還設餞宴日本國王使 則遣宣慰使 率通事迎送 日本國者大臣 則遣通事迎來 朝官護送迎 其餘巨酋使及 對馬島主特送 則鄕通事率來 朝官護送 亦扮下船處及咨途設慰宴 到京日 禮賓時迎慰 肅拜日 賜宴于闕內 又賜宴于本曹 倭野人往來 勿今宿閭閻 如有侵擾諸邑諸驛 或出入放絶者 押領員人 杖八十 凡向化來者 本曹議其根脚居處功勞才幹啓聞置薄 移文該曹 除職給料給奴婢有差 倭人 到浦 邊將考書契圖書路引 依歲朝數上送 賞物觀察使定差使員 稱量分道上送 負重者量數留浦 移文本曹 本曹啓移戶曹 賣買

_ 「경국대전」 권3, 예전 대사객[주34]

자료6

왕은 말하노라. 우리 태조 강헌대왕康獻大王께서 천운天運에 응하여 개국한 뒤로부터 안으로는 덕을 닦고 밖으로는 적을 물리쳐서 우리 동쪽 나라를 편안히 하매, 북쪽 변방의 야인들이 위엄을 두려워하고 덕을 사모하여 마치 개가 꼬리를 흔들듯 애원했다. 이 때문에 국경 안에 밥 짓는 연기가 서로 연했고 사람과 육축六畜이 들에 퍼져서 닭이나 개가 짖는 조그만 경보도 없었다. 태종 공정대왕恭定大王께서는 이 대통大統을 잇

주12 선위사(宣慰使): 사신이 왔을 때 그 노고를 위로하기 위하여 파견한 임시 관직. 중국 사신에 대해서는 원접사와 선위사, 일본국·유구의 사신에 대해서는 선위사를 파견했다.

주13 하마연(下馬宴): 중국 사신이 서울에 도착한 당일 베푸는 연회.

주14 익일연(翌日宴): 입경(入京) 다음 날 베푸는 연회.

주15 전연(餞宴): 사신이 출경(出京)할 때 전송의 뜻으로 왕이 베푸는 연회.

주16 의궤(儀軌): 왕실 및 국가 행사의 전 과정을 기록한 자료.

주17 왜인: 일본 국왕의 사신, 대신의 사인, 거유의 사인, 대마도주의 사인, 3포에서 거주하거나 교역하던 일본인.

주18 야인: 압록강, 두만강 방면의 여진족.

주19 일본국왕: 일본의 실질적인 통치자였던 간파쿠[關白]를 가리킨다. 일본에는 명목적인 군주로 천황이 있었기 때문에 대내적으로는 왕을 칭하지 못했으나 외교 문서에는 왕이라 칭했다.

주20 통사(通事): 통역관을 칭하는 일반적인 용어.

주21 대신의 사객[大臣使]: 일본 각지의 대명 가운데 왕래가 잦은 자들을 대신이라 하며, 그들이 파견한 사신을 말한다.

주22 조관(朝官): 조정에 출사하는 관원.

고 기업基業을 지키어, 포용하고 고루 덮어서 다른 종족을 길들여 복종시키시니, 섬 오랑캐와 산 오랑캐가 복종하지 않음이 없었다. 부덕한 나는 조종祖宗의 모훈謨訓을 이어 받들어 야인을 기르고 대우함에 있어, 특별히 무휼矜恤을 가하여 때때로 그들의 굶주리고 궁핍함을 구제하여 주었다. 그러나 근래에 파저강婆猪江 근처에 사는 용주 이만주가 명나라의 반적 양목답올楊木答兀과 결탁하여 요동遼東·개원開原 방면의 사람들을 잡아다 노비로 삼았다. 노비가 된 자들은 혹독한 고통을 견디지 못하여 목숨을 보존하려고 우리나라로 도망하여 오는 자가 잇달았다. 나는 대국을 섬기는 정성으로써 모두 상국上國으로 돌려보냈는데, 뜻밖에 야인들이 이것을 원망하고 분하게 여겨 우리 강토를 엿본 지가 여러 해가 되었다. … 그러나 저들은 늑대의 성질을 고치지 않고 짐승의 마음이 변함이 없어서 벌처럼 뭉치고 개미처럼 모여서 감히 항거하므로, 마침내 우리 군사가 공격했는데 가는 곳마다 승리를 거두어 머리를 베고 사로잡은 것이 모두 500여 명이나 되고, 죽음을 겨우 면하고 혼을 날린 자들이 모두 무너져 달아나고 숨어서 적의 무리가 평정되었다. … 아, 깊숙한 소굴이 깨뜨려졌으니 곧바로 적의 무리가 전멸되는 시기이며, 강토가 깨끗해졌으니 한번 수고하여 오래 편안한 공효를 거두게 되었다. 만방에 포고하여 모두 들어 알게 하는 바이다.

原文 王若曰 自我太祖康獻大王 應運開國 內修外攘撫寧東土 北邊野人 畏威懷德 搖尾乞憐 由是塞門之內 烟火相望 人畜布野 無鷄鳴犬吠之警太宗恭定大王 繼統遵業 以包容徧覆 擾服異類島夷山戎 罔不率俾 予以否德 仰承祖宗謨訓 畜待野人 特加矜恤 時濟其飢乏 近有婆猪江等處龍住李滿住 交結上國叛賊楊木答兀 其所係縲遼東開原地面人物 以爲奴婢者 不勝毒痛 逃命來投 絡繹不絶 予以事大之誠 悉送上國 豈期一野人輒生怨憤 窺伺我彊 積有歲年 … 彼猠性不移 獸心自若 蜂屯蟻聚 敢行抗拒 我乃薄伐 所至克捷斬級擒生 總五百餘口 其脫死遊魂 皆奔潰竄伏賊徒以平 … 於戲 窮廬震蕩 正群醜畢燼之秋 彊域肅淸 收一勞久安之效 布告中外 咸使聞知

_ 「동문선」 권24, 정건주야인후파고교서

자료7

함길도 도절제사 김종서가 상언하기를, "가만히 생각하건대 유자儒者들이 한결같이 이르기를 이적夷狄을 상대하는 도道라 오면 막지 아니하고 가면 붙잡지 아니하여, 원한을 맺지 아니하고 분쟁을 일으키지 않도록 하는 것이라고 합니다. 또한 화친이 귀중하니 이를 이루는 자는 안전해지고, 이를 잃는 자는 위태해진다고 말합니다. 신도

주23 거추의 사절[巨酋使]: 일본 센고쿠[戰國] 시대 이래 각 지역에서 웅거하고 있던 장군들을 거추라고 하고, 그들의 사신을 말한다.

주24 대마도주(對馬島主): 일본 대마도의 영주. 대마도주는 종(宗)씨로 고려 말부터 통교하여 왔다. 대마도주는 3포에 출입하는 왜상(倭商)에게 통기허가증을 발행할 수 있는 권한을 조선으로부터 부여받았고, 일본 국왕과 조선 사이의 외교 업무를 중계하기도 했다.

주25 특송인(特送人): 대마도주가 규정된 수의 세견선 이외에 특별한 목적을 위하여 파견한 사인.

주26 향통사(鄕通事): 지방에 있던 통역관.

주27 향화(向化): 덕화(德化)·교화(敎化)의 의미로 인정(仁政)을 기려 귀화함. 투화(投化)가 단순한 내부(來附)의 의미가 있는 데 반하여, 향화는 완전한 귀화를 뜻한다.

주28 근각(根脚): 기초, 토대의 의미. 개인의 출생·부모·거처 등과 같이 신원에 관계되는 사항을 말한다.

주29 포소(浦所): 항구의 의미. 울산의 염포, 동래의 부산포, 웅천의 내이포를 가리킨다.

주30 서계(書契): 대마도주 등이 도서(圖書)를 찍어 통상을 허락한 증명서. 찍힌 도서의 수에 따라 미량(米量)의 지급을 달리 했기 때문에 왜인들이 빈번히 서계를 위조하고 변조하기도 했다.

주31 도서(圖書): 예조에서 대마도주에게 각인하여 준 동제(銅製)의 도장.

주32 노인(路引): 여행허가증. 본인의 신분·연령·본관·휴대품의 품목과 수 등을 기록했다.

주33 세조수(歲朝數): 대마도 왜인의 세조수·공수(貢數).

주34 대사객(待使客): 사신과 객인을 접대하는 것. 사(使)는 황제나 국왕의 명령을 받들어 파견된 사자이고, 일본의 거유·대마도주·야인의 경우에는 국가가 아니므로 격을 낮추어 객이라 했다.

역시 늘상 이와 같이 말할 따름입니다. 신이 북쪽 변방으로 나와 지키며 오랑캐들과 섞여 지내면서 눈으로 보고 귀로 들어 그 사정을 알아차릴 수 있게 되었는 바, 호인胡人들은 천태만상으로서 어느 한 가지로 설명할 수가 없습니다. 은恩이 없으면 그들의 마음을 기쁘게 할 수 없고, 위威가 없으면 그들의 의지를 두렵게 만들 수 없습니다. 은恩이 지나치면 교만해지게 되고, 위威가 지나치면 원한을 품게 됩니다. 그러나 원한으로 분란을 일으키려는 자라도 위가 두려워서 행동에 옮기지 못하는 수도 있고, 교만으로 골칫거리가 되는 자라도 가볍게 무시해 버리면 독기를 내뿜는 수가 있으므로, 은위恩威는 어느 한 쪽을 버릴 수 없습니다. … ” 했다.

原文 咸吉道都節制使金宗瑞上言曰 竊惟儒者皆謂 待夷狄之道 來則撫之 去則不追 不結怨不生釁 又謂 和親爲貴 得此計者安 失此計者危 臣亦居常每謂如斯而已 臣出守北鄙 與胡虜雜處目擊耳聞 察知其情 胡人千態萬狀 不可以執一論也 無恩無以悅其心 無威無以畏其志 恩過則驕威過則怨 然怨而致亂者 畏威而或不敢動 驕而爲患者 輕蔑而益肆其毒 恩威固不可偏廢也
…

_ 『세종실록』 권75, 세종 18년 11월 경자

자료8

함길도 도절제사 김종서에게 전지하기를, “동북 지경은 공험진公嶮鎭으로 경계를 삼았다는 것은 말을 전하여 온 지가 오래다. 그러나 정확하게 어느 곳에 있는지 알지 못한다. 본국의 땅을 상고하여 보면 본진本鎭이 장백산 북록北麓에 있다 하나, 역시 허실을 알지 못한다. 『고려사』에 이르기를, ‘윤관이 공험진에 비를 세워 경계를 삼았다’고 했다. 지금 듣건대 선춘점先春岾에 윤관이 세운 비가 있다 하는데, 본진이 선춘점의 어느 쪽에 있는가. 그 비문을 사람을 시켜 찾아볼 수 있겠는가. 그 비가 지금은 어떠한지. 만일 길이 막히어 사람을 시키기가 용이하지 않다면, 폐단 없이 탐지할 방법을 경이 익히 생각하여 아뢰라. 또 듣건대 강 밖江外에 옛 성城이 많이 있다는데, 그 옛 성에 비갈碑碣이 있지 않을까. 만일 비문이 있다면 또한 사람을 시켜 등서謄書할 수 있는지 없는지 아울러 아뢰라. 또 윤관이 여진을 쫓고 9성을 설치했는데, 그 성이 지금 어느 성이며, 공험진의 어느 쪽에 있는가. 상거相距는 얼마나 되는가. 듣고 본 것을 아울러 써서 아뢰라.” 했다.

原文 傳旨咸吉道都節制使金宗瑞曰 東北之境 以公嶮鎭爲界 傳言久矣 然未知的在何處 考

之本國之地 本鎮在長白山北麓 亦未知虛實 高麗史云 尹瓘立碑于公嶮鎭以爲界 至今聞先春岾
有尹瓘所立之碑 本鎭在先春岾之何面乎 其碑文 可以使人探見乎 其碑今何如也 如曰路阻未易
使人 則無弊探知之策 卿當熟慮以聞 且聞江外多有古城 其古城無奈有碑碣歟 如有碑文 則亦可
使人謄書與否幷啓 又尹瓘逐女眞置九城 其城今何城乎 在公嶮鎭之何面乎 相距幾何 幷聞見開
寫以啓

_ 「세종실록」 권86, 세종 21년 8월 임오

자료 9

… 대마도는 경상도 계림鷄林에 예속되어 본래 우리나라 땅으로 문적에 실려 있어서
분명히 상고할 수 있다. 그러나 땅이 매우 작고 또 바다 가운데 있어서 왕래하기가 곤
란하기 때문에 백성들이 거처하지 않았었다. 이에 자기 나라에서 쫓겨나 돌아갈 곳
이 없는 왜놈들이 모두 여기에 모여서 소굴을 만들었다. 그래서 때때로 틈을 타서 몰
래 들어와 평민들을 위협하고 노략질하여 전곡錢穀을 빼앗아 가고 학살을 자행하여
남의 처자를 고아와 과부로 만들고, 남의 가옥을 불태워 없애는 등 극도로 흉악한 짓
을 한 지가 여러 해가 되었다. … 나는 대통大統을 이어 즉위한 이래로 능히 선왕의 뜻
을 이어 더욱 무휼撫恤을 폈다. 너희들은 간혹 좀도둑질과 불공不恭하는 일이 있었으
나, 그래도 도도웅와都都熊瓦의 애비 정무貞茂가 덕의德義를 사모하고 충성을 바친 것
을 생각하여 죄를 범하여도 따지지 않았으며, 매번 사절을 접대할 때마다 관사를 주
어 머물게 하고 예조禮曹에 명하여 후하게 위로하게 했다. 또 그 생계가 어려움을 생
각하여 상선의 왕래를 허락했으며 경상도의 쌀과 조를 대마도로 운반해 간 것이 해마
다 수만여 석에 달했다. 이는 그 형체를 길러 기아를 면하고 그 양심을 확충하여 좀도
둑질을 부끄럽게 여기어 함께 천지 간에 살려고 한 것이었으니 나의 용심用心도 지극
한 것이다. 그런데 뜻밖에 근래에 와서 은혜를 잊고 의리를 거역하여 스스로 화의 근
원을 만들어 멸망을 자초하고 있다. 그러나 평소에 귀화한 자나, 무역과 통신을 목표
로 하여 온 자나, 요즈음 위무威武의 풍문을 듣고 항복해 온 자는 모두 죽이지 않고 여
러 고을에 나누어 두고 의식을 주어 목숨을 보전하게 하고, 또 변방 장수에게 명하여
병선을 거느리고 진격하여 그 섬을 포위하고 온 섬 안의 사람들이 항복해 오기만을
기다리고 있다. 그러나 그 섬사람들은 아직도 미련하게 고집하여 깨닫지 못하고 있으
니, 나는 이것을 매우 민망스럽게 생각한다. … 만약 선뜻 뉘우치고 깨우쳐 온 섬 안의

사람들이 모두 와서 항복한다면 도도웅와에게는 좋은 벼슬과 후한 녹봉祿을 줄 것이고, 그 부하의 관원들은 평도전平道全주35의 예와 같이 할 것이며, 나머지 졸개들도 모두 의복과 양식을 넉넉히 주고 비옥한 땅에 살면서 농사 짓게 하며, 우리 백성과 똑같이 보고 똑같이 사랑하여, 그들로 하여금 도적의 행위는 부끄러운 짓이란 것과 의리가 좋다는 것을 알게 할 것이니, 이것이 스스로를 새롭게 하는 길이요 살아가는 방법일 것이다. 이렇게 하지 않으려면 온 섬 안의 무리를 모두 거느리고 본국으로 돌아가도 무방할 것이다. … 병조는 대마도에 문서를 보내 나의 지극한 마음을 유시諭示하여 자신自新하는 길을 열어 주고 멸망의 화를 면하게 하여 내가 백성을 아끼는 뜻에 부응하게 하라.

주35 평도전(平道全): 왜인으로 우리나라에 귀순하여 대호군 등을 지냈으며 대마도주 종정무의 사신으로 활약했다.

原文 … 對馬爲島 隷於慶尙道之鷄林 本是我國之境 載在文籍 昭然可考 第以其地甚小 又在海中 阻於往來 民不居焉 於是倭奴之黜於其國而無所歸者 咸來投集 以爲窟穴或乘時竊發 劫掠平民 攘奪錢穀 因肆賊殺 孤寡人妻子 焚蕩人室廬窮凶極惡 積有年紀 … 予紹大統 莅國以來 克承先志 益申撫恤 雖或間有草竊不恭之事 尙念都都熊瓦之父貞茂慕義輸誠 犯而不校 每接信使 館焉以留 仍命禮曹 厚加勞慰 又念其生理之艱 許通興利商船 慶尙道之米粟 運于馬島者 歲率數萬餘石 庶幾養其形體 以免飢餓 充其良心 恥爲草竊 竝生於天地之間也 予之用心 盖亦勤矣 不意近者忘恩悖義 自作禍胎以取覆亡 然其平日投化及以興利通信而來者 與今望風而降者 則竝皆不殺 分置諸州 仍給衣食 以遂其生 又命邊將率領兵船 進圍其島 以待卷土而降 今其島人 尙且執迷不悟 予甚憫焉 … 若能幡然悔悟 卷土來降 則其都都熊瓦 錫之好爵 頒以厚祿 其代官等如平道全例 其餘群小 亦皆優給衣粮 處之沃饒之地 咸獲耕稼之利 齒於吾民 一視同仁 俾皆知盜賊之可恥 義理之可悅 此其自新之路 生理之所在也 計不出此 則卷土率衆 歸于本國 其亦可矣 … 兵曹其移文馬島 諭予至懷 開其自新之路俾免滅亡之禍 以副予仁愛生民之志

— 「동문선」 권24, 유대마주서주36

출전

「경국대전」

「동문선」

「맹자」

「세종실록」

「태조실록」

주36 유대마주서(諭對馬州書): 세종 원년(1419) 대마도 정벌을 계획하면서 출병하기에 앞서 병조를 통해 대마도에 보낸 상왕인 태종의 유서(諭書)이다. 변계량(1369~1430)이 쓴 글이다. 왕조 초기 대왜인 정책의 기본 입장은 위무(威武)의 과시와 함께 대마도가 본래 조선의 영토임을 강조하면서 노략질을 하지 않도록 타이르는 것이었다. 이와 함께 실제 이종무(李從茂, 1360~1425)를 장수로 삼아 출병하면서 보낸 유명한 글이 어변갑의 「정대마도교서」(세종 원년 6월 임오)이다.

찾아읽기

한우근·이태진, 『사료로 본 한국문화사』, 일지사, 1984.

한국사특강위원회 엮음, 『한국사특강』, 서울대학교 출판부, 1990.

국사편찬위원회, 『한국사』22 (조선 왕조의 성립과 대외 관계), 1995.

육군본부 군사연구소, 『한국군사사』6 (조선전기 II), 경인문화사, 2012.

강문식 외, 『15세기 조선의 때 이른 절정』, 민음사, 2014.

4 동북아시아 3국의 국제 전쟁

임진왜란

임진왜란은 16세기 동북아시아의 국제 전쟁이었다. 전쟁 당사자인 조선 · 일본 · 명은 커다란 변화를 맞이했다. 명과 일본은 왕조와 정권의 주체가 달라졌다. 조선은 망국의 위기에 봉착한 왕조가 존속했으나 전쟁으로 초래된 내외의 변화를 제대로 반영하지 못한 채 교조적인 대응으로 일관했다. 임진왜란은 조선에 엄청난 위기인 동시에 왕조 개혁의 기회이기도 했다. 그러나 조선은 또 한 차례의 외우(外憂)를 초래하는 방향으로 나아가면서 기회를 잃어버렸다.

조선 전기의 대일 관계와 임진왜란의 배경

조선 전기의 대일 관계는 교린 정책의 큰 틀 속에서 대마도 정벌[세종 원년, 1418]과 계해약조[세종 25년, 1443], 삼포왜란[중종 5년, 1510]과 임신약조[중종 7년, 1512], 사량진왜변[중종 39년, 1544]과 정미약조[명종 2년, 1547], 그리고 을묘왜변[명종 10년, 1555]을 중심으로 전개되었다. 이 중 중종 5년(1510)에 발생한 삼포왜란은 임진왜란과 상응하게 '왜란'이라고 부를 정도로 사건의 규모가 지대했다. 그러나 15일 만에 진압되고, 2년 뒤에 다시 임신약조를 체결하여 조선과 일본은 공식적인 통교 체제를 복원했다. 그런데 중종 39년(1544)에 이보다는 규모가 작은 사량진왜변이 발생했고 또다시 3년 뒤에 정미약조를 체결했다. 그리고 명종 10년(1555)에 을묘왜변이 일어났으나 이후에는 공식적인 조약 체결이 이루어지지 않았고 선조 25년(1592)에 마침내 임진왜란이 일어났다.

동래부사 송상현(1551~1592)이 임진왜란 당시 동래성에서 왜군에 맞서 항전하다 순절한 장면을 묘사한 「동래부사순절도」.

조선 전기의 대일 관계의 통교 체제 전반을 놓고 볼 때, 삼포왜란에 의한 통교 체제 중단을 계해약조와의 연장에서 조선의 주도로 임신약조를 체결해 간 것은 나름의 의미를 부여할 수 있다. 그러나 그 내면을 살펴보면 교역량 증대, 내왕인 증가, 접대 물량의 증가 및 왜인 군사력 강화에 대처하는 조선의 대응이 거듭 한계를 나타내고 있었다.

통교 체제의 근본적인 문제점과 관련하여 양국의 교역, 내왕인의 증가 등 통교의 양적 증가, 그리고 왜구의 군사력 증강에 대한 대책이 이루어지고 있지 않았다. 임신약조는 일본이 먼저 요구했으나 조선이 주도적으로 교역량과 지급 물량을 축소하고 통교를 더욱 엄격하게 통제하는 내용으로 체결되었다. 약조의 내용은 교역을 축소하고 통교를 통제하는 것이었으나 실제로는 교역이 더욱 확대되고 내왕인 통교에 대한 통제가 제대로 이루어지지 못했던 것이다. 이러한 모순을 안고 있는 통교 체제는 상황 변화에 따라 언제라도 왜란 또는 왜변이 초래될 수 있다는 점이었다. 센고쿠[戰國] 시대라는 일본 자체의 상황 변화와 함께 왜구가 다시 들끓었고 그들의 군사력 또한 막강해지고 있었다.[자료1] 요컨대 임진왜란 이전의 '왜란·왜변'은 각 시기 나름의 미흡한 통교 질서를 둘러싼 갈등이었고, 결과적으로 임진왜란은 중세적 단계의 새로운 통교 질서 수립을 위한 전면전이었다고 할 수 있다.

한편 임진왜란사의 서두에 으레 등장하는 경인통신사庚寅通信使에 대해서도 다음과 같은 이해가 필요하다. 경인통신사는 선조 23년1590 3월에 한양을 출발하여 이듬해 3

월에 한양으로 돌아왔다. 사행은 주지하듯 정사 황윤길黃允吉, 부사 김성일金誠一, 그리고 서장관 허성許筬 등으로 구성되었다. 경인통신사는 통신사의 이름으로 실제 사행이 이루어진 세종 25년(1443) 이후 약 150년 만이었다. 이 시기 동안 조선은 왜구의 왜변에 부심하면서 대마도를 통해 일본과의 관계를 유지하고 있었다.

경인통신사 파견은 일본의 요청으로 이루어진 것이었으나 조선과 일본의 대외 관계를 새롭게 모색해 나갈 수 있는 전환점의 의미를 지니고 있었다. 그러나 조선이 주도권을 쥐고 이 사행을 활용하여 대일 관계의 새로운 전환을 모색하기에는 근본적인 한계가 있었다. 오랫동안의 국교 단절로 인해 무엇보다 당시 일본의 실질적인 변화상을 제대로 파악하지 못하고 있었기 때문이었다.

특히 경인통신사 사행 이후 상반된 보고를 둘러싼 조선 조정의 대응 관련 자료가 누락되어 있다. 『선조실록』 및 『선조수정실록』의 경인통신사 관련 자료를 살펴보면 일본의 요청으로 사행이 결정되는 과정과 '정명가도征明假道'의 내용을 명 조정에 어떻게 알릴 것인가 하는 조정의 논의 과정은 각각 수록되어 있다. 그런데 정작 정사와 부사의 상반된 보고에 대해서는 당시 조정이 어떻게 대처하기로 했는가 하는 관련 자료가 실록에 수록되어 있지 않다.

반면에 실록에 수록된 자료만으로도 당시 조정은 일본이 침략해 오리라는 사실을 분명히 알고 있었다. 그러나 임란 발발 이후 김성일의 잘못된 보고 때문에 일본의 침략에 제대로 대비하지 못해 결과적으로 엄청난 피해가 초래되었다는 점만을 강조했다. 정상적인 국가의 조정이라면 이 정도로 무대책일 수 없는 것이다. 어떻게 병화 징후가 없다는 보고에만 근거하여 무방비 상태로 있을 수 있는가 하는 점에서 그렇다. 그런데 사행 이후 임란 직전까지의 실록 자료를 잘 살펴보면 조선은 나름대로 군사적 역량을 동원하여 일본의 침략에 대비하고 있었음을 알 수 있다. 따라서 왜 이런 자료가 누락되었는지, 임란 직전의 군사적 대비 태세는 구체적으로 어떠했는지 등에 관한 실증적 검토가 필요하다.

선조 25년(1592)부터 31년(1598)까지 2차에 걸쳐서 조선에 침입한 일본과의 싸움은 1차 침입이 임진壬辰년에 일어났으므로 '임진왜란'이라 부르고, 2차 침입이 정유丁酉년에 있었으므로 '정유재란'이라 하는데, 임진왜란이라 하면 일반적으로 정유재란까지를 포함하여 말한다.

조선이 임진왜란을 당하여 전쟁 초기 이를 감당할 수 없을 정도로 국력이 쇠약해진 것은 선조 대에 이르러 비롯된 것이 아니었다. 이미 15세기 말부터 야기된 군역제의 모순으로 인한 수포제, 대립제의 성행은 군사 동원 체계를 무능하게 했고, 이로 인해 전국적 국방 체제인 진관 체제는 명종 10년(1555) 을묘왜변乙卯倭變 이후 소규모 국지전에 적합한 제승방략으로 바뀌어 있었다.

이에 반해 일본에서는 100여 년에 걸친 센고쿠[戰國] 시대의 혼란이 도요토미 히데요시[豊臣秀吉]에 의해서 수습되고 있었다. 국내 통일에 성공한 도요토미는 지방 세력가인 다이묘[大名]들의 관심을 밖으로 분출시키고, 그 여세를 몰아 대륙과 한반도를 정복함으로써 동아시아의 지배자가 되려는 야욕을 품게 되었다. 일본은 침략에 앞서 중앙 집권적인 군사 지휘 체계를 확립하고 병력 동원 체계와 전투 부대를 재편하는 한편, 서양의 총포술을 도입하여 개량한 조총鳥銃으로 군사들을 무장시켰다. 그리고 일본은 조선을 침략했다.

임진왜란의 발발과 경과

선조 25년(1592) 4월에 16만여 명의 일본군이 부산을 침략해 왔다. 이때 부산첨사 정발鄭撥과 동래부사 송상현宋象賢이 부산과 동래에서 상륙하는 일본군을 맞아 사투를 벌였으나 실패했고[자료2] 다시 중앙에서 출정한 도순변사 신립申砬이 충주에서 배수진을 치고 항전했으나 역시 허사로 돌아가 일본군은 서울을 향하여 파죽지세로 북상했다. 아무런 준비 태세를 갖추지 못하고 있었던 조선으로서는 조총으로 잘 훈련된 일본군을 막을 수 없었던 것이다. 결국 정부는 전의를 상실하고 의주로 피난했으며 일본군은 부산에 상륙한 지 20일도 못 되어 서울에 입성했고 계속해서 평양을 거쳐 함경도까지 북상했다.

임진왜란 발발 이후 이와 같은 급박한 상황을 날짜별로 정리하면 다음과 같다. 선조 25년(1592) 4월 13일 왜군의 부산 상륙, 4월 17일 침략의 급보 서울 도착, 순변사 이

일 파견, 4월 20일 3도 도순변사 신립 임명, 4월 25일 이일 군사 패몰, 4월 28일 신립 군사 패배, 4월 30일 선조의 파천, 5월 3일 한양 함락, 선조 26년(1593) 4월 18일 한양에서 일본군 퇴각, 4월 20일 한양 수복, 10월 4일 선조 환도 등으로 전개되었다.

육지에서의 참패에 반하여 해전에서는 도처에서 일본군을 섬멸했다. 전라좌수사 이순신, 경상우수사 원균 등이 이끄는 수군은 일본군보다 우수한 선박과 화기火器를 이용하여 옥포·당포·당항포·부산포 등에서 큰 전과를 올렸고 특히 한산도에서는 최대의 승리를 거두었던 것이다. 이로써 수군은 남해의 제해권을 장악하고 수·륙으로 협공하려던 일본군의 작전을 봉쇄했으며, 전라도의 곡창 지대를 지켜낼 수 있었다.[자료3]

한편 각 지방에서는 유생과 농민으로 구성된 의병이 일어나 자발적으로 부대를 조직하여 향토 방위에 나섰다. 이들은 정부의 징집 명령에는 소극적이었지만 일본군의 침탈을 당하자 자신의 가족과 재산, 그리고 마을을 지키기 위해서 응전했던 것이다. 당시 의병장으로 특히 명성이 높았던 이는 곽재우郭再祐·조헌趙憲·고경명高敬命 등이며, 묘향산의 서산대사 휴정休靜과 금강산의 사명당 유정惟政은 승병장으로 유명했다. 이들은 유격 전술로 일본군의 군사 행동에 막대한 차질을 끼쳤고 관군이 전열을 가다듬을 시간적 여유를 벌어 주었다.

수군의 승리와 의병의 활동, 육군의 전열 정비 등으로 전세가 반전되어 가고 있을 때 이여송李如松이 이끄는 명의 지원군이 도착하여 조선군과 합세했다. 일본은 전쟁 초기부터 정명가도征明假道를 내세워 대륙 침략을 공언했으므로 명은 자위책으로 지원군을 파견한 것이다.[자료4] 조·명 연합군은 먼저 평양성을 탈환하고[1593년 1월], 남으로 일본군을 추격하다가 벽제관碧蹄館 전투에서 패하자 명군은 다시 평양으로 되돌아가 움직이지 않으면서 일본군과 화의를 맺으려 했다. 한편 명군과 합세하여 서울을 수복하려던 권율은 행주산성에 웅거하고 있다가 명군이 평양으로 퇴각하자 고립되어 일본군의 공격을 받았는데, 격전 끝에 몇 배가 넘는 적군을 격파하는 대승을 거두었다[1593년 2월]. 행주 전투에서 패배한 일본군은 드디어 서울을 포기하고 경상도 해안 일대로 퇴각하여 명과 화의에 응했다. 강화회담은 이후 4년 동안이나 계속되었다. 이 기간 동안 국지적인 전투는 있었으나 전쟁은 소강 상태에 들어갔다.

「난중일기」. 충무공 이순신이 임진왜란 7년 동안의 전쟁 중에 쓴 일기이다. 임진왜란이 일어나던 해(1592)로부터 끝나던 해(1598)까지의 일을 간결·명료하게 기록한, 사료적 가치가 뛰어난 중요한 전적이다. 국난을 극복해낸 수군사령관으로서 충무공의 엄격하고도 지적인 진중 생활을 평이한 문장으로 기록하고 있다.

정유재란과 일본군의 퇴각

조선의 반대에도 불구하고 명과 일본군 사이에 진행되던 강화 회담은 양측이 모두 승전자임을 자처하고 무리한 조건을 제시했으므로 결국 결렬되고 일본군이 다시 공격을 시작했으니 이를 정유재란[선조 30년, 1597]이라 한다. 그러나 강화 회담 기간 동안 조선도 전력을 크게 강화했다. 조총을 제작하여 무기의 약점을 보완하고 훈련도감訓鍊 都監을 설치하여 중앙군의 편제와 훈련 방법을 바꾸고, 또 속오법束伍法에 의거하여 지방군 편제를 개편했다. 그리하여 일본군의 재침략은 남해안 일대를 점령하는 정도에서 저지되고 마침 도요토미가 죽자 모든 일본군 병력은 퇴각했다.

7년에 걸친 임진왜란이 조선·일본·명 3국에 미친 영향은 대단히 컸다. 우선 전란으로 조선이 입은 손실이 막대했다. 많은 인명이 손실되고 농민들의 생활 터전이 황폐해졌으며 서울의 경복궁을 비롯하여 전국의 주요 문화재가 불타버리거나 약탈당했다. [자료5] 일본 역시 수십만의 인명과 막대한 물자를 소모하고도 그 목적을 달성하지 못하고 국민 생활을 피폐하게 하여 도요토미 정권은 몰락했다. 명나라도 대군을 조선에 파견하여 국력을 크게 소모시켰으며 만주의 여진족이 세력을 확대할 기회를 주어 명明·청淸 교체의 계기가 되었다. 사실 자신들의 이익을 위해 출동한 명의 군대가 임진왜란과 그 이후 철수할 때까지 10년 동안 조선에서 저지른 횡포는 적지 않았다. 그러나 명의 지원군 파견으로 인한 조선 지배층의 명에 대한 숭배 의식은 명이 망한 뒤에도 심화되어 갔다.

자료1

… 심연원이 아뢰기를, "전에는 왜선이 얇은 판자로 만들어졌기 때문에 부수기가 매우 쉬웠는데 지금은 중국인들과 교통하여 배를 아주 견고하게 만들었으므로 총통으로도 부술 수가 없습니다. 또한 왜놈들이 사용하는 총통이 극히 교묘하므로 지금은 왜놈들을 막기가 그전보다 어렵습니다." 했다. …

> **原文** … 沈連源曰 古者倭船 以薄板爲之 故破之甚易 今則與唐人交通 造船極牢 銃筒終不可破也且倭之用銃筒極巧 今之禦倭 難於古矣 …
>
> _ 『명종실록』 권18, 명종 10년 5월 기유

자료2

주1 평수길(平秀吉): 도요토미 히데요시를 가리킴.

14일 왜적이 크게 군사를 일으켜 침략해 와서 부산진釜山鎭을 함락시켰는데 첨사僉使 정발鄭撥이 전사하고, 이어 동래부東萊府가 함락되면서 부사 송상현宋象賢도 전사했다. 평수길平秀吉주1이 우리나라가 그들에게 명나라를 공격하는 길을 빌려 주지 않는다는 이유로 마침내 여러 섬의 군사 20만을 징발하여 직접 거느리고 일기도一岐島에 이르러 평수가平秀家 등 36명의 장수에게 나누어 거느리게 하고, 대마도주 평의지平義智와 평조신平調信 · 소서행장小西行長 · 현소玄蘇를 향도로 삼아 4~5만 척의 배로 바다를 뒤덮고와 이달 13일 새벽 안개를 틈타 바다를 건너왔다.

부산에서 망을 보던 관리가 처음에 먼저 온 400여 척을 보고 주진主鎭에 전보轉報했는데, 변장邊將이 단지 처음 보고받은 것을 근거로 이를 실제 수효로 여겼다. 그리하여 병사兵使가 장계하기를 '적의 배가 400척이 채 못 되는데 한 척에 실은 인원이 수십 명에 불과하니 그 대략을 계산하면 약 1만 명쯤 될 것이다'라고 했으므로 조정에서도 그렇게 여겼다.

부산 첨사 정발은 절영도絶影島에 사냥하러 갔다가 급히 돌아와 성에 들어갔는데 전선戰船은 구멍을 뚫어 가라앉히게 하고 군사와 백성들을 모두 거느리고 성을 지켰다. 이튿날 새벽에 적이 성을 백 겹으로 에워싸고 서쪽 성 밖의 높은 곳에 올라가 포砲를 비 오듯 쏘아대었다. 정발이 서문西門을 지키면서 한참 동안 대항하여 싸웠는데 적의 무리가 화살에 맞아 죽은 자가 매우 많았다. 그러나 정발이 화살이 다 떨어져 적의 탄환에 맞아 전사하자 성이 마침내 함락되었다. …

十四日 倭賊大擧入寇 陷釜山鎭 僉使鄭撥戰死 陷東萊府 府使宋象賢死之 平秀吉以我 國不許借途 遂發諸島兵二十萬 親領至一岐島 以平秀家等三十六將分領 以馬島主平義智及平 調信 行長 玄蘇爲導 船四五萬艘 蔽海而來 是月十三日 乘曉霧渡海 釜山候吏 初見先來四百餘 艘 轉報主鎭 邊將只據初報爲實數 兵使狀啓 賊艘不滿四百 一艘不過載數十人 計其大略 約可 萬人 朝廷亦以爲然 釜山僉使鄭撥出蒐絶影島 急還入壁 鑿沈戰船 盡率兵民守堞 翌曉賊圍城百 匝 乘西城外高處 發砲如雨 撥守西門 拒戰良久 賊衆中矢死者甚衆 撥矢盡 中丸死 城遂陷 …

_『선조수정실록』 권26, 선조 25년 4월 계묘

자료3

전라수군절도사 이순신이 경상우수사 원균, 전라우수사 이억기 등과 함께 적병을 거제도 바다 가운데서 크게 격파했다. … 이보다 먼저 적장 소서행장小西行長주2은 평양에 이르러 글을 보내 말하기를 "일본의 수군 10만여 명이 또 서해로부터 올 것입니다. 알지 못하겠습니다만 대왕의 행차는 이로부터 어디로 가시겠습니까?" 했는데, 대체로 적은 본래 수군과 육군이 합세하여 서쪽으로 내려오려고 했던 것이다. 그런데 이 한 번의 싸움에 힘입어 드디어는 그 한 팔이 끊어져 버렸다. 그래서 소서행장은 비록 평양성을 빼앗았다고 하더라도 그 형세가 외로워서 감히 다시는 전진하지 않았다. 이로 인하여 나라에서는 전라도와 충청도를 확보할 수 있었고 아울러 황해도와 평안도 연안 일대도 보전할 수 있었고, 군량을 조달하고 호령을 전달할 수가 있어서 나라의 중흥을 이룩할 수 있었다. 그리고 요동의 금金·복復·해海·개주蓋州와 천진 등지도 적의 침해로 놀람을 당하지 않고, 명나라 군사로 하여금 육로로 와서 도와 왜적을 물리치게 된 것이니, 이는 다 이순신이 한 번 싸움에 승리한 공이었다. 아아, 이 어찌 하늘의 도움이 아니겠는가?

주2 소서행장(小西行長): 일본 아즈치 모모야마 시대의 무장으로, 임진왜란 당시 왜군의 선봉장이었던 무장 고니시 유키나가.

全羅水軍節度使李舜臣 與慶尙右水使元均 全羅右水使李億祺等 大破賊兵于巨濟洋 中 … 先是賊將平行長 到平壤投書曰 日本舟師十餘萬 又從西海來 未知 大王龍御 自此何之 蓋 賊本欲水陸合勢西下 賴此一戰 遂斷賊一臂 行長雖得平壤 而勢孤不敢更進 國家得保全羅忠淸 以及黃海平安沿海一帶 調度軍食 傳通號令 以濟中興 而遼東金復海蓋與天津等也 不被震驚 使天兵從陸路來援 以致郤賊者 皆此一戰之功 嗚呼豈非天哉

_『징비록』 권2

자료 4

설번은 의주에 하루 동안 머물고 즉시 돌아가 먼저 병부兵部에 보낸 자문咨文에 다음과 같이 말했다. … 돌아보건대 안타깝게 여겨야 할 상황은 조선에 문제가 있지 않고 우리나라의 강역에 있다는 점이며 어리석은 제가 깊이 염려하는 바는 강역에만 그치지 않고 내지內地까지 진동할까 하는 점입니다. 그러니 군사를 징발하는 것을 한순간인들 늦출 수 있겠습니까. 대저 요진遼鎭은 경사京師의 팔과 같으며 조선은 요진의 울타리와 같습니다. 그리고 영평永平은 기보畿輔의 중요한 지역이며 천진天津은 또한 경사의 문정門庭입니다. 200년 동안 복건성福建省과 절강성浙江省이 항상 왜적의 화를 당하면서도 요양과 천진에까지 이르지 않았던 것은 조선이 울타리처럼 막아 주었기 때문이 아니겠습니까. 압록강에 길이 셋이 있습니다만 서쪽에 가까운 두 곳의 길은 물이 얕고 강이 좁아서 말이 뛰어 건널 만하고, 또 한 길은 동서의 거리가 얼마 되지 않으니 어떻게 그곳을 거점으로 하여 방수防守할 수 있겠습니까. 만약 왜노들이 조선을 점거한다면 요양의 주민들은 하루도 편히 잠을 잘 수 없을 것입니다. 그리고 순풍에 돛을 달고 서쪽으로 배를 띄우면 영평과 천진이 가장 먼저 그 화를 받게 될 것이니, 경사가 놀라 진동하지 않겠습니까? …

어떤 이는 군사를 일으켜 가서 정벌하면 그들의 침입을 초래할 뿐이라고 하지만 본인의 생각으로는 정벌을 해도 올 것이고 정벌하지 않아도 올 것이며, 정벌을 할 경우 평양의 동쪽에서 견제할 수 있어 그들이 오는 것이 더디어 화禍가 작게 될 수 있지만, 정벌하지 않을 경우 그들이 평양 서쪽에서 저희 마음대로 할 수 있어 그 침입의 속도가 빠르고 화도 커지게 될 것으로 여겨집니다. 그리고 빨리 정벌하면 우리가 조선의 힘을 빌릴 수 있지만 늦게 정벌하면 왜노가 조선 사람을 거느려 우리를 대적할 것이기 때문에 군사를 동원하여 정벌하는 일을 한시라도 늦출 수 없다고 생각합니다. 돌아보건대 군사를 일으키는 비용으로는 양향糧餉보다 더 중요한 것이 없습니다. 본인이 그 저축되어 있는 것을 물어본 바 겨우 7~8천 명의 한 달 양식에 불과했으니, 그 부족량은 우리가 계속 대주어야 할 것입니다. 해국에서도 인마人馬를 많이 징발하여 강변에 두고 있습니다. 그 나라 신민들도 우리 군사가 그들의 부모 형제의 원수를 갚아주는 것을 다행으로 여겨 즐거이 곡식을 수송하며 자진하여 지역을 따라 양식을 대줄 것인데, 더구나 왜놈들이 쌓아둔 것이 있음이겠습니까. 본인이 말한 것은 여러 신하들이 모두 먼저 말한 것입니다. 다시 생각건대 이번 거사를 하루라도 빨리 하면 조선이 하루라도 빨리 멸망하는 화를 면할 것이고, 하루 늦게 하면 우리 강역에 하루의 근심을 더 끼치게 될 것입니다. 간절히 바라건대 성명聖明께서는 예단睿斷을 내리시어 해부該部에 조칙을 내려 병마를 어서 떠나도록 재촉하신다면 강역과 종묘사직에 매우 다행이겠습니다.

原文 薛藩留義州一日卽還 先馳咨兵部云 … 顧事勢之可悶者 不在朝鮮 而在吾國之疆場 愚之所深慮者 不止疆場 而恐內地之震動也 其調兵征討 可容頃刻緩乎 夫遼鎭 京師之臂 而朝鮮者 遼鎭之藩籬也 永平 畿輔之重地 而天津 又京師之門庭也 二百年來 福浙常遭倭患 而不及於遼陽 天津者 豈不以朝鮮爲之屛蔽乎 鴨綠一江 雖有三道 然近西二道 水淺江狹 馬可飛渡 一道東西相去 不滿二對之路 豈能據爲防守乎 若使倭奴據有朝鮮 則遼陽之民 不得一夕安枕而臥矣 風汛一便 揚帆而西 則永平 天津首受其禍 京師其震驚否乎 … 或謂興兵往征 徒速其來 職之謂征之固來 不征亦來 征之則牽制於平壤之東 其來遲而禍小 不征則肆意於平壤之外 其來速而禍大 速征則我藉朝鮮之力 遲征則倭率朝鮮之人以敵我 故職謂 調兵征討 不容頃刻緩者也 顧興兵之費 莫甚糧餉 職詢其所積 僅足七八千人一月之糧 有不足者 資我繼之 該國亦多發人馬 在於江邊 其國臣民 亦幸我兵 爲其父母兄弟報仇 樂輸粟餉 自可隨地資糧 況有倭奴所積者乎 職之所言 諒諸臣皆先言之 顧念 此擧早一日 則朝鮮免一日覆亡之禍 遲一日 則貽我疆場一日之憂 懇乞聖明睿斷 勅下該部 催促兵馬前行 則疆場幸甚 宗社幸甚
_ 「선조수정실록」 권26, 선조 25년 9월 정사

자료 5

이때, 본인이 경성을 차지한 지 이미 2년이라 적병의 칼날이 미치는 곳에 천 리 사이가 소연蕭然하고, 백성들은 밭 갈고 씨 뿌리지 못하여 거의 다 굶어죽었다. 서울 성 안의 남은 백성들이 갖은 고생을 하며 붙들고 이끌고 메고 지고 와서 우리 군중으로 들어오는 것이 그 수를 헤아릴 수 없었다. … 마침 남방의 양곡 배가 강 언덕에 와서 정박하고, 전라도소모관 안민학이 역시 곡식 10만을 모집하여 얻어서 배로 운반하니 곧 전 군수 남궁제를 감진관監賑官으로 임명하여, 솔잎으로 가루를 만들어 솔잎 가루 열 홉에 쌀가루 한 홉을 섞어 물에 타서 마시도록 했는데, 사람은 많고 곡식은 적어서 살아난 사람이 얼마 안 되었다. … 하루는 밤에 큰비가 왔다. 굶주린 백성들이 좌우 쪽에 있으면서 슬피 부르는 소리가 처량하여 차마 들을 수가 없었는데, 아침에 일어나 보니 여기저기 쓰러져 죽은 자가 매우 많았다.

原文 時賊據京城已二年 鋒陷所被 千里蕭然 百姓不得耕種 餓死殆盡 城中餘民 間關扶携
擔負來投我軍 不計其數 … 適南方粮船 來泊江岸 全羅召募官安敏學 亦募得皮穀十萬 船運而
至 卽以前郡守南宮悌爲監賑官 取松葉爲屑 松屑十合 和米屑一合 投水而飮 人多穀少 所活無
幾 … 一日夜大雨 飢民在左右 哀號之聲 悲楚不忍聞 朝起視之 狼藉而死者甚多

_ 『대동야승』권2, 재조번방지2

출전

『명종실록』

『선조수정실록』

『대동야승(大東野乘)』: 조선 시대 여러 사람들이 쓴 야사와 잡록을 모아놓은 대표 전집. 편찬자와 편찬 연대는 알 수
없다. 다만 편목 가운데 하나인 '기축록속(己丑錄續)'에 효종과 숙종 때 사실을 덧보탠 대목이 있는 것으로 미루어 숙
종 말에서 영조 초쯤에 펴낸 듯하다. 성종 때 인물인 성현의 『용재총화』부터 인조 때 김시양의 『부계기문』까지 모두
59종의 책이 연대순에 따라 실려 있다. 책 내용은 기묘사화, 임진왜란, 광해군 실정에서 인조반정까지를 많이 다루
었다. 72권 72책으로 전해오던 필사본을 1909~1911 조선고서간행회에서 13책 활자본으로 간행했다. 1971년 민족문
화추진회에서 국역하여 원본과 함께 18책(색인 포함)으로 출판했다.

『징비록(懲毖錄)』: 유성룡의 임진왜란 수기. 16권 7책. 국보 제132호. 이 책은 선조 대인 1592년에서 1598년까지 7년간
의 기사로 임진왜란이 끝난 뒤 저자가 벼슬에서 물러나 한가로이 지낼 때 저술한 것이며, 외손 조수익이 경상도관찰
사로 있을 때 저자의 손자가 조수익에게 부탁하여 인조 25년(1647)에 간행한 것이다. '징비'란 『시경』의 '미리 징계해
서 후환을 경계한다[豫其懲而毖後患]'라는 한 구절에서 딴 말이다. 저자는 이 책을 가리켜 "비록 볼 만한 것은 없으
나 모두 당시의 사적이라 버릴 수가 없었다."고 겸양해 하고 있으나 임진왜란 때 저자의 위치나 책의 내용으로 보아
임란을 이해하는 데 귀중한 자료다.

『재조번방지(再造藩邦志)』: 신경(申炅)이 1577년부터 1607년까지의 임진왜란 전후 30년 동안에 걸쳐 조선과 명나라
의 관계와 조선이 명나라의 후원으로 재조(再造), 재건된 사실을 적은 책. 4권 4책. 아들 이화가 숙종 19년(1693)에 영
천군에서 목판으로 간행했다.

찾아읽기

이형석, 『임진전란사』(상·하), 임진전란사간행위원회, 1967.

최영희, 『임진왜란 중의 사회 동태-의병을 중심으로』, 한국연구원, 1975.

허선도, 「임진왜란론-올바르고 새로운 인식」, 『천관우선생환력기념한국사학논총』, 정음문화사, 1985.

최영희 외, 「임진왜란의 재조명」, 『한국사론』, 22집, 국사편찬위원회, 1992.

국사편찬위원회, 『한국사』, 22(조선 왕조의 성립과 대외관계), 1995.

국사편찬위원회, 『한국사』, 29(조선 중기의 외침과 그 대응), 1995.

이장희, 『임진왜란사연구』, 아세아문화사, 1999.

한일관계사연구회논문집 편찬위원회, 『임진왜란과 한일관계』, 경인문화사, 2005.

조원래, 『임진왜란사연구의 새로운 관점』, 아세아문화사, 2011.

김돈, 「임진왜란사의 경인통신사 관련 역사서술의 문제」, 『한일관계사연구』 43, 2012.

한일관계사학회 역음, 『1590년 통신사행과 귀국보고 재조명』, 경인문화사, 2013.

5 의병이 일어나다

의병

임진왜란 초기 관군이 제 역할을 하지 못해 국토가 왜적에게 짓
밟히고 있을 때, 사방에서 동족을 구하고 향토를 수호하자는 자
발적인 부대가 나타나 향토 방위에 나섰다. 이 자발적인 무장 부
대들은 나라에 대한 충의를 내세우고 봉기하여 의병이라고 부
른다. 의병은 농민이 주축이었고 이를 조직하고 지도한 의병장
은 대개 도 내의 명망 있는 양반과 유생들이었다.

의병 발생의 배경

조선 전기에는 양인개병제良人皆兵制와 병농일치제兵農一致制에 따라 16~60세의 모
든 양인 남자들은 군역에 편제되어 있었다. 한편 국초에 실시된 사병 혁파 조치 이후
개인이 사사로이 통솔하는 사병私兵은 일체 용인되지 않았다. 즉 조선 전기에 모든 양
인 남자들은 전쟁이 일어나면 관군에 편입되어 정부의 통제를 받아야 했다. 그럼에도
불구하고 임란 초 이와 같은 의병義兵이 일어날 수 있었던 것은 관군의 정상적인 운영
이 어려웠던 데서 비롯된다.

임란 전 16세기 조선은 권세가의 토지 겸병과 지방 수령의 부패, 과도한 세금 징수
등으로 말미암아 농민들이 이농하여 유망자流亡者가 속출했으며 도적이 떼를 지어 출
몰하고 있었다. 또 군정軍政도 문란해져서 양인개병제와 병농일치제에 따라 양인 농민

들이 실제 군역에 입역立役하는 것이 아니라 면포만 납부하면 실역實役에서 면제되는 대립제와 수포제가 성행했다. 여기에 임란이 일어나기 10년 전부터 흉년과 전염병이 전국을 휩쓸었는데 충청·경상·전라 하삼도가 극심했다. 빈곤과 질병 속에서 임란 전에 이미 민심은 크게 이반되고 있었던 것이다.[자료1] 이러한 상황에서 임란이 발발하자 정부에서 초유사招諭使를 파견하고 지방관은 징발령을 내려 관군의 소집을 외쳤지만 백성들은 이에 응하지 않고 깊은 산 속으로 피난했으며 서민이나 천민 중 일부는 관권에 반항하기도 했다.

임진의병의 활약.

의병의 봉기

임란 초 관군이 무너짐에 따라 지방에서 지배적인 위치에 있었던 양반 유생들은 자신들의 지위뿐 아니라 생명과 재산에 대한 위기까지 느꼈다. 이러한 위기감에서 지방의 양반 사족들은 산중에 피난 중인 농민을 위시하여 천민에 이르기까지 의병진에 참가할 것을 호소했고 이러한 의병의 부르짖음에 인민들이 자진하여 참가했다. 곽재우와 같은 일부 의병장들은 군량이나 무기까지 스스로 마련하고 의병을 모집했다.[자료2·3]

일반 민들 역시 관권에 의해 강제로 징집을 당하여 무능한 장군의 지휘를 받아 전국의 전선을 전전하며 싸우기보다는 평소 잘 알고 신뢰할 수 있는 의병장 밑에서 싸우기를 선호했다. 또 자신의 고을 주변에서 부모와 처자를 보호하기에는 관군보다 의병으로 가는 것이 유리했다.[자료4] 한편 정부에서도 의병의 봉기를 촉구하기 위하여 각 도에 격문을 전달하고 의병을 공적인 군대로 인정하자 인민의 의병진 참가는 줄을 잇게 되었다.

왜군은 부산에 상륙한 이후 부대를 3대로 나누고 목표를 한양으로 정하여 각기 간선도로를 따라 급히 북상했다. 그들은 후방의 요충지에 소수의 병력만 남긴 이른바 선과 점의 점령이었기 때문에 그들의 점령지라 할지라도 군세는 주둔지에 한정되었다. 그렇기 때문에 왜군의 침략을 당한 경상도나 충청도일지라도 대부분의 지역은 그들의 영향을 받지 않았고 더욱 전라도는 침략을 면했기 때문에 의병의 봉기에 아무런 제약을 받지 않았다.

의병은 각처에서 일어났다. 그중에서도 많은 전과를 거두고 명성을 떨친 의병장은 평안도의 조호익趙好益·휴정[休靜, 서산대사의 법명], 함경도의 정문부鄭文孚, 경기도의 김천일金千鎰·홍계남洪季男, 경상도 의령의 곽재우郭再祐·고령의 김면金沔·합천의 정인홍鄭仁弘·영천의 권응수權應銖, 충청도의 조헌趙憲, 전라도의 고경명高敬命, 황해도의 이정암, 강원도의 유정惟政 등이다. 이들은 향토 지리에 익숙하고, 향토 조건에 알맞은 무기와 전술을 터득하고 있었다. 그리하여 적은 병력으로 대군과 적대하기 위해서 정면 충돌보다도 매복·기습·위장 등의 유격 전술을 많이 써서 적에게 큰 괴로움을 주었다.

선조 26년(1593) 1월에 파악한 관군과 의병의 총 병력 수는 16만 8,000명이고, 이 가운데 의병 수는 27,000명이었다. 전란의 악조건 하에서 파악한 숫자이기 때문에 미비한 점은 있겠으나 당시 명성을 떨친 의병장을 중심으로 파악한 것으로, 각지의 향촌에서 봉기한 소규모의 의병을 제외한 대략적인 규모라고 할 수 있다.

의병의 변질

임란 초기에 큰 역할을 수행했던 의병은 전란이 장기화되자 점차 변질되어 갔다. 선조 25년(1592) 9월 이후에는 각 지방에서 의병이 난립하여 여러 가지 폐단을 일으켰

선조 25년(1592) 8월 18일의 제2차 금산싸움에서 조헌 · 승장 영규 등 700의사가 장렬히 전사를 하자 조헌의 문인인 박정량과 김승절이 이곳에 유골을 모아 큰 무덤을 만들고 '칠백의총'이라 하였다. 충남 금산군 금성면 의총리에 소재해 있다.

다. 관군의 징집을 꺼리는 의병들이 의병장의 적격 유무를 헤아리지 않고 이름 없는 의병장 휘하에 모였기 때문이었다. 100여 진에 이른 의병 중에는 안전한 곳에서 영세한 적이나 쫓고 전공을 탐내거나 관군과 대립하여 문제를 일으키는 등 독자적이고 자의적인 행동으로 오히려 국가에 해를 끼치는 경우가 많아졌다.[자료4] 이에 정부에서는 각 지방의 의병을 관군에서 흡수하거나 그렇지 못할 경우 관군이나 수령의 강력한 통제를 받도록 했다.

그러나 의병은 갖가지 폐단을 일으켰고 전란 중의 기근으로 의병의 난행이 점점 늘어났다. 선조 26년(1593) 정월에 정부 관료들이 '의병은 쓸모없는 군대'라고 공언할 만큼 의병은 질적으로 변모하고 있었다.[자료5] 이처럼 의병은 임란 초기[선조 25년 4월~9월]에는 큰 활약을 했으나 이후 활동은 미미했다.

자료1

만력萬曆 임진년 4월 왜적이 대거 쳐들어왔다. 이보다 10년 전 율곡 이이, 아계 이산해, 동강 김우옹, 서애 유성룡 등 제공이 함께 경연에 들어갔다. 율곡이 아뢰기를, "국가의 형세가 부진함이 오래되었으니 앞으로 닥쳐올 화를 염려하지 않을 수 없습니다. 청컨대 10만 명을 양병하되 도성에 2만 명, 각 도에 1만 명씩 양성하여 위급한 일에 대비하소서. 그렇게 하지 않고, 맡은 직무를 게을리하면서 세월만 보내어 무사안일한 습관이 든다면, 갑자기 하루아침에 변이 일어나 시정의 백성을 이끌고 싸우게 되는 것을 면치 못할 것이오니, 그러면 큰일을 그르치게 됩니다."라고 했다. 좌우에서 율곡의 말에 찬성하는 이가 한 사람도 없었다. … 갑신(1584) 정월 율곡이 돌아갔다. 뒤에 당국자들은 오직 편당偏黨을 일삼고 또 역적의 술수에 빠져들어 있었으며 녹둔도鹿屯島의 둔전屯田과 해서 지방의 노전蘆田으로 백성을 유리시키고 옥비玉非의 자손을 추쇄하는 일주1로 능사를 삼으니 팔도의 인심이 크게 이반되었고 원망하는 소리가 하늘에 사무쳤다.

原文 萬曆壬辰夏四月 日本賊大擧入寇 先是十年前栗谷李先生珥 鵝溪李山海 東崗金宇顒 西崖柳成龍諸公 同入經筵 栗谷啓曰 國勢不振久矣 前頭之禍 不可不慮 請養兵十萬都城二萬 諸道各一萬 以備緩急 不然而恬憘度日 玩愒成習 一朝變起 不免驅市民而戰 則大事去矣 左右無一人贊揚 … 甲申正月栗谷卒 後當途者 惟務逢迎偏黨 又陷於逆賊術中 以鹿屯屯田海西蘆田 徙民 玉非子孫推刷爲能事 八道人心大叛怨極呼

— 「은봉야사별록」 임진록

자료2

여러 도에서 의병이 일어났다. 경상 · 전라 · 충청 3도의 병사들은 모두 인심을 잃어서 왜란이 일어난 뒤에 군인과 양곡을 독촉하자 백성들은 다 이들을 미워하여 왜적을 만나면 흩어져 도망가 버렸다. 마침내 도 내의 거족巨族으로 명망 있는 사람과 유생 등이 조정의 명을 받들어 의義를 부르짖고 일어나니 소문을 들은 자들은 격동하여 원근遠近에서 이에 응모했다. 비록 크게 이긴 싸움은 없었지만 민심을 얻어서 국가의 명맥은 이에 힘입어 유지될 수 있었다. 호남의 고경명 · 김천일, 영남의 곽재우 · 정인홍, 호서의 조헌이 가장 먼저 일어났다. 이에 관군과 의병이 서로 간섭하고 견제하여 병사兵使의 상당수가 의병장과 사이가 벌어졌다. 다만 초토사招討使 김성일은 요령 있게 잘 조화시켰기 때문에 영남의 의병이 그 덕분에 정중하게 대우를 받아 패하여 죽은 자가 적었다.

原文 諸道義兵起 時 三道帥臣皆失衆心 變作之後 督發兵糧 人皆嫉視 遇賊皆潰 及道內巨族 名人與儒生等承朝命 倡義而起 則聞者激動 遠近應募 雖不得大 克獲人心 國命賴而維持 湖南高敬命 金千鎰 嶺南郭再祐 鄭仁弘 湖西趙憲最先起兵 於是 官軍 義兵互爲掣肘 帥臣多與義將不協 惟招討使金誠一調劑有方 故嶺南義兵恃以爲重 敗死者少

_『선조수정실록』 권26, 선조 25년 6월 기축

자료 3

이때에 여러 성이 계속 함락되고 있다는 말을 듣고 마을 사람들을 모아놓고 말하기를 "적은 이미 가까이에 와 있다. 우리들 부모·처자는 장차 적의 손에 들어가게 될 것이다. 우리 동네 소년 중에 싸울 수 있는 자가 수백은 될 것이니 모름지기 마음을 한 가지로 먹고 정진鼎津에 둔치고 지키게 한다면 가히 향곡을 보존할 수 있다. 그런데도 가만히 앉아서 죽기를 기다리겠는가." 하고 마침내 가재家財를 풀어 사졸士卒을 모집하고 자기 옷을 벗어서는 전사戰士들에게 입히고 자기 처자들의 의복을 벗겨서는 전사들의 처자에게 입혔다. 용감한 전사 심대승 등 10여 인을 얻어서는 눈물로써 사생을 맹세했고, 장사壯士 50여 인을 모아서는 의령·초계의 창곡倉穀을 풀어먹이고 또 기강에 버려진 배로 세미稅米를 실어다가 군량을 삼으니 다른 사람들이 미쳤다고 하기도 하고 또는 도적떼를 이루었다고 했다.

原文 … 至是 聞諸城連陷 會里中人諭曰 賊已迫 吾父母妻子將爲賊得矣 吾里中少年可戰者不下數百 若齊心據鼎津以爲守 可保鄕曲 惡可束手而待死 遂散家財 募士卒 解衣以着戰士 脫妻子衣服 衣戰士之妻子 收得勇敢士沈大升等十餘人 悌泣誓同生死 集壯士五十餘人 發宜寧草溪倉穀 又取岐江棄船稅米 以餉士 人以爲發狂 或以爲作賊 …

_『동국전란사』 권4, 조선기 왜란부, 곽재우

자료 4

비변사가 아뢰기를, "태평세월이 오래되어 기강이 풀어진 끝에 전쟁이 일어났으므로 수습할 길이 없습니다. 무장武將으로서 고을을 맡아 지키는 자 대부분이 모두 적을 만나기만 하면 패했으므로 뜻이 있는 자들이 소매를 떨치고 의에 분발, 의병을 규합하여 스스로 한 부대를 만들고서는 의를 명분으로 내걸고 제도諸道에서 창도한 까닭에 조정에서는 그들을 가상하게 여기고 모든 논상에서 다른 군인들에 비해 특별히 우대했습니다. 그러자 이름을 군부에 두고 있으면서도 난을 피해 도망하여 흩어져 간 자들까지 각기 떼를 지어 관가에 매이기를 기피하면서 이로우면 싸우고 강적을 만나면 흩어지는데, 이기면 높은 상을 받고 패하여도 죄를 받지 않습니다. 각 부대가 뿔뿔이 흩어져 통속統屬된 데가 없게 할 수는 없기 때문에 조정에서 지금 바야흐로 가부를 논하고 있습니다. 이제 심대沈岱의 장계를 보건대, 장단과 삭령의 의병은 이정암의 절제節制를 받게 하고, 이천·여주·음죽·죽산의 의병은 성영의 절제를 받게 하고, 통진·양천의 의병은 김천일의 절제를 받게 하고, 파주·양주·광주의 의병은 심대의 절제를 받게 하여 동서東西가 힘을 합하여 경성을 협공하고자 한다 했는데, 그 계책이 온편하고 유익하며 일의 계획도 깊이가 있습니다. 이렇게 할 내용으로 제장에게 하유하소서." 하니, 상이 따랐다.

原文 備邊司啓曰 昇平日久 紀律解弛 卒有戎事 無以收拾 爲武將守宰者 率皆遇賊輒北 有志者投袂奮義 糾合義旅 自爲一隊 揭名以義 爲諸道倡 故朝廷嘉之 凡所論賞 比他軍特優 至於名存軍簿 避亂逃散者 各自成群 厭避官家覊縻 見利則戰 遇强輒散 勝受上賞 敗不爲罪 不可使隊隊星散 無所統屬 朝廷方議可否 今見沈岱狀啓 則欲使長湍 朔寧義兵 受節制於李廷馣 利川 驪州 陰竹 竹山義兵 受節制於成泳 通津 陽川義兵 受節制於金千鎰 坡州 楊州 廣州義兵 受節制於沈岱 東西合力 挾攻京城 其計便益 慮事亦深 以此意 下諭諸將 上從之

_ 「선조실록」권30, 선조 25년 9월 무인

자료5

전교하기를, "의병이란 말이 칭호는 아름답다. 그러나 이른바 의병이란 것은 곧 자기의 무기를 쓰고 자기의 양식을 먹으면서 나라를 위해 적을 토벌함을 이르는 것이다. 그런데 지금의 의병은 자못 옛적의 의병과는 달라서 마침내 공의公義를 빙자하여 사모私謀를 경영하고 시기에 편승하여 먹고 살기를 도모하는 결과를 면하지 못하게 되었다. 전대의 의병은 찰한察罕[주2]이 으뜸이었는데 찰한 때에는 의병의 진陣에 납곡納穀한 사람을 조정이 논상論賞했다는 것을 듣지 못했다. 지금은 조금만 의병에게 납곡한 사람이라도 모두 상을 주어 헛되이 관직만 차지하고 있게 하므로 외람되고 문란함을 이루 말할 수 없다. 찰한의 죄인이 되고 후세에 비난거리가 될까 싶으니 논상해서는 안 된다는 뜻을 전교했었다. 그런데도 시행하지 않고 있으니, 다시 의논해서 조처하

주2 찰한(察罕): 찰한첩목아(察罕帖木兒)의 약칭. 원나라 지정(至正) 12년(공민왕 1년, 1352)에 도적이 일어나 여러 고을을 함락했을 때 그가 의병을 일으키자 호응한 사람이 많았다.

라." 했다.

原文 傳曰 義兵之稱 名號則美矣 而所謂義兵者 乃自用其兵 自食其糧 爲國討賊之謂 今之 義兵 殊異乎古之義兵 終未免爲憑公義營私謀 乘時托食之歸 前代義兵 察罕爲首 未聞察罕之時 朝廷論賞納穀於義陣之人 今瑣瑣義兵納穀之人 無不畢賞 竊吹朝端 猥濫紊亂 不可殫言 恐爲 察罕之罪人 而資後世之譏 不可論賞之意傳敎 而不得施行 更議處之

_ 『선조실록』 권43, 선조 26년 10월 을사

자료 6

비변사가 아뢰기를, "관군과 의병은 각기 그 이해利害가 있습니다. 수령이 도망하여 통섭統攝할 사람이 없어 고을 백성들이 구원자를 갈망하고 모두 의지할 바를 잃고 있을 때 충의忠義의 인사가 우뚝 일어서서 동지들을 규합해 힘껏 싸워 적을 베면 수령은 적이 꺾이는 것을 기다렸다가 그때서야 고개를 내밀어 이미 모여 있는 군사를 자기의 것으로 빼앗아 자위自衛를 삼아 편리함만 노리니 관군이 의병을 빼앗는 죄는 용서할 수가 없는 것입니다. 그 가운데 더러는 이름이 관적官籍에 있는 자가 각자 숨었다가 오래되면 죄를 입을까 두려워 무리를 모아 의병을 사칭하고 관가를 위엄으로 제압하고 부민富民을 겁략합니다. 그러다가 대적大敵을 보면 새처럼 흩어지고 하찮은 것을 만나면 저격해서, 패해도 죄를 입지 않고 이기면 큰 상을 받습니다. 그러니 의병을 관군에 비하면 해가 될지언정 도움이 없으니 피차의 이해를 따지기가 매우 어렵습니다. 이러므로 지난번에 이미 군사를 모아 힘을 다해 적을 죽인 자는 비록 관군으로서 의병에 투입한 자라도 관가에서 마음대로 빼앗지 못하게 했으며, 서로 모여 군대를 이루어 적을 죽이지 못하고 군공軍功이 없는 자는 모두 관을 환속시키는 일로 누차 관청에서 문서를 보내어 조회하였습니다. 지금 김천일의 장계를 보니, 관군과 의병이 서로 힐책詰責하여 양보하지 않습니다. 지금 큰 적이 복심腹心에 들어와 있으니, 온 나라 팔도의 상하·군신·의사義士·서민은 피차를 따지지 말고 남의 공을 빼앗지 말아 한 마음으로 힘을 써야 하고 편리한 대로 상의하여 회복을 도모해야만 합니다. 그러니 지금 그런 문제로 각자 서로 버텨서는 안 됩니다." 하니, 상이 그대로 따랐다.

原文 備邊司啓曰 官軍義兵 各有利害 當其守令逃竄 統攝無人 鄕民延頸 皆失所倚 忠義之 士獨立奮呼 糾合同志 力戰斬賊 而爲守令者 伺賊漸挫 乃始出頭 攬取已聚之軍 奪爲己有 擁以 自衛 乘便要利 則官軍之奪義兵 可罪不可恕也 其或名在官籍者 各自鳥竄 恐久見罪 聚爲一徒

假義爲名 威制官家 怯掠富民 見大敵則鳥散 遇零賊則狙擊 敗不有罪 勝得大賞 則義兵之比官
軍有害無益 其間彼此利害 得實甚難 故前此已聚爲軍 盡力殺賊者 雖以官軍 投入義兵者 官家
不得擅奪 至於相聚爲軍 不殺賊無軍功者 則皆令還屬官軍事 累次行移矣 今見金千鎰狀啓 官軍
義兵互相詰責 頗不相能 方當大賊在腹心 一國八道 上下君臣義士庶民 無分彼此 無掠人功 同
心勠力從便商議 期於恢復可也 今不可以此各自相持 上從之

_ 『선조실록』 권32, 선조 25년 11월 정사

출전

『선조수정실록』

『선조실록』

『동국전란사(東國戰亂史)』: 구한말 강효석이 펴낸 우리나라 전란에 관한 전사서. 「내란편」과 「외란편」으로 구성되었다. 내란편은 삼국~조선 시대까지 역대 내란 62개 항목, 외란편은 삼국~조선 시대까지 호란, 왜란 등 대외전쟁 17개 항목을 각각 실었다. 전사편찬위원회에서 1988년 「내란편」, 「외란편」 1권씩 펴냈다.

『은봉야사별록』: 은봉(隱峰) 안방준(安邦俊, 1573~1654)이 찬술한 책. 임진왜란 이후 30년 무렵에 찬술되고, 그로부터 약 30년 뒤에 간행됨. '임진기사'에 언급된 율곡의 십만양병설에 관한 기록은 『선조수정실록』이나 '율곡연보'의 내용보다 더 자세하다.

『은봉전서(隱峰全書)』: 조선 중기 유학자 안방준(安邦俊, 1573~1654)의 문집으로 40권 20책이다. 고종 1년(1864)에 펴냈다. 이 전서에는 중종에서 효종 초년에 이르는 기묘사화 · 임진왜란 · 동서분당 · 광해정권 · 인조반정 등 중요한 자료가 실려 있다.

찾아읽기

이형석, 『임진전란사』 (상 · 하), 임진전란사간행위원회, 1967.

최영희, 『임진왜란중의 사회동태 −의병을 중심으로』, 한국연구원, 1975.

이태진, 『조선유교사회사론』, 지식산업사, 1989.

국사편찬위원회, 『한국사』 29 (조선 중기의 외침과 그 대응), 1995.

송정현, 『조선사회와 임진의병 연구』, 학연문화사, 1998.

조원래, 『임진왜란과 호남지방의 의병항쟁』, 아세아문화사, 2001.

김강식, 『임진왜란과 경상우도의 의병운동』, 혜안, 2001.

이장희, 『개정증보 임진왜란사연구』, 아세아문화사, 2007.

육군본부 군사연구소, 『한국군사사』 7 (조선 후기 1), 경인문화사, 2012.

6 승려가 왜란에 참여하다

승려와 승군

고려 시대까지 숭상되었던 불교는 조선 시대에 이르러 억불 정책의 대상이 되었다. 조선 왕조를 건국한 주도층은 억불 정책을 통해 유교적 정치 이념을 정립하고 이를 사회 운영의 원리로 삼아 확산시키려 했다. 이로써 불교는 국가의 공식적인 보호권에서 벗어나 민간 신앙으로서의 명맥만을 유지했으며 현실의 고난에서 탈출하고자 하는 백성들의 도피처가 되었다. 한편 억불 정책이 꾸준히 시행되는 속에서도 왕실을 중심으로 한 불교 숭상의 움직임은 계속되었다.

억불 정책과 불교 신앙

태종과 세종 때 불교에 대해 대대적인 정리를 단행했다. 전국적으로 불교를 보호, 관리해 온 승록사는 이때 혁파되었다. 불교 종단은 선교와 교종의 두 개 종파로 통합되었고 소속 사원의 수도 크게 축소되었다. 선종과 교종에 18사씩 배정하여 전국에 모두 36개 사찰만을 남겨 놓았다. 선종 18사에는 전답 4,250결에 승려 1,970명을 살게 하고 교종 18사에는 전답 3,700결에 승려 1,800명을 머물게 했다. 나머지는 모두 없애거나 국가에서 몰수했고 사찰 소속 노비는 혁파했다.

성종, 연산군, 중종을 거치면서 불교는 더욱 억제되었다. 중종 때에는 불교에 관한 규정인 『경국대전』의 '도승度僧' 조마저 삭제되면서 폐불 정책이 시행되었다. 여기에는 승려가 되는 사람에게 도첩을 발급하는 일, 3년마다 시행하는 승과, 그리고 사찰의 주지에 관한 문제 등이 다루어져 있기 때문에 이 규정을 없애는 것은 국가에서 불교를 폐기한다는 뜻이었다. 명종 때 일시적으로 선교 양종이 복구되고 승과가 실시되기도 했지만 결국 연산군 말기부터 등장하기 시작한 무종파의 산중 승단으로 되돌아갔다. 조선 중기에 성리학이 더욱 발달하면서 일방적인 억불 상황이 이어짐에 따라 불교는 산중의 승단으로 축소되어 점차 사회로부터 유리되어 은둔의 길을 걷게 되었다. 이제 불교는 국가 정책과 상관없이 순수한 수행 승려의 교단으로서의 면모를 지니게 되면서 은둔화 경향이 더욱 심화되었다.[자료1 · 2]

승려의 부역

억불 정책은 조선 왕조의 정치 이념을 유교에 토대를 두게 했다. 이를 달성하기 위한 현실적인 목표 가운데 하나는 국가 재정의 확보였다. 불교를 중심으로 형성된 사원 경제를 축소하고 나아가 승려의 수를 억제함으로써 이를 달성하고자 했다. 특히 새로 건국한 조선 왕조의 국역을 담당할 양인을 확보하기 위해 승려 수를 억제하는 것은 필수적인 문제였다. 고려 시대부터 실시된 도첩제를 조선 시대에 더욱 철저히 시행하려 한 것도 이 때문이었다.

도첩은 '허도승급첩許度僧給牒'을 줄인 말이다. 이것은 승려가 되는 것을 국가에서 허가하고 신분을 인정, 보장하여 발급하는 증명서이다. 승려는 국역을 회피하는 무리이므로 그 증가를 막는 것은 세원을 확보하는 방편이기도 했다. 따라서 도첩이 없는 승려는 불법적인 승려이므로 환속하여 부역에 충당하여야 한다는 방침이 누차 제기되었다. 그러나 승려 수를 억제하려는 목표는 실효를 거두지 못했다. 국가적인 차원의 각종 토목 공사에 양민을 동원하는 것보다 승려를 동원하는 것이 효율적이었고, 일반 백성들로부터 받게 될 원성을 피할 수 있었기 때문이다. 이로 인해 도첩이 없는 승려를 환속시켜 부역에 충당하는 조치는 실현될 수 없었고, 오히려 승려를 부역에 동원하는 방안이 실시되었다.

태종, 세종, 그리고 성종 대에 걸쳐 도첩이 없는 승려들을 부역에 동원하여 사역하고 그 대가로 도첩을 주었다. 특히 철저한 억불 정책이 실시된 성종은 신료들의 반대에도 불구하고 백성들의 농사에 지장을 주지 않고 국가에 이익이 된다는 구실로 각종 토목 공사에 승려들을 동원하고 도첩을 주었다. 중종 때에도 여러 토목 공사에 승려들을 동원했으나, 승려이면서도 도첩을 지닐 수 없게 되면서, 신분상 국가로부터 보상받을 근거가 없어진 승려들에게 도첩 대신 호패를 주었다. 이처럼 조선 전기 승려의 부역은 그 대가로 도첩 또는 호패를 주면서 일반 백성들의 부역 노동을 보완하는 방식으로 이루어졌다. [자료3~6]

그런데 승려의 부역은 조선 시대에만 등장하는 특이한 현상이었다. 도첩을 받는 승려를 억제하던 당시에 국가 공공의 부역에 동원되어 노동하는 승려들에게 그 대가로 도첩을 발급하여 승려의 자격을 인정해 주었던 것이다. 억불 정책을 표방한 조선 왕조로서는 모순된 조치이기도 했다. 삼국 시대 이래로 승려들은 도인道人 또는 화상和上으로 존경받았다. 신라에서는 그 이름 밑에 '사師'를 붙여 스승으로 공경했고, 고려에서는 복전福田이라 불렀다. 이에 비해 조선 시대 승려들은 국가의 토목 공사에 동원되어 막노동을 하는 부역승으로까지 전락했다. 고려 시대에는 각 사찰에 소속된 노비들이 모든 부역을 담당했기 때문에 승려들이 직접 힘든 노동을 하지 않았다. 따라서 조선 시대에 들어와 이루어진 승려의 부역을 통해 당시 승려 신분의 하락과 불교의 추락한 위상을 알 수 있다.

임진왜란 이후 승병 또는 승군 운영의 효율성을 인식한 조선 왕조는 승려들에게 부역 의무를 공식적으로 부과했다. 이른바 '부역 승군'을 동원하여 각종 토목 공사를 진행했다. 특히 왜란 이후 국방에 대한 관심이 높아져 각지의 군사 요충지에 산성을 수축하거나 축조하는 일이 많았다. 이러한 부역에 일반 양민보다 주로 승려들을 동원하게 된 것은 이들이 모든 경비를 스스로 부담하여 국가 재정에 도움이 되었고 부역 자체도 훨씬 능률적이었기 때문이었다. 따라서 도첩제 폐지에 따라 조선 왕조로부터 아무런 신분 보장을 받지 못한 승려들은 국가로부터 신분의 공인과 사찰의 유지를 위해 이러한 부역에 열성을 다했다. 결과적으로 임진왜란을 거치면서 사찰과 승려는 국가의 유용한 존재로 인식되었고 승려의 지위 향상에도 긍정적인 효과를 가져왔다.

승려와 승군

서산대사 휴정 영정. 휴정(1520~1604)은 호가 서산이고 명종 7년(1552) 승과에 급제하여 교종판사·선종판사를 겸임했다. 임진 왜란이 일어나자 73세의 노구로 왕명에 따라 '8도 16종 도총섭'이 되어 승병 1,500명을 모집, 명나라 군대와 합세하여 한양 수복의 공을 세웠다.

군사적인 조직체로서의 승군 또는 승병의 명칭은 후삼국 시기에 등장했다. 이때의 승군은 사찰을 보호 하려는 목적에서 조직한 방어 목적의 무장이었다. 고 려 시대의 승군은 다양한 목적으로 조직되고 동원되 었다. 문벌귀족들의 세력 다툼에 동원되기도 하고, 거 란·여진·몽고의 침입에 대항하기 위해 수많은 승군 이 동원되기도 했다. 여진 정벌을 위해 승려들로 조직 된 항마군은 정규군에 편입되기도 했다. 요동 정벌 및 위화도 회군을 둘러싼 최영과 이성계의 대립에서도 승 군은 각각의 휘하에서 중요한 역할을 수행했다.

조선 시대에 각종 토목 공사, 종이 생산, 배의 건조 등을 위해 부역에 동원했던 승려들을 일반적으로 승군 이라 칭했다. 그리고 명종 10년(1555) 을묘왜변이 일어 나자 군사적 목적으로 승군을 조직적으로 동원했다.[자료7·8]

그 후 무엇보다 승군의 특징적인 활동은 임진왜란 당시 커다란 역할을 담당한 의병으로서의 활약이다. 이를 의로운 승군이란 뜻으로 '의승군'이라 한다. 임진왜란은 선조 25년(1592) 4월 왜 군이 동래성을 침략하면서 시작되었다. 임란 초기부터 의승군의 활약상이 나타나고 있었으나 의승군이 전국적인 규모로 확대, 조직된 것은 의주까지 피난한 선조가 묘향 산 보현사에 있던 서산대사 휴정을 부르면서부터였다.

때는 선조 25년 7월이었다. 승병 모집을 부탁하는 선조에게 당시 73세였던 휴정은 충성을 맹세했다. 이어 '8도 16종 도총섭'에 임명된 휴정은 전국 8도의 사찰에 격문을 보내 궐기를 호소했다. '8도 16종 도총섭'의 명칭은 전국 8도에 선·교 양종 2명씩 16명 의 총섭을 둔 조직체의 총대표라는 뜻이다. 이렇게 해서 의승군의 본거지가 된 순안

「사명대사일본행지도(泗溟大師日本行之圖)」. 충북 제천시 덕산면 신륵사 극락전 외벽에서 발견된 이 벽화에는 사명대사가 임진왜란 당시 강화정사로 일본을 상륙했던 모습이 나타나 있다.

법흥사에 집결한 의승군 수는 5,000여 명에 이르렀고, 그 지휘는 휴정의 제자 유정[사명대사]이 맡았다.

　도총섭 및 총섭의 지휘를 받는 의승군은 관군과 협력하거나 독자적으로 왜군과 전투를 벌였다. 또한 군량 운송과 산성 축성 등 후방 지원을 담당하면서 준관군의 형태로 활동했다. 왜군과의 최초의 전투는 공주 갑사에 있던 영규가 거느린 800명의 의승군이었다. 이 800명의 의승군은 조헌이 거느린 700의병과 합세하여 선조 25년 8월 왜적에게 함락당한 청주성을 수복했다. 이 전투는 임진왜란 발발 이후 거둔 첫 승전이었다. 곧이어 벌어진 금산 전투에서 영규가 거느린 2,000명의 의승군과 조헌이 거느린 700명의 의병은 애석하게도 전멸했다. 그러나 이 전투로 인해 곡창 지대인 전라도로 진격하려던 왜군의 기세가 꺾임으로써 호남과 호서를 온전히 지킬 수 있었다. [자료9~13]

　의승군의 전투는 이 밖에도 육·해전을 막론하고 전국 각지에서 큰 전적을 거두면서 끊임없이 계속되었다. 그러나 왜란이 일어난 지 1년 만인 선조 26년 4월에 서울이 수복되고 왜적이 남하하여 소강 상태로 접어들면서 의승군의 활동은 변화했다. 의승군은 전투보다는 장기전에 대비한 군량 수송이나 산성 축성 임무를 맡게 되었다. 특히 의승군의 산성 축성은 전략적으로 중요한 전국 각지에서 대대적으로 이루어졌다. 유정은 왜군 진영을 드나들면서 병력 철수를 종용하는 등 외교 활동도 벌였다.

이와 같이 의승군은 임진왜란이 끝날 때까지 여러 방면에 걸쳐 다양한 활동을 전개했다. 이에 따라 임란 이후 불교에 대한 사회의 인식이 새로워지고 어느 정도 위상이 높아진 것도 사실이었다. 그 후 승군의 활약상은 정묘·병자호란 때에도 나타나며, 남한산성과 북한산성의 축조, 군사상의 방어 임무 등을 계속 수행했다.

자료1

중이 된 사람은 3개월 안에 선종禪宗 또는 교종敎宗에 신고하여 불경을 외우는 시험을 보아 본조에 보고하면 왕에게 보고하여 정전丁錢^{주1}을 거두고 도첩度牒^{주2}을 발급한다.

原文 爲僧者 三朔內 告禪宗或敎宗試誦經 報本朝 啓聞 收丁錢給度牒

_ 『경국대전』 권3, 예전 도승

주1 정전(丁錢): 도첩을 발급받기 위하여 국가에 납부해야 하는 돈. 양반 자제, 양인, 천인의 경우 각각 차등이 있었으나 『경국대전』에는 정전을 정포(正布) 20필로 규정했다.

주2 도첩(度牒): 출가하여 승려가 되고자 하는 사람에게 관청에서 발급해 준 허가서.

자료2

석강에 나아갔다. 김안국이 아뢰기를, "지금 불도佛道를 이미 모두 통쾌하게 혁파했으니 모두들 다시는 떨치지 못하리라 여길 것입니다마는, 후세에 반드시 도로 일어나는 날이 있을 것입니다. 대범, 화복설禍福說이란 공동恐動시키기 쉬운 것이어서 숭봉崇奉하는 발단이 규문閨門의 소원에서 생길지 알 수 없는 일이니, 성상께서 통쾌하게 금하시어 다시 퍼지지 않도록 하소서." 했다.

한효원韓效元은 아뢰기를, "숭봉하는 발단이 반드시 궁위宮闈에서 나올 것이니, 김안국의 말이 매우 옳습니다. 왜냐하면 왕자군王子君과 비빈妃嬪들은 달리 바랄 일은 없고 다만 복수福壽가 연장되기만 바라는데, 병이 들면 치료하여 약 쓰지 않아도 되는 기쁨이 있기를 바라고 노쇠하면 빌어서 나이를 연장하는 효험이 있기를 바라기 때문에 복전福田의 이익을 구하게 됩니다. 궁금宮禁 안에서 기미幾微가 한 번 비치면 비록 성상께서는 모르고 계시더라도 그 유행이 매우 빨라서 사람을 변화시키기 쉬운 것이오니, 천만 번 기미가 생기지 않도록 하소서." 하니, 임금이 이르기를, "사람이 이단異端에 현혹되기 쉬움은 욕심이 많기 때문이니, 먼저 사욕을 제거하면 현혹되지 않을 것이다." 했다.

김안국이 아뢰기를, "성상께서는 성학聖學이 밝으시니 반드시 그런 일이 없으실 것입니다마는 그 근원이 끊어지지 아니했으니 반드시 굳게 방지하셔야 합니다. 궁위 안에서 혹 이단이 다시 싹트게 될지 모를 일이니, 모름지기 궁위 안의 이단에 관한 일을 반드시 통절하게 금하여 그 뿌리를 끊어야 합니다." 했다.

임금이 이르기를, "참 좋은 말이다. 나는 비록 현혹되지 않겠지만, 궁위 안에서 혹시라도 숭상한다면 마땅히 통절하게 금하겠다." 했다.

한효원이 아뢰기를, "지난번 『대전』을 인출印出할 때에 누가 아뢰기를 '도승度僧 조문

條文을 마땅히 삭제해야 한다' 했었으나 선왕先王의 성헌成憲이기 때문에 삭제할 수 없다 하셨습니다. 『경국대전』이라 하면서 도승하는 조문이 있고 보면, 만세토록 비웃음을 받을 것이기 때문에 삭제하기를 계청啓請한 것인데, 마침내 들어 주시지 않으셨습니다. 경연의 시종들이라면 이미 성학이 고명하신 줄 알므로 선왕의 성헌이기 때문에 삭제하지 않으신다고 여기겠지만, 외간外間에서야 어찌 그런 뜻을 알겠습니까? 반드시 존봉尊奉하느라 그대로 둔다고 의심할 것이니, 마땅히 도승 조문을 삭제하여 여항閭巷^{주3}의 우매한 백성들의 의혹이 없게 해야 합니다. 또한 성신星辰에 초제醮祭하는 일도 떳떳하지 못한 일이기에 시종들이 누차 논계論啓한 것입니다. 사정邪正의 구별을 이미 천감天鑑으로 통찰하셨을 것이니 마땅히 대신에게 물어보아 통쾌하게 혁파하시고 옛일이라고 어렵게 여기지 않으신다면, 먼 외방의 우매한 백성이 바로 성상의 뜻이 지향하는 바를 알게 될 것입니다." 했다.

주3 여항(閭巷): 민가(民家) 또는 민간(民間)을 뜻함.

상이 이르기를, "도승법度僧法은 그때 마땅히 삭제했어야 하는데, 비록 두더라도 쓰지 않으면 된다고 말했었다. 또한 그때에는 기신재忌晨齋도 역시 혁파하지 않았기 때문에 삭제하지 않은 것이나, 이제 와서는 기신재는 이미 혁파하고 도승법만 홀로 국전國典에 실려 있어 매우 불가하니, 다음 인출할 때는 삭제함이 가하다." 했다.

原文 御夕講 金安國曰 今佛道 痛革已盡 皆以爲 終不復振 然後世必有復興之日矣 凡禍福之說 易爲恐動 其崇奉之端 安知其出於閨門內 願聖上痛禁之 不使復蔓 韓效元曰 崇奉之端 必自宮闈 金安國之言甚善 何者 王子 君 妃嬪 他無可求之事 只願福壽之延長 若疾病則欲治而有 勿藥之喜 衰年則欲祈而有延年之効 故求福田利益也 宮禁之中 幾微一出 雖聖上 亦未之知也 高髻廣袖之易化 千萬勿示幾微也 上曰 人之易惑於異端者 多慾故也 先祛私慾 則不惑也 安國曰 自上聖學洞明 必無此事也 然其源不絶 防之必固 安知宮闈之中 異端或有復萌也 須於宮闈之中 凡干異端之事 必痛禁之 以絶其根也 上曰 甚善 予雖不惑 宮闈之間 倘或尙之 則當痛禁之 效元曰 前於大典印出之時 或啓云 當削度僧之條 而以先王成憲 不可去也 其稱爲經國大典而有度僧之條則萬世有所譏笑 故啓請削去 而終不聽納 其如經幄侍從 則已知聖學高明 以先王成憲而不削也 外間豈知其意乎 必疑其尊奉 而仍載也 當去僧條 以祛閭巷愚民之惑 且如星辰醮祭之事 涉於不經 侍從屢有論啓 邪正之分 已洞照於天鑑 當問於大臣 快然革去 不以舊事爲難 則遠方愚民 乃知聖心之指向也 上曰 度僧之法 其時果當削去 而乃以謂 雖存而不用 可也 且其時忌晨齋 亦未罷之 故以爲不削矣 今則忌晨已革 而度僧之法 獨載國典 甚不可也 後印出時 削去可也

_ 「중종실록」권27, 중종 11년 12월 임술

다시 행랑行廊의 역사役事를 시작했다. 경복궁의 남쪽부터 종묘 앞까지 좌우 행랑이 모두 881칸이고, 또 종묘의 남로南路에 층루層樓 5칸을 세웠다. 또 청운교淸雲橋의 서종루西鍾樓 2층 5칸을 순금사巡禁司의 남쪽, 광통교廣通橋의 북쪽에 옮기고, 또 용산강龍山江에 새로 군자고軍資庫를 지으며, 서강西江에 새로 풍저창豊儲倉을 지으니, 역정役丁이 2,141명이고 승군僧軍이 500명이었다.

原文 復始行廊之役 自景福宮南 至宗廟前 左右行廊凡八百八十一間 又於宗廟南路建層樓 五間 又移淸雲橋西鍾樓二層間 於巡禁司之南 廣通橋之北 又於龍山江作軍資庫 西江新作豊儲 倉 役丁二千一百四十一名 僧軍五百名

_ 『태종실록』 권25, 태종 13년 2월 을묘

흥천사 사리각舍利閣을 고쳐 지으면서 승군 600명을 사역시키고, 또 방패·보충군을 더 배정하여 모두 세 때의 식료食料를 주었다. 또 명하기를, "중으로 자원하여 30일 동안 노역한 자는 도첩度牒을 주고, 양식을 가지고 온 자는 15일만 노역하여도 도첩을 준다." 하니, 사방 중들이 노소를 물론하고 모두 서울에 모여들었다. 어린 중은 본래가 도첩이 없는 것이나, 장성한 자는 장차 도첩을 받아 딴 중에게 팔고자 하여 구름처럼 모이고 서로 교대하여서 이루 헤아릴 수 없었다.

原文 改構興天舍利閣 役僧軍六百名 又加防牌補充軍 皆給三時料 又令曰 僧人有願赴役者 滿三十日 則給度牒 資粮自赴者滿十五日 則給度牒 於是 四方僧徒無少無老 畢集京師 其幼者 本無度牒 其壯者 將欲受度牒以賣 其聚如雲 更相迎代 不可勝數

_ 『세종실록』 권80, 세종 20년 2월 계유

경연에 나아갔다. 강講하기를 마치자 대사헌 손순효가 아뢰기를, "신이 듣건대, 궁궐을 수리하는 데 승도僧徒 2,000명을 부역시키고 한 달이 되면 도첩度牒을 준다고 합니다. 그런데 선조 때에는 유점사楡岾寺와 낙산사洛山寺 두 절을 수선하고 건축하는데 도승度僧이 6만 명이나 되었으므로 군액軍額이 크게 줄어들었습니다. 전하께서 불도佛道를 믿지 않으시고 일반인이 중이 되는 것을 금지하므로 환속하는 자가 날로 많기 때문에 군액이 점점 많아졌습니다. 오늘날 도승度僧 2,000명을 명하셨는데, 이는 국가에서 정병精兵 2,000명을 잃는 것이 됩니다. 비록 도승이 아니라도 수군水軍·정병正兵·팽배彭排·대졸隊卒 중에서 부역에 나갈 자들이 적지 않을 것이니, 청컨대 승도僧徒들을 부역시키지 마소서." 했다. … 임금이 말하기를, "근일近日에 방리坊里의 사람을 써서 공역工役에 조역助役시킨다면 자못 도움이 되겠다. 그리고 승군은 쓰지 않을 수 없다." 했다.

原文 御經筵講訖 大司憲孫舜孝啓曰 臣聞修理宮闕 以僧徒二千赴役 准一朔給度牒 在先朝 修營楡岾洛山兩寺 度僧六萬而軍額太減 殿下不信佛道 禁人爲僧 還俗者日多 故軍額梢數 今命度僧二千 是國家失精兵二千也 雖不度僧 水軍正兵彭排隊卒赴役者 不爲小矣 請勿役僧徒 上問左右 領事尹弼商對曰 宮闕修理不可不急 工役重大 僧軍不可不役也 … 上曰 近日用坊里人 助役於功役 頗有利 僧軍不可不用也

_ 「성종실록」 권157, 성종 14년 8월 신사

자료 6

간원이 아뢰기를, "요즈음 해마다 기근이 계속되어 민생이 몹시 고달프므로 부득이 수선해야 할 일이 있을 경우, 해조該曹가 승군僧軍을 징발하여 만분의 일이나마 돕고자 한 것은 훌륭한 계획입니다. 그런데 어찌하여 전에 호패號牌·도첩度牒을 받은 자가 다시 와서 부역할까 염려해서 반드시 호패·도첩이 없는 자에게만 부역을 시키십니까?

의항蟻項·견항犬項에서 부역하고 호패를 받은 자를 다시 오지 않게 하는 것은 진실로 그들을 거듭 피곤하게 하지 않겠다는 뜻인데, 지금 군민軍民이 국사國事에 부역하는 것을 보면, 1년에도 두세 번씩 징발되는 자가 부지기수입니다. 그런데 승도들에게는 다만 두 번만을 시키면서도, 그들에게 신의를 잃을까 두려워하기를 이와 같이 하니, 어쩌면 이렇게도 백성을 아끼는 마음은 가볍고 소홀하면서 승도를 보호하는 생각은 중하고 후하십니까? 더구나 시경試經을 거쳐 도첩을 받은 자는 두 항項에서 부역하고 도첩을 받은 자에 비한다면 조그만 노고도 없는데, 이들이 무슨 공로가 있다고 해서 부역에 참여시키지 못하게 하십니까?

만일 이들은 놓아 두고 다른 승도 중에서 700명의 인원을 충당하여 부역에 참여케 한 뒤에 도첩을 준다면, 지금 아직 군적軍籍 정리가 끝나지 않았는데 군역을 면제받고자 하는 자들이 갖은 방법으로 교묘하게 피하여 와서 부역할 것입니다. 이는 국가에서 군역軍役을 피할 장소를 설치하고 그 속으로 몰아 넣는 것이니, 그 해가 이루 다 말할 수 없을 것입니다. 그러니 호패와 도첩을 이미 받은 자들도 와서 부역하게 하소서." 했다.

답하기를, "수많은 도첩이 없는 중은 놓아 두고 도첩을 받은 중들을 강제로 부역시키면 국가의 신의가 크게 떨어질 것이다. 윤허하지 않는다." 했다. 후에 양사가 함께 논계論啓했으나 끝내 윤허하지 않았다. 다만 도첩이 없는 중들을 부역하게 하고 일이 끝나도 도첩을 주지 말라고 명했다.

原文 諫院啓曰 近者連年饑饉 民生困悴 而繕修之擧 出於不得已 則該曹之欲出僧軍 以助萬分之一者 其計得矣 又何恐其曾受號牌 度牒者 復來從役 必使無牌 無牒者 來役乎 從役於蟻項 犬項而受號牌者 不使復來 是固不欲重困其力 而今觀軍民之供役於國事 一年之內 至於再三者 不知其幾也 僧徒只役再度 則恐其失信也如是 是何愛民之心 輕且短 而護僧之念 重且厚歟 況試經而受者 比之兩項受牒者 則又無微勞之報 此有何功而不使來役耶 舍此而必使他僧 充七百之數來役給牒 則今軍籍未畢 欲免軍役者 百般巧避而來投矣 是國家設避役之所 而驅之使入也 其害不可勝言 請只令已受號牌度牒者來役 答曰 捨許多無度牒僧人 強役其受度牒僧人 失信爲大 不允 後兩司竝論啓 終不允 只命役無牒僧人 事完 亦給度牒

_ 『명종실록』 권15, 명종 8년 11월 갑진

자료 7

○ 간원이 아뢰기를, "이번의 왜변은 성을 함락하고 주장主將을 죽였으니 단지 국가의 큰 치욕이어서 말하기가 참혹할 뿐만 아니라 온 나라가 당황해 하니, 개국開國 이래에 없었던 큰 변입니다. 영남과 호남은 해마다 흉년이 들었는데 연해沿海가 더욱 심합니다. 고향을 등지고 이산하여 텅 빈 끝에 이어서 이런 변이 있었으니, 하늘이 왜적을 도운 것임을 알 수 있습니다. 방어하는 계책으로는 식량과 군대를 충분하게 하는 것이 으뜸인데 각 고을의 창고가 이미 고갈되었고, 민간의 장정壯丁은 모두 중이 되어 버렸으며 겨우 남아 있는 군졸은 굶주림에 지쳐 있으니, 비록 어진 장수가 있다 한들 벌떼처럼 많은 적을 어떻게 하겠습니까? 오늘의 사태는 통곡할 만하다 하겠습니다. 공사천公私賤 중에서 날래고 용맹스러운 사람들을 이미 뽑도록 했거니와, 모든 산의 사찰에 강장强壯한 중들이 얼마인지 모릅니다. 그 강장한 사람들을 뽑아내어 적에게 달려가게 하고 노약老弱한 중은 양식을 준비하여 군보軍保가 되게 한다면, 수많은 승군僧軍

은 강한 군사가 되고 군량 준비도 잘 되어 또한 군량이 끊어질 염려가 없게 될 것이니, 창졸간의 사태에 어찌 다소나마 도움이 없겠습니까? 전라·청홍淸洪 두 도의 중들에 대해 비변사備邊司로 하여금 우선 절목節目을 마련하여 시행하게 하소서." 했다.

답하기를, "승군은 뽑는다면 중들이 반드시 도망하여 흩어져 일족一族들이 폐해를 받을 것이다. 또 중으로 적을 막는 것은 사체를 합당하지 않으므로 윤허하지 않는다." 했다. 재차 아뢰었으나 윤허하지 않았다.

○ 홍문관이 아뢰기를, "신들이 듣건대 원적元績 등이 함락되어 피살됐다고 하는데, 이는 천고千古에 없던 변으로서 분통함이 속에서 치밀어올라 억제할 바를 알지 못하겠습니다. 신들은 경연經筵에 있는 몸으로서 입을 다물고 있을 수 없기에 다음과 같이 조목조목 진달陳達하여 채택採擇에 대비합니다. … 1. 배부르게 먹고 따뜻하게 입고서 놀기만 하는 자가 모두 중들 속에 있습니다. 이처럼 시급하게 대책을 예비해야 할 때를 당했으니, 비록 갑자기 말 달리고 활 쏘고 하는 임무를 책임지게 할 수는 없지만 짐을 운반하고 나무 해다 밥 짓는 일은 모두 할 수 있을 것입니다. 하물며 그 가운데에 어찌 적을 막을 만한 건장한 사람이 없겠습니까? 양종兩宗으로 하여금 즉시 뽑아내게 하여 군세軍勢를 돕게 하소서. 위의 조항들을 모두 대신에게 의논하여 처리하소서." 하니, 대신들에게 의논하겠다고 답했다.

原文 ○ 諫院啓曰 今此倭變 屠城殺將 非徒國家之大恥 言之慘酷 擧國遑遑 開國以來 所無之大變 湖嶺二南 積年凶荒 沿海尤甚 流離空虛之餘 繼有此變 天意之助逆 可知也 備禦之策 足食足兵爲上 而各邑府庫 已爲空竭 民之丁壯 盡入緇流 僅存軍卒 飢疲困頓 雖有良將 奈於千萬蜂蠆之衆何哉 今日之事 可謂痛哭 公私賤驍勇者 已令抄錄矣 諸山寺刹强壯僧人 不知幾何 抄其强壯者 使之赴敵 其老弱者 備糧爲保 則許多僧軍 可爲勁卒 備糧有路 亦無絶食之患 其於倉卒 豈無小補哉 全羅 淸洪兩道僧人 請令備邊司 爲先節目磨鍊施行 答曰 僧軍抄出 則其僧必爲逃散一族受弊 且以僧禦敵 於事不當 不允 再啓不允

○ 弘文館啓曰 臣等聞元績等陷沒 此千古所無之變 痛迫于中 不知所裁 臣等在經幄之中 不可容默 條陳于左 以備採擇 … 一 飽暖休息者 盡在於僧徒 預備之策 當此岌岌之時 雖不可遽責以弓馬矢石之任 而輸運樵爨之役 皆其所能 況其中 豈無壯健可以禦敵者乎 請令兩宗 登時抄發以助軍勢 右等條件 竝議于大臣處之 答曰 議于大臣

_ 『명종실록』권18, 명종 10년 5월 신해

정원에 전교하기를, "승군僧軍을 뽑을 때에 간사한 관리가 농간을 부려 반드시 일족一族을 침학侵虐하는 폐단이 있을 것이니, 침학한 사실이 드러나는 자는 엄중하게 죄를 다스리라. 또 간원이 아뢴 말에 따라 전라도와 청홍도清洪道주4두 도에서 우선 뽑고, 다른 도는 서서히 사세를 보아서 하라. 능침陵寢이 있는 곳의 절의 중들은 뽑아내지 말라." 했다. 사신은 논한다. 군사의 조발調發 때문에 원성이 길거리에 가득한데, 임금이 걱정하고 있는 것은 오히려 중들이 침학을 받게 될까 하는 것이다. 도성 안의 백성들이 모두 싸움에 나가게 되었는데도 임금이 염려하고 있는 것은 오히려 능침 곁에 있는 중들이었으니, 이는 중히 여기는 것은 저 중들이고 가볍게 여기는 것은 이 백성들인 것이다. 아아, 부처 받드는 생각으로 나라를 다스리고 중을 아끼는 마음으로 백성을 돌본다면 나라가 다스려지지 않을 수 없고 백성이 제 곳을 잃어버리게 되는 일이 없을 것인데, 어찌 오늘과 같은 변이 있게 되겠는가? 아!

주4 청홍도(清洪道): 조선 시대에 충청도를 달리 이르던 말.

原文 傳于政院曰 僧軍抄發時 奸吏夤緣 必有侵虐一族之弊 其侵虐現露者 嚴治其罪 且依諫院所啓全羅 清洪兩道 爲先抄發 他道則徐觀其勢而爲之 陵寢寺僧則其勿抄出 史臣曰 調發軍卒 怨讟盈路 而上之所憂者 猶在於僧人之見侵 都下之民 盡赴矢石 而上之所慮者 猶在陵寢之緇髡 是所重在彼 而所輕在此也 噫 以奉佛之勤 治國 以愛僧之心 撫民 則國之不治者否矣 民之失所者無矣 而又安有今日之變乎 吁

_ 「명종실록」 권18, 명종 10년 5월 계축

… 좌의정 윤두수가 아뢰기를, "본도에 고승 휴정이 있는데 통지하여 군사를 모으게 할까 합니다." 했다. 상이 이르기를, "승군은 궤멸되지 않았는가? 본사本司에서는 영규를 당상堂上에 올리려 하는가? 그렇다면 당상으로 올리라." 했다. [영규(靈圭)는 공주(公州) 사람이다.] 본주의 목사 허욱許頊이 수하로 불려와서 아병牙兵을 만들었는데 자못 적을 토벌할 뜻을 가지고 있었다. 본도의 순찰사에게 말하여 도내의 승군을 선발, 영규를 장수로 삼아 청주의 왜적을 토벌했다. 의병장 조헌이 협동하여 군사를 전진시키자 청주의 왜적이 도망쳤다. 영규와 조헌이 군사를 옮겨 금산의 왜적을 치다가 모두 싸움터에서 죽었는데 지금까지 사람들이 매우 애석해 하고 또 그들의 의기를 장하게 여기고 있다. 두수가 아뢰기를, "승려를 당상관에 제수한 것은 개벽 이래 아직 듣지 못

했습니다. 하지만 현재로선 의당 특이한 법전을 써야 합니다." 했다. 윤승훈이 아뢰기를, "영규는 자신이 승군을 모집한 것이 아니라 감사가 선발하여 영솔케 한 것입니다. 호령이 엄명하고 곧바로 전진할 뿐 퇴각함이 없이 한마음으로 싸웠습니다. 청주의 왜적은 이 군사가 아니었다면 이길 수 없었을 것입니다. 신이 듣건대 금산의 왜적이 세력이 매우 치성했다 하고, 또 듣건대 웅치熊峙에서 막아 싸울 때 적군 200여 명을 살해했다고 했습니다. 또 듣건대 전주성을 수비할 때 감사 이광李洸은 용암대龍巖臺에다 진을 치고 방어사 곽영과 수성장守城將 이정란은 성으로 들어가 지키면서 안팎에서 협공했는데 그 지대가 평원이어서 적들이 바라만 보고 돌아갔다 합니다." 했다. …

原文 … 斗壽曰 本道有高僧休正 欲通諭聚兵矣 上曰 僧軍不至潰散乎 本司欲以靈圭爲堂上乎 然則可陞堂上[靈圭公州人也] 本州牧使許頊 招來手下爲牙兵 頗有討賊意 言于本道巡察使 抄發道內僧軍 以圭爲將 討淸州之賊 義兵將趙憲協同進兵 淸州之賊遁去 圭及憲 移兵討錦山之賊 皆陣亡 至今人甚惜之 且壯其義 斗壽曰 僧爲堂上 開闢以來未之聞矣 今則宜用殊典矣 尹承勳曰 靈圭非自募僧軍 監司抄發 使領之矣 號令嚴明 直前無退 一心爲之 淸州之賊 非此兵 則不得勝矣 臣聞錦山之賊 甚熾盛云 又聞熊峙拒戰之時 殺賊二百餘矣 又聞全州守城時 監司李洸結陣于龍巖臺 防禦使郭嶸 守城將李廷鸞 入城守之 內外挾勢 其地平原曠野 賊望見而去矣 …

_ 『선조실록』 권30, 선조 25년 9월 기사

자료 10

비변사가 아뢰기를, "지난번에 승군을 초적抄籍하여 임시해서 쓰기로 했으나 주관할 사람이 없기 때문에 팔도 각처의 선종과 교종에 각각 판사判事 1인씩을 임명하여 이 16인을 주관자로 삼을 것을 계하啓下했습니다. 그런데 지금 외부의 의논을 듣건대 '판사라는 이름이 마치 선종과 교종을 설립하는 것 같아 후환이 없지 않을 듯하니, 그 명칭으로 인하여 성공을 권면하고자 하는 것일 뿐이라면 총섭摠攝이란 호칭으로 각 도마다 두 사람씩을 선발하여 보내는 것이 무방할 것이다' 합니다. 이 말이 매우 조리가 있으니 이에 따라 고치는 것이 어떻겠습니까?" 하니, 상이 따랐다.

原文 備邊司啓曰 頃日僧軍抄籍 臨時取用 不可無主管之人 八道各處 禪敎宗判事各一人 凡十六僧啓下矣 今聞外議 判事之名 似是禪 敎宗之設 不無後患 蓋只因其名 以責其效 莫若以摠攝稱號 一道各二人差送 無妨 云 此言極有理 依此改之何如 上從之

_ 『선조실록』 권41, 선조 26년 8월 무자

이때에는 온 나라가 병란을 피하느라 위급한 상태가 마치 고기가 솥 안에 들어 있는 것과 같았다. 선문의 중들도 모두가 분주했다. 청허선사 휴정은 묘향산에서 일어났는데, 승려들이 서산대사라고 존칭한 사람이다. 속성은 최씨이고 본관은 전주다. 행실이 고매하고 율법이 엄해서 불경에 통달하고 문장에도 능하여 조정의 사대부들과도 두루 사귀었다. 그의 뛰어난 제자들이 전국에 널려 있었는데 이때에 와서 문도 1,500명을 규합하여 칼을 짚고 의주 행재소에 가서 선조를 뵈었다.

선조가 이르기를 "국난이 이러하니 네가 구제할 길이 없겠는가?" 했다.

대사가 눈물을 흘리고 절하면서 "국내의 승도로서 늙고 병들어 소임을 맡을 수 없는 자는 자기 있는 곳에서 분향수도로 신의 도움을 기도하도록 했고, 그 나머지들은 다 모집해 와서 전장에 나가고자 합니다. 신들이 비록 속세를 떠났으나 국내에서 태어나 성상의 은육을 입었으니, 어찌 한 번 죽는 것을 아끼겠습니까? 원컨대 충성과 적심을 바치고자 합니다." 했다.

선조가 크게 기뻐하여 '일국도대선사 8도 선교 도총섭'의 칭호를 하사하도록 명했다. 이에 휴정은 그의 문도를 이끌고 순안의 법흥사에 주둔하고 8도의 사찰에 격문을 전하니, 건장하고 용감한 승려들이 다 모여들었다. 휴정의 제자 처영은 지리산에서 일어나 권율의 막하에 들어갔고, 유정은 금강산에서 일어났다. 유정은 호를 송운 또는 사명산인이라고 했다. 용모가 걸출했고 수염을 깎지 아니했으며, 성품과 도량이 넓고 불경에도 통달했다. 이때 그는 표훈사表訓寺에서 강경講經을 하고 있었는데, 적병이 산중에 들어오자 중들이 다 도망했으나, 유정만은 가부좌를 틀고 움직이지 않으니 적이 감히 달려들지 못하고 어떤 자는 합장하여 경례를 드리고 가기도 했다. 근왕의 교서와 휴정休靜의 격문이 산중에 이르자, 유정은 불탁佛卓 위에 펴놓고 여러 중을 불러놓고 읽으면서 눈물을 줄줄 흘리며 효유하니, 산중의 중 700여 인이 다 일어나 서쪽으로 근왕하러 떠났는데, 평양에 이르러서는 그 무리가 1,000여 명이 되었다.

原文 當是時也 擧國逃難 如魚在鼎 禪門緇流 亦皆奔走 於是有淸虛禪師休靜者 起於妙香山 中僧尼所尊稱西山大師者也 俗姓崔氏 其先完山 行高律嚴 淹貫釋典 又能詞翰 編交朝中士大夫 其高弟上足 遍滿一國 至是糾率門徒一千五百人 仗劍上謁於行在 上謂之曰 國難如此 爾未可弘濟耶 師且泣且拜曰 國內緇徒之老病不任行者 臣已令所在之地焚修以祈神助 其餘臣皆召募以來 欲赴軍前 臣等雖非人類 生於國內 荷聖上恩育 何惜一死 願效忠赤 上大嘉 命賜一國都

大禪師 八道禪教都摠攝 扶宗樹教普濟登階尊者之號 乃率其衆 屯于順安之伏興寺 傳檄八路寺
刹 健禿勇衲 莫不來赴 休靜高弟處英 起於智異山 來赴權慄幕下 惟政起於金剛山 惟政號松雲
又號四溟山人容貌魁傑 留髥不去 性度恢曠 且通內典 是時在表訓寺講徒 賊兵入山中 寺僧皆走
惟政獨趺坐不動 賊見之不敢逼 或合掌致敬而去 及勤王敎書休靜檄文至山中 惟政乃展之佛卓
上 呼諸僧讀之流涕淋漓 曉喩之 悉起山中之僧七百餘人 西赴勤王 比至平壤 衆千餘人 屯城東
與順安之軍 作爲聲援

_ 『대동야승』 권36, 재조번방지2

주5 첨지(僉知): 첨지중추부사(僉
知中樞府事)의 약칭. 중추부의 정3
품 당상관직.

자료 12

비변사가 아뢰기를, "유정惟政이 승군을 거느리고 오랫동안 군열軍列에 있었고 지금
적진을 두 번씩이나 드나들었습니다. 그가 나라를 위하여 몸을 돌보지 않고 범굴에
들어간 공로를 갚지 않을 수 없으니, 첨지僉知주5의 실직實職을 제수하여 후인들을 권
장하소서."하니, 상이 따랐다.

原文 備邊司啓曰 惟政倡率僧軍 久在行陣 而今者出入賊陣至再 其爲國忌身 冒入虎穴之功
勞 不可不酬 授以僉知實職 以勸後人 上從之

_ 『선조실록』 권57, 선조 27년 11월 을해

자료 13

비변사가 아뢰기를, " … 승장 유정은 바야흐로 의령宜寧에 주둔해 있으면서 이미 그
근처에 대략이나마 보리를 파종하여 군량에 대비했으며, 또 경상우도 총섭승 신열
은 각 사찰의 위전位田에 보리 종자를 파종했고, 가야산 해인사에서 궁전弓箭을 만든
다 합니다. 또 듣건대 신열이 이끄는 승군은 모두 장정으로 경종耕種한 여가에 화포火
砲를 교습敎習한다 합니다. 각 처의 여러 장수들은 이에 생각도 미치지 못하는데 이 승
군들만은 이러하니 매우 가상합니다. 다만 화약과 화포를 갑자기 마련하지는 못할 듯
싶습니다. 경상 좌·우도와 전쟁을 치른 호남에서 조총과 승자총통을 거두어 각 진의
여러 군사에게 나누어 가르침으로써 재능을 이루도록 기약하고, 곳곳마다 염초를 많
이 구워 부족하거나 끊어지지 않도록 하는 것이 오늘날의 급선무입니다. 이러한 사연
을 도원수都元帥와 경상 좌·우도의 병사兵使·수사水使·방어사防禦使·조방장助防將
등에게 행이行移하여 알리는 것이 어떻겠습니까?"하니, 아뢴대로 하라고 답했다.

原文 邊備司啓曰 … 且僧將惟政 方住在宜寧 已於旁近處 略爲種麥 以備軍糧 又今慶尙右

道總攝僧信悅 於各寺位田 亦播麥種 且於伽倻山海印寺 造作弓箭云 又聞 信悅所率僧軍 皆爲
丁壯 欲於耕種之暇 敎習火砲 各處諸將 無意及此 而此僧輩獨能之 甚爲可嘉 但恐火藥砲器 不
能卒備耳 慶尙左 右道及湖南經戰之地 收拾鳥銃及勝字銃筒 分敎各陣諸軍 期於成材 處處多
煮焰硝 使不乏絶 此今日之急務 此等辭緣 都元帥及慶尙左 右道兵水使 防禦使 助防將等處 行
移知委何如 答曰 依啓

_ 『선조실록』 권48, 선조 27년 2월 기사

출전

『경국대전』

『명종실록』

『선조실록』

『성종실록』

『세종실록』

『중종실록』

『태종실록』

찾아읽기

안계현, 「조선 전기의 승군」, 『동방학지』 13, 1972.

김덕수, 『임진왜란과 불교의승군』, 경서원, 1993.

국사편찬위원회, 『한국사』 26 (조선 초기의 문화 1), 1995.

국사편찬위원회, 『한국사』 31 (조선 중기의 사회와 문화), 1998.

강형광, 「조선중기 불교계와 의승군」, 동국대학교 석사학위논문, 2010.

부록

조선 시대 왕 계보도

( ) 이름, 재위년, 생물년 ‖ 배우자 — 직계 … 방계

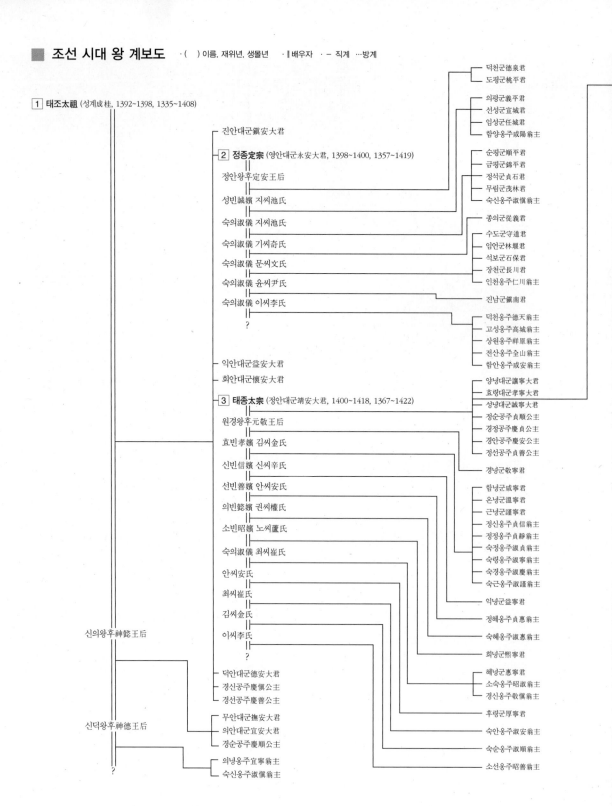

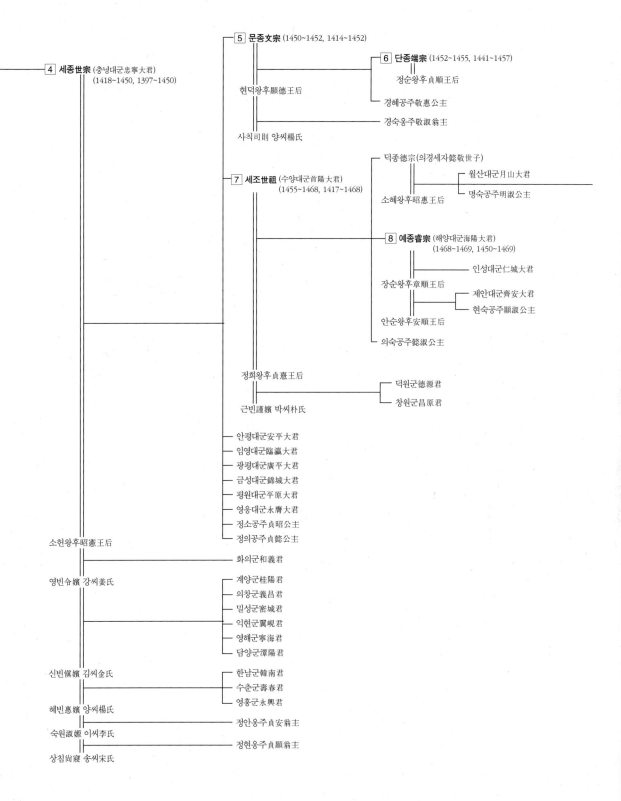

4 세종世宗 (충녕대군忠寧大君)
(1418~1450, 1397~1450)

5 문종文宗 (1450~1452, 1414~1452)

6 단종端宗 (1452~1455, 1441~1457)

정순왕후貞順王后

경혜공주敬惠公主

경숙옹주敬淑翁主

현덕왕후顯德王后

사칙司則 양씨楊氏

덕종德宗 (의경세자懿敬世子)

월산대군月山大君

명숙공주明淑公主

소혜왕후昭惠王后

7 세조世祖 (수양대군首陽大君)
(1455~1468, 1417~1468)

8 예종睿宗 (해양대군海陽大君)
(1468~1469, 1450~1469)

인성대군仁城大君

장순왕후章順王后

제안대군齊安大君

현숙공주顯淑公主

안순왕후安順王后

의숙공주懿淑公主

정희왕후貞熹王后

덕원군德源君

창원군昌原君

근빈謹嬪 박씨朴氏

안평대군安平大君

임영대군臨瀛大君

광평대군廣平大君

금성대군錦城大君

평원대군平原大君

영응대군永膺大君

정소공주貞昭公主

정의공주貞懿公主

소헌왕후昭憲王后

화의군和義君

영빈令嬪 강씨姜氏

계양군桂陽君

의창군義昌君

밀성군密城君

익현군翼峴君

영해군寧海君

담양군潭陽君

신빈愼嬪 김씨金氏

한남군韓南君

수춘군壽春君

영흥군永興君

혜빈惠嬪 양씨楊氏

정안옹주貞安翁主

숙원淑媛 이씨李氏

정현옹주貞顯翁主

상침尙寢 송씨宋氏

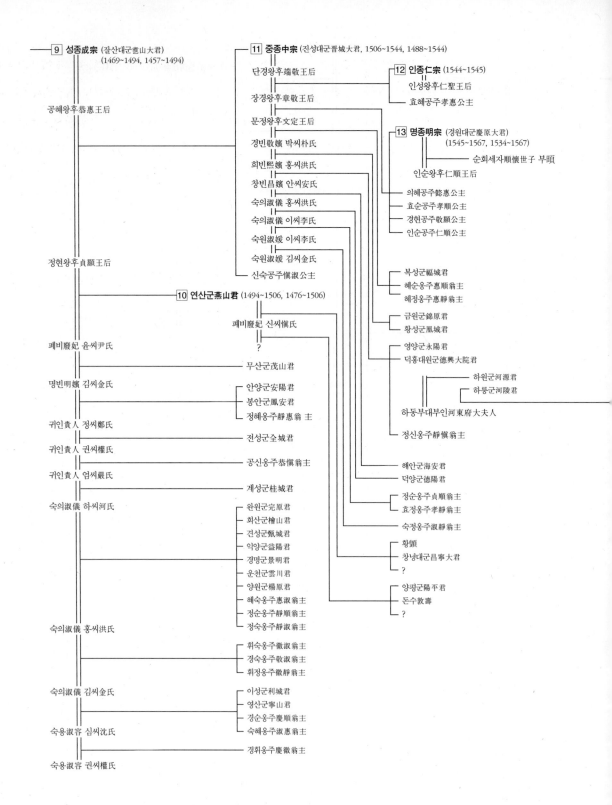

9 성종成宗 (잘산대군乽山大君)
  (1469~1494, 1457~1494)

공혜왕후恭惠王后

11 중종中宗 (진성대군晉城大君, 1506~1544, 1488~1544)

단경왕후端敬王后

장경왕후章敬王后

문정왕후文定王后

경빈敬嬪 박씨朴氏

희빈熙嬪 홍씨洪氏

창빈昌嬪 안씨安氏

숙의淑儀 홍씨洪氏

숙의淑儀 이씨李氏

숙원淑媛 이씨李氏

숙원淑媛 김씨金氏

신숙공주愼淑公主

12 인종仁宗 (1544~1545)

인성왕후仁聖王后

효혜공주孝惠公主

13 명종明宗 (경원대군慶原大君)
  (1545~1567, 1534~1567)

순회세자順懷世子 부훤

인순왕후仁順王后

의혜공주懿惠公主

효순공주孝順公主

경현공주敬顯公主

인순공주仁順公主

복성군福城君

혜순옹주惠順翁主

혜정옹주惠靜翁主

금원군錦原君

황성군鳳城君

영양군永陽君

덕흥대원군德興大院君

하원군河源君

하릉군河陵君

하동부대부인河東府大夫人

정신옹주靜愼翁主

정현왕후貞顯王后

10 연산군燕山君 (1494~1506, 1476~1506)

폐비廢妃 신씨愼氏
?

폐비廢妃 윤씨尹氏

명빈明嬪 김씨金氏

귀인貴人 정씨鄭氏

귀인貴人 권씨權氏

귀인貴人 엄씨嚴氏

숙의淑儀 하씨河氏

숙의淑儀 홍씨洪氏

숙의淑儀 김씨金氏

숙용淑容 심씨沈氏

숙용淑容 권씨權氏

무산군茂山君

안양군安陽君

봉안군鳳安君

정혜옹주靜惠翁主

전성군全城君

공신옹주恭愼翁主

계성군桂城君

완원군完原君

회산군檜山君

견성군甄城君

익양군益陽君

경명군景明君

운천군雲川君

양원군楊原君

혜숙옹주惠淑翁主

정순옹주靜順翁主

정숙옹주靜淑翁主

휘숙옹주徽淑翁主

경숙옹주敬淑翁主

휘정옹주徽靜翁主

이성군利城君

영산군寧山君

경순옹주慶順翁主

숙혜옹주淑惠翁主

경휘옹주慶徽翁主

해안군海安君

덕양군德陽君

정순옹주貞順翁主

효정옹주孝靜翁主

숙정옹주淑靜翁主

황頓

창녕대군昌寧大君

?

양평군陽平君

돈수敦壽

?

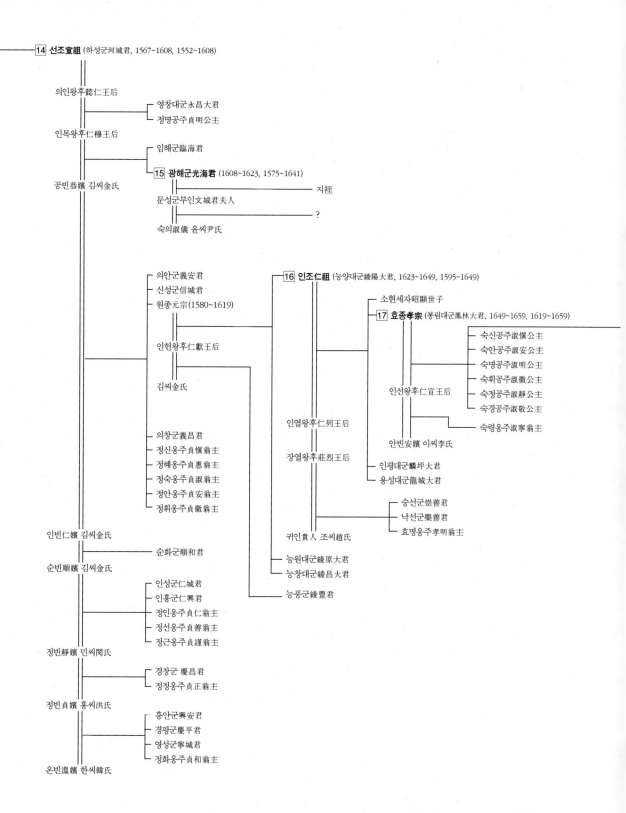

14 선조宣祖 (하성군河城君, 1567~1608, 1552~1608)

의인왕후懿仁王后

인목왕후仁穆王后

├ 영창대군永昌大君
└ 정명공주貞明公主

공빈恭嬪 김씨金氏

├ 임해군臨海君
└ 15 광해군光海君 (1608~1623, 1575~1641)
　├ 지전
문성군부인文城君夫人
　└ ?
숙의淑儀 윤씨尹氏

의안군義安君
신성군信城君
원종元宗(1580~1619)

16 인조仁祖 (능양대군綾陽大君, 1623~1649, 1595~1649)

├ 소현세자昭顯世子
└ 17 효종孝宗 (봉림대군鳳林大君, 1649~1659, 1619~1659)

인선왕후仁宣王后

├ 숙신공주淑愼公主
├ 숙안공주淑安公主
├ 숙명공주淑明公主
├ 숙휘공주淑徽公主
├ 숙정공주淑靜公主
├ 숙경공주淑敬公主
└ 숙령옹주淑寧翁主

안빈安嬪 이씨李氏

인렬왕후仁烈王后

장렬왕후莊烈王后

인평대군麟坪大君
용성대군龍城大君

인헌왕후仁獻王后

김씨金氏

의창군義昌君
정신옹주貞愼翁主
정혜옹주貞惠翁主
정숙옹주貞淑翁主
정안옹주貞安翁主
정휘옹주貞徽翁主

귀인貴人 조씨趙氏

├ 숭선군崇善君
├ 낙선군樂善君
└ 효명옹주孝明翁主

능원대군綾原大君
능창대군綾昌大君

능풍군綾豊君

인빈仁嬪 김씨金氏

순화군順和君

순빈順嬪 김씨金氏

인성군仁城君
인흥군仁興君
정인옹주貞仁翁主
정선옹주貞善翁主
정근옹주貞謹翁主

정빈靜嬪 민씨閔氏

경창군慶昌君
정정옹주貞正翁主

정빈貞嬪 홍씨洪氏

흥안군興安君
경평군慶平君
영성군寧城君
정화옹주貞和翁主

온빈溫嬪 한씨韓氏

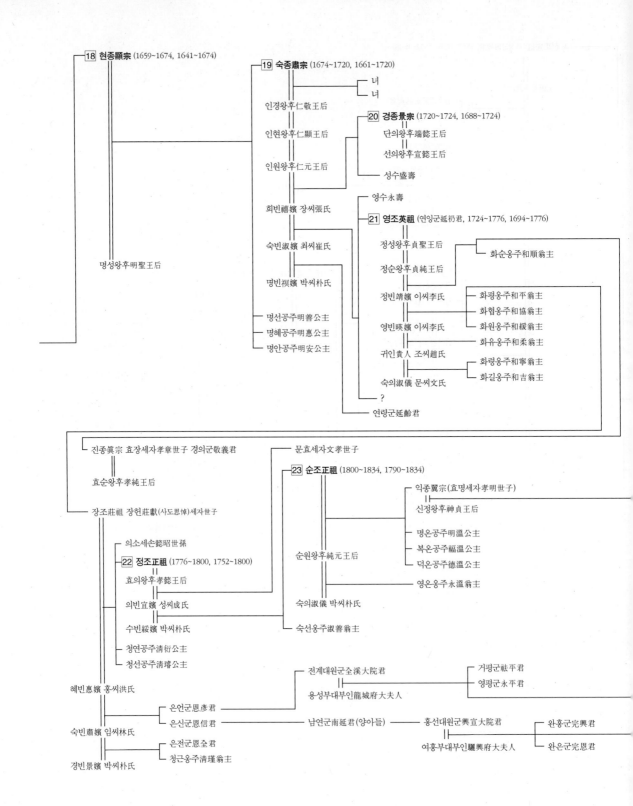

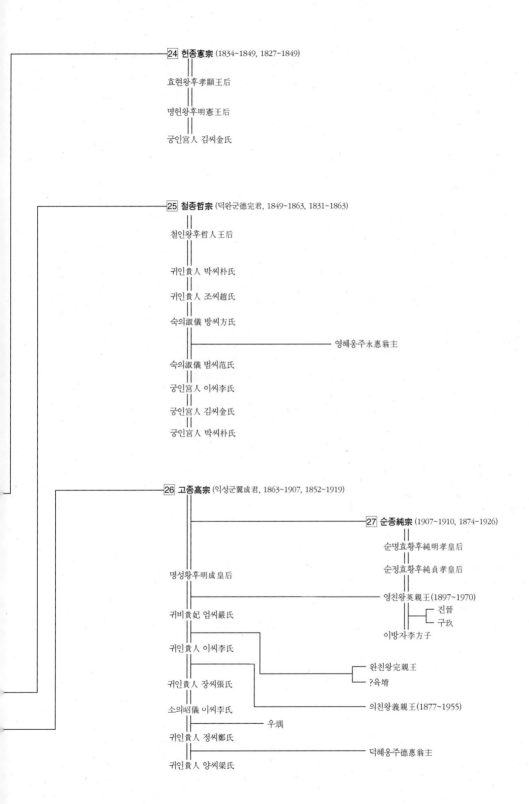

24 헌종憲宗 (1834~1849, 1827~1849)

효현왕후孝顯王后

명헌왕후明憲王后

궁인宮人 김씨金氏

25 철종哲宗 (덕완군德完君, 1849~1863, 1831~1863)

철인왕후哲人王后

귀인貴人 박씨朴氏

귀인貴人 조씨趙氏

숙의淑儀 방씨方氏

　　　　　　영혜옹주永惠翁主

숙의淑儀 범씨范氏

궁인宮人 이씨李氏

궁인宮人 김씨金氏

궁인宮人 박씨朴氏

26 고종高宗 (익성군翼成君, 1863~1907, 1852~1919)

　　　　　27 순종純宗 (1907~1910, 1874~1926)

　　　　　순명효황후純明孝皇后

　　　　　순정효황후純貞孝皇后

명성황후明成皇后

　　　　　영친왕英親王 (1897~1970)

　　　　　　　진晉

　　　　　　　구玖

귀비貴妃 엄씨嚴氏

　　　　　이방자李方子

귀인貴人 이씨李氏

　　　　　완친왕完親王

귀인貴人 장씨張氏

　　　　　?육堉

소의昭儀 이씨李氏

　　　　　의친왕義親王 (1877~1955)

　　　　　우堣

귀인貴人 정씨鄭氏

　　　　　덕혜옹주德惠翁主

귀인貴人 양씨梁氏

연표

주요국 역사 변천				한국사	연표	세계사
서양	중국	일본	한국			
고대	은	조몬토기시대	선사시대	70만 년 전 구석기 문화 시작 기원전 7000~6000년경 신석기 문화 시작		450~400만 년 전 인류 등장 기원전 3000년경 이집트·메소포타미아 문명 시작 기원전 2500년경 인더스·황하 문명 시작
				기원전 2333 단군, 아사달에 도읍. 고조선 건국 (『삼국유사』)		
	주					기원전 1768년경 함무라비 왕, 메소포타미아 통일 기원전 1750년경 함무라비 법전 편찬 기원전 1600년경 은殷 건국 기원전 1120년경 주周 건국
		토기시대	초기국가	기원전 1100년경 기자조선 성립(『삼국유사』)	기원전 1000	기원전 1000년경 그리스, 폴리스 형성 기원전 770년경 주周 동천東遷. 춘추春秋 시대 시작 기원전 670년경 아시리아, 오리엔트 통일 기원전 600년경 석가모니 탄생 기원전 551년경 공자 탄생 기원전 525 페르시아, 오리엔트 통일 기원전 492 페르시아 전쟁 기원전 431 펠로폰네소스 전쟁 기원전 334 알렉산더 대왕, 동방 원정 기원전 264 포에니전쟁 기원전 221 진秦, 중국 통일 기원전 206 한漢 건국
	춘추전국			기원전 400~300년경 한반도 지역 철기 생산		
	진					
	한	야요이토기시대	삼국시대	기원전 194 위만조선 성립 기원전 108 위만조선 멸망, 한군현 설치 기원전 57 신라 건국		
				기원전 37 고구려 건국		기원전 44 카이사르 암살
				기원전 18 백제 건국		기원전 27 로마, 제정 시작
				3 고구려, 국내성 천도		기원전 4 예수 탄생
				28 가락국 시조 수로왕 즉위	기원후	8 왕망, 신新 건국 25 후한後漢 성립 30 예수, 십자가에 처형됨 45년경 인도, 쿠샨 왕조 성립
				53 고구려, 태조대왕 즉위 56 고구려, 동옥저 통합 57 신라, 석탈해 즉위		64 네로, 크리스트교 박해 79 베수비오 화산 폭발, 폼페이 매몰 105 채륜, 제지법 발명 150년 무렵 쿠샨 왕조 불교 융흥, 간다라 미술 융성

주요국 역사 변천				한국사	연표	세계사
서양	중국	일본	한국			
고 대	한	백 여 국 시 대	삼	179 고구려, 고국천왕 즉위 194 고구려, 진대법 실시	100	166 로마 사절 중국에 옴 184 후한, 황건적의 난 발생
	삼 국 시 대		국	242 고구려, 요동 서안평 공격 244 위 관구검, 환도성 습격 260 백제(고이왕), 16관등과 공복 제정 261 신라 13대 미추이사금 즉위(김씨 왕 시조)	200	220 후한 멸망, 삼국 시대(위·촉·오) 시작 226 사산조 페르시아, 파르티아 멸망시킴 235 로마, 군인 황제 시대 280 진晉, 중국 통일
	진 晉	고 분 시 대	시	313 고구려, 낙랑군을 멸망시킴. 한군현 완전 소멸	300	313 밀라노 칙령으로 크리스트교 공인 316 서진西晉 멸망. 5호 16국 시대 시작. 동진 東晉 성 립 320 인도, 굽타 왕조 성립 325 니케아 종교 회의 개최, 아리우스파 추방 결정
		야 마 토 정 권	대	331 고구려, 고국원왕 즉위 356 신라, 내물마립간 즉위 369 백제, 칠지도 제작 371 백제, 고구려 평양성 공격, 고국원왕 죽음 372 고구려, 전진의 승려 순도에 의해 불교 전래, 태학 설립 　　백제, 동진에 사절 보냄 373 고구려, 율령 반포 375 백제,『서기』(고흥) 편찬 384 백제, 마라난타가 불교 전래 391 고구려, 광개토대왕 즉위 396 고구려, 광개토대왕 백제 공격, 대승 400 고구려, 백제-가야-왜 연합군 토벌하여 신라 구원 405 백제, 일본에 한학 전함 427 고구려, 평양 천도 433 나제동맹 맺음 475 백제 문주왕 즉위, 웅진 천도	400	375년경 게르만족 대이동 시작 395 로마 제국, 동서로 나뉨 420 동진東晉 멸망, 송宋 건국 439 북위北魏, 화북 통일(북조 성립)
	남 북 조 시 대			494 부여, 고구려에 완전 흡수 502 신라 지증왕, 순장 금지, 우경 실시 503 신라, 국호를 '신라'로 결정. '왕' 칭호 사용 505 신라 지증왕, 국내의 주군현을 직접 정함	500	476 서로마 제국 멸망 479 송 멸망, 제齊 건국 486 프랑크 왕국 건국 502 제齊 멸망, 양梁 건국

주요국 역사 변천				한국사	연표	세계사
서양	중국	일본	한국			
중	남북조시대	야마토정권	삼국	520 신라, 율령 반포, 백관의 공복 제정 525 백제, 무령왕릉 축조 527 신라, 불교 공인 532 신라, 금관가야 통합 536 신라, 연호(건원) 처음 사용 538 백제, 사비(부여)로 천도 545 신라, 거칠부 등이 『국사』 편찬 552 백제, 일본에 불교 전함 　　　우륵, 신라에 음악 전수 　　　고구려 왕산악, 거문고 제작 553 신라, 한강 하류 장악, 나제동맹 끝남 554 백제 성왕, 관산성에서 전사, 신라에 대패 555 신라 진흥왕, 북한산순수비 건립 566 신라, 황룡사 준공	500	529 동로마(비잔틴) 제국, 유스티니아누스 법전 편찬 535 북위, 동서로 나뉨 557 서위 멸망, 북주 건국 569 양梁 멸망, 진陳 건국 579 마호메트 탄생 589 수隋, 중국 통일
세	수隋		시대	589 원광법사, 진陳에서 구법 590 고구려 온달, 아차성에서 죽음 610 고구려 담징, 일본 호류사 금당벽화 그림 612 고구려, 살수대첩에서 수나라 군대 물리침 618 고구려, 영류왕 즉위 624 고구려, 당에서 도교 전래 632 신라, 선덕여왕 즉위	600	593 일본, 성덕태자 섭정 610 이슬람교 창시 618 이연, 당唐 건국 622 마호메트, 메카에서 메디나로 이주(헤지라) 　　　이슬람교 원년으로 정함 629 당 현장, 인도 여행 출발
	당唐	다이카개신	대	645 고구려, 안시성싸움 승리. 당태종 고구려 원정 　　　실패 647 신라, 첨성대 건립. 비담·염종의 반란 660 백제 멸망 668 고구려 멸망		634 이슬람, 전 아라비아 통일 645 일본, 다이카大化 개신 646 당 현장, 인도에서 귀국 『대당서역기』 지음 655 당 측천무후, 황후 등극 661 이슬람, 옴미아드 왕조 성립 671 당 의정, 불경 구하러 인도 여행
			통일신라 / 발해	676 신라, 삼국 통일 682 국학 설립, 감은사 창건 685 9주 5소경 설치 686 원효 죽음 687 신라, 문무관료전 지급 689 신라, 녹읍 폐지, 세조歲租 지급 698 대조영, 발해 건국		690 당, 측천무후 실권 장악. 국호를 '주周'로 고침

주요국 역사 변천				한국사	연표	세계사
서양	중국	일본	한국			
중세	당唐	다이카개신 / 나라 / 헤이안	통일신라 / 발해	702 의상 죽음 704 김대문, 『화랑세기』『고승전』지음 719 발해, 무왕 즉위 722 신라, 백성들에게 정전 지급 727 혜초, 『왕오천축국전』지음 　　발해, 일본과 국교 737 발해, 문왕 즉위 751 불국사와 석굴암 창건 756 발해, 상경용천부로 천도 757 신라, 녹읍 부활 765 충담사, 「안민가」지음 771 성덕대왕신종 제작 774 신라, 대아찬 김융 모반 사건 780 신라, 이찬 김지정 반란 사건. 혜공왕 피살되고 　　선덕왕 즉위(신라 하대 시작) 788 원성왕, 독서삼품과 설치 794 발해, 성왕 즉위 822 김헌창의 난 발생 828 장보고, 완도에 청해진 설치 834 백관의 복색 제도 공포 841 염장이 장보고 암살 874 최치원, 당唐 과거 급제 879 최치원, 당에서 「토황소격문」지음 886 최치원, 당에서 귀국. 　　『계원필경』지음. 887 진성여왕 즉위 888 신라 위홍·대구화상, 『삼대목』편찬 889 원종·애노, 사벌주(상주)에서 농민 반란 890 신라, 지방 각지 조세 거부. 납부 독촉에 　　각지에서 봉기 891 양길 휘하 궁예, 강원 남부 지역 차지 892 견훤, 전주에서 농민 봉기, 무진주(광주) 점령	700 800	710 일본, 나라 천도 712 당, 현종 즉위 716 제지술, 유럽 전파 726 로마 교회, 동로마의 성상 금지령으로 분쟁 750 이슬람, 아바스 왕조 성립 751 프랑크 왕국, 카롤링거 왕조 성립 755 당, 안녹산의 난 발생 771 카롤루스 대제, 프랑크 왕국 통일 800 프랑크, 카롤루스 1세가 로마에서 대관식 거행. 　　서로마 제국 부활 800년대 이슬람 국력·문화 전성기 829 잉글랜드 왕국 성립 843 프랑크, 베르됭 조약으로 왕국 삼분 862 러시아, 노브고로드 공국 성립 870 프랑크 왕국 분열 875 당, 황소의 난 발생

주요국 역사 변천				한국사	연표	세계사
서양	중국	일본	한국			
중세	당唐		통일신라 / 발해	894 최치원, 10여 조의 시무책 올림 899 최치원, 해인사 은둔 900 견훤, 완산주(전주)에 후백제 건국 901 궁예, 후고구려 건국 905 궁예, 철원 천도	800 900	
	5대 10국	헤이안	고려	918 왕건, 고려 건국 919 고려, 철원에서 송악으로 천도 926 발해, 거란에 멸망 927 견훤, 경주 침략해 경애왕 죽임 935 경순왕, 고려에 항복 936 고려, 후삼국 통일. 왕건, 『정계』, 『계백료서』 반포 943 혜종 즉위 945 왕규의 난. 정종 즉위		907 당唐 멸망. 5대 10국 시대 시작 916 야율아보기, 거란 건국 936 거란, 연운撚雲 16주 차지
				949 광종 즉위 956 노비안검법 실시 958 과거제 실시		946 거란, 국호를 요遼라 함 949 요, 하북河北 침략

	북송 (요)			963 귀법사 창건, 제위보 설치
				
				973 균여, 『보현십원가』 지음
				976 전시과 실시
				
				982 최승로, 「시무28조」 올림
				983 전국에 12목 설치
				986 의창 설치
				
				992 국자감 창립
				993 거란 소손녕, 고려에 침입(제1차). 서희 강동 6주
				    획득. 상평창 설치
				996 건원중보 주조
				997 목종 즉위
				1007 월정사 8각 9층탑 세움
				1009 강조의 정변
				1010 거란 성종, 고려에 침입(제2차).
				    현종 나주로 피난
				1018 거란 소배압, 고려 침입(제3차)
				1019 강감찬, 귀주대첩
				1025 대식국大食國 사람 100명이 특산물 가지고 옴
					1000	960 조광윤, 송宋 건국
						962 오토 1세, 신성 로마 제국 건국, 황제 대관
						964 동로마, 수도원 신설, 수도원의 토지 증여.
						    금지령 포고
						978 오월吳越, 송에 항복해 멸망
						
						987 프랑스, 카페 왕조 시작
						992 베네치아 상인 동로마 황제한테 무역상 특권 획
						    득
						
						1013 송, 『책부원구』 완성
						
						1037 셀주크투르크 제국 건국
						1042 송宋, 요遼와 화친

주요국 역사 변천				한국사	연표	세계사
서양	중국	일본	한국			
중 세	북 송 (요) 남 송 (금)	헤 이 안	고 려	1044 천리장성 완성 1049 양반의 공음전시법 제정 1055 최충, 문헌공도 세움 1075 혁련정, '균여전' 지음 1076 전시과 개정, 관제 개혁 1086 흥왕사에 교장도감敎藏都監 설치 1087 『초조대장경』 간행 1090 의천, 『속장경』 조판 시작 1097 주전도감 설치. 국청사 낙성 1102 해동통보 주조 1107 윤관, 여진 정벌 1112 혜민국 설치 1116 청연각 설치 1119 양현고 설치 1124 서긍, 『고려도경』 완성 1126 이자겸의 난 1132 묘청·정지상 등 서경 천도 건의 1135 묘청의 서경 천도 운동 1145 김부식, 『삼국사기』 펴냄 1159 고려청자 등 도자기 성행 1170 무신정변 발생 1173 김보당의 난 1174 조위총의 난 1176 망이·망소이의 난 1179 경대승, 정중부 죽이고 집권. 도방 설치 1182 전주에서 민란 발생 1190 지눌, 「정혜결사문」 발표	1000 1100	1054 기독교, 동서로 나뉨(로마 : 그리스) 1066 노르망디공 윌리엄, 잉글랜드 정복 1069 송宋, 왕안석의 개혁(신법新法) 1076 신성로마제국, 서임권 파동으로 교황과 황제 대립 1077 카노사의 굴욕 1086 송宋, 왕안석 죽고 사마광 집권, 신법 폐지 1095 클레르몽 종교 회의, 교황 십자군 운동 호소 1096 십자군 원정(~1270) 1115 여진, 금金 건국 1122 신성 로마 제국, 보름스협약(성직 임명권 문제 일단락) 1125 금金, 요遼를 멸함 1127 북송北宋 멸망, 남송南宋 건국 1128 독일, 기사단 창설 1147 제2차 십자군 원정 1163 프랑스, 노트르담 성당 건축 시작 1167 영국, 옥스퍼드대학 세움 1170 프랑스, 파리대학 세움 1177 남송 주희, 『사서집주』 완성 1189 제3차 십자군 원정 1192 일본, 가마쿠라鎌倉 바쿠후 성립

주요국 역사 변천				한국사	연표	세계사
서양	중국	일본	한국			
중세	남송 (金) 원元	가 마 쿠 라 바 쿠 후	고 려	1193 김사미·효심의 민란 　　　이규보, 『동명왕편』 지음 1196 최충헌 집권 1198 만적의 난 1200 진주에서 공·사노비가 난을 일으킴 1202 경주에서 신라 부흥 운동 일어남 1215 각훈, 『해동고승전』 지음 1219 고려·몽골군이 함께 강동성의 거란군 물리침 1231 몽골 제1차 침입 1232 강화 천도 1234 금속활자로 『상정고금예문』 펴냄 1235 몽골, 제3차 침입 1236 『팔만대장경』 조판 시작 1241 이규보, 『동국이상국집』 펴냄 1247 몽골, 제4차 침입 1253 몽골, 제5차 침입 1254 몽골, 제6차 침입. 몽골군에게 20만여 명 　　　잡혀감 1258 김준, 최의 죽이고 집권. 화주에 쌍성총관부 　　　설치 1260 이인로, 『파한집』 펴냄 1270 고려, 개경으로 환도 　　　서경에 동녕부 설치 　　　삼별초, 진도로 들어감 1271 녹과전 지급 1273 삼별초군 탐라에서 진압됨 1274 여麗·원元의 제1차 일본 정벌 실패 1281 몽골, 고려군 동원 제2차 일본 정벌, 실패 　　　일연, 『삼국유사』 지음 1287 이승휴, 『제왕운기』 지음 1290 동녕부 폐지 1298 정방 폐지, 관제 복구 1304 국학 대성전이 완성 1309 각염법(소금 전매제) 제정 1314 태조 이래 역대왕 실록 펴냄	1100 1200 1300	1194 셀주크투르크 분열, 멸망 1200 남송, 주희 죽음 1202 제4차 십자군 원정 1206 칭기즈칸, 몽골 통일 　　　인도, 노예 왕조 성립 1215 영국, 대헌장 제정 1228 제5차 십자군 원정 1234 금金, 원元에 멸망 1235 몽골, 수도 카라코룸 건설 1241 신성 로마 제국, 한자동맹 맺음 1243 원 오고타이, 칭기즈칸 계승 1248 제6차 십자군 원정 1254 신성로마제국, 대공위 시대 1258 몽골군 바그다드 점령, 아바스 왕조 붕괴 1270 제7차 십자군 1271 몽골, 원元 제국 성립 1279 남송南宋, 원에 멸망 1295 영국, 모범 의회 1299 마르코 폴로, 『동방견문록』 펴냄 　　　오스만 제국 건국 1302 프랑스, 삼부회 최초 소집 1309 교황, 아비뇽에 유폐 1321 단테, 『신곡』 완성

주요국 역사 변천				한국사	연표	세계사
서양	중국	일본	한국			
중	원元	무로	고	1342 이제현,『역옹패설』지음 1347 정치도감 설치 1350 왜구 침입 시작 1356 공민왕이 기철 등 제거 1359 홍건적 침입, 서경 함락 1363 문익점, 원에서 목화씨 가져옴 1365 전민변정도감 설치. 신돈을 판사로 삼음	1300	1337 일본, 무로마치 바쿠후 성립 1338 영국·프랑스 백년전쟁 1347 전 유럽에 페스트 퍼짐, 인구 대폭 감소 1351 원, 홍건적의 난 발생 1356 금인칙서(황금문서) 발표 1358 프랑스, 자크리 농민 반란 1367 신성로마제국, 한자Hansa 시의 쾰른동맹 1368 원 멸망, 주원장 명明 건국 1369 티무르 제국 성립
세	명	마치 바	려	1376 최영, 왜구 정벌(홍산전투) 1377 최무선 건의로 화통도감 설치 　　『직지심체요절』인쇄(청주 흥덕사) 1380 최무선, 진포에서 화포로 왜구 물리침 1388 최영, 요동 정벌 　　이성계, 위화도회군으로 정권 장악 1389 박위, 쓰시마 섬 정벌 1390 토지 문서 소각 1391 과전법 제정		1378 교회 대분열(로마 : 아비뇽) 1380 명, 황제 독재권 강화 1388 독일, 쾰른대학 세움 1391 북원北元, 명에 항복하여 멸망
세	명	쿠 후	조 선	1392 고려 멸망, 조선 건국 1393 국호를 조선으로 결정 1394 한양 천도 　　정도전,『조선경국전』펴냄 1397 요동 정벌 계획 추진 　　정도전,『경제육전』펴냄 1398 양전 실시. 성균관 문묘, 명륜당 건립. 제1차 　　왕자의 난 1400 제2차 왕자의 난, 사병 혁파 1401 신문고 설치 1402 호패법 실시 1403 주자소 설치 1407 관료의 녹과 개정 1411 한양에 5부 학당 설치 1413 조선 8도의 지방 행정 조직 완성,『태조실록』 　　펴냄 1418 세종 즉위	1400	1392 독일, 한자동맹 맺음 1397 명, 대명률 반포 1401 무로마치 바쿠후, 최초로 명과 통교 1404 무로마치 바쿠후, 명과 감합勘合 무역 실시 1405 명明 정화, 남해 원정 1408 명,『영락대전』완성 1415 로마 교회, 후스 화형 1417 로마 교회, 교황 선거로 교회 대분열 끝냄

주요국 역사 변천				한국사	연표	세계사
서양	중국	일본	한국			
근	명	무	조	1419 이종무, 쓰시마 정벌 1420 집현전 설치	1400	
						1424 터키, 콘스탄티노플 제외한 전 동로마 영토 차지 1431 영국, 잔 다르크 처형
		로		1433 4군 설치(1443년 완성) 1434 6진 설치(1449년 완성) 1441 측우기 제작 1443 훈민정음 창제		1441 류큐流球, 시마즈島津에 복속
				1446 훈민정음 반포		1445 포르투갈 바르톨로뮤 디아스, 희망봉 발견. 이탈리아, 르네상스 번성 1450 독일 구텐베르크, 최초 인쇄본『성경』펴냄 1453 백년전쟁 끝남
				1453 수양대군, 김종서 죽이고 정권 장악(계유정난)		투르크, 콘스탄티노플 점령 동로마제국 멸망 1455 영국, 장미전쟁 시작(~1485)
대		마	선	1456 사육신 처형 1458『고려사』완성 1460 신숙주, 여진 정벌 1466 직전법 실시		1460 터키, 그리스 전 영토 점령
		치				1467 일본, 오닌의 난 일어나 센고쿠戰國 시대 시작 1470 이탈리아 보카치오,『데카메론』간행. 잉카제국, 정복 활동 시작 1472 교황청, 면죄부 남발 1474 이탈리아 토스카넬리, 세계 지도 작성
				1475 인수대비,『내훈』펴냄 『국조오례의』완성		1476 모스크바 공국 이반 3세, 노브고로드 정복. 이탈리아, 메디치 가의 독재 확고해짐
		바		1478 서거정 등,『동문선』완성		1479 스페인 왕국 성립 1480 이반 3세, 킵차크한국 멸망시키고 몽골 속박 벗어남
	明	쿠		1481 서거정 등,『동국여지승람』지어 올림 1482 폐비 윤씨에게 사약 1484『경국대전』완성(1485년 시행)		1487 포르투갈 바르톨로뮤 디아스, 희망봉 도착
				1491 여진족, 경흥에 쳐들어감		1492 스페인, 이베리아 반도에서 이슬람 세력 쫓아냄 콜럼버스, 아메리카 항로 발견
				1493 성현 등,『악학궤범』완성		1494 이탈리아 메디치 가, 피렌체에서 쫓겨남 중국 나관중,『삼국지연의』펴냄
		후		1498 무오사화 일어남		1498 포르투갈 바스코 다 가마, 인도 항로 발견 1499 스위스, 독일과 바젤협약 맺고 스위스동맹 맺음, 독립
				1500 과부 재혼 금지	1500	1500 인도, 티무르 제국 멸망 1501 명, 타타르족 침략으로 수도 닝샤寧夏 함락

주요국 역사 변천				한국사	연표	세계사
서양	중국	일본	한국			
근	명	무	조		1500	1502 명, 『대명회전』완성
						이란, 사파비 왕조 성립
				1503 승려의 도성 출입 엄금		1503 일본, 조선통신사 요청
				1504 갑자사화 일어남		알프스 이북에 르네상스 발흥
				경연 폐지		
				성현, 『용재총화』펴냄		
				1506 중종반정		1506 이탈리아 레오나르도 다 빈치, 『모나리자』완성
				1510 삼포왜란		네덜란드 에라스무스, 『우신예찬』지음
		로		1512 임신약조		
						1516 영국 토마스 무어, 『유토피아』지음
						아라비아, 『아라비안 나이트』완성
						1517 루터의 종교 개혁
						투르크, 이집트 점령. 칼리프 칭호 사용
				1518 소격서 혁파		1518 스위스 츠빙글리, 종교 개혁 주장
		마		1519 향약 실시. 현량과 실시		1519 마젤란, 세계일주(~1522)
				기묘사화 일어남		1524 독일, 농민전쟁 일어남
						1526 인도, 무굴 제국 성립
						1532 스페인 피사로, 페루 정복
						1533 잉카 제국 멸망
		치				1534 영국, 수장령 발표. 로욜라, 예수회 창립
						1536 칼뱅의 종교 개혁
						1541 투르크, 헝가리와 알제리 정복
						1542 영국, 아일랜드 왕국 성립
				1543 주세붕, 백운동서원 세움		1543 코페르니쿠스, 지동설 발표
		바				1544 로마 교회, 트리엔트 공의회 개최
				1545 을사사화 일어남		
				1551 문정왕후, 양종선과 재설치, 도첩제 부활		
				1554 비변사 설치		
				1555 을묘왜변 발생, 제승방략 반포		1555 아우구스부르크 종교 화의, 루터파 신교 공인
대			선	1556 이황, 『주자서절요』완성		
		쿠		1559 이황·기대승, 사단칠정 논쟁 시작		
				1560 이황, 도산서원 세움		1560 일본, 교토에 크리스트교 포교 허용
				1561 이지함, 『토정비결』지음		
				1562 임꺽정 처형		1562 프랑스, 위그노전쟁 일어남(~1598)
	明			1565 보우, 제주도에서 처형		1565 일본, 교토의 선교사 추방. 포르투갈, 마카오
						건설
		후				1568 네덜란드, 스페인으로부터 독립 전쟁 일으킴
						1571 일본, 나카사키 개항
						스페인, 레판토해전에서 투르크에 승리
						1573 명明, 장거정의 개혁
				1575 동서 분당		
				1577 이이, 해주향약 실시		
		아즈치모모야마		1583 이이, 십만양병설 건의		
				1588 일본 사신, 통신사 요청		1588 영국, 에스파냐 무적 함대 물리침
				정철, 『사미인곡』『속미인곡』지음		
				1589 정여립 모반 사건		1589 도요토미 히데요시, 일본 전국 통일

주요국 역사 변천				한국사	연표	세계사
서양	중국	일본	한국			
근	명	아즈치모모야마		1592 임진왜란 일어남, 한산대첩, 진주대첩 1593 평양 수복, 한성 수복 행주대첩, 훈련도감 설치 1594 속오군 편성 1597 정유재란 1598 도요토미 히데요시 죽은 뒤 일본군 총퇴각 시작 1600 공명첩 발급	1500 1600	1592 도요토미 히데요시, 조선 침공 1593 영국 셰익스피어, 『로미오와 줄리엣』 지음 1596 무굴 제국, 인도 통일. 일본, 도요토미 히데요시 죽음 1598 프랑스, 낭트칙령 발표 1599 일본, 세키가하라 전투 1600 영국, 동인도회사 세움 1601 마테오 리치, 『곤여만국전도』 지음 1603 일본, 에도 바쿠후 일어남 1605 스페인 세르반테스, 『돈키호테』 지음
대	明 청 淸	에도 바쿠후	조 선	1607 허균, 『홍길동전』 지음 1608 선혜청 설립, 경기도에 대동법 실시 1609 일본과 기유약조 맺음, 국교 회복 1610 허준, 『동의보감』 지음 김굉필·정여창·조광조·이언적·이황 등 5현 문묘종 사 1623 인조반정 1624 어영군 모집, 이괄의 난, 총융군 편성 1627 정묘호란 1628 벨테브레이, 제주도 표착 1631 정두원이 명에서 천리경·자명종·화포 등 수입 1636 병자호란 1637 인조, 삼전도의 굴욕 1645 소현 세자, 청에서 과학·가톨릭교 관련 서양 책 가지고 귀국 1652 어영군 수를 늘림 1653 하멜, 제주도 표착, 시헌력 채택 1654 제1차 나선정벌 1658 제2차 나선정벌 1659 호서 지방에 대동법 실시, 제1차 예송논쟁 1662 제언사 설치 1678 상평통보 주조 1680 경신환국 1682 정초군과 훈국중부별대를 합하여 금위영 설치		1614 프랑스, 삼부회 소집 1616 후금 건국 1618 독일, 30년전쟁 일어남(~1648) 1619 명, 『서유기』 『금병매』 등 소설 나옴 1620 영국, 메이플라워호 아메리카 상륙 1623 영국, 서인도에 식민 시작 1626 후금, 태종 즉위 1628 영국, 권리청원 제출, 승인 1631 명, 이자성의 반란 1636 후금, 국호를 청淸으로 함 1642 영국, 청교도혁명(~1649) 1644 명 멸망, 청淸 중국 통일 1648 유럽, 베스트팔렌조약 맺음 1649 영국, 찰스 1세 처형, 공화정 수립 1651 크롬웰, 항해 조례 발표 1653 인도, 아우랑제브 즉위 청, 일조편법 실시 1673 청, 삼번의 난

주요국 역사 변천				한국사	연표	세계사
서양	중국	일본	한국			
근	청	에 도	조	1689 기사환국 1690 희빈 장씨, 왕비 책봉 1694 갑술환국 1696 안용복, 독도에서 일본인 쫓아냄 1701 숙종, 희빈 장씨 사사 1708 전국적으로 대동법 시행 1712 백두산정계비 건립 1725 영조, 탕평책 실시 1728 이인좌의 난 1740 영조, 도량형 통일 1742 영조, 탕평비 세움 1750 균역법 실시	1600 1700	1688 영국 명예혁명 1689 영국, 권리장전 발표 　　청·러, 네르친스크 조약 맺음 1699 청, 영국의 광둥 무역 허가 1701 에스파냐, 왕위 계승 전쟁 1723 청, 크리스트교 포교 금지 1727 청·러, 캬흐타조약 맺음 1729 청, 아편 판매 금지 1736 프랑스, 몽테스키외·볼테르 등 계몽 사상가 　　활약 1740 오스트리아, 왕위 계승 전쟁 1742 영국·프랑스, 식민지 쟁탈전 시작 1747 청, 외국 선교사 거주 금지 1756 프랑스·오스트리아, 베르사유 조약 맺음 　　7년 전쟁
대	淸	쿠 바 후	선	1757 영조, 난장형 금지 1762 사도 세자, 뒤주 속에서 죽음 1763 통신사 조엄, 일본에서 고구마 들여옴 1764 장예원 혁파 1776 정조 즉위, 규장각 설치 1784 이승훈, 천주교 전도 1785『대전통편』완성 1786 서학을 금함 1790 정약용, 해미읍으로 유배 1791 신해사옥 　　금난전권 없앰(신해통공) 　　천주교 관계 서적 수입을 금함 1794 수원성 축조 시작 1796 수원성 완성 1800 순조 즉위, 정순왕후 김씨 수렴청정 1801 신유사옥 　　황사영 백서 사건 　　정약용, 강진으로 귀양 1805 안동 김씨, 세도 정치 시작	1800	1757 인도, 플라시 전투 1762 루소,『사회계약론』발표 1763 파리 조약, 7년 전쟁이 영국 승리로 끝남 1765 와트, 증기 기관 완성, 아메리카 식민지대표회의 　　뉴욕에서 열림 1773 미국, 보스턴 차당 사건. 청,『사고전서』펴냄 1776 미국, 독립 선언 1789 프랑스 혁명, 인권선언 1796 청, 백련교도 봉기 1804 나폴레옹, 황제 즉위

주요국 역사 변천				한국사	연표	세계사
서양	중국	일본	한국			
근	청	에 도 바 쿠 후	조 선	1811 홍경래의 난 1818 정약용, 정배에서 풀려남.『목민심서』지음 1831 천주교 조선 교구 설치 1834 헌종 즉위, 순원왕후 김씨 수렴청정 1839 기해사옥 1840 풍양 조씨, 세도 정치 시작 1846 김대건 신부 처형 1851 안동 김씨, 세도 정치 재개 1860 최제우, 동학 창시	1800	1806 나폴레옹, 대륙 봉쇄령 1814 프랑스, 연합군에 패배 　　　유럽 빈회의 개최 1823 미국, 먼로주의 선언 1824 멕시코, 공화국 수립 1829 청, 외국과 통상 금지 1830 프랑스, 7월혁명 1832 영국, 선거법 개정 1833 독일, 관세동맹 맺음 1838 영국, 차티스트 운동 1839 오스만 제국, 탄지마트(은혜개혁) 1840 청, 아편전쟁(~1842) 1842 청, 영국에 의해 상하이·난징 무너짐. 난징 조약 　　　맺음 1844 네덜란드, 일본에 개국 권고 1847 영국, 과잉 생산으로 공황 발생 1848 프랑스, 2월혁명 　　　마르크스·엥겔스, 「공산당선언」발표 1851 청, 태평천국운동 　　　영국, 제1회 만국박람회 개최 1852 프랑스, 나폴레옹 3세 즉위 1857 인도, 세포이 항쟁 1858 인도, 무굴제국 멸망 1860 청, 베이징 조약 　　　이탈리아 가리발디, 시칠리아 정복
대	淸	메 이 지	선	1861 김정호, 「대동여지도」제작 1862 임술 농민 봉기 1863 고종 즉위, 흥선대원군 집권 1864 동학 교조 최제우 처형 1865 경복궁 중건 1866 병인사옥 　　　제너럴 셔먼 호 사건, 병인양요 1868 오페르트 도굴 사건 1871 흥선대원군, 서원 정리 1873 최익현, 흥선대원군을 탄핵 　　　고종 친정 선포 1875 운요 호 사건 1876 강화도 조약 맺음		1861 미국, 남북전쟁 1862 중국, 양무운동 시작 1863 링컨, 노예 해방 선언 1864 국제 적십자사 창립 1868 일본, 메이지 유신 1869 수에즈 운하 개통 1870 이탈리아, 통일 완성 1871 독일 통일 1875 영국, 수에즈 운하 매수 1876 발칸전쟁 일어남 1877 영국, 인도 제국 성립 선언

주요국 역사 변천				한국사	연표	세계사
서양	중국	일본	한국			
근	청	메	조	1879 지석영, 종두법 실시 1880 김홍집, 고종에게 『조선책략』바침 　　　리훙장, 조선에 서구 열강과 통상 권고 1881 신사유람단·영선사 파견 1882 미·영·독 등과 통상 조약 맺음 　　　임오군란 　　　일본과 제물포 조약 맺음 1883 태극기 사용 　　　전환국 설치 　　　원산학사 설립, 해상공국 설치 　　　「한성순보」발간 1884 우정국 설치, 갑신정변 1885 영국, 거문도 점령 　　　광혜원 설립, 배재학당 설립 　　　서울-인천 간 전신 개통 1886 노비 세습제 폐지 　　　이화학당·육영공원 설립 1887 아펜젤러, 정동교회 설립	1800	1878 베를린회의 1879 청·러, 이리 조약 맺음 1882 독일·이탈리아·오스트리아, 삼국동맹 맺음 1883 이집트, 영국 속령됨 1884 청·프랑스 전쟁 1885 청·일, 텐진 조약 맺음 　　　프랑스, 대청전쟁 승리 　　　일본, 내각제 확립 　　　인도, 국민회의 조직 1887 프랑스령 인도차이나 성립 　　　포르투갈, 마카오 할양 1888 청, 북양 해군 창설
대	淸	이	선	1889 함경도, 방곡령 선포 1894 동학 농민 전쟁, 갑오개혁 1895 삼국간섭 　　　을미사변, 을미개혁 1896 아관파천, 독립협회 창립 1897 대한제국 수립 1898 독립협회, 만민공동회 개최 　　　보부상, 황국협회 결성 　　　만민공동회 해산 1899 대한제국 국제 반포 　　　경인선 개통		1894 쑨원, 흥중회 결성 　　　청일전쟁 일어남 1895 청, 일본에 패배 　　　일본, 랴오둥 반도 할양 포기 1896 아테네, 제1회 올림픽 대회 개최 1898 청, 변법자강운동 실시, 무술정변으로 실패 　　　미국, 필리핀 획득 　　　파쇼다 사건 　　　퀴리 부부, 라듐 발견 　　　제1회 만국평화회의 1899 청, 의화단 운동 　　　보어전쟁 개시
현 대		지	대 한 제 국	1900 만국우편연합 가입 1901 제주 민란 1902 서울 인천 간 시외 전화 개통 1903 YMCA 발족 1904 한일의정서 맺음 1905 경부선 개통 　　　을사늑약 맺음 　　　동학, 천도교로 개칭 　　　통감부 설치	1900	1900 청, 서구 열강이 베이징 점령, 의화단의 난 진압 1901 청, 리훙장 사망 　　　뢴트겐, 제1회 노벨상 수상 1902 영일동맹 맺음 　　　쿠바 공화국 성립 1904 러일전쟁 일어남 1905 러시아, 피의 일요일 사건 　　　미·일, 가쓰라·데프트 밀약 맺음 　　　쑨원, 중국혁명동맹회 조직 　　　일본, 러일전쟁 승리, 포츠머스 강화조약 맺음 　　　아인슈타인, 특수상대성이론 발표

주요국 역사 변천				한국사	연표	세계사
서양	중국	일본	한국			
현 / 대	청 / 清 / 중화민국	메이지 / 다이쇼 / 쇼와	대한제국 / 일제강점기	1906 경의선 개통 　　최익현, 대마도에서 순절 1907 국채보상운동 　　신민회 조직 　　헤이그 특사 파견, 고종 퇴위 　　군대 해산 1908 의병, 서울 진공 작전 1909 나철, 대종교 창시 　　일본, 남한대토벌작전 　　안중근, 이토 히로부미 사살 1910 한일합방조약 체결, 국권 피탈, 조선총독부 설치 　　회사령 공포, 시행 1911 105인사건 일어남 　　조선교육령 공포 1912 토지조사사업 시작 1913 안창호, 흥사단 조직 1914 대한광복단 조직 1916 박중빈, 원불교 창시 1919 3·1운동 　　상해 대한민국 임시정부 수립 　　대한애국부인회 조직 1920 김좌진, 청산리대첩 　　「조선일보」,「동아일보」창간 1922 어린이날 제정 1926 6·10만세운동 1927 신간회 조직 1929 광주학생항일운동 1932 이봉창·윤봉길 의거 1933 미곡 통제령 공포 　　조선어학회, 한글 맞춤법 통일안 제정 1934 진단학회 조직 1935 총독부, 각 학교에 신사 참배 강요 1936 손기정, 베를린 올림픽 마라톤 우승 　　안익태, 한국 환상곡 완성	1900 1910 1920 1930	1906 인도, 스와라지 운동 1907 제2회 헤이그 평화회의 개최 　　영국·프랑스·러시아, 삼국협상 맺음 1908 오스만 제국, 청년투르크당의 혁명 운동 1909 일본, 청과 간도협약 체결, 간도와 안봉선 교환 1910 포르투갈, 공화제 선언 1911 중국, 신해혁명 　　노르웨이 아문센, 남극 도착 1912 청 멸망, 중화민국 성립 1914 제1차 세계 대전 일어남 　　파나마 운하 개통 1917 러시아혁명 1918 미국 윌슨 대통령, 14개조 평화 원칙 발표 1919 파리강화회의 개최 　　베르사유 조약 　　중국, 5·4운동 　　인도, 간디의 비폭력·무저항 운동 1920 국제연맹 성립 1921 중국공산당 결성 　　워싱턴회의 1922 소비에트사회주의공화국 성립 　　터키, 술탄제 폐지 1923 일본, 간토 대지진 일어남, 조선인 무차별 살해 　　터키, 케말 파샤, 공화국 수립 1924 중국, 제1차 국공 합작 1925 쑨원 죽음 1926 장제스, 북벌 시작 1927 장제스, 난징에 국민정부 수립 1929 세계 경제 공황 1931 일본, 만주사변 1933 미국, 뉴딜 정책 시행 　　히틀러, 나치스 정권 수립 1934 마오쩌둥, 중국공산당 대장정 개시 1935 그리스, 왕정 부활 1936 일본, 런던군축회의 탈퇴 　　스페인, 내란 일어남 1937 중일전쟁 일어남, 제2차 국공 합작

주요국 역사 변천				한국사	연표	세계사
서양	중국	일본	한국			
현 대	중 화 민 국 중 화 인 민 공 화 국	쇼 와	일 제 강 점 기 대 한 민 국	1938 일제, 한글 교육 금지	1930	1938 일본, 중국 광둥 점령 1939 제2차 세계 대전 일어남
				1940 창씨개명 등, 민족 말살 정책 강화 「조선일보」, 「동아일보」 강제 폐간 임시정부, 한국광복군 결성 1941 농산물 공출 제도 시행 임시정부, 대일 선전 포고	1940	1940 독일, 프랑스 파리 함락 독일·이탈리아·일본, 3국 군사 동맹 맺음 1941 대서양헌장 발표 태평양전쟁 일어남 드골, 런던에 망명 정부 조직
				1942 조선어학회 사건 일어남 1943 광복군, 미얀마 파견 1944 이육사·한용운 죽음		1943 이탈리아 항복, 카이로 선언 1944 노르망디상륙작전
				1945 8·15광복 포츠담 선언, 한민족 독립 약속 조선건국준비위원회 발족 이승만, 미국에서 귀국 김구, 충칭에서 귀국		1945 얄타회담 개최 독일, 연합군에 항복 국제연합UN 창설 포츠담회담(미국·영국·소련) 일본, 연합군에 항복, 2차대전 종결 중국 국공 내전 시작
				1946 제1차 미소공동위원회 개최 대구, 10·1폭동사건 1947 유엔 한국위원단 구성 제2차 미소공동위원회 개최 1948 5·10총선거, 대한민국 정부 수립 북한, 공산 정권 수립 여수·순천, 10·19사건 국가보안법 제정 1949 김구, 안두희에게 피살 농지개혁법 공포 빨치산 섬멸 작전 펼침 북한, 조선노동당 창당		1946 파리평화회의 개최 1947 미국, 마셜플랜 발표 코민포름 결성 1948 세계인권선언 베를린 봉쇄 제1차 중동전쟁 인도, 간디 피살 1949 중화인민공화국 수립 나토(NATO) 성립
				1950 한국전쟁 일어남 9월 유엔군 참전 10월 중국군 개입 1951 1월 4일 서울 다시 빼앗기고 부산으로 후퇴 (1·4후퇴) 2월 거창 양민 학살 사건 3월 국회에서 국민 방위군 사건 폭로 7월 개성에서 휴전 회담 개최 10월 25일 판문점에서 정전 회담 다시 시작 12월 부산·대구 제외한 남한 전 지역 계엄령 선포 1952 1월 이승만 대통령, 평화선 선언 5월 거제도 공산 포로 폭동 일어남 5월 부산 정치 파동 7월 4일 발췌 개헌안 통과 8월 정·부통령 선거 실시(대통령 이승만, 부통 령 함태영)	1950	1950 유엔, 한국 파병 중국군, 한국전쟁 개입 1951 1월 미국, 미군 5만 명 한국 증파 결의 4월 맥아더 사령관 해임 6월 유엔 주재 소련 대표 휴전 제의 유엔군 총사령관, 북한에 정전 회담 제의 1952 11월 미국, 수소 폭탄 실험 성공 발표

주요국 역사 변천				한국사	연표	세계사
서양	중국	일본	한국			
현대	중화인민공화국	쇼와	대한민국	1953 4월 이승만 휴전 반대, 단독 북진 주장 6월 포로교환협정 조인 7월 27일 휴전협정 조인(북한-미국-중국) 8월 8일 한미상호방위조약 가조인 9월 김일성, 소련 방문 10월 한일회담 3차 회의 1954 1월 독도에 영토 표지 설치 5월 독도에 민간 수비대 파견 5월 20일 3대 민의원 총선거, 자유당, 금권·폭력 선거로 승리 5월 28일 서울에서 보신탕 판매 금지 11월 29일 사사오입 개헌 공포 1955 민주당 창당 북한, 박헌영 사형 1956 대통령 후보 신익희, 뇌일혈로 급사	1950	1953 3월 소련 스탈린 죽음 9월 소련 공산당 서기장에 흐루시초프 취임 10월 일본 대표 구보타, 일제 통치 유리했다는 망언 1954 4월 26일 제네바 극동평화회의 개최 6월 5일 남한·북한·일본 대표, 제네바회담에서 6개항 통일 방안 제시 9월 10일 북한, 중국군 철수 환송 대회 개최 인도차이나, 휴전 협정 1955 반둥회의 개최(반둥 평화 10원칙 발표) 바르샤바조약기구 성립 1956 헝가리·폴란드 반공 의거 이집트, 수에즈 운하 국유화 선언 1957 제2차 중동전쟁
				1960 4·19혁명, 장면 내각 수립	1960	1960 파리군축회의 소련, 인공위성 스푸트니크 호 발사 아프리카의 해(16개국 유엔 가입)
				1961 5·16군사 쿠데타		1961 비동맹 국가 수뇌, 베오그라드에서 공동 선언 발표
				1962 제1차 경제개발계획 1963 박정희 정부 성립 1964 국군, 베트남 파병		1962 케네디, 쿠바 봉쇄 공용 연호 서기로 바꿈 알제리 독립 중국·인도, 국경 분쟁 1966 중국, 문화대혁명 시작
				1967 제2차 경제개발계획 1968 1·21사태, 향토 예비군 창설 국민교육헌장 선포 1970 새마을운동 시작 1971 무령왕릉 발굴	1970	1967 제3차 중동전쟁 1968 체코슬로바키아, 민주화 선언 1969 미국, 아폴로 11호 달 착륙 1971 중국, 유엔 가입 인도·파키스탄 전쟁
				1972 제3차 남북공동성명(7월 4일), 남북적십자 회담 10월 유신, 제4공화국 수립 1973 6·23평화통일선언 KBS 창립 포항종합제철 준공 경주 천마총, 금관·천마도 출토 1974 남북한불가침협정 제의, 평화통일 3대 기본원칙 천명 북한 땅굴 발견 1977 수출 100억 달러 달성, 제4차 경제개발계획 1978 자연보호헌장 선포 원자력 발전 시작		1972 미국 닉슨 대통령, 중국 방문 중국 창사, 전한묘 발굴 1973 제4차 중동전쟁 동·서독, 유엔 동시 가입 베트남 정전 협상 맺음 전 세계, 석유 파동 1974 중국, 진시황제 능에서 병마용 발견 1975 베트남전쟁 끝남, 인도차이나 3국 공산화 아르헨티나, 페론 정권 붕괴. 헬싱키선언 1976 남아프리카공화국, 인종 차별 반대하는 흑인 폭동 중동평화조약 맺음

주요국 역사 변천				한국사	연표	세계사
서양	중국	일본	한국			
현대	중화인민공화국	쇼와	대한민국	1979 부·마 민주화 운동 　　　10·26사태	1970	1979 소련, 아프가니스탄 쳐들어감 　　　중국·베트남 국경 분쟁 　　　이란, 회교 혁명
				1980 5·18광주민주화운동	1980	1980 이란·이라크 전쟁 일어남 　　　폴란드, 자유 노조 결성 　　　미국, 보이저 1호 토성 접근 탐사 성공
				1981 전두환 정부 수립		1981 미국, 우주 왕복선 콜롬비아호 비행 성공 　　　반핵 운동
				1982 제5차 경제개발계획 시작 1983 KAL기 격추 사건 　　　미얀마, 아웅산 테러 사건		1982 이스라엘, 레바논 쳐들어감 1984 이란·이라크기, 연일 페르시아 만에서 유조선 　　　공격
				1985 이산가족 고향 방문단·예술 공연단 교환 방문		1985 소련, 고르바초프 서기장 취임 　　　미소 수뇌회담 개최
				1986 제10회 아시안 게임, 서울 개최		1986 필리핀, 아키노 정권 수립 　　　소련, 체르노빌 원전 사고
				1987 6월 민주 항쟁 　　　대통령 직선제 헌법 개정(6·29선언) 1988 노태우 정권 출범 　　　제24회 하계 올림픽 서울 개최 1989 헝가리·폴란드 등, 동구권 국가와 국교 수교 1990 한소 수교 1991 남북한 동시 유엔 가입		1987 사우디아라비아, 메카 참사 　　　미·소, 중거리미사일폐기협정 맺음 1988 이란·이라크 전쟁 끝남 　　　소련, 아프가니스탄 주둔군 철수 1989 베를린 장벽 무너짐
		헤이세이			1990	1990 독일 통일 1991 발트 3국 독립 　　　걸프전쟁 일어남 　　　소련 붕괴, 독립국가연합CIS 탄생
				1992 한중 수교 　　　우리별 1호 발사 성공 1993 김영삼 정부 수립 　　　대전 세계박람회EXPO 개최 　　　민족공동체 3단계 통일 방안 제의 　　　금융실명제 실시 　　　백제금동대향로 발굴 1994 북한, 김일성 죽음 　　　정부의 신외교 5대 기조 발표 　　　서울 정도 600년 기념 사업		1992 마스트리히트조약 　　　리우 세계환경회담 개최 1993 이스라엘·PLO, 평화협정 맺음 1994 APEC 정상회담 개최 　　　우루과이라운드 타결 　　　유럽연합EU 출범 　　　남아프리카공화국, 만델라 대통령 당선
				1995 지방자치제 전면 실시 　　　한국, 유엔 안보리 비상임 이사국에 선출 　　　옛 조선 총독부 건물 해체 　　　무궁화 위성 발사 1996 12·12와 5·18사건 재판 시작 　　　2002 월드컵 한·일 공동 개최 확정		1995 GATT 해체. 세계무역기구(WTO) 발족 　　　우루과이라운드 발효 1996 마·베트남 수교 　　　이스라엘, 라빈 총리 암살 　　　복세앙 돌리클 싱싱시켜 유진학 새정 마련 　　　미국, 제42대 대통령에 빌 클린턴 재선

주요국 역사 변천				한국사	연표	세계사
서양	중국	일본	한국			
현대	중	헤	대	1997 황장엽, 한국으로 망명 　　　 KAL 여객기 괌에서 추락 　　　 외환위기 발생, IMF 관리 체제 시작 　　　 제15대 김대중 대통령 당선 1998 정주영 판문점 통해 방북 　　　 북한, 김정일이 공식 집권 　　　 일본 문화 상품에 대한 개방 선언 　　　 금강산 관광 시작 1999 인공위성 아리랑 호 발사	1990	1997 중국, 덩샤오핑 죽음 　　　 홍콩, 중국에 반환 1998 인도네시아, 수하르토 물러남 　　　 영국, 북아일랜드 분쟁 끝남 1999 유로화 출범 　　　 포르투갈, 마카오 반환 　　　 미국, 파나마 운하 반환 　　　 코소보 사태. 동티모르 독립 투쟁
	화	이	한	2000 분단 이후 첫 남북 정상 만남 　　　 한·미, SOFA 개정 합의 　　　 김대중 대통령, 노벨 평화상 수상 2001 여성부 공식 출범 　　　 인천국제공항 개항 　　　 일본 역사교과서 왜곡 파동 　　　 국가인권위원회 출범	2000	2000 러시아, 푸틴 대통령 당선. 올브라이트 장관 　　　 북한 방문 2001 9·11테러 　　　 미국, 아프가니스탄 공격
	인			2002 한·일 월드컵 대회 개최 　　　 미군 장갑차 여중생 치사 사건 2003 노무현 정부 출범 　　　 대구지하철 참사		2002 유로화 공식 통용 2003 미국, 이라크 침공 　　　 브라질, 룰라 대통령 취임 　　　 중국, 후진타오 국가 주석 취임(~2013)
	민	세	민	2004 노무현 대통령 탄핵 사건 　　　 경부·호남 고속 철도 동시 개통 2005 호주제 폐지 　　　 청계천 복원 2006 황우석 교수, 논문 조작		2004 세계적으로 조류 인플루엔자 발생 　　　 마크 주커버그, 페이스북 창립 2005 미국, 허리케인 카트리나 뉴올리언스 강타 2006 북한, 핵실험 강행 　　　 사담 후세인 사형 집행
대	공	이	국	2007 샘물교회 교인 탈레반에게 집단 피랍 　　　 태안 기름유출사고 　　　 한미 FTA 타결 　　　 대운하 논란 2008 국보 1호 숭례문 화재로 전소 　　　 이명박 정부 출범 　　　 소고기 광우병 파동으로 촛불 집회		2007 미국, 서브 프라임 모기지 사태 　　　 애플 사, 아이폰 출시 2008 미국, 버락 오바마 대통령 당선
	화			2009 노무현 대통령 사망 　　　 한국 최초의 위성 나로호 발사 2010 해군 초계함 천안함 침몰 　　　 김연아, 밴쿠버 동계 올림픽 피겨 스케이트 여자 　　　 싱글 금메달 수상 　　　 한-EU, FTA 조인, 한-미 FTA 협정 체결	2010	2010 튀니지 재스민 혁명, 아랍 국가 민주화 촉발 　　　 칠레, 광부 33명 매몰 66일 만에 생환 구조
	국					

주요국 역사 변천				한국사	연표	세계사
서양	중국	일본	한국			
현 대	중 화 인 민 공 화 국	헤 이 세 이	대 한 민 국	2011 구제역 파동 　　　5·18 기록물 유네스코 세계 기록유산 등재 2012 한-미 FTA 발효 　　　여수 엑스포 개최 　　　제주해군기지 건설 반대 여론 격화 　　　가수 싸이, 〈강남 스타일〉 세계적 흥행 2013 박근혜 정부 출범 　　　숭례문 재개장 　　　국정원 불법 대선개입 논란	2010	2011 일본, 동북부 대지진으로 후쿠시마 원전 참사 　　　북한, 김정일 사망 　　　이집트 무바라크 대통령 축출 시민혁명 성공. 　　　오사마 빈 라덴 사망 2012 북한, 김정은 국방위원장 취임 　　　러시아, 푸틴 대통령 재선 2013 중국, 시진핑 국가 주석 취임 　　　베네수엘라, 우고 차베스 대통령 사망

찾아보기

각 장별 아이콘 설명

뿌리 깊은 *한국사*
샘이 깊은 *이야기* ❹ 조선 전기

초판 1쇄 펴낸 날 2014.6.10.
초판 4쇄 펴낸 날 2023.3.17

지은이   김돈
발행인   홍정우
책임편집   김다니엘
편집진행   차종문, 박혜림
디자인   이예슬
마케팅   방경희
발행처   도서출판 가람기획
등 록   2007년 3월 17일(제17-241호)
주 소   (121-894) 서울시 마포구 양화로7안길 31(서교동, 1층)
전 화   (02)3275-2915~7
팩 스   (02)3275-2918
이메일   garam815@chol.com

© 도서출판 가람기획, 김돈, 2014
ISBN 978-89-8435-329-9 (04900)
      978-89-8435-325-1 (세트)

값은 뒤표지에 있습니다.
잘못 만들어진 책은 구입하신 서점에서 바꾸어 드립니다.

이 도서의 국립중앙도서관 출판시도서목록(CIP)은 서지정보유통지원시스템 홈페이지(http://seoji.nl.go.
kr)와 국가자료공동목록시스템(http://www.nl.go.kr/kolisnet)에서 이용하실 수 있습니다.(CIP제어번호:
CIP2014014972)

* 이 연구는 서울과학기술대학교 교내 학술연구비 (일부) 지원으로 수행되었습니다.